青柳洋治先生 退職記念論文集

地域の多様性と考古学
―東南アジアとその周辺―

Archaeological studies on the cultural diversity in Southeast Asia and its Neighbors

丸井雅子 ＜監修＞　青柳洋治先生退職記念論文集編集委員会 ＜編＞

雄山閣

序

　上智大学教授青柳洋治先生は、平成19年3月末日をもって上智大学の教壇を去られることになった。先生のご退任にあたって先生に師事した27名が集まり、ここに研究論集を献呈申し上げる。

　先生は上智大学にあっては学部ならびに大学院で「東南アジア考古学」、「東南アジア文化交流論」、「基層文化研究」などの講義・演習と学生の研究の指導にあたられた。先生は東南アジア考古学の第一人者として天下に聞こえ、それだけに専門の道を厳しく守り、講義も研究も一筋に打ち込んでこられた。

　先生は学部と大学院を通じて、故白鳥芳郎および故八幡一郎の両先生に師事され、文部省アジア諸国等派遣留学生（1970-72）としてフィリピンに赴かれ、Dr. Foxに教えを受けた。その後日本では未開拓分野の考古学調査に基づく、「南シナ海海域世界のネットワーク論」を提唱され、基層文化形成比較論、東南アジア産陶磁器研究など次々と新しい研究成果を発表され、国内外の学界に大きく貢献された。

　フィリピンでは1980年代に反政府ゲリラが活発化していたが、ルソン島北部カガヤン川下流域ラロ貝塚群の調査の折ゲリラと遭遇し、交渉して調査続行、そのゲリラの旧知リーダーがその後州知事になったという逸話があるほどの猛者でもある。だから先生はフィリピン考古学の泰斗である。

　「経験は学問に勝る」という信念から、とにかく現地踏査に立脚して著書論文等を書いておられる。私たちがともすれば忘れがちな足で学問を創ることを全うした堅実な先生である。1975年に「中国陶磁器のフィリピンへの渡来時期について」の論文を携え颯爽と学界に登場された先生であるが、本書に収められた研究業績目録からもうかがえるように、そのご研究の守備範囲は非常に広く、時代は古代から現代にまで及び、対象は西アジアから東南アジア、日本にまで及ぶ。アジア考古学および貿易陶磁研究についての博覧強記の先生である。

　オリンピックの陸上競技種目に十種競技というのがあるが、もし世界の考古学研究者が集って十種競技を行なうとすれば、さしずめ先生が日本代表ということになろう。特に先生は東南アジアの古窯址から貝塚・装身具まで、さらに磁器の化学組成分析にまで広範な問題に取り組まれ、大きな業績をあげられた。先生の学問から学ぶべきことは多い。

　先生は東南アジア考古学会への多大の貢献をされている。同学会設立時（1977年）から同学会の幹事、さらに1991年から4年間にわたり会長を務められ、同学会をリードすると同時に多くの先導的研究を残された。同学会が今日あるのは先生の大きな役割があったからに他ならない。また先生の国際的活動としては、1972年以来フィリピン国立博物館から寄せられた厚い信頼に基づき約

40年にわたり共同調査を実施してこられた。ベトナム社会科学院との共同調査（チャンパ遺跡のゴサイン窯発掘調査）報告（英文）を上梓し、マレーシア科学大学において集中講義や研究指導にあたられ多くの若い現地の考古学者を養成してこられた。

　先生に捧げる本論集には、このような先生の学風を受け継いだ多様な視点と議論の展開を読み取ることができる。いずれも考古学的手法と資料をその出発点としておりながら、目指すものは、ヒト・モノの交流、物質文化の成立と変容、文化史の構築、出土資料の科学的分析、そして近年の潮流である文化遺産と国際交流にまで及んでいる。論文をお寄せいただいた同僚・若手研究者、上智大学の教員と卒業生の各位に感謝するとともに、我々一同が敬愛してやまない青柳洋治先生の今後一層のご健勝と、ご研究のさらなる発展とを心からお祈り申し上げる。

　　平成19年3月吉日

　　　　　　　　　　　　　　　　　　　　　　　　　　　　上智大学 学長　石澤良昭

目　次

序 ……………………………………………………………………………… 石澤　良昭…1

ヒト・モノの交流

スペイン時代のマニラに持ち込まれた陶磁器 …………………………… 野上　建紀…7

西アジアに輸出された 14〜15 世紀の東南アジア陶磁器 ……………… 佐々木 達夫…23

琉球弧の考古学―南西陸橋におけるヒト・モノの交流史― …………… 小田　静夫…37

東南中国沿海地域の先史文化と地域間交流 ……………………………… 後藤　雅彦…63

周縁型銅鼓から見た銅鼓の製作と流通 …………………………………… 新田　栄治…75

The Archaeological Relationship Between the Batanes Islands (Philippines),
　Lanyu Island (Taiwan) and the Okinawan Islands (Japan) ……… Eusebio Z. Dizon…87

The Role of Lam Dong Province (Vietnam) in the Trade Network of Ceramic
　in Southeast Asia and East Asia …………………………………… Bui Chi Hoang…97

物質文化の成立と変容

古代カンボジアにおけるクメール陶器の成立に関する一考察 ………… 田畑　幸嗣…117

土器に窓を穿つこと
　―愛知県三河地方にみる円窓付土器の導入と展開、そして変質化― ……… 鈴木 とよ江…139

フィリピン出土の土製焜炉、ストーブについて ………………………… 田中　和彦…153

漢代における製塩器交代の背景―土器から金属盆へ― ………………… 川村　佳男…173

メコンデルタ出土古代ガラスの基礎的研究―オケオ港市を中心に― … 平野　裕子…189

Plank and Flat-Bottom Wooden Boat-Making
　at Peñablanca, Cagayan Province, Northern Philippines …… Wilfredo P. Ronquillo…203

文化史の構築

南アジア、丘陵地の住居と社会―新石器時代から文明形成期まで― …………… 宗䑓　秀明…219

パラオ南西諸島の文化史的位置づけ ……………………………………… 印東　道子…233

埴輪・猪・狩猟考 …………………………………………………………… 新津　　健…249

ラロ貝塚群調査 30 年の研究成果 ………………………………………… 小川　英文…267

サモア先史における山地集落の位置 ……………………………………… 丸山　清志…285

中国新石器時代の貝塚―南方地区貝塚の概要― ………………………… 松浦 宥一郎…297

出土資料の科学的分析

先史琉球の漁撈活動復原に関わる魚骨分析法の諸問題
　　—とくに資料採集法と同定部位が同定結果に及ぼす影響について— ……… 樋泉 岳二 … 307

後期更新世のセレベス海域における貝利用
　　—インドネシア・タラウド諸島の事例から— ……………………………… 小野 林太郎 … 321

AMS ^{14}C 年代によるフィリピン、
　　Lal-lo 貝塚群の編年 ……… 三原 正三・小川 英文・田中 和彦・中村 俊夫・小池 裕子 … 335

Chemical Characterization of Glass Beads from
　　The Iron Age Site of Snay, Northwestern Cambodia …………………… Ly Vanna … 347

LATE PREHISTORIC BURIALS IN MELANTA TUTUP,
　　SEMPORNA, SABAH …………………… Stephen Chia and Hirofumi Matsumura … 361

文化遺産と国際交流

世界文化遺産から見た東南アジア ……………………………………………… 坂井 隆 … 383

THE PRESERVATION OF CULTURE: A Philippine Perspective …… Jesus T. Peralta … 401

Japanese Technical Assistance to Philippine Archaeological Research
　　…………………………… Wilfredo P. Ronquillo and Alfredo E. Evangelista … 415

あとがき ……………………………………………………………………… 丸井 雅子 … 427
青柳洋治先生略歴・青柳洋治先生主要研究業績目録 ………………………………… 428
執筆者一覧 ………………………………………………………………………………… 431

ヒト・モノの交流

スペイン時代のマニラに持ち込まれた陶磁器

野上 建紀

キーワード：マニラ・ガレオン貿易　イントラムロス　貿易陶磁

はじめに

　1571年、スペインはフィリピン諸島支配とアジア貿易の拠点としてマニラを建設した。マゼラン一行が太平洋を横断し、フィリピン諸島に到達してから約半世紀後のことであった。そして、マニラ建設後にまもなく開設されたマニラ・ガレオン貿易ルートは、19世紀初頭に至るまでアジア世界とアメリカ大陸を結ぶ長大な海上交易路として機能した。アジアの陶磁器もまたこの海の道を通って運ばれていった。

　筆者が最初にマニラ出土の陶磁器に関心をもったのは、メキシコシティーで肥前磁器片が数片出土していることを知った時であった。マニラ・ガレオン貿易によって運ばれた可能性も考えられたが、当時はまだマニラでは肥前磁器の出土が確認されておらず、インド洋経由でヨーロッパに持ち込まれた肥前磁器が大西洋を渡って持ち込まれたと考える方がむしろ一般的であった。

　そして、2004年3月にマニラを訪れ、田中和彦、洪曉純とともにフィリピン国立博物館の陶磁器調査を行った。肥前磁器の有無の確認と沈没船積載陶磁器資料の調査が目的であった。その結果、マニラ出土の磁器片の中に肥前磁器片を5点発見することができた。それらの中にはメキシコシティーで出土していたものと同種のものも含まれており、マニラ・ガレオン貿易と肥前磁器との関わりが明らかになった。

　さらにマニラ出土の陶磁器について詳しく調査を行うために、筆者と田中和彦は2005年1月からフィリピン国立博物館のWilfredo P. Ronquillo, Alfredo B. Orogo, Nida T. Cuevasとともに共同研究を始めた。主にマニラ市内のイントラムロス（Intramuros）から出土した陶磁器の調査を行うものであるが、その対象は肥前磁器だけではなく、中国磁器をはじめ、東南アジア産やヨーロッパ産の陶磁器のほか、土器も含んでいる。マニラにおける肥前磁器の需要を知るためにも陶磁器全体の需要を知る必要があると考えたからである。

　マニラ出土の陶磁器についての調査はまだ途上にあり、今後、修正を加えなければならなくなるとは思うが、本稿では主に中国磁器に関する現段階での調査成果について概要を述べるとともに、マニラ出土磁器の製品組成と特質について述べたいと思う。

1. イントラムロス出土の陶磁器の概要

イントラムロスはスペインがマニラに建設した城塞都市である（図1）。イグナシオ・ムニョス（Ignacio Muñoz）が1671年に描いたマニラ市並びに近郊地図（セビリア印度文書館所蔵）には、すでに現在の城壁に囲まれた範囲にほぼ等しいイントラムロスの姿が見られる（図2）。現在は海岸や濠も埋め立てられてしまっているが、かつては西側のマニラ湾、北側のパシグ（Pasig）河、東側と南側の濠によって囲まれていた。また、現在のチャイナタウンはイントラムロスからみてパシグ河を挟んだ対岸に位置しているが、1671年当時はイントラムロスの東側の濠の外側に形成されていた。現在のメハン・ガーデン（Mehan Garden）付近にあたる。そして、その南側の市庁舎、国立博物館付近に日本町があったと推定されている（岩生 1966:243）。

イントラムロス内の遺跡については、フィリピン国立博物館によって発掘調査が行われてきたが、出土した陶磁器については未整理のままであった。そこで2005年にまずアユンタミエント（Ayuntamiento）遺跡、バストン・デ・サン・ディエゴ（Baston de San Diego）遺跡、ベテリオ・デ・ラ・コンパニア・デ・ヘスス（Beaterio de la Compania de Jesus）遺跡、プラサ・サン・ルイス（Plaza San Luis）遺跡、パリアン（Parian）遺跡などの出土陶磁器の分類作業を行った。ここに挙げた遺跡の多くはイントラムロスの現在の城壁内に位置する遺跡であるが、パリアン遺跡のみイントラムロスの城壁外の濠部に位置している。

次に年代毎に中国磁器を中心に出土陶磁器の概要を述べる。

(1) 16世紀後半〜17世紀前半

中国磁器が主体である。景徳鎮系、福建・広東系の磁器のいずれも見られる。貯蔵具や大型容器などは中国産の他、タイのノイ川流域で生産された大壺など東南アジア産のものが見られる。

1600年に沈没したサン・ディエゴ号（The San Diego）、1613年に沈没したヴィッテ・レウ号（The Witte Leeuw）、ビン・トゥアン（The Binh Thuan）沈船から回収された製品と共通するものが多い。また、同時代の大坂、堺、長崎、平戸などの日本国内の遺跡でも類似した製品の出土例を数多く確認することができる。

図3-1,4-1などはいわゆるカラックとよばれる染付皿である。景徳鎮系。日本では芙蓉手とよばれている。芙蓉手皿の見込み文様は鹿文、花鳥文、山水文などがあるが、特に鹿を題材にしたものが多い。図3-2,4-2はいわゆる名山手とよばれるもので芙蓉手皿の一種である。景徳鎮系。見込みには花鳥文などが描かれている。図4-3,4-4は染付折縁皿である。景徳鎮系。サン・ディエゴ号でも数多く発見されている。図5-7は染付丸皿である。縁部に四方襷文が巡らされている。図3-4は寿字鳳凰文皿である。景徳鎮系。ベトナムのホイアン（Hoi An）市内遺跡などで出土が見られ、肥前では1660〜1680年代頃に模倣された。図5-1〜5は染付碗である。染付碗には見込みに「寿」、「尚」、「魁」、「禄」などの文字を入れるもの、花卉文、竜文、銭形花文、宝文などの文様が入るものがある。図5-6は高台内に「大明成化年製」銘が入る染付碗である。景徳鎮系。図4-5は鷺と花唐草文が描かれた染付碗である。地は塗りつぶされている。サン・ディエゴ号の遺物に同種の製品

がある。図4-8は外面に人物文を配した染付碗である。見込みもまた人物文であろう。図3-5,4-10,4-11は染付合子である。図3-5,4-11は隅丸方形の合子である。ヴィッテ・レウ号やサン・ディエゴ号の遺物に同類の製品が見られる。図4-10は蛙形合子と思われる。図3-14,4-6,4-7は芙蓉手文様の染付瓶である。図3-14は口縁部、図4-6,4-7は体部である。景徳鎮系の製品。類例はサン・ディエゴ号の遺物に見られる。図4-12は染付壺の蓋である。図3-11,3-12は染付折縁皿である。見込みには花鳥文や草花文が入る。福建・漳州窯系。花鳥文皿はベトナム・ホイアン市内遺跡で出土が見られる他、ベトナム・ダナン(Danang)沖海底からも回収されている。ヴィッテ・レウ号の資料にも類例をみる。図3-13は福建省漳州窯系の染付大皿である。露胎部は赤褐色を呈する。この種の染付大皿の高台内は釉むらがあり、高台畳付には砂が付着する。The Binh Thuan沈船に類例が見られる。図4-9は染付折縁大皿である。縁部には窓絵網目文が描かれている。漳州窯系の碗窯山窯などで出土している。図3-6はいわゆる餅花手の皿である。白泥で草花文を描き、藍釉がかけられている。漳州窯系。図3-15は見込みに赤絵具で「玉?」字を入れた色絵碗である。文字の書き方が異なるが、色絵玉字文碗は漳州窯系火田窯で出土している。図3-7,3-8はいわゆる呉須赤絵の大皿である。漳州窯系。図3-9はいわゆる印判手仙境図が描かれたものであろう。図3-16,3-17はいわゆる安平壺とよばれている白磁壺である。サン・ディエゴ号やヴィッテ・レウ号の遺物に見られるし、1690年代に沈んだと推定されるコンダオ(Con Dao)沈船の積荷であるいわゆるヴンタオ・カーゴにも類例が見られる。消費地でも17世紀代の遺跡では比較的よく見られ、日本でも数例出土が確認されている。図3-10は青磁皿である。内面には菊花文と思われる文様が刻線で表されている。高台内は無釉である。

(2) 17世紀後半～18世紀前半

中国磁器が主体であることは変わりないが、肥前磁器、ベトナム陶器が少量見られる。

図3-19,5-8は1枚の葉に詩歌や落款等を加えた文様を内面に描いた染付皿である。このように葉を1枚描いた染付皿は福建・漳州窯系の1675、1679、1680年の紀年銘資料が知られる(大橋1999:50-53)。台湾・社内遺跡、東山冬古海灘沈船遺跡、インドネシア・ティルタヤサ(Tirtayasa)遺跡でも見られる。肥前でも1680～1700年代頃に模倣された製品が見られる。図5-14は見込み「佳」字文碗である。いわゆるヴンタオ・カーゴに類例が見られる。図5-15は見込み「雅」字文碗である。図5-17はいわゆるバタヴィアン・ウェアとよばれる褐釉掛け分けの碗である。高台内を除いた外面に褐釉を施し、内面は染付で山水文を描いている。バタヴィアン・ウェアはインドネシア・ティルタヤサ遺跡、17世紀末～18世紀初と推定される碗礁1号沈船遺跡、18世紀前半と推定されるカマウ(Ca Mau)沈船遺跡、1752年に沈んだヘルダーマルセン号(The Geldermalsen)などの資料に見られる。図5-10は菊花唐草文蓋物の蓋である。カマウ沈船遺跡、インドネシア・バンテン(Banten)遺跡出土遺物に類例が見られる。図5-16は見込み鞘ばさみ文の芙蓉手皿である。バンテン遺跡、カマウ沈船資料に類例をみる。図3-22,3-23はいわゆるチャイニーズ・イマリである。景徳鎮系。図3-22は外面に瑠璃釉がかけられている。図5-12は草花文碗である。等間隔に区割した中に草花文を描く。見込みは花を描き、周囲を渦巻き状の文様で埋める。景徳鎮系。図5-13は同様の文様の皿である。同様の文様の製品はインドネシアのバンテン遺跡やウォリオ

(Wolio)城跡、タンザニア・キルワキスワニイ、メキシコシティー、アラブ首長国連邦のKhashm Nādirでも出土している。図5-11は氷裂文皿である。見込みの氷裂文を濃みで塗りつぶし、花文を散らす。高台内は二重圏線内に方形枠銘を入れる。碗礁1号沈船遺跡で同様の文様の製品が回収されている。粗雑なタイプのものが台湾・板頭村遺跡で出土している。図5-9は染付端反碗であろう。見込みに菊唐草文、高台脇には蓮弁文が崩れた連続文様が入れられている。インドネシア・ティルタヤサ遺跡、ヴンタオ・カーゴの資料の中にも見られる。図3-18は表面が変色しているが、三彩皿である。図5-19は折縁皿である。見込みに花籠文が描かれる。インドネシア・バンテン遺跡でも出土している。同様の文様で粗雑なタイプのものが台湾・板頭村遺跡で出土している。図5-20は花唐草文皿である。インドネシア・バンテン遺跡や紅海のサダナ（Sadana）島沖沈船の資料に類例が見られる。

(3) 18世紀後半～19世紀

中国磁器が主体であるが、19世紀に入るとヨーロッパ産の陶磁器が増加する。近代以降の日本磁器は見られるが、近世後期の肥前磁器は確認されていない。

図4-17,4-18は印青花碗、皿である。18世紀～19世紀初。福建・広東系の窯で生産されたと推定される。台湾・淇武蘭遺跡、インドネシア・バンテン遺跡、1822年に沈んだと推定されているテクシン（Tek Sing）沈船の資料の中に類例が見られる。図4-20,4-21は麒麟あるいは竜文を描いた染付皿である。文様の崩れが著しい。型作りで口縁部と底部内の一部は無釉である。徳化窯の三班鎮などで採集されている。1752年に沈んだヘルダーマルセン号、テクシン沈船の遺物に見られ、台湾・淇武蘭遺跡、インドネシアのバンテン遺跡、大西洋のセントヘレナ島沖でも確認されている。18世紀後半～19世紀前半。図4-13,4-14,4-15は内側面に梵字の崩れた文様を描きつめた染付皿である。図4-15は見込みに寿字の変形字が描かれている。徳化窯の潯中鎮で採集されている。1817年に沈んだダイアナ号（The Diana）の遺物に見られる。図4-19は花唐草文皿である。ダイアナ号やソマリア・モガディシオの遺物に類例が見られる。図5-23は「囍」字文碗である。台湾の下石頭埔地点や雞卵面墓葬区、ベトナム・ホイアン地域の各遺跡、シンガポールのプラウ・サイゴン（Pulau Saigon）遺跡、インドネシアのバンテン遺跡、アラブ首長国連邦のマサフィ（Masafi）砦跡、コールファッカン（Khor Fakkan）砦跡など広い範囲で出土する。図5-22,5-26は仙芝祝寿文碗である。図3-24,3-25,4-16は染付折縁皿である。いわゆるウィロウ・パターン（カントン・パターン）の楼閣山水文が描かれる。図5-18,5-24は口縁部外側に窓絵帯文、高台脇に鋸歯文を巡らせた染付碗である。型成形である。徳化窯系。図5-24に類似したものは台湾の社内遺跡・淇武蘭遺跡・港口遺跡、インドネシア・バンテン遺跡、メキシコシティーでも出土している。図4-23,4-24は散り蓮華である。褐釉と染付がある。染付は唐草文が描かれており、テクシン号、台湾の板頭村遺跡・淇武蘭遺跡の遺物にも見られる。日本でも長崎、江戸などの遺跡で出土する。

2. イントラムロス出土磁器の製品組成と特質

(1) イントラムロス出土磁器の製品組成

イントラムロスのアユンタミエント遺跡とバストン・デ・サン・ディエゴ遺跡から出土した磁器について、生産地、器種、年代等により分類し、破片数を計算した。対象としたのは基本的には19世紀中頃までの磁器のみであるが、ベトナム産の染付製品やヨーロッパ産の施釉陶器や軟質磁器製品については、その性格を考慮して対象に含めることにした。以下、その結果を報告する。また、調査途上ではあるが、パリアン遺跡、プラサ・サン・ルイス遺跡出土磁器についても現在、判明している範囲で述べようと思う。

① アユンタミエント遺跡出土磁器の組成（表1,2）

アユンタミエント遺跡出土磁器の産地別内訳をみると、中国磁器91.3％、肥前磁器0.7％、ベトナム陶器0.1（0.06）％、ヨーロッパ産陶磁器7.9％である。ただし、17世紀後半～18世紀前半に限った中での肥前磁器の割合は9.9％であり、18世紀後半～19世紀に限った中でのヨーロッパ産陶磁器の割合は77.0％と高い。

全体の90％以上を占める中国磁器の内、90.1％が16世紀後半～17世紀前半にかけての製品である。17世紀後半～18世紀前半の製品は7.3％、18世紀後半以降の製品は2.6％を占めるに過ぎない。よって、アユンタミエント遺跡出土磁器の80％以上が16世紀後半～17世紀前半の中国磁器である。

16世紀後半～17世紀前半の中国磁器は景徳鎮系と福建・広東系のものがほとんどであり、景徳鎮系が43.7％、福建・広東系が55.6％を占めている。後者がやや多い。また、16世紀後半～17世紀前半の中国磁器の中で皿類が占める割合は72.1％、碗類は25.1％でそれに次ぐ。

② バストン・デ・サン・ディエゴ遺跡出土磁器の組成（表3）

バストン・デ・サン・ディエゴ遺跡出土磁器の産地別内訳をみると、中国磁器が97.5％、肥前磁器0.2％、ヨーロッパ産陶磁器2.3％である。中国磁器の内、71.9％が16世紀後半～17世紀前半にかけての製品である。17世紀後半～18世紀前半の製品は11.3％、18世紀後半以降の製品は16.9％である。

16世紀後半～17世紀前半の中国磁器は景徳鎮系と福建・広東系のものが大半を占める。景徳鎮系が43.1％、福建・広東系が54.8％を占めており、後者がやや多い。また、16世紀後半～17世紀前半の中国磁器の中で皿類が占める割合は78.9％であり、碗類16.0％、その他5.1％と続く。

③ パリアン遺跡出土磁器の組成（表4）

次にパリアン遺跡出土磁器の概要を述べる。近代以降（19世紀後半以降）と思われる製品を除いた磁器の内、肥前磁器は1.7％であり、残りは中国磁器である。17世紀後半～18世紀前半に限った製品の中で肥前磁器が占める割合は4.2％である。そして、中国磁器の内、16世紀後半～17世紀前半の製品と思われるものが39.6％、17世紀後半～18世紀前半の製品と思われるものが39.1％、そして、18世紀後半～19世紀前半の製品と思われるものが21.3％を占める。16世紀後半～17世紀前半の製品と思われる中国磁器の内、景徳鎮系と福建・広東系の磁器の比率は1：2.9

程度である。また、16世紀後半〜17世紀前半の製品と思われる中国磁器の内、皿と碗の比率が1：1.5と碗の方が多い。パリアン遺跡については、まだ分類作業の途中であり、数値は確定したものではないが、17世紀後半以降の製品と思われるものの割合が比較的高いことや16世紀後半〜17世紀前半において福建・広東系の窯の製品の割合が比較的高い点、碗の割合が高い点はおおまかな特徴として考えてよいと思う。

④ プラサ・サン・ルイス遺跡出土磁器の特徴

最後にプラサ・サン・ルイス遺跡について述べる。プラサ・サン・ルイス遺跡についてはまだ分類作業は行っていない。肥前磁器を一部抽出しただけにすぎず、全体像はまだ明らかではない。現在、マニラの遺跡出土品の肥前磁器は約60数点確認されているが、その半数近くはプラサ・サン・ルイス遺跡から出土したものである。これまで陶磁器調査を行ったイントラムロスの遺跡の中では最も肥前磁器の割合が高い遺跡である。

(2) イントラムロス出土磁器の特質

マニラに築かれた城塞都市イントラムロスはガレオン貿易におけるアジア側の貿易拠点であると同時にマニラにおけるスペイン人が生活する空間でもあった。そのため、イントラムロスに持ち込まれる陶磁器も大きく二つに分けられる。イントラムロス内で使用するためのものとイントラムロスを中継して他の地域に運ぶためのものの二つである。前者はイントラムロス内のスペイン人社会を中心に流通し、後者は主にガレオン船によってアメリカ大陸へ運ばれるものであったが、フィリピン諸島など地域内に流通するものもあったと思われる。アメリカ大陸に運ばれるものは大陸内のスペイン植民地で使用されるものとさらに大西洋を横断してヨーロッパへ運ばれるものに分けられる。

イントラムロスから出土する個々の陶磁器について、その種類によって性格を判断することは難しい。イントラムロス、アメリカ大陸のスペイン植民地、ヨーロッパのスペイン本国などいずれも西洋的なスペイン人社会であり、磁器需要の基本的性格が似ているからである。ここではその製品組成やその変遷を遺跡間において比較することでイントラムロス出土磁器の特質や傾向を考えてみたいと思う。

まずイントラムロスの城壁内に位置するアユンタミエント遺跡及びバストン・デ・サン・ディエゴ遺跡に共通する特色をいくつか挙げる。中国磁器が90％以上を占める点、そして、その中でも16世紀後半〜17世紀前半の製品が70〜90％と高い割合を占める点、景徳鎮系と福建・広東系の割合について後者がやや高い点、皿類が70〜80％と高い割合を占める点などである。16世紀後半〜17世紀前半の製品の割合が高い点については、イントラムロス内の磁器の消費量がその時代に特に大きかったわけではないと考える。この時期の中国磁器がマニラからガレオン船でアメリカ大陸やヨーロッパへ向けて大量に運ばれていたことはメキシコ市内遺跡の出土遺物や沈没船資料によってもわかる。両遺跡の示す製品組成もこの時期にマニラ・ガレオン貿易によって盛んにアメリカ大陸やヨーロッパへ向けて積み出されていたことを反映しているものと思われる。いわゆるカラックとよばれる景徳鎮系の輸出磁器が数多く含まれているので、景徳鎮系の比率も高いものとなっている。皿類の割合が高い点についてはスペイン人社会の食生活を反映しているものであろう。

両者の遺跡の全体的な傾向は類似しているが、異なる点をあえて挙げる。中国磁器について16世紀後半〜17世紀前半の製品が多いことは共通であるが、バストン・デ・サン・ディエゴ遺跡の中国磁器の71.9％が16世紀後半〜17世紀前半であるのに対し、アユンタミエント遺跡の方が90.1％とより年代的に偏っている。また、アユンタミエント遺跡の方がヨーロッパ産陶磁器の割合が高い。こうした違いは調査地の建物の歴史や敷地内の土地利用の状況の違いによる部分もあると思われる。例えばアユンタミエント遺跡は、かつてマニラの参事会（City Council）が置かれた場所である。1599年から1607年に最初の建物が建てられ、1645年や1658年の地震などによって損害を被り、新しい建物のための道をあけるために壊されている。続いて建物が建てられたのが1735年であり、1863年の地震によって壊れている。アユンタミエント遺跡から出土する17世紀前半以前の製品の中には17世紀中頃の地震によって破損して廃棄されたものが多く含まれる可能性がある。また、建物が建てられていない空白期間を有することも製品組成に影響を与えている可能性がある。それぞれの建物がそれぞれの歴史を有しており、同じイントラムロス内であっても調査地点によって陶磁器の出土状況が異なることは十分考えられる。

　次にイントラムロスの城壁の内側と外側を比べてみる。すなわち、アユンタミエント遺跡とバストン・デ・サン・ディエゴ遺跡の両遺跡とパリアン遺跡と比較してみる。まずパリアン遺跡は年代的な偏りが小さい。すなわち、中国磁器全体の中で16世紀後半〜17世紀前半の製品は39.6％を占めるに過ぎず、アユンタミエント遺跡の90.1％、バストン・デ・サン・ディエゴ遺跡の71.9％に比べてかなり低い割合となっている。パリアン遺跡の16世紀後半〜17世紀前半の製品の内訳をみると、他の両遺跡に比べて福建・広東系の製品の割合がかなり高く、かつ碗の割合が高い。

　前にも述べたようにパリアン遺跡はイントラムロスの城壁の外側に位置する遺跡である。年代的な偏りが小さいのは、マニラ・ガレオン貿易の商品としての磁器が占める割合が小さいため、遺跡内の磁器の消費量の推移を比較的反映していると思われる。景徳鎮系の輸出磁器であるカラックが少ない分、福建・広東系の磁器の割合が高くなっている。そして、他の遺跡に比べて碗の割合が高い点については、イントラムロスの城壁内のスペイン人社会ではなく、華僑世界や東南アジア世界の食生活を反映している部分が大きいと思われる。東南アジアで一般的に出土する肥前の染付見込み荒磯文碗に類する碗はマニラではまだ2点しか確認されていないが、それらはパリアン遺跡から出土している。

　また、イントラムロスの1671年の絵図にチャイナタウンとして描かれている位置にあたるメハン・ガーデンの発掘調査も一部行われている。こうした遺跡の出土状況が明らかになると、イントラムロスの城壁の内側と外側の相違がより明確になると思われる。その一方、イントラムロスの城壁外の遺跡の磁器の出土状況もまた一様ではないと思う。例えばイントラムロスのスペイン人たちが消費する磁器やガレオン船に積み込む商品をマニラに持ち込む役割について、中国商人もまたそれを担っていたと考えられるからである。中国商人らが海外からの商品を荷揚げする場所や市場、あるいは中国商人とスペイン商人が取引する場所などであれば、イントラムロスの城壁の外側であってもスペイン人社会の需要に応えた磁器が大量に出土することが考えられる。

　最後に遺跡から出土する磁器の年代や性格の傾向と肥前磁器の出土状況の関わりをみる。肥前磁器が最も多く確認されているのはプラサ・サン・ルイス遺跡である。これまでマニラで確認されて

いる肥前磁器の半数近くがプラサ・サン・ルイス遺跡から出土したものである。一方、同じくイントラムロスの城壁の内側にあるバストン・デ・サン・ディエゴ遺跡の場合、肥前磁器はほとんど確認されないし、アユンタミエント遺跡も肥前磁器の割合は全体の0.7％と少ない。同じイントラムロス内であっても遺跡によって異なることがわかるが、概して17世紀後半以降の製品の割合が小さい遺跡では、肥前磁器の出土も少なくなる。

一方、17世紀後半以降の製品も多く出土するパリアン遺跡では1.7％と全体の中での比率はアユンタミエント遺跡を上回っているが、肥前磁器が海外輸出された年代である17世紀後半〜18世紀前半の製品に限ると、アユンタミエント遺跡の場合、9.9％を肥前磁器が占めるのに対し、パリアン遺跡では4.2％を占めるのみであり、その数値は逆になる。これは両者の遺跡の需要の性格の違いによる可能性がある。アユンタミエント遺跡の出土陶磁器はスペイン人社会の需要を反映しているのに対し、イントラムロスの城壁外に位置するパリアン遺跡の出土遺物は華僑世界やフィリピン人などに関わるものである可能性が高い。マニラに肥前磁器を持ち込んだのは中国商人と推定されるが、17世紀後半の清朝による海禁時代であっても華僑世界で自分たちが使用する磁器については、中国磁器をかなり輸入している可能性が考えられる（野上 2005b:248）。つまり、肥前磁器については中国商人や在マニラ華僑自らが使用するためでなく、スペイン人など他者と取引するための商品として持ち込んでいたと考えられる。そのため、華僑世界の中では肥前磁器の使用率は低く、むしろスペイン人社会の方が肥前磁器の使用が普及していた可能性が考えられる。

以上のことから肥前磁器が遺物の中に数多く含まれる遺跡の条件を考えてみる。まず肥前磁器の海外輸出が盛んになる17世紀後半の遺物そのものが多いことである。次に景徳鎮系、福建・広東系を問わず、スペイン人社会の需要を反映した中国の輸出向け磁器が数多く出土する遺跡の方が、その性格上、肥前磁器が多く含まれる可能性が高い。同様の理由で皿類が多く出土する遺跡の方が肥前磁器を多く含む可能性が理論上考えられる。プラサ・サン・ルイス遺跡などはそうした諸条件が重なった遺跡ではないかと推測される。

3. 今後の課題

マニラから出土した陶磁器に関する調査研究は今後も続ける予定である。これまでの調査でイントラムロスの内側と外側の違いはもちろんのこと同じイントラムロス内であっても遺跡の位置によってその出土様相は異なることがわかってきた。今後、イントラムロス内の各遺跡の出土状況を比較し、その特質を抽出し、さらにイントラムロス以外のマニラの遺跡とも比較を行い、マニラ全体の陶磁器需要の特質を明らかにしなければならないと思う。特にスペイン人社会のイントラムロスと華僑世界のチャイナタウンの比較は重要である。旧チャイナタウンがあったメハン・ガーデンの発掘調査の成果にも期待したい。また、メハン・ガーデンの南側にあったと推定されている日本町の発掘調査も当時のマニラの社会を知る上で必要であるし、マニラ以外の地域との比較、さらにはフィリピン国内だけでなく、東南アジアの他の交易都市との比較も今後の課題である。

また、2006年6月から7月にかけて、田中和彦、George Kuwayama、Eladio Terrerosの各氏とメキシコシティのテンプロ・マヨール（Templo Mayor）及び周辺遺跡から出土した陶磁器の調査

を行った。今後、ガレオン船が渡った先のアメリカ大陸の出土状況との比較も大きな課題となるであろう。そうした意味ではまだ研究は始まったばかりである。

謝辞

青柳先生と初めてお会いしたのは、十数年前に長崎で開催されたバンテン遺跡研究会に先生が来られた時であったと思います。以来、先生にはいろいろ御指導を頂きました。特に1998～2002年にかけて参加させて頂いたカンボジアのタニ窯跡の発掘調査では本当に身近にご指導を賜る機会に恵まれました。これは私にとってかけがえのない体験となり、以後の自身の研究の大きな礎となりました。改めて御礼を申し上げますとともに、先生の今後の益々のご活躍とご健勝をお祈りいたします。

最後となりましたが、本稿をまとめるにあたり、フィリピン国立博物館のスタッフをはじめとした多くの方々の御指導と御協力を賜りました。芳名を記して謝意といたしたいと思います（順不同、敬称略）。

佐々木達夫、田中和彦，Wilfredo P. Ronquillo, Alfredo B. Orogo, Nida T. Cuevas, Cecilio G. Salcedo, Eusebio Z. Dizon, Rey A. Santiago, Amalia A. de la Torre, Ame M. Garong, Alexandra S. de Leon, Maharlika A. Cuevas, Ralph Leo M. Batoon, Sheldon Clyde B. Jagoon, Amelia D. Alhambra, Reynaldo A. Bautista, Giovanni G. Bautista, George Kuwayama, Eladio Terreros

文献目録

岩生成一
    1966　『南洋日本町の研究』東京: 岩波書店.
大橋康二
    1999　「秋二題」『目の眼』279号: pp.50-53.
大橋康二・坂井隆
    1999　「インドネシア・バンテン遺跡出土の陶磁器」『国立歴史民俗博物館研究報告』第82集: pp.47-94.
菊池誠一
    1998　「ベトナム中部の沈没船引き揚げ陶磁器」『貿易陶磁研究』No.18: pp.137-148.
菊池誠一編
    1997　『ベトナムの日本町ホイアンの考古学調査』昭和女子大学国際文化研究所紀要Vol.4.
國立自然科學博物館人類學組編
    2004　『板頭村遺址標本圖鑑』：台湾.
坂井隆編
    2004　『海のシルクロードの拠点バンテン・ティルタヤサ遺跡の陶磁貿易の研究』シルクロード学研究 vol.20.
佐々木達夫・佐々木花江
    2006　「マサフィ砦の発掘と保存修復」『金大考古』53号: pp.6-17.
野上建紀
    2001　「沈船資料にみる明末～清朝磁器」『貿易陶磁研究』No.21: pp.63-74.
    2002a　「海外輸出された肥前磁器」櫻井清彦・菊池誠一編『近世日越交流史』: pp.317-331,東京：柏書房.
    2002b　『近世肥前窯業生産機構論』（未刊行）.
    2003　「沈船資料にみる肥前磁器の流通」『わたつみのタイムカプセル』: pp.8-11,福岡：九州・沖縄水

中考古学協会.
- 2005a 「澳門出土の肥前磁器」『金大考古』50号: pp.7-11.
- 2005b 「ガレオン貿易と肥前磁器―マニラ周辺海域に展開した唐船の活動とともに―」『上智アジア学』第23号: pp.239-260.
- 2006 「沈没船資料からみたマサフィ砦出土の中国染付の年代」『金大考古』53号: pp.17-21.

野上建紀・Alfredo B. Orogo・田中和彦・洪曉純
- 2005 「マニラ出土の肥前磁器」『金大考古』48号: pp.1-5.

野上建紀・Alfredo B. Orogo・Nida T. Cuevas・田中和彦
- 2005 「イントラムロス出土陶磁器調査報告（概要）」『金大考古』51号: pp.5-9.

野上建紀・Alfredo B. Orogo・Nida T. Cuevas・田中和彦・洪曉純
- 2005 「ガレオン船で運ばれた肥前磁器」『水中考古学研究』創刊号: pp.104-115.

野上建紀・向井亙
- 2000 「東南アジア周辺の沈船遺跡」『日本貿易陶磁研究会第21回研究集会資料集』日本貿易陶磁研究会.

野上建紀・李匡悌・盧泰康・洪曉純
- 2005 「台南出土の肥前磁器」『金大考古』48号: pp.6-10.

三杉隆敏
- 1986 『世界の染付6』京都：同朋社出版.

李匡悌
- 2004a 『三舎及社内遺址受相関水利工程影響範囲搶救考古発掘工作計劃』台湾：台南県政府・中央研究院歴史語言研究所.
- 2004b 『靈魂與歴史的脈動』台湾: 国立清華大学.

劉益昌編
- 2004 『田野考古―台湾地区出土瓷器資料研究特刊―』第九刊一・二期合刊.

碗礁一号水下考古隊
- 2004 『東海平潭碗礁一号出水瓷器』中国：科学出版社.

Christie's
- 1992 *The Vung Tau Cargo -Chinese Export Porcelain,* Amsterdam.

Christie's Australia
- 2004 *The Binh Thuan Shipwreck.* Melbourne.

C. J. A. Jorg
- 1986 *The Geldermalsen History and Porcelain* : Kemper Publishers Groningen.

Desroches, J., G. Casal and F. Goddio
- 1996 *Treasures of the San Diego,* Paris and New York：Association Française d'Action Artistique, Fondation of Elf and Elf Aquitaine International Foundation, Inc.

Edward P. Von der Porten
- 1999 "Manila Galleon Porcelains on the American West Coast" in *TAOCI No.2*: pp.57-61.

Flecker, Michael
- 1992 "Excavation of an oriental vessel of c.1690 off Con Dao, Vietnam" in *The International Journal of Nautical Archaeology* 21-3: pp.221-244.

George Kuwayama
- 2000 "Chinese Ceramics in Colonial Peru" in *Oriental Art vol.XLVI No.1*: pp.2-15.

George Kuwayama and Anthony Pasinski
- 1999 "Chinese Ceramics in the Audiencia of Guatemala" in *Oriental Art vol.XLVIII No.4* : pp.25-35.

Haldane, C.
- 1996 "Sadana Island shipwreck, Egypt: preliminary report" in *The International Journal of Nautical Archaeology* 25-2: pp.83-94.

Jennifer Barry
    2000 *Pulau Saigon –A post–eighteenth century archaeological assemblage recovered from a former island in the Singapore River,* England: The Rheidol Press.

John Hansman
    1985 *Julfar, An Arabian Port–Its Settlement and Far Eastern Ceramic Trade from the 14th to the 18th Centuries.* London: The Royal Asiatic Society of Great Britain and Ireland.

Nagel Auctions
    2000 *Nagel Auctions Tek Sing Treasures.*

Nguyên Dinh Chiên
    2002 *The Ca Mau Shipwreck 1723-1735,* Hanoi: Ca Mau Department of Culture and Information, The National Museum of Vietnamese History.

Pijl-Ketel, C. L. van der （ed.）
    1982 *The Ceramic load of The 'Witte Leeuw'* Amsterdam: Rijksmuseum.

Ronquillo, W.P., E.Z.Dizon, V.Secuya III, C.G.Salcedo, A.A. de la Torre, C.O.Valdes, L.A.Alba, M. Cuevas, R. N. Villegas and O. V. Abinion
    1993 *Saga of the San Diego.* Manila: Concerned Citizens for the National Museum, Inc.

William M.Mathers and Nancy Shaw
    1993 *Treasure of the Concepcion.* Hong Kong: APA Publications （HK） Ltd.

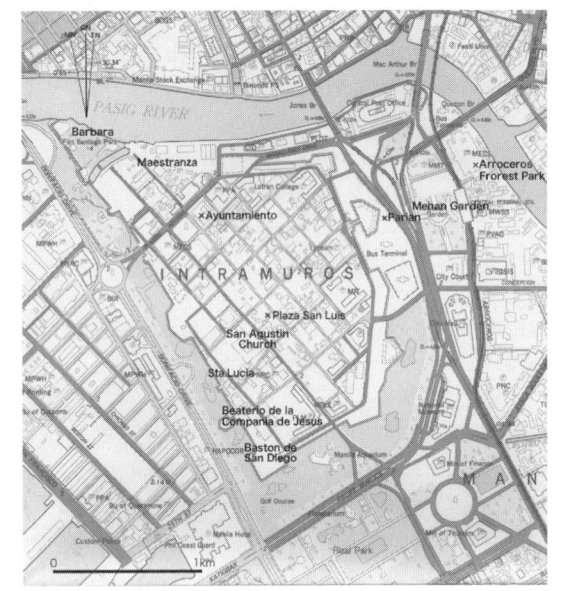

図1　イントラムロス遺跡地図　　　　　　　図2　マニラ市街並びに近郊図（1671年）
（岩生1966：pp.244より転載）

生産地	年代	景徳鎮系	福建・広東系	不明・他	計	%
中国	16c後-17c前	627	799	10	1436	82.3%
	17c後-18c前				117	6.7%
	18c後半-19c				41	2.3%
肥前	17c				13	0.7%
ベトナム	17c				1	0.1%
ヨーロッパ	19c				137	7.9%
合　計					1745	100.0%

表1　アユンタミエント遺跡出土磁器時期・産地別数量表（破片点数）

時期	生産地	碗類	皿類	他	計
16c後半-17c前半	景徳鎮系	142	482	3	627
		22.6%	76.9%	0.5%	100.0%
	福建・広東系	215	546	38	799
		8.0%	68.3%	4.8%	81.1%
	不明・他	3	7	0	10
	計	360	1035	41	1436
		25.1%	72.1%	2.9%	100.0%
17c後半-18c前半		25	79	13	117
		21.4%	67.5%	11.1%	100.0%
18c後半-19c		5	30	6	41
		12.2%	73.2%	14.6%	100.0%

表2　アユンタミエント遺跡出土中国磁器時期・産地・器種別数量表（破片点数）

	景徳鎮系				福建・広東系				その他・不明				計	肥前	ヨーロッパ
	碗	皿	他	小計	碗	皿	他	小計	碗	皿	他	小計			
16c後半〜17c前半	20	111	12	143	31	148	3	182	2	3	2	7	332	0	0
17c後半〜18c前半	3	4	0	7	5	12	5	22	10	7	6	23	52	1	0
18c後半-19c	2	2	0	4	13	38	0	51	10	8	5	23	78	0	11
合　計	25	117	12	154	49	198	8	255	22	18	13	53	462	1	11

表3　バストン・デ・サン・ディエゴ遺跡出土磁器時期・産地・器種別数量表（破片点数）

	景徳鎮系			福建・広東系			計	肥前	合計
	碗	皿	小計	碗	皿	小計			
16c後半〜17c前半	25	23	48	86	52	138	186	0	186
17c後半〜18c前半							184	8	192
18c後半〜19c							100	0	100
合　計							470	8	478

表4　バリアン遺跡出土磁器時期・産地・器種別数量表（破片点数）

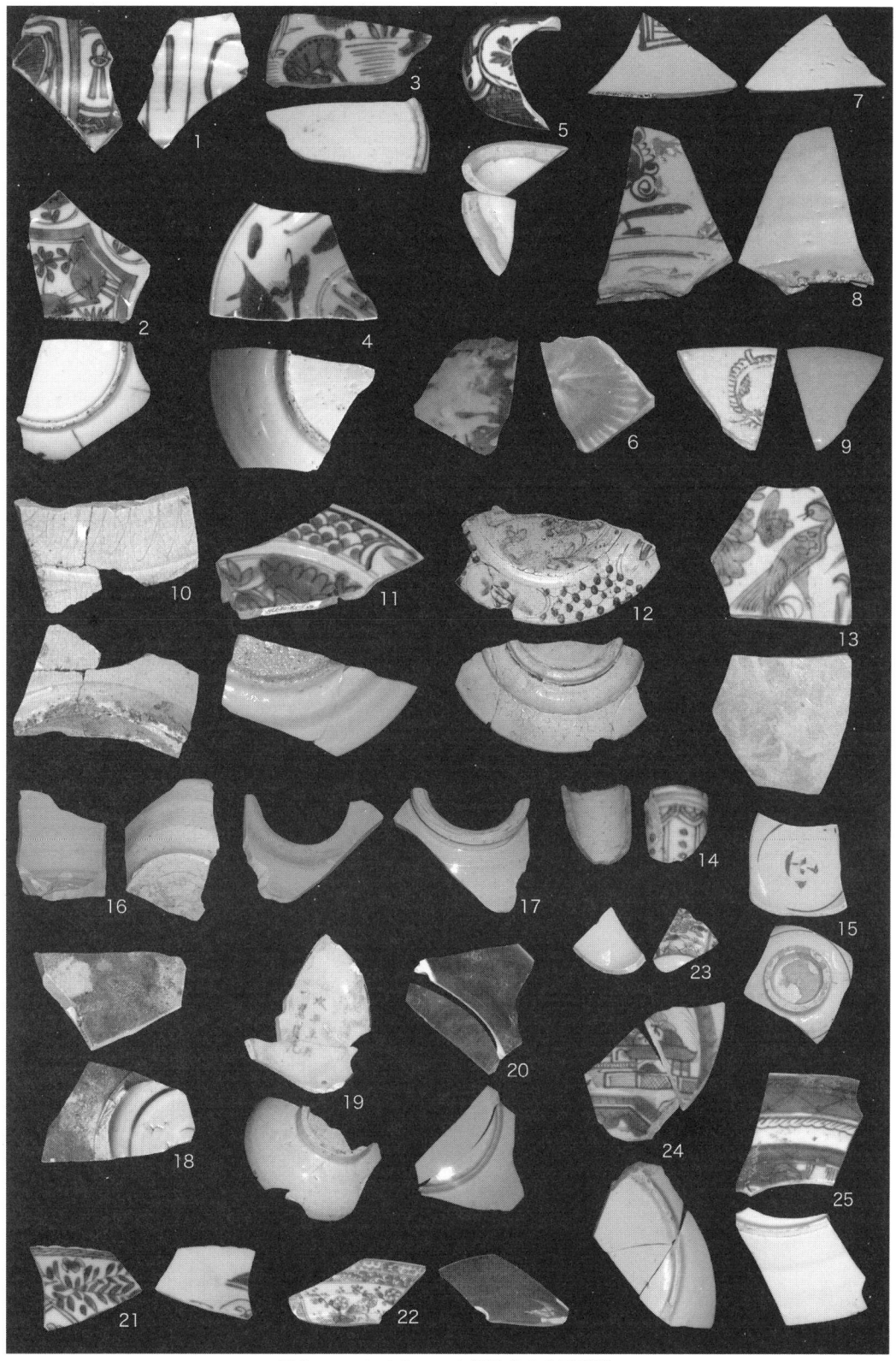

図3 アユンタミエント遺跡出土中国磁器

ヒト・モノの交流

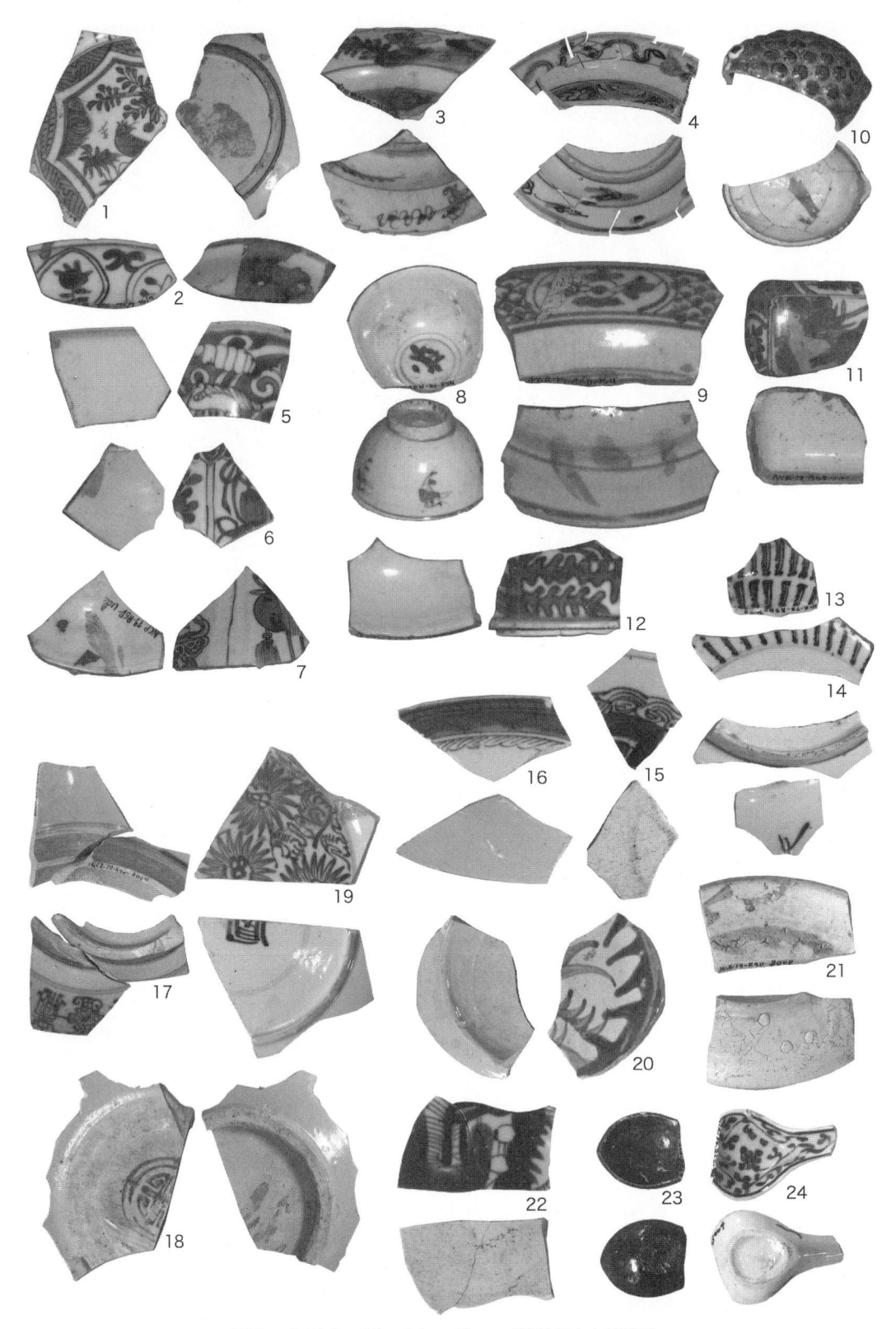

図4　バストン・デ・サン・ディエゴ遺跡出土中国磁器

図5　バリアン遺跡出土中国磁器

西アジアに輸出された14〜15世紀の東南アジア陶磁器

佐々木 達夫

> キーワード：東南アジア陶磁器　西アジア出土　ジュルファール遺跡　14〜15世紀
> インド洋流通　ミャンマー　タイ　ベトナム

1. ジュルファール遺跡出土の東南アジア陶磁器

　ジュルファール遺跡で私たちが居住区から発掘した陶磁器重量は3,192kgで、土器3,031kg, 95%、中国陶磁器24kg, 0.77%、東南アジア陶磁器15kg, 0.48%、イスラーム施釉陶器115kg, 3.60%、イスラームstonepaste 6kg, 0.19%である。東南アジア陶磁器の内訳はタイ8,268g、ミャンマー3,749g、ベトナム536gであるが、東南アジア産とした黒褐釉陶器壺2,629gの多くはタイ陶器に追加されると思われる。その場合、もっとも多い東南アジア陶磁器出土品はタイ黒褐釉壺となり、ミャンマー陶磁器は青磁に限られ盤と碗で、上層から多く出土するが下層にもある。中国と東南アジアの陶磁器を合計した出土量は39,912gで、出土比率は中国陶磁器が61.96%、東南アジ

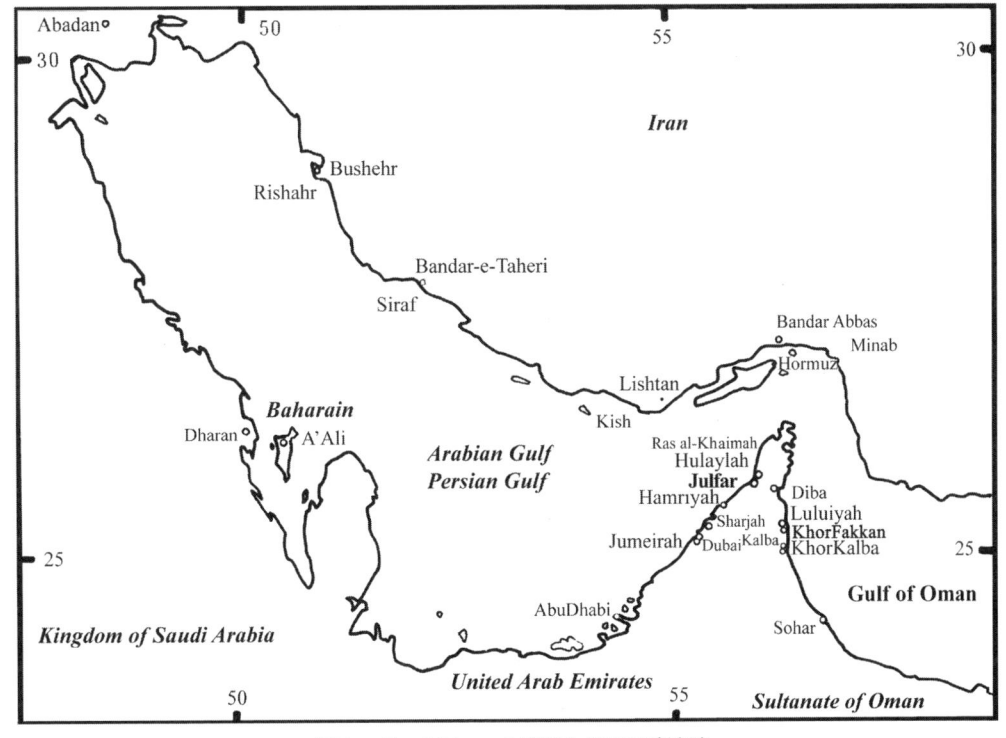

図1　ジュルファール遺跡と周辺関連遺跡

表1 ジュルファール出土東南アジア陶磁器を100%とした場合の簡略化した産地国・種類・器種の出土割合

産地国	タイ						ミャンマー			ベトナム				
種類	黒褐釉	青磁		不明	白濁釉	計(g)	青磁		計(g)	染付		淡緑白釉		鉄絵	計(g)
器種	壺	碗鉢	盤		合子		碗鉢	盤		盤	小壺	碗	小盤	碗	
層位															
表土	2330	66	57			2453	93	398	491						
第1層	4674	83	95	3	12	4867	419	834	1253	26	16	113			155
第2層	803	50	50			903	268	570	838		7	39			46
第3層	78	19	17			114	39	778	817			170		9	179
第4層	328		14			342	17		17			4	24	6	34
第5層	151					151			0						0
第6層	968	3				971		2	2			45			45
第7層	1069					1069		228	228			4			4
計(g)	10401	221	233	3	12	10870	836	2810	3646	26	23	375	24	15	463

産地国	タイ						ミャンマー			ベトナム				
種類	黒褐釉	青磁		不明	白濁釉	計(%)	青磁		計(%)	染付		淡緑白釉		鉄絵	計(%)
器種	壺	碗鉢	盤		合子		碗鉢	盤		盤	小壺	碗	小盤	碗	
表土	15.555	0.441	0.381			16.377	0.621	2.657	3.278						
第1層	31.204	0.554	0.634	0.020	0.080	32.492	2.797	5.568	8.365	0.174	0.107	0.754			1.035
第2層	5.361	0.087	0.334			5.782	1.789	3.805	5.594		0.047	0.260			0.307
第3層	0.521	0.334	0.113			0.968	0.260	5.194	5.454			1.135		0.060	1.195
第4〜5層	3.198		0.093			3.291	0.113		0.113			0.027	0.160	0.040	0.227
第6層	6.462	0.020				6.482		0.013	0.013			0.300			0.300
第7層	7.137					7.137		1.522	1.522			0.027			0.027
計(14,979g)	69.438	1.436	1.555	0.02	0.08	72.529	5.58	18.759	24.339	0.174	0.154	2.503	0.160	0.1	3.091
重量					72.529%				24.339%						3.091%

この表にはないが、タイ白濁釉下彩絵陶器小瓶は5gで層位不明、タイ白濁釉盤は少量あるが重さ不明、ミャンマー白濁釉陶器小瓶は39gで層位不明、ベトナム青磁は5gで層位不明、ベトナム青磁の出土品に限る。層位不明品は省く。東南アジア黒褐釉陶器と分類していたものの一部はミャンマーとなる可能性がある。データはC12地区の出土品に限る。層位不明品は省く。東南アジア黒褐釉陶器と分類していたものの一部はミャンマーとなる可能性がある。

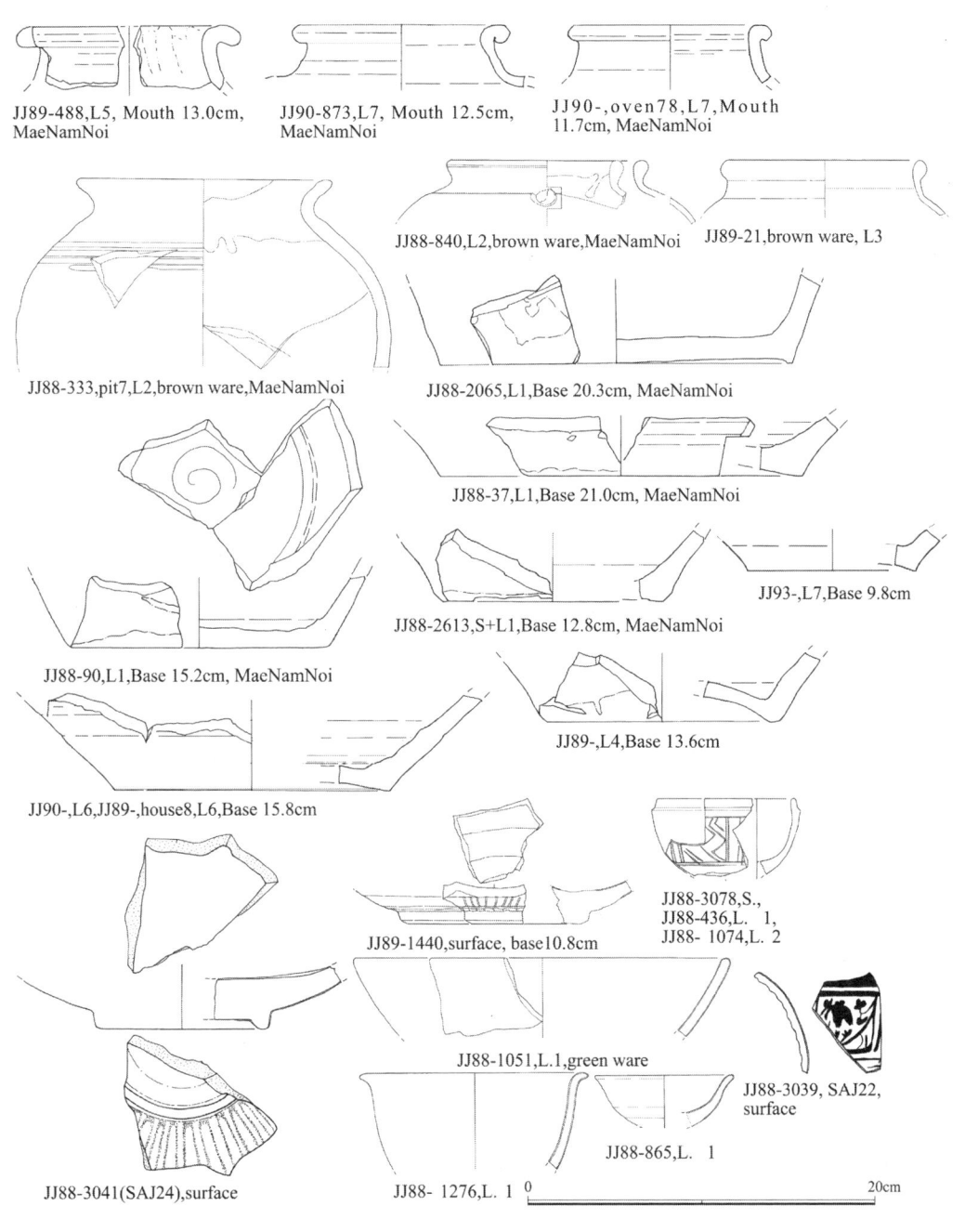

図2 ジュルファール遺跡出土のタイ陶磁器

ア陶磁器が38.04％となる。東南アジア陶磁器を1とした場合、中国陶磁器は1.6倍となる。下層14世紀後半と上層15世紀前半で、出土陶磁器の産地比率は変化している。

(1) タイ陶磁器（図2）

タイの主要な陶磁器産地は3地域である。北部タイのランナー地域、北中部タイのスコータイ、サワンカロク地域、中部タイのスパンブリー、シンブリ地域である。14世紀中頃からタイ陶磁器

のインド洋流通量が増加し、15～16世紀が最盛期となったことは都市遺跡出土品や沈没船引き揚げ品から推測されている。ジュルファール遺跡出土品はその具体的な様相を伝える資料となる。現在のタイ国内で海外輸出品を生産した窯跡は、主に北中部タイのシーサッチャナライ窯跡、スコータイ窯跡、中部タイのメナムノイ窯跡である。

　黒褐釉四耳壺の産地はシーサッチャナライ窯跡とメナムノイ窯跡、無釉大壺はスパンブリー県バンプーン窯跡が生産地である。黒褐釉陶器壺は第7層から第1層まで中国黒褐釉陶器壺より多く出土し、14世紀前半から流通量を増加させたことがわかる。タイ陶磁器の7割はシーサッチャナライとメナムノイの陶器壺が占めている。青磁はシーサッチャナライが主要な産地であり、これまでに窯跡と製品が明らかな種類である。素地は磁器質の灰白色で硬く焼き締まり、釉調は透明性が高く淡青色である。青磁は第4層の出土量は少ないが、第3層では碗鉢盤が出土し、15世紀前半に流通量が増え、第1層の15世紀中頃にもっとも多くなる。白濁釉で刻線文の合子が1点出土したが、破片の出土層位は表土、第1層、第2層からである。灰釉陶器も第1層に多くなる。表土から鉄絵陶器瓶1片が採集されたが、スコータイ窯の鉄絵小瓶で黒彩上に透明釉がかけられている。無釉土器も出土し、JJ88-1527は無釉土器壺である。口径11.6cmで、口縁部が丸みをもって外に少し摘みだされ、その下はやや厚くなる特徴をもつ。頸部と肩部の境から下方に幅広櫛目状で叩かれた格子目状文がある。文様は残存する破片の胴部全面にみられ、肩部上方が深い溝状となる。素地はピンク色から淡い白茶色で、混じり物は少ない。焼成温度は高くなく、器表面には剥離した部分がある。斑状に黒くなる部分があるから、煮炊き用で火にかけている。

(2) ミャンマー陶磁器（図3）

　ミャンマー陶磁器は以前タイに分類して整理していたため、20世紀末までの資料を総点検する必要があり、ジュルファール遺跡出土品の多くを21世紀になってから点検した。東南アジア陶磁器出土品の4分の1はミャンマー陶磁器であり、すべて青磁に限られ、器種も碗鉢盤のみである。タイ壺を除いた飲食用陶磁器のなかでは、タイとベトナムが同量であるのに比べミャンマーは8倍の量が出土している。第7層から第1層まで出土し、第3層から第1層で量は増加している。

　青磁は素地が灰色で黒い粒状斑点が混じり、やや粗質な焼成である。釉調は不安定でくすんだ緑色が多い。器種は碗と盤が多く、出土量は盤が重さで3倍ほどあるが、個体数では軽い碗が多くなる。白濁釉陶器は住居地区の表土で採集されたが、第1層及びそれ以下の層からは出土しない。ミャンマー黒褐釉陶器も出土しない。こうした製品の生産年代や流通状況を考える資料となる。

(3) ベトナム陶磁器（図4）

　ベトナム陶磁器は東南アジア陶磁器のなかで3％と、タイの飲食器用陶磁器とほぼ同じ量で少ないが、タイ飲食用陶磁器よりもわずかに早く流通している。淡緑白釉陶器の碗が主な製品で、第7層から第1層まですべての層位で出土する。小盤も第5～4層にあるが、他の層位ではみられない。鉄絵陶器は碗で第5～3層から出土している。染付は盤と小壺が第2層および第1層から出土している。鉄絵陶器と染付は出土層位が分かれ、15世紀前半内での流通時期の違いを示す。

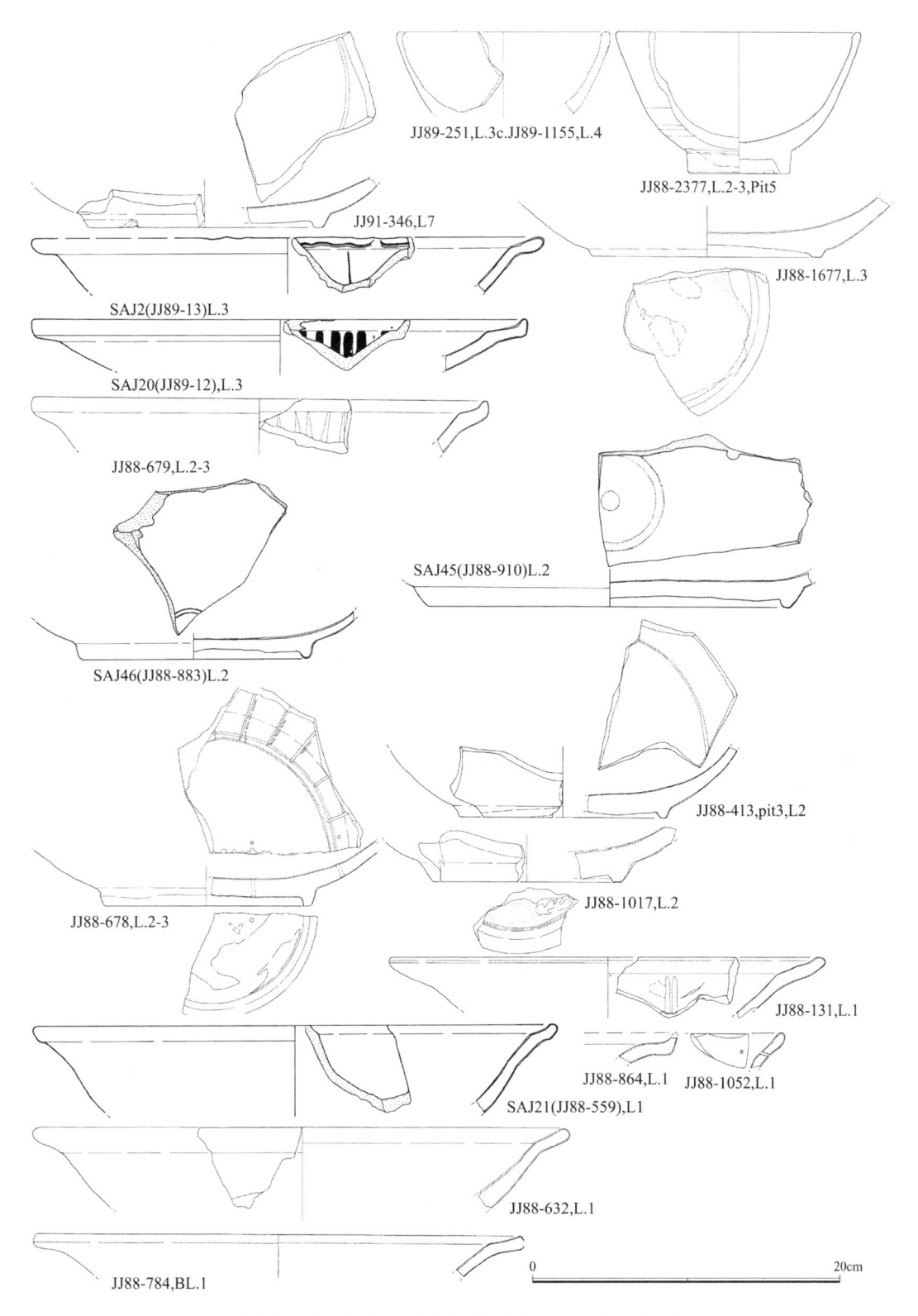

西アジアに輸出された14～15世紀の東南アジア陶磁器　佐々木達夫

図 3-1　ジュルファール遺跡出土のミャンマー陶磁器(1)

ヒト・モノの交流

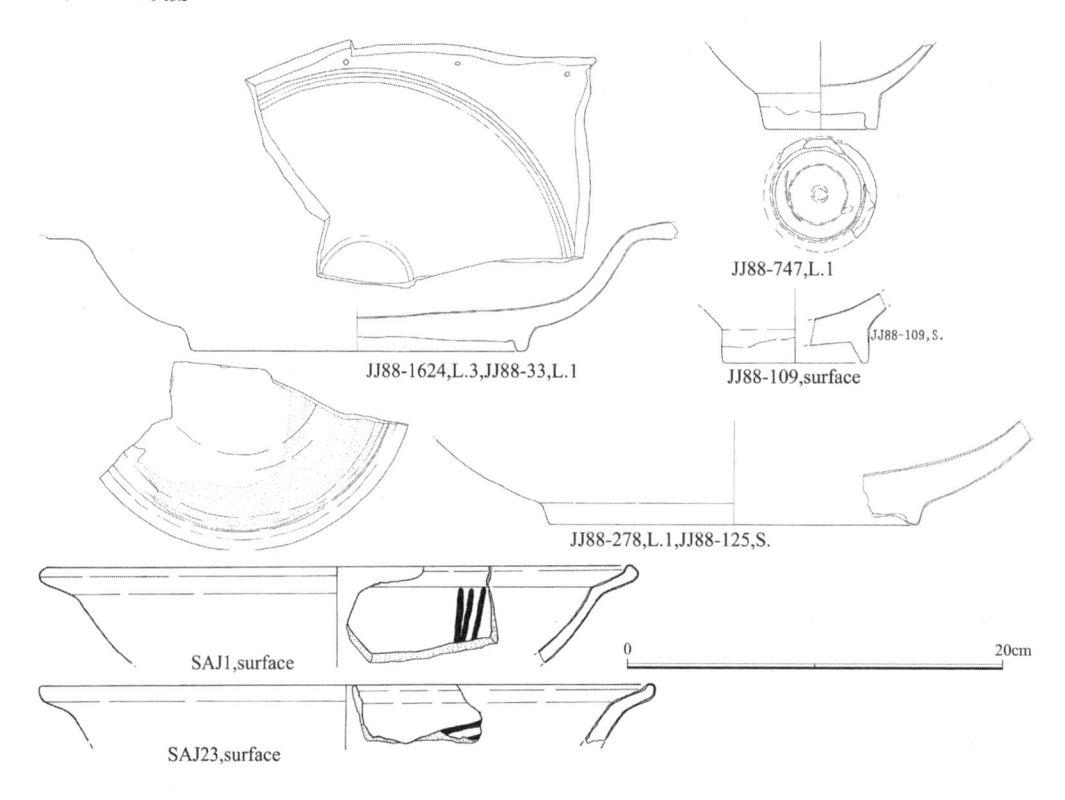

図3-2　ジュルファール遺跡出土のミャンマー陶磁器(2)

染付

　居住区出土のベトナム染付は9片である。第3～2層から小壺胴部1片、第2層から盤胴部2片、碗胴部1片、第1層から盤口縁部1片、盤底部1片、盤胴部2片、碗胴部2片、小壺口縁部1片、小壺胴部1片が出土している。他に50mトレンチから復元完形壺が1点出土している。

　JJ88-676は、第2層と第3層の境付近から出土した小壺胴部である。外面に蔓唐草が描かれる。素地は灰色で、外面だけに白化粧土が塗られる。外面の釉は白化粧土の色を映し白いが、内面は白化粧土がないため素地の色を映し釉が灰色かかる。両面ともに細かな貫入が入る。染付の発色は淡い青色である。JJ88-743、1257、676は、類似した破片で、同じ個体の可能性もある。

　JJ88-469は盤の口縁部片で、口径34cm。口縁端部は釉が拭き取られている。内面の口縁部に唐草文が描かれ、その下方の内面壁部分に太線の唐草文らしい模様が見られる。外面は2本の圏線の下方に蓮弁文が描かれている。素地は灰色で少し粗雑であり、染付発色は青黒色である。内外面ともに白化粧土が塗られ、内外面ともに釉と素地の剥離が著しい。JJ88-532は、2cmたらずの小片で底部片である。下面は無釉であるから、皿か盤の底部であろう。素地と釉を合わせても5mmの厚さしかない。

　JJ88-743は小壺の口縁部で、口径7.0cm。口縁部に2本の圏線で上下を区画された唐草文が配され、その下に2本の圏線があり胴部全面に蓮唐草文らしい文様が描かれている。内面も施釉されている。素地は灰色である。外面には白化粧土が塗られているが、内面にはない。外面の釉は白化粧土の色を映すため白く、貫入はない。内面の釉は素地の灰色を映すため黄緑色かかる部分もあり、

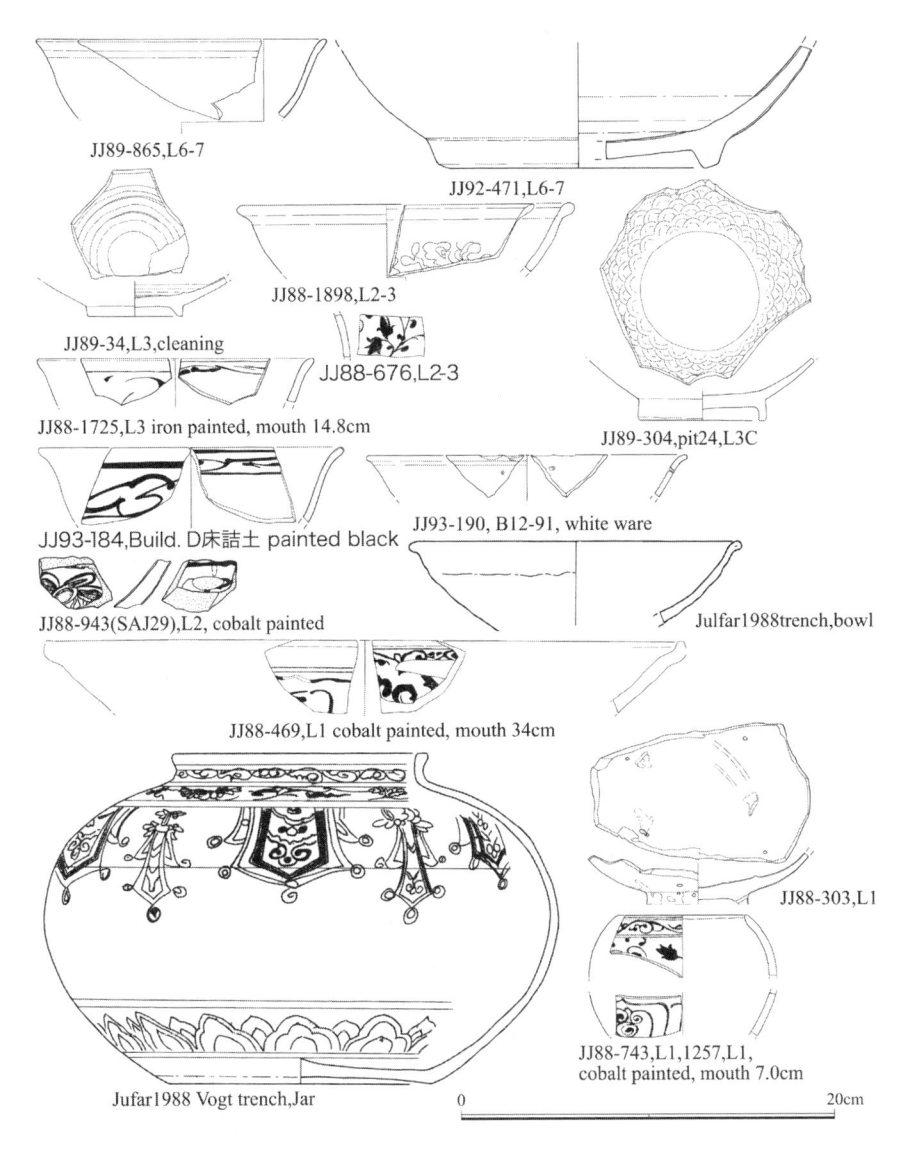

図4 ジュルファール遺跡出土のベトナム陶磁器

細かな貫入が入る。

　JJ88-1257は小壺の胴部である。外面には蓮弁文の内側に蔓唐草が描かれる。素地は灰色で、外面だけに白化粧土が塗られる。外面の釉は白化粧土の色を映し白いが、内面は白化粧土がないために素地の色を映し釉が灰色かかり、黄緑色を帯びる部分もある。両面ともに細かな貫入が入る。染付の発色は淡い青色である。

鉄絵

　JJ88-1725は碗の口縁部で、口径14.8cm。内面の口縁部に直線的に簡略化した唐草文が描かれ、外面にも早い筆の文様が粗く描かれる。口縁部端部に1本の鉄絵線がめぐる。外面にも口縁部に1本の鉄絵線がめぐり、その下方に早い筆の文様が粗く描かれている。鉄絵は淡い茶褐色である。釉の全面に細かな貫入が入る。素地は、ベトナム染付よりもやや淡い灰色である。第3層出土。

JJ88-1726は碗の胴部小片で、絵付けがあるかどうか不明。第3層出土。
青磁
JJ89-34、JJ93-290は、中部ベトナムのビンディン省ゴーサイン窯跡青磁あるいは灰釉陶器に類似している。

(4) 産地不明の施釉陶磁器

JJ88-2377は、薄い緑色から灰緑色の釉がかかる陶器碗である。口径15.7cm,、底径6.5cm、高さ9.0cm。内面の釉のほうがやや緑色が濃い。細かな貫入が全面にはいる。高台部は施釉されていないが、一部に釉が付着する。素地は灰白色で黒い粒が少し混じる。焼成温度が低いため、焼き締まっていない。成形は右回りロクロが使われる。高台部下面は左回りロクロ上で平坦に削られている。東南アジアの製品であろう。

2. ジュルファール遺跡の東南アジア陶磁器の特徴

ジュルファール遺跡の居住地発掘地点層位は大別7層に分けられ、最下層の7層は14世紀中頃に始まり、最上層の1層は15世紀中頃に終わると推定される。出土した東南アジア陶磁器は現在のベトナム、タイ、ミャンマーに含まれる地域で生産されたと推定され、カンボジア、ラオス、マレーシア、インドネシアの陶磁器は含まれていない。ジュルファールがオマーンとチムール帝国の影響下にあった時代の陶磁器は、大越、チャンパ、クメールあるいはスコータイ、アユチア、ペグーの領土で作られたものである。

(1) ジュルファール出土東南アジア陶磁器の研究経過

ジュルファール遺跡を1968年に発見したイギリス人ドゥカルディは、1968年にジュルファール遺跡で採集した2点の青磁を模倣青磁と呼び、14〜16世紀の安南（ベトナム）産と紹介し、タイの窯跡出土品と比較できると述べ、青磁をタイプAとタイプBに分けた（de Cardi 1970: 293）。現在の知見では青磁Aはタイのシーサッチャナライの青磁、青磁Bはミャンマーのトワンテの青磁にあたる。ドゥカルディの推定産地は間違っていたが、中国青磁でなく東南アジア青磁であると指摘したことに研究史上の意義がある。

ドゥカルディは青磁Bの特徴を中国青磁及びタイ青磁Aと比較して、素地は粗く灰色で黒粒が混じると述べる。この特徴はミャンマー青磁の素地の特徴であったが、当時はミャンマー青磁が知られていなかった。佐々木もエジプトのフスタート遺跡から1980〜85年に出土したミャンマー青磁をタイ青磁に分類していた（佐々木 1986）。1987年にイエメンを中心に遺跡を踏査し、インド洋沿岸のアラビア半島の遺跡出土ミャンマー青磁をタイ青磁と紹介した（佐々木 1988）。1987年から調査を始めたジュルファール遺跡出土のミャンマー青磁もタイ青磁と分類していた。タイ国内の青磁窯跡の製品に類似品がなく、化学分析や偏光顕微鏡観察を実施したが、タイであることを証明することができなかった（Sasaki et al. 1992；佐々木 1993；Yamasaki et al. 1994）。そうした研究状況を反映してジュルファール遺跡出土のミャンマー青磁をタイ（ミャンマー）青磁と紹介していた（佐々

木 1993)。

ジュルファール遺跡やインド洋沿岸各地から出土した青磁の多くがミャンマー産と証明したのは、2001年3月に金沢で開催した「東南アジア陶磁器の生産と流通」研究会であった。吉良文男のトワンテ窯跡採集品の紹介を基に、佐々木が発表した「ミャンマー Twante 窯跡青磁とアラブ首長国連邦 Julfar 遺跡出土青磁の比較」であった。その後、津田武徳がミャンマー国内の窯跡調査を行い、筆者らも踏査を実施し、ジュルファール出土品はトワンテ窯跡の製品が主であり、偏光顕微鏡観察によってジュルファール出土品とトワンテ窯跡採集品に同じものと違うものがあることが判明した。窯跡や製品の特徴や流通・歴史背景など、調査研究が展開中である (Sasaki 2001, 2002, 2003；佐々木 2002, 2002；佐々木 他 2000, 2003, 2004)。

(2) 東南アジア陶磁器のインド洋流通

ルリーヤ砦出土の陶磁器は13世紀末から14世紀初の中国陶磁器とイスラーム施釉陶器及び土器であり、東南アジア産陶磁器は見られない (Sasaki 2001；佐々木 2002, 2005)。アラビア湾・オマーン湾地域の発掘された遺跡では14世紀初まで東南アジア陶磁器が流通したことを出土品で証明できない。14世紀中頃のジュルファール第7層では東南アジア陶磁器、とくにタイ黒褐釉陶器壺の流通が見られ、15世紀前半から中頃と推定される第1層に至るまで連続して同じ産地の陶器壺が見られる。

ジュルファール遺跡出土の東南アジア陶磁器のうち、産地が推定でき、層位が分かる住居地区から出土し、重量統計表に数値が掲載されたものに絞ると、計14,979gとなった。この数値を100%として産地や種類・器種の層位的な変化の状態を割合で示したのが表1である。

タイ陶磁器は72.53%を占め、ミャンマー陶磁器は24.34%、ベトナム陶磁器は3.09%である。もっとも多い種類はタイ黒褐釉陶器壺で69.44%であり、第7層から表土まで継続して出土しているが、第1層は31.2%と多くなり、他の層位からは3〜7%ほどである。タイ陶磁器は食材・水・酒など内容物を詰めた容器・コンテナとしてインド洋を運ばれたと推定される壺が主である。他の種類と器種はタイ・ミャンマー・ベトナムともに食卓用飲食器の碗鉢盤が中心となり、それ自体が商品である。

(3) タイ陶磁器

東南アジア陶磁器のなかで7割を占める黒褐釉陶器壺を除くと、タイ陶磁器の量は少なくなる。青磁の碗鉢と盤が同じ程度の量で、第6層から表土にかけて出土する。青磁と白濁釉の碗や合子を合わせても、黒褐釉陶器を除くタイ陶磁器は3.096%でベトナム陶磁器3.091%と同じ量となる。ミャンマー青磁はそれらの7.9倍となり、飲食器としての東南アジア陶磁器はミャンマー青磁が主であることを示している。容器としての陶磁器はタイが中国黒褐釉陶器壺よりも5倍の量であり (佐々木 2006: Tables 4)、14世紀前半まで主要製品であった中国陶器壺からタイ陶器壺への変化が明らかとなった。シーサッチャナライ窯とメナムノイ窯の割合は第7層から第2層までほぼ同じで、第1層で急に出土量が増加しているが、とくにメナムノイ窯の壺が第1層で多くなる (佐々木 2006, Registered Files, Thai, Vietnamese and Myanmar ware)。

(4) ミャンマー青磁

　黒褐釉陶器壺を除いた飲食器が主となる東南アジア陶磁器はミャンマー青磁が多く、青磁盤が18.76％、青磁碗鉢は5.58％である。インド洋を運ばれた東南アジアの主要な飲食器はミャンマー青磁であったことを示している。ミャンマーの青磁盤は青磁碗鉢よりも重さで3.4倍ほど多く出土しているが、個体数は碗のほうがやや多いであろう。ミャンマー青磁は第7層から表土まで出土している。第7層は1.522％であるが、第6層は0.013％、第5〜4層は0.113％と少ないが、第3層は5.454％、第2層は5.594％、第1層は8.365％と増加傾向にあり、表土からは3.278％である。

　ミャンマー青磁は、14世紀末から15世紀前半に大量に流通したことがジュルファール遺跡出土品から推定できる。ただし、15世紀後半の流通量についてはジュルファール遺跡では不明である。ミャンマー白濁釉陶器は表土のみから少し採集されるが、15世紀中頃までの層位には含まれていない。いわゆるマルタバーン壺も出土しない。

(5) ベトナム陶磁器

　ミャンマー青磁に次いで多いのはベトナム淡緑白釉陶磁器あるいは白磁の碗であるが、量は少なくなり2.503％である。第7層から第4層までは0.03〜0.3％ほどで、第3層は1.135％と多くなり、第1層は0.754％となり、下層よりは上層のほうがやや多くなる。ベトナムの白磁皿や鉄絵陶器は少ない。白磁は碗が多く、JJ88-1898は第3〜2層出土で内面に型文があり、JJ88-303は第1層出土で目積み技法をとる。JJ89-304は第3層C層pit 24出土で型による鱗状の波状文がある。

　鉄絵陶器の出土層位は第5層から第3層で、第7〜6層や第2〜1層、表土から出土しないことから、14世紀末から15世紀初頃に流通したが15世紀中頃には流通が減ったと推定できる。ベトナム染付はわずかな量であるが、第2〜1層からのみ出土し、鉄絵陶器後の15世紀中頃近くになってから流通している。碗盤が主である。チャンパ灰釉陶器も数片出土し、東南アジア各地の遺跡の他に紅海のツール遺跡でも出土している（Aoyagi 2005）。

(6) 東南アジア陶磁器の出土割合と増加

　中国陶磁器と比較すると東南アジア陶磁器が15世紀前半に増加することは明瞭である（佐々木2006）。第7層から第4層まではミャンマー青磁よりも中国の染付や青磁が多い。第3〜2層でも中国青磁が圧倒的に多いが、ミャンマー青磁が中国染付より増える。第1層も出土量は中国青磁、ミャンマー青磁、中国染付の順であるが、その比率は近くなる。東・東南アジアの陶磁器のなかでは中国陶磁器が主であり続けるが、東南アジア陶磁器はアラビア湾で14世紀前半から流通し始め、14世紀中頃から流通量が増加し、とくに15世紀前半から中頃に増えたと推定される。

　タイ陶磁器は商品や食材を入れた容器として運搬された黒褐釉壺が主要製品で、15世紀前半から中頃にかけて出土量が増えている。その他の飲食器用陶磁器はミャンマー青磁の碗鉢盤が多く、タイとベトナムの飲食器陶磁器はそれぞれミャンマー青磁の1割ほどの量である。いずれも碗鉢盤が主となり小壺や合子、瓶などがわずかに含まれる程度である。第1層の黒褐釉陶器壺の増加量と比べると、他の飲食器は第1層でもわずかに増える程度である。

こうした陶磁器の組み合わせと量は、鄭和の第3次南海遠征（1412-15）がジュルファール対岸のホルムズまで到達したことと関連することが推定できる。鄭和第5次南海遠征（1421-22）もアラビア湾（ペルシア湾）に入っている。この場合、商品としての内容物以外に船員の食材や酒油飲料水などを入れたタイ黒褐釉陶器壺容器が、食材を使用後にホルムズやジュルファールで荷下ろし販売された可能性も考えられる。航海でも生活でも貯水用や食糧保管に大壺を使用するのは最近まで地域を問わず一般的である。鄭和遠征によって活発化した商人活動が東南アジア陶磁器のインド洋流通を促したのであろう。

(7) 黒褐釉陶器壺

タイ陶磁器は14世紀初頭で廃絶されたルリーヤ遺跡から出土しない。ジュルファール遺跡では最下層の14世紀中頃の層から出土し、最上層で増加する。これは14世紀前半から東南アジア陶磁器の流通が活発化することを示す。タイ陶磁器は生活用品として使うために購入した碗鉢盤瓶小壺などの飲食器と、容器・コンテナとして内容物を詰めて運ばれた大壺を生活用品として販売した貯蔵器の二種類に分けられる。出土した重さからみるとタイ陶磁器の大部分は貯蔵用の大壺である。

中国黒褐釉陶器と分類した器種は薄手素地の壺で、7層から3層までは出土比率が高いが2〜1層で減少する。2〜1層の中国褐釉陶器壺は269g、タイ黒褐釉陶器壺は5,477gで、タイ黒褐釉陶器壺が20倍となり、タイ陶器壺が15世紀中頃にはアラビア湾で主流となったことを示す。ジュルファール遺跡各層出土量を合計するとタイ黒褐釉陶器壺は中国黒褐釉陶器壺より5倍の量となり、14世紀後半から15世紀前半はタイ壺が中国壺より多い。7層出土品を比べるとタイが1.6倍で、14世紀前半にタイ壺が中国壺よりも多くなっていたと推定できる。

東南アジアやインド洋に広がる黒褐色陶器の産地研究はタイが進み、ミャンマーではまだ不明瞭な点が多い。黒色釉、黒褐色釉、黄褐色釉、褐色釉などの黒褐釉陶器は壺が主で、中国広東省やタイの製品が多く含まれている。素地が黄灰色で薄い黄褐色釉がかけられ、小さな耳が肩に水平に4個付くやや大振りの壺は広東省の製品であろう。つやのある褐色から黒褐色の釉がかけられ、小さな耳が肩に水平に4個付く壺はタイの製品であろう。

欧米の研究者は外面に黒褐釉がかけられた壺をサルウィン河口の港町モッタマ（マルタバーン）の名を採ってマルタバーンと呼ぶが、その指す内容は不明確で時代的な産地や種類の変化を説明していない。白点文のある黒褐釉陶器大壺はマルタバーンと呼ばれる特徴的な種類であるが、15世紀中頃までのジュルファールからは出土しない。黒褐色陶器とくに大壺をマルタバーンと呼ぶのは不適切である。

ジュルファールが砂浜から都市化しつつあった14世紀中頃、1325年に旅を始めたイブン・バットゥータは1351年にグラナダで会ったイブン・ジュザイイに旅記録を渡し、『諸都市の新奇さと旅の驚異に関する観察者たちへの贈物』が1356年に編纂された。そこには「(タワーリスィーすなわちサンフ/チャンパのカイルーカリー町知事である王女がイブン・バットゥータに与えるため）幾つもの衣類、象2頭分の米の荷（等とともに）、マルタバーン壺4個—それは生姜、胡椒、レモンとマンゴーが一杯に入った大壺のことで、そのすべては航海用に準備された塩漬けのもの—を私のためにと持って来させた。」（家島彦一訳注 2001: 414）。

14世紀にベトナム南部の港町でマルタバーンがどのような陶磁器を指したか、マルタバーンで黒褐釉陶器を作ったかという点について、14世紀の文字記録からは不明瞭である。ジュルファールが廃墟となった16世紀初、マルタバーンで黒釉壺が作られたとポルトガル人バルボサは1518年刊行の記録で述べる。「マルタバーンでは多量の大きく丈夫な黒釉壺が造られている。ムーア人（イスラーム教徒）たちは珍重し、固まった安息香と一緒に持ち出す。」(Barbosa 1918: 157-9)。
　現在、マルタバーンで14～15世紀の黒褐釉陶器窯跡は未発見であり、マンダレー北部やトワンテではジュルファールが廃絶した後の黒褐釉陶器窯跡が発見されている（佐々木 他 2004）。こうした状況から白点文黒褐釉陶器大壺あるいはマルタバーン黒釉壺は16～17世紀に広範に流通したと推定される。ジュルファール後の時代のミャンマー黒褐釉壺については津田、坂井の研究が詳しい（坂井 2005；津田 2005）。

3. 東南アジア陶磁器の流通圏

　ジュルファール遺跡から出土した東南アジア陶磁器は、14世紀後半から15世紀前半の東南アジア陶磁器生産を反映した流通状況を伝える。13世紀末下ビルマにペグー朝が起こり1369年まではマルタバーンが首都であった。14世紀中頃からインド洋を東から西へ向かう帆船にトワンテで造られたペグー朝陶磁器の青磁碗盤が、アンダマン海エーラワーディ河口地域の港・マルタバーンなどから新たに荷積みされた。14世紀中頃アユタヤ朝が起こると同時に、チャオプラヤー川流域に位置するスコータイ朝とアユタヤ朝の黒褐釉壺はインド洋の帆船にシャム湾から食材等を入れた容器として積まれ、それまでの中国広東省の黒褐釉陶器壺に代わる役割を果たすようになった。ペグー朝陶磁器はマラッカ海峡を通らないインド洋地域の商品であったが、スコータイ朝とアユタヤ朝の陶磁器は、中国陶磁器と同じく東及びマラッカ海峡を通る西の両地域に流通する商品となった。
　マラッカ海峡またはスンダ海峡が、東と西の地域の陶磁器流通量を分ける境界線で重要な位置を占める。その両地域の流通をみると、中国陶磁器は東では圧倒的な流通量となり、西ではイスラーム陶器に次ぐ量となる。西で多いイスラーム陶器は東ではきわめて僅かな量である。ミャンマー青磁はペグー朝青磁碗盤で西では中国陶磁器に次いで広範に流通し、東ではきわめて少なく、日本までは流通しなかった。
　黒褐釉陶器大壺を除くと、タイとベトナムの陶磁器は産地国内及び東では多いが、西では中国やミャンマーよりも量が少なく、タイとベトナムの飲食用陶器の合計よりミャンマー青磁は4倍の量があった。東で造られたタイ黒褐釉陶器大壺は、日本を含めた東でも多いが、西でも多い。中国青磁と染付の東アジア・南アジア・西アジアにおける流通量の多さ、西アジア施釉陶器の東アジアにおける流通量の少なさ、ミャンマー青磁の東アジアにおける流通量の少なさと西アジアにおける多さ、タイ・ベトナム施釉陶磁器の東・東南アジアにおける産地に近い地域の多さ、西アジアにも流通しているが量は多くない、こうした点がジュルファール遺跡発掘品から歴史的な事実として浮かび上がる。
　14世紀中頃から15世紀中頃にかけて、地域経済圏と帆船の航路、陶磁器産地の地理的位置が陶磁器の流通範囲と関連している。中国陶磁器はアジアの海の全域に広がり、ベトナム・タイの飲食

用陶磁器は全体に薄く分布し、タイ黒褐釉陶器大壺は東と西の両地域に多く運ばれ、ミャンマーの飲食器用陶磁器は西に広がる。東と西の境界線上となる東南アジアの各地域で時代的に区分した流通量の比率を明らかにすることが、ジュルファール出土東南アジア陶磁器の意味をさらに解釈する基礎データを提供することとなろう。

謝辞

東南アジア陶磁器研究で青柳洋治教授から頂いたご厚誼に感謝。インド洋沿岸地域の東南アジア陶磁器流通研究のため、東南アジア各地の都市遺跡出土陶磁器についてさらなるご指導ご鞭撻を仰ぎたい。

参考文献

Aoyagi, Y.
  2005 Cultural exchange in the South China Sea as related by ceramic sherd: excavated archaeological data from the Chanpa Kingdom. *The Journal of Sophia Asian Studies* 23:123-135.

Barbosa
  1918 *The book of Duarte Barbosa, and Completed about the Year 1518 A.D.* Translated by Mansel Longworth Dames. London: Hakluyt Society.

de Cardi
  1970 Trucial Oman in the 16th and 17th centuries. *Antiquity* 44: 288-295.

坂井隆
  2005 「インド洋の陶磁貿易―トルコと東アジアの交流をめぐって」『上智アジア学』23: 261-309.

佐々木達夫
  1986 「フスタート遺跡出土の中国陶磁器―1985年―」『貿易陶磁研究』6: 99-103.
  1988 「北イエメンに中世海上貿易を求めて」『陶説』425: 29-33.
  1989 「エジプトで中国陶磁器が出土する意味」『考古学と民族誌』東京：六興出版.pp.227-250.
  1990 「アラビア湾へ運ばれた陶磁器」『陶説』448: 15-19.
  1992 「中国陶磁器」桜井・川床編『アル＝フスタート遺跡』早稲田大学出版部　第1分冊. pp.280-285　第2分冊. pp.435-487, 500-509.
  1993 「インド洋の中世陶磁貿易が語る生活」『上智アジア学』11: 87-117.
  2005 「アラブ首長国連邦オマーン湾岸のイスラーム時代町跡」『金沢大学文学部論集史学・考古学・地理学篇』25: 39-192.
  2005 「ルリーヤ砦出土13世紀末のイスラーム陶器」『西アジア考古学』6: 151-165.
  2006 「ジュルファール出土陶磁器の重量」『金沢大学文学部論集史学・考古学・地理学篇』26: 51-202.

Sasaki, T.
  1989 Trade Ceramics from the coast of the Indian Ocean I, *Journal of the East-West Maritime Relations* 1: 117-165.
  1991 Vietnamese, Thai, Chinese, Iraqi and Iranian ceramics from the 1988 sounding at Julfar. Al-Rafidan 12: 205-220.
  1993 The historical significance of ceramics excavated from archaeological sites in West Asia. *UNESCO Maritime Routes of Silk Roads; Nara Symposiun '91.* The Nara International Foundation. pp.134-139.

Sasaki, Koezuka, Ninomiya, Osawa, Yamasaki
  1992 Excavation of archaeological sites in Bahrain and United Arab Emirates and technical

studies on the excavated sherds in science and technology of ancient ceramics. *Proceedings of the International Symposium.* Shanghai research society of science and technology of ancient ceramics. pp. 230-234.

佐々木達夫・西田泰民・富沢威・小泉好延
1993 「アラビア海沿岸出土陶磁器の元素分析」『東洋陶磁』20・21: 195-209.

Yamasaki,K., Ninomiya,S., Aboshi,M., Osawa,M., Sasaki,T.
1994 Provenace studies of sherds excavated from archaeological sites. *New light on Chinese Yue and Longquan Wares.* Hong Kong: Center of Asian Studies, The University of Hong Kong. pp. 333-335.

Sasaki, T. & Sasaki, H.
1998 1997 excavations at Jazirat Al-Hulayla, Ras Al-Khaimah, U.A.E *Bulletin of Archaeology,The University of Kanazawa* 24: 99-196.

佐々木達夫・向井亙・楠寛輝
2000a 「北部タイ窯跡採集陶磁器の素地観察」『日本文化財科学会第17回大会研究発表要旨集』pp.122-123.
2000b 「北部タイ窯跡出土陶磁器素地の偏光顕微鏡観察」『金沢大学考古学紀要』25: 74-117.

Sasaki, T. & Sasaki, H.
2001a South East Asian ceramic trade to the Arabian gulf in the Islamic period. First International *Conference on the Archaeology of the UAE.* pp. 66-67.
2001b Excavations at Luluyyah Fort, Sharjah, U.A.E. *Tribulus* 11(1): 10-16.

佐々木達夫・佐々木花江
2002 「ルリーヤ砦の構造と出土品」『平成13年度第9回西アジア発掘調査報告会報告集』日本西アジア考古学会. pp.55-57.
2002 「アラビア半島に広がるミャンマー青磁の発見」『金沢大学考古学紀要』26: 1-11.
2003 「オマーン湾岸のコールファッカン砦」『平成14年度今よみがえる古代オリエント・第10回西アジア発掘調査報告会報告集』日本西アジア考古学会. pp. 86-90.
2005 「発掘資料解釈と景観復元によるジュルファルの都市的性格検証」『オリエント』48(1): 26-48.

佐々木花江・佐々木達夫
2002 「緬甸青瓷,其窯跡及在15至16世紀中向印度洋地区的出口貿易」『古陶瓷科学技術国際討論会論文集5』上海：上海科学技術文献出版社. pp. 589-597.

Sasaki, H. & Sasaki, T.
2002 Myanmar green ware-the kiln sites and trade to the Indian Ocean in the 15-16 centuries, *Bulletin of Archaeology, The University of Kanazawa,* 26: 12-15.

Sasaki, T. & Sasaki, H.
2003 Southeast Asian ceramic trade to the Arabian gulf in the Islamic period. *Archaeology of the United Arab Emirates.* London: Trident Press. pp. 253-262.

佐々木達夫・吉良文男・佐々木花江
2003 「ミャンマー陶磁の発見」『貿易陶磁研究』23: 106-123.

佐々木達夫・野上建紀・佐々木花江
2004 「ミャンマー窯跡踏査と採集陶磁器」『金沢大学考古学紀要』27: 147-246.

津田武徳
2005 「ミャンマー施釉陶磁―生産技術と編年のための史料」『上智アジア学』23: 56-80.

イブン・バットゥータ
2001 『大旅行記6』東洋文庫. 家島彦一訳注.

琉球弧の考古学
―南西陸橋におけるヒト・モノの交流史―

小田 静夫

> キーワード：港川人　沖縄先史文化　丸ノミ　貝斧　貝　開元通宝　ヤコウガイ　カムィヤキの道

はじめに

琉球弧とは、日本列島西南端の九州島から南約1,260kmの洋上に199余の島々が花綵のように分布し、地理学上で「南西諸島」「琉球列島」などと総称される。現在の行政区分上では北半分の薩南諸島38島は鹿児島県に、南半分の琉球諸島161島は沖縄県に所属する。ちなみに南西諸島という呼称は明治時代中期以降の行政的名称で、それ以前は「南島」や「南海諸島」「州南諸島」と呼称されてきたが、ここでは広く地理学・地学的名称として、国際的に認知される「琉球弧」という名称を使用する。

琉球弧はユーラシア大陸東端の太平洋沿岸に、世界最強の「黒潮」（日本海流・暖流）の流路に沿って弧状に分布する島嶼群である。この地理的位置から先史時代以来多くの人々が琉球弧を往来し、「南西陸橋」「道の島」「海上の道」などと呼称されている。そして今日の「日本文化の基層」には、この琉球弧経由の文化要素が多く看取され、日本人・日本文化の源流を辿る時、この島嶼地域が重要な役割を果たした証左が解明されつつある。

本稿ではこうした日本文化の原点を、最新の「沖縄先史考古学」の成果を紹介する中で、南西陸橋とも呼ばれる琉球弧が果たした自然史・文化史的役割について考察することにしたい。

1. 琉球弧の枠組み

(1) 地形・地質的環境

① 琉球弧の三地域区分

琉球弧は海底地形の二大境界線である吐噶喇（トカラ）海峡（悪石島と小宝島間）と慶良間（ケラマ）海裂（沖縄本島と宮古島の間）を境にして、大きく「北琉球」「中琉球」「南琉球」の三つの島弧グループに区分される（木崎・大城 1980；町田ほか 2001）。

(A) 北琉球グループには、九州島の南から大隅諸島（種子島、屋久島、口永良部島、馬毛島）、トカラ列島（口之島、中之島、諏訪之瀬島、悪石島、宝島）が入る。

(B) 中琉球グループには、奄美諸島（喜界島、奄美大島、加計呂麻島、徳之島、沖永良部島、与論島）や沖縄諸島（伊平屋島、伊是名島、伊江島、沖縄本島、慶良間島、久米島など）が入る。

(C) 南琉球グループには、宮古諸島（宮古島、伊良部島、多良間島など）や八重山諸島（石垣島、西表島、波照間島、与那国島など）が入る。

さらに琉球弧の外側には、洋島として東側の太平洋上のフィリピン海深海底の海嶺上から発達した隆起環礁・卓礁のサンゴ礁島の大東諸島（北大東島、南大東島、沖大東島）、そして西側に東シナ海の大陸棚縁にある尖閣諸島（魚釣島、久場島、大正島）が分布する。

② 高島と低島

一方、琉球弧の島々は地質構造と関連した島の成因を含み、古期岩類や火山岩類からなる「高島」（山地を含む）と、サンゴ礁性の石灰岩からなる「低島」（台地主体）の2種に分類することができる（木崎・大城 1980）。

(A) 高島には、北琉球グループの屋久島、中琉球グループの奄美大島や沖縄本

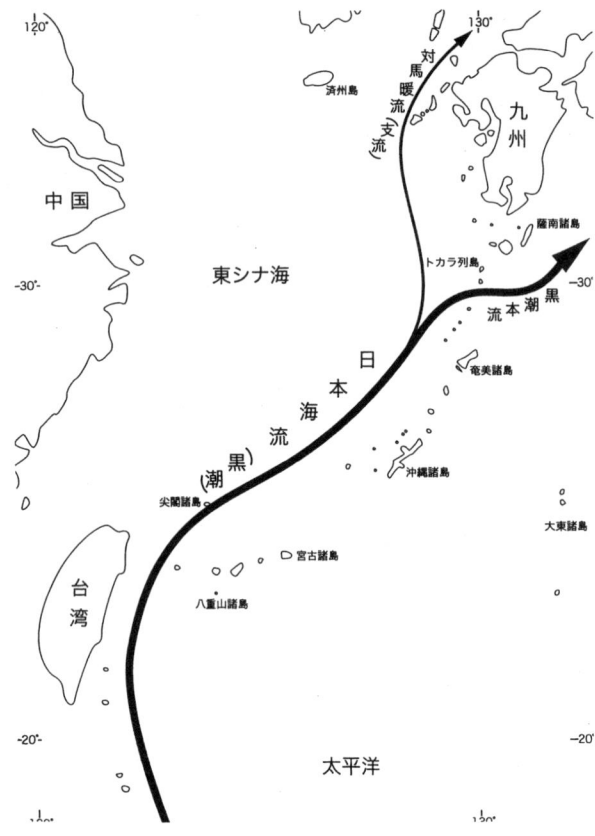

図1　琉球弧の自然地理的環境

島、伊平屋島、伊是名島、慶良間諸島、久米島、南琉球グループの石垣島、西表島、与那国島、尖閣諸島が入る。

(B) 低島には北琉球グループの種子島、中琉球グループの粟国島、伊江島、与勝諸島、南琉球グループの宮古諸島、竹富島、黒島、波照間島、大東諸島が入る。

また最大島である沖縄本島は複数の地質構造帯が存在し、北部が国頭帯（砂泥岩類）の高島で、中・南部が島尻帯（琉球石灰岩）を主体とした低島に分類される。

この高島と低島の二大別は地形的分類ではあるが、島の地学上の様々な判別にも有用である。高島は火山または古第三紀より古い地層から成り、酸性の赤黄色土（国頭マージ）が発達し、河川水を生活水の中心と成している。それに対し低島は新第三紀島尻層群の泥岩類とそれを覆う第四紀琉球石灰岩から成り、中性から弱アルカリ性の石灰岩土（島尻マージ）と泥岩未熟土（ジャーガル）が発達し、地下水を生活水の中心と成す。

また中・南琉球には「珊瑚」（サンゴ）礁が発達し、世界最強の「黒潮」（日本海流、暖流）の海に特徴がある。サンゴの生育には年平均16度以上の海水温が必要であるが、この地域は20〜24度と海水温が高いのでサンゴの形成が良好である。このサンゴ礁は島を棚状に取り囲み裾礁（リーフ）を形成し、その幅が250m以上になると干潮時に露出する岩盤（礁原）のヒシ（干瀬）と、浅い内海（礁池、ラグーン）状を呈する礁湖（イノー）の両方が形成される。造礁サンゴ類は日本には約400種が確認されているが、その中で南琉球の八重山諸島で約360種、中琉球の沖縄諸島で340種が存

在している。またサンゴ礁ではイノーやリーフ斜面で成育し、この環境に集まる多種類の生物を育んでいる。

　沖縄諸島の先史文化は「サンゴ礁文化」「貝塚文化」などと呼称され、遺跡は大きなリーフの切れ目に面した海岸砂丘上に立地する。こうした場所は島内と外世界との出入口であり、さらに外洋の豊富な魚介類がイノーに供給される地点でもあった。ちなみに狭い島環境の中では山の幸には限りがあるが、常に新しい海の幸の補給があるこうしたイノーに面した砂浜は、先史文化人の生活の場としても最適な場所であったろう。

(2) 生物地理環境

　世界の動物地理区は1857年イギリスの生物学者スレーターが鳥類の違いから世界を六つに区分し、その

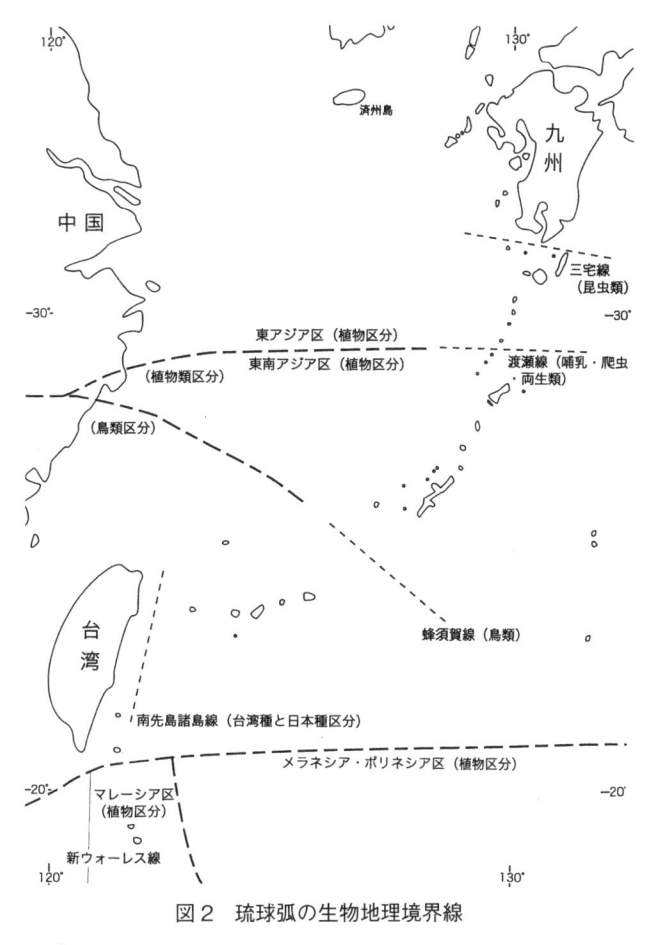

図2　琉球弧の生物地理境界線

後1876年に同じイギリスの自然科学者ウォーレスが脊椎動物、無脊椎動物から設定した6区分（旧北区・新北区・新熱帯区・エチオピア区・東洋区・オーストラリア区）、さらに1890年にブランフォードが採用した3つの区分、すなわち北界（旧北区・新北区・エチオピア区・東洋区）、新界（新熱帯区）、南界（オーストラリア区）がある。日本列島は、その内の旧北区（北海道～九州）と東洋区（琉球弧）に属する。因みにこの二つの境界線は琉球弧のトカラ海峡である。また旧北区は北方系を主体の北海道と、北方系と南方系の複合した本州・四国・九州に二分される（木崎・大城1980；安間1982）。

① 4本の生物地理境界線

　琉球弧の生物相は、「東洋区」に属する南方系種が多い。また島条件が影響し特殊種が進化したことやさらに生物的多様性が高く多数の種が共存していることに特徴がある。現在日本には106種の哺乳類が生存するが、日本の面積の1％に満たない琉球弧にはその約18％の19種が生息し、しかも固有種は15種にのぼっている。このように更新世前期以降に島嶼として隔離された特徴から固有種や亜種が多く、東京都の小笠原諸島と共に「東洋のガラパゴス」と形容される所以である。

　琉球弧には、現在4本の生物地理境界線が存在する（安間1982）。

(A) 三宅線は、九州本土と種子島・屋久島の間の大隅海峡に境界線があり、昆虫類、特に蝶の生息分布の相違で線引きされる。

(B) 渡瀬線は、種子島・屋久島と奄美大島の間のトカラ海峡に境界線があり、哺乳類・爬虫類・

ヒト・モノの交流

両生類の生息分布の相違で線引きされる。

(C) 蜂須賀線は、沖縄諸島と先島諸島の間に境界線があり、鳥類の相違で線引きされる。

(D) 南先島諸島線は、先島諸島と台湾島の間に境界線があり、両地域の生物相の生息分布の相違で線引きされる。

② 琉球弧の古環境

琉球弧は更新世前期の約150万年前頃、トカラ海峡を境界線にして中国大陸南東部から台湾島を経て沖縄諸島、奄美諸島までの北東に長く延びる半島と、朝鮮半島から九州島を経て大隅諸島までの南西に延びた半島から成っており、北側の北琉球には北アジアからの生物（旧北区系）が移住し、南側の中・南琉球には南方系の生物「東洋区系」が移住していた。

琉球弧はその後、更新世中・後期の約120万年前頃には島嶼群に分離し、

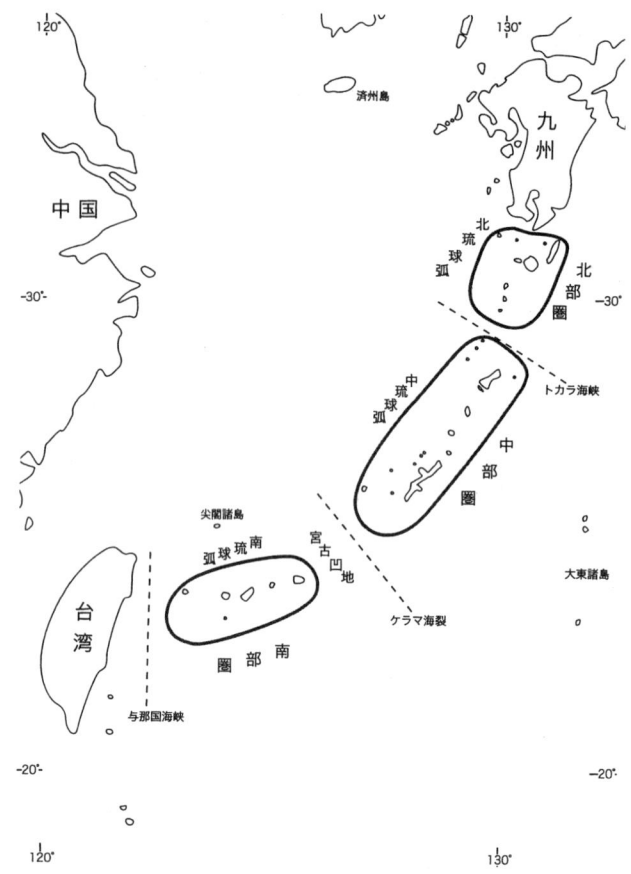

図3　琉球弧の三大文化圏

それ以降現在まで大陸や台湾島、九州島と繋がったことはない。したがって大陸から移住した生物たちは、島弧として切り離され孤立し、さらに面積も小さい故に侵入や定着にも限りがあり、絶滅も起こり得る要因が重なっていた。

世界の植物地理区は、全北区、新熱帯区、旧熱帯区、南帯区の四つに区分され、動物区との関係は全北区が旧北区と新北区、新熱帯区は新熱帯区、旧熱帯区はエチオピア区と東洋区、南帯区はオーストラリア区にほぼ該当する。日本は全北区の中国・日本区系区に属するが、トカラ海峡以南は旧熱帯区の「東南アジア区系区」に入り、台湾、中国南部、さらに南のインド、ニューギニア、インドネシアの植物相に類似する。

琉球弧は基本的には森林型で、暖温帯の西南日本と同じイタジイ林を中心としたマテバシイ、オキナワウラジロガシ、ウラジロガシなど常緑広葉樹林が山地部を占領する。また沿岸植生には、サンゴ礁、海岸崖地、砂浜、さらに河口域に分布する植物がある。それらはサンゴ礁と砂浜にはアダン、モンパノキ、クサトベラなど、河口域にはマングローブ林（オヒルギ、メヒルギ、ヤエヤマヒルギ、ヒルギダマシ、ヒルギモドキ、マヤプシキ、ニッパヤシなど）が繁茂している（安間1982；平凡社地方資料センター編 2002）。

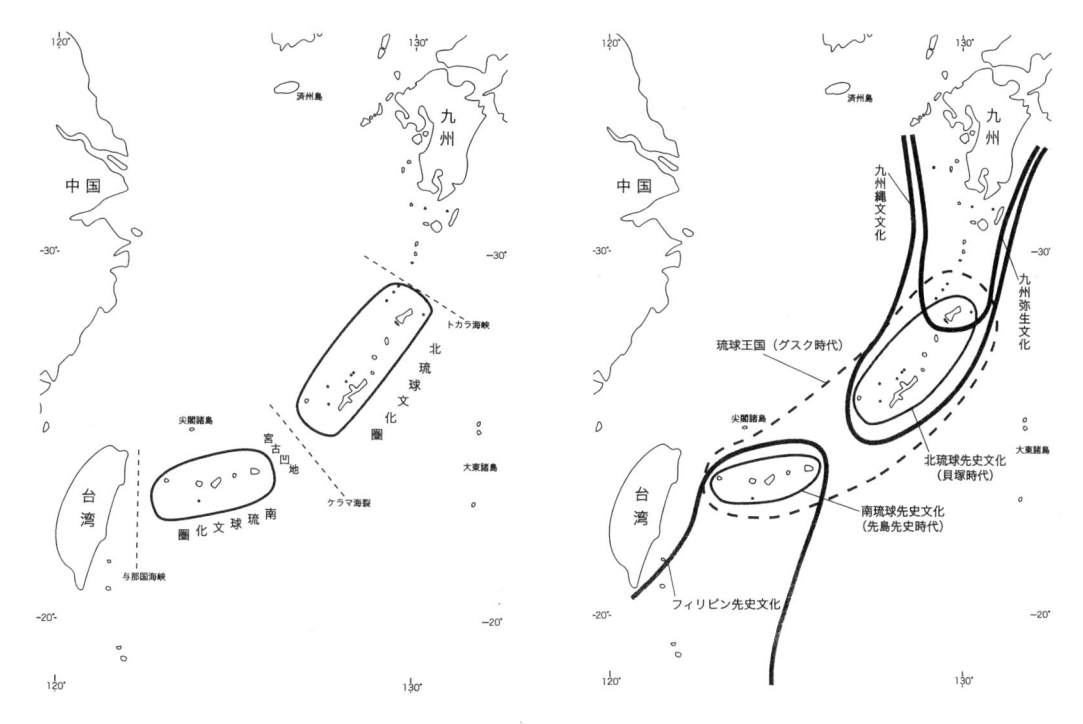

図4 琉球弧の二大文化圏　　　　　　　　図5 琉球弧における考古学的枠組み

(3) 人文的環境

①　考古学的地域区分

　琉球弧は地形・地質学的視点から北琉球、中琉球、南琉球グループという三大区分が行われ（木崎・大城 1980；町田ほか 2001）、考古学的視点からも北部圏、中部圏、南部圏という三つの文化圏区分が定着している（国分 1972；嵩元・安里 1993；沖縄県文化振興会公文書管理部史料編集室編 2000, 2003）。

　(A) 北部圏は種子島、屋久島、トカラ列島で、縄文・弥生時代を通じて九州本土の影響を受けたと考えられる「島嶼文化」が営まれた。

　(B) 中部圏は奄美大島、喜界島、徳之島、沖縄本島で、縄文・弥生時代に九州本土からの文化を取り入れながらも独自の「南島文化」を形成させた。さらにこの文化圏は、奄美諸島の北部と沖縄諸島の南部に二分できる（国分 1972）。そしてトカラ海峡より南の島々は、黒潮本流の外側に位置し、サンゴ礁が発達しており、イノーを中心にした豊富な海産資源を利用した「サンゴ礁文化」が営まれた。

　(C) 南部圏は宮古島、石垣島、西表島、波照間島で、縄文・弥生文化の影響が及ばず、むしろ中国大陸や台湾島そして黒潮に乗って流れてくる東南アジア地域との関連が多く認められた。また沖縄本島の南には宮古凹地と呼ばれる広大な無島嶼海域が存在し、南部圏と北部圏の島々は相互に望見できない遠距離空間で、近世期に「琉球王国」が成立するまでは全く別々の文化圏であった。

②　琉球史的視点からの二区分

　近年沖縄の考古学研究者の間で、かつて存在した「琉球王国」の支配範囲を中心とした北琉球圏と南琉球圏という二つの文化圏区分が行われている（嵩元・安里 1993；沖縄県文化振興会公文書管理

部史料編集室編 2000, 2003)。

(A) 北琉球圏は、トカラ海峡以南のトカラ列島の一部と奄美諸島、沖縄諸島の地域で、黒潮本流の外側のサンゴ礁島に特徴を示す地域である。九州島、大隅諸島に展開された本土文化とは異なった「島嶼文化」が形成され、それは縄文文化や弥生文化の影響も多く認められる事から、この地域に本土の先史時代人が南下したことは明らかである。その証左としては、特に北九州地方の弥生時代人が求めたゴホウラやイモガイなどの南海産大形巻貝製腕輪の交易活動は広く周知されている。この交易は「貝の道」と呼ばれ、貝の交換財として土器やガラス玉、青銅器などの製品がこの地域に多数もたらされた。

(B) 南琉球圏は、ケラマ海裂・宮古凹地以南の宮古諸島、八重山諸島地域である。サンゴ礁島地域としては北琉球圏と同じであるが、先史時代は別の系統の文化が展開されていた。中でも八重山先史時代後期に特徴的に認められる「シャコガイ製貝斧」は、黒潮源流地域のフィリピン先史文化との関連が指摘されている(安里 1991)。一方北琉球圏にまで影響を与えた九州本土の縄文・弥生文化は、この南琉球圏には到達した痕跡がなかった。

(4) 歴史年表

日本列島の歴史は旧石器〜縄文時代の先史、弥生時代の原史、古墳〜平安時代までの古代、鎌倉〜室町時代までの中世、安土・桃山〜江戸時代までの近世、明治〜平成時代までの近・現代に大きく区分されている。しかし、この時代編年は列島中央地域での歴史事象を基本にした変遷史であり、列島北辺の青森県北部〜北海道には「アイヌ」が、列島西南端の九州南部には「熊襲と隼人」が、そして最西南端の琉球弧には「琉球人」たちの歴史が過去にそれぞれ展開されていたのである。なかでもトカラ列島の一部から与那国島までの地域には、中世末〜近世期に「琉球王国」と呼ばれる独立国家が形成され、東南アジア、中国、朝鮮、大和国家などとの活発な交易活動で繁栄していた。つまり琉球弧は、文化史的に古来「南島」と総称され、列島内部に展開された政治・文化領域の外側に位置し本土と別の歴史年表が作成されている(沖縄県文化振興会公文書管理部史料編集室編2000, 2003)。以下の時代名称は、下記に北琉球圏/南琉球圏/本土の順で呈示した。

(A) 先史―旧石器時代/旧石器時代/旧石器時代
　　　　貝塚時代早期〜中期及び前期(縄文時代)/新石器時代前期(前期・有土器・下田原期)/縄文時代
(B) 原史・古代―貝塚時代後期(弥生〜平安並行期)/新石器時代後期(先島歴＜原＞史時代)/弥生〜平安時代
(C) 中世―グスク時代〜第一尚氏時代/スク時代〜第一尚氏時代/鎌倉〜室町時代
(D) 近世―第二尚氏時代前期〜後期/第二尚氏時代前期〜後期/安土・桃山〜江戸時代
(E) 近代・現代―明治〜平成時代/明治〜平成時代/明治〜平成時代

2. 旧石器時代

日本列島の旧石器時代文化は「ナイフ形石器」と「細石刃」という特徴的な石器器種の出現時期

琉球弧の考古学　小田静夫

港川人

ゴヘズ洞穴
カダバル洞穴
桃原洞穴
下地原洞穴
大山洞穴
山下町第一洞穴
港川フィッシャー

ピンザアブ洞穴

図6　沖縄の旧石器時代遺跡（約3万2,000～1万4,000年前）

奄美大島・土浜ヤーヤ

ナイフ形石器・細石刃文化

立切
横峯C

徳之島・天城

トカラ海峡

喜子川
土浜ヤーヤ
ガラ竿
天城

不定形剥片石器文化

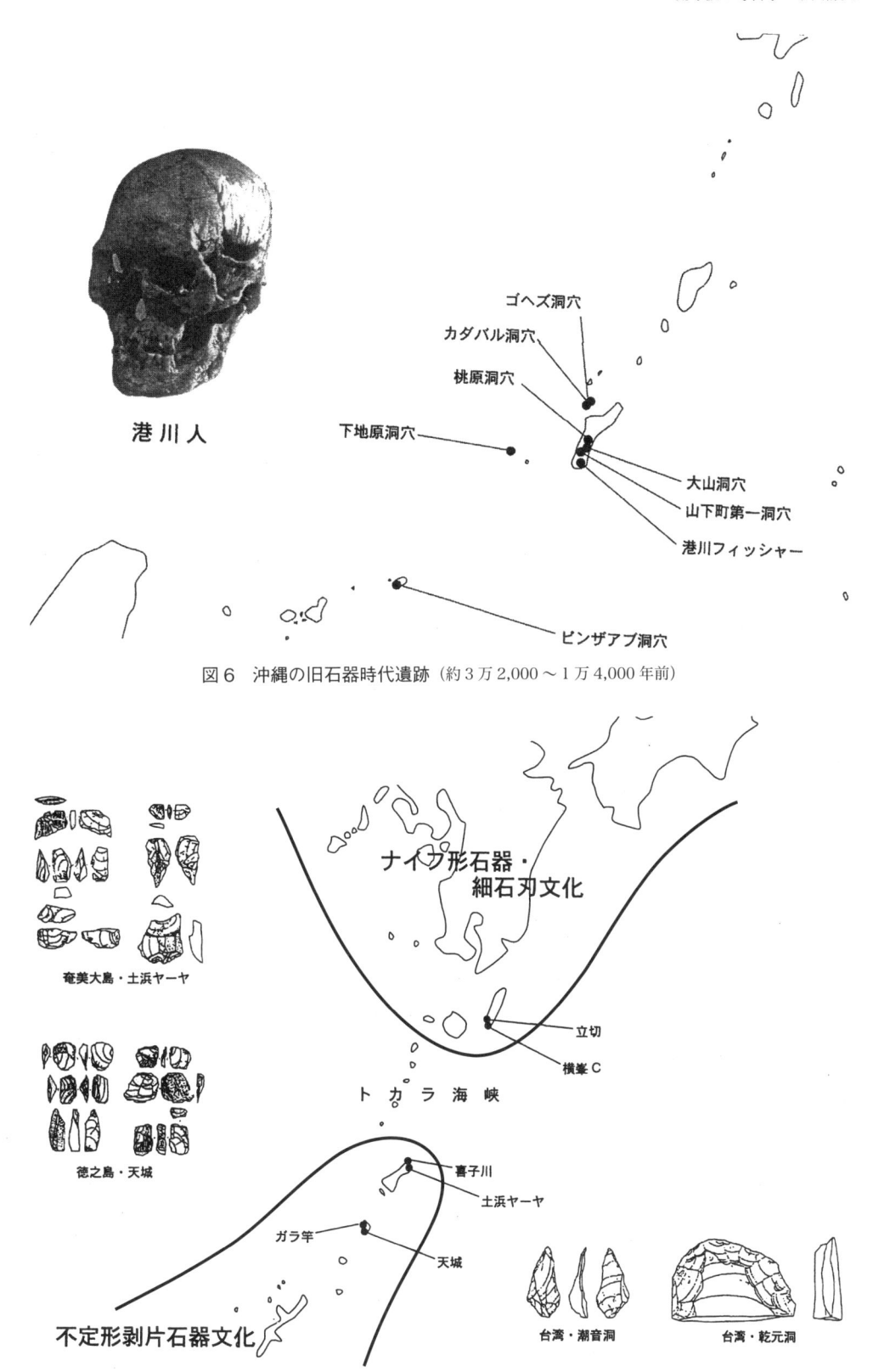

台湾・潮音洞　台湾・乾元洞

図7　琉球弧を画する二大旧石器文化圏（約3万2,000～1万4,000年前）

によって、大きくC-14年代で約3万5,000～2万8,000年前の第Ⅰ期（ナイフ形石器文化Ⅰ）、約2万8,000年前～1万6,000年前の第Ⅱ期（ナイフ形石器文化Ⅱ）、約1万6,000年前～1万2,000年前の第Ⅲ期（細石刃文化）の三つの時期に区分できる。また、列島内での特徴的な石器群の分布状況から、本州島中央部を境界線にした「東北日本型旧石器文化圏」（北海道～関東・中部地方北半地域）と「西南日本型旧石器文化圏」（関東・中部地方南半～南九州地域）の二つの文化圏にも区分できる。

一方、琉球弧に展開された旧石器文化は、こうした列島内部の二大文化圏の外側にあった。つまりトカラ海峡を境界線にして北側は西南日本型旧石器文化圏の一部で、南側は「琉球旧石器文化圏」と呼称できる。そしてその文化は東南アジア、南中国、台湾島などの南方地域との関連で捉えられ、議論が展開されている（安里・小田ほか編 1999；安里 2003；小田 1999, 2005；上村 2004a）。

(1) 九州本土

現在、日本列島最古の旧石器文化は約3万5,000年前頃の遺跡で、西南日本地域を中心に確認されている。ちなみに全国的に旧石器遺跡の分布が確認できるのは、約2万8,000～2万6,000年前頃に起きた鹿児島湾奥の「姶良カルデラ」（AT火山灰降灰）の巨大噴火以後のことである。九州島は中国大陸や朝鮮半島に近接しており、日本列島に旧石器時代人が渡来する場合の門戸ではあるが、姶良カルデラ噴火以前（AT以前）の古期遺跡の発見は少ない。その石器群の特徴は、刃部磨製石斧、台形様石器、不定形剥片石器類を伴っている。

噴火後（AT以後）の遺跡は全国に多数分布し、ナイフ形石器、台形石器、剥片尖頭器、石刃石器類が発達している。さらに旧石器文化の終末期の約1万6,000～1万2,000年前には、それ以前のナイフ形石器文化に取って変わった細石刃文化（野岳型）が出現する。この細石刃文化の後半期（船野型、福井型）には、無文土器や隆起線文土器が伴出することから、それを契機に「縄文時代」に突入していることが看取される（小田 2003）。

(2) 北琉球グループ

九州本土に定着した旧石器時代人は、当時陸続きであった大隅諸島の種子島と屋久島に南下しており、その時期は細石刃文化の後半期（船野型）である。一方、種子島には約3万年前の立切遺跡や横峯C遺跡など、その出自系統が問題になっている旧石器文化が確認されている。しかしこの旧石器文化は九州本土と石器群様相を異にしていることから、東南アジアのスンダランドから琉球弧経由で北上してきた「南方型旧石器文化」の一員ではないかとの推論も浮上し、目下その出自系統を研究中である（小田 1999, 2005）。

(3) 中琉球グループ

奄美諸島から約3万～2万年前の旧石器時代遺跡が確認されている。奄美大島の土浜ヤーヤ、喜子川遺跡、徳之島の天城遺跡、ガラ竿遺跡などがそれに該当する。石器群の様相は、大きく頁岩製の磨製石斧、不定形剥片石器をもつ土浜ヤーヤ旧石器群と、チャート製の台形状石器と各種スクレイパー類をもつ天城旧石器群とに二分できる。この両旧石器群には、九州本土から列島内部に特徴的に伴う「ナイフ形石器」が認められず、それはまた、種子島の立切遺跡や横峯C遺跡で確認され

た「礫器・磨石」などの重量石器を中心にした南方型旧石器文化とも異なっている（小田1999）。

　沖縄諸島の旧石器時代資料は、琉球石灰岩の洞穴やフィッシャー（裂罅）から出土した「更新世化石人骨」である。現在7ヵ所から発見され、最古は約3万2,000年前の沖縄本島・山下町第1洞人の6歳位の女児で、成長阻害の症例であるハリス線が認められている。その後は約1万8,000年前の沖縄本島・港川人＜約1万4,000年前の上部港川人もある＞で、約9体分の個体があり2体が男性、7体は女性であった。港川人は現代人に比べてかなり小柄で背は低いが、下半身は頑丈で走るのには好都合であったろう。やはりハリス線が認められていることから、栄養状況が悪く食糧を求めて遊動の生活を送っていたものと思われる。また、彼らには「抜歯」の形跡と葬送儀礼のキズ痕が確認されている。港川人は東南アジア・ジャワ島の「ワジャック人」に形質が酷似しており、その故郷は南方に求められている（馬場2006）。

　不思議なことに、近年まで沖縄諸島の化石人骨発見地点から確かな「石器・骨角器」などの考古学的資料の出土は確認されていなかった（安里・小田ほか編1999；安里2003）。しかし、最近山下町第1洞穴の出土資料の再検討が行われた結果、すでに報告されていた礫器1点・敲石2点は確かな旧石器遺物である可能性が指摘されている（小田2002）。

(4) 南琉球グループ

　宮古・八重山諸島にも、沖縄諸島と同様に洞穴から更新世化石人骨が発見されている。それは宮古島で発見された約2万7,000～2万6,000年前のピンザアブ洞人で、子供を含む数個体があり、形質は港川人に似ているがやや原始的な特徴が認められる（馬場2006）。このピンザアブ洞穴からは沖縄本島の化石人骨発見地点と同様に、石器・骨角器などの人工遺物の出土はなかった（安里・小田ほか編1999；安里2003）。

3. 新石器時代

　約1万400年前頃、長かった更新世（氷河時代）が終焉を迎え、現在と同じ温暖な完新世（後氷期）が開始する。フィリピン東海上を源流とした黒潮（日本海流、暖流）本流は、台湾島東岸から東シナ海を通過しトカラ海峡から東に大きく向きを変えて、太平洋側に流出し日本列島の太平洋沿岸を東流する。一方、支流（対馬海流）は九州島西岸を北上し、約8,000年前頃には朝鮮・対馬海峡から日本海に流入していた。こうして日本列島は島嶼環境になり、北は北海道から南は沖縄諸島まで「縄文文化」が営まれていた。一方で南琉球の宮古・八重山諸島では、北・中琉球とは異なった「新石器文化」が形成されていた。

　琉球弧での新石器時代相当期の呼称は、列島内部と北琉球、中琉球の奄美諸島は「縄文時代」、中琉球の沖縄諸島は「貝塚時代前期」、南琉球は「新石器時代前期」と呼ばれる（高宮1991；嵩元・安里編1993）。また沖縄県立埋蔵文化財センターの編年表（2002）では、現行編年として沖縄諸島の「貝塚時代前期」を早期（前葉・中葉・後葉）、前期、中期に新しく三区分されている。さらに最近編纂された『沖縄県史考古編』（2003）では、沖縄諸島の「貝塚時代前期」を「縄文時代」、南琉球の「新石器時代前期」を「前期、有土器、下田原期」と改称されている（嵩元2003；新田2003；

ヒト・モノの交流

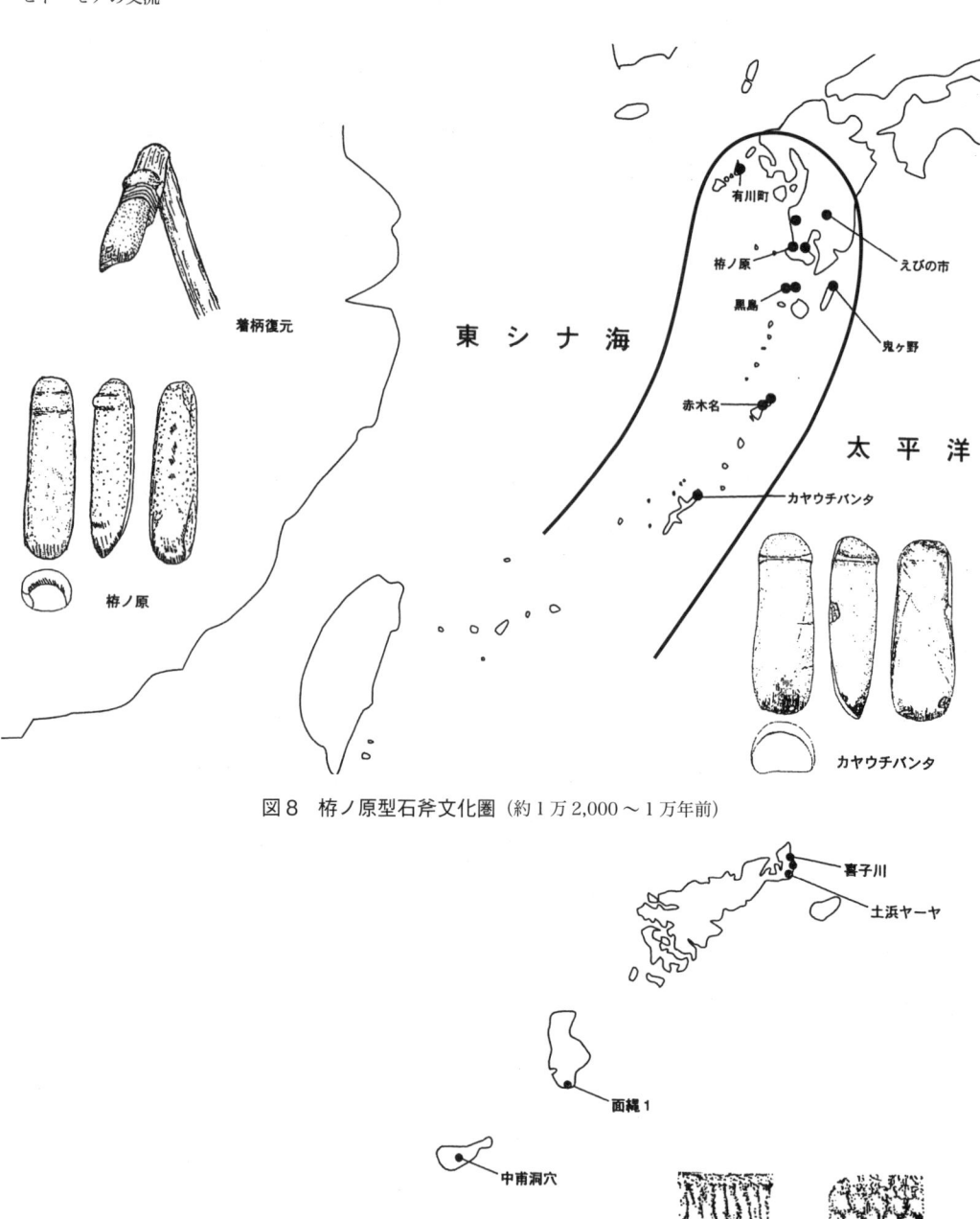

図8　栫ノ原型石斧文化圏（約1万2,000〜1万年前）

図9　南島爪形文土器の出土遺跡（約7,000〜6,500年前）

金武 2003a, 2003b)。

(1) 九州本土

世界最古の年代値を持つ日本の「縄文土器」（無文・隆起線文系土器）は、西北九州で旧石器文化最終段階の細石刃石器群に伴って出現している。この事実から列島内の縄文文化起源地の一つがこの地域であることは明らかだが、しかし南九州の縄文文化は、西北九州と異なる様相が看取されている。そして、この「もう一つの縄文文化」と呼称される列島西南端に繁栄した南の縄文文化は、列島内よりも早く新石器的生活基盤をその初期から保持していた（新東 2006）。

(2) 北琉球グループ

完新世の温暖気候で現海面より約140m低下していた海面が、現在よりは約3～4m上昇したことで、九州本土と陸地で繋がっていた大隅諸島（屋久島、種子島）は島嶼化した。北琉球は旧石器時代終末期（細石刃文化）以来九州本土の影響下にあり、縄文草創期に種子島で「栫ノ原型」と呼ばれる特徴的な丸ノミ形石斧の製作址が確認された。また屋久島では縄文後期に100軒を越す大規模集落が形成されており、石皿・敲石などの植物質食糧加工具が大量に出土している。

一方、トカラ列島の宝島では、縄文前期に比定される室川下層式土器文化人の季節的漁猟集落が確認され、多数の南海産貝製品が出土した。南島文化人の北上は宝島あたりが最北端と考えられるが、大隅諸島や鹿児島本土でも少量の南島式土器が確認されたという事実は何を物語っているのか興味がもたれる（上村 1999, 2004b）。

(3) 中琉球グループ

トカラ海峡を境界線に南側の奄美諸島以南は、自然環境や文化的にも異なる「サンゴ礁」地域であった。約6,000年前の縄文前期に中九州の曽畑式土器が、また約3,000年前の縄文後期に南九州の市来式土器が沖縄本島で確認されている一方で、逆に中琉球で発達した「南島式土器」が、約2,000年前の縄文晩期に北琉球や鹿児島本土から少量出土している。

この奄美諸島では九州本土の縄文文化の影響の下に、独自の「南島式土器」が誕生した。最古の土器は「南島爪形文土器」と呼ばれ、かつて九州本土の縄文草創期の爪形文土器（約1万1,000年前）との関連が指摘されたが、その後奄美大島の喜子川遺跡で、約7,000～6,500年前のアカホヤ火山灰（K-Ah）の上層から出土したことから年代的に新しい土器型式と考えられるようになった。まだその出自系統については判明していない（上村 1999, 2004b）。

また沖縄諸島では本土の縄文時代に相当する時期を「貝塚時代前期（前Ⅰ～Ⅴ期）」、あるいは「貝塚時代早期・前期・中期」と呼んでいる（高宮 1991；嵩元・安里編 1993；嵩元 2003）。

貝塚時代前Ⅰ期（早期前葉）

約7,000～6,500年前の中琉球最古の新石器文化である。人々は海岸地帯に生活し、遺跡数は少なく、大型磨製石斧と「南島爪形文土器」を使用していた。サンゴ礁域の貝を採り、山野でイノシシ猟をする南島特有の経済基盤をすでに保有していた。この土器文化の出自系統は、現在九州本土からの南下説や東南アジア、台湾島からの北上文化説があるが、現在論争中である。

更にこの時期に鹿児島佐多岬南の海底にある鬼界カルデラで、巨大噴火が起った。この噴火は南九州の「南の縄文文化」を一瞬にして壊滅させてしまった。この噴火後に九州は縄文前期に突入し、広域に分布する土器型式（轟式土器・曽畑式土器）が誕生した。この土器文化は南九州地域の環境回復を待った後、黒潮本流を越えて沖縄本島にまで南下した（上村2004b；新東2006）。

貝塚時代前Ⅱ期（早期中葉）

約6,500～4,500年前になると、人々は海岸と台地崖下に住まい、サンゴ礁の恵みに依る生活をしていた。その後九州本土から縄文前期の「曾畑式土器」が沖縄本島にまで南下し、「室川下層式」と呼ばれる南島特有の土器型式が誕生した。

貝塚時代前Ⅲ期（早期後葉）

約4,500～3,200年前で、人々は台地崖下と海浜に住まい、遺跡数は少ないが海産の貝類をよく採取し食糧にして生活していた。南島特有の土器型式の「面縄前庭式」が成立した。

貝塚時代前Ⅳ期（前期）

約3,200～2,700年前で、人々は台地崖下と海浜に住まい、ほとんどの島々に人間の居住が認められ、人口の増加、移住、居住活動が活発に展開された時期でもある。貝塚規模や遺物内容が豊富で、定住生活が一層進んだことが看取される。海産の貝や魚のほかに、陸産のマイマイ類も食糧にし、イノシシの骨・牙を道具や装身具に利用していた。この頃九州本土から縄文後期の「市来式土器」が沖縄本島にまで南下している。また南島式土器が最盛期を迎え、伊波式、荻堂式、大山式などが成立した。

貝塚時代前Ⅴ期（中期）

約2,700～2,200年前で、人々は台地縁辺部で生活し、竪穴式、石組み式などの住居を構築していた。前面にサンゴ礁の海が広がっているが、貝や骨類が遺跡からあまり出土していない。この事実はヤマイモのような根栽類の「栽培農耕」があったとも言われているが、石器の中に木の実などを摺り潰す道具（石皿、磨石）が多くなり、植物質食糧をよく調理していたことが看取される。南島式土器も終末を迎え、「宇佐浜式」が成立した時期でもある。

（4）南琉球グループ

このグループは中琉球との間に約290km以上離れた無島海域の「宮古凹地」が広がり、別の先史文化が営まれていた。この地域の時期区分は「新石器時代」と呼ばれ、「前期」と「後期」に区分される。またこの前期は沖縄諸島の貝塚時代前期（縄文時代）に相当する。

新石器時代前期

約4,000～2,200年前で、人々は海岸近くに発達した赤土の低い丘や砂地で生活していた。前面に広がるサンゴ礁の海から海草を採り、魚類を捕り、さらに後背地の山林から植物質食糧やイノシシなどを得ていた。石器は刃部を研磨した局部磨製石斧が中心で、断面が山形を呈するものと、平面が短冊形で平坦なものとがあった。石材は石垣島で豊富に産し、宮古島、西表島、波照間島、与那国島、竹富島などに石材産地の小世界を形成していた。

土器は無文が主体で「下田原式土器」（波照間島・下田原貝塚出土）と呼ばれ、器形は丸底形で肩に2ヵ所の耳状把手が付いた例もある。また少数ではあるが、細かい爪形様の刻線を部分的に施す土

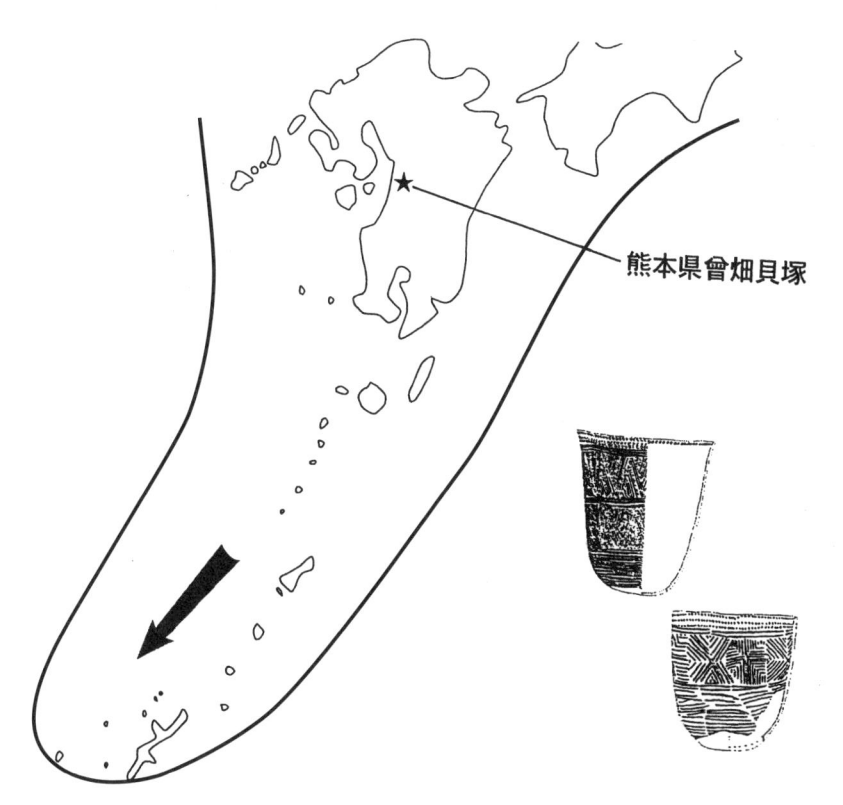

図10　曽畑式土器の伝播（約6,500〜4,500年前）

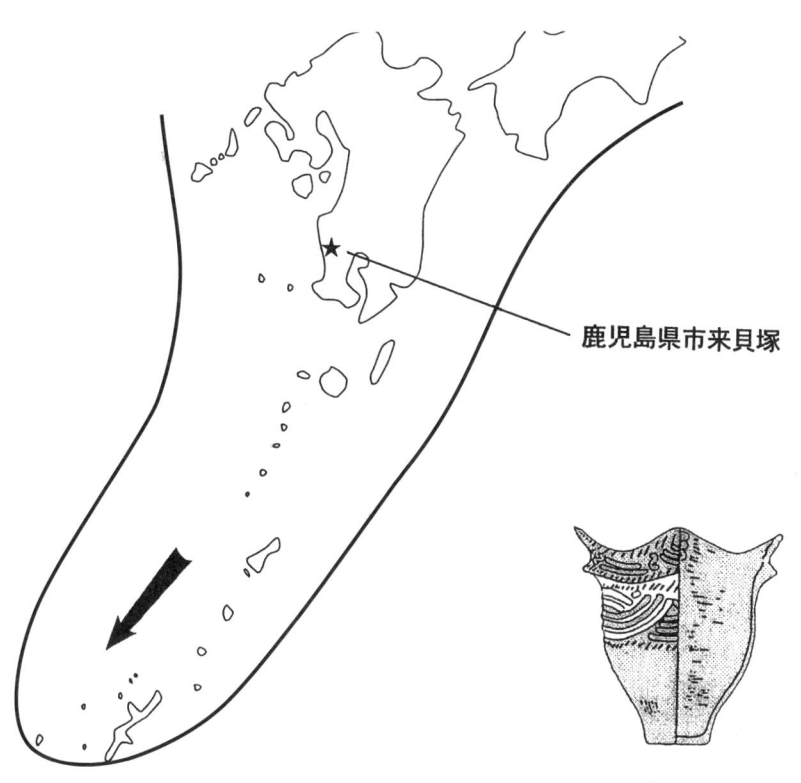

図11　市来式土器の伝播（約3,200〜2,700年前）

器があり、その例は南琉球圏における唯一の土器文様である。しかしこの土器の出自系統はまだ解明されていない（安里 1989, 1991；金武 2003a）。

4. 原史・古代

琉球弧における本土の「弥生時代～平安時代」（約2,200～1,000年前）相当期は、中琉球南半の沖縄諸島では「沖縄貝塚時代後期」、南琉球では「新石器時代後期」と呼称される。九州本土の文化は、北琉球や中琉球までは影響を与えたが、南琉球に於いては「琉球王国」が近世期に統一するまで、全く別の文化圏であった。

(1) 九州本土

地理的位置から九州はその大陸の門戸として、水田稲作農耕と金属器が最初に伝来した地域である。この新しい「弥生文化」は北九州地域から中国、近畿そして東海地方へと短期間に東漸して行った。一方、南九州地方では水田稲作に不適な土地柄であったことから、水稲拡大の限界地でもあり、狩猟・漁撈・植物採取という伝統的な生活基盤が継続していた。

弥生時代前期の鹿児島県高橋貝塚から発見された多数のゴホウラやイモガイという南海産大型巻貝の貝輪未製品は、北部九州弥生人が欲しがった貝製腕輪の材料を、南九州弥生人が「貝の道」と称するルートを通じた交易活動で、中琉球へ渡島し獲得していた証左でもある。この貝の道の存続は、古墳時代の横穴墓や群集墓の横穴式石室から、南海産大型貝製腕輪が発見されることから長く続いたであろうと理解される（木下 1996；中園 2004）。

弥生時代中期になると、北部九州には「クニ」と呼ばれる王を擁する小国家が分立し、やがて3世紀後半のヤマトを中心に連繋を強め、律令制を軸とする統一国家「大和朝廷」が成立する。これが古墳時代の始まりで、弥生時代の甕棺墓や土壙墓などに変わって「高塚古墳」と呼ばれる大型古墳（前方後円墳）が出現することにその画期がある。一方中・南九州では、この畿内型高塚古墳と熊襲・隼人の墓制とされる地表に標識のない地下式板石積石室墓、地下式横穴墓、土壙墓などが混在して発見されている。この事実は「紀・記」の記述にもあるように、4世紀～5世紀頃の大和政権による九州異民族平定の動態を表徴するものと考えられている（上村 2001, 2004b；中園 2004）。

(2) 北琉球グループ

大隅諸島の種子島・屋久島では、弥生時代後期～古墳時代併行期全般にかけて南島的様相が強くなり、九州文化とは本質的に異なった「南島世界の再編」が看取された。種子島の広田遺跡（弥生中・後期～古墳時代）では貝製品が副葬された墓地群が発見され、ゴホウラ、イモガイ、オオツタノハなどを使用した中国の戦国時代～三国時代の青銅器に類似した彫刻が施された腕輪、貝札が出土している。ちなみにこの「貝札」はこの種子島が北限で、中琉球・沖縄諸島の久米島が南限である。またトカラ列島の宝島から弥生文化の箱式石棺が確認され、人骨は南島人の形質を持っていると言われている（上村 2001, 2004b；中園 2004）。

(3) 中琉球グループ

奄美諸島では北琉球を経由して南九州弥生文化の南下があり、前期〜後期の弥生土器が確認されているが、これらの土器は南九州地域で製作された二次的なものであった。弥生中期併行期頃には在地的様相が芽生え、その後期併行期には奄美的南島文化が確立している。

弥生時代〜古墳時代併行期には、底広で底部にユウナ（オオハマボウ）などの木葉圧痕のある甕形と壺形土器を特徴とする奄美系の兼久式土器が出現し、沖縄諸島にも類似土器が発見されている。兼久式土器には鉄器、イモガイ製貝札、開元通宝などが伴う。また螺鈿加工用の1,000個に及ぶヤコウガイ（夜光貝）が出土した交易遺跡も確認されている（上村2001, 2004b）。

一方、沖縄諸島では貝塚時代後期（約2,200〜1,000年前）に相当し、サンゴ礁の海を生活基盤にした「漁撈文化」が発達した。遺跡の立地は主に台地に生活していた人々が、標高約5ｍ〜10ｍ前後の海岸砂丘に集落を形成するようになり、遺跡集中地域が確認され、半島状に海に突き出た地形周辺の砂丘上に立地し、大規模な貝塚も多く形成されている。これは眼下のサンゴ礁海が漁撈生業の中心であった為で、これらの大貝塚からは大量の大型貝、魚骨に加え、陸産のイノシシ骨も多く出土した。それは狩猟・採取活動が活発に行われた証左でもある。

住居は砂地に掘っ立て柱を立てた四角形の平地式であった。土器は無文化し大型化していったが、一方ミニチュア土器や壺形土器も作られ器種が多様化している。石器の中では石斧が減少してきた。これは九州弥生人との交易で「金属器」がもたらされ、石斧の材料に鉄が利用されたためと考えられているが、鉄器の発見が少なく断定は出来ない。またこの時期の遺跡から「稲作」が行われていたという証は確認されていない。水田稲作農耕は南九州でも明確ではなく、南島の土地条件に不適当であったとか、サンゴ礁の幸に恵まれ稲作を必要としなかった等の諸説がある。

漁撈の方法としては、釣り漁より網漁の方が盛んであった。その証拠に遺跡から釣針の出土は2ヵ所と極端に少ない。恐らく魚垣漁と呼ばれる遠浅の海に石垣を築き、潮の干満を利用して魚を捕る方法が多用された結果だと推察されている。こうした集団的・組織的な漁撈活動を通して、次第に村を統括する「権力者」（首長）層が出現してきたと考えられている（新田2003）。

この時期には、九州本土との交易活動である「貝の道」が存在していた。それはサンゴ礁域に生息する南海産大型巻貝が、北九州弥生人に腕輪の材料として珍重されたからである。沖縄本島の遺跡からは、交易用のゴホウラ・イモガイが集積した「貝溜り、貝集積遺構」が多数発見され、また同時に弥生土器、ガラス玉、金属器などが出土したことから、これらの出土品はこうした貝交易の見返り品だと考えられている（木下1996；安里・岸本編2001）。

本土の弥生中期頃の遺跡から秦の半両銭、漢代の五銖銭、新の貨泉、貨布などの中国貨幣が出土し、弥生時代の実年代を考察する上で重要な資料となっている。同様の中国貨幣が琉球弧からも出土し、その種類は戦国時代の燕の国で鋳造された明刀銭、前漢〜隋時代の五銖銭、唐時代の開元通寶などが知られている（上村2004b）。

(4) 南琉球グループ

新石器時代後期（約2,200〜1,000年前）に相当する。不思議なことに、今まで使用していた土器

ヒト・モノの交流

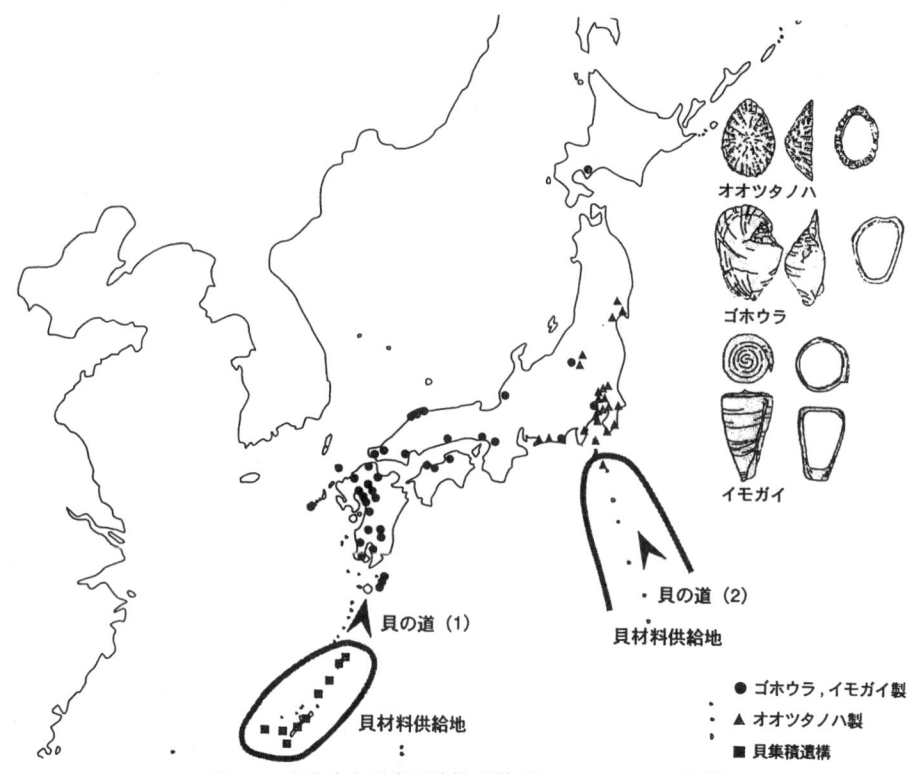

図12 南海産大型巻貝腕輪の道（約2,000～1,500年前）

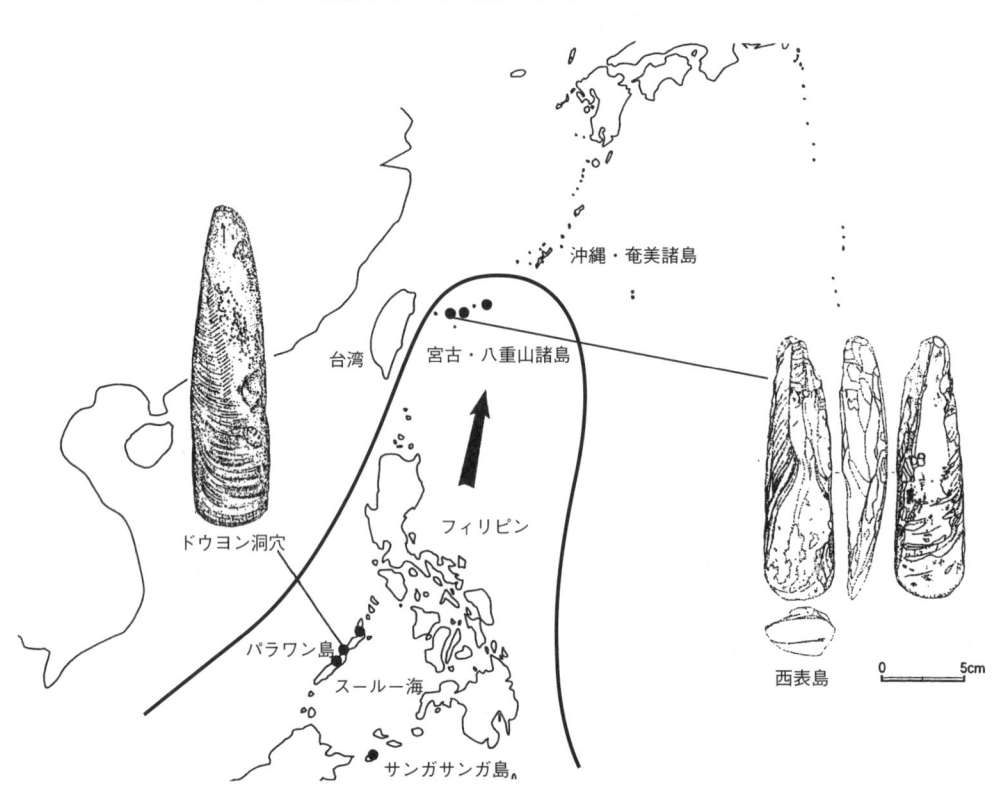

● ゴホウラ，イモガイ製
▲ オオツタノハ製
■ 貝集積遺構

図13 シャコガイ製貝斧の伝播（約2,200～1,000年前）

を忘れ「無土器文化」になってしまった。こうした現象は、オセアニア地域の一部（ポリネシア）にも認められるが、他に例を見ない珍しい現象である。遺跡は海岸砂丘に立地することが多く、集落規模が前期に比べて拡大している。前面に広がるサンゴ礁の海から得られる豊富な食糧資源に支えられて、人口の増加があり漁撈活動は頂点に達していた。

石器は前期に比べやや発達し、磨製石斧が大型化すると共に、磨製部分も拡大して全面磨製例が多くなった。また石斧の身の断面が、山形や屋根形を呈する特異な例も確認されている。石材は石垣島産が利用されたことには変わりはないが、特殊な石斧では、厚手の「方角片刃石斧」が僅かに伴う。この石斧は東南アジア、南中国など南方から伝来した型式である（安里1989；高宮1991；嵩元・安里1993）。

土器を使用しなかった南琉球の後期人は、「ストーンボイリング」と呼ばれる調理用の石蒸し遺構を多用した。宮古島の浦底遺跡では、こうした遺構が200ヵ所以上確認されている（安里1989）。またこの時期を特徴づけるものに「シャコガイ製貝斧」がある。貝斧は主にオセアニア、フィリピン地域に分布するが、このシャコガイ製貝斧は、貝殻の利用部分で大きく二つに分けられている。

一つは貝の蝶番部分を用いる例、もう一つは貝の腹縁部を使用する例である。この南琉球例は前者で、フィリピンと同じ大ジャコの蝶番部分を使用することに特徴がある。ちなみにマリアナ諸島のシャコガイ製貝斧は、小型種のヒメジャコの貝殻腹縁部を使用している。したがって南琉球グループの貝斧は、使用部分、製作手法からフィリピン先史文化との関わりが指摘できる。このシャコガイ製貝斧とセットで出土する「シェルデスク」と呼ばれるイモガイ科の貝蓋も、貝斧と同様にフィリピン先史文化との関係を示す装身具であった（安里1989；金武2003b）。

5. 大交易時代への幕開け

琉球弧の古代後半〜中世期には、中国、朝鮮半島、九州本土との広汎な対外交易活動が頻繁に展開されていた。中国の正史『隋書』流求（国）伝636年によると流求国には「王・小王」が存在し、また『日本書紀』によると616年、620年、629年、631年に掖玖人が倭国へ来航したことが記されている。こうした史書の記述から、当時の琉球弧の各島嶼には「豪族」（首長層）が台頭し、対外交渉を行っていたことが理解される（金武2003a,2003b；上原2003）。

(1) 開元通宝の道（7〜12世紀）

琉球弧の先史時代終末〜グスク時代の遺跡から、中国の貨幣である「開元通宝」が多数出土する。1959年沖縄本島の野国貝塚で最初に発掘された当時は、後世の混入品とされた。しかし、その後各地の遺跡で出土例が増加し、当時使用されたものであることが判明した。開元通宝は621年〜966年に鋳造された中国唐代の貨幣であるが、グスク時代はまだ物々交換の段階であった為、この貨幣は、東シナ海を頻繁に往来する中国商船や九州の貿易船寄港の際に、交易品と交換し入手したものであろう。

では、この開元通宝で何を購入したのだろうか。当時、中・南琉球は鉄器時代に突入しており、この貨幣で島外の品物、特に「鉄器とその材料の鉄塊」を購入したと考えられ、またそれに伴い開

ヒト・モノの交流

図14　開元通宝の道（7〜12世紀）

図15　ヤコウガイの道（7〜14世紀）

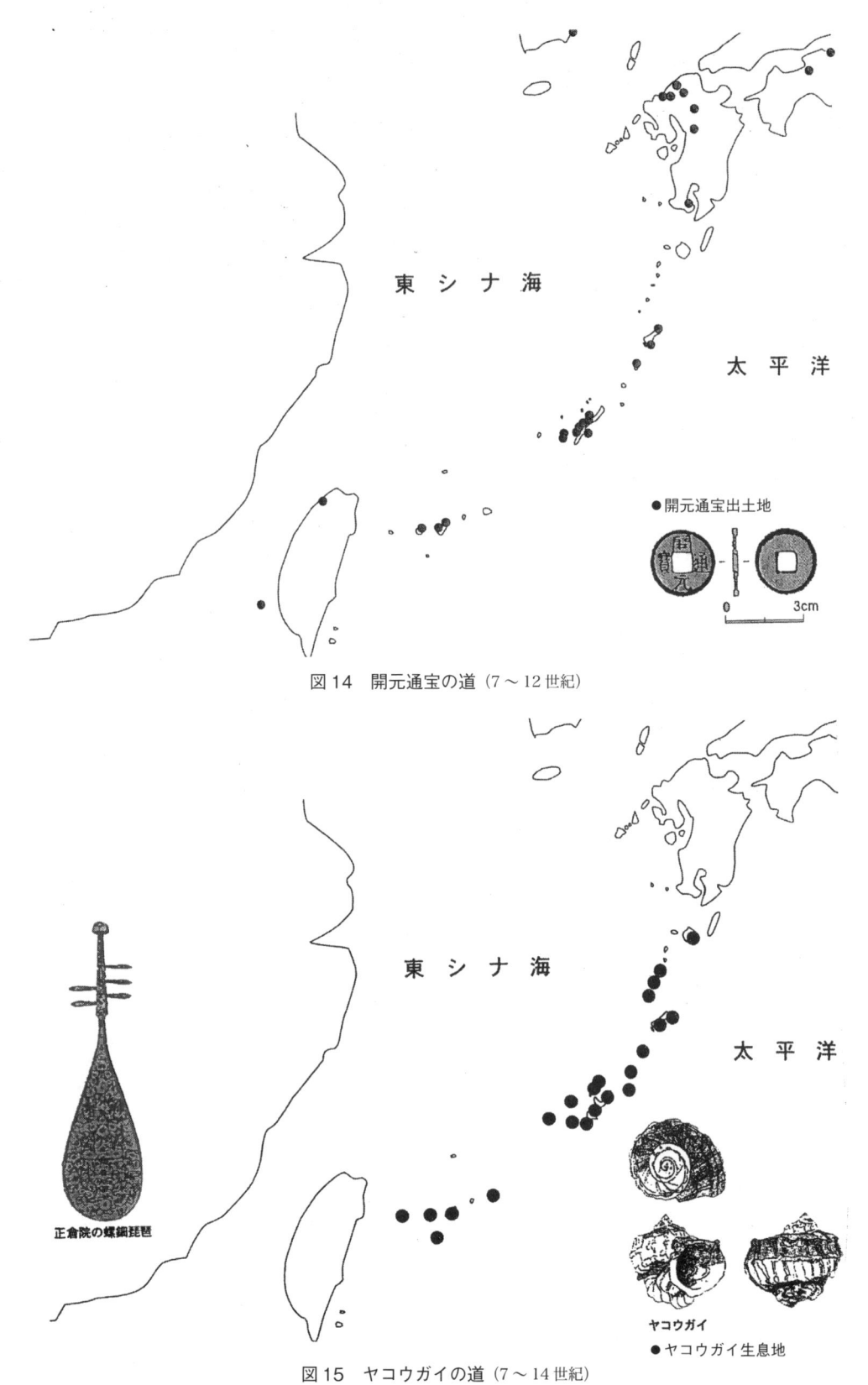

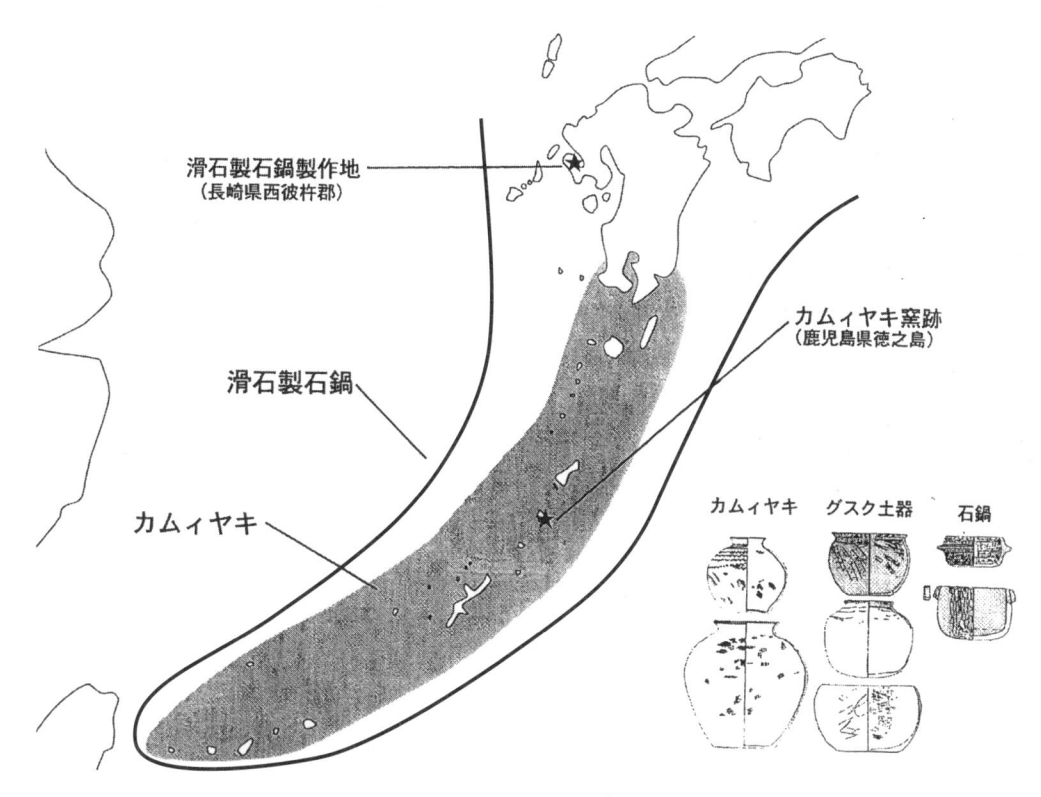

図16 滑石製石鍋とカムィヤキの交易（11〜14世紀）

元通宝を扱う商人（中国・大和）の存在も推測されている。このように8〜12世紀前後の中・南琉球では、支配者の出現する「グスク時代」を迎え、更にこの貨幣経済の導入によって、有力な権力者（按司）の出現をみたのである（木下2000；木下編2002；高宮・宋2004）。

(2) ヤコウガイの道（7〜14世紀）

ヤコウガイ（夜光貝）は、南海のサンゴ礁海域に生息するサザエ類の一種で大型巻貝である。サンゴ礁域には多くの貝類がリーフ・エッジ（礁縁）内の浅いラグーン（礁湖）に分布しているが、ヤコウガイ、サラサバティ、ゴホウラなどはリーフ外の深みに生息している。したがって貝の採取には10m以上の潜水作業、つまり専業深海貝採取漁師の存在を窺い知ることができる。

1994年に奄美大島のマットノ遺跡から、100個体近くのヤコウガイが3ヵ所に集中して出土し注目された。その後、同じような集積遺構が沖縄本島から多数確認された。それらの遺跡は発達したリーフと、深い根（生息域）に面した東海岸の砂丘上に立地していた。ヤコウガイは螺鈿工芸に使用され、唐代に著しく需要が増した。唐王朝は大型ヤコウガイを求めて中・南琉球に来航し、その後琉球弧で発見される「開元通宝」は、このヤコウガイの購入貨幣とも考えられている。また唐と琉球弧とのヤコウガイ交易は、時期的に大きく7〜9世紀の「唐王朝」、9〜12世紀の「大和」、13世紀以降の「元王朝」の三つの画期が認められている（木下2000；木下編2002）。

(3) 滑石製石鍋・カムィヤキの交易（11〜14世紀）

　石鍋は、滑石という軟らかい石を刳り抜いて作った底の広い鍋である。長崎県西彼杵半島に大原石産地とその製作地がある。石鍋は保湿性に優れており、平安時代では石鍋4個で牛1頭に相当する貴重品でもあった。石鍋の製作は9〜12世紀頃で、九州島を中心に西日本から南は琉球弧最南端の八重山諸島にまで広く流通していった。

　カムィヤキは「類須恵器」「亀焼」とも呼ばれ、約1,000度前後の還元焰で焼かれた灰色もしくは青灰色の硬い土器である。奄美諸島の徳之島伊仙町で生産された焼物で、窯跡が17基と10ヵ所の灰原が確認されている。その流通期間は11〜14世紀頃で、「琉球王国」の政治的範囲を中心として一部鹿児島本土にも発見されている。

　石鍋とカムィヤキは、同じ商人達によって交易された。石鍋は長崎から運ばれ、中・南琉球で特産品のヤコウガイ（螺鈿材料）、硫黄（薬品）、赤木（刀の柄材）などと交換する交易形態だったと考えられる。またカムィヤキは焼物の本場の九州本土では雑器であったが、土器しか存在しなかった中・南琉球では、硬質であり貴重品でもあった。おそらく琉球弧を商圏とした商人が徳之島を中心にして交易活動をしていたものであろう（池田2000；木下編2002）。

6. まとめ

(1) 旧石器時代

　トカラ列島南の奄美諸島から、約3万〜2万年前の旧石器時代遺跡が確認された。土浜ヤーヤ（奄美大島）、喜子川（奄美大島）、天城（徳之島）、ガラ竿遺跡（徳之島）である。旧石器群の様相は、大きく頁岩製の磨製石斧、不定形剥片石器をもつ「土浜ヤーヤ旧石器群」と、チャート製の台形状石器、各種のスクレイパー類をもつ「天城旧石器群」に二分できる。そしてこの両旧石器群には、九州本土から列島内部に特徴的に伴う「ナイフ形石器」と呼ばれる背付石器が認められていない。更に、種子島で確認された礫器、磨石などの重量石器を中心にした「南方型旧石器群」とも様相を異にしている（小田1999, 2001）。

　東南アジアの島嶼部から中国南部、台湾には「不定形剥片石器文化」と呼ばれる海洋適応した旧石器人の遺跡が分布している（加藤1996；宋1980）。この奄美諸島で発見された「軽量石器」を中心にした旧石器文化は、東南アジアから続く旧石器文化圏の一員で、またその最北端地域とも考えられる。つまりトカラ海峡を境にして、北側の列島内部に展開した旧石器文化（ナイフ形石器文化、細石刃文化）と、南側の列島文化の外側に展開した旧石器文化である「不定形剥片石器文化」とに二分されることが判明した。そして、これら南方型旧石器文化、不定形剥片石器文化と呼ばれる奄美諸島から種子島、本州の太平洋沿岸部に分布する旧石器群は、この沖縄に発見される更新世化石人類（旧石器人）が使用した石器類と考える事も可能であろう（小田2001, 2005）。

(2) 新石器時代

　九州縄文人の南下：縄文時代になると九州本土から縄文人の南下が始まる。まず縄文前期（約

6,000年前）に曽畑式土器人が、そして後期（約3,000年前）には市来式土器人が沖縄本島まで渡島している（上村1989）。一方、縄文草創期（約1万2,000年前）頃に、長崎県五島列島から沖縄本島にかけての地域に「栫ノ原型石斧文化」が形成された。また約5,000年前頃に琉球弧を経由して南九州地域に、東南アジア、中国大陸沿岸部から特徴的な磨製石斧（双刃石斧、稜付き石器）を持った海洋民の北上が認められる（小田2001）。

　南九州の初期縄文社会は、約7,000〜6,500年前の完新世最大の巨大噴火（鬼界カルデラ）によって壊滅的な打撃を被ってしまった。その後この地を逃れた南九州の縄文人は列島各地に拡散して行った。特に「海人集団」は丸木舟や筏舟で対馬暖流を北上し日本海を通り北海道へ、さらに黒潮本流に乗って太平洋沿岸地域から伊豆諸島の八丈島にまで移住した集団も確認されている。やがて巨大噴火の影響も薄れた約6,000年前頃（縄文海進最盛期）になると、九州の前期縄文人（轟B式・曽畑式土器）が、その後約3,000年前には、後期縄文人（市来式土器）もが沖縄本島にまで南下した。そして彼らは琉球列島の豊かなサンゴ礁の海に魅せられそこに定着し、独自の土器（南島式土器）と美しい貝製品を中心にした「サンゴ礁文化」（南島文化）を誕生させたのである（上村1999；新東2006）。

　黒曜石の流布：火山ガラスの一種である黒曜石は、石器時代人の石器製作材料として珍重され多用された。佐賀県腰岳産の黒曜石は九州島で最も質が良く、縄文時代には朝鮮半島や沖縄本島へも運ばれ利用された（小田2000）。

　南島人の北上：九州縄文人の大規模な南下行動に対して、南島からの先史時代人の北上行動は少なかった。最古の例は約4,500年前（縄文前期）で、沖縄本島の「室川下層式土器」が種子島で発見されている。約3,000年前（縄文後期）には屋久島まで北上した「喜念Ⅰ式土器」があり、約2,500年前（縄文晩期）には鹿児島本土に上陸した「宇宿上層式土器」が知られているが、土器の出土量は少ない（高宮1993；上村1999, 2004b）。

(3) 原史〜古代

　九州弥生人の南下：水田稲作農耕を中心にした弥生社会は、水田に適さない土地柄であった琉球弧には定着しなかった。しかし、弥生土器と弥生系土器（現地製作品）、鉄器、青銅器、ガラス玉、紡錘車などが奄美大島から沖縄本島に至る遺跡からも出土している。最近では弥生の甕棺までが確認され、弥生人との交流は縄文人以上の関わりがあったと考えられている（木下編2002）。

　「貝の道」の成立：弥生人南下の目的の一つは、南海産の大型貝殻の入手にあった。サンゴ礁域の美しい貝殻・貝製品は九州本土の縄文、弥生人を魅了した。特に南海産大型巻貝（ゴホウラ、イモガイ）製の腕輪は、北九州弥生人によって珍重され、琉球弧との間に交易ルートである「貝の道」が開設され、その後南海産大型巻貝製腕輪は、権力者の威信財として古墳時代にまで引き続き使用されていた（木下1996）。

(4) 大交易時代の幕開け

　中国人の交易活動：奄美大島、沖永良部島の名が記された8世紀前半頃の木簡（荷札）が、福岡県太宰府跡から出土した。これは貢納品の赤木につけた木札だとされる。この頃の遣唐使が、南島

路を利用した時期でもあることから、中国や日本船がこの地域で活発に活動していたことが分かる。その証拠に琉球弧の遺跡から、中国銭貨（唐代）の「開元通宝」が多数発見され、また奄美大島では「夜光貝」（ヤコウガイ）を多量に出土する遺跡が多数存在している。ちなみにヤコウガイは当時の中国で螺鈿製品の材料として珍重され、中国人商人によって交易された可能性が大きい（木下 2000；木下編 2002）。

カムィヤキの流通：カムィヤキは11～14世紀頃に奄美諸島の徳之島と呼ばれる場所で焼かれ、日本の中世硬質陶器に器種構成が行われ、製作技法は高麗の無釉陶器に類似し、類須恵器、亀焼とも呼称される。壺・甕・鉢を主体にした種籾保存のための貯蔵容器と考えられ、この頃イネ・オオムギ・コムギ・マメ科などの「雑穀栽培」の畠作普及が進行しつつあった琉球弧にとっては、価値の高い製品であった。

カムィヤキの流通圏は、北は鹿児島本土から南は与那国島、波照間島まで広く分布するが、その中心は「琉球王国」の勢力（文化）範囲に重なっている。カムィヤキ窯の経営者は琉球弧の利権を掌握しょうとしたヤマトの商人や武士集団の可能性が指摘されている。彼らは朝鮮半島の高麗や南九州の陶工を呼び100基以上の穴窯を操業していた商業集団でもあった（池田 2000；木下編 2002）。

南琉球（宮古・八重山諸島）との関係：南琉球グループと北琉球グループの島々は、お互いに目視出来ない遠距離にある。このことが先史時代、両地域の文化的関係を疎遠にしていたが、1429年第一尚氏が「琉球王国」を誕生させた後、両地域は初めて一つの政治勢力圏に統合された。この頃、中国陶磁器の白磁玉縁口縁碗・白磁端反碗や長崎県に産地がある滑石製石鍋、徳之島産のカムィヤキが、セットで琉球王国圏に流通していた。これは琉球弧に産地があるヤコウガイ・ホラガイに経済価値を求めた商業集団により、中国、大和、朝鮮地域など広い範囲での交易が展開されていた証拠であり、グスク時代を経て琉球王国の「大交易時代」の始動を示す活動証左でもある（木下編 2002）。

(5) 琉球弧は先史時代の「道の島」

「島」という環境は、一般的には面積も狭く、安定した食糧の獲得が困難な場所と考えられている。これは移住してきた先史人集団にとって、新しい島環境は生活食糧の獲得、人口の維持など定住する条件を獲得するには大変な努力が必要であった（高宮 2005）。

最新の人類学的知見では、約5万年前頃にアジア人の故郷と呼ばれる東南アジアの「スンダランド」から、新人の一集団が人類史的に未開拓の海世界「オセアニア」に進出する行動が確認されている。彼らはウォーレス線を越えて「サフルランド」に定着し、やがて黒潮圏海域に拡散して行った。黒潮は約6万年前には、日本列島の南側にまで到達していたので、流路の島嶼群、つまり「道の島・琉球弧」を北上するルートを選択し、拡散して来た人々もあったろう（小田 2005；海部 2005）。

謝辞

このたび上智大学の青柳洋治先生がご退職なさるに際し、学生時代から「東南アジア考古学」について多くを学ばせて頂いた筆者にとっては、本当に寂しいという想いと、一つの時代が終了した

という愛惜の念で胸が詰まります。現在、人類学・考古学分野の研究で日本人のルーツを辿る時、東南アジアは最も重要な地域であることが判明しつつあります。その証拠に日本の旧石器時代初期の石器群は、スンダランドに分布する南方型旧石器文化に多くの類例が見られ、やっと青柳先生の研究フィールドにまで辿り着けた処でした。先生にはご退任後もご健康に留意され、益々ご研究を発展されますように心からお祈り申し上げますと共に、これからも私共後輩をご指導ご鞭撻下さりますようよろしくお願い申し上げます。長い間、本当にお疲れさまでした。最後に、本稿を草するにあたり多くの諸先生・諸氏にお世話になったことを感謝申し上げると共に、ここにお名前を明記し心からの御礼を申し上げます。

　安里嗣淳、岸本義彦、新田重清、嵩元政秀、高宮廣衞、上原　静、金武正紀、池田榮史、後藤雅彦、木下尚子、今村啓爾、橋本真紀夫、上村俊雄、新東晃一、宮田栄二、春成秀爾、馬場悠男、松浦秀治、田畑幸嗣（順不同、敬称略）。

参考文献

安里嗣淳
　　1989　「南琉球先史文化圏における無土器新石器の位置」琉中歴史関係国際学術会議実行委員会編　那覇：『第二回琉中歴史関係国際学術会報告　琉中歴史関係論文集』．pp.655-674．
　　1991　「南琉球の古代」『新版古代の日本3九州・沖縄』東京：角川書店．pp.520-530．
　　2003　「第1部沖縄諸島の先史・原史時代　旧石器時代」『沖縄県史各論編1　考古』那覇：沖縄県教育委員会．pp.79-96．

安里嗣淳・小田静夫ほか編
　　1998　『港川人と旧石器時代の沖縄』ビジュアル版沖縄県史①　那覇：沖縄県教育委員会

安里嗣淳・岸本義彦編
　　2001　『貝の道―先史琉球列島の貝交易―』ビジュアル版沖縄県史②　那覇：沖縄県教育委員会

安間繁樹
　　1982　『琉球列島―生物にみる成立の謎―』東海科学選書　東京：東海大学出版会

池田榮史
　　2000　「類須恵器からみた琉球・九州・高麗」文部省科学研究費補助金特定領域研究「日本人および日本文化の起源に関する学際的研究」京都：『公開シンポジウム　海上の道再考　予稿集』．pp.23-26．

上原　静
　　2003　「第1部沖縄諸島の先史・原史時代　グスク時代」『沖縄県史各論編1　考古』那覇：沖縄県教育委員会．pp.253-323．

沖縄県文化振興会公文書管理部史料編集室（編）
　　2000　『概説　沖縄の歴史と文化』那覇：沖縄県教育委員会
　　2003　『沖縄県史各論　第二巻考古』那覇：沖縄県教育委員会

小田静夫
　　1999　「琉球列島旧石器文化の枠組みについて」『人類史研究』11：29-46．
　　2000a　『黒潮圏の考古学』南島文化叢書21　東京：第一書房
　　2000b　「沖縄の剥片石器について―チャート・黒曜石細小石器を中心に―」『琉球・東アジアの人と文化　高宮廣衞先生古稀記念論集　上巻』沖縄：高宮廣衞先生古稀記念論集刊行会．pp.55-77．
　　2001　「考古学からみた新・海上の道」『第四紀の自然と人間―琉球から南九州にかけての植物・動物・ヒトを結ぶ道―』普及講演会資料集　東京：日本第四紀学会．pp.6-23．
　　2002　『遥かなる海上の道』東京：青春出版社

2003a　「山下町第1洞穴出土の旧石器について」『南島考古』22：1-19.
　　　2003b　『日本の旧石器文化』東京：同成社
　　　2004　「黒潮圏の先史文化」『沖縄対外文化交流史―考古学・歴史学・民俗学・人類学の視点から―』
　　　　　　東京：日本経済評論社. pp.221-262.
　　　2005　「海を渡った旧石器人」『考古学ジャーナル』536：5-6.
小田静夫・馬場悠男監修
　　　2001　『日本人はるかな旅展』東京：国立科学博物館・ＮＨＫ・ＮＨＫプロモーション
海部陽介
　　　2005　『人類がたどってきた道―文化の多様化の起源を探る―』ＮＨＫブックス1028　東京：日本放送出
　　　　　　版協会
加藤晋平
　　　1996　「南西諸島への旧石器文化の拡散」『地學雑誌』105 (3)：372-383.
上村俊雄
　　　1999　「南の海の道と交流」『海を渡った縄文人』東京：小学館. pp.301-346.
　　　2001　「奄美諸島の考古学―現状と問題点―」『鹿児島短期大学付属南日本文化研究叢書』26
　　　　　　鹿児島：鹿児島短期大学. pp.85-104.
　　　2004a　「南西諸島の旧石器文化」『地域総合研究32』鹿児島：鹿児島国際大学. pp.27-49
　　　2004b　「沖縄の先史・古代―交流・交易―」『沖縄対外文化交流史―考古学・歴史学・民俗学・人類学の
　　　　　　視点から―』東京：日本経済評論社. pp.1-72.
木崎甲子郎・大城逸朗
　　　1980　「琉球列島のおいたち」『琉球の自然史』東京：築地書館. pp.8-37.
木下尚子
　　　1996　『南島貝文化の研究―貝の道の考古学―』東京：法政大学出版局
　　　2000　「開元通宝と夜光貝」『琉球・東アジアの人と文化　高宮廣衞先生古稀記念論集　上巻』沖縄：高
　　　　　　宮廣衞先生古稀記念論集刊行会. pp.187-210.
木下尚子(編)
　　　2002　『先史琉球の生業と交易―奄美・沖縄の発掘調査から―』熊本：熊本大学文学部木下研究室
金武正紀
　　　2003a　「第2部先島の先史・歴（原）史時代　先島の先史時代（前期、有土器期、下田原期）」『沖縄県
　　　　　　史各論編1　考古』那覇：沖縄県教育委員会. pp.353-366.
　　　2003b　「第2部先島の先史・歴（原）史時代　先島の先史時代（新里村期、中森期、パナリ期）」『沖縄
　　　　　　県史各論編1　考古』那覇：沖縄県教育委員会. pp.381-400.
國分直一
　　　1972　『南島先史時代の研究』東京：慶友社
知念　勇
　　　2004　「総説　貝塚時代後期研究の現状」『考古資料大観　第12巻』東京：小学館. pp.37-44.
新田重清
　　　2003　「第1部沖縄諸島の先史・原史時代　弥生～平安並行時代」『沖縄県史各論編1　考古』那覇：沖
　　　　　　縄県教育委員会. pp.183-252.
新東晃一
　　　2006　『南九州に栄えた縄文文化―上野原遺跡―』シリーズ「遺跡を学ぶ」127　東京：新泉社
高宮廣衞
　　　1991　『先史古代の沖縄』南島文化叢書12　東京：第一書房
高宮廣衞・宋　文薫
　　　2004　「琉球弧および台湾出土の開元通宝―特に7～11世紀ごろの遺跡を中心に―」『沖縄対外文化交
　　　　　　流史―考古学・歴史学・民俗学・人類学の視点から―』東京：日本経済評論社. pp.263-280.
高宮広土

  2005 『島の先史学―パラダイスではなかった沖縄諸島の先史時代―』那覇：ボーダーインク
嵩元政秀
  2003 「第1部沖縄諸島の先史・原史時代　縄文時代」『沖縄県史各論編1　考古』那覇：沖縄県教育委員会.pp.97-182.
嵩元政秀・安里嗣淳(編)
  1993 『日本の古代遺跡47　沖縄』東京：保育社
中園　聡
  2004 「東アジア的視座に立った弥生時代の再解釈―九州・南西諸島・朝鮮半島・中国―」『沖縄対外文化交流史―考古学・歴史学・民俗学・人類学の視点から―』東京：日本経済評論社.pp.73-121.
馬場悠男
  2006 「日本列島の旧石器人」『日本列島の自然史』国立科学博物館叢書　東京：東海大学出版.pp.263-275
平凡社地方資料センター(編)
  2002 『沖縄の地名』日本歴史地名大系48　東京：平凡社
町田　洋・大田陽子・大村明雄・河名俊男
  2001 「南西諸島の地形発達史」『日本の地形7 九州・南西諸島』東京：東京大学出版会.pp.301-311.

表1 琉球弧におけるヒト・モノ・文化の交流史

本州・九州の時代区分と年代			南九州からのヒトの動き →	← 琉球からのヒトの動き	沖縄時代区分 北琉球	南琉球
33,000	先史	旧石器時代	第Ⅰ期	← 南方旧石器文化の北上 第1波（種子島まで）　山下町第一洞人 　　　　　　　　　　　ピンザアブ洞人	旧石器時代	
22,000			第Ⅱ期	第2波（奄美大島まで）　港川人		
14,000			第Ⅲ期	九州旧石器文化圏（種子島まで）→		
11,000		縄文時代	草創期	← 栫ノ原型石斧文化圏（五島列島〜沖縄本島）→	貝塚時代	前期
9,000						
7,000			早期	← 南島爪形文土器文化圏（奄美大島〜沖縄本島）→		
4,500			前期	九州土器文化の南下（中・南九州から沖縄本島まで）→		
3,000			中期			
2,000			後期	黒曜石の流通（佐賀県から沖縄本島まで）→		新石器時代 前期
1,000			晩期	← 南島式土器文化の北上（奄美諸島より南九州へ）	後期	
300 紀元前	原始	弥生時代	前期 中期	弥生文化の波及（沖縄本島まで）→		後期
0 紀元後			後期	← 貝の道（ゴホウラ・イモガイ） －南海産大型巻貝製腕輪の交易－		
300	古代	古墳時代		中国人による交易 ← 中国製銭貨（開元通宝）の流布 →		
710		奈良時代				
794		平安時代		← ヤコウガイ（螺鈿材料）の交易 →	古琉球	12世紀 グスク時代・スク時代
1,192	中世	鎌倉時代		長崎産滑石製石鍋の流通（八重山諸島まで）→ ← カムィヤキ交易（琉球文化圏中心）→ －徳之島産須恵質陶器の交易－		
1,338		室町時代			1,429 第一尚氏	

東南中国沿海地域の先史文化と地域間交流

後藤 雅彦

キーワード：東南中国　沿海地域　先史文化　地域間交流　稲作文化　丸底土器

はじめに

　長江以南の東南中国は丘陵・山地が多く、各地域の先史文化はそれ程広い分布範囲をもつことなく持続した地域色の濃い地域文化が展開していたと考えられるが[1]、一方でこうした分断された地域文化にも河川水系や海を媒介とした地域間交流が認められる。

　蘇秉琦氏の「区系類型」説（蘇・殷 1981: 15）の中で南方地区は鄱陽湖—珠江三角州を中軸として設定されている。この文化の流れについて、西江清高氏は「長江中下流域から贛江に沿って南下し、南嶺を越えて北江流域にいたる一帯が中国東南部内陸の中軸に位置し」、集団や文化の移動・交渉を支えていたとし、紀元前3000年紀には良渚文化—江西の樊城堆文化—広東の石峡文化という遠隔地に及ぶ良渚系文化の連鎖があったことを指摘した（西江 1995a: 144）。この内陸地域の中軸に展開した地域間交流を筆者は内陸ルートと呼び、この内陸ルートに囲まれた沿海側を東南中国沿海地域として設定し、沿海地域間の地域間交流を沿海ルートと呼ぶことにする。東南中国において、代表的な先史文化（新石器時代後期）として曇石山文化、石峡文化が知られているが、この地域設定にあてはめると前者が沿海地域、後者が内陸地域に属することになる。

　ところで、先史時代の地域文化の枠組みとその時間的変遷に関して煮沸土器を中心とした土器文化の動向が検討されている。まず、広く東アジアにおける土器文化を概観すると、大貫静夫氏は新石器時代の古い段階の煮沸土器について、「尖底深鉢土器に代表されるシベリア東部、平底深鉢土器に代表される極東地域、縄文丸底土器に代表される南の地域」に区分している（大貫 1998: 40）。

　そして、厳文明氏は中国新石器時代文化について罐形罐を代表とする「東北系」、鬲の「華北系」、そして鼎の「東南系統」の3系統に大別し、本稿に関わる「東南系統」は長江中・下流域と山東方面を中心としている（厳 1994）。西江清高氏はこの「東南系統」に含まれる地域の中で、「長江流域より南の東南部」を丸底釜の伝統をもつ「丸底釜文化系統」とし、厳氏の3系統に加えて4系統を提唱している（西江 1995b: 40）。釜は煮炊き用の丸底土器であり、量博満氏は土器の器形の差異を土器製作技術の差として捉える中、丸底器と拍打法の関わりを指摘し（量 1989: 138）、西江氏も釜が長らく継続する分布域が土器製作における「叩き技法」の分布に重なることを前述の地域設定の根拠にしている。最近、小澤正人氏は中国の新石器時代土器を時間的変遷の中で整理し、新石器時代前期の平底甕と丸底釜という南北2系統の煮沸土器の地域が鼎や袋足器の出現に対する対応の違いによって、より細かな地域へと分かれていくという方向性を示した（小澤 2005: 165-171）。

本稿に関わる「華南」はやはり新石器時代を通じて釜という煮沸土器が変わらない地域としてあげられている。

また、厳文明氏の「東南系統」はほとんどが稲作地区とされるが、本稿であつかう東南中国は野生稲の分布範囲にもかかわらず、稲作文化は自生的というよりも長江流域からの波及とその受容として形成されたと考えられる。ここに中国稲作文化の南への広がりが問題となり、稲作文化の波及と定着を時間的変遷の中で捉えることが必要となろう。

そこで本稿では東南中国の先史文化として沿海地域に焦点をあてながら、丸底釜を含む丸底土器文化の時間的変遷を追い、東南中国における稲作文化の波及とその受容のあり方に関する問題の所在を明らかにしたい。さらに東南中国の地域間交流の様相として沿海ルートによる交流について検討を加えたい。

1. 東南中国沿海地域の先史丸底土器文化

筆者は、東南中国沿海地域の先史文化の時代区分として、土器を伴わない打製石器主体の文化遺存をⅠ期、丸底土器の出現期をⅡ期、曇石山文化などの新石器時代後期をⅢ期、紀元前2000年紀以降をⅣ期に設定している。

Ⅱ期は縄紋をもつ土器（縄蓆紋土器）が各地で出現し、これを媒介として台湾海峡両岸地域の共通性が指摘されており、張光直氏は大坌坑文化と福建の富国墩文化を同一の文化における二つの類型として捉えた（張 1989）。しかし、各地の土器群の様相が明らかになり、地域差も認識されており、加藤晋平氏も従来の研究を「一般的に文化類型という形で、大きく遺物群を括る」と位置づけ、具体的な出土土器の研究として、金門島の金亀山遺跡の層位関係から土器群の変遷として「無文土器？→無文土器＋爪形文土器→貝殻文土器→細縄文土器」の流れを捉えた（加藤 2000:4-6）。こうした各地域の時間的な変遷を土器研究から積み上げていく必要性はいうまでもないが、ここでは東南中国沿海地域の先史文化を先史丸底土器文化として捉え、その大局的な動向を整理したい。

東南中国沿海地域においては、土器成型の全工程の比較も重要であるが、拍打法（叩き技法）による丸底土器文化が長らく継続する点は共通し、主要な器種として「く」の字状口縁と丸い胴部をもつ丸底釜があげられ、主に縄紋が拍打されていることが特徴である。東南中国沿海地域における丸底土器文化の形成期（Ⅱ期）の年代は紀元前4000年以降に位置づけられ、Ⅰ期が完新世中ごろまで継続することになる[2]。

Ⅲ期は、閩江下流域の曇石山文化のように海と河川水系の接点である河口付近に比較的まとまりをもつ地域文化が形成される。同時期、内陸地域においては鼎が導入されるようになるが、沿海地域では総じて一部導入されるのみで定着することなく丸底釜が継続する。分布論的視点でみれば東南中国沿海地域も鼎の分布範囲であることは間違いないが、丸底釜常用地帯であることはかわらず、これが鼎常用地帯の内陸地域とは大きく異なる点である。このような分布状況について鼎を使用する地域との差として、土器製作技術の成熟度から、鼎を必要とする生活スタイルの差異、あるいは器物としての鼎の象徴性の有無が問われるのではないだろうか。鼎が内陸地域から丸底釜常用地帯の沿海地域まで散発的にしても分布することは、むしろ鼎に何らかの象徴性が付加されたと理解す

東南中国沿海地域の先史文化と地域間交流　後藤雅彦

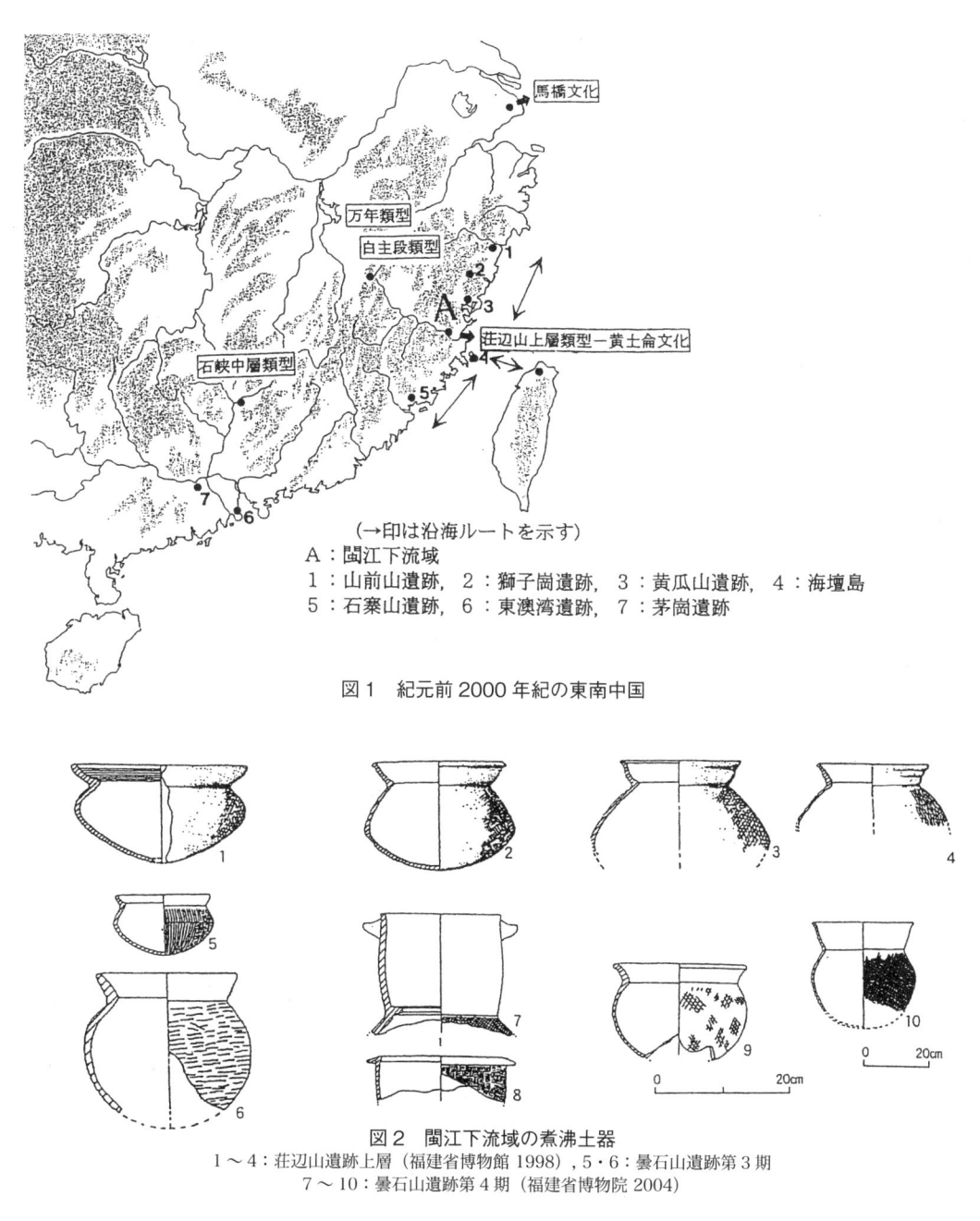

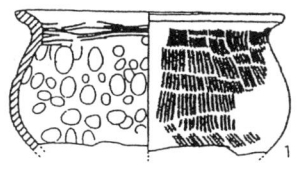

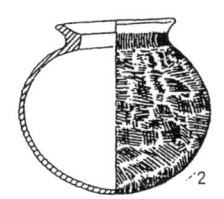

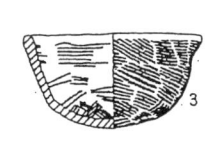

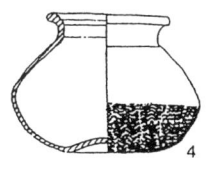

(→印は沿海ルートを示す)
A：閩江下流域
1：山前山遺跡, 2：獅子崗遺跡, 3：黄瓜山遺跡, 4：海壇島
5：石寨山遺跡, 6：東澳湾遺跡, 7：茅崗遺跡

図1　紀元前2000年紀の東南中国

図2　閩江下流域の煮沸土器
1〜4：荘辺山遺跡上層（福建省博物館 1998），5・6：曇石山遺跡第3期
7〜10：曇石山遺跡第4期（福建省博物院 2004）

図3　珠江三角州の煮沸土器
1〜4：白芒遺跡（鄧聰他 1997）＊縮尺不同

ることもできるかもしれない。

　また、その他の器種においても圏足付きの壺や豆が普及するが、これも盛る、貯えるための土器の安定を図るために丸底土器に圏足がつけられたのであり、圏足の発達を丸底器と結びつけて理解する点（暈 1989: 138）は重要である。このように同時期は丸底釜が継承されながらも閩江下流域で折腹形が流行するように地域的な形態的特徴をもつようになり、さらに丸底土器から新たな器形を生み出していく丸底土器文化の発展期と位置づけられ、その年代は紀元前3000年以降である。

　そして、中国初期王朝形成期にあたるIV期になると地域的な伝統を継続しながらも、長江流域以北に展開した青銅器文化の影響のもと地域ごとに主体的な変容をとげ、周辺地域間の交流を通じて情報・技術の共有化がすすみ、その結果、東南中国にひろく共通性が生まれる。沿海地域においては閩江下流域の荘辺山上層類型[3]—黄土侖文化、珠江三角州の東澳湾遺跡、茅崗遺跡を代表とする文化遺存が、内陸地域では広東の石峡中層文化が展開する（図1）。これら諸地域文化に共通して、丸底釜が継続しながら幾何形紋をもつ硬質の土器（印紋陶）が普及し、凹底罐を特徴とする土器文化が展開する。中村慎一氏はこの凹底罐複合を殷系文化の拡大によって、それに対峙するように成立したと論じた（中村 1996: 190-192）。また、西江清高氏も「「越」との関連が指摘されるこの印紋陶の分布圏は、その全体が政治的なまとまりを形成することはなかったが、中原王朝と対峙する形で圏内の文化要素の共通性を顕在化」させたと指摘した（西江 2003: 87）。

　このような共通性が認められる一方、東南中国の各地域文化の在地性が見直されている。呉春明氏（2003: 52）は東南沿海地域にみる北方文化要素の伝来と融合について論じる中、曇石山文化下層類型からみられる丸底釜と支脚のセット関係による煮沸形態が中層類型から当該時期の上層まで継続し、黄土侖類型の甗（甑と煮沸器が一体化した土器）下部形態もこの丸底釜の系統にあることを指摘している。筆者も閩江下流域について在地性の強い煮沸土器について検討したことがあるが（図2）、丸底土器に甗（図2-7・8）が導入される中、丸底釜が連続性を示すと同時に深腹化（図2-6・10）が進むように形態的な変化も認められ、器物の使い分けも想定される（後藤 2006）。また、同時期、珠江口の砂丘遺跡において新たな器形として鉢形釜が普及する点は注目され、白芒遺跡第1組文化遺存（図3）では丸底釜（1・2）、凹底罐（4）に鉢形釜（3）が伴う（鄧聰他 1997）。この中で丸底釜は広口（1）と細口（2）の2類に分類できるが、後者は閩江下流域の深腹釜に近い形態である。このように同時期、東南中国沿海地域において在地的要素の強い丸底釜にも形態的な変化が生じ、さらに丸底土器の範疇を超えない甗や鉢形の煮沸土器が加わるなど丸底土器文化の転換期と位置づけられ、合わせて凹底罐が普及し、印紋陶の土器文化へと展開していくことになる。

2. 地域間交流と稲作文化の波及

　まず、閩江下流域を中心に東南中国沿海地域における地域間交流の様相を時間軸の中で整理する。

　II期における地域間交流を示す例として、閩江河口に位置する海壇島の殼坵頭遺跡（福建省博物館 1991）から長江下流域との関わりが認められる多角形口縁の丸底釜と玦状耳飾などが出土している。これらの要素について、西谷大氏は「福建省から広東省における沿岸部の中期の動向は、地域によって異なり、河川を通じての内陸部の影響という概念だけでは把握できない」と指摘してい

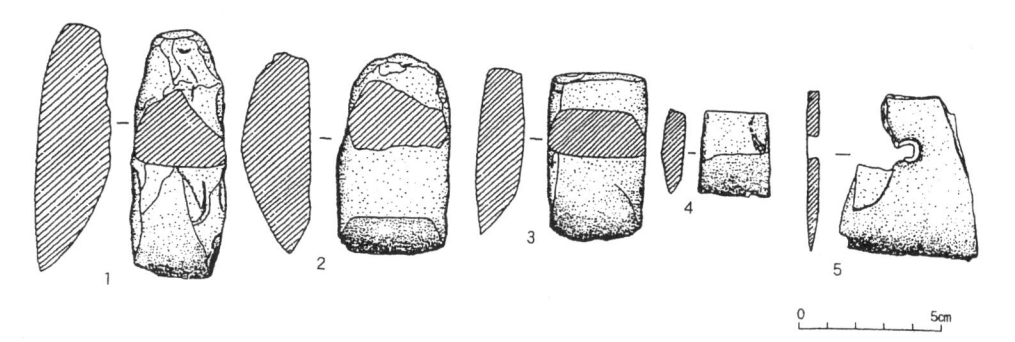

図4　荘辺山遺跡上層出土石器（福建省博物館 1998）

る（西谷 1997: 45）。長江下流域の事例では河姆渡遺跡第2層（第3期文化と）から丸底釜32点の内、多角形口縁が2点出土している（浙江省文物考古研究所 2003）。他に象山塔山遺跡下層（浙江省文物考古研究所他1997）、舟山群島白泉遺跡（王和平他 1983）などにおいて類例があり、各遺跡において稀少的な存在ではあるが、同時期に寧紹平原から舟山群島までの隣接沿海地域間に分布している。この多角形口縁は特殊な形態であり、他の東南中国においては類例がみられず、またその年代もほぼ一致していることから、河姆渡第2層相当期（紀元前4000年～3500年）に寧紹平原から舟山群島に広がる文化要素として、それが沿海ルートで閩江下流域に波及したものと考える。ただし、寧紹平原から舟山群島の諸遺跡では煮沸土器にすでに鼎がみられることから、丸底釜主体の殻坵頭遺跡とは異なる様相ももちあわせている。

　Ⅲ期の地域間交流としては、長江下流域（良渚文化）との関連が問題であり、すでに拙稿にて検討したように内陸ルートで石峡文化に至る文化の流れがあり、これらの地域間にみられる共通性と曇石山文化から珠江三角州に至る沿海地域には差違が存在する（後藤 1996・2000）。また、内陸ルートはまさに中国稲作文化の南への波及に関わる地域間交流を示すが、この稲作の波及については沿海地域への波及を含めて後で検討したい。

　そして、Ⅳ期前半の凹底罐複合が形成される直前、閩江下流域の荘辺山上層類型を代表する要素である彩陶が大陸側の北は浙江南部、南は厦門付近まで広がりをみせることから、同時期に沿海ルートによる地域間交流が活発になったと考える（図1）[4]。この沿海ルートによる地域間交流が活発になった後、閩江下流域では黄土崙文化が展開することになるが、この段階になると河川水系によって東南中国の内陸地域と沿海地域間の交流が広範囲に認められるようになる。その結果、在地的な文化要素を継承しながら、地域文化が主体的な変化をとげる一方、地域間交流を通じたモノ・技術・情報の共有化によって地域文化の枠を超えて印紋陶と呼ばれる土器文化が東南中国に広範囲に定着することになる。

　以上のように東南中国沿海地域の地域間交流について時間軸の中で整理してみたが、次に稲作文化の波及について問題の所在を明らかにしたい。

　東南中国沿海地域は、宮本一夫氏のいう「南の非農耕地帯」（宮本 2005: 201-206）に含まれる狩猟採集社会であったと考えられる。しかし、野生イネの生育範囲であることを鑑みると、野生イネの利用や長江下流域のように稲作の集約化が進行せず、明確に考古資料として痕跡をのこしていないという状況も想定できるかもしれない。一方、内陸地域ではⅢ期の石峡文化に稲作の波及が認め

られ、新石器時代後期以降、江南系稲作文化の波及が東南中国の各地域文化に及んでいる点は重要である。沿海地域においても、本稿で検討した閩江下流域ではⅣ期以降の石器群の様相として長江流域との関わりを示す要素も認められる（後藤 2006: 302）。東南中国沿海地域では総じてⅡ期から継続して片刃石斧（図4-1～4）が主体であるが（後藤 1999a）、Ⅳ期になると外来要素が認められる。まず一つは閩江下流域のⅣ期前半に属する渓頭遺跡上層の有段石斧である。そして石包丁は東南中国内陸地域においてⅢ期以降出現しているが、沿海地域ではⅣ期前半の荘辺山遺跡上層から有孔直刃タイプが出土している（図4-5）。これらの要素は稲作地帯である長江下流域から東南中国内陸地域に普及していることから、稲作技術を伴う文化影響の一つとして長江下流域から南へ展開した稲作文化の波及を示すものといえる。

　この稲作文化の波及について、前出の宮本一夫氏は、紀元前3000年以降の乾燥冷涼化する気候変動期は従来の生態域が南へ移行する段階であり、「この時期に、華中から華南へ鼎などの土器様式を含めて文化複合体として稲作農耕文化が、本格的に南側に拡散していく」ことを指摘し、曇石山文化や石峡文化の成立は華南の大転換とし、稲作農耕社会の形成を認めている（宮本 2005: 208）。確かに、東南中国の内陸地域についてはⅢ期の石峡遺跡のイネ資料をもって稲作の波及、定着を示すものといえるが、沿海地域はさらに検討を要するものと考える。実際に沿海地域おけるイネ資料はⅣ期に属すると考えられる福建東張遺跡（福建省文物管理委員会 1965）や獅子山遺跡（泉州海外交通史博物館他 1961）の稲の圧痕をもつ焼土が検出されているにすぎず、しかも両遺跡は貝塚を伴わない遺跡である。こうしてみると、東南中国沿海地域では貝塚遺跡の展開と消長が農耕の定着に関わる側面をもつことが理解される。蔡保前氏（1998）は福建省の貝塚遺跡の出現から消失までの変遷を検討し、地域によって貝塚の消失の時期が異なることから、周辺地域からの影響による在地文化の変化、農耕経済との関わりの中にその要因を求めている。すなわち、閩江下流域では前述した稲作地帯に普及する要素が波及したⅣ期以降、貝塚の衰退時期と考えられるが、福建東部沿海地域では曇石山上層と密接な文化関係をもちながらも、貝塚遺跡が形成されている（後藤 2002）。このような紀元前2000年以降における貝塚遺跡の変化を示す背景の一つには、社会的現象としての稲作の定着を考慮すべきであり、(小柳 1999: 96)、さらに貝塚遺跡の消長など稲作文化の波及に対する各地域文化の対応の差も考慮すべき問題である。

　また、珠江三角州の珠海市宝鏡湾遺跡はⅢ期・Ⅳ期に属する砂丘遺跡であり、1000点を超す石錘が出土している（広東省文物考古研究所他 2004）。報告書の副題に「とくに大量の石錘や石碇（錨）の出土は海島漁撈生活の文化遺址類型を反映している」ことから"海島型史前文化遺址"という名称がつけられているように、同遺跡を含めた珠江三角州の砂丘遺跡は稲作農耕に集約化しない地域の遺跡として、"海島型史前文化遺址"はキーワードの一つとして有効であり、稲作文化の波及した時期にむしろ漁撈活動に特化する動きが地域や遺跡によって認められるのも興味深い。

　以上のように、沿海地域は総じてⅣ期以降に長江流域の稲作文化の波及することは前述した丸底土器文化の転換期の一つの側面である変化の方向性の共有化に通じるものであり、その背景として東南中国内の地域間交流の活発な動きがあげられる。一方、もう一つの側面である地域の個別化現象に応じて、稲作文化の波及に際してもやはりこの小地域単位での受容のあり方に差異が認められる点は南へ展開した中国の稲作文化の特徴といえる。

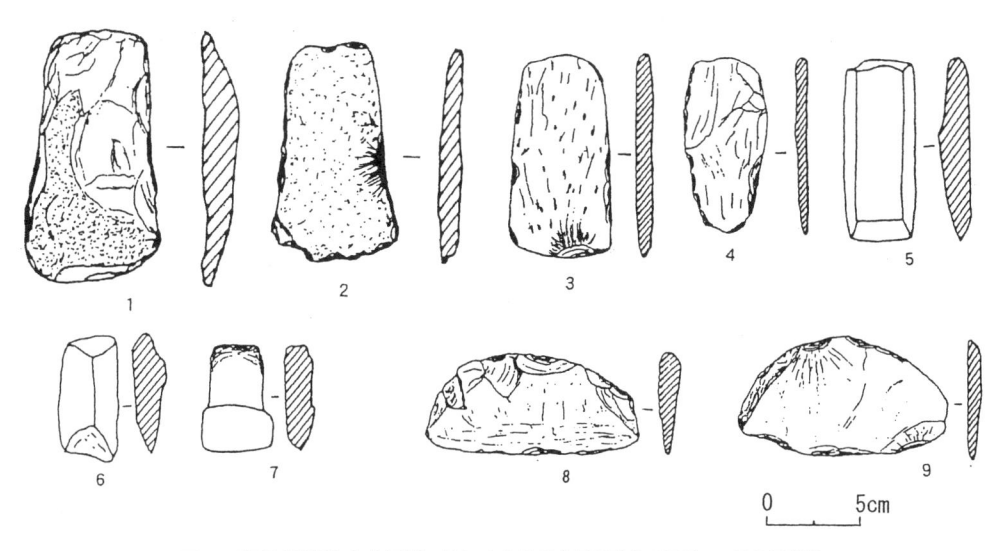

図5 獅子崗遺跡出土石器（浙江省文物考古研究所他 1999）＊7は採集品

3. 沿海ルートの地域間交流

　東南中国においてⅣ期という時代の移行期のもう一つの特徴は沿海ルートによる地域間交流が活発になることである。沿海ルートの地域間交流としてはⅡ期にもその例にあげることができることから、ここではとくに閩江下流域が組みこまれるこの二つの沿海ルートを比較検討しながら、Ⅳ期という時代性と沿海ルートによる地域間交流について考えてみたい。

　まず、Ⅱ期の地域間交流として、長江下流域においては隣接地域間の交流が活発であったが、それが沿海ルートで福建沿海地域まで遠距離に及ぶにあたって、交流を示す要素は断片的で限定された側面に関わり、分布状況も散発的であることが特徴であり、後続時期に継続しないという時間的な限定も認められる。一方、Ⅳ期における沿海地域間の交流は内陸部もとりこみながら面的な広がりを示している。その分布範囲は閩江下流域を中心とし、南は厦門付近まで、北は浙江南部にまで及び、浙江南部では飛雲江流域など内陸側に入りこむ丘陵地帯にも広がりをみせている。そして、こうした丘陵地帯の文化要素として石器群に着目すると、同時期の沿海ルートの交流は生活技術に関わる側面をもつ文化要素をとりこんでいるのである。すなわち、飛雲江流域の獅子崗遺跡（図5）の石器には打製石鍬（1～4）、磨製片刃石斧（5～7）、打製石刀（8・9）などが含まれており（浙江省文物考古研究所他 1999）、片刃石斧は東南中国沿海地域に広く普及しているものであるばかりか、打製石器については石鍬、石刀ともに台湾との共通性も認められ、広範囲に及び交流がその背景にあったともものと想定される。

　次に時間的な地域間交流の変遷について、一つの地域に即して、遺跡の動向をみていくと、閩江河口対岸にある海壇島における遺跡の分布状況は興味深く、同島ではⅡ期に属する遺跡が5ヶ所で確認されているが、現時点ではⅢ期の遺跡は未確認である。しかし、Ⅳ期になると殻垱頭遺跡において印紋陶が道端の断面に露出した貝層中において採集された他に6遺跡が確認されており、その中で井過関山遺跡はⅣ期前半の荘辺山上層類型に特徴的な彩陶片が採集されている（福州市文物考

古隊他 1995)。こうした遺跡の分布動向については海水面の変化なども検討が必要であるが、Ⅳ期になって海壇島が東南中国の沿海ルート上に再びくみ込まれるようになることがわかる。

以上のように、紀元前2000年紀の沿海ルートの文化交流は、浙江南部から厦門、あるいは対岸の台湾を含む複数の沿海地域をとり囲むものであるが、閩江下流域と河口対岸の海壇島との関係のような隣接する沿海地域間の近距離交流も活発になっている点が重要であり、ここに沿海ルートの重層性をよみとることができる。

さらに地域文化の変化として呉春明・林果両氏の遺跡分布の変化に関する研究によると、紀元前2000～1000年（本稿Ⅳ期）になると「原始集落鼎盛期」になり密集した分布をもつ広い集落形態を呈し、閩江下流域から「周辺拡張時期」に向かう（呉・林 1998: 145-151）。こうした遺跡分布に関して、閩江下流域において、集落分布から遺跡の内容を加えて、遺跡間の関係として拠点的な集落の抽出ができるかどうか重要であるが、現時点では判断は難しい。ただし、曇石山遺跡ではⅢ期とⅣ期（黄土侖文化期）において、濠溝が各々確認されている点は注意したい。

このような地域内の遺跡間関係について、拙稿（1999b）で検討した珠江三角州では、特定遺物（石器石材）の広がりに示される地域内でのネットワークの強化がうかがえる点もみのがせない。また、珠江口の砂丘遺跡において多くの玉石玦類の製作址が確認され、他地域との交流ネットワークの存在も認められるようである。

ところで、こうした東南中国沿海地域を中心とした沿海ルートの文化交流が活発になった時期の狭間である紀元前3000年紀中頃の澎湖群島の鎖港期に台湾本島の関わりが認められる。鎖港期の遺跡からは台湾本島からの搬入品と考えられる軟玉製の小型片刃石斧、ポイント状製品、針状製品、ペンダントが出土している一方、澎湖群島産の玄武岩が台湾島へ搬入されている。そして、澎湖群島の鎖港期は遺跡数の増加とともに澎湖群島全域に広く遺跡が分布するようになり、澎湖諸島内の島嶼間の交流に関しても、玄武岩が産しない花嶼においても玄武岩製打製石斧が採集され、他島からの搬入が認められる。こうした石材の動きは、台湾本島との関わりばかりでなく、群島内という地域内あるいは隣接地域間のネットワークを的確につかむ上でも有効となる。とくに鎖港期において、石器生産の体制が確立し、遺跡が群島内に広く分布するようになると同時に石材を中心としたモノの動きが捉えられることは、群島内のネットワークの強化が示され、その延長線上に台湾島との地域間交流があったのであり（拙稿 2004）、ここにも沿海ルートの重層性が認められる。

東南中国の大陸部沿海ルートと台湾島－澎湖群島の間の沿海ルートはその形成時期に時間的なずれがみられることから、先史時代における海を媒介とした地域間交流を復元するにあたって、時期ごとに広がりをもつ沿海ルートによる文化の動きを抽出しながら、地域間交流の様相と地域文化の動向を比較しなくてはいけない[5]。そのような視点にたつと、本稿でとりあげた紀元前2000年紀の沿海ルートによる地域間交流は、地域文化の転換期の中で重層的かつ大陸側から台湾島をとりこむ広範囲なものであり、さらに内陸ルートとの連動性が認められる[6]。

まとめ

本稿では紀元前4000年以降の東南中国沿海地域の先史文化を丸底土器文化として大局的に捉え、

緩やかな変化ではあるが、時間的変遷として形成期－発展期－転換期を位置づけ、歴史的変動の共通性と地域間交流の様相を明らかにした。とくに紀元前2000年紀の転換期は、東南中国沿海地域において変化の方向性の共有化とともに地域の個別化現象も認められ、同時期に沿海地域に波及した長江下流域の稲作文化の受容もこの小さな地域文化ごとに対応していたのである。

　また、新石器時代後期（Ⅲ期）以降、東南中国沿海地域には閩江下流域のように海と河川水系の接点である河口付近を中心として小さな地域文化が形成されていたが、隣接する地域にも小さな中心地が点在しそれらが結節点となり、より広域なネットワークを形成していたと考える。その中で、発展期であるⅢ期は内陸ルートによる交流が活発であったが、紀元前2000年紀（Ⅳ期）になると浙江南部から厦門から対岸の台湾までを含む沿海ルートによる交流が活発になる。沿海ルートによる地域間交流はⅡ期においても長江下流域から閩江下流域に至る範囲で認められるが、それが分布状況においても、文化内容にしても限定的な交流であったのに対し、紀元前2000年紀の沿海ルートは面的な分布の広がりと生活技術に及ぶ文化内容をもちながら普及する交流であったと考える。その背景として中国初期国家成立期の周辺への影響もあろうが、在地文化の主体的な変化とともに地域間交流のネットワークの強化があり、沿海ルートの交流が隣接する沿海地域間の近距離交流から、複数の沿海地域をとり囲んだ中距離交流もしくは遠距離交流が重層的になっていたと考える。こうした沿海ルートによる地域間交流の相互性や重層性によって、さらに海を媒介とした海域ネットワークの形成が成立するものと考えるが、紀元前2000年紀の東南中国沿海地域の動向はその萌芽的な様相も示すものとして注目したい。そして、同時期の沿海ルートによる交流が内陸ルートと連動することによって、東南中国に文化的な共通性が形成されることになったと考えられ、紀元前2000年紀の地域間交流は沿海ルートの重層性と内陸ルートとの連動性の中で展開していたことが理解されるのである。

註

(1) 今村佳子氏（2003: 167）も煮沸土器を中心に分析した結果、華南は「小地域文化が林立」していた可能性を指摘している。
(2) 東南中国沿海地域の問題として、土器の出現が内陸地域の南嶺山脈以南地域のように、さらに遡るか、あるいはⅡ期の土器の出現が独自なものか、それとも周辺の土器文化からの影響か、先史文化の基層的なところに関わる問題といえる。それを解決するには、今後の新資料の発見も問題であろうが、土器を伴わない剥片石器が完新世ごろまで（Ⅰ期）継続することは重要である。その代表的な事例として台湾の長濱文化をあげることができるが、大陸側でも東南中国沿海地域の香港東湾遺跡などが知られるようになった。同遺跡は大嶼山の西南部に位置し、海抜7.37mの砂丘上に立地する。1988年10月から1989年3月までに実施された第3次調査では厚さ約3mの文化層の下部（第11層）に香港では初めての土器を伴わない石器群が確認された（鄧聰 1989）。
(3) 従来、当該期について曇石山遺跡上層遺存（曇石山上層文化）があげられていたが（福建省博物館 1976）、荘辺山遺跡の1980年代前半の発掘調査によって、第3層（上層文化）が曇石山上層文化に相当し、前段階の中層文化との継承関係を示す上でも有効であるばかりか遺構も伴うことから（福建省博物館 1998）、当該期を代表とする文化遺存として知られるようになった。また、最近、曇石山遺跡の第8次調査の詳細な報告が刊行され、層序的に新石器後期文化の曇石山文化層の上に、当該期に相当する第3期の文化層、その上に第4期（印紋硬陶と釉陶を含む文化層で黄土侖文化相当）が確認されている（福建省博物院 2004）。
(4) この彩陶については郭素秋氏（2003）の論考があり、荘辺山上層類型の彩陶の主要な分布域として、閩

江下流域－福建東北部－浙江南部とし、それらの地域間に土器の胎土や彩紋の精粗、共伴する土器に
　　よって差異があることを指摘し、閩江下流域の彩陶が福建東北部や浙江南部より古く、荘辺山上層類型
　　が新石器時代の曇石山文化を直接的に継承したものであることを論じた。
(5) 本稿では閩江下流域を中心とした東南中国沿海地域の文化交流を示してきたが、IV期後半に位置づけら
　　れる広東東部沿海地域の浮浜類型と周辺との地域間交流を示す例として、珠江三角州地域において浮浜
　　類型に特徴的な深腹豆などが出土しており（邱立誠 2002: 159-161）、ここでも沿海ルートによる地域
　　間交流が想定される。
(6) 拙稿（1996: 177）にてIII期においても杭州湾から浙江南部まで、あるいは珠江三角州地域内という限定
　　された沿海ルートの交流を認め、その上でさらに広範囲な沿海ルートの交流も可能性として想定してい
　　たが、本稿で検討したようにIV期こそ重層的な沿海ルートの形成が認められ、それが東南中国における
　　時代の移行期の中で重要な意義をもつものと考えた。

文献目録

今村佳子
　　2003　「中国新石器時代の土器からみた文化動態」『先史学・考古学論究IV』: 127-190.
大貫静夫
　　1998　『東北アジアの考古学』東京：同成社.
王和平他
　　1983　「舟山群島発現新石器時代遺址」『考古』1983-1: 4-9.
小澤正人
　　2005　「中国新石器時代土器の焼成と地域性」佐々木幹雄・齋藤正憲編『世界の土器づくり』: 165-176
　　　　　東京：同成社.
郭素秋
　　2003　「福建荘辺山上層類型彩陶的源流及其與浙南地区的関係」『中央研究院歴史語言研究所集刊』
　　　　　74-3: 389-443.
加藤晋平
　　2000　「閩・粤・台地域における先史文化の交流問題」『博望』1: 2-12.
広東省文物考古研究所他
　　2004　『珠海宝鏡湾　海島型史前文化遺址発掘報告』北京：科学出版社.
厳文明（岡村秀典訳）
　　1994　「中国古代文化三系統説」『日本中国考古学会会報』4: 81-86.
呉春明
　　2003　「東南沿海史前史序列中北方文化因素的伝入與融合」中央研究院歴史語言研究所『第三届国際漢
　　　　　学会議論文集　史前與古典文明』: 45-76
呉春明・林果
　　1998　『閩越国都城考古研究』厦門：厦門大学出版社.
後藤雅彦
　　1996　「良渚文化と東南中国の新石器文化」『日中文化研究』11: 171-179.
　　1999a　「東南中国の片刃石斧考」『古代』107: 119-144.
　　1999b　「珠江三角州地域をめぐる先史文化研究」『琉球大学法文学部人間科学科紀要　人間科学』
　　　　　4: 61-88.
　　2000　「東南中国の先史文化と周辺」『琉球・東アジアの人と文化』下巻: 261-278.
　　2002　「東南中国の貝塚遺跡」『琉球大学法文学部人間科学科紀要　人間科学』10: 149-180.
　　2004　「澎湖群島における先史文化研究」『琉球大学法文学部人間科学科紀要　人間科学』13: 407-434.
　　2006　「紀元前2千年紀の閩江下流域」『琉球大学法文学部人間科学科紀要　人間科学』17: 289-306.
小柳美樹
　　1999　「稲と神々の源流―中国新石器文化と稲作農耕―」『現代の考古学3　食料生産社会の考古学』:

　　　　　　72-99、東京：朝倉書店.
蔡保全
　　1998　「従貝丘遺址看福建沿海先民的居住環境與資源開発」『廈門大学学報（哲社版）』1998-3: 106-111.
浙江省文物考古研究所
　　2003　『河姆渡』北京：文物出版社.
浙江省文物考古研究所他
　　1997　「象山県塔山遺址第一、二期発掘」『浙江省文物考古研究所学刊』: 22-73.
　　1999　「浙南飛雲江流域青銅時代文化遺存」『東南考古研究』2: 1-51.
泉州海外交通史博物館他
　　1961　「福建豊州獅子山新石器時代遺址」『考古』1961-4: 194-196.
蘇秉琦・殷瑋璋
　　1981　「関於考古学文化的区系類型問題」『文物』1981-5: 10-17.
張光直
　　1989　「新石器時代的台湾海峡」『考古』1989-6: 541-550.
邱立誠
　　2002　「広東先秦時期考古研究的新進展」『嶺南考古研究』2: 151-168.
鄧聰
　　1989　「南シナ海沿岸部の無土器石器群」『季刊考古学』29: 35-38.
鄧聰他
　　1997　「香港大嶼山白芒遺址発掘簡報」『考古』1997-6: 54-64.
中村慎一
　　1996　「良渚文化の滅亡と「越」的世界の形成」『文明の危機―民族移動の世紀』（講座文明と環境5）：
　　　　　　181-192、東京：朝倉書店.
西江清高
　　1995a　「印紋陶の時代の中国東南部」『日中文化研究』7: 138-151.
　　1995b　「中国先史時代の土器作り」『しにか』1995-7: 32-41.
　　2003　「先史時代から初期王朝時代」『世界歴史大系　中国史1』: 3-102、東京：山川出版社.
西谷大
　　1997　「中国東南沿岸部の新石器時代」『国立歴史民俗博物館研究報告』70: 1-58.
量博満
　　1989　「中国の土器」『アジアと土器の世界』133-144、東京：雄山閣出版.
福州市文物考古隊他
　　1995　「1992年福建平潭潭島考古調査新収穫」『考古』1995-7: 577-584.
福建省博物院
　　2004　『閩侯曇石山遺址第八次発掘報告』北京：科学出版社.
福建省博物館
　　1976　「閩侯曇石山新石器時代遺址第六次発掘簡報」『考古学報』1976-1: 83-120.
　　1991　「福建平潭殻坵頭遺址発掘簡報」『考古』1991-7: 587-599.
　　1998　「福建閩侯荘辺山遺址発掘報告」『考古学報』1998-2: 171-227.
福建省文物管理委員会
　　1965　「福建東張新石器時代遺址発掘報告」『考古』1965-2: 49-61.
宮本一夫
　　2005　『中国の歴史01　神話から歴史へ』東京：講談社.

周縁型銅鼓から見た銅鼓の製作と流通

新田 栄治

キーワード：1式銅鼓　周縁　製作　鉛同位体比分析　流通

1. 東南アジアの1式銅鼓

　1式銅鼓はミャンマーとフィリピンを除く東南アジアの広大な空間に分布する。すなわち、大陸部ではベトナムからラオス、タイ、カンボジア、マレー半島両岸、島嶼部ではボルネオ、スマトラ、ジャワ、小スンダ列島、カイなどを経て、最遠はニューギニア島西端のチェンドラワシ半島に至る広大な地域・海域に分布するようになる。前5世紀に早期銅鼓（先1式、万家覇型）が作られ始めた頃には銅鼓紋様には厳密な規則性はなかったが、次第に一定の規則性への方向を示しながら、早期銅鼓の最後のタイプである八塔台鼓、トゥンラム鼓などになると、1式銅鼓の規則性にほぼ近づいてくる（新田 1985）。

　1式銅鼓は厳密な規則性があり、ほとんどの銅鼓は規則性の範疇内にある。しかし広大な分布を示すため、当然年代的にも差があり、いわば分布の周縁部での特異化とでもいえる現象がみてとれる。1式鼓のもつ規則性から外れた銅鼓を通じて、銅鼓製作の問題と流通についての試論を展開する。この種の変わった銅鼓については、これまでほとんど考察の対象となってこなかった。本論では、私が現地調査を実施したラオス（1994年11月、2005年8月）、タイ（1997年8月、2004年1月）、マレーシア（1999年2月、9月）、インドネシア（1997年10月）の例を検討することにより、銅鼓分布周縁地域での銅鼓製作と流通について考える[1]。

2. 周縁型銅鼓

　1式銅鼓の紋様は以下のような厳密な規則性をもつ。鼓面中央に光芒をもつ太陽紋を配し、その周囲を同心円状の紋様帯で囲む。紋様帯には幾何学紋様（鋸歯紋、梯子状紋、連続接線円紋など）と具象紋様とある。具象紋には4羽以上の飛鳥紋（単画紋帯鼓の場合）、あるいは飛鳥紋＋羽人紋（複画紋帯鼓の場合）がある。これらは飛鳥の場合には背を中心側に向け、羽人の場合には頭を中心側に向けて、左回りに配される。鼓面外周の無紋帯にカエル立像4が配されるものもある。カエルも常に左回転方向に配置される。頭部側面は無紋が通例であるが、羽人の乗った船紋で飾るものがある。船は常に船首を右に向ける、つまり左回転方向で配される。胴部は幾何学紋様の区画紋で縦横に区画され、区画内は無紋あるいは人物や動物の紋様といった具象紋で飾る。脚部は無紋。

　しかし、この規則性の範疇の外にある銅鼓がいわば銅鼓分布の周縁地域に存在する。これらを周

縁型銅鼓と呼ぶことにする。以下に各国別に周縁型銅鼓の例をあげる。

　タイでは出土地が確かな1式銅鼓は合計38点ある（Jirawattana 2003；新田 2000aおよび新田の個人未発表資料）。その他にも出土地が不明ではあるが、タイで出土したことは間違いないものが数点あるので、タイ国内から出土した銅鼓は50点近くあるものと考えられる。このうち、周縁型銅鼓は以下の8点がある。北部のターサオ鼓（Tha Sao）（図1-1）（ウッタラディット県）は鼓面にカエル立像ではなく、タニシのような巻貝4つを配する（Jirawattana 2003: 44-49）。バン・ナボー鼓（Ban Na Bot）（図1-7）（ターク県）（Jirawattana 2003: 68-72）およびナーチュン鼓（Na Chung）（図1-6）（Jirawattana 2003: 73-77）（スコータイ県）は飛鳥ではなく2本足で歩く鳥を配する。東部タイのバン・サムガム鼓（図1-3）（トラート県）は飛鳥ではなく、右回転の3尾の魚を配する（Jirawattana 2003: 78-88）。東北タイではカムチャ・イー鼓（Kamcha-I）（図1-8）（ムクダハーン県）が変形羽人紋や舟底が逆さまになった配置をした変形舟紋を胴部側面に施紋するほか、脚部にアップリケ状の部分があり、その上に同じ変形舟紋を描く（新田 2000b: 25-27, 35-37；Jirawattana 2003: 130-136）。この銅鼓は失蝋法よる鋳造とみられ、蝋板を脚部蝋型に貼り付けたものがこのアップリケ状の部分であろう。南タイではチャイヤー鼓（Chaiya）（図1-5）（スラタニー県）が右回転の4羽の飛鳥を鼓面に表現する（Jirawattana 2003: 181-183）。サーケオ鼓（Sa Kaeo）（図1-4）（ナコンシータマラート県）では通例の飛鳥がかなり略化された変形飛鳥3羽を配する（Jirawattana 2003: 200-204）。出土地不明ながら、ターサオ鼓と同様に、鼓面外周にカエルではなく巻貝立像4を配したターラン国立博物館収蔵鼓（Thalang）（図1-2）（プーケット県）（バンコク国立博物館旧蔵）もある（Jirawattana 2003: 238-242）。ターサオ鼓と同じ特徴から、ターラン博鼓はおそらくウッタラディット近辺で発見されたものではないかと思われる。

　ラオスでの1式銅鼓の分布は南部のチャンパサック県と中部のサワンナケート県に集中し、合計8点である（新田 2006）。うち周縁型銅鼓はバン・ホックラオ鼓（Ban Hoc Lao）（図2-1）（サワンナケート県）のみである。この銅鼓は通例の1式銅鼓では横行する幾何学紋帯であるのに対して、胴部下部紋様帯にウシ、シカなどの動物の行列を描いており、また脚部に4匹のカエル立像を頭を上に向けた状態で配する、きわめて特徴的な銅鼓である。この銅鼓は鼓面を欠き、頭部もほとんど失われているが、脚部径120cmを超える東南アジアで最大の銅鼓のひとつである。

　マレーシア領マレー半島部では東岸側で3点、西岸側で4点、合計7点であるが（新田 2000c）、いずれも範疇内の銅鼓である。東マレーシアではサバ州から1点出土している。このティンバン・ダヤン鼓（Timban Dayan）（図2-4）は鼓面形状が円形ではなく、アーモンド状に近い平面形をしていること、連続接線円紋の施紋がフリーハンドであることなど、多くの範疇外の特徴をもつものである（新田 2000c: 40-42）。これらの特徴はティンバン・ダヤン鼓がかなり新しいものであることを示すものである。

　インドネシアでも多数の銅鼓が出土しているが、周縁型銅鼓もある。なかでも、スムバワ島北東の小島、サンゲアン島で発見されたサンゲアン鼓（Sangean）は胴部側面の紋様として、素環頭大刀を持ち、野獣と闘う人物（図2-3）や、王のような人物の面前で書状を読み上げる人物がいる、あたかも宮廷での一光景を思わせる画像（図2-2）、騎馬の人物があるほか、脚部のゾウ紋など、他の銅鼓にはない独特の紋様で飾っている（Kempers 1988: 127-131, 501-516）。スラベシ島の南の小

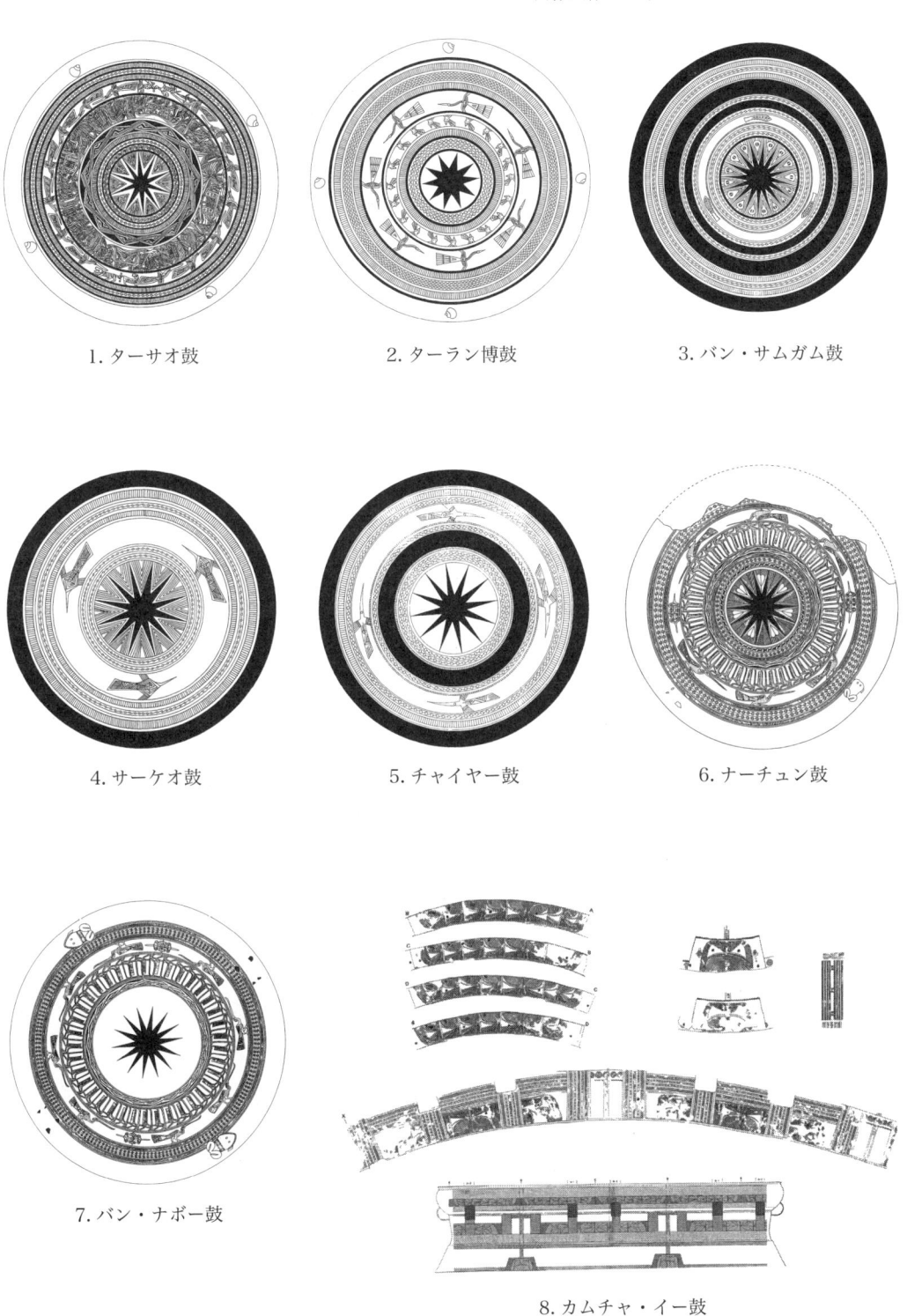

周縁型銅鼓から見た銅鼓の製作と流通　新田栄治

1. ターサオ鼓
2. ターラン博鼓
3. バン・サムガム鼓
4. サーケオ鼓
5. チャイヤー鼓
6. ナーチュン鼓
7. バン・ナボー鼓
8. カムチャ・イー鼓

図1　タイの周縁型銅鼓
（カムチャ・イー鼓以外の図は、Jirawattana 2003 による）

ヒト・モノの交流

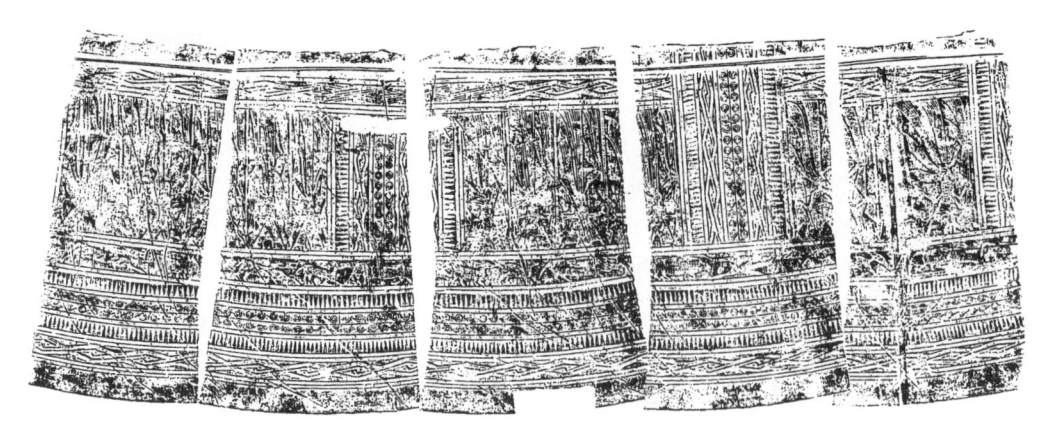

1. バン・ホックラオ鼓胴部

2. サンゲアン鼓（宮廷風景）（Kempers 1988による）

3. サンゲアン鼓頭部紋様（素環頭太刀）

4. ティンバン・ダヤン鼓

5. クル鼓（鼓面の漢字銘文）

図2　ラオス、マレーシア、インドネシアの周縁型銅鼓

表1 周縁型銅鼓の特徴

銅鼓名	出土地	逸脱した特徴	本来あるべき特徴
ターサオ鼓	北タイ、ウッタラディット県	巻貝立像	カエル立像
ターラン博鼓	不明（ウッタラディット県？）	巻貝立像	カエル立像
バン・ナボー鼓	北タイ、スコータイ県	2本足で歩く鳥	飛鳥
ナーチュン鼓	北タイ、スコータイ県	2本足で歩く鳥	飛鳥
バン・サムガム鼓	東タイ、トラート県	右回転魚3尾	左回転飛鳥4羽
カムチャ・イー鼓	東北タイ、ムクダハーン県	変形羽人、変形舟紋	羽人、舟
チャイヤー鼓	南タイ、スラタニー県	右回転飛鳥	左回転飛鳥
サーケオ鼓	南タイ、ナコンシータマラート県	変形飛鳥3羽	飛鳥4羽
バン・ホックラオ鼓	中部ラオス、サワンナケート県	胴部下部に動物紋列	胴部下部は幾何学紋帯
		脚部にカエル立像	鼓面にカエル立像
ティンバン・ダヤン鼓	東マレーシア、サバ州北、ティンバン・ダヤン島	鼓面平面形がアーモンド形	鼓面平面形は正円形
サンゲアン鼓	インドネシア、スムバワ島北東、サンゲアン島	中国的人物・動物紋	羽人・鳥・ウシなど
サラヤール鼓	インドネシア、スラベシ島南、サラヤール島	土着的動物紋様	羽人・鳥・ウシなど
クル鼓	インドネシア、クル島	鼓面無紋帯に漢字銘文	無紋

島サラヤール島からはゾウ、クジャクなどの土着動物の紋様を持つサラヤール鼓（Sarayar）があるし（Kempers 1988: 517-519）、インドネシア最東部のクル島からは鼓面外周無紋帯に漢字による銘文をもつクル銅鼓（Kur）（図2-5）がある（Kempers 1988: 282-283, 525-529）[2]。

上記の地域では銅鼓が大型化している特徴が共通するが、あわせて以上のような独特の特徴を持つ銅鼓が分布する。これらの周縁型銅鼓の特徴をまとめると、表1のようになる[3]。

3. 周縁型銅鼓の年代

今村啓爾氏はドンソン系複画紋帯銅鼓の細分と編年を行い、3期6小期に編年した（今村1992）。周縁型銅鼓のうち、ラオスのバン・ホックラオ鼓胴部の人物像表現は第1b期の人物表現に類似する。また、タイのバン・ナボー鼓の鼓面紋様には今村編年にいう「紋章紋」があり、第2b期に相当する。今村編年に依拠すれば、周縁型銅鼓の諸特徴は今村編年の第Ib期～第2期の複画紋帯銅鼓の諸特徴と類似している。したがって、周縁型銅鼓は前1世紀後半に現れ、後1世紀に主として作られたものと推定できる。

位置づけが問題であるのはカムチャ・イー鼓である。プロポーションは明らかに1式銅鼓の特徴である。しかし、胴部にみえる合笵線は失蝋法による鋳造であることを示す「もどき合笵線」であり、紋様にみえる上下逆転した舟の表現や脚部のアップリケなど、多くの新しい特徴をもつものである。上下逆転した舟紋、これを「変形舟紋」と呼ぶとすれば、変形舟紋は東南アジア出土の銅鼓

図3　1式銅鼓の分布概念図

にはみられず、広西の冷水衝型銅鼓の紋様として存在する（広西壮族自治区博物館 1991）。広西桂平県出土100号鼓（中国古代銅鼓研究会 1988: 51, 図28）、広西武宣県渡航出土武宣01号鼓（中国古代銅鼓研究会 1988: 53, 図29）などの頭部に舟紋、胴部の上段に変形舟紋が配列される。また、連続接線円紋ではなく、変形した円紋の連続も共通した特徴である。石寨山型ではカエル立像がつくのに対して、冷水衝型では、桂平100号鼓のように騎馬立像をつけたり、変異が甚だしくなる。厳密な規則性から、多様な変容を表現するようになる冷水衝型と、東南アジアの周縁型銅鼓は、変異という点において共通する。現時点ではカムチャ・イー鼓と冷水衝型銅鼓との距離は遠く、明確に関係付けることは難しいが、両者の間に何らかの関係があったことを想定しておきたい。

4. 周縁型銅鼓の製作と意味

　1式銅鼓の製作はどこで行われていたのか。銅鼓鋳型の出土はベトナム北部とバリで発見された2例があるが、いずれも1式銅鼓の鋳型ではなく、2式鼓およびインドネシア固有の銅鼓であるペジェン・タイプの銅鼓の鋳型である。鋳型の出土がない1式銅鼓の場合、鋳型出土地から鋳造地を推定することは不可能である。この問題に関しては、タイの資料による鉛同位体比分析の結果が大きな示唆を与えてくれる（新田 2006: 9-13；齋藤 2006: 207-228）。東南アジアにある銅鉱山については鉱床学からの探査はECAFEにより実施され、報告書が刊行されているので、銅鉱山の所在地は分かっているが、先史時代に開発されて採掘されていた鉱山については、ほとんど解明されていない。わずかに東北タイのルーイ山脈北部および中部タイのペチャブン山系南部のカオウォンプラチャン渓谷の2地域のみで銅鉱山の所在と採掘が確認されているだけである。タイでの銅鉱山遺跡の発掘は現在のところ東北タイと中部タイの2ヶ所のみである（Natapintu 1988: 107-124；Pigott and Natapintu 1996-97: 787-808）。銅鉱石サンプルは、この2ヶ所の遺跡であるノンカイ県プーロン遺跡（Phu Lon）とロブリー県ノンパワイ遺跡（Non Pa Wai）およびノンパワイ遺跡の南2kmにある独立丘、カオタップクワイ遺跡（Khao Tap Kwai）で採取した。

　プーロン遺跡はルーイ山脈北端の北側に傾斜する斜面にある。前1000年頃から採掘が始まり、坑道を掘り進めた鉱山である。また鉱山のそばで銅製錬および一部の青銅器生産を行なっていた。現在も坑道がよく残り、遺跡一帯に緑色の銅鉱石と鉄鉱石が散布している。ノンパワイ遺跡は近隣のカオウォンプラチャン渓谷に存在する複数の銅鉱山から採掘された銅鉱石を原料とした銅製錬遺

表2　プーロン銅鉱山遺跡サンプルの鉛同位体比分析結果

No.	207Pb/206Pb	208Pb/206Pb	206PB/204PB	207Pb/204PB	208Pb/204Pb	Remarks
B6309	0.8534	2.1152	18.282	15.602	38.670	Phu Lon. Copper Ore
6B310	0.8584	2.1084	18.126	15.559	38.217	Phu Lon
B6311	0.8525	2.0858	18.292	15.595	38.155	Phu Lon. Copper Slag or Melted Furnace Wall
B6312	0.8544	2.0968	18.227	15.573	38.220	Phu Lon. Copper Slag or Melted Furnace Wall
B6313	0.8573	2.1173	18.192	15.597	38.519	Phu Lon

表3　タイの1式銅鼓サンプルの鉛同位体比分析結果

No.	207Pb/206Pb	208Pb/206Pb	206PB/204PB	207Pb/204PB	208Pb/204Pb	Remarks
B6306	0.8526	2.1162	18.422	15.707	38.983	Don Tan Drum
6B307	0.8538	2.1187	18.365	15.679	38.909	Sukothai Drum

跡である。カオタップクワイ遺跡は良質の赤鉄鉱の鉱山であるが、赤鉄鉱の鉱脈に銅鉱も混じって見られる。鉄鉱石を主とし、銅鉱石の採取も行なっていた遺跡である。

銅鼓サンプルは、東北タイ、ドン・ターン鼓の錆および1997年8月に新田が北タイ、スコータイで入手した1式鼓胴部破片である。齋藤努氏（国立歴史民俗博物館）によるこれら

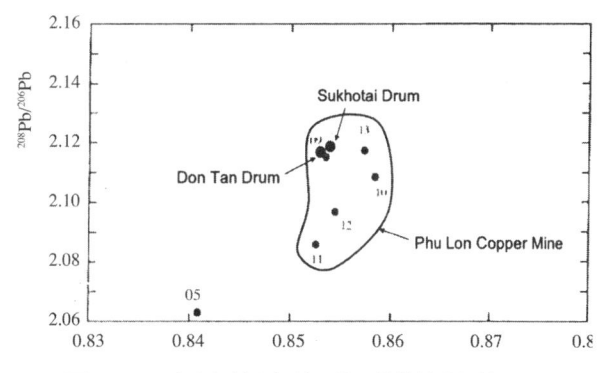

図4　タイ出土銅鼓と銅鉱の鉛同位体比分析結果

サンプルの鉛同位体比分析の結果は、表2、表3と図4である（銅鉱山についてはプーロン遺跡のもののみを示す）。

鉛同位体比分析の結果からは、ドン・ターン鼓、スコータイ鼓はともにプーロン銅鉱山遺跡のサンプル分布の範囲に収まり、中部タイのノンパワイ銅精錬遺跡およびカオタップクワイ鉱山のサンプル分布域には収まらない。したがって、ドン・ターン鼓、スコータイ鼓の原料銅はプーロン銅鉱山由来の銅であると推定できる。このことは、タイの2例の銅鼓の場合、銅鼓製作の中心地域であったベトナム北部で鋳造されたものがタイに運ばれたのではなく、東北タイ産の銅を原料として、現地で鋳造されたことを物語る。プーロン銅鉱山とドン・ターン鼓およびスコータイ鼓の出土地とは直線距離にして300kmというかなり遠距離ではあるが、銅の流通と製品の製作・流通の問題に示

唆を与える。

　銅鼓が出土地の近隣地域で産出する銅を原料として鋳造されたことは、中国でも鉛同位体比分析によって確認されている。すなわち、万家覇型銅鼓の原料銅は滇西から滇中の滇池に至る地域で産するものであり、石寨山型銅鼓の銅も雲南由来の銅である（万 1992: 84-85）。また冷水衝型銅鼓の場合には、多くの場合近隣の鉱山由来の銅を原料としたものであるが、遠方で鋳造され、持ち込まれたものも一部には存在する（万 1992: 94-95；蒋 2005: 177-189）。

　したがって、上記のタイの2例に限らず、東南アジアに分布する1式銅鼓のなかには、銅鼓発見地近隣で採取された銅を原料として、現地で鋳造された銅鼓がかなりの割合で存在することが推定できる。同時に、例えばベトナム北部のような銅鼓鋳造の中心地域から運ばれ、持ち込まれたものもあるだろう。

　周縁型銅鼓としたものはカムチャ・イー鼓とそれ以外のものに二分できる。カムチャ・イー鼓の独特の紋様に類似した銅鼓は東南アジアにはなく、中国広西にある。その出自は東南アジア沿岸地域からの伝播とは考えられない。しかし、それ以外の周縁型銅鼓は1式鼓の規則性を逸脱した銅鼓として理解できる。1式銅鼓の範疇内の一部を変容した銅鼓である。カエルを巻貝に、飛鳥を二足歩行に、鳥を魚に、4羽を3羽にという具合である。飛鳥紋のかわりに魚紋を施したバン・サムガム鼓が発見されたタイ、トラート県は漁業の盛んな沿岸地方であり、変容の基本的方向として、身近の生物を表現するという点にある。したがって、これらの周縁型銅鼓は、銅鼓製作の中心的工房で作られた後に購入されたものではなく、所有者の近くで製作されたものといえる。

　インドネシアでも同様であり、サンゲアン鼓やサラヤール鼓でも土地の動物を表現している。インドネシアで違うことは、製作者が中国とのかかわりを持っていた可能性があることである。人物表現や所持する器物が素環頭太刀やウチワの形、文書を読む儀式など、中国的な器物があったり、中国的な官僚の儀式を想定させたり、中国とのつながりが強い表現である。また、写真からは解読するのはなかなか困難ではあるが、カイ諸島のクル島発見のクル鼓鼓面外周の無紋帯に左右反転した漢字が2行にわたって鼓面に凸状に書かれていることである。ハーバード大学ヤン教授によれば、右行最初の2字は「三界」と読めるそうである（Kempers 1988: 283）。私が現地で銘文を観察した印象では、左列には4文字があり、最初が「二」、3字目が「千」とよめるが、2および4字目の文字は判読ができなかった。「三界」とは一切衆生の生死輪廻する3種の世界、つまり欲界、色界、無色界をいう仏教用語であり、もしこの解読が正しいならば、クル鼓と中国人との関係や仏教との関係を想定することができる。銘文を持つ銅鼓は少数ではあるが中国南部で発見されており、製作年月日が記されている（Parmentier 1918: 16-17；Kempers 1988: 282）。仏教用語が記された例はないので、いささか奇妙ではある。

　多数の範疇内銅鼓と少数の周縁型銅鼓の存在が東南アジアにおける銅鼓のありようであった。このことは、銅鼓製作において、中心的となる工房で規則性にのっとって製作され、流通する銅鼓があるいっぽう、銅鼓製作中心地から離れた地方の需要者の個別注文に対応する銅鼓の製作もあったことを意味する。それらの銅鼓製作工人にも、中国人を含む、渡り職人的な工人もいたことが推定できよう。

5. 1式銅鼓の社会的機能

銅鼓の出土状況には墓葬と関係するものと、単独出土のいわば埋納とでもいうべきものがある。ただし、出土状況がわかる例は、ほとんどが墓葬に伴うものであり、その場合には棺であるか、副葬品である。

東北タイのメコンの中洲ターン島（Tan）からは大型銅鼓が墓葬の副葬品として他の青銅器とともに出土した。ターン島は対岸のターン村にあった集落に対応した集団墓地であり、そのチーフの墓葬の副葬品として銅鼓があったと推定される（新田 2000b）。中部タイでもトラート県ワン・クラチェ鼓（Wang Kra Chae）は倒置状態で埋められ、内部に人骨、鉄器、青銅容器、紅玉髄・金・青銅製の装身具等を納めており、いわば銅鼓棺である（Jirawattana 2003: 94-103）。同じく、西部タイ、カンチャナブリー県バン・ノンウアダム鼓（Ban Nong Wua Dam）（Jirawattana 2003:117- 123）も倒置され、内部には人骨、青銅腕輪、メノウや紅玉髄製の玉、紡錘車を納めていた。ベトナム南部ビンズン省フーチャイン遺跡でも、丸太輪切りの木棺の蓋として1式銅鼓が使われている例もある。このような銅鼓棺は、成人集合墓地のなかに、倒置して幼児遺体を納めたジャワ島プラワンガン遺跡（Plawangan）にも例がある。また、銅鼓副葬の例も多い。上記の東北タイの例に限らず、カンチャナブリー県オンバー洞穴（Ong Bah）の木棺墓に副葬された6点の銅鼓（Sørensen 1998: 95-156）、土器、青銅製ボウル、鉄製掘り棒刃先、金製管玉、金葉、金製針金状装身具、大小のガラス玉などといっしょに発見されたマレーシア、クアラトレンガヌ州ジュテー市郊外のガウン鼓（新田 2000c: 29-31）など、埋葬に伴う銅鼓は一般的である。

金属器時代の社会の中にすでに階層化した社会ができていたことは、墓地の分析から理解できる。これら社会的上位階層にとって、外来の珍奇なものを所有することが、彼の地位と権力の象徴となる。そのような威信財として、大型青銅器である銅鼓はきわめて重要な器物であった。

6. 銅鼓の流通と分布の意味

銅鼓の出土地と時空的分布にはどのような歴史的意味があるだろうか。このことについてはすでに予測的に述べたことがある（新田 2000a, 200b）。銅鼓はすべて陸上および河川や海上交通の要衝となる地点から出土していることである。ドン・サーン鼓（Don Sane）が出土したコーン滝上流のサーン島や、第1期の銅鼓であるラオス鼓が出土したチャンパサックのセー河口域については、メコン本流とコラート高原への入口となる地域であり、かつまたセー川によりラオス南部の内陸への出入り口である。さらにチュオンソン山脈を越えてベトナム中部海岸のサーフィン文化領域であり、後のチャンパの重要港湾であるダナン、ホイアンへ通じる。また、ムクダハーンは対岸のサワンナケートと結び、メコンの水運はいうまでもなく、ベトナム中北部海岸のクアンチ、ヴィン、ドンハに通じる。この地域は漢の日南郡の地である。また、ムクダハーンはカムチャ・イーを介してコラート高原内部に通じていた。さらにこの幹線はスコータイからタークを経てベンガル湾岸の重要港湾・モーラミャインへと通じる。このベトナム中部海岸地帯とサワンナケートームクダハーンーコラー

ト高原－スコータイ－ベンガル湾岸を結ぶ東西の幹線とメコンの南北の幹線が交差する重要な交通・通商ルートがあった。まさにその場所にバン・ホックラオ鼓やカムチャ・イー鼓が存在する。バン・ホックラオ鼓出土地域は金鉱がある地域であり、地下資源が豊富なところであり、超大型銅鼓を購入できる経済力があった。マレー半島でもチャイヤー、スラタニー周辺地域は、マレー半島西岸のタクアパと結ぶベンガル湾－南シナ海を結ぶクラ地峡のマレー半島横断ルートの重要拠点であり、半島東西沿岸部の重要港湾地域に銅鼓の出土地が集中することがわかる。

インドネシアでも、銅鼓の出土地はいずれも当時の航海ルートであるジャワ北岸沿いにジャワ海、バンダ海を経由して、カイ島、アル島さらにはチェンドラワシ半島に達している。インドネシア東部のモルッカ諸島はいうまでもなくナツメグ、クローブなどの香辛料の産地であり、銅鼓を購入できるだけの経済力を備えていたことが推定できる。対照的に幹線から遠いカリマンタン東岸部やスラベシからは発見されない。このことはインドネシアへの銅鼓の流通も海上幹線ルート沿いに行われたことを示す。ジャワ西部やバリ北岸からは1世紀のインドで作られた回転紋土器の出土があり、インドとの交易活発化の背景があるが、威信財としての銅鼓の流通は、交易の活発化という時代背景があったからこそ実現した。

まとめ

東南アジアにI式銅鼓が流通していく過程で、東南アジア各地で銅鼓の鋳造が行なわれるようになった。これらの在地鋳造の銅鼓の中には、在地の個性を主張する独特の紋様や特徴を備えた銅鼓がある。銅鼓の流通と拡散のプロセスの中において発生した在地エリートの自己主張である。ベトナム北部を中心とすれば、周縁の自立性の発揮といえる。その背景として、周縁が産出する産物を対象とする交易活動の活発化による周縁の経済の活性化とエリートの形成であった。

1970年代前半の「バンチェン・ショック」を契機として、在京の研究者や学生により東南アジアの考古学の研究会が週末に行なわれるようになりました。当時大学院生であった私もこの研究会に出席させていただきました。そのころから、青柳洋治先生とは30年以上のお付き合いとなります。その間、三菱財団助成研究によるインドおよびフィリピンの調査に同行させていただきました。これらを通じて、先生のお人柄が東南アジア考古学を研究する人々に愛されていることを肌で知りました。これからもお体を大切になさって、若い世代へご指導賜りますようお願い申し上げます。先生のご多幸をお祈り申し上げます。

謝辞

図版作成等に、中村直子氏（鹿児島大学埋蔵文化財調査室助教授）、新里貴之氏（鹿児島大学埋蔵文化財調査室助手）、平野裕子氏（日本学術振興会特別研究員）、川島秀義氏（鹿児島大学大学院博士後期課程学生）の助力を得ました。記して感謝の意を表します。

註

(1) 銅鼓の分布する主要国である中国、ベトナム、タイの銅鼓の図録が近年次々に出版されたことも、銅鼓研究うえで大きな意味ある。これらは、中国古代銅鼓研究会編 1988、広西壮族自治区博物館編 1991、The Vietnamese Institute of Archaeology and Department for International Cooperation of the Social Science Committee of Viet Nam 1990、Jirawattana 2003である。
(2) ジャカルタ国立博物館収蔵の銅鼓については、1997年10月に調査を行なった。
(3) 銅鼓分布図は、Kempers 1988: Map1および吉開1999: 図1を参考に、新田が補訂、改変した。

文献目録

今村啓爾
1992 「HegerⅠ式銅鼓における２つの系統」『東京大学文学部考古学研究室紀要』11.

齋藤努
2006 「製錬関連遺跡出土資料などの自然科学的分析結果」新田栄治編『メコン流域における金属資源とその利用に関する考古学的研究』207-224. 鹿児島大学法文学部.

新田栄治
1985 「早期銅鼓の変遷と展開」船曳建夫編『東南アジア・オセアニアの社会・文化の基層における比較と分析』97-104. 東京大学文化人類学研究室.
2000a 「東南アジアの文明化前史―メコン流域の場合―」国立歴史民俗博物館編『東アジアにおける農耕社会の形成と文明への道』97-104. 佐倉.
2000b 「メコン流域発見のへーガーⅠ式銅鼓」新田栄治編『メコン流域の文明化に関する考古学的研究』21-37. 鹿児島大学法文学部.
2000c 「マレーシア出土のへーガーⅠ式銅鼓」桑原季雄編『東南アジアの『伝統』の変容と創生』29-46. 鹿児島大学法文学部.
2006a 「鉛同位体比分析からみたタイの銅鉱山と青銅器生産」新田栄治編『メコン流域における金属資源とその利用に関する考古学的研究』9-14. 鹿児島大学法文学部.
2006b 「ラオス発見のへーガーⅠ式銅鼓と銅鼓形石製品」新田栄治編『メコン流域における金属資源とその利用に関する考古学的研究』15-20. 鹿児島大学法文学部.

吉開将人
1999 「銅鼓に見る「伝統」の諸相」『季刊考古学』66, 40-45.

広西壮族自治区博物館編
1991 『広西銅鼓図録』文物出版社.

中国古代銅鼓研究会編
1988 『中国古代銅鼓』文物出版社.

蒋廷瑜
2005 『壮族銅鼓研究』広西人民出版社.

万輔彬 等
1992 『中国古代銅鼓科学研究』広西民族出版社.

Jirawattana, Matinee
2003 *The Bronze Kettle Drums in Thailand.* Fine Arts Department, Bangkok.

Kempers, A.J.Bernet
1988 The Kettledrums of Southeast Asia. *Modern Quaternary Research in Southeast Asia,* 10. A.A.Balkema, Rotterdam.

Natapintu, Surapol
1988 Current Research on Ancient Copper-Base Metallurgy in Thailand. Pisit Charoenwongsa and Bennet Bronson ed. *Prehistoric Studies : The Stone and Metal Ages in Thailand.* 107-124. The Thai Antiquity Working Group, Bangkok.

Parmentier, H.

1918　Anciens tambours de bronze. BEFEO.18, 1–30.

Pigott, Vinvent C. and Surapol Natapintu

1996–97　Investigating the Origins of Metal Use in Prehistoric Thailand. F.David Bulbeck and Noel Barnard ed. *Ancient Chinese and Southeast Asian Bronze Age Cultures.*, Vo.II, 787–808. SMC Pulishing Inc., Taipei.

Sørensen, Per ed.

1988　*Archaeological Excavations in Thailand.* Scandinavian Institute of Asian Studies Occasional Papers No.1. Curzon Press, Copenhagen.

The Vietnamese Institute of Archaeology and Department for International Cooperation of the Social Science Committee of Viet Nam ed.

1990　*Dong Son Drums in Vietnam.* Rocco Publishing Inc., Tokyo.

The Archaeological Relationship Between the Batanes Islands (Philippines), Lanyu Island (Taiwan) and the Okinawan Islands (Japan)

Eusebio Z. Dizon

Keyword: Archaeology, Batanes, Okinawa, Taiwan,

Introduction

Professor Yoji Aoyagi has been known to most Filipino archaeologists now as most senior among the Japanese archaeologists working in the Philippines for the past 30 years or so. I have been introduced to Yoji way back in 1977, while he was actively working then at the Cagayan Valley. He was one of the first researchers who recognized the significance of the Magapit Shell Mound in Lal-lo (Aoyagi 1977; 1983). This has produced a number of other publications by subsequent researchers. For me, one of the most significant publications that Yoji has done in the Philippines is the general archaeological survey of Batanes published in 1983 on the Batan Island and Northern Luzon, by the University of Kumamoto, Faculty of Letters, Japan.

I became interested in the archaeology of Batanes when Mr. Lory Tan has reported to the National Museum the existence of castle-like structures in the area and some huge drilled stones found in many sites they visited in 1993. From then on 1994, we have been conducting archaeological surveys, explorations and excavations in the various archaeological sites we identified (Dizon 1995-97; 1998; 2000; 1998-2003; 2004; Dizon and Barreto 1995-97; Dizon and Bellwood 2005; Dizon and Bellwood et al. 2003; Dizon and Caryon 1998-2000; Dizon and De Leon et al. 2005; Dizon and Mijares 1999; Dizon and Santiago 1994, 1995, 1996; Dizon and Santiago et al. 1995-97).

In 2001, I received a grant from the Sumitomo Foundation which is now the basis of this report of contribution to the Festschrift of Professor Yoji Aoyagi.

This is a completion report on the Sumitomo Grant Registration Number 008059: on the "Archaeological Study on the Relationship between Batanes Islands, Philippines, Okinawan Islands, Japan", however, I find it very relevant to include Lan-yu (Orchid) Island, Taiwan due to a variety of reasons will be discussed later in this report. The grant was applied for on 15 October, 2000 and was approved on 5 March, 2001 for the Fiscal 2000. The research duration should have been from April 1, 2001 through April 30, 2002, but it was actually accepted 3 April, 2001. The funds were only received on July 13, 2001 by the grantee. This was almost three (3) months delay. There were changes in the dates for the different phases of the project, and allocation of the budget for different categories of expenses. Delays have caused the final submission of this report due to the delay in the bank funds transfer and errors committed by the bank in providing the necessary funds as reflected in the bank transactions between the Sumitomo Foundation and the bank of the grantee. Further delays were caused by the rescheduling of travels by the grantee.

In spite of these delays, the grantee was able to accomplish the research and travels necessary for this report.

Methodology of Research Project

This research project utilized archaeological research, which involved archaeological site visits, exploration and photo and video documentation in Batanes, Taiwan and Okinawa. Findings from these methods were put through assessment and analysis, leading to the researcher's interpretation of data.

Facilitating in the above methodology, the project also entailed literature survey of the bibliographic history of each of the regions.

Visits of one week each to Batanes, Taiwan and Okinawa were conducted for limited site documentation and research due to funds limitation. Nevertheless, this methodology chosen for this project provided for comparative verification of archaeological sites.

Consultations were made with archaeologist Shijun Asato of the Histiographical Institute in Okinawa Prefectural Library then and now the Director of the Archaeological Centre, Okinawa, Japan, as well as Yu-mei Chen and Cheng-hwa Tsang of Academia Sinica in the Republic of China. Dr. Cheng-hwa Tsang is now also the Director of the National Museum of Prehistory in Taiwan.

Findings

The idea for the research project emerged following a series of archaeological excavations and explorations conducted in the Batanes Islands beginning in 1994 by the National Museum of the Philippines and led by this researcher-grantee. These activities were focused around boat-shaped stone burial markers, which may indicate the presence of a basic socio-political unit, or barangay in pre-Spanish Philippines, and castle-like structures locally called *ijangs* (also spelled *idyangs*). Archaeological researches by Richard Pearson (1991, 1994), have provided informations of comparative similar structures, called *gusukus*, have been observed in large numbers in Okinawa, forming a major part of the architectural heritage of Japan's Momoyama Period (c. 16th century AD). The *gusukus* found in the Ryukyu islands share much resemblance in terms of physical and environmental settings with the *ijangs* in the Batanes Islands, Philippines. While on archaeological field visit in Lan-yu (Orchid) Island, Taiwan, the recipient has discovered a similar site in the presence of Dr. Cheng-hwa Tsang. This *ijang* -looking site in Lan-yu Island will need a further archaeological investigation.The *ijangs* of Batanes and *gusukus* of Ryukyu indicate the builders' selectivity in choosing the natural topography to be utilized, and show substantial human modifications to the landscape. The structures' location in elevated areas imply not only a strategic defensive positioning, but perhaps also the importance of the interplay between culture and nature for their inhabitants. Additionally, among the archaeological materials recovered from both the *ijang* and *gusuku* sites were similar ceramics types from Middle Ming Dynasty in China, circa 14th to the 16th centuries AD.

While the evidence of castle-like structures in Lan-yu (Orchid) Island, Taiwan, needs to have further archaeological confirmation, burial jars of various forms and sizes, for both primary and secondary burial, with and without lids, have been encountered in Southern Taiwan and in Batanes, dating to around 800-900 AD. Southeastern Taiwan also shares with Batanes the practice of stone terracing using country stone.

The seemingly shared material culture of Batanes, Taiwan and Okinawa islands suggest adaptation to an island environment, where the limited available resources were maximized to their full potential as seen in the reshaping of the landscape for cultural, economic and other functions. This highly suggests a movement of people in these what I call now the Bashiic region, after the Bashi channel which is all shared by the occupants of these island sphere. Hence, I proposed the term Bashiic culture for the people in these areas. It is important to note here the factor played by the Black Current in this region which must have been used by the people in the Bashiic region to move around and have contact with one another.

A number of projects have been focused on each of the three regions separately: the Batanes archaeological projects of 1994-1997 by the National Museum of the Philippines, Richard Pearson's study (1991; 1994) of Okinawa's Gusuku Period and Inez de Beauclair's papers (1972) on Taiwan, to name a few. But this research project was able to relay the cultural interactions between the island groups through scientific study, which up to the present has not been done. The study of these regions would generate important archaeological data still lacking concerning relationships between island groups in this part of Asia.

Recommendation

It is with deep gratitude that the Sumitomo Foundation was able to help this recipient to formulate an inter-action sphere on the archaeological relationships between, the Batanes Islands, Philippines, Okinawan Islands, Japan and Lan-yu (Orchid) Island, Taiwan, from possibly the period of the 9th to the 16th centuries AD. It is recommended that at least some detail comparative archaeological work can be continued to explore the potentials of this research work. If the Sumitomo Foundation can provide more grant for archaeological exploration and excavation for a long term period of at least five years in the Okinawan Islands and also in the Orchid Island to be headed by this archaeologist, then we will be able to reconstruct some cultural historical details in the interaction sphere on this Bashiic Culture area. The recipient would like to propose then to Sumotomo Foundation a new financial grant to support such project.

Bibliography

Aoyagi, Yoji
> 1977 "Archaeology of Luzon and its adjacent area." Black Current Culture Study Group(ed.) in *Japanese and Black Current Culture-Introduction to the Prehistoric Culture of Black Current* .pp.187-199, Kadokawa Books: Tokyo. in Japanese.
> 1983 "The General Survey in Northern Luzon." Kazumi Shirakihara (ed.), *Batan Island and Northern Luzon-Archaeological, Ethnographical and Linguistic Survey,* University of Kumamoto: 69-87.

de Beauclair, Inez
> 1972 "Jar Burial on Botel Tobango Island." *Asian Perspectives* XV: 167-176.

Dizon, Eusebio Z.
> 1995-97 "Batanes Archaeological Project: 1996 Status Report." *Ivatan Studies Journal* 2,3 & 4: 25-29.

Dizon, Eusebio Z.
> 1998 "Stones of the Sea," The *Earliest Filipinos of Kasaysayan: The Story of the Filipino People vol. 2* (Reader's Digest), Hongkong: 127-133.

Dizon, Eusebio Z.
> 1998-2003 "Batanes Archaeological Project: 1996-1997 Status Report." *Ivatan Studies Journal* V-X: 9-18.

Dizon, Eusebio Z.
> 2000 "Archaeology of Batanes Province, Northern Philippines." *Indo-Pacific Prehistory Association Bulletin* 19: 115-124.

Dizon, Eusebio Z.
> 2004 "The 2004 Archaeological Exploration and Excavation in the Batanes Islands." *Test Pit* no. 4 (UP Archaeological Studies Program). Diliman. Quezon City: University of the Philippines.

Dizon, Eusebio Z. and Grace D. Barretto
> 1995-97 "Archaeological Test Excavation of a Stone Boat-Shaped Burial, at Locality II, Nakamaya, Basco, Batan Island." *Ivatan Studies Journal* 2,3 & 4: 82-103.

Dizon, Eusebio Z. and Peter Bellwood
> 2005 "The Batanes Archaeological Project and the "Out of Taiwan" Hypothesis for Austronesian Dispersal." *Journal of Austronesian Studies* vol.1, no. 1: 1-32.

Dizon, Eusebio Z.; Peter Bellwood, Janelle Stevenson and Atholl Anderson
> 2003 "Archaeological and Palaeoenvironmental Research in Batanes and Ilocos Norte Provinces, Northern Philippines." *Indo-Pacific Prehistory Association Bulletin* 23(1): 141-161.

Dizon, Eusebio Z.and Jun Cayron
> 1998-2003 "Archaeological Excavation of a Stone Boat-Shaped Burial no. 7 at Locality I, Nakamaya, San Antonio, Basco, Batanes." *Ivatan Studies Journal* V-X:19-28.

Dizon, Eusebio Z.; De Leon, Alexandra; Ligaya Lacsina and Giovanni Bautista
> 2005 "A Brief Report of the 2005 Archaeological Exploration and Excavation of Itbayat Island - Batanes, Philippines." *Test Pit* no. 7 (UP Archaeological Studies Program): 8-10. Diliman, Quezon City: University of the Philippines.

Dizon, Eusebio Z.;Armand Salvador B. Mijares
> 1999 "Archaeological evidence of a Baranganic culture in Batanes." *Philippine Quarterly of Culture & Society* 27: 1-10.

Dizon, Eusebio Z. and Rey A. Santiago
> 1994 "Preliminary report on the archaeological explorations in Batan, Sabtang and Ivuhos Islands, Batanes Province, Northern Philippines." *Ivatan Studies Journal* 1: 7-48.

Dizon, Eusebio Z. and Rey A. Santiago
> 1995 "Preliminary report on the archaeological explorations in Batan, Sabtang and Ivuhos Islands, Batanes Province, Northern Philippines." in *Archaeology in Southeast Asia* (Conference Papers, edited by

Yeung Chung-tong and Li Wai-ling Brenda). Hongkong: The University Museum and Art Gallery, The University of Hongkong: 123-144.

Dizon, Eusebio Z. and Rey A. Santiago
   1996 "Archaeological Explorations in Batanes Province." *Philippine Studies* 44: 479-499.

Dizon, Eusebio Z.; Rey A. Santiago and Mary Jane Louise Bolunia
   1995-97 "Report on the Archaeological Activities in Ivuhos and Sabtang Islands from February to March 1996." *Ivatan Studies Journal* 2,3 & 4: 30-63.

Koomoto, Masayuki
   1983 "General Survey in Batan Island." Kazumi Shirakihara (ed.) *Batan Island and Northern Luzon. Archaeological, Ethnographical and Linguistic Survey.* University of Kumamoto, Japan.

Pearson, Richard
   1991 "Trade and the rise of the Okinawan state." *Bulletin of the Indo-Pacific Prehistory Association* 10: 263-281.
   1994 "Development of social complexity in Okinawa: contending lineages, site occupation histories, and site area." Paper presented at the 15th Congress of the Indo-Pacific Prehistory Association, from January 5-12, 1994, at Chiangmai, Thailand.

Sasaki, Komei
   1971 *The Scientific Expedition for the Study of the Batan Islands.* Ritsumeikan University, Japan.

Shirakihara, Kazumi (ed.)
   1983 *Batan Island and Northern Luzon-Archaeological, Ethnographical and Linguistic Survey.* University of Kumamoto. Japan.

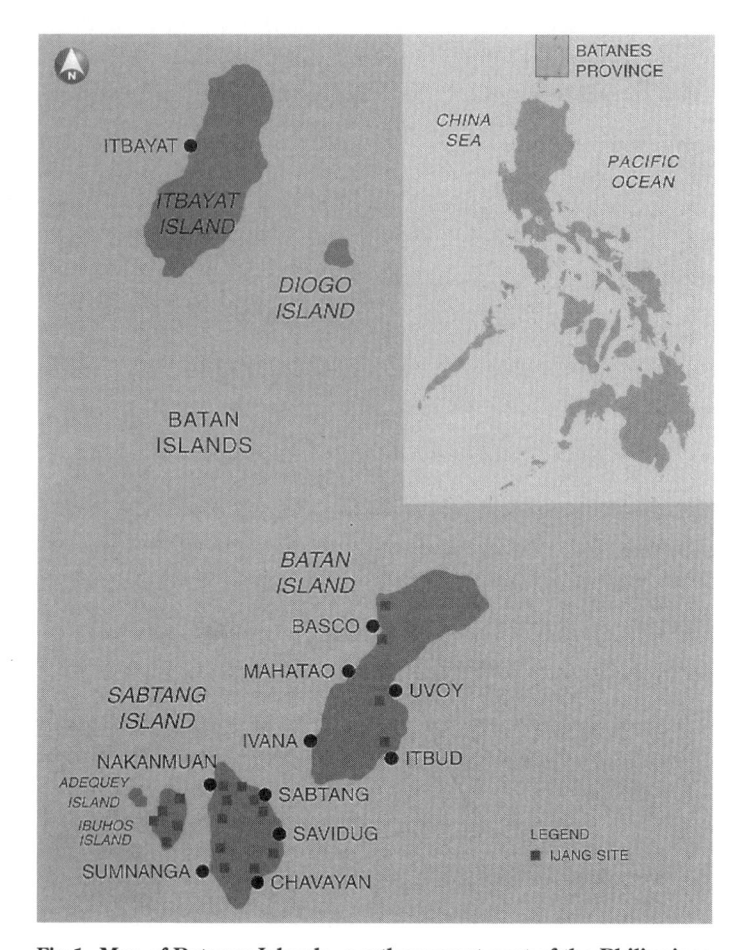

Fig.1 Map of Batanes Islands, northernmost part of the Philippines

Pl.1 Savidug Ijang view from the east side fronting the sea. Sabtang Island, Batanes.

Pl.2 Savidug Ijang, view from the north side.

Pl.3 Savidug Ijang view from the south side.

ヒト・モノの交流

Pl.4　A reconstructed traditional Ivatan house in Mahatao, Batanes Island.

Pl.5　Details of the drilled limestone post at the reconstructed house.

Pl.6　A typical stone structural site in Batanes Island, and Okinawa Island.

Pl.7 Subterranean stone walls for houses in Lanyu Island, Taiwan.

Pl.8 Stone pack walls, still used in habitations in Lanyu Island, Taiwan.

Pl.9 Stone pack walls functioning as horticultural boundaries in Lanyu Island, Taiwan.

ヒト・モノの交流

Pl.10 Stone pack walls in Okinawa Island, Japan.

Pl.11 Horticultural field with stone pack walls in Okinawa Island, Japan.

Pl.12 Stone pillars for shelter in Okinawa Island, Japan

The Role of Lam Dong Province (Vietnam) in the Trade Network of Ceramic in Southeast Asia and East Asia

Bui Chi Hoang

Keywords: Vietnamese ceramic, Hizen ware, Chinese ceramic, Champa ceramic, Thai ceramic

1. An Overview of the Natural Features of Lam Dong Province

Lam Dong is a province at the southern part of the vast Central Highland or Tay Nguyen with Dalat city as its center, bordered by Dac Lak and Binh Phuoc on the north and west and by Khanh Hoa, Ninh Thuan and Dong Nai provinces on the south and east. Lam Dong extends over a total area of about 10,000 km^2 from latitude 11° north to latitude 13° north and from longitude 107° east to longitude 109° east, covering 3.1% of the country or one-fifth of Tay Nguyen.

2. A Historical of the Excavation and Investigation

(1) **Dai Lang site:** In 1980, while expanding arable land for tea and mulberry, people in Loc Tan commune of Bao Lam and in Loc Tien ward of Bao Loc discovered a lot of artifacts made of terracotta, porcelain, copper, iron… near the stream called Da Brance. In 1982, together with the Center for Archaeological Studies, the Lam Dong Museum carried out an investigation to assess the value of the site. Dai Lang site was discovered.

In 1983, this archaeological site was excavated for two times, in March and in November. Thousands of pieces of pottery, porcelain, jewelry of various kinds and hundred of iron instruments and weapon were collected from this site; the scientific value of Dai Lang site was secured.

(2) **Da Lay site:** In 1985, in an investigation in Da Huoai, beside a group of architectural relics in Cat Tien, which are now famous for their size and scientific value, another site of ceramic wares was discovered, Da Lay site in Da Teh district.

This site lies on both sides of the upper Da Brance stream in a narrow valley bordered by high mountains. According to the result of the investigation, this is a burial-ground in the shape of small knolls of about 4cm–5cm in diameter. A number of knolls were dug up to clear land for cultivation and a number of object in the graves were exposed.

The pieces of copper jewelry, iron tools and iron weapons in Da Lay are very similar to those found in Dai Lang site and the tools currently used by ethnic minorities in Tay Nguyen.

What is worth noticing is that types and designs of the ceramic wares, and even motifs and colors of the enamel, show a much later date, perhaps between the 17th and 18th centuries.

(3) **Dai Lao site:** Dai Lao site is located on a hill with a rather level top, extending to the east into a wide valley crisscrossed with numerous brooks full of water all the year round. Like Dai Lang and Dai Lao sites, covers a large area but it has been destroyed many times, even after part of it was scientifically excavated. Similar to the artifacts collected from Dai Lang and Dai Lao sites, the wares excavated in this site are pieces of jewelry, beads, iron tools and weapons and ceramic wares of various types. Again, the collection of artifacts of the same period in Lam Dong Museum has been enriched in quantity and type.

Following this excavation, there was a joint research program in 1995 between the Institute of Social Sciences in Ho Chi Minh City, Lam Dong Museum and Institute of Asian Cultures of Sophia University in Japan. Resulting from this joint program, a collection of ceramic wares of Japanese origin was identified among the Dai Lang collection. This means that a different source of ceramics existed in Lam Dong through trade. The trade of ceramics had actually been promoted.

In the 1990, together with the excavation of Dai Lao site, experts from Lam Dong Museum also discovered the following sites:

(4) **Loc Son site:** Loc Son site was discovered in 1990 and verified by experts of the Centre of Archaeological Studies and the Institute of Social Sciences in 1994. It is located on a very large sloping hill of tea bushes with an area of about 2000 ㎡ on the right of National Highway 20 from Da Lat to Ho Chi Minh City. The site has been dug up many times, with a destructive result. Remnants of artifacts found all over the mouths of the holes proved that they were from ceramic wares originating in Go Sanh site and China. Besides, there were iron tools, weapons and numerous beads of many colors like yellow, green, purple, etc.

This site has the same features as the previously found ones. Perhaps, from the remains of the ceramics collected at the site, it can be said that this site belongs to a much later period than the Dai Lang and Dai Lao sites, but to the same period as Da Lay site.

(5) **Pteng site:** Pteng site is within the area of Phi Lieng commune of Lam Ha, Lam Dong. It was discovered in 1990 and verified by experts of the Centre of Archaeological Studies and the Institute of Social Sciences in 1995.

The site is situated on a hill of about two hectares stretching down along a rather flat, deep valley divided by a brook running northwards. It extends from near the foot of a mountain to the right bank of the brook. The site was almost completely destroyed. Recovered from the site were only broken pieces of ceramics scattered on the ground by those who had illegally dug up the site, together with a collection of large bowls, small bowls and dishes originating from a ceramics center in Binh Dinh province. A farming family discovered the site when they were planting coffee. It was then informed to Lam Dong

Museum. Coming to this site, we collected a number of copper bracelets besides the ceramic wares. The local people also told us that they had collected hundreds of kilos of copper bracelets from the holes.

From an observation of the site and investigation of the collection, we found that the Pteng site had about the same characteristics and age as Dai Lao site in Loc Chau, Bao Loc district, excavated in 1992.

(6) **Ward 6th site:** Hamlet 6, belongs to Da Don commune of Lam Ha, Lam Dong, covers a rather flat valley shielded on all sides by mountains. Three burial mounds were discovered in the area. These burial mounds were rather small with a diameter between 3m and 3.5m and a height between 1.5m and 2m. Illegal diggers had dug down right into the centre or these mounds. Broken ceramics were lying all over the surface of the site. The characteristics and age of the site were the same as the previously found ones.

In 1995, the joint Japanese-Vietnamese excavation group came to this site to assess its scientific value and discovered pieces of Japanese Hizen ceramics dating back to 1650.

(7) **Da Don site:** Da Don site extends from the north to the south in a narrow valley shielded by mountains. Near the foot of the mountains runs the Da K'Sung stream through a valley. The site was dug up ravaging in 1993. In May 1995, together with Lam Dong Museum, Centre of Archaeological Studies investigated this site and in December 1995 it was excavated.

The excavation resulted in a collection of large bowls, small bowls, and dishes originating from various sources such as China, Thailand, Japan and the ceramics centers of the northern and central Vietnam besides a large collection of copper bracelets, stone and glass beads, iron tools and weapons.

(8) **Lac Xuan site:** Lac Xuan site is within the area of Lac Xuan commune of Don Duong, Lam Dong located on the right of National Highway 27 from Da Lat to Phan Rang. Only a burial mound was discovered here with a diameter of about and a height of 1m. The site was found in 1990 and verified in 1995, the whole site was dug up ravaging and there was no possibility of excavating it fruitfully, the relics collected were a number of ceramic shards with the same characteristics as those in Dai Lang, Dai Lao and Da Don sites.

In general a series of funerary ceramic wares was discovered over a

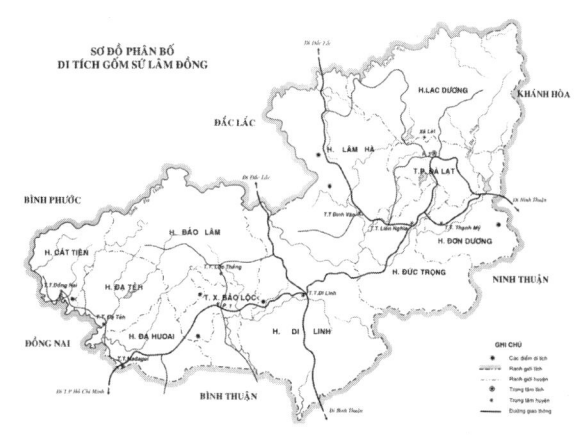

Fig. 1 The Distribution of Archaeological Sites of Ceramics in Lam Dong Province

rather large area from Lam Ha to Di Linh. Bao Loc and Da Huoai whose distribution reaches a great extent with artifacts abundant not only in quantity but also in type and origin, dating as far as the 16th and 17th centuries. The artifacts as well as the sites sharing the same characteristics in term of the condition and types of buried objects including ceramics, copper, stone and glass jewelry, iron weapons, all of which have contributed to an archaeological collection specific to Lam Dong. This material is very important for the restoration of an epoch in the process of historical development of Lam Dong in particular, and of the country in general.

3. The Collection of Ceramics in Lam Dong: the Collection of northern Vietnamese Ceramics

Ancient Vietnamese ceramics, which was uninterruptedly developed, had a rather long history from its base in the Phung Nguyen period through others such as Dong Dau, Go Mun and Dong Son Periods in the Bronze Age. The products of those periods consisted of various kinds which achieved a highly artistic and technological level, especially in decorating designs. Through the first ten centuries A.D., although Vietnam was being invaded by many Chinese feudal forces, its pottery still continued to develop. Many pottery-kilns came into being in those times to meet its people's requirements such as those in Tam Tho (Thanh Hoa), Dai La (Bac Ninh), Thanh Lang (Vinh Phuc province).

Fig. 2

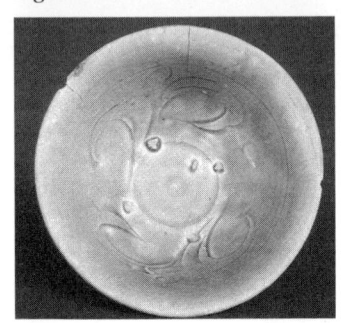

Fig. 3

Fig. 4

During the Ly (11th–13th centuries), the Tran (13th–14th centuries) and the Le (15th–18th centuries) dynasties, two pottery-making centers, Bat Trang (Ha Noi city) and Chu Dau (Hai Duong province), came into being and developed. Thanks to them, Vietnamese ceramics became a favorite trade name in the international markets. Many researches on the historical development and achievement of Vietnamese ceramics written by authors within the country and overseas have publicly been announced all over the world. In the range of this project, we only want to refer to the market-shares of Vietnamese ceramics from the 15th to the 18th centuries.

Vietnamese ceramics have been found at 32 points in Southeast Asian countries (Aoyagi 1998), at a number of sites in Fukuoka (Japan) and among a large number of artifacts in the collections of individuals and museums in the world. Chu Dau ceramics with 250,000 artifacts for export, which have just been found from a shipwreck site in the open sea of Cu Lao Cham (Quang Nam province), prove that Vietnamese ceramics had a prosperous period and successfully controlled their international market, Lam Dong was also one of the market-shares of northern Vietnamese ceramics from the 15th-16th centuries.

Among the archaeological ceramic antiques found and excavated in Lam Dong, there were about 50 various specimens such as vases with a spout dating to the 13th century and various types of bowl with a high foot and plates with designs of lotus petals and a reddish brown base. Those types of bowl and plate bear specific traits of Vietnamese ceramics under the Le dynasty.

The excavation of northern Vietnamese ceramics in Lam Dong has contributed to the expanse of a widely-distributed market-share of a pottery making center in Vietnam in the 15th and 16th centuries.

4. The Collection of Ceramics in central Vietnam (Go Sanh-Binh Dinh)

Binh Dinh ceramics were excavated in Nhan Hoa and Nhan My (An Nhon district, Binh Dinh province) in 1972. In 1974, Nguyen Ba Lang published some documents related to this site and considered it as a pottery-making center in Binh Dinh. In 1989, in a research on Southeast Asian ceramics, R. Brown brought out Ha Duc Canh's project and a collection of shards in Sai Gon before 1975 (Brown 1989).

Fig. 5

In the years of 1990, 1991 and 1992, the Vietnam Institute of Archeology investigated and carried out their excavations in the pottery-making center in Binh Dinh province (Phung 1993) and successive excavations were proceeded by the Vietnam-Japan cooperative research programmed from 1993 to 1995 (Aoyagi 1998).

Fig. 6

From those researches (1990-1995), a lot of archaeologists asserted that Binh Dinh pottery-making center, once a vast area (under the command of Champa kingdom) called Go Sanh, Go Hoi, Go Cay Khe and Lai Nghi sites, etc., which now belongs to An Nhon district and a part of Tay Son district, concentrated lay along both banks of the Con river. That pottery-making center was greatly developed in the central Highlands from 13th to 15th century and might have come to an end about 1471 when the Le ruler conquered Vijaya (Phung 1993).

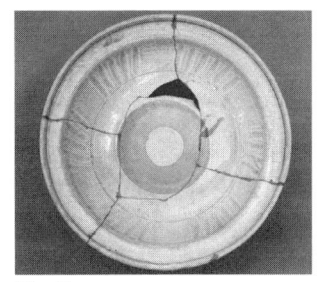

Fig. 7

However, there were also some different interpretations of the same facts. According to John Guy, in his project "Oriental trade ceramics in Southeast Asia from the ninth to the sixteenth centuries", Go Sanh ceramics were classified into Vietnamese ceramics (Guy 1986). On the contrary, R. Brown considered that Go Sanh ceramics were made under Champa rule, but their technological elements such as the designs of "kiln supports" had been influenced by Vietnamese ceramics. Of all the ceramics found in Lam Dong, 80 % were made in the Binh Dinh pottery-making center, consisting of bowls, plates, rice vessels (*au*), small bowls, cups, tureens and jars with small and medium dimensions.

(1) **Materials:** Binh Dinh wares only reach semi-ceramic level with their ivory-white clay body. The reason can originate from such factors as agitating degree, kiln design as well as the source of raw materials and material treatment before shaping the clay.

(2) **Glaze:** The widely-used glaze colors at Binh Dinh pottery-making center were dark yellow, light yellow, blue-grey, ivory-white and brown. Crackled glaze was used for a minority of medium-sized grand bowls or large-sized plates.

(3) **Species:** In the collection of Binh Dinh ceramics in Lam Dong, there are many basic species: grand bowls, baby bowls, rice/ food vessels (*au*), small big-bellied jars and variety of cups.

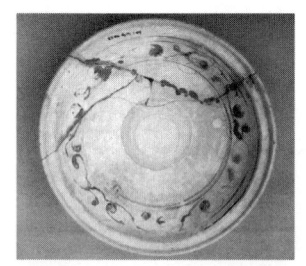

Fig. 8

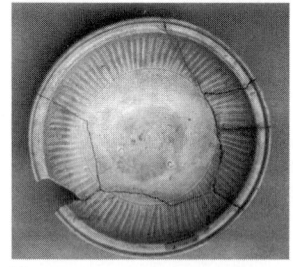

Fig. 9

Fig. 10

Grand bowls and baby bowls: 70 % of the collected ceramics are grand bowls and baby bowls with an average diameter between 13 and 15cm, a smaller percentage of them between 16 and 18cm. Most of the bowls were covered with dark yellow, grayish green glaze. In addition, there are about 20 artifacts of this kind enameled bright grey. In this collection of ceramics, there are nearly 30 specimens of tall bowls with an evenly-slanting mouth and a small foot covered with yellow crackled celadon glaze.

Au (Rice/ Food vessels): These multi-shaped vessels have been classified according to the designs of the mouth-rim: level, inverted or inverted with a rolled lip. Their mouth diameter is about 8-10cm and their height is about 12cm. Particularly, there are two large-sized vessels covered with bright brownish yellow glaze and decorated with embossed designs.

Plates: With various dimensions, they have been divided into 3 categories: small, medium and large plates. The diameter of the small ones is under 10cm, the medium is about less than 15-20cm, and the large (the most category) is about 25-30cm. They were covered with dark yellow or bluish grey glazes and a fewer with celadon.

Cups: With 70 specimens, they are ones with an obliquely averted mouth, a rolled rim, constricted or straight-angled walls. Their height is about 10-12cm and their diameter is about 5-6cm. They were chiefly covered with brown or dark yellow glazes.

Big-bellied jars: Covered with light brown glaze or sometimes green glaze, most of them have the height of 15-20cm.

(4) **Decorative motifs:** The method of drawing under glaze was popularly used in decoration. The main themes usually featured are flowers and leaves, especially various patterns of floral scrolls on the rim of the bowls, *au* (food containers) and plates. Apart from these, a few artifacts such as bowls were carved before being enameled. The Binh Dinh ceramics in Lam Dong have the following specific characteristics: delicate decorative styles, simply sparse compositions and mild strokes.

As far as species, designs, and production techniques are concerned, the Binh Dinh pottery-making center reached a high level but it couldn't equal to other well-known centers in the region, such as China or northern Vietnam. If we consider the time-frame of development, the Binh Dinh products can only achieve the same standard as the Sawankhalok ceramics in Thailand.

When approaching this collection, we perceive that, as regards production techniques, the Binh Dinh ceramics were covered with monochrome glazes. Particularly, some bowls and teacups in brown glaze carry deep hallmarks of brown-inlay wares under the Tran dynasty or bowls and plates in celadon glaze with a tint of the color of eggshells. This reflects the distinctively specific characteristics of Vietnamese ceramics under the Ly dynasty. Moreover, decorative designs of leafy and floral themes with simple strokes bear a slight resemblance to the decorative motifs on Chu Dau and Hop Le ceramics. As far as the techniques of ceramic production are concerned, the Binh Dinh pottery-making center might have received strong effects from Vietnamese pottery-making centers under the Ly and Tran dynasties through Vietnamese potters immigrating into the South from the Red River delta to establish their business in the previous centuries.

Fig. 11

Fig. 12

The dating of the Binh Dinh ceramics is still under discussion. How could we interpret that in 1471, after the fall of the kingdom Vijaya, the Binh Dinh ceramics could still be produced and exported. If, on the one hand, the shipwreck off the Pandanan island (Philippines) took place in about the 15th–16th

Fig. 13

centuries, on the other hand, the collection of the Binh Dinh ceramics could hardly be earlier than the 16th century.

To determine the date and the owners of the Binh Binh pottery-making center, we need to depend not only on the collection of ceramics in Lam Dong but also on materials from other sources. The date of the Binh Dinh pottery-making center judged from the collections of Lam Dong ceramics.

Basing on the excavations in Go Sanh site (Binh Dinh province), archaeologists stated, "the Cham ceramics had a successive process of development from the Sa Huynh to Tra Kieu ceramics and suddenly changed for the better in their golden age in the 14th century" and "The existence of this pottery-making center dates back to the 13th–15th centuries" (Phung 1993). Aoyagi otherwise announced, "It's uncertain to fix the starting point of the Cham ceramics, but basing on the artifacts excavated at the Tool archaeological site in Egypt or at a site in Malaysia, and especially on the collection of artifacts found from a shipwreck site in the Pandanan island (Philippines), it is possible to accept that the age of those sites lasted from the 15th to the 16th century" (Aoyagi 1998).

Together with the above-mentioned artifacts excavated in Lam Dong, there were a considerable number of other artifacts (1,800 specimens of various types) found in the graves in Dai Lang, Dai Lao and Da Don sites, the age of which cannot be counted before the 17th century. Quite a few artifacts in the collection, however, originated in China under the Yuan dynasty or from Cambodian and Vietnamese ceramics aged from the 12th–13th centuries. It can be interpreted that they appeared in those areas from a very early period and became heirlooms of some families living in the areas, which were then divided into possessions handed down from generation to generation. But we cannot apply this interpretation to a very large quantity of Binh Dinh ceramics, most of them were household items such as bowls, plates, pots and jars, which were present in those areas in about the 14th–15th centuries (the age of Go Sanh) and were kept as heirlooms to be divided among the owners of the graveyards in Lam Dong in the last decades of the 17th–18th centuries. The truths about the Binh Dinh ceramics in Lam Dong suggest doubts about an illogical feature in the trade process between Binh Dinh and southern central Highland as well as about their age. To solve these problems, it's necessary to get some further materials.

Although many researchers asserted that Champa kingdom was the owner of Binh Dinh ceramics (Phung 1993, Aoyagi 1998), the artifacts found in Lam Dong also state some doubtful questions. There are a lot of similarities between Binh Dinh ceramics and family use wares from northern Vietnam. Can it be true that Binh Dinh pottery-making center had an origin in northern Vietnam or a participation of the potters from the Red River delta immigrating into the south to establish their business in the previous centuries?

5. The Collection of Chinese Ceramics

From the materials collected in the ceramic sites in Lam Dong, it is possible that Chinese ceramics were carried by seaway to Lam Dong during the 15th–16th centuries through such commercial ports as Hoi An (Quang Nam province) and Nuoc Man (Quy Nhon city).

Fig. 14

The Chinese ceramics found in Lam Dong were chiefly produced in the coastal plains of Southeastern China, including Fukien, Kwangtung, Chekiang and Kiangshi provinces. This Chinese ceramic collection consists of 510 specimens collected from the excavations in Dai Lang, Dai Lao, Da Don and some other sites of ceramic wares such as Pteng, Loc Son, etc. In the collection, there are many kinds of plates, grand bowls, vats, flower vases, jars etc. with various dimensions, and many specific ceramic kinds such as cobalt-blue patterned, hard white-glazed, three-colored and celadon ceramics.

Fig. 15

(1) Celadon ceramics: <u>Plates:</u> Most celadon plates decorated chiefly in the central base with under glaze motifs often have large dimensions (25-30cm). Apart from this, there are also some celadon ones with floral motifs around the inner or the outer wall. The glazes are made of bright celadon or celadon with a tint of greenish grey. The mechanical crackles are often large and irregular.

Fig. 16

<u>Bowls:</u> Celadon ceramic bowls are of 2 main categories. The first has a deep interior base, high walls, a small foot with a greenish grey wash and the second with deep green wash. The common diameter is about 10-15cm and 15-18cm. Pure kaolin is the main material in transparent glaze and with widely crackled patterns. These bowls are about 5-7cm in height.

Another species of celadon-glaze ceramics is a variety of small size bottles with a short neck, round mouth, spherical body, and flat bottom. They are mainly covered with a crackled transparent blue glaze.

Celadon-glaze ceramics produced in the southern coastal plains of Chekiang, Fukien and Kwangtung provinces reached an apogee during the Sung dynasty (1128-1279). Large quantities of them were exported to countries throughout Asia during the Yuan dynasty (1279-1368) and the Ming dynasty (1368-1644).

Fig. 17

The collection of celadon-glaze ceramics is a fairly distinguished one and has aesthetic value in the whole Chinese ceramic collections found in Lam Dong archaeological sites. Almost all the celadon–glaze ceramics were made in the kilns in Fujian (Fukien province) and Tseyang (Chekiang province) under the Ming dynasty (14th-16th centuries). In addition, there are also some celadon bottles which date back to earlier periods, probably under the Yuan dynasty (13th-14th centuries).

(2) **Blue and white ceramics:** The collection of cobalt blue patterned ceramics consists of such kinds as grand bowls, baby bowls, plates and bottles with various dimensions. Bowls and bottles with an average diameter between 13 and 15cm occupy the largest quantity in the collection. Particularly, there are some large bowls with 20cm in diameter and 6-7cm in height. Cobalt blue patterned plates are also popular with a large diameter between 17-30cm and a height of about 5-7cm.

(3) **The decoration on the cobalt blue ceramics has a wide range of themes as follows:** The natural theme involves designs of vegetation, creepers, leaves, peonies, mai flowers, lotus, chrysanthemum and bamboo. Especially, the motifs of mai flowers, lotuses, chrysanthemums and bamboos usually accompany with conditioning animals; for instance, mai-bird, lotus-duck, crane or swan. They often appear on the internal base and walls of large cobalt blue patterned bowls and plates to symbolize a wish for "All progress on the same road" (*Nhat lo lien thang* in Vietnamese).

Fig. 18

Furthermore, there are designs of fauna such as galloping horses around the bowl's inner wall or jumping fish on the bowl's base to express an effort in examinations of old times: "Carps try their best to overcome the heaven gate to become dragons" (*Ly ngu khieu long mon* in Vietnamese).

In particular, in this collection there are 5 grand bowls with the designs of "Eight immortals" covered with dark yellow glaze (3 specimens), bluish grey glaze (1 specimen) and reddish brown glaze (1 specimen). The motif "Eight immortals" (*Bat Tien*) with such various contents as "Eight immortals riding on stag back and holding peaches" (*Bat Tien cuoi huou cam dao*) and "Eight immortals crossing the sea" (*Bat tien qua hai*) is a relatively common pattern in Chinese fine arts. However, in the grand bowls found in Lam Dong, the motif is different: "Eight immortals holding such eight weapons (for ornaments) as the bamboo flute, the fan and the feather brush, etc." (*Bat tien cam bat buu nhu sao; quat, phat tran,...*)

(4) **White-glazed ceramics:** These ceramics make up a small percentage in the collection with small sized plates, baby bowls and grand bowls. Some have a body covered with milky glaze, but some others are distinctively decorated with under glaze mould-printed petals in the internal base.

(5) **Three-colored ceramics:** Like hard white-glazed ceramics, in this collection three-colored ceramics only go up to 5 grand bowls and 8 plates. They are painted all over with multi colors such as green, reddish brown, yellow and deep blue. The decorative themes consist of various scrolls and chrysanthemums.

Particularly, in the Chinese ceramic collection in Lam Dong, there is only one bowl decorated with two colors. The exterior of the vessel shows off a dark brown color, but the interior is fully depicted with stylized leaves and flowers in a deep blue glaze.

(6) **Dating:** Except for some small celadon bottles made under the Yuan dynasty (13th-14th centuries), the majority of celadon, cobalt-blue patterned and three colored ceramics date back to 15th-16th centuries (during the Ming Dynasty) and most of these products originated in Tseyang (Chekiang province) and Fujian (Fukien province). In addition, there are also artifacts reaching a high level of both techniques and fine arts in decoration as well as lay-out. The vegetal and floral motifs lying on the brightly deep blue cobalt background are covered with a glass-like glaze and the interior clay body is made from very delicate and pure kaolin. These artifacts could be produced in the Chingtechen kiln in Kiangshi province, a kiln which specialized in producing wares for feudal court use and for export in great abundance during the late Ming dynasty and the early Qing dynasty (1644-1912). In parallel with the kilns specially producing porcelain of high value by the end of the Ming dynasty, there were also private kilns in Kwangtung flourishing with lots of household porcelain for export. As a result, apart from the high-quality ceramics collected in Lam Dong, there are quite a few products for low-income communities.

In summary, Chinese ceramics began to appear in Lam Dong from two sources: those from Chinese royal kilns and those from Chinese private kilns. Both sources with various ceramic species made up a very rich collection that served the demands of residential communities existing in the Southern Central Highlands at various times in history. Nowadays, it has become a specific heritage reflecting the trade process between Lam Dong and other regions from the 15th to 19th century.

6. The Collection of Japanese Ceramics

Hizen ceramics entered Vietnam and other Southeast Asian countries. In 1644, the civil war between the Ming dynasty and the Ching dynasty caused a decline in the production and export of the Chinese wares. The traders of the Dutch East India Company stopped trading with China to turn to Japan for the Hizen wares. From then on, Hizen had an opportunity to put forward much more exportation. Chinese and Dutch traders carried Hizen wares by ship to Southeast Asian countries such as Thailand, Cambodia, Vietnam and Indonesia. As for Indochinese markets in 1647, a Chinese merchant ship carried 174 bales of wares from Nagasaki (Japan) to Cambodia via Thailand. Afterwards, in 1650 and 1651,

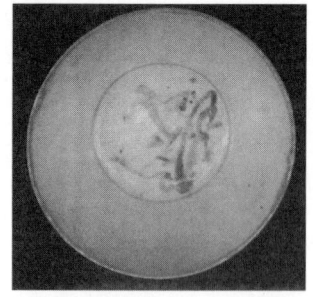

Fig. 19

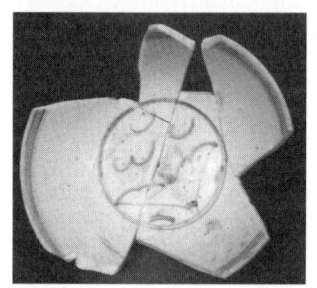

Fig. 20

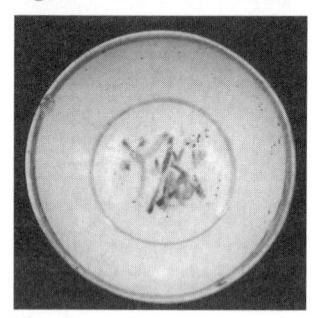

Fig. 21

wares for consignment were transported from Japan to northern Vietnam (The Kyushu Ceramic Museum 1990).

In Vietnam, Hizen wares dating from 1650-1680 were found by archaeologists at such ancient commercial ports as Thanh Ha (Thua Thien-Hue province), Hoi An (Quang Nam province), Pho Hien (Hung Yen province), Nuoc Man (Quy Nhon city) and the Dong Thech archaeological site (Hoa Binh province).

The collection of Hizen ceramics found in Lam Dong consists of 20 specimens, most of them grand bowls with an average size from 14-16cm, and one of them a broken plate. Except for a plate decorated with a cobalt blue peony pattern, the artifacts excavated in such archaeological sites as Dai Lang, Thon 5 and Thon 6 (Da Don village) etc., feature stylized dragon designs on the exterior of the vessel. The interior base is chiefly decorated with the motif of "leaping fish" in different stylized postures.

The collection of Hizen ceramics has been determined to date from about 1620-1650 by such Japanese specialists as Prof. Hasebe, Prof. Aoyagi and Mrs. Nishida.

The above-mentioned fact shows that Hizen wares came to Lam Dong far earlier than the collections previously found at ancient commercial ports in northern and central Vietnam.

To interpret this phenomenon, it's necessary to get some further materials, for the assertion of the records of business transactions from Arita port (Southern Japan) to Vietnam and Southeast Asia is very important to clarify it. Whatever happens, the material obtained from the excavation of Hizen ceramics in Lam Dong is one of the important materials to help study the commercial route of Hizen ceramics and we can conjecture that Lam Dong is one of the market-shares in the bustling export of Japanese ceramics during 17th-18th centuries.

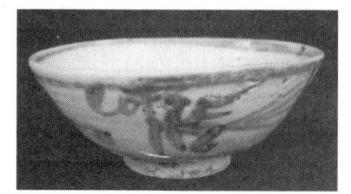

Fig. 22    Fig. 23    Fig. 24

7. The Collection of Thai and Cambodian Ceramics

(1) **Thai ceramics**

The production of Thai glazed wares was closely connected with the formation of this kingdom itself, especially in the Ramakhamhaeng period (1279-1298). Together with the building of temples and infrastructure for the Kingdom, the production of wares as well as the encouragement of free enterprise was an important matter to be concerned by the Thai feudal government.

Pottery-making kilns massed up around Sukhothai, particularly in the southern Watphiaphailuang, and densely concentrated in Sisatchanalai (Rooney 1984). Like other pottery-making centers in Asia, Thai centers were affected by, and formed later than, Chinese and Vietnamese centers.

Thai ceramics really developed strongly during the Sukhothai period and started to participate in import-export markets. Japanese archaeologists found Thai ceramics in Ryukuu and Okinawa. Together with Chinese and Vietnamese ceramics, quite a few Thai ceramics (20%) were also excavated in Luzon (Philippines). In addition, Thai ceramics were transported on sea routes by Chinese traders in some areas in the Middle East. Although Thai commercial ceramics during 15th-16th centuries couldn't compare with Chinese and Vietnamese wares in international markets, they had a noticeable position and made these special goods abundant with their presence.

As far as Asian markets are concerned, except for the Philippines and Indonesia, other areas have had no sign of Thai ceramics. In Lam Dong, in such archaeological sites as Dai Lang, Da Don, Dai Lao sites, etc. about 30 Thai specimens were excavated, including grand bowls with a deep interior and plates with wide diameters from 20-30cm produced by Sawankhalok and Sukhothai kilns. Thus, Lam Dong also became a market-share among the Thai ceramic markets.

Thai ceramics found in Lam Dong have a basic specific trait of a pinkish clay body covered with a transparent deep green glaze and fine mechanical crackles. Decorative motifs are carved under glaze with evenly spaced concentric circles on the interior or exterior walls or with lotus patterns around the interior of the piece. The celadon glaze of Sawankhalok ceramics reflects a specific characteristic; therefore, it is easy to make distinctions between its celadon and the others produced by Chinese and Vietnamese pottery-making centers.

There were only two Thai grand bowls made by Sukhothai kiln found in Dai Lang and Dai Lao sites. They are covered with carved black asterisk shaped designs on ivory-white glazed background. As for their age, Thai ceramics can be classified into such ceramic groups of an early age as Go Sanh (Binh Dinh province), Chu Dau (Hai Duong province), about the 15th-16th centuries.

(2) **Cambodian ceramics**

Cambodian Kingdom was founded in A.D.802 and gradually declined about the mid-14th century. In this historical period, ceramics were a quite vital economy with the formation of pottery-making centers in the highlands such as Phnom Kulen, Buriram and Prasat Ban

Phluang. The basic specific types of Cambodian ceramics were vats (*chum*) and baluster-shaped vases with or without a lid covered with iron-brown enamel. Most Cambodian ceramics found chiefly in the earlier Cambodian Kingdom date from the 11th-13th centuries. Cambodian ceramics were almost only for domestic consumption, not for exchange with other countries in the region. It was because of the above-mentioned characteristic that Cambodia had to import a variety of Chinese porcelain objects produced during the Sung, Yuan and Ming dynasties. However, a few Cambodian ceramics penetrated deeply into Vietnam. In Dai Lang site, archaeologists found 4 big-bellied jars (3 large jars and 1 small jar) which fully bear specific traits of Cambodian ceramics, such as iron-brown enamel wares, carved ripple-like or leaf vein-shaped designs. Probably, it is to meet the demand of large jars to process *ruou can* (wine drunk out of a jar through pipes) for all festivities and ceremonies that the previous inhabitants in the southern central highlands imported these products. In the collection of Chinese jars in Lam Dong, some have the earliest dating from the 12th-13th centuries, some from the 15th-16th centuries (during the Ming dynasty), and others from the 17th-18th centuries (during the Qing dynasty). All were produced by local kilns in South China.

Cambodian ceramics could come very early to this area. Due to their durability, they were highly esteemed by consumers and easily traded. However, as the Cambodian Kingdom declined during the mid-14th century and Chinese ceramics took control of the market. The market-share of Cambodian ceramics disappeared completely from the southern central highlands in the late 14th century.

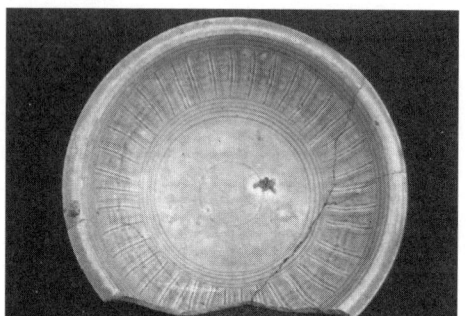

Fig. 25

Fig. 26

8. Dating, Owners and Trading Affairs

On the basis of the materials of different sources, most archaeological sites in Lam Dong have the presence of various ceramics: those from Cambodia, the Yuan (China) and Ly (Vietnam) dynasties which date as early as the 13th-14th centuries, the most popular ones from Go Sanh, Chu Dau (Vietnam) and Fukien, Tseyang (the Ming, China) which date from the 15th-16th centuries, and the latest ones, Imari ceramics, which date back to about the mid 17th century.

Furthermore, basing on the other sources of materials such as pieces of iron, copper and jewelry, there is enough foundation to form a development in chronological orders as follows: Da Don–Dai Lang–Lac Xuan–Thon 6–Da Lay–Loc Son with an approximate dating from the early 17th–the late 18th centuries. It means that the group of Lam Dong ceramic sites reached its peak at the intersectional point of the mid 17th–mid-18th centuries.

The question as to who were the owners of these sites is also an important problem which needs a logical interpretation. We know that, throughout history, Lam Dong has been a traditional home of such main ethnic minority groups as the Ma, K'ho, Churu, etc. The majority of the local inhabitants are the K'ho, including 104,025 inhabitants living mainly in Di Linh, Duc Trong, Lam Ha and Lac Duong districts. With 25,059 inhabitants living extensively in a larger area from Bao Lam, Dahuoai, Da Te, Cat Tien, Duc Trong, Di Linh, Lam Ha districts and the town of Bao Loc, the Ma occupies the second rank among the populous ethnic minorities in Lam Dong. The smallest of the three ethnic minority groups is the Churu with 12,993 inhabitants living mainly in Don Duong district. Perhaps, one of the three ethnic minorities is the owner of the group of Lam Dong ceramic sites.

This theoretical point of view has been based on the discovery of a quite large number of iron tools and weapons buried in the graves. Especially in Dai Lang, tools used to forge irons such as tongs and anvils were also found. In combination with the modern ethnic materials, this shows that these products were made on the spot and that it is a handicraft still existing in the communes of the Ma inhabitants. A lot of other products are copper bracelets and rings buried in the graves in Dai Lang, Dai Lao and Da Don, etc.

Nowadays, the handicraft producing these types of jewelry still continues in Ma-Danh hamlet, Tutra commune, Don Duong district. Apart from the above-mentioned products, there remain many terra cotta earthen pots. When finding these specimens in the ceramic sites, many people firstly think that they date back to 3000 or 2000 years ago. Actually, they are family use products made of terra-cotta with a simple process of the Ma inhabitants in villages such as Cor, Pangand and Rdu villages in the valley of the Daklung River or the Churu people in Krang-Go village, Pro commune (Don Duong district).

Hand tools, weapons, jewelry and potteries currently used in the ethnic groups in the southern central highlands have become the basic materials of scientific value and we can consider that these people are the genuine owners of Lam Dong ceramic sites. The appearance of a collection of enormous ceramics still preserved in the Lam Dong as well as those existing in individual collections or lying idle in antique shops everywhere, including quite a few outside the country's frontier, proves that they are a large property which no community could own some centuries ago. There could possibly be a Kingdom where a powerful aristocracy played the head role of the community and accumulated riches through many periods and distributed them to the high-rank deceased. For this reason, it has been told from generation to generation that the southern central highlands were once the Ma kingdom. This illustration is considered as the most persuasive proof.

9. The Group of Ceramic Sites in Lam Dong among the Trading Ceramics of Vietnam, Southeast Asia and East Asia

Funerary ceramic sites in Lam Dong spread over a rather large area, from Don Duong, Di Linh, Lam Ha, Bao Loc to the contiguous area of Dong Nai-Da Te. There may be many other sites which have not been discovered or completely destroyed. Doubtfully, the distributive map of these site types will be constantly supplemented in the future. However, with researches in nearly two decades, the group of unique ceramic sites in Lam Dong has been asserted by archaeologists.

The group of ceramic sites took an important role in the network of world trade ceramics in the period from the 16th-18thcenturies. Most ceramic products made in well-known pottery-making centers of China, Vietnam, Japan, and Thailand was present in the region. This shows that the Lam Dong inhabitant in this historic period was a quite prosperous community. They actively opened their home doors wide and took part in the network of commodity economy in the region in which ceramics were only an important part. These products also indicate that in Lam Dong at that time a quite large force of traders was formed to perform entrepots for the import, export, collection and distribution of goods by means of transportation on land and by river way.

A road line cutting through the southern Truong Son range on the border of Don Duong and Ninh Thuan creates a shopping arcade between the south central coast and the southern central highlands. It is essential to refer to the role of Champa traders -a group of inhabitants who have much traditional experience about commerce- who formed the economic connection between these two areas. As we know, the seaway for commercial ceramics was established by Chinese traders from very early time and greatly broke out at the beginning of the 16th century with the appearance of the Dutch East India Company and afterwards with India commercial fleets of Japan. Trading ships reached trade ports along the south-central coast such as Hoi An (Quang Nam province), Nuoc Man (Quy Nhon city), and various Chinese and northern Vietnamese ceramics together with the ones produced by Binh Dinh pottery-making centers were probably transported to Lam Dong through Champa traders' entrepots. Not only did this finish at that time, but up to now Champa inhabitants have also been met to take goods with themselves from low-lands to highlands and to bring Lam Dong's products back to the points of departure.

Another road could be established-from the Chao-Praya Valley (Thailand) down to the Southern part of Vietnam and then back towards the Central Highlands in which the Mekong and Dong Nai rivers' currents take the key roles. The Chao-Phraya Valley with the Menam's current, along which there was once the capital of Ayuthaya Kingdom and also a place where Chinese, European, Indian and Japanese traders established commercial firms to export and import a great deal of merchandise. Cambodian and Thai ceramics could be transported by means of the three rivers named the Menam, Mekong and Dong Nai and penetrated deeply into the Southern part of Vietnam as well as Lam Dong.

To show the penetrating ways of ceramic streams circulating among the international commercial ceramics by seaways is to prove that Lam Dong was once a wide-opened, self-motivated area which has constantly moved in its economic structure to impulse the development.

The Source of Figures

All figures are from Hoang et al. 2000; Fig.1: p.13, Fig.2: p.143, Fig.3: p.142, Fig.4: p.135, Fig.5: p.144, Fig.6: p.149, Fig.7: p.164, Fig.8 & 9: p.165, Fig.10: p.172, Fig.11 & 13: p.183, Fig.12: p.178, Fig.14 & 18: p.184, Fig.15 & 17: p.204, Fig.16: p.212, Fig.19 & 23: p.222, Fig.20 & 24: p.226, Fig.21 & 22: p.224, Fig.25: p.234, Fig.26: p.236.

References

Aoyagi, Yoji
    1992 The trend of Vietnamese ceramic in the history of ceramics trade with Particular reference to island of Southeast Asia. *Journal of East West Maritime Relation*.
    1998 Production and Trade of Champa ceramics in 15th-16th century. Hanoi: *Vietnamese Studies and Enhancement of International Cooperation*.

Brown, Roxana
    1989 *The ceramic of Southeast Asia their dating and identification*. New York: Oxford University Press.

Guy, John
    1986 *Oriental trade ceramic in Southeast Asia 9th to 16th centuries*. New York: Oxford University Press.

Hoang, Bui Chi, Vu Nhat Nguyen and Pham Huu Tho
    2000 *Nhung Suu Tap Gom Su o Lam Dong (the Collection of Ceramics in Lam Dong)*. Da Lat: So Van Hoa Thong Tin Lam Dong.

Phung, Le Dinh
    1993 "The centers of Champa ceramics in Binh Dinh Province." *Review of Archaeology* 3: 54-66.

Rooney, Dawn
    1984 *Khmer ceramics*. New York: Oxford University Press.

Stevenson, John and John Guy
    1997 *Vietnamese Ceramics in 15th-16th: A Separate tradition*. Art Media Resources with Avery Press.

Itoi, Kenji
    1989 *Thai ceramic from Sosai Collection*. New York: Oxford University Press.

The Kyushu Ceramic Museum
    1990 *Hizen wares abroad*. The Kyushu Ceramic Museum.

物質文化の成立と変容

古代カンボジアにおけるクメール陶器の成立に関する一考察

田畑 幸嗣

キーワード：クメール陶器　東南アジア産陶磁器　生産技術　インド化　中国化

はじめに

　クメール王朝は現在のカンボジア王国を中心に9世紀よりおおよそ600年間ほど続いた王朝であり、その最大の版図は現在のインドシナ半島の大部をカバーしていたとされる。現在我々がクメール陶器と呼んでいる一群の陶器は、このクメール王朝の版図内で生産されたと考えられる施釉および無釉焼締陶器を指している。

　クメール陶器の研究は、19世紀末、フランス人E. アイモニエが、カンボジア北西部に位置する盾状地であるプノン・クーレンのアンロン・トム村南西に無数の陶片が散乱している状況を報告したことから始まる[1]。これまでのところ、クメール陶器の窯跡は東北タイのコーラート高原とカンボジア北西部のアンコール地域に分布していることが知られているが、近年では、こうした窯跡の発掘調査によりクメール陶器の器種・器形、年代観や技術的な特徴などが明らかになりつつある（杉山 2004a,b；田畑 2003, 2004, 2005a,b）。こうした研究の現状を受け、本稿では、これまで断片的な議論しかなされてこなかったクメール陶器の成立に関する議論を整理したうえで、近年のクメール陶器窯跡調査で得られた成果を基に、改めてクメール陶器の成立について検討し、クメール陶器理解の一助としたい。

1. 問題の所在

(1) 中国起源説

　これまで、クメール陶器の成立については、中国の圧倒的な影響下のもとに窯業技術が成立したとの見解が一般的であった。こうした説を最も早く唱えた研究者の一人は、ながらくアンコール遺跡の保存官としてカンボジアで活躍したフランス人考古学者、B. P. グロリエ[2]である。グロリエはクメール陶器の胎土、仕上げ、釉薬、形態などのすべてが中国式であると考え、中国の影響がクメール陶器生産に決定的なものであったとしている（Groslier 1981: 20, 1995: 27）。さらに、こうした新技術は単に中国から輸入されたものを見て再現したとは思えず、中国人（あるいは中国化した）陶工が作り上げ、職人を育てた可能性があるとしている（Ibid.）。つまり彼は、クメール陶器の成立が中国陶磁器の決定的な影響下にあり、しかも中国人（ないしは中国化した）陶工による外来技術移転によって成立した一種の「輸出された[3]」中国陶磁器であると考えているのである。こうした中国重

視の傾向を、彼は次の様に述べている。

　　On a assez insisté sur l'influence indienne sur le Cambodge. Il n'est point question de le minimiser. …… Et toute une branche - sinon de l'art, du moins de la technologie khmère - est venue de la Chine avec les grès à glaçue. …… D'une façon globale une grande parite du domaine technologique d'Angkor ressortit au monde chinois et on le montrerait aisément.

　　――カンボジアへのインドの影響はかなり強調されてきた。このことを過小評価するつもりはない。(中略) 芸術とは言わないまでも、少なくともクメールの技術の一分野がそっくり釉薬とともに中国からやってきた。(中略) 全体的に言って、アンコールの技術領域では、大部分が中国世界から生じており、これは容易に示されよう[4] (Groslier 1995: 57)。

　こうした考えかたはながらく支配的なものであり、近年でも、スミソニアン博物館のL.コートはクメールの灰釉合子について、唐代後期から宋代の磁器を思わせることから中国陶磁器の影響を示唆している (コート 2002: 133)。

(2) インド起源説

　クメール陶器の成立に関するもう1つの見解は、インドの影響を重視するものである。最もこの説は、クメール陶器の成立そのものというよりも、9世紀より前の段階で出現しているクメールの土器への影響として論じられることが多い。また、このインドの影響に関してもグロリエが述べた説が後発の議論の論拠となることが多いため、まずは彼の見解についてまとめてみたい。

　グロリエは、6世紀以降のクメールの土器に見られるロクロの使用をインドの影響と捉え、こうした新技術がクメール陶器の起源として大きな役割を果たしたが、9世紀以降の施釉陶器そのものの成立に関しては中国が圧倒的な影響力を発揮したと考えている。彼はクメール陶器の起源として2つの系統、つまり「土着」[5]のものと「輸入されたもの」があると述べており、特に後者に関しては、サンボール・プレイ・クック遺跡[6]の発掘から6世紀末にはロクロ使用の土器が出現するが、こうした土器の形態はインドを起源とし扶南を経由してもたらされ、インド起源の土器がクメール陶器の源流となったと述べている (Groslier 1981: 11-15, 1995: 16-19)。ただし、グロリエは注意深くも土器そのものが発展して陶器へと変化したとは述べておらず、6世紀末に現れるロクロの使用という新しい技術がクメール陶器の起源として大きな役割を果たしたと主張しているようである (Ibid.)。近年でも、6世紀末から8世紀にかけての土器への低回転のロクロの使用は、それ以降の高火度焼成の施釉陶器生産を予見させるとするL.コートの意見がある (コート 2002: 132)。したがって、両者ともにクメール陶器の成立とは、在地土器がそのまま陶器へと発展したのではなく、外来の、インド起源のロクロ技術の流入によって施釉陶器の技術革新が進展したという見解をとっている。

　こうした陶器成立以前の段階でインドの影響を考える立場とは別に、クメール陶器の器形の起源を考えるうえでインドの影響を考えているのがJ.ガイである。彼は、クメールの土器と金属器の研究は将来の課題だとしながらも、「多くのクメール陶器が金属器をモデルとしたことは、シャープな輪郭、角張って傾斜のついた底部、刻文や貼り付け文よりも沈線文を多用することなど、様々な面から明らかである。クメール陶器の大部分がこうした特徴をもち、それはインド起源ないしはそ

こから派生した金属器がクメール陶器の原形として存在したことをよく指し示している（ガイ 2004: 69）」と主張している。

(3) 問題の所在：他地域起源というパラダイム

以上の議論をまとめてみると、クメール陶器、特に施釉陶器の成立に関しては、中国の影響を考える議論が支配的であり、そのほかに陶器が生産される以前のクメールの土器へのインドの影響を考える説と、クメール陶器の器形がインドの金属器に影響を受けたとする説とが存在するといえよう。

中国起源説に関しては、中国陶磁とクメール陶器の形態的類似性が根拠となっているようであるが、果たして形態の類似が、陶工の移住をも含む直接的な影響の決定的な証拠になるのであろうか、大いに疑問である。さらに、これまではクメール陶器の碗や合子が越州窯のそれと類似しているという点のみが強調されているが、それ以外のクメール陶器の器種・器形に中国陶磁を思わせる点がほとんどないことは無視されている。

一方、インド起源説に関しては、1) ロクロを使用した土器の存在を議論の出発点におき、それがクメール製陶技術の進展に大きな役割を果たしたとする立場と、2) クメール陶器の器形の起源をインド起源の金属器に求める立場とにわかれる。

1) については、資料の絶対数の不足が議論を難しくしている。確かに、カンボジアでもサムロン・セン貝塚やスナイ村遺跡、バンテアイ・コウ遺跡、アンコール・ボレイ遺跡などで土器資料が出土しているが（図2上）、資料の紹介は断片的なものであり、土器そのものの全体形や器種組成については不明な点が多い。また、先史時代からアンコール朝にいたる在地土器の形態的・技術的シークエンスが不明な現在、陶器との関連を真に検討するのは不可能にちかいし、サンボール・プレイ・クック遺跡出土遺物からグロリエが主張した6世紀代からのロクロの使用についても、当該資料の所在がつかめない現在、それがロクロの高速回転による遠心力を利用した成形なのかどうかについても検討は難しい。

一方、2) の立場では、クメール陶器の器形と金属器の関係については既にグロリエや長谷部楽爾によって指摘されていた（Groslier 1981, 1995；長谷部 1984）し、確かにクメール陶器の独特な器形は金属器との関係を十分にうかがわせるものであるが、そもそも金属器（特にインドからの搬入と考えられるもの）が出土していないことを考えると、検証は非常に難しい。最も、金属器は鋳つぶされて再利用されやすいことや高温多湿の風土を考えると、金属器の未出土をもって金属器が搬入されなかったことの証明にはならない。ガイはレリーフに描かれた器などから金属器と陶器の対応関係の説明を試みているが、やはり金属器の器形とクメール陶器の器形の具体的な対応関係が明らかにならない限り立証は難しいだろう。いずれにせよ、これまでのクメール陶器に関する議論では、先験的にアンコール朝以外の地域の陶磁器を摸したものがクメール陶器であるとの認識があり、そこから議論を出発させているようである。例えば、施釉陶器の伝統がながい中国にクメール陶器の起源を求めようとする意見などがその典型であろう（Rooney 1990: 7）。こうした考え方は、そもそもクメールの物質文化研究が、常に他地域よりの影響というパラダイムに支配されてきた結果とも言える。

しかし筆者は、これまでの研究（田畑 2002, 2003, 2004, 2005a）から、クメール陶器の成立とは、

「インドか中国か」といった二者択一的にその起源を求めるのではなく、むしろクメールにおける独自の技術的発展をも視野にいれなければ理解することが出来ないと考えている。無論これは、外来の影響を一切認めず、アンコール王朝のある技術体系が完全に内在的に発展してきたと主張するものではない。これまで言われてきたようなクメール陶器と中国陶磁の著しい類似性＝中国陶磁器の圧倒的な影響（グロリエ、ルーニー）は認めることは出来ないものの、例えばクメール陶器の一器種であるコンク（図2下）は、紛れもなくビシュヌ神の持物のひとつであり、その意味ではクメール物質文化への外来化の影響は確かに存在する。ただし、こうした影響のあり方とは、ある1つの地域が、他地域の技術体系にたいし、その生産方法、産物、流通までをすべて規定するような決定的な影響力ではなく、むしろ製品としてのお手本のような、弱い影響力を発揮していたのだろう。もし、生産方法を初めとする陶磁器の全てにわたって他地域からの「影響」なるものが認められるのならば、クメール陶器の生産技術にもその影響が良く現れているはずであるが、これまでの研究からは、そうした傾向は認められない。

そこで次章以降では、クメール初期灰釉陶器の生産技術を概観したのちに、クメール陶器成立に関して筆者のもつ幾つかの見解を述べたい。

2. クメール初期灰釉陶器の製陶技術

次に、クメール初期灰釉陶器の製陶技術を概観したいが、クメール陶器窯、特にアンコール地域のクメール陶器窯で、ある程度信頼のおける最も古い年代がでている窯跡はタニ窯跡であり、10世紀中頃の窯と目されている（杉山 2004a；田畑 2003, 2004）。筆者はこれまで、タニ窯跡出土資料をはじめとするクメール灰釉陶器の製陶技術の解明に力を注いできており、幾つかの論考を発表しているので詳細はそれらを参照頂きたいが、これまでのところタニ窯における製陶技術には次のような特徴があることが明らかとなっている。

・タニ窯跡群出土資料は、その器形から合子類、碗類、壺・甕類、瓶類、瓦類、窯道具類の6類に大別され、さらにそれぞれ合子類19型式、碗類7型式、壺・甕類15型式、瓶類6型式、瓦類8型式、窯道具類8型式の合計63型式に分類出来る[7]。
・成形・整形技術に関しては、紐作り、ロクロ（回転板）、ロクロ成形、型などを組み合わせた5種類の成形・整形方法が確認された（図3, 4, 5, 6, 7）。
・素材の選択に関しては、白色系胎土と赤色系胎土に大きく大別されるが、これは無釉・灰釉の製品区分と対応しており、白色系胎土は灰釉の製品のために、赤色系胎土は無釉の製品のために選択されたものである。灰釉・無釉で製品を分類すると具体的には次の通りである。

　　灰釉の製品…すべての合子類、朝顔形碗、脚台付碗、広口小壺、小型壺身、小型壺蓋、小型瓶、大型瓶1類、丸瓦、平瓦、軒丸瓦、棟飾り

　　無釉の製品…筒形碗、大型壺、広口甕、大型瓶2類、丸瓦、平瓦、軒丸瓦、棟飾り、窯道具
・次に白色系胎土の製品と赤色系胎土の製品を分類すると次の通りになる。

　　白色系胎土…すべての合子類、朝顔形碗、脚台付碗、広口小壺、小型壺身、小型壺蓋、小型瓶、大型瓶1類、丸瓦、平瓦、軒丸瓦、棟飾り

赤色系胎土…筒形碗、大型壺、広口甕、大型瓶２類、丸瓦、平瓦、軒丸瓦、棟飾り、窯道具

　このようにしてみると、灰釉／無釉の器種と白色系粘土／赤色系粘土の器種とがきれいに一致する。それゆえに白色系胎土は灰釉の製品のために、赤色系胎土は無釉の製品のために選択されたものであると考えることが出来る。

・加飾技法に関しては、文様個々ではなく、文様帯の構成原理を検討することにより次の４種類の環状文様帯構成原理が導きだされた。
1) 単数ないしは並行する複数の沈線や削り出しの段（隆帯）によって文様帯が構成され、これが器壁に水平に施されるもの（図8-1）。
2) 複数の並行する沈線や削り出しの段（隆帯）に刺突文が挟まれることによって文様帯が構成され、これが器壁に水平に施されるもの（図8-2）。
3) 沈線ないしは削り出しによって蓮弁文が（蓮弁ひとつを文様の一単位とする文様帯として）施され、これが器面を取り囲むように環状に配置されるもの（図8-3）。
4) 沈線や刺突文によって幾何学文様が構成され（幾何学文ひとつを文様の一単位とする文様帯として）、これが器面を取り囲むように環状に配置されるもの（図8-4）。

・焼成技術については、融着、変形資料の検討により４つの窯詰め法をパターン化することが出来たが、これらは次の通りである（図9）。
1) 同種の製品を粘土塊で挟むようにして重ね積みをおこなう…朝顔形碗・広口甕。
2) 蓋と身というセット関係にあるものを、同種の蓋なら蓋、身なら身を粘土塊で挟むようにして重ね積みをおこなう…小型壺蓋・身。
3) 蓋と身というセット関係にあるものを、（出来上がりの製品と同じく）それぞれセットにし、さらに同種のものを重ねる…丸形合子・筒形合子。
4) 瓦の上端と下端を窯道具で挟み込む…丸瓦・平瓦。

　こうしたタニ窯跡を初めとするアンコール地域の諸窯に見られる製陶技術の特徴や問題点は別に詳細に論じたもの（田畑 2004, 2005a,b）があるのでそちらを参照頂くこととし、本論では次にこうした技術上の知見から、クメール陶器の成立を検討してみたい。

3. クメール陶器の成立

(1) クメール陶器と土器

　まず、クメール陶器の成立について、それに先行するクメールの土器が陶器成立に果たした役割について述べてみたい。前述の通り、クメールの土器がクメール陶器の文脈で語られるとき、それは常にインドからの影響という形をとってきた。無論これは、東南アジア史研究における「インド化」パラダイムが先験的に存在したがゆえの言説であろうし、現在改めて検討し直すべき問題である。

　６世紀末には出現するとされるロクロ使用の土器が、クメール陶器の祖形となったという考え方を実証的に検証する難しさは、既に第１章で述べた通り、先史時代からアンコール朝にいたる在地土器の形態的・技術的シークエンスが不明であることにある。現在のところ、先史時代からアンコール朝までの土器とその技術について最も詳細に論じているのはM.スタークである（Stark 2003）。

しかし彼女もまた、9世紀後半に始まる施釉陶器の生産がカンボジア陶磁史の大きな転換点であるとしながらも、その転換がどのように行われたかについては不明であるとし、グロリエなどのインド起源や中国起源説を紹介するのにとどまっている（Ibid: 222）。

確かに、L.コートの指摘する通り、「土器は陶器の「起源」ではなく、両者はそれぞれ異なった特性と目的を有している」（コート 2002: 132）のであり、クメールの土器と陶器は異なった技術体系のうえにある。クメールの土器製作技術が完全に独自に、そして内発的に発展をとげて陶器制作技術になったとは考えにくい。しかし、ロクロの使用が本当にインド起源のものなのかどうか、グロリエはその技術的根拠を語っておらず、また低回転のロクロ（回転板）使用による成形なのか、ロクロの高速回転を利用した水引き成形なのかの区別も行っていない。恐らく、グロリエ以降アンコールの土器に言及した論者の言うロクロは高速回転の水引きではなく、低回転のロクロ（回転板）を指すと思われる。なお、管見のおよぶ限り、プレ・アンコール以前の土器で明確に水引き成形と考えられる土器は存在しないし、現在の土器作りはロクロ（回転板）を基本的に使用しない。

高速回転のロクロによる水引き成形という新しい技術が、インドからもたらされ、それがクメール陶器成立の大きな原動力になったというのならば、まだ理解出来るが、世界中のあらゆる地域で普遍的に見られる低速回転のロクロ（回転板）が、クメールの地において新しい技術体系を生み出す原動力となったとは到底考えられない。ましてや、それがインド起源であると（ケンディーなどの幾つかの器形がインド起源であることを認めるにしても）主張することは相当の無理がある。

一方、非常に数はすくないが、クメール陶器の技術の中に土器製作技術を思わせるものも存在する。第2章で取り上げたタニ窯跡出土資料のうち、紐作りと思われる大型瓶、いわゆる盤口瓶がそれである。図5で紹介した通り、このタイプの瓶は粘土塊を円盤状にして底面をつくり、そのうえに粘土紐をのせて成形しているのであり、そのことは内面の観察から明らかなのであるが、そのほかにもう1点、胴部の一番張り出した部分に、上半分と下半分の接合線がのこっているという特徴をもつ。つまり、この瓶は、図3で示したように既にロクロによる水引き成形の技術が確立しているにもかかわらず、水引きによる一体成形をおこなわず、上半分と下半分を紐作りで別々につくり、それを後から組み合わせるという土器の製作技術を思わせる方法で製作されているのである。

こうした上下の作り分けが、アンコール期以前のカンボジアの土器伝統に存在するのかどうか、今後慎重に検討しなければならない。もしこうした作り分けがカンボジアの土器伝統に認められれば、少なくともタニの段階では土器の技術伝統が陶器生産に生きている可能性あることになるため、将来クメールの土器と陶器の関連性に新たな研究の視点が与えられるかもしれない。

(2) クメール陶器における中国陶磁の影響

最後に、これまでクメール陶器研究において支配的であった中国起源説について考えてみたい。クメール陶器成立に際しての中国からの圧倒的な影響という考え方の根拠は、中国陶磁とクメール陶器の形態的類似性が根拠となっている。しかし、こうした考え方は本当に成り立つのだろうか。L.コートは、クメール陶器と中国陶磁の関連性について、様式の関連性と技術の関連性は区別して考えなければならないとしている（コート 2002: 156）。また長谷部楽爾は早くから、クメールの初期施釉陶器とされるものを検討しても、唐末五代の中国陶磁器の影響を確認することは難しい（長谷

部 1984: 157, 1990: 187）として早くから中国陶磁器の影響について疑問を呈していた。

確かに器形に関しては碗や瓶などに中国陶磁器の器形と合致しないものが多いし、コンクに至ってはヒンドゥーの影響下に生まれた器形[8]とも考えられ、器形的な面からはグロリエの論は支持しがたい[9]。また、津田武徳は中国広東省の窯跡では、タニ窯製品と器形・釉種が類似したものが見られるが、タニの窯道具に見られる焼成台（図9-1）が広東窯では報告されず、陶枕やトチン、及びサヤ鉢といった広東窯では報告されている窯道具がタニ窯では見られないことなどから、基礎技術における両者の差異は中国人陶工の直接的関与を否定するとしている（津田 1999: 123-124）。津田の提唱したタニ窯での窯詰め法に関しては既に拙論（田畑 2004）で詳しく検討しているが、窯道具についてももう少し詳しく考えてみたい。

図10は広州西村窯から出土した製品と窯道具である。製品に関しては合子類、小型瓶類などは確かにアンコール地域の窯跡で出土する製品と共通する要素は認められる。しかし、図10下段のような筒状の陶枕、輪状のトチンやサヤ鉢はこれまでの調査ではアンコール地域から全く見つかっていない。また、西村窯はレンガ製であるのに、タニ窯は粘土製であり、窯体の構築方法が全く異なっている。さらに、サヤ鉢の使用に関してはタニをはじめとする灰釉陶器製作にあたって、サヤ鉢のような製品の保護の考え方が余り見られないなどの大きな違いがある。したがってグロリエの指摘するような陶工の移住を含むような技術体系の移転という考え方は成り立たないことになる。

それでは、クメール陶器、特に灰釉陶器の成立はどのように考えれば良いのであろうか。津田は最近の論文で、タニでは灰釉陶器のほかに硬質無釉陶器も焼かれており、シェムリアップ地域の他の窯跡では硬質無釉陶器のみが見られることから[10]、硬質無釉陶器の生産が灰釉陶器に先立つ可能性を指摘している（津田 2002: 292-293）。また津田の指摘を受け、野上建紀は津田の提唱する瓶類の複数個の横置き重ね積みという窯詰め法は、施釉陶器を焼くのに適した方法とは思えず、無釉陶器の窯詰め法を用いた可能性を考えている（野上 2004: 13）。

両者の指摘は大変重要な指摘であり、このことは、クメールの灰釉陶器の発生に関し、他地域（とくに中国）からの影響下のもとに発生したという従来の考え方に訂正を迫るものである。この指摘については、実は今から20年も前に長谷部楽爾が日本や中国での灰釉陶器の発生過程（最初に灰を水で溶いたものを塗りつけて釉薬を生じさせる初期の灰釉陶器がやがて安定した釉薬に到達するという一連の過程）の類推と、クメール灰釉陶器の不安定でむらのある釉調から、クメール灰釉陶器の自律的な発生を予見していた（長谷部 1984: 159, 1990: 186-187）ことに通じる。

これまでの議論をふまえると、コンク、碗や瓶などに中国陶磁器の器形と合致しないものが多いこと、類似した製品を生産していたとされる広東省の窯とは技術が全く異なること、無釉陶器の窯詰め法を引き継いだと思われる技術の存在などから、クメール灰釉陶器の生産技術のかなりのものが、無釉陶器から自生的に発生したのではないかと考えられる。また、タニをはじめとするアンコール地域諸窯の重ね積みでは、粘土の塊を（釉薬を剥がずに）直接製品の上に張り付けており、このことも施釉陶器の焼成技術よりも無釉陶器の焼成技術を引きずっていると理解しうる。

一方、明確な中国の影響下にあったと考えられる窯跡が最近北部ベトナムで発掘されており、その報告が公表されている（Nishimura and Bui 2004）。北部ベトナム、バックニン省のドゥオン・サー（Duong Xa）窯跡は地下式窯であるが、碗類は中国越州窯系の製品をモデルにして生産されたと考

えられており、また外来陶磁器資料として越州窯系製品が共伴している。その年代は9世紀末あるいは10世紀前半から10世紀後半に収まるとしている（Ibid. 2004: 91）。図11はドゥオン・サー窯跡で出土した碗類であるが、タニ窯と年代的にかさなるこの時期、越州窯系の製品をモデルにして生産している窯跡では明確なコピーモデルを生産しているのである。無論、ドゥオン・サー窯跡の技術的系譜などは今後の研究課題であるが、中国をモデルとしているのは間違いないだろう。そして中国をモデルとする以上、ドゥオン・サー窯跡のように中国のコピー、あるいは同種の製品を生産することが考えられるが、クメール陶器では今のところこうした例は見受けられない。

まとめ

　以上、クメール陶器の成立に関し、これまでの説を整理するとともに、窯跡調査の成果から独自の検討を加えてきた。筆者は、クメール窯業技術の成立には中国、インドの支配的な影響を認めることが出来ず、むしろ技術の自立的、独自的な発生の可能性を考えたい。中国陶磁はモデルとして幾ばくかの影響をあたえたのかもしれないが、それは製品の造形と生産方式をそれほど拘束しない、弱いモデルであったのではないだろう。そして、自立的な発生、特に灰釉陶器の自立的な発生を考えるのであれば、硬質無釉陶器の生産が灰釉陶器の生産より先行していたはずであり、そうした窯がどこかに存在しなければならない。グロリエが最初期の施釉陶器を発見したというロリュオス遺跡群周辺や、アンコール朝初期から非常に重要な地位を占めていたとされるプノン・クーレン周辺の調査が進めば、硬質無釉陶器等から灰釉陶器へと移り変わるような、より古い窯跡が発見されるかもしれない。これについては将来慎重に調査・検討する必要があるだろう。また、クメールの土器と陶器の関連性についても、現地調査の進展をまって、改めて検討してみたい。

謝辞
　この度、青柳洋治先生が上智大学教授の職を退かれるにあたり、先生のこれまでのご指導に心より感謝申し上げます。先生には上智大学大学院入学前より研究室に出入りさせて頂き、タニ窯跡群の発掘調査にも参加させて頂きました。さらに当時より現在にいたるまで、常に厳しくも暖かい御指導をいただいております。先生、本当にありがとうございました。先生の御退任後の更なる御活躍を心よりお祈り申し上げるとともに、今後も宜しく御指導いただけますようお願い申し上げます。
　また本稿をまとめるにあたり、カンボジアにおける現地調査をはじめ、様々な御指導をいただきました石澤良昭先生、佐々木達夫先生、田中和彦先生、野上建紀先生、丸井雅子先生にも御礼申し上げます。

註
(1) これ以降、今日にいたるまでのクメール陶器研究史は、杉山、田畑による研究史の総括（杉山 2000；田畑 2004）に詳しいため、それらを参照いただきたい。
(2) グロリエの経歴と主な業績については中島節子による詳細な紹介（中島 2000）があるので参照されたい。
(3) 原語は"exportées"（Groslier 1995: 57）。
(4) 訳出にあたっては、津田訳の日本語版（グロリエ 1998）を参考にした。なお、この節がふくまれる彼

の論考の最終的な結語（Conclusion）は1981年の英語版には収録されておらず、1995年のフランス語版に収録されている。
(5) 土着とはロクロを使用しない在地土器、輸入されたものとはロクロ使用で彩色されたインドからの土器を指している。
(6) カンボジア中部に所在する6〜8世紀代の遺跡。1960年代にグロリエが発掘調査を行った。正式な調査報告書は未刊。
(7) 詳細については拙論（田畑2004, 2005a）を参照されたい。
(8) ビシュヌ神の持物の一つはパンチャジャナと呼ばれるコンクである。
(9) 近年、吉良文男もクメール陶器誕生の契機としてクメール陶器の器形は金属器に基づく造形であると考えられ、中国陶磁の器形とは合致しないものが目立つとする意見を表明している（吉良2002: 194）。
(10) カナ・プー窯、バカオン窯のことを指すと思われる。

文献目録

青柳洋治・佐々木達夫
　2000 「二、タニ窯跡を掘る」『アンコール遺跡の考古学』: 216-232, 東京: 連合出版.

青柳洋治・佐々木達夫・田中和彦・野上建紀・丸井雅子・田畑幸嗣
　2001 「アンコール遺跡タニ窯跡群第7次・第8次調査報告」『カンボジアの文化復興』18: 95-118.

ガイ、ジョン　田畑幸嗣訳
　2004 「クメール陶器の再評価」『東南アジア考古学』第24号: 67-89.

吉良文男
　2002 「東南アジア大陸部の陶磁器―タイを中心に―」『わび茶が伝えた名器　東南アジアの茶道具』: 192-212, 京都: 茶道資料館.

グロリエ、ベルナール　津田武徳訳
　1998 「アンコール王朝陶磁入門―9世紀末から15世紀初め」『東南アジア考古学』第18号: 167-212.

廣州市文物管理委員会・香港中文大學文物館（編）
　1987 『廣州西村窯』香港:廣州市文物管理委員会・香港中文大學文物館.

コート、ルイズ・アリソン　田畑幸嗣訳
　2002 「クメール陶器―ハウギコレクションを中心としたクメール陶器の研究―」『東南アジア考古学』第22号: 129-168.

杉山　洋
　2000 「三、クメール陶器研究史」『アンコール遺跡の考古学』: 233-255, 東京:連合出版.
　2004a「クメール陶器の調査と研究」『佛教藝術』274: 111-130.
　2004b「カンボジアの陶磁生産地」『東南アジア産陶磁器の生産地をめぐる諸問題―主に日本出土陶磁器の生産地を中心に―』: 1-5, 鹿児島: 東南アジア考古学会.

田畑幸嗣
　2002 「カンボジア・タニ窯跡出土クメール陶器の研究」『高梨学術奨励基金年報』平成13年度: 65-83.
　2003 「クメール陶器の製陶技術に関する一考察―タニ窯跡出土資料を中心に―」『東南アジア考古学』: 1-21.
　2004 「アンコール王朝における窯業技術の成立と展開―タニ窯跡群出土資料の技術論―」上智大学提出学位請求論文　200p.
　2005a「クメール陶器の型式学的研究―アンコール地域におけるクメール灰釉陶器の分類―」『東南アジア考古学』第25号: 51-79.
　2005b「カンボジア、アンコール地域における灰釉陶器の生産―タニ、アンロン・トム、ソサイ窯跡資料の比較研究」『上智アジア学』第23号: 7-35.

津田武徳
　1999 「クメールの初期灰釉陶と古窯址」『東洋陶磁』vol.28: 121-126.
　2002 「クメール・タイ・ミャンマーの陶磁」『東洋陶磁史―その研究の現在―』: 292-299, 東京: 東洋

陶磁学会.
独立行政法人文化財研究所　奈良文化財研究所（編）
　2005　『タニ窯跡群A6号窯発掘調査報告—アンコール文化遺産保護共同研究報告書—』奈良：独立行政法人文化財研究所　奈良文化財研究所.
中島節子
　2000　「四、グロリエの陶器研究」『アンコール遺跡の考古学』：256-271，東京:連合出版.
野上健紀
　2004　「クメール陶器窯の窯構造—アンコール遺跡群タニ窯跡群を中心に—」『東南アジア産陶磁器の生産地をめぐる諸問題—主に日本出土陶磁器の生産地を中心に—』：7-22，鹿児島：東南アジア考古学会.
長谷部楽爾
　1984　「クメールの陶器」『世界陶磁全集　南海編』：151-164，東京：小学館.
　1989　『インドシナ半島の陶磁—山田義雄コレクション—』東京：瑠璃書房.
文化庁伝統文化課・奈良国立文化財研究所（編）
　1998　『アンコール文化遺産保護共同研究報告書Ⅱ タニ窯跡群測量調査報告』奈良：文化庁伝統文化課・奈良国立文化財研究所.
　2000a『アンコール文化遺産保護共同研究報告書　タニ窯跡群A６号窯発掘調査概報』奈良：文化庁伝統文化課・奈良国立文化財研究所
　2000b『アンコール文化遺産保護共同研究報告書　平成8年度〜平成10年度』奈良：文化庁伝統文化課・奈良国立文化財研究所.
　2001　『アンコール文化遺産保護共同研究報告書　タニ窯跡群A6号窯発掘調査概報２』奈良：文化庁伝統文化課・奈良国立文化財研究所.
香港大學馮平山博物館（編）
　1985　『廣東唐宋窯址出土陶瓷』香港：香港大學馮平山博物館.

Aymonier, Etienne
　1901　*Les Provinces Siamoises. Le Cambodge*, vol. 2. Paris: Ernest Leroux.
Brown, Roxanna M.
　1981　Khmer Ceramics of the Korat Plateau: Unraveling the Mysteries. In Diana Stock (ed.) *Khmer Ceramics: 9th-14th Century*: 41-49: Singapore: Oriental Ceramics Society.
　1988　*The Ceramics of South-East Asia*, 2d ed. Singapore: Oxford University Press.
Cort, Louise Allison and Lefferts Jr., H. Leedom
　2000　Khmer Earthenware in Mainland Southeast Asia: An Approach through Production. *Udaya, Journal of Khmer Studies* I: 49-68.
Groslier, Bernard P.
　1981　Introduction to the Ceramic Wares of Angkor. In Diana Stock (ed.) *Khmer Ceramics: 9th-14th Century*: 9-39 Singapore: Oriental Ceramics Society.
　1995　Introduction à la Céramique Angkorienne (fin IXe Ð début XVe s.). Péninsule 31: 5-60.
Guy, John
　1997　A Reassessment of Khmer Ceramics. *Transactions of the Oriental Ceramic Society* 61: 39-63.
Ly Vanna
　2002　*The Archaeology of Shell Matrix Sites in the Central Floodplain of the Tonle Sap River, Central Cambodia: The Shell Settlement Site of Samrong Sen and Its Cultural Complexity.* Tokyo: Sophia University. doctoral dissertation.
Nishimura, Masanari and Bui, Minh Tri
　2004　Excavation of the Duong Xa site in Bac Ninh Province, Vietnam. *Journal of Southeast Asian*

　　　　　Archaeology 24: 91-131.
Rooney, Dawn
　1984　*Khmer Ceramics*. Singapore: Oxford University Press.
　1990　Introduction. *Khmer Ceramics from the Kamratan Collection in the Southeast Asian Ceramics Museum, Kyoto*: 1-18, Singapore: Oxford University press.
　2000　Khmer Ceramics: Their Role in Angkorian Society. *Udaya, Journal of Khmer Studies* I: 129-145.
Stark, Miriam
　2000　Pre-Angkor Earthenware: Ceramics from Cambodia's Mekong Delta. *Udaya, Journal of Khmer Studies* I: 69-89.
　2003　The Chronology, Technology and Contexts of Earthenware Ceramics in Cambodia. In John N. Miksic (ed) *Earthenware in Southeast Asia: Proceedings of the Singapore Symposium on Premodern Southeast Asian Earthenwares:* 208-223, Singapore: Singapore University Press.

物質文化の成立と変容

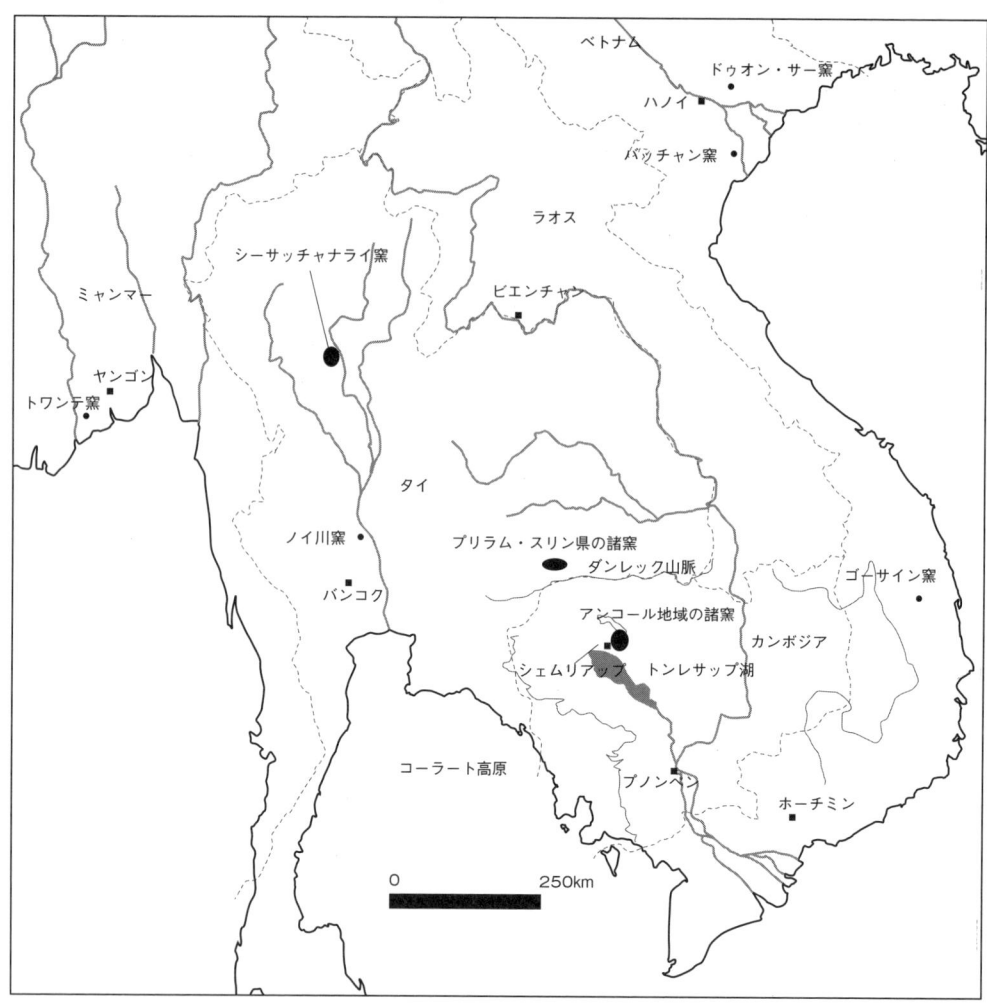

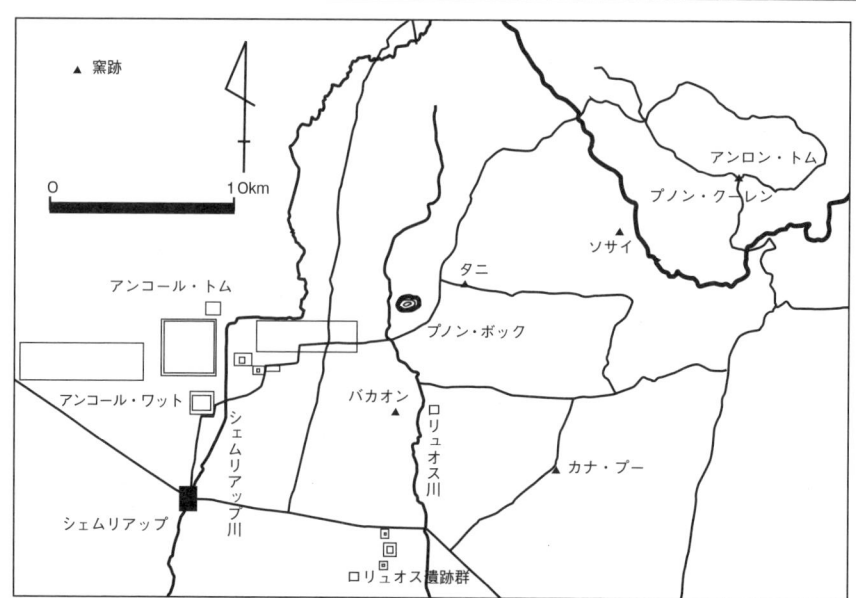

図1　シェムリアップ地域の窯跡分布図

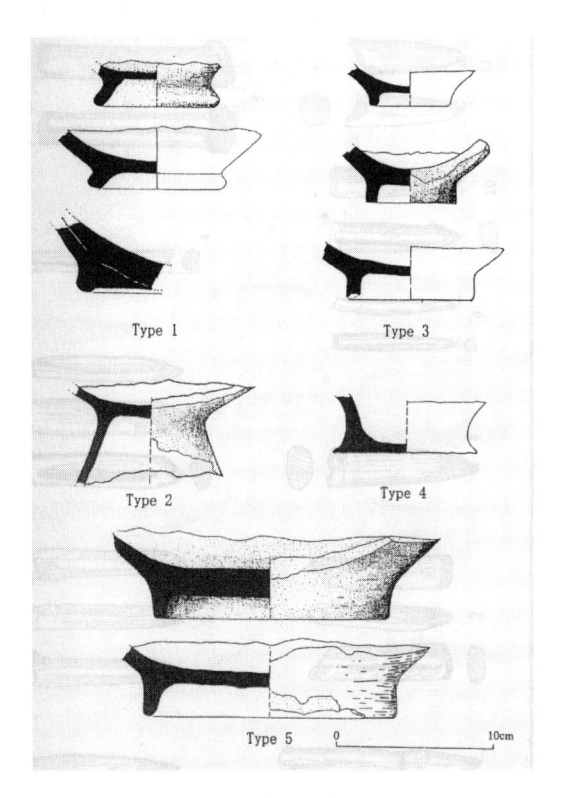

サムロン・セン貝塚出土土器（Ly 2002 Fig26）

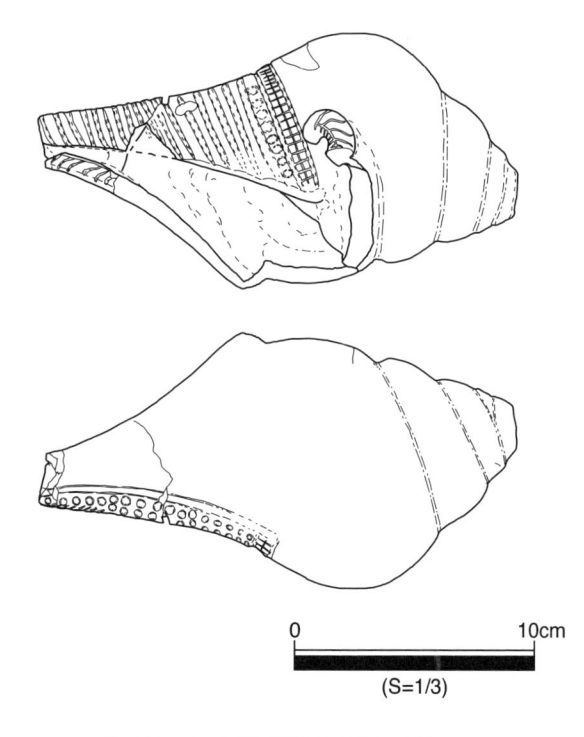

バンテアイ・クデイDU04上層出土遺物

図2　サムロン・セン貝塚出土資料（上）とバンテアイ・クデイ出土資料（下）

物質文化の成立と変容

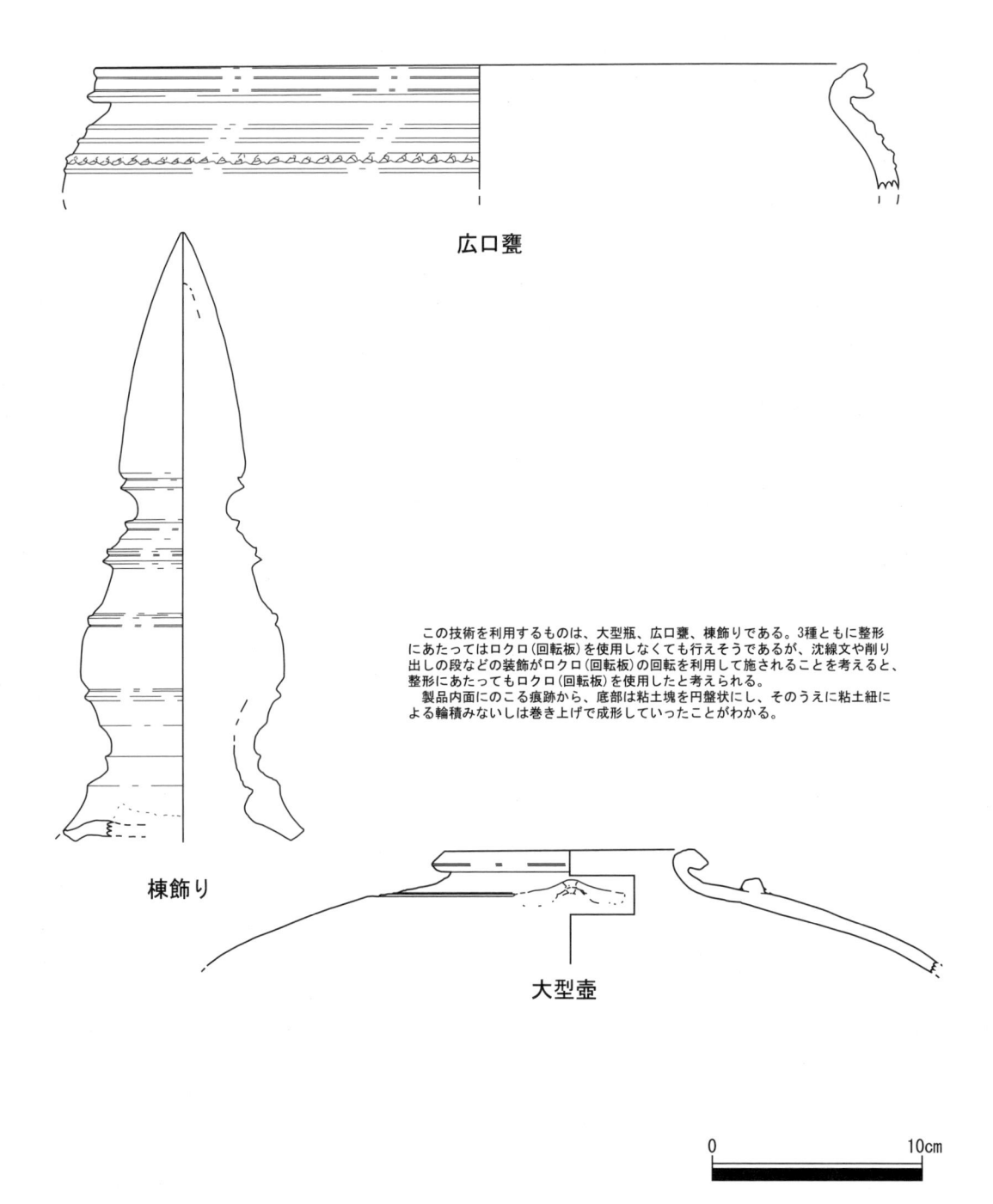

広口甕

棟飾り

大型壺

この技術を利用するものは、大型瓶、広口甕、棟飾りである。3種ともに整形にあたってはロクロ（回転板）を使用しなくても行えそうであるが、沈線文や削り出しの段などの装飾がロクロ（回転板）の回転を利用して施されることを考えると、整形にあたってもロクロ（回転板）を使用したと考えられる。
製品内面にのこる痕跡から、底部は粘土塊を円盤状にし、そのうえに粘土紐による輪積みないしは巻き上げで成形していったことがわかる。

0　　　　　　10cm

図3　紐作りで成形し、回転板（ロクロ）を利用して整形するもの

丸瓦

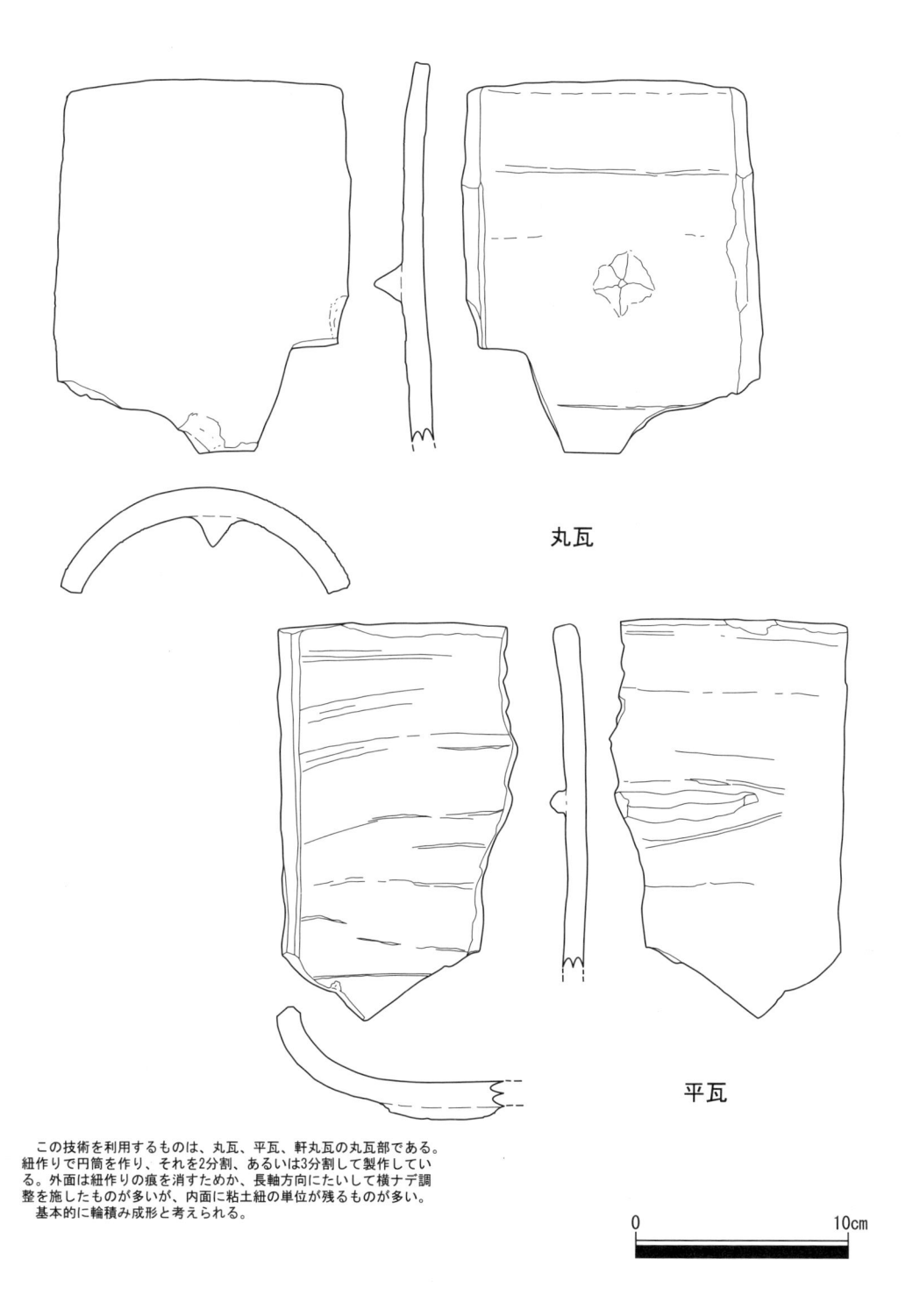

平瓦

　この技術を利用するものは、丸瓦、平瓦、軒丸瓦の丸瓦部である。紐作りで円筒を作り、それを2分割、あるいは3分割して製作している。外面は紐作りの痕を消すためか、長軸方向にたいして横ナデ調整を施したものが多いが、内面に粘土紐の単位が残るものが多い。
　基本的に輪積み成形と考えられる。

0　　　　　10cm

図4　紐作りで成形し、整形に回転板（ロクロ）を利用しないもの

物質文化の成立と変容

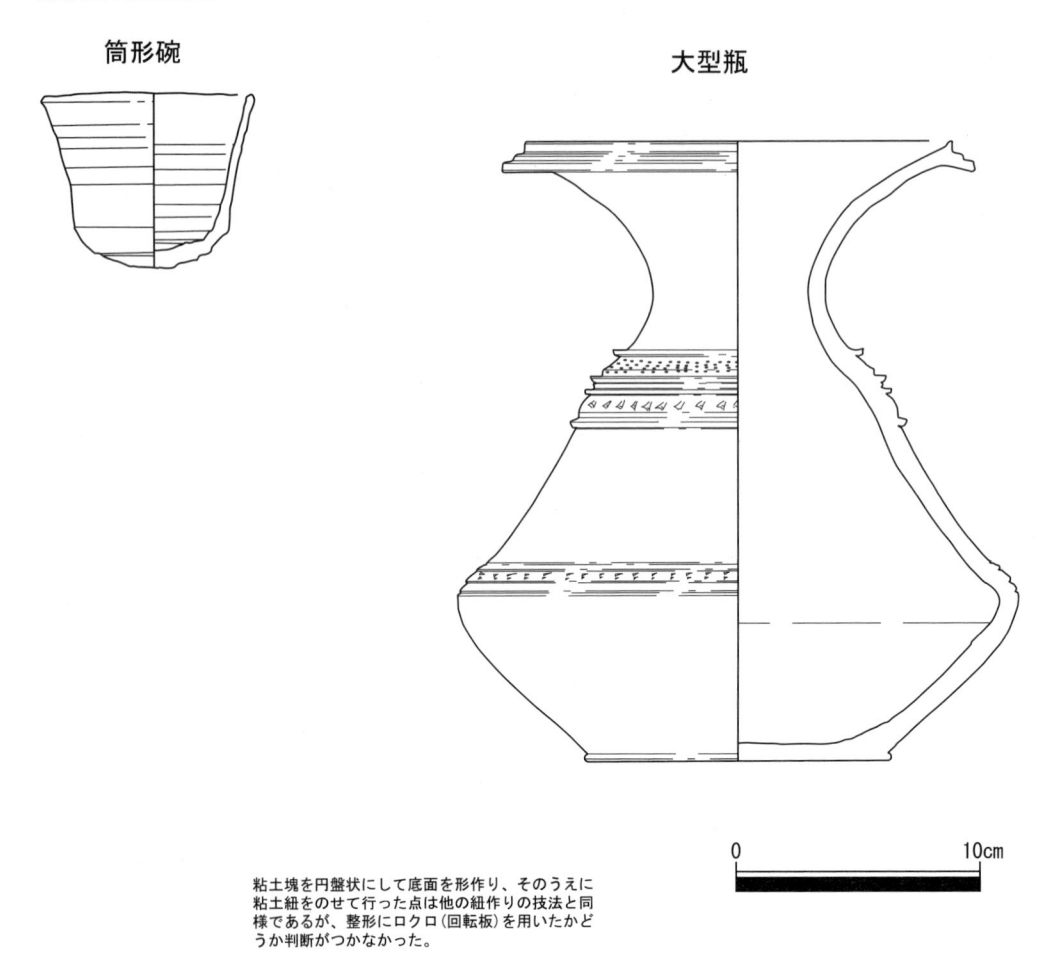

筒形碗

大型瓶

粘土塊を円盤状にして底面を形作り、そのうえに粘土紐をのせて行った点は他の紐作りの技法と同様であるが、整形にロクロ（回転板）を用いたかどうか判断がつかなかった。

0　　　　　　10cm

図5　紐作りで成形するが、回転板（ロクロ）を成形にもちいたかどうか判断しがたいもの

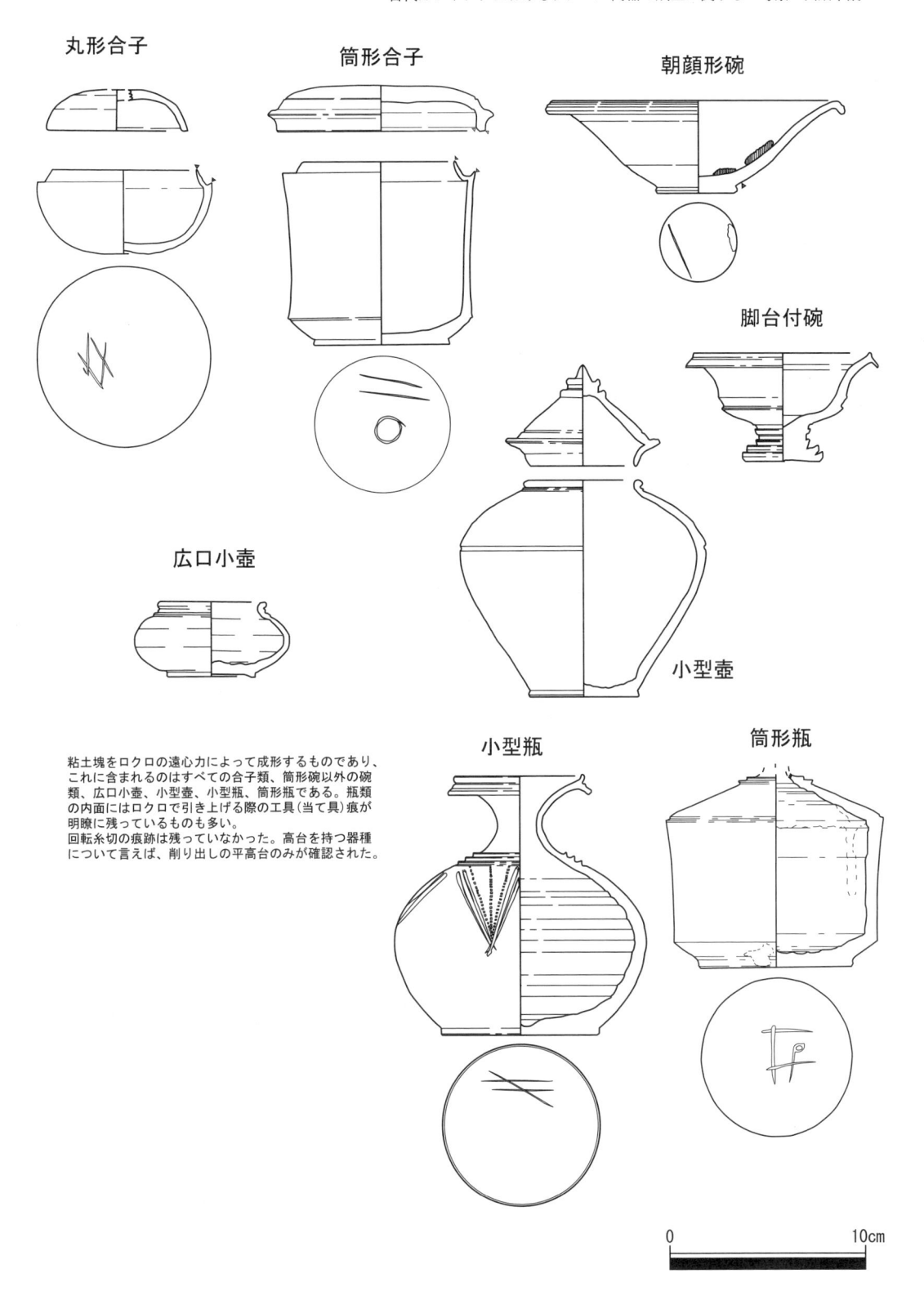

古代カンボジアにおけるクメール陶器の成立に関する一考察　田畑幸嗣

丸形合子　　筒形合子　　朝顔形碗

脚台付碗

広口小壺

小型壺

粘土塊をロクロの遠心力によって成形するものであり、
これに含まれるのはすべての合子類、筒形碗以外の碗
類、広口小壺、小型壺、小型瓶、筒形瓶である。瓶類
の内面にはロクロで引き上げる際の工具（当て具）痕が
明瞭に残っているものも多い。
回転糸切の痕跡は残っていなかった。高台を持つ器種
について言えば、削り出しの平高台のみが確認された。

小型瓶　　筒形瓶

0　　　　10cm

図6　ロクロ成形のもの

物質文化の成立と変容

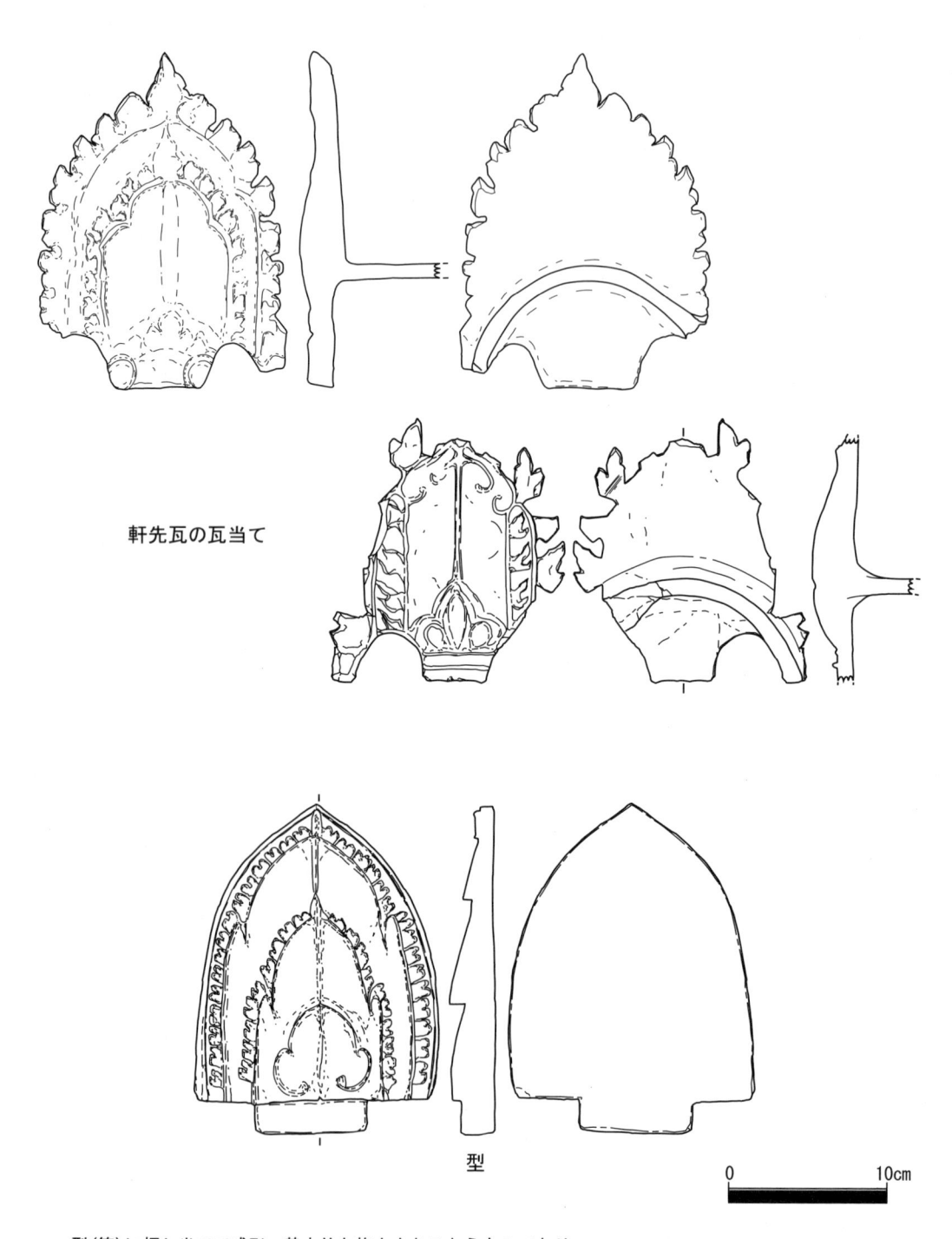

軒先瓦の瓦当て

型

0　　　　10cm

型（笵）に押し当てて成形、基本的な施文をおこなうものであり、これは軒丸瓦の瓦当部のみに使用されている。笵は板状の無釉陶器の片面に蓮弁、火炎文が彫り込まれており、瓦当の文様とは凹凸が逆になっている

図7　型押し成形のもの

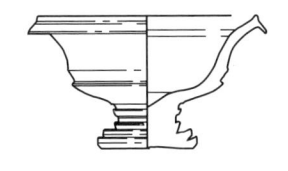

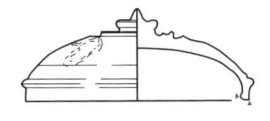

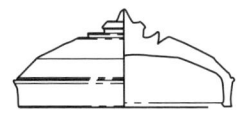

1　単数ないしは並行する複数の沈線や削り出しの段（隆帯）によって文様帯が構成され、これが器壁に水平に施される

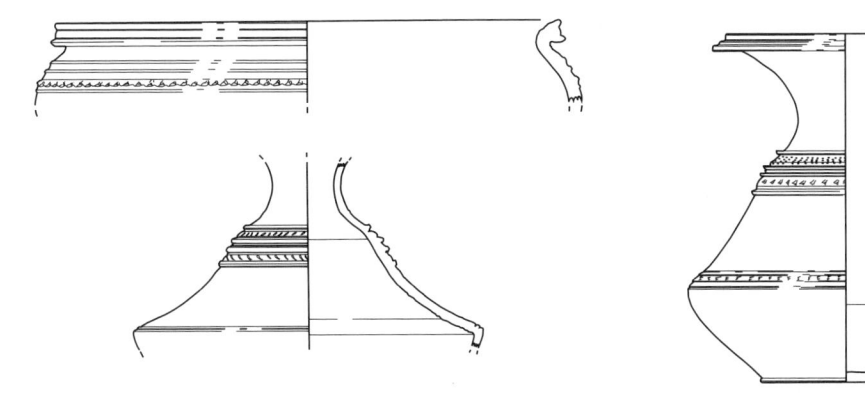

2　複数の並行する沈線や削り出しの段（隆帯）に刺突文がはさまれることによって文様帯が構成され、これが器壁に水平に施される

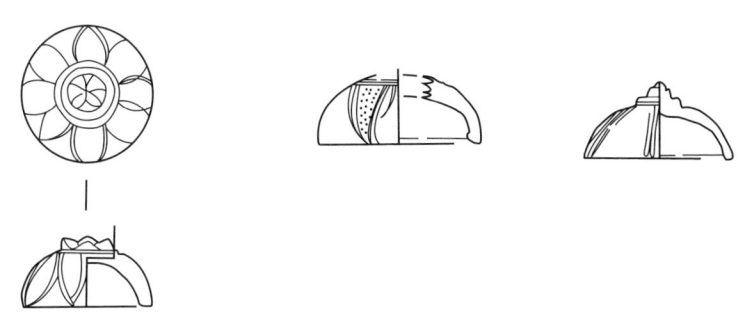

3　沈線ないしは削り出しによって蓮弁文が（蓮弁ひとつを文様の一単位とする文様帯として）施され、これが器面を取り囲むように環状に配置される

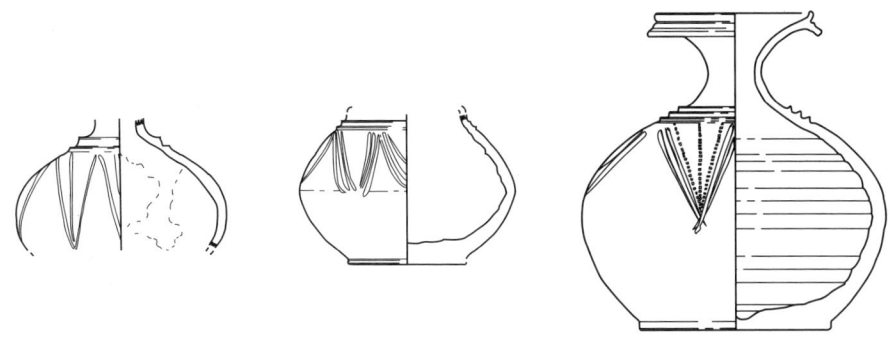

4　沈線や刺突文によって幾何学文様が構成され（幾何学文ひとつを文様の一単位とする文様帯として）、これが器面を取り囲むように環状に配置される

図8　加飾技法

物質文化の成立と変容

1 朝顔形碗の重ね積み復元図

2 広口甕重ね積み復元図

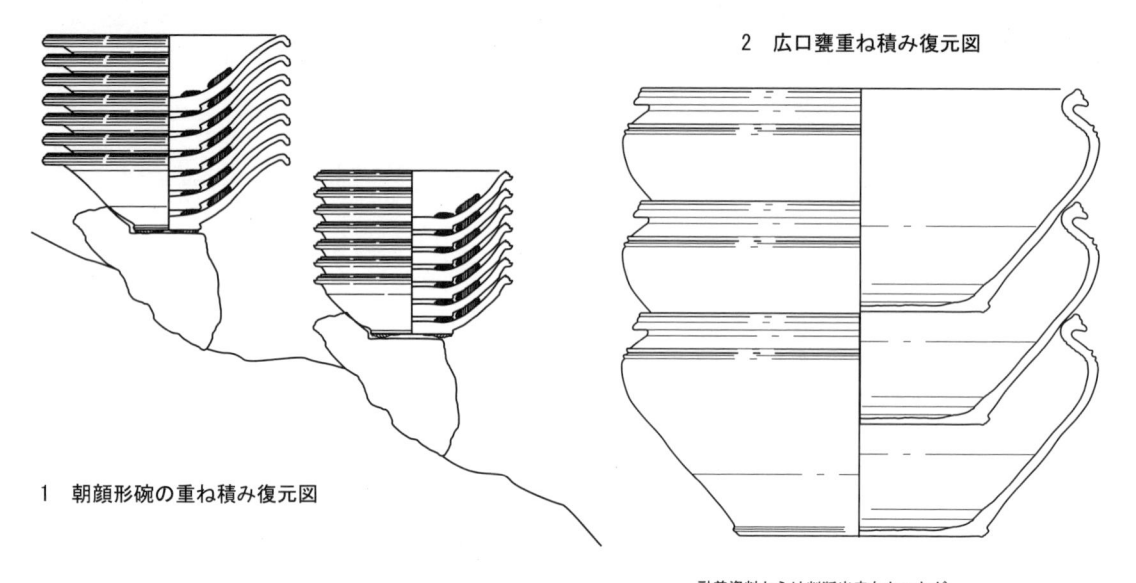

融着資料からは判断出来なかったが、
製品と製品の間には粘土塊が存在した
可能性もある。

3 小型壺身重ね積み復元図

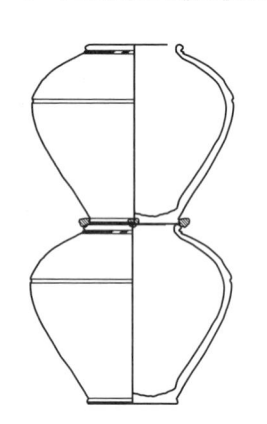

4 小型壺蓋の重ね積み復元図

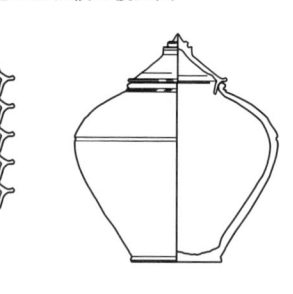

5 筒形合子の重ね積み復元図

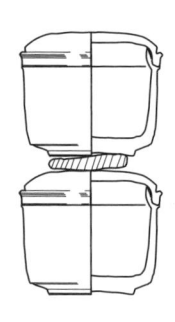

実際の製品としてはこの様に
なるはずであるが、焼成時には
蓋と身をセットで焼成しない。

6 丸形合子の重ね積み復元図

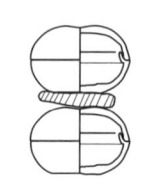

7 瓦の重ね積み復元図

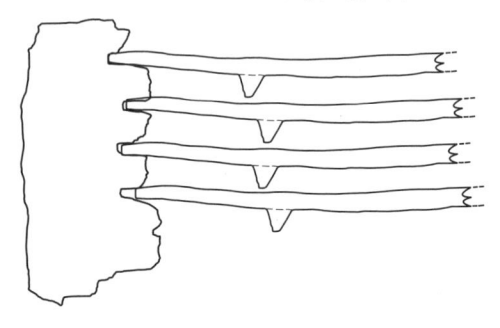

恐らく反対側も同様であったと思われる

図9　タニ窯跡出土資料の窯詰め法の復元

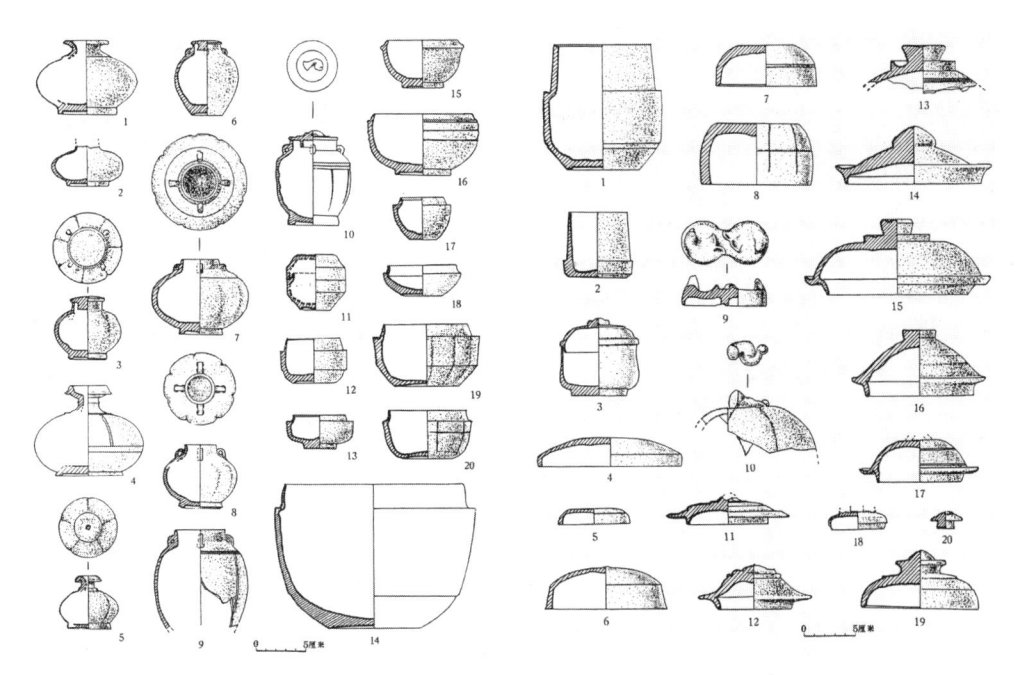

広州西村窯出土合子・瓶類（廣州市文物管理委員会・香港中文大學文物館 1987: 26-28）

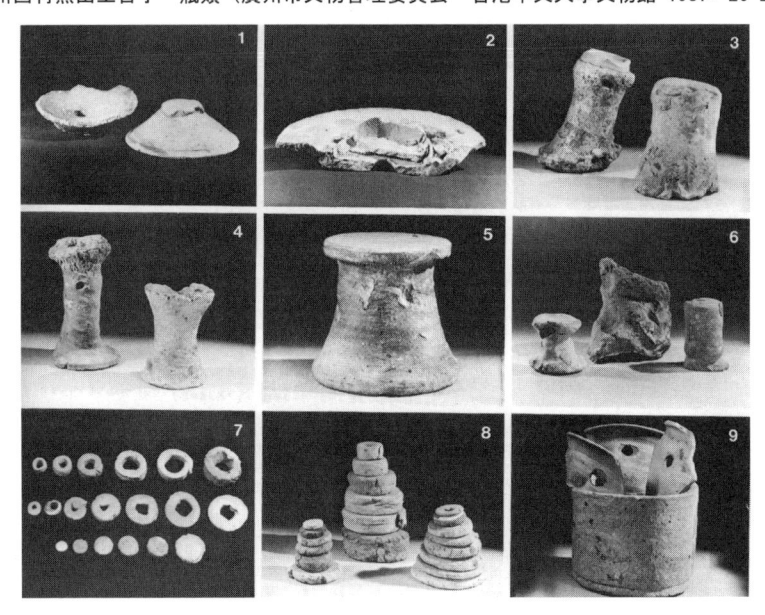

広州西村窯出土窯道具（廣州市文物管理委員会・香港中文大學文物館 1987: 119）

図10　広州西村窯出土遺物

物質文化の成立と変容

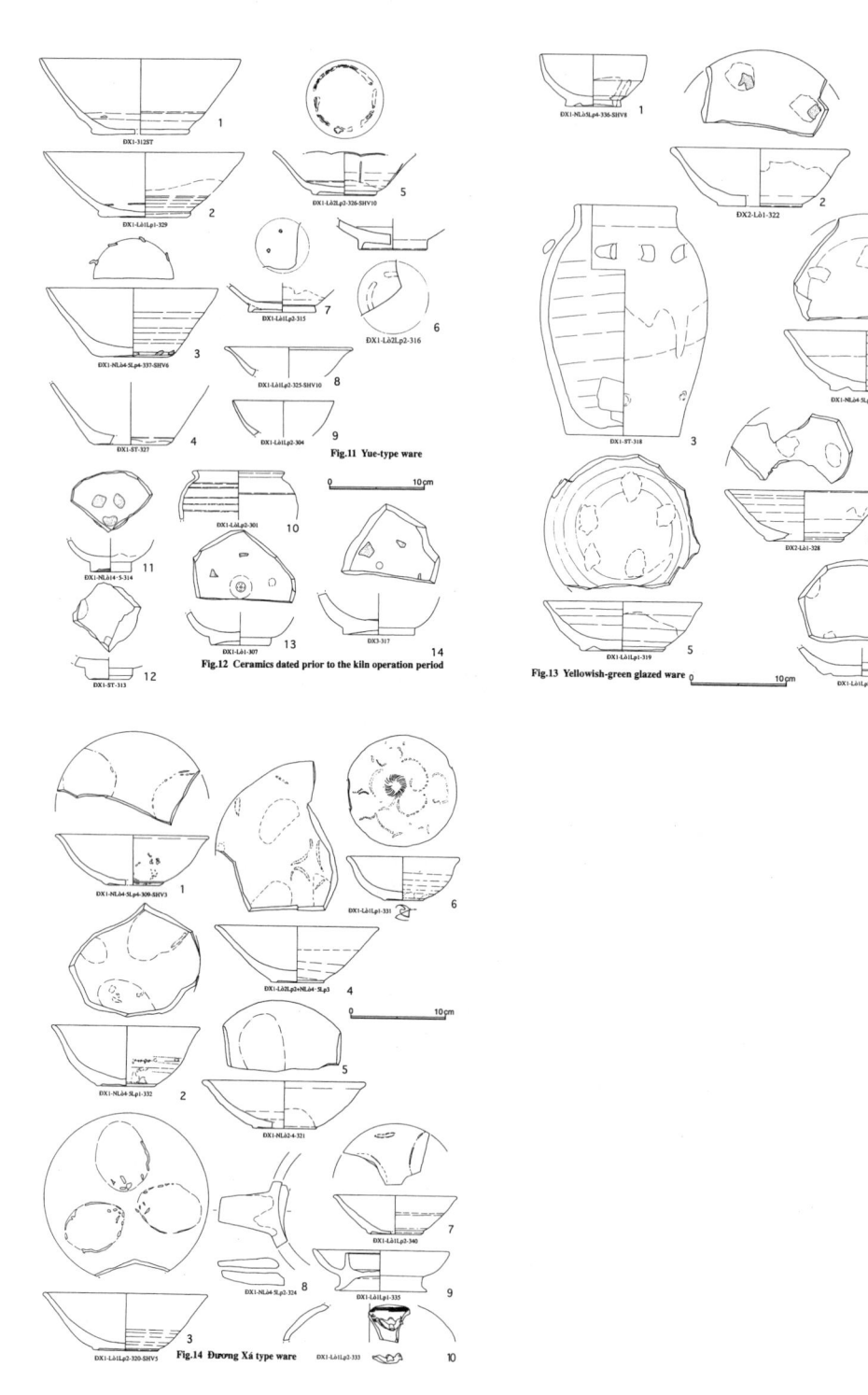

(Nishimura and Bui 2004: 104-108)

図11　ドゥオン・サー窯跡出土資料

土器に窓を穿つこと
— 愛知県三河地方にみる円窓付土器の導入と展開、そして変質化 —

鈴木 とよ江

キーワード：愛知県三河地方　円窓付土器　弥生時代　土器の変質化

はじめに

　「円窓付土器」という特異な土器が、愛知県西部の尾張地方を中心に出土例が見られる。壺などの胴部上半部に大きな窓のある土器のことを指す。どうみても生活用具としての利用が不可能な一群である。その出土例は朝日遺跡が最も多く、そのほか、高蔵遺跡や西志賀遺跡など尾張地方南西部の拠点集落遺跡での出土例が大半を占める。こうしたことからも、尾張地方、それも朝日遺跡を発祥地とするような特異な土器として捉えられている。
　近年、東接する三河地方での調査事例が増え、出現地の尾張地方ほどではないものの近接地でもありその出土例が増加してきた。また、その出土事例の多くは時期が下っても見られるなど発祥地とは異なった様相が垣間見られる。
　本稿ではこの円窓付土器が三河地方に伝わった経緯、その後の展開について考えてみたい。

1. いわゆる円窓付土器の定義

　いわゆる「円窓付土器」については、すでに、山田鉱一氏、高橋信明氏、伊藤敦史氏ら先学により、その定義や研究略史はまとめられている[1]。明治以来、その特異な外見で注目はされていたものの、分析の対象となったのは遅く1970年代以降、朝日遺跡などでの出土例の増加によってである。それらによると、円窓付土器は尾張地方南部、それも朝日遺跡がその発生源、時期は尾張II様式末から尾張III様式、定型化するのは尾張III様式、発展展開を示すのが尾張IV様式、尾張V様式以降は急速に変質化、衰退の方向に向かっているという。
　では、定型化した円窓付土器とはどのようなものを指すのか。また、先学の各氏ともそれぞれ定義づけをしている。それぞれの定義については個々の文献に譲るが、ここでは伊藤氏の定義で確認しておこう。
　1　円窓付土器としての固有の器形を持っていること
　2　胴部上半部に焼成前に径10cm前後の円形の窓部を設けている
　3　胴部は無紋であること
　これらをすべて兼ね備えたものを「正統派円窓付土器」と呼んでおり、一部を備えたものを「傍流円窓付土器」としている。さらに傍流については3類に分類している。その全体の流れとしては

正統派から傍流へという動きになっており、これらは、明らかに関連付けて考えたほうがよい一群としている。また、そのほか、時期や分布域等明らかにかけ離れた一群が存在し、これらについては、「似非円窓付土器」として明確に区分している。また、高橋氏の場合も焼成前に穿孔を施したことを重視し、焼成後穿孔のものについては「擬似円窓付土器」として明確に区分するなど、両氏とも当初から円窓を付けていることに大きな意義を見出しているし、これが本来意味する円窓付土器のあり方を示しているものなのであろう。

そうした視点でこの三河地方の出土資料を見ると、当初から円窓を施した（いわゆる焼成前穿孔）のものは川原遺跡例4点、鹿乗川流域遺跡群例1点、岡島遺跡例1点、東郷遺跡例2点の8点に限定される。東郷遺跡例は時期が下るがそのほかはいずれも凹線文系土器との折衷現象を示した土器である。そのほかはすべて高橋氏の言う擬似円窓付土器、伊藤氏の言う傍流円窓付土器ないしは、円窓付土器と呼んでよいのか紛らわしいものばかりである。また、時期も三河VI様式からX様式と時期幅を有する。しかし、焼成前穿孔のものは三河VI-2～VII様式が主体という限定された時期のものとなっている[2]。

また、円窓付土器の出土する遺構などは、既に指摘がされたことではあるが、特定の遺構に限定されることはない。環濠、竪穴住居、方形周溝墓など、さまざまであり特徴的なことはいえない。そのため、その用途についての議論はまったくといっていいほど進んでいない。これについては三河地方でも同様である。

しかし、現状での出土事例を見る限りでは、後期以降のしかも焼成後穿孔のものが多く、いわゆる「円窓付土器」とは異なった意義づけが必要となる事例が目に付くのである。

2. 三河地方での様相

ここでは、この三河地域での、円窓付土器と呼びうる土器類についての概略を提示する。この地域の様相を語るについてはいわゆる「円窓付土器」についての定義づけや分類については一旦取り外す。紛らわしいものとして胴部穿孔土器があるが、今回ここに提示する土器は胴部にある程度の大きさを持った「窓」を開けたもので、伊藤氏の言う定義がひとつでも当てはまっているものを対象とする[3]。

以下に示していくわけであるが、簡単な分類を行い記述の簡略化を図る。
A類　焼成前に窓を穿ったもの
B類　焼成後に窓を穿ったもの　さらに2分類が可能である。
　　1類　無紋の壺
　　2類　有紋の壺

岡島遺跡（愛知県西尾市）（図2-1～5）

昭和62年度調査で1点、平成2年度調査で4点。A類1点（1）、B類4点（2～5）（1類2点、2類2点）である。1は口縁部に凹線文を巡らせ、頸部に簾状文を施す。2～5はいわゆる在地系土器[4]の壺に穿孔を施したものである。1は遺構からの出土品ではないので明確な時期は不明であるがその他は方形周溝墓の周溝からの出土で時期は三河VII様式に相当する。

川原遺跡（愛知県豊田市）（図2-6～9）

平成8年調査の資料。A類4点を確認。穿孔位置は胴部上半である。出土遺構等は竪穴住居から2点、包含層から2点である。竪穴住居の時期は三河Ⅶ様式の時期に想定できる。包含層中の資料についても同時期と類推される。

鹿乗川流域遺跡群（愛知県安城市）（図3、図4-16・17・19）

平成10年度調査の資料で8点（10～17）、平成11年度調査資料で1点（19）確認。A類1点（10）、そのほかはB類（1類2点、2類6点）である。A類は口縁に凹線文が確認できる。B類についても、凹線文系土器に円窓を施したものが3点（11・13・16）でそのほかは在地系土器に円窓を施したものである。10は三河Ⅶ様式期のものと思われる。そのほか焼成後穿孔のものは、三河Ⅵ-1様式からⅦ様式期までのものが存在する。うち14～16は同一地点からの出土で、また、そのほかの10年度出土のものについても比較的出土地点が近接しており、その地点については墓域の一画で方形周溝墓の一部の可能性が示唆されている。19は竪穴住居内からの出土。穿孔後は未調整である。時期は三河Ⅸ-1様式に想定できる。これらの遺跡台帳上の地点は下橋下遺跡であるという。

下橋下遺跡（愛知県安城市）（図4-18）

昭和33～34年の耕地整理時に採集されたものである。B2類。三河Ⅹ-2様式。鹿乗川流域遺跡群の例も想定どおり下橋下遺跡のものとすると、この遺跡からは時期幅はあるものの円窓付土器が集中的に出土している遺跡である。

釈迦山遺跡（愛知県安城市）（図4-20）

昭和61年調査で1点出土。B1類。旧河道と思われる地点からの出土。土器の内面には炭化したモミが付着していた。三河Ⅹ-1様式のものと思われる。

高橋遺跡（愛知県豊田市）（図4-21）

昭和43年の調査で1点出土。竪穴住居の貯蔵穴からの出土。B1類。時期は三河Ⅹ-2様式に相当する。

東光寺遺跡（愛知県幸田町）（図5-22・23）

昭和60年のほ場整備に伴う事前発掘調査（町教委）で1点（22）、平成元年の調査（県埋文）で1点（23）出土する。いずれもB2類で、溝状遺構（環濠の一部と想定）からの出土。23は三河Ⅸ-1様式、22は三河Ⅸ-2様式の資料である。

東郷遺跡（愛知県岡崎市）（図5-24・25）

昭和46年の調査。A類が2点出土する。いずれも環濠と推定される濠状遺構からの出土で三河Ⅹ-2様式期に想定される。24は形状は台付甕であるが穿孔位置や円窓部の形状、煮沸などの使用痕が確認できなかったこと、胎土も精緻で壺の胎土に類似しており、当初から円窓付土器を意識して作られたものであろう[5]。

郷中遺跡（愛知県豊川市）（図5-26）

昭和62年の調査で出土。土坑からの出土。B1類。共伴遺物を見るとⅨ-2様式～Ⅹ-2様式までと時期幅があるが、この壺の時期については三河Ⅸ-2様式のものと推定できる。

赤日子遺跡（愛知県蒲郡市）（図5-27）

この資料は昭和37年に採集された遺物であるが、その後平成13年の調査[6]で環濠と想定される

遺構が確認されたことから、同一遺構からの出土と想定されている。B1類。三河Ⅹ－2様式期のものである。

高井遺跡（愛知県豊橋市）（図6）

平成3・4年の調査。環濠から8点が確認されている。いずれもB類で、広口壺以外にも、甕が1点、小型の壺も3点見られる。また、穿孔の位置もバラエティーがあるが、穿孔位置が胴部上位であること、割れ口をナデなどで丁寧に調整を施しているものは2点（28・29）であり、これらはいずれも環濠下層からの出土でそのほかの共伴遺物からみて時期は三河Ⅸ－2期である。また、環濠上層からの出土例は孔を穿った後をそのままにしてあるものも見られ、また、その他の土器については、円窓付土器とはいえないようなものである。これらの時期については三河Ⅹ－1期で、丁寧に仕上げたものに比べ後出である。

以上、現在報告書等が刊行されているものからみると、A類8点、B類21点であり[7]、前述したように多くが焼成後穿孔のものである。

3. 三河地方での円窓付土器とは—変質化への歩み—

これまでみてきたように、いわゆる「円窓付土器」は尾張平野南西部、朝日遺跡ないしはその周辺で誕生したもので、三河地域には三河Ⅵ様式に西日本から凹線紋系土器という新たな土器様式の流入の影響、台付甕の誕生と東遷による尾張の土器の影響を色濃く受ける時期に派生したものといえる[8]。この時期の円窓付土器は尾張地域でもそれまでの伊藤氏の言う正統派円窓付土器に比べ、凹線文系土器との折衷となる形態のもの（2類）が多く見られることからみても、こうした、三河地方での円窓付土器の出現は当該土器の発展展開期の一様相として捉えることができよう。そこには凹線文系土器の影響力を示しうるものである。そして、三河地域では在地系土器との折衷現象の一つとして、在地系土器に焼成後に窓を設ける行為を加えることで生じる円窓付土器を誕生させる。こうした在地系土器の場合は凹線文系土器の折衷土器のようにあらかじめ窓を設ける訳ではなく、あくまで焼成後の穿孔であり、それは円窓付土器の模倣行為で生まれたものと理解できる。今わかっている限りでは中期段階に三河地方で出土する遺跡の場合はごく少量の焼成前穿孔の円窓付土器と多くの焼成後穿孔の円窓付土器という組み合わせを主とするようである。これは、おそらくは、円窓付土器とそれを模倣しての行為と考えられる。これが三河地域での円窓付土器の本格的な導入となる。この時点での出土する遺構は、竪穴住居、方形周溝墓などまだ限定的ではなく、その性格も尾張地方と大差をみせないようである。しかし、そのなかでも在地系土器に焼成後穿孔を施したものについては墓域と想定されている所からの出土例が多く、円窓付土器出現以前から見られる底部や胴部の穿孔土器と同じような使用方法が看取できる。

一方、三河以外の地域、「主に伊勢湾岸以西」での円窓付土器について、伊藤敦史氏の集成などを参考にその様相を簡単に示しておく。西日本でも出土例が確認されているが、その大部分はいわゆる凹線文系土器に円窓を施した土器である。また、台付のものも目立ち、土器そのものはそれぞれの地域で作られたものだというが尾張地方で多く見られる台付のものとの関連も示唆できる。また、時期は尾張Ⅳ様式、それもⅣ－3様式に限定できるようである。これを三河地方との平行関係

で確認するとおおよそⅦ様式期となり、円窓付土器の拡散現象としては時期を一にしている。やはりこちらも遺構に特徴的なことは見られないことから尾張地方との差異はないのであろう。

　その後の時期（弥生後期）においては、出自地の尾張地方では次第にいわゆる焼成後穿孔のものは少量ながら残るが正統派円窓付土器は見られなくなり、甕形土器に円窓を穿つものがみられるなど変質化する。そして、円窓付の土器そのものが見られなくなっていく。尾張地方では、あらかじめ窓を穿つということに何ら意味がなくなったことを示している。西日本でも同様である。しかし、三河地方では、円窓付の土器は引き続き存続しむしろ盛行しているとさえ言ってよい。確認数のうち約5割を占めている。しかし、東郷遺跡出土のものを除くと焼成後穿孔のものであり、当初の定義から言うと異なっており、おそらくこれらの土器の意味づけについてはかけ離れたものへと変質化している様相がうかがえる。そして、これは三河Ⅹ様式段階（おおよそ尾張Ⅵ様式併行）に至るまで確認される。しかし、三河地域では、この胴部に大きく孔を穿つ行為は残り、むしろ、盛行しており、出土遺跡も増加している。三河Ⅸ様式以降は、焼成後に窓を穿つ円窓付土器が主体となり、土器製作時から、意識して窓を穿つのではなく、使用、それも最終的な使用に際して円窓を穿って廃棄するという行為による円窓付土器が残っていったものと思われる。しかし、丁寧に円窓部分を仕上げるなど見た目は「円窓付土器」を意識したものである。このことは当初尾張地方から伝わった時点とは土器の持つ定義が大きく変化していることが想定できる。また、出土地点についてもⅨ様式以降は環濠からの出土が最も多数を占めており環濠への土器の廃棄、一般的にはムラの廃絶時の行為として三河地方では特質化され、全ての土器ではないだろうが、何点か土器を選んで円窓を穿ち廃棄行為に及んでいたと想像できる。非日常的行為としてムラの廃棄、あるいは人の埋葬（廃棄）での使用がもっとも多くとりおこなわれていることといえる。

おわりに

　その出現から消滅まで、実になぞの多い円窓付土器である。今回対象とした三河地域では、Ⅵ.様式期から出現し、後期に至ってもその出土例は多い。当初の定義からは外れたものではあるが、後期の焼成後穿孔のもののほうが目立つ。これは、独自の解釈により地域性を保持する形で継続していったものといえないだろうか。また、その出土地点も環濠を中心に次第に限定的になり、当初作られ始めた尾張地方のものとは異なった意味づけとなっている可能性が指摘できる。次なる課題はその読み取りといえるが、それについては今後の検討課題としておく。

謝辞
　青柳先生との出会いは、大学に入学してまもなく、友人に連れられ研究室にうかがったのが最初です。右も左もわからなかった私を考古学の道へと招き入れてくださいました。常に海外へと広い視野を持って研鑽されている先生には及びませんが、小さな地域でまがりなりにも遺跡や遺物に触れ合う機会をつくることができる入り口をつくってくださった先生が御退職ということで、月日の流れを感じます。
　今後もますますご健勝でご活躍されることを祈念いたします。

本稿を執筆するにあたり、土器の実見等、以下の方々にご協力・ご教示をうけた。厚く御礼申し上げます（順不同　敬称略）。

池本正明　磯谷和明　伊藤久美子　岡安雅彦　小笠原久和　川﨑みどり　神取龍生　小林久彦　堀木真美子　前田清彦　森泰通

註
(1) 髙橋1996、伊藤2002などにその詳細が記されている。
(2) 本稿で用いる編年については前田・鈴木2001での三河編年を用いている。また他地域との比較についても同書での編年の時期区分を用いている。
(3) 髙橋氏の言う円窓付土器、擬似円窓付土器に相当する土器を示すこととなる。
(4) 三河Ⅵ様式・Ⅶ様式という時期の土器相は西日本から伝わった凹線文系土器と当該地域で以前の時期から続く在地系土器が共存し展開する形を持つ時期である。それぞれの系譜には諸説があるが今回はそのことについては対象としていないので本稿でも凹線文系土器、在地系土器といった言葉を用いる。
(5) 同じように形状は台付甕であるが焼成前穿孔を施したものは名古屋市見晴台遺跡や一宮市苗代遺跡での出土例が確認されている。これらも煮沸痕などは確認されていない。
(6) 未報告ではあるが平成13年調査時に環濠内から焼成後穿孔の円窓付土器が2点(B1類1点、B2類1点)確認されている。いずれも三河Ⅹ－2様式の時期のものである。小笠原久和氏のご教示による。
(7) ここで図示されているものは計35点であるが、髙井遺跡出土のもののうち5点（31～35）は本当に円窓付土器に含めてよいのか疑わしいのでこの総数からは除外した。
(8) こうした動きについては佐藤1994、鈴木2000などでその一端が紹介されている。

文献目録
髙橋信明
　1995 「円窓付土器考-1」『考古学フォーラム』6: 66-72, 愛知：考古学フォーラム
伊藤淳史
　1994 「弥生時代における地域間交流—伊勢湾地方弥生土器の型式変化と移動—」『史林』第77巻4号: 38-79, 京都：史学研究会
　2002 「円窓付土器からみた弥生時代の交流」『川から海へ1』: 19-27, 愛知：一宮市博物館
山田鉱一
　1980 「円窓付土器考～見晴台遺跡出土例の紹介と他遺跡出土例の集成～」『名古屋市見晴台遺跡考古資料館年報』Ⅰ: 31-41, 愛知：名古屋市見晴台考古資料館
前田清彦・鈴木とよ江
　2001 「三河地域」加納俊介・石黒立人編『弥生土器の様式と編年—東海編』423-516, 東京：木耳社
加藤安信・宮腰健司編
　2003 『愛知県史　資料編2　考古2』：愛知：愛知県史編さん委員会
加納俊介編
　2005 『安城市史　資料編考古』：愛知：安城市史編さん委員会
斉藤嘉彦他編
　1969 『髙橋遺跡発掘調査報告書』：愛知：豊田市教育委員会
　1987 『新編岡崎市史』史料編・考古上15：愛知：新編岡崎市史編さん委員会
服部信博他編
　2001 『川原遺跡』：愛知：愛知県埋蔵文化財センター
池本正明編
　1990 『岡島遺跡』：愛知：愛知県埋蔵文化財センター
池本正明編

1993 『岡島遺跡Ⅱ・不馬入遺跡』：愛知：愛知県埋蔵文化財センター
神谷真佐子編
　　2005 『鹿乗川流域遺跡群Ⅲ』：愛知：安城市教育委員会
　　2006 『鹿乗川流域遺跡群Ⅳ』：愛知：安城市教育委員会
川﨑みどり・神谷真佐子編
　　2001 『釈迦山遺跡』：愛知：安城市教育委員会
前田清彦ほか
　　1989 『郷中・雨谷』：愛知：豊川市教育委員会
贄元洋・鈴木敏則ほか
　　1996 『高井遺跡』：愛知：豊橋市教育委員会
小笠原久和
　　2006 『蒲郡市史』本文編１：愛知：蒲郡市史編さん委員会
酒井俊彦・加藤安信他編
　　1990 『東光寺遺跡』：愛知：愛知県埋蔵文化財センター
小笠原久和ほか
　　1987 『東光寺遺跡発掘調査概要報告書―第１・２・３次調査―』：愛知：幸田町教育委員会
鈴木とよ江
　　2000 「西三河における台付甕の成立をめぐって」『三河考古』13：愛知：三河考古刊行会
佐藤由紀男
　　1994 「中期弥生土器における朝日遺跡周辺と天竜川以東との対応関係」『朝日遺跡』Ⅴ：愛知：愛知県
　　　　埋蔵文化財センター

物質文化の成立と変容

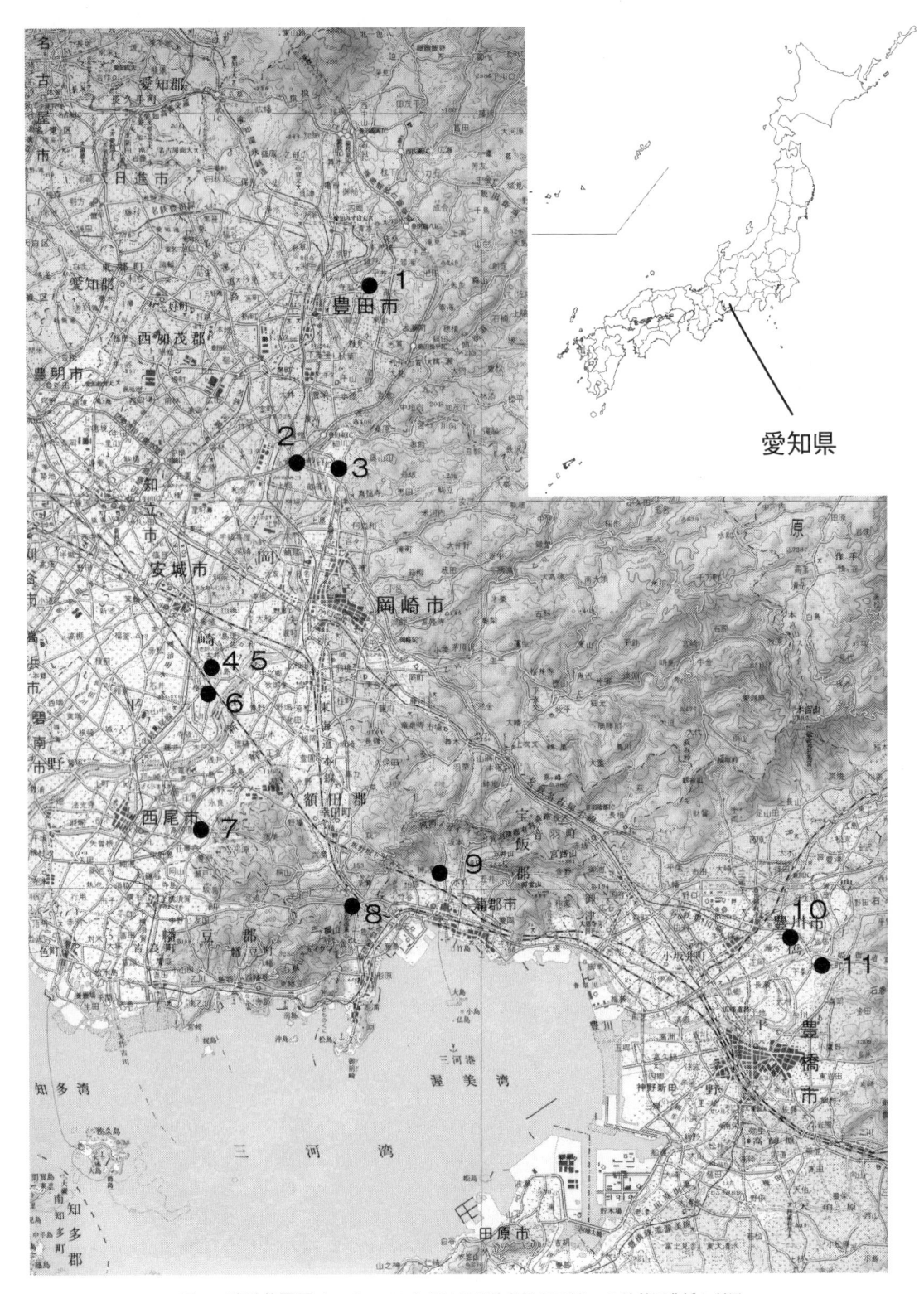

愛知県

図1 遺跡位置図（1／300000）国土地理院発行20万分の1地勢図豊橋を利用
1 高橋遺跡 2 川原遺跡 3 東郷遺跡 4 鹿乗川流域遺跡群 5 下橋下遺跡 6 釈迦山遺跡
7 岡島遺跡 8 東光寺遺跡 9 赤日子遺跡 10 郷中遺跡 11 高井遺跡

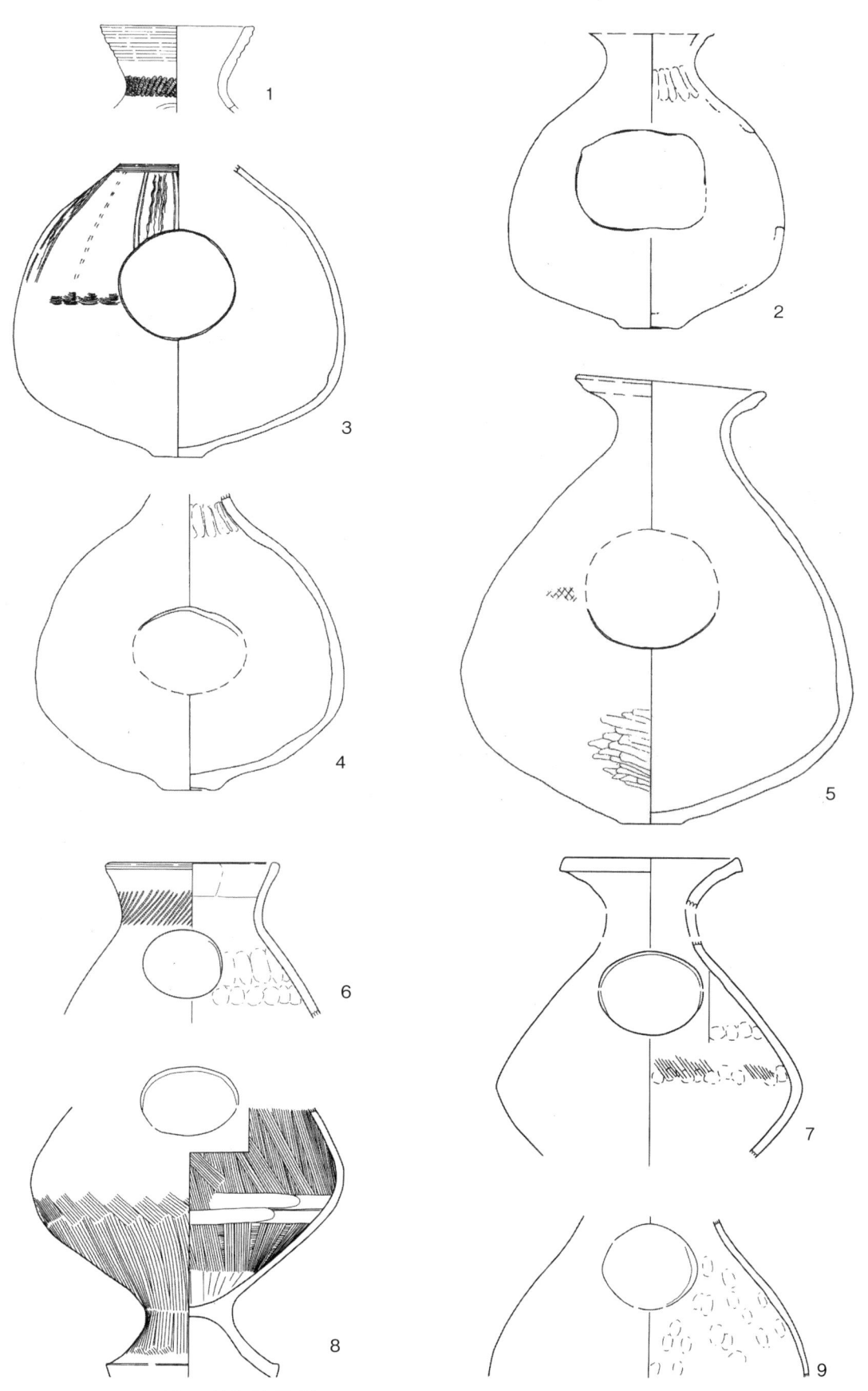

図2 遺物実測図(1) (S=1/5)（報告書等からの転載。以下の図も同じ。）

物質文化の成立と変容

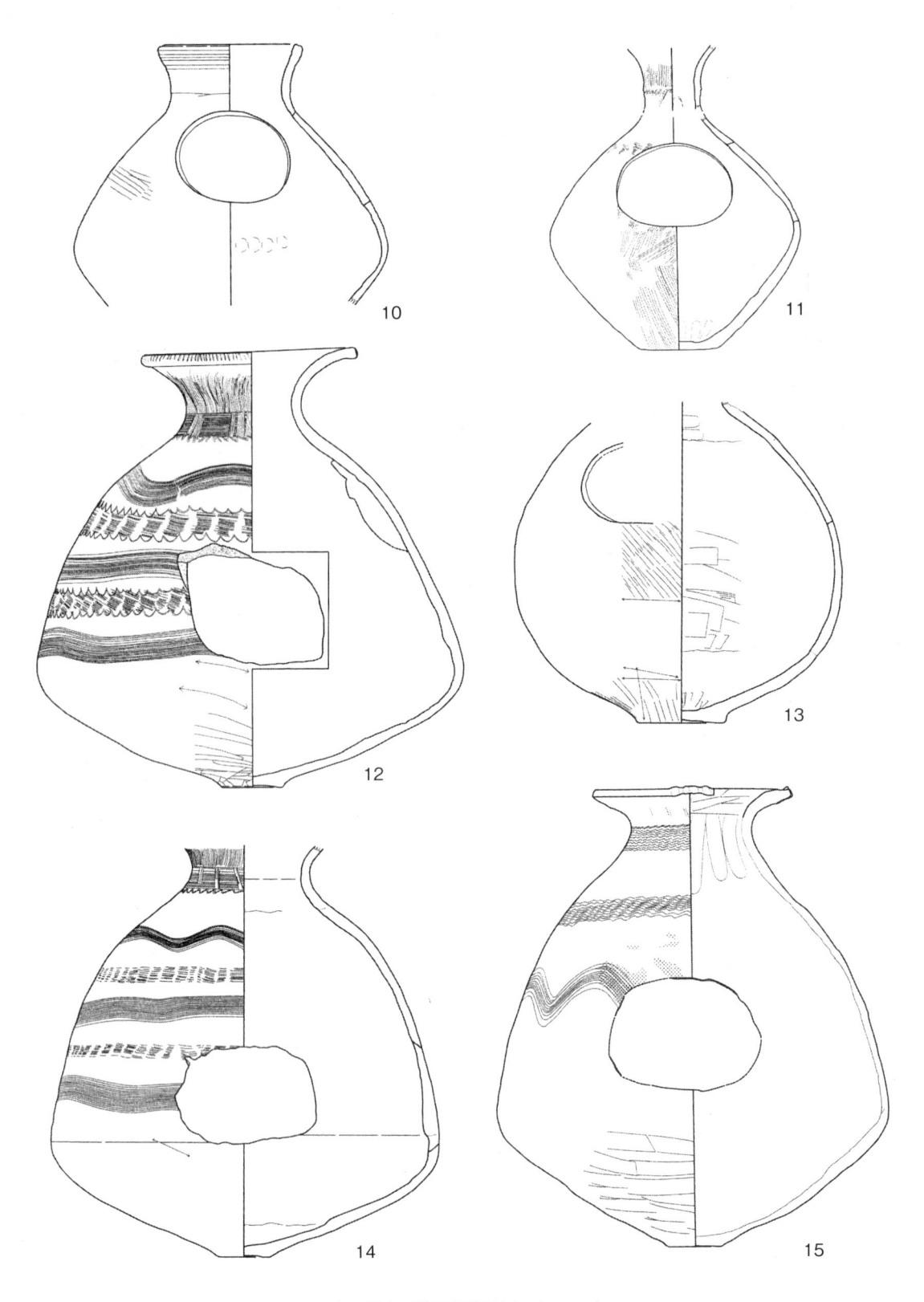

図3　遺物実測図(2)　(S=1/5)

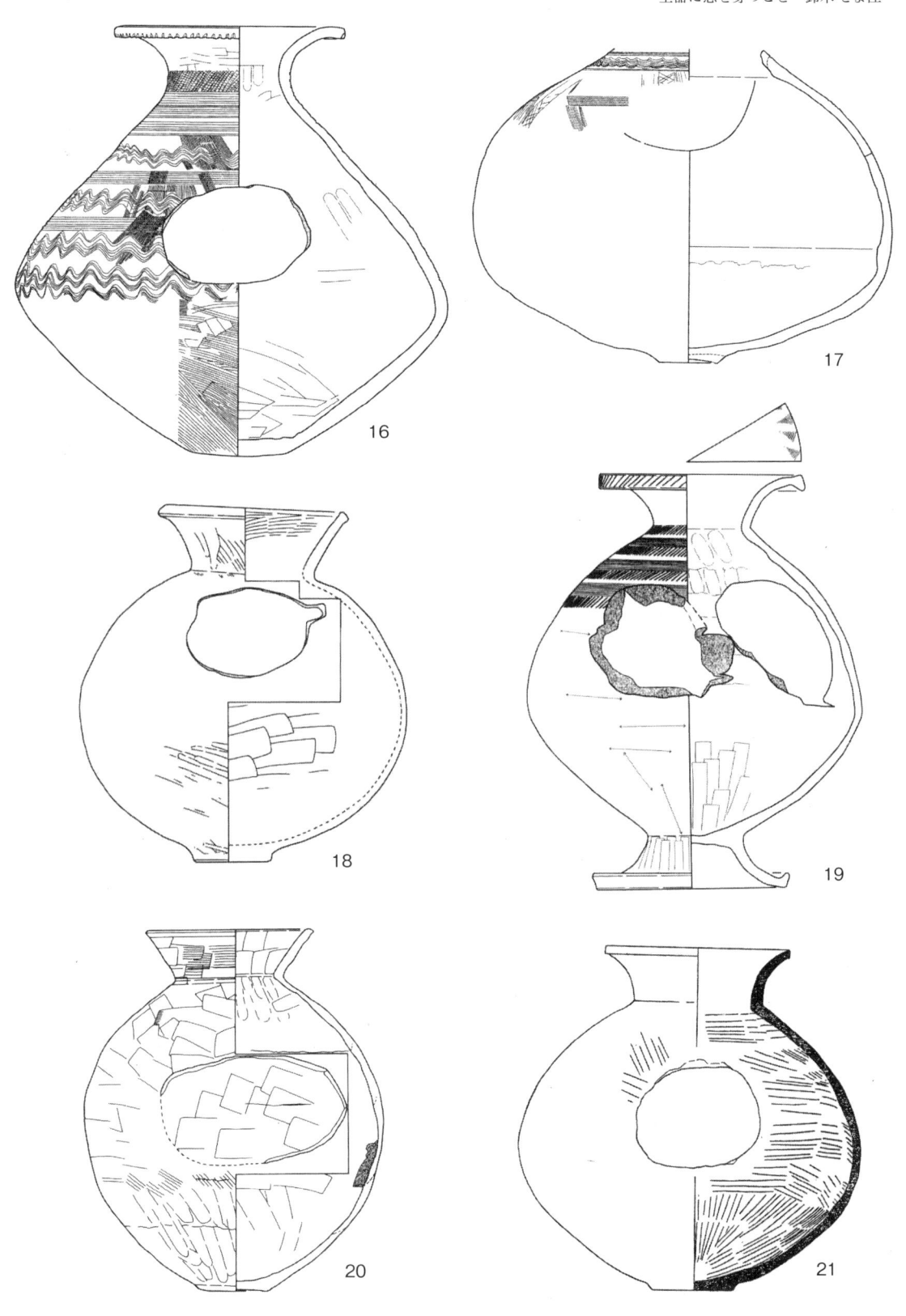

図4 遺物実測図(3) (S=1/5)

物質文化の成立と変容

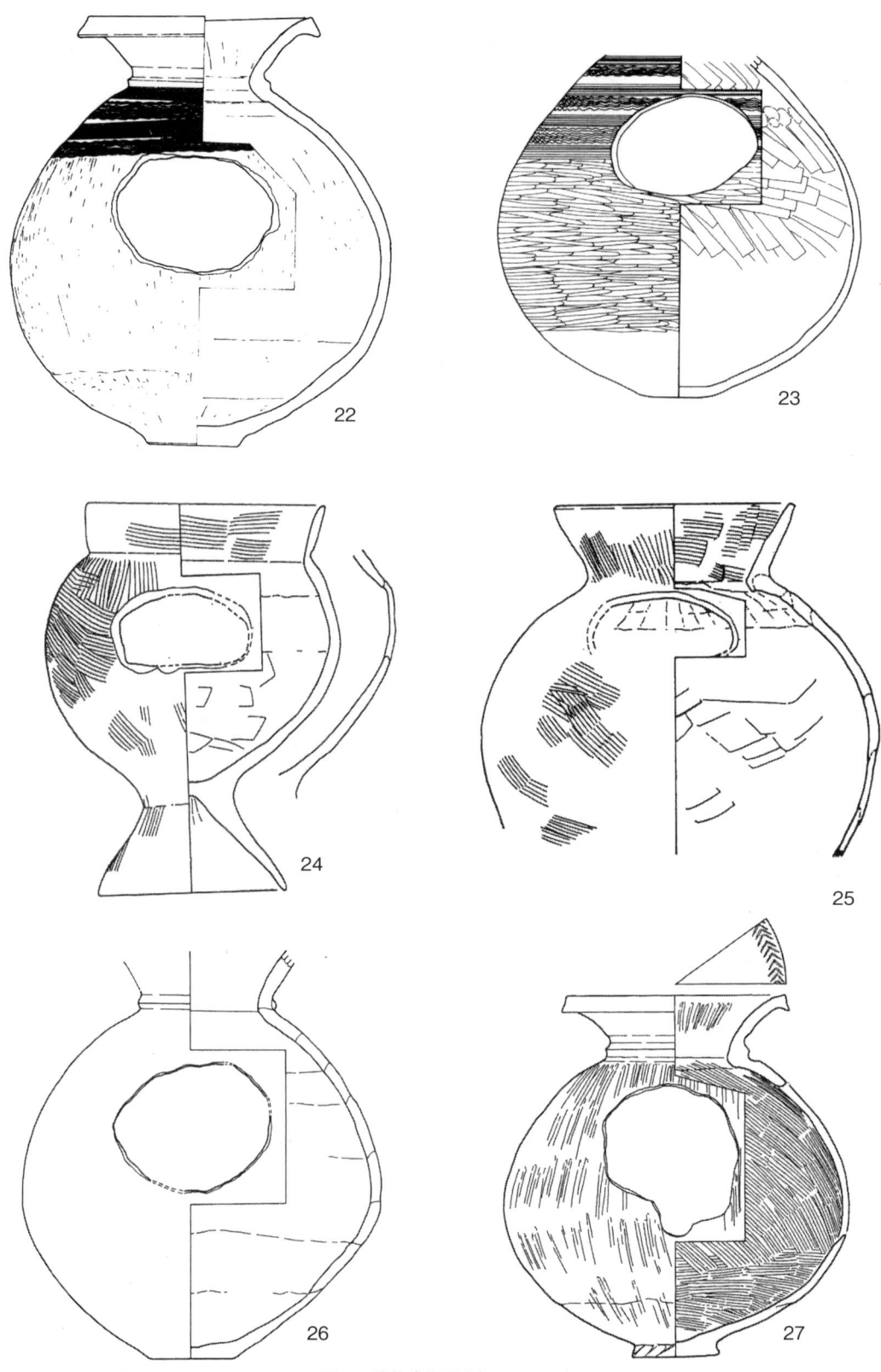

図5　遺物実測図(4)　(S＝1／5)

土器に窓を穿つこと　鈴木とよ江

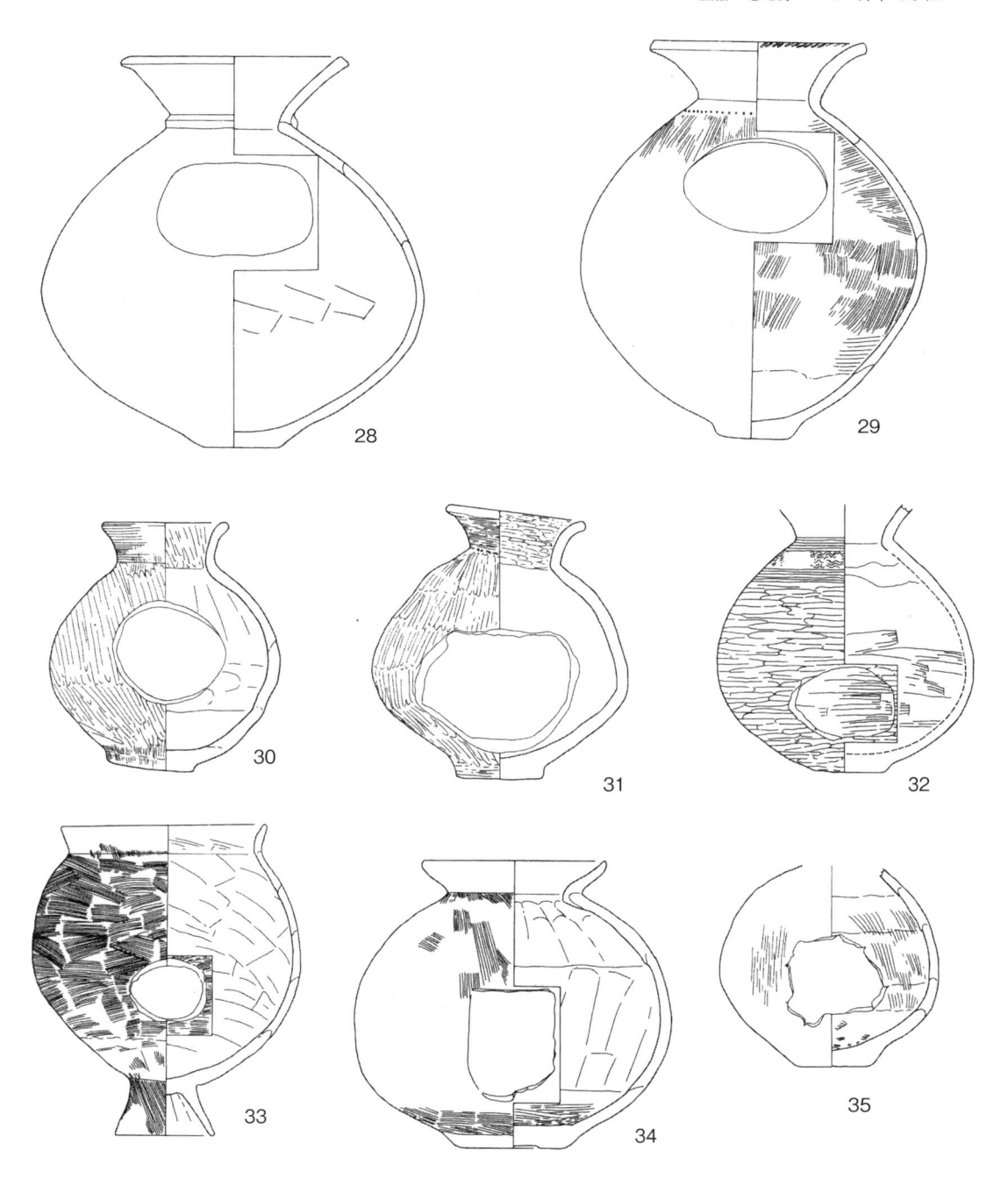

図6　遺物実測図(5)　(S＝1／5)

フィリピン出土の土製焜炉、ストーブについて

田中 和彦

> キーワード：ストーブ　マガピット貝塚　新石器時代　交易時代　沈船遺跡

はじめに

　調理を行う場所や施設の検討は、食生活の考察において重要であるとともに、生活空間内における火のある場所として住生活の考察においても重要である。

　日本の古代にあっては、炉や竈として作出されるこうした施設は、フィリピンや他の東南アジア地域においては、いかなるものなのであろうか。マニラのような都市においては、ガスコンロとガスタンクが普及している今日にあっても、フィリピンの地方の農村地帯に赴くと高床住居の中や平地式住居の土間で土製の焜炉が使われているのを目にする（写真1）ことができる。この土製焜炉が本稿の研究対象でフィリピンにおいて一般にストーブと呼ばれるものである。

　このストーブは、現在フィリピンの様々な地域に普及しているにもかかわらず、考古学的に注目されることは少なかった。その理由の一つは、この土製焜炉は、1980年代後半まで、10世紀以降の交易時代になってからフィリピンに導入された比較的新しい器種であると考えられていた[1]からだと思われる。

　しかしながら、1987年に行われたルソン島北部ラロ貝塚群マガピット（Magapit）貝塚の発掘調

写真1　フィリピン、カガヤン（Cagayan）州アトルー（Atulu）村で使われているストーブ　（筆者撮影）

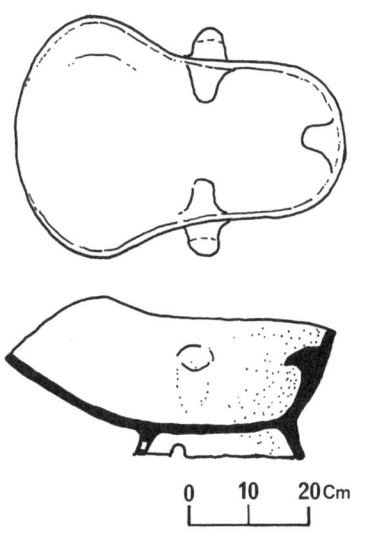

図1　中国、浙江省河姆渡遺跡第3層出土ストーブ　（From 中村 1986: 図3-10）

査によってストーブの破片が出土（青柳 他 1991: Fig.42）し、フィリピンにおけるストーブの歴史は、一挙に新石器時代まで遡ることとなった。

目をフィリピンの周辺地域に転じてみると、ストーブは、青柳洋治氏が1980年代前半という早い時期から指摘していた[2]ように、華南の新石器時代稲出土遺跡として著名な浙江省河姆渡遺跡第3層から出土している（図1）。一方、フィリピン以外の東南アジア地域では、1990年代以降ストーブの出土例が増加してきた。すなわち、ベトナム中部の金属器時代から初期歴史時代のチャキウ（Tra Kieu）遺跡出土例（山形 1997: Fig.3-5）、ベトナム、ホーチミン（Ho Chi Minh）市カン・ゾー（Can Gio）地区の金属器時代の甕棺葬遺跡ゾン・カー・ボー（Giong Ca Vo）遺跡出土例（Dang, V.T. and Vu, Q.H. 1997: Fig.6-9〜12）、マレーシア、サバ（Sabah）州の新石器時代のブキット・テンコラック（Bukit Tengkorak）遺跡出土例（Chia 2003: Fig.13.2）である。また、日本でも堺環濠都市遺跡出土例（森村1991: 第13図-2）や大阪城大手門地区出土例（森村1991: 第13図-3,4）など16世紀後半から17世紀前半の事例が知られるようになってきた。こうした資料状況をふまえ、本稿ではフィリピン出土のストーブを時代ごとに概観し、その上で若干の検討を行いたいと思う。

1. ストーブの形態と各部の名称

具体的に遺跡から出土したストーブの資料を見る前に、現在カガヤン（Cagayan）州、イグイグ（Iguig）町、アトルー（Atulu）村で製作されている薪用ストーブ[3]を例に各部位の名称について説明したい。

薪用のストーブは、一般に上に調理具をかけ、下から火を焚いて加熱する燃焼部と先端に火がついた薪を置く薪置き部からなっている（写真2-A）。そして、燃焼部の口縁部には、上にかける調理具を安定的に支えるための支え部が三つ付く（写真2-A）。

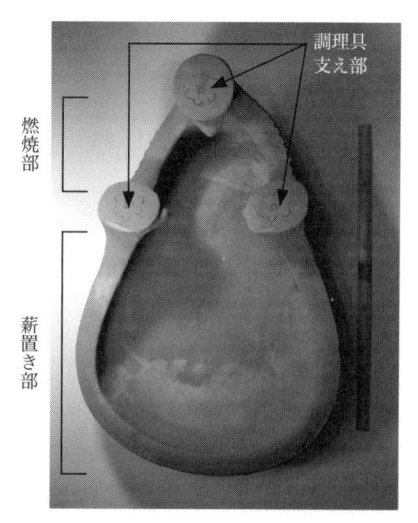

写真 2-A（スケール 50cm）　写真 2-B

写真 2-A、B　カガヤン州アトルー（Atulu）村製作ストーブ（筆者撮影）

2. フィリピン出土の ストーブ

フィリピンの時代区分で、土器が登場して以降の時代は、新石器時代、金属器時代、交易時代、スペイン時代及びそれ以降と区分される。その各々の時代の凡その年代は、フォックス氏の年代観（Fox 1970）に基づくならば、新石器時代がB.C.4000年頃からB.C. 500年頃まで、金属器時代がB.C. 500年頃よりA.D.900年頃まで、交易時代が10世紀後半から1521年まで、スペイン時代が1521年から1898年までである。

本稿では、新石器時代からスペイン時代まで、フィリピン出土のストーブの資料を、資料が欠落する金属器時代[4]を除き、時代ごとに概観する。

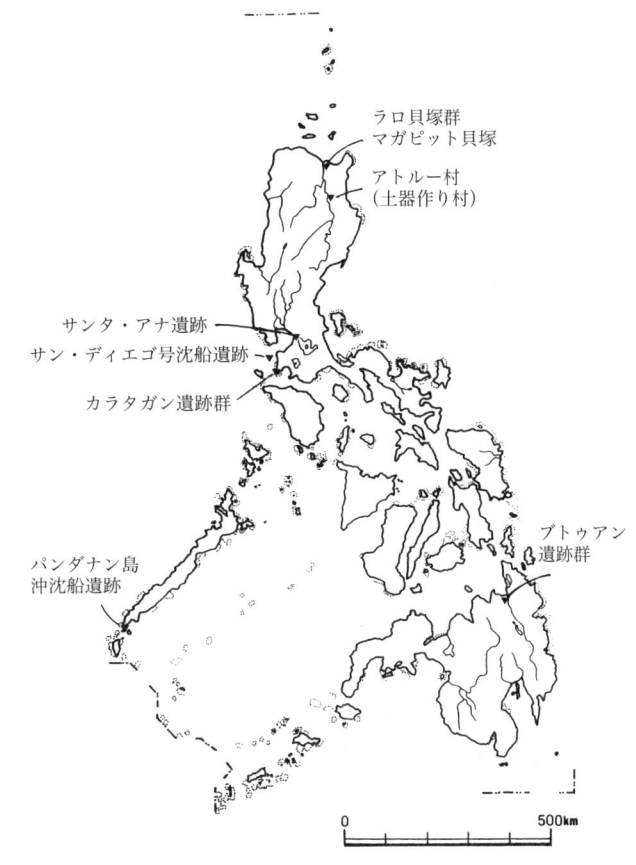

図2 フィリピンの主要ストーブ出土遺跡分布図

(1) 新石器時代のストーブ：マガピット（Magapit）貝塚出土のストーブ

マガピット貝塚の位置と立地

本貝塚は、ルソン島北部、カガヤン川下流域に所在するラロ貝塚群を代表する貝塚（図2）で、カガヤン川の河口から川を約30km程遡った地点の川の東岸の石灰岩丘陵上及び斜面部に形成された貝塚である。

ここで取り上げるストーブが出土した発掘区は、石灰岩丘陵上部の尾根と尾根の間の谷間に形成された高さ3mほどの小山の頂部に、4×4m程の大きさで設定されたものである（青柳 他 1988: 78）。また、この小山の頂部の標高は、約48mであった。

マガピット貝塚の発見と発掘調査及び層序

マガピット貝塚は、1970年、当時フィリピン国立博物館の研究員であったI・カバニリア（Cabanilla）氏と青柳洋治氏によって発見され、翌71年両名によって小規模な発掘が行われた（Cabanilla 1972）。しかし、丘陵頂部の発掘では、岩盤まで到達することができなかった。そこで、1987年、当時、上智大学アジア文化研究所助教授であった青柳洋治氏は、アテネオ・デ・マニラ（Ateneo de Manila）大学I.P.C.に留学中の小川英文氏と上智大学大学院生であった筆者を指導し、

フィリピン国立博物館研究員M・アギレラ（Aguilera）氏と同博物館技官のE・ラリオス（Larios）氏とともに同年10月から12月にかけて再度この貝塚の発掘を行った（青柳 他 1988）。その結果、本貝塚は、貝塚表面から岩盤まで5m60cmに及ぶ厚さの堆積があり、貝層は、第1層の表土層から、第2層：黒褐色混土貝層、第3層：暗褐色混土貝層、第4層：混土破砕貝層、そして、第5層の純貝層まで大きく五層からなることが判明した（青柳 他 1988: 80-81）。

マガピット貝塚の出土遺物

本貝塚からは、人工品として土器の他、磨製石斧、磨製石鑿、剥片、磨石兼敲石、土製円盤、土製紡錘車、土製垂飾品、石製ビーズ、石製塊状耳飾り片、骨製装身具が、自然遺物として、貝塚の主体をなす淡水産の二枚貝バティッサ・チルドレニ（*Batissa childreni*）の他、イノシシやシカの骨が出土した（青柳 他 1991: 58-59, 123-127, 136）。

マガピット貝塚の年代

本貝塚出土の磨製方角石斧は、横断面が台形を呈し後期新石器時代の指標となるものである。また、第2層（スピット9）出土の木炭により2800±140 B.P.、第3層（スピット20）出土の木炭により2760±125 B.P.というC^{14}年代測定値がえられている（青柳他 1991: 50）。

マガピット貝塚出土のストーブ

本貝塚からは、第2層、第3層、第3 or 4層及び試掘坑と崩落土からストーブが出土している。いずれも部分破片である。

第2層出土のストーブ：第2層出土のストーブは、ストーブの調理具支え部の突起の一部が2点（図3-1,2）、口縁部が6点（図3-3～8）、口縁部前面に来ると考えられる端部が1点（図3-9）である。口縁部破片は、頂部が平坦に作られ網代痕を有するものが5点（図3-3～7）と無紋のものが1点（図3-8）である。

第3層出土のストーブ：第3層出土のストーブは、口縁部（図4-1,3）が2点と有孔の胴部（図4-2）が1点である。口縁部は、口縁部の幅が狭いもの（図4-1）と内側に強く屈曲するもの（図4-3）がある。内側に強く屈曲するものは、頂部に網代痕を有する。一方、有孔の胴部（図4-2）は、外側から穿孔がなされ、胴部は弧を描くと考えられる。

試掘坑及び崩落土出土ストーブ：試掘坑出土のストーブは、調理具支え部が口縁部に付いた形のもの（図4-4）である。一方、崩落土出土のストーブは、調理具支え部（図4-5）と内側に強く屈曲する口縁部（図4-6）である。

(2) 交易時代のストーブ：ブトゥアン（Butuan）遺跡群出土のストーブ

ブトゥアン遺跡群の位置と立地

本遺跡群は、フィリピン南部のミンダナオ（Mindanao）島北東部を南から北に流れるアグサン（Agusan）川下流域の低地帯に立地する（図2）。

ブトゥアン遺跡群の発見と考古学的調査

本遺跡群は、1974年、シソンピット・ドーンガン（Sisompit-Doongan）地区で雨水排水用水路建設中に発見され（Cembrano 1998: 2, Ronquillo 1989: 61）、フィリピン国立博物館のセシリオ・G・サルセド（Cecilio G. Salcedo）氏を団長とする調査団が踏査と発掘調査を行い（Cembrano 1998: 2）、

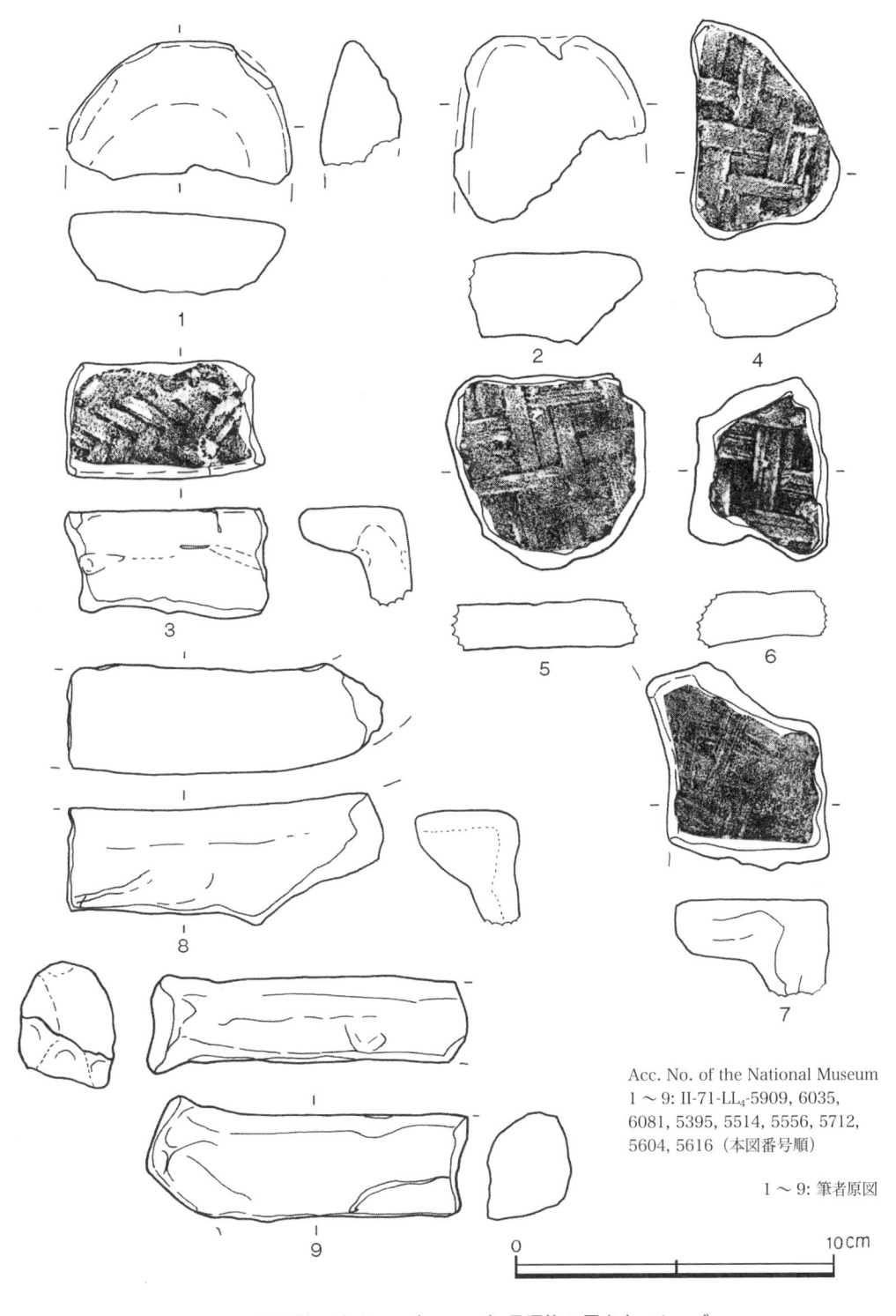

フィリピン出土の土製焜炉、ストーブについて　田中和彦

Acc. No. of the National Museum
1〜9: II-71-LL₄-5909, 6035, 6081, 5395, 5514, 5556, 5712, 5604, 5616（本図番号順）

1〜9: 筆者原図

図3　ラロ貝塚群マガピット（Magapit）貝塚第2層出土ストーブ

物質文化の成立と変容

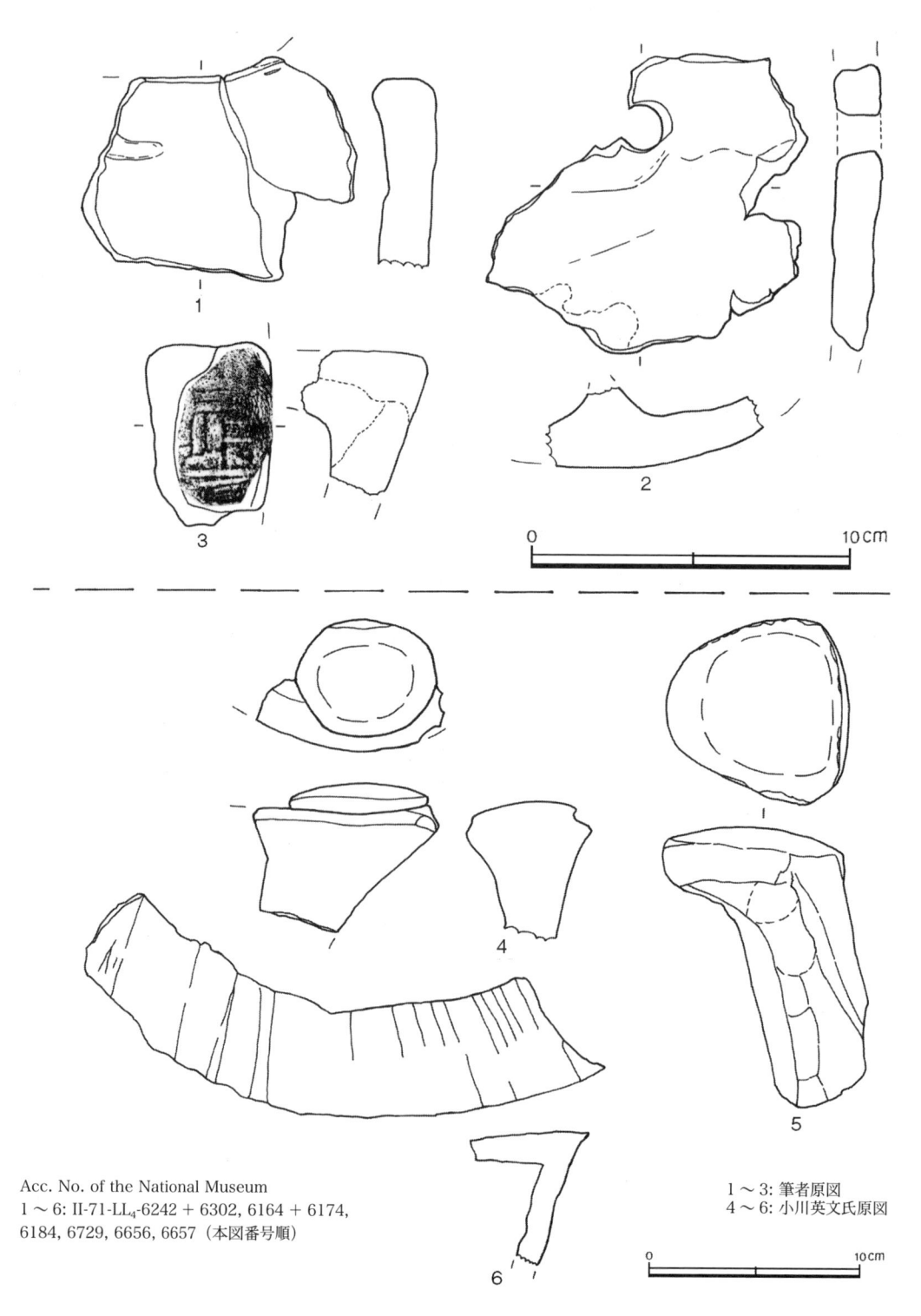

Acc. No. of the National Museum
1～6: II-71-LL₄-6242 + 6302, 6164 + 6174,
6184, 6729, 6656, 6657（本図番号順）

1～3: 筆者原図
4～6: 小川英文氏原図

図4　ラロ貝塚群マガピット（Magapit）貝塚第3層（1～3）、試掘坑（4）、崩落土（5,6）出土ストーブ

1976年後半に私掘によって発見されていた木造索縄船バランガイⅠ（Balangay Ⅰ）を正式に発掘調査した（Cembrano 1998: 2；Ronquillo 1989: 61）。1977年には、この船の南西約1kmの地点でさらにもう1隻の船（バランガイⅡ）が発見され、1978年に発掘調査が行われた（Cembrano 1998:2）。その後、1981年から1984年にかけて貝層部分の発掘調査が、1983年には動物骨と人骨の分析が、1984〜85年に再び未攪乱地域で発掘調査がいずれも国立博物館によって行われた（Ronquillo 1989: 62）。また、1986年11月、第3回東南アジア諸国連合内考古学発掘調査・保存ワークショップ（The 3rd Intra ASEAN Archaeological Excavation and Conservation Workshop）がブトゥアン市で開催され、アセアン五箇国の考古学者と保存専門家が協力し、さらにもう1隻の船（バランガイⅤ）の発掘調査と保存を行った（Ronquillo 1989: 62）。こうした調査によって、発掘調査が行われた3隻を含めて11隻の木造船が、本遺跡群に存在することが明らかになった（Cembrano 1998: 4）。

ブトゥアン遺跡群の層序

本遺跡群の堆積層は、川による侵食と沈泥の固化の過程で形成されたシルト質の粘土からなる上層と開地の草地が沼地状態に変えられ、入江の一部を形作っていた下層の2層からなる（Cembrano 1998: 3）ものである。また、バランガイⅠ、Ⅱ、Ⅴの3隻の船は、上層と下層の間から検出された（Cembrano 1998: 3）。

ブトゥアン遺跡群の年代

本遺跡群は、最初、居住地として使われ、後に墓地として使われた（Peralta 1980）と指摘されている。すなわち貝層からは越窯系の陶磁や広東省の陶磁が出土し、五代から北宋の年代が想定されている（Ronquillo 1989: 61）。一方、木棺葬は、15世紀の陶磁器を伴っている（Peralta 1980）。

ブトゥアン遺跡群出土の遺物

本遺跡群の貝層からは、交易陶磁器片、やっとこ、おもちゃの上部、動物像、敲打具、つるはしなどの木製品、銅鑼、耳飾り、鈴、槍先、中子などの金属製品、土器、土錘、紡錘車などの土製品、鮫、大形魚、海亀、鶏、イノシシ、シカの骨、鹹水産の貝と淡水産の貝などが出土した（Ronquillo 1989: 64,67）。

交易陶磁器には、越窯、越窯系の陶磁器の他、広東省製の陶磁器がある（Ronquillo 1989: 61）。またこの他に、白磁と湖南省長沙窯磁、ペルシャの青緑釉大壺の破片の出土と北宋期の広州西村窯の鳳頭壺や同窯の刻花彩絵盤の出土が指摘されている（青柳1992: 152）。

ブトゥアン遺跡群出土の土器

本遺跡群出土の土器には、フィリピン製のものとタイ半島部のソンクラ（Songkhla）県のサティンプラ（Sathingpra）製のものと北部タイのランプーン（Lamphun）県のハリプンチャイ（Haripunchai）製のものがある（Cembrano 1998: 9）。ロンキリオ氏は、フィリピン製の土器で顕著な器種は、双把手付盤、調理鍋、方形ストーブの三種で、他に、球形壺、甕、鉢の器種があり、球形壺は10種類、甕は3種類、フライパンは9種類、ストーブは3種類、鉢には4種類の形態があると指摘した（Ronquillo 1989: 64）。

ブトゥアン遺跡群出土のストーブ

フィリピン国立博物館ブトゥアン分館のセンブラノ（Cembrano）氏は、本遺跡群出土の三種のストーブを図示している（Cembrano 1998: Fig.10）。以下では、氏の示した三種のストーブについて

物質文化の成立と変容

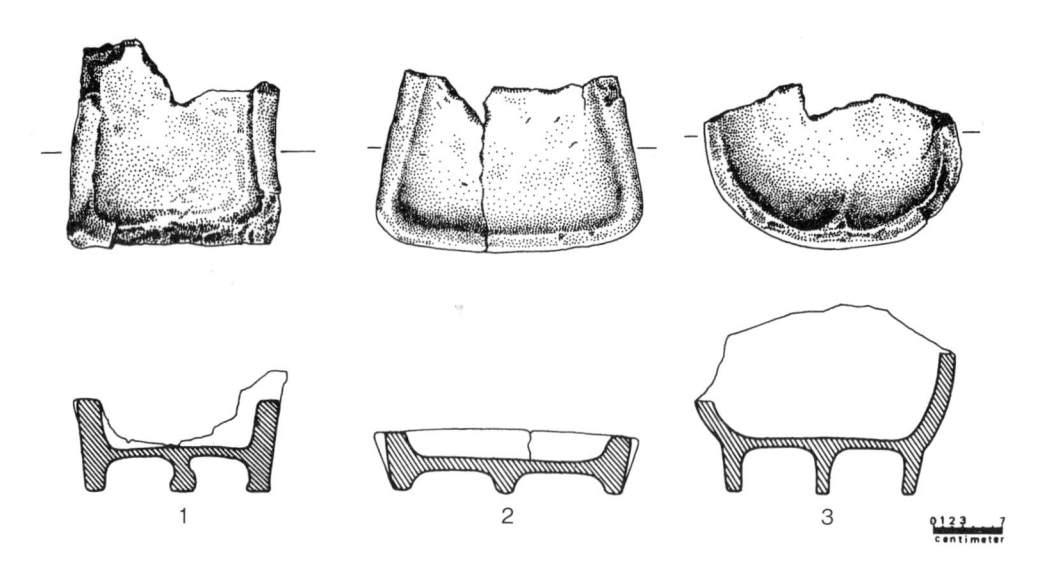

図5　ブトゥアン（Butuan）遺跡群出土のストーブ

(From Cembrano 1998: Fig.10)

紹介を行いたい。

　図5-1は、ストーブの薪置き部の破片である。上から俯瞰した時の平面形は、両側壁が前面の壁に対して直角に作られた長方形である。薪置き部胴部側壁は、断面形でみると、いくぶん上方に向ってひらいて直線状にまっすぐ立ち上る。口縁頂部は平坦である。底部は、足によって床から上に上げられている。内底面は、断面形でみると両側壁側がわずかに低くなってはいるが、ほぼ平坦である。

　図5-2も、薪置き部の破片である。上から俯瞰した時の平面形は、台形である。胴部側壁は、断面形でみると、いくぶん上方に向ってひらいて直線状に立ち上る。口縁部は平坦である。

　図5-3も、薪置き部の破片である。薪置き部前面は、ゆるやかな弧を描いている。胴部側壁の残存部分は、わずかで、薪置き部全体の平面形を推定することは難しい。側壁は、断面形でみると、足の部分は直線的であるが、それより上の胴部は外側にいくぶん膨らんで曲線を描いて立ち上っている。内底面は平坦である。

(3) 交易時代のストーブ：サンタ・アナ（Santa Ana）遺跡出土のストーブ

サンタ・アナ遺跡の位置と立地

　本遺跡は、ルソン島中部の大湖ラグーナ・デ・バイ（Laguna de Bay）とマニラ湾を結ぶパシグ（Pasig）川沿いに形成された遺跡（図2）である。パシグ川の河口から直線距離で5.6km内陸に入った所に位置し、S字状に強く蛇行するパシグ川によって縁取られた舌状地に立地する。現在、この舌状地の根元にあたる所に、サンタ・アナ教会が建っている。

サンタ・アナ遺跡の考古学的調査と遺跡の層序

　本遺跡は、最初1961年から1962年にかけてロクシン夫妻（Mr. & Mrs. Locsin）によって発掘調査が行われ（Locsin 1967）、次に、1966年から1967年にかけて、フィリピン国立博物館のR. B.

フィリピン出土の土製焜炉、ストーブについて　田中和彦

フォックス (Fox) 氏の率いる調査隊によって、サンタ・アナ教会の敷地内と内庭で発掘調査が行われた。フォックス氏の調査では、上層に厚さ1mに満たないスペイン時代の層があり、その下に2m以上の厚さの先スペイン時代の層があることを明らかにした (Fox and Legaspi 1977: 6)。このうち、先スペイン時代の層の上部には主にカキとアルカ貝 (*Arca spp.*) の汽水産貝からなる貝層があり、貝層の下には伸展葬の墓群があることが明らかになった (Fox and Legaspi 1977: 6)。

写真3　サンタ・アナ (Santa Ana) 遺跡の埋葬とストーブの出土状況
(From Fox and Legaspi 1977: Fig.8)

サンタ・アナ遺跡で検出された遺構と出土遺物

フォックス氏は、教会の敷地内と内庭で71基、アエロパギタ家 (the Aeropagita) の所有地で21基の墓を発掘し (Fox and Legaspi 1977: 2)、先スペイン期の貝層から土器、交易陶磁器、鉄滓、動物骨を検出し (Fox and Legaspi 1977: 7)、墓からは、土器、交易陶磁器、人骨を検出した (Fox and Legaspi 1977)。

サンタ・アナ遺跡の年代と出土ストーブの年代

フォックス氏は、サンタ・アナ遺跡の年代を貝層地区から出土した木炭を用いて測定したC^{14}年代が1045A.D.であったことと出土した中国陶磁器の年代を根拠として、11世紀後半から14世紀と考えた (Fox and Legaspi 1977: 2) が、出土した中国陶磁器を比較検討した青柳洋治氏は、出土陶磁器の多くが、韓国新安沖沈船引揚げの陶磁器 (韓国文化公報部　文化財管理局／編 1983) と類似することを指摘 (青柳 1992: 150) し、新安沈船から出土している至治3年 (1323年) 6月11日の荷札の年代を根拠として、サンタ・アナ遺跡の年代を14世紀中葉前後と考えた (青柳 1992: 150)。

ここで扱うストーブが出土した墓からは、新安沈船出土の青白磁鉄斑文瓢形水注 (韓国文化公報部　文化財管理局／編　1983: 89　図版77) と同一のものが出土し、同沈船出土の青白磁水牛童子形水滴 (韓国文化公報部　文化財管理局／編　1983: 88　図版76下) と類似したものが出土している (写真3)。そのため、青柳洋治氏の年代観に基づきストーブの年代を考えるのが妥当と考える。

サンタ・アナ遺跡におけるストーブの出土状況と出土したストーブ

サンタ・アナ遺跡のストーブは、大人と子どもが並んで検出された墓[5]の大人の遺体の左脚大腿部の横から出土している (写真3)。大人の遺体も子どもの遺体もその上に陶磁器が置かれている。特に大人の遺体を覆っている陶磁器は、小型の製品が多い。出土したストーブは、前面が開いた半

物質文化の成立と変容

円筒形の燃焼部を持ち、その口縁部には、上に調理具支え部として三つの小さな突起が付いている（写真3）。燃焼部口縁部内側は、下方に折り返され、前面の開いた部分の端部も内側に折り返されている。また、薪置き部は、扇形を呈し、長さが短い。

(4) 交易時代のストーブ：パンダナン（Pandanan）島沖沈船遺跡出土ストーブ

パンダナン島沖沈船遺跡の位置

本遺跡は、フィリピン西部のパラワン（Palawan）島の南東端に隣接して所在する長さ9.6km、幅4kmほどの方形の小島、パンダナン島の北東海岸沖約250mの地点の水深42mの海底に所在した（図2）(Dizon 1996: 64)。

パンダナン島沖沈船遺跡の発見と考古学的調査

本遺跡は、1993年に発見され、フィリピン国立博物館が1995年2月から5月にかけ発掘調査を行った（Dizon 1996: 64）。砂と泥に覆われたサンゴ礁の崖の底（Dizon 1996: 70）で発見された船体は、全体の1／4程が残存し、もともと長さ25〜30m、幅6〜8mの大きさの船であった（Dizon 1996: 70）と推定された。

パンダナン島沖沈船遺跡出土の遺物

本遺跡からは、陶磁器、土器、青銅製小砲、青銅製ランプ、青銅製天秤量、青銅製銅鑼、青銅製合子、青銅鏡、鉄剣、鉄鍋、鉄製ナイフ、永楽通寶、ガラスビーズ、砥石（Dizon 1996: 66-70）が出土した。

陶磁器は、中部ベトナム、ビンディン（Binh Dinh）省製（山本他 1993）輪状釉剥ぎ青磁皿が多数出土した他、北部ベトナム、チューダオ（Chu Dau）窯製の青花、タイ製の黒褐釉壺があり、中国製のものとしては、景徳鎮窯製青花の碗、皿、大鉢、小壺と青白磁の鉄斑紋瓢形水注（Dizon 1996；森村 1996）、龍泉窯系青磁の稜花皿、輪花皿、蓮弁文碗、盤、馬上杯（Dizon 1996: 90；森村 1996: 120〜122）、福建・広東の窯製の褐釉双龍文六耳壺（森村1996: 118）がある。

パンダナン島沖沈船遺跡の年代

報告者のディゾン氏は、本沈船遺跡出土の陶磁器は、元代から明代にわたるが、積荷の大部分は15世紀中葉まで下ることから船自体の年代を15世紀中葉と考えている（Dizon 1996: 72）。

パンダナン島沖沈船遺跡出土のストーブ

パンダナン島沖沈船遺跡出土のストーブは、3種類のものがある（写真4〜6）。すなわち、まず燃焼部の作出に違いがあり、燃焼部前面が開いたもの（写真4,5）と燃焼部前面が筒形に閉じたもの（写真6）がある。そして、燃焼部前面が開いたものは、上から俯瞰した時の平面形によって、瓢形のもの（写真4）と長方形のもの（写真5）に二分される。瓢形のものは、胴部上半部が外側にややふくれた半円形を呈し、薪置き部前面が扇形に大きく張り出している（写真4）。また、燃焼部口縁部には、両端と最奥部の3箇所に各々両端が二股に分かれた突起が付いている（写真4）。一方、長方形のものは、薪置き部の前面が外側にやや広がった形態をとる（写真5）。やはり、燃焼部口縁部の3箇所に頂部が丸く膨らんだ突起が一つずつ付いている。また、燃焼部前面が閉じた形態のものも、燃焼部口縁部の3箇所に縦長の楕円体形の突起が付いている（写真6）。

⑸ 交易時代のストーブ：カラタガン（Calatagan）遺跡群出土のストーブ

カラタガン遺跡群の位置と調査

本遺跡群は、マニラの南、約100kmのバタンガス（Batangas）州西南端に位置する全長8.5km、幅2.5kmのカラタガン半島の海岸線沿いの低地に分布する（図2）。

この遺跡群は、1934年飛行機の滑走路の建設中に発見され（Fox 1959: 18）、同年（1934）に国立博物館のR・ガラン（Ricardo Galang）氏が調査を行い、1940年には、スウェーデン人考古学者O・ヤンセ（Olov Janse）氏が調査を行い、1952年末から1953年初頭にかけてはハワイ大学のW・ソルハイム（Wilhelm G. Solheim Ⅱ）氏が調査を行った（Fox 1959: 18-20）。そして、1958年フォックス氏が率いる国立博物館のチームは、11箇所の主要な埋葬、あるいは居住、埋葬遺跡と数多くの小遺跡を明らかにし、プロン・バカウ（Pulong Bakaw）遺跡とカイ・トマス（Kay Tomas）遺跡の発掘で505基の墓を、プンタ・ブワヤ（Punta Buwaya）遺跡の発掘で貝層（the middens）を、ピナグパタヤン第2遺跡（Pinagpatayan #2）の発掘で44基の墓を明らかにした（Fox 1959: 17）。

カラタガン遺跡群の層序

プロン・バカウ遺跡とカイ・トマス遺跡の層序は、厚さ15～25cmの表土層の下に細々になった珊瑚と細かな砂からなる石灰質土の占める地区と同様な石灰質土と粘土の混入土が占める地区があり、その土の下に、死んだ珊瑚からなる岩盤がある（Fox 1959: 21）。墓壙は、この岩盤に掘り込まれていた（Fox 1959: 21）。

カラタガン遺跡群の出土遺物

本遺跡群、特にプロン・バカウ遺跡とカイ・トマス遺跡からは、交易陶磁器、土製紡錘車、土錘、ガラス製腕輪、ガラス製ビーズ、金製葉状装身具、金・銀・銅の合金製指輪、真鍮製足輪、真鍮製の

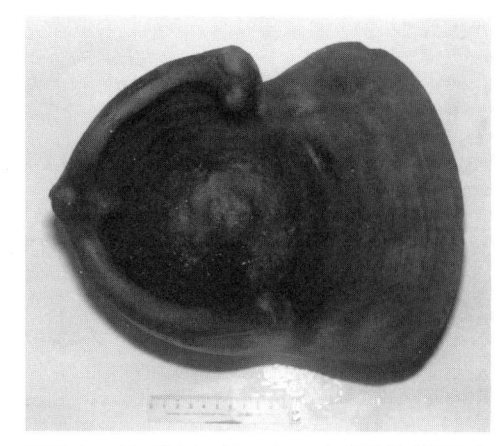

写真4　パンダナン（Pandanan）島沖沈船遺跡出土ストーブ

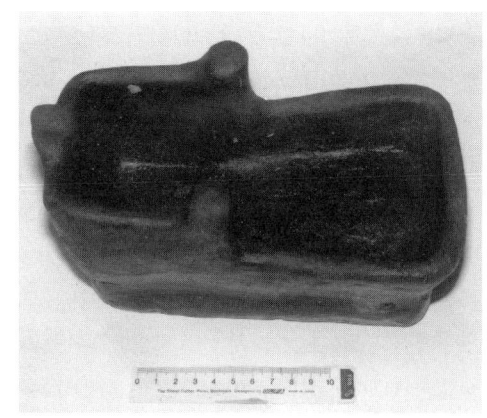

写真5　パンダナン（Pandanan）島沖沈船遺跡出土ストーブ

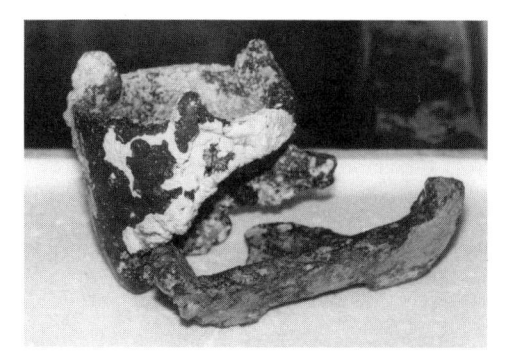

写真6　パンダナン（Pandanan）島沖沈船遺跡出土ストーブ

写真4～6: Courtesy: National Museum of the Philippines & Dr. Eusebio Z. Dizon（筆者撮影）

小形蓋付小鉢、真鍮製の皿、収納箱の真鍮製及び鉄製の部品、真鍮製及び鉄製の槍先などが出土した（Fox 1959: 41）。

カラタガン遺跡群の年代

フォックス氏は、本遺跡群の年代を14世紀後半から15世紀末あるいは16世紀初頭までとした（Fox 1959: 18）が、青柳洋治氏は、同遺跡出土の陶磁器を日本出土のものと比較し、その年代を15世紀後半から16世紀前半に限定した（青柳 1982: 154）。

カラタガン遺跡群出土の土器

カラタガン遺跡群出土の土器は、プロン・バカウ遺跡出土の201点、カイ・トマス遺跡出土の311点、合計512点から、完形または復元された344点が選定されて、予備的な分析が行われた（Fox 1959: 56-63）。その後、D・メイン（Dorothy Main）氏とフォックス氏は、国立博物館が調査した12遺跡出土の987点（先の344点を含む）の完形及び復元された土器を分析し、本遺跡群の土器を製作伝統及び製作地を異にする三つの土器群に分けた（Main & Fox 1982: 1）。すなわち、器表面が赤味色を呈し、カラタガンとその近隣地域で製作された「カイ・トマス複合」（"Kay Tomas Complex"）土器、器表面が灰色あるいは灰黄褐色を呈し、マニラの北70kmのパンパンガ（Pampanga）州、ポラック（Porac）遺跡出土土器と類似（Main & Fox 1982: 1）し、カラタガン地域で少数の陶工によって製作されたか、ポラック周辺地域からの搬入品と考えられる「プロン・バカウ複合」（"Pulong Bakaw Complex"）土器、叉状工具によって刻まれた紋様を持ち、発展期金属器時代からの伝統をひく搬入品と考えられる「櫛描き紋土器」（"Comb-Incised Ware"）である（Main & Fox 1982: 1）。

カラタガン遺跡群出土のストーブ

カラタガン遺跡群のストーブは、この三群の土器群のうち、カイ・トマス複合土器とプロン・バカウ複合土器に見られた。以下では、各々の複合土器のストーブの資料をメイン氏とフォックス氏の報告（Main and Fox 1982）に基づき概観する。

カイ・トマス複合土器のストーブは、完形品としては、図6-1〜3のように燃焼部と薪置き部からなり、燃焼部は前面が開いた半円筒形を呈し、その口縁部に調理具支え部として三つの突起が付く。薪置き部の端部は、正面からみると両側が上がり、中央が下がっている（図6-1）。また、部分破片として調理具支え部破片（図6-4〜12）、調理具支え部の基部と口唇部の破片（図6-13,14）、口縁部破片（図6-15〜21）、底部と圏足部破片（図6-22〜27）が出土している。調理具支え部は突起の頂部形態によって、頂部が膨らんだもの（図6-4,5,10,17）と突起の頂部が内反りしてやや窪んでいるもの（図6-6〜9,12）に二分される。また、突起を支え持つ支え部の破片は、突起が付いていた位置によって、前面端部に付いていたもの（図6-4〜9）と中央奥に付いていたもの（図6-10〜12）に分けられる。

一方、プロン・バカウ複合土器のストーブは、全て部分破片で、調理具支え部破片（図7-1〜5）、調理具支え部の基部と口唇部の破片（図7-6〜8）、口縁部破片（図7-9〜14）、底部と圏足部破片（図7-15）がある。調理具支え部の突起の形態は、カイ・トマス複合土器の突起の形態と異なり、扁平な長方形である（図7-1〜5）。

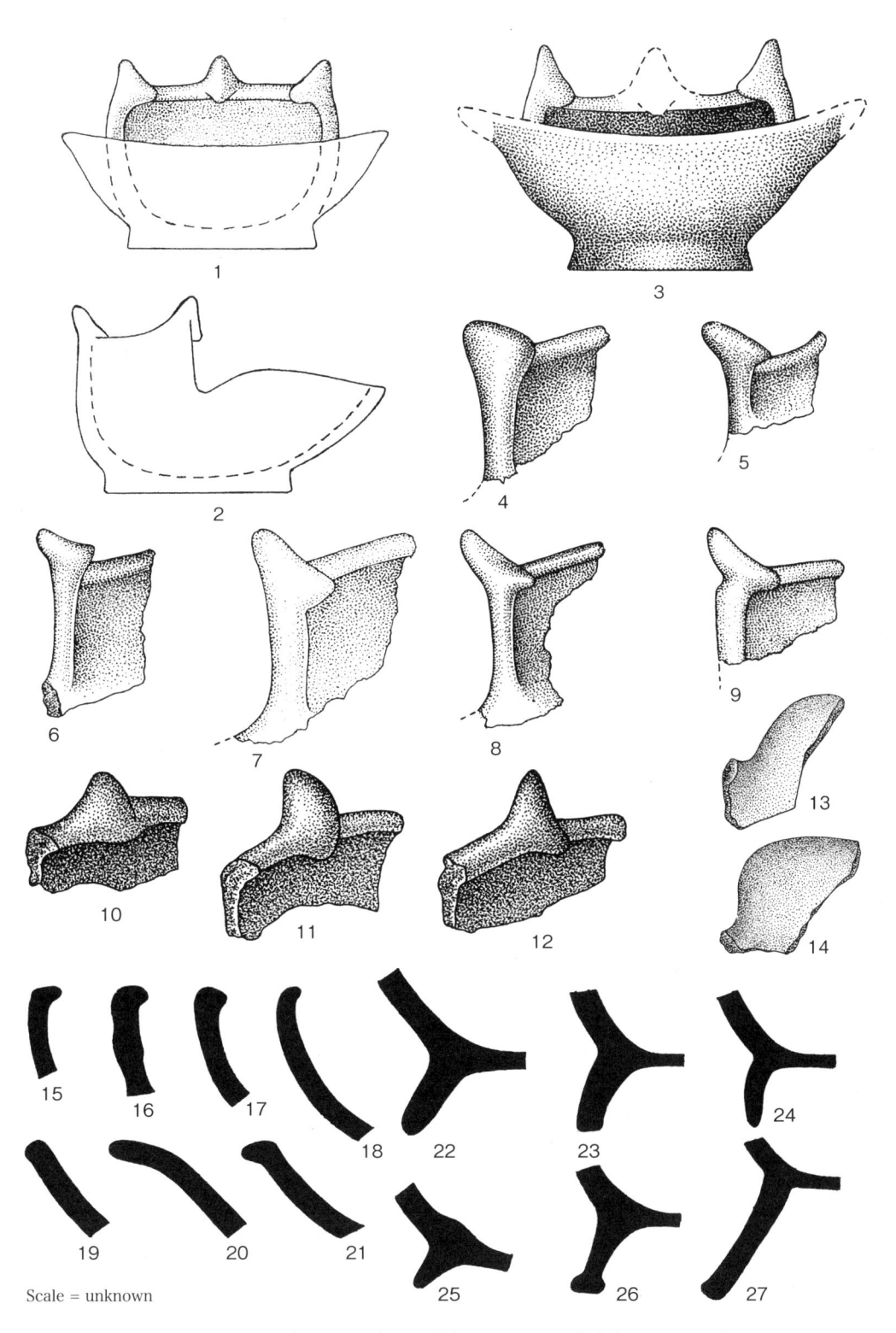

図6 カラタガン（Calatagan）遺跡群出土カイ・トマス複合土器のストーブ
(From Main & Fox 1982: Fig.63～66)

物質文化の成立と変容

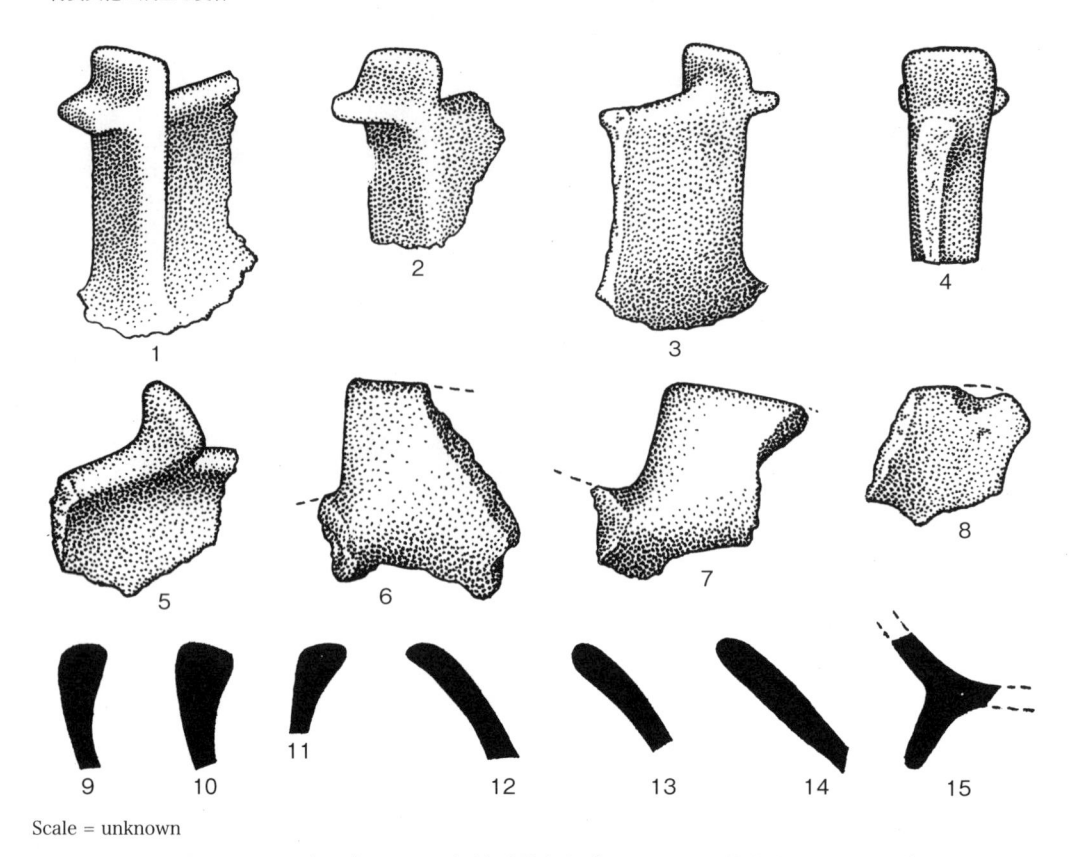

Scale = unknown

図7　カラタガン（Calatagan）遺跡群出土プロン・バカウ複合土器のストーブ
(From Main & Fox 1982: Fig.90〜92)

(6) スペイン時代のストーブ：サン・ディエゴ号（the San Diego）沈船遺跡出土のストーブ

サン・ディエゴ号沈船遺跡の位置

本遺跡は、マニラ湾の外に出たバタンガス（Batangas）州ナスグブ（Nasugbu）のフエゴ（Fuego）岬沖南西約12kmにある小島、フォーチュン（Fortune）島の北東沖約1kmの水深50mの海底に所在した（Ronquillo 1993: 15）。

サン・ディエゴ号沈船遺跡の考古学的調査

本遺跡は、F・ゴッディオ（Franck Goddio）氏の率いるワールド・ワイド・ファースト社（World Wide First, Inc）とフィリピン国立博物館が共同で三次にわたって調査を行った。1991年4月の第一次調査では、沈没船の所在探査と発見が行われ（Ronquillo 1993: 13）、1992年2月〜4月の第二次調査では、出土した積荷の遺物の取り上げが行われ（Ronquillo 1993: 15）、1993年1月から4月の第三次調査では、船体上のバラスト石の除去、船体の検出と記録、残る遺物の取り上げが行われた（Ronquillo 1993: 20）。

サン・ディエゴ号沈船遺跡において検出された船体の部位と出土遺物

本遺跡に残存していた船体は、船の下半部で、内竜骨、縦板材、竜骨と船尾柱、骨組み、外板、

梶などである (Desroches et al. 1996: 146-148)。

出土遺物には、陶磁器類としては、芙蓉手皿を含む青花の皿、碗、水注、壺、合子、瓶、坏や龍文の褐釉有耳壺、二彩のトラデスカント壺など中国製のもの、タイ製の褐釉壺、ミャンマー製と考えられる列点状の白堆を貼りつけた黒褐釉有耳壺、スペイン製のオリーブジャーがある。また、金属製品としては、首飾り、襟飾り、指輪、卵形印などの金製品、坏、皿、フォーク、ナイフの柄、燭台などの銀製品、銅製兜、天体観測儀、天体円儀、

写真7 サン・ディエゴ号（the San Diego）沈船遺跡出土ストーブ Courtesy: National Museum of the Philippines （筆者撮影）

ナイフの柄、スプーン、臼、杵、南京錠、南京錠の鍵、砲弾、バックル、日本刀の鐔などの青銅製品、錨、砲弾などの鉄製品、マスケット銃の銃弾、火縄銃の銃弾、重りなどの鉛製品がある。その他、土器、ガラス製脚台付グラス片、雪花石膏製インク壺と粉振り器、滑車、壺の栓、ゲームの駒、家具の把手などの木製品、象牙製十字架とチェスの駒、スペイン製銀貨、中国銅銭（萬曆通寶）、イスラム金貨、堅果類、桃の核、ココナッツの殻、マメ科の種子、ブタ、ウシ、ニワトリの骨やニワトリの卵の殻及び人骨がある（Desroches et al. 1996）。

サン・ディエゴ号沈船の沈没年代

サン・ディエゴ号の沈没は、サン・ディエゴ号を率いてフィリピンの領海に入ったオランダ船と戦ったフィリピン側艦隊の総司令官、アントニオ・デ・モルガ（Antonio de Morga）がフィリピン在任中の出来事を『フィリピン諸島誌』（*Sucesos de las Islas Filipinas*）という書物に記し、1609年にメキシコで出版しているため、1600年12月14日のことであった（モルガ 1966: 210-211）とわかる。また、発見された沈船がサン・ディエゴ号であることは、本遺跡出土の金製卵形印がモルガのものであると同定されたことから確証されている。

サン・ディエゴ号沈船遺跡出土のストーブ

本遺跡出土のストーブ（写真7）は、燃焼部と薪置き部からなっている。燃焼部は、前面が開いた半円筒形で、その口縁部の3箇所に小さな突起がついている。三つの突起のうちの二つは突起の先端が内側に瘤状に張り出した形態である。また、薪置き部は、扇形を呈し、両側から中央にかけて下り傾斜がつき、中央が窪んだ形態を呈する。

3. 若干の考察

フィリピンにおけるストーブを評価するためには、その歴史を解明してゆかねばならない。そして、ストーブの歴史を解明するためには、資料を時代ごと及び地域ごとに整理し、検討してゆかねばならない。本稿は、そうした試みの第一歩である。ただ、本論で見たように資料の不足は否めず、

交易時代からスペイン時代にかけたルソン島中部でいくぶんまとまった資料があるにすぎないのが現状である。このような状況にあるためここでは筆者が気づいた二、三のことを指摘するにとどめたい。

第1に指摘しなければならないのは、フィリピンにおけるストーブが新石器時代まで遡る長い伝統を持つ器種であるということである。そして、新石器時代のストーブの特徴として、調理具支え部が、交易時代のものと比較して比較的大きいこと、また、交易時代のもののように支え部が口縁部の上部に口縁部とつながって作られるのではなく、口縁部の内側に貼り付けられる形（図4-4）で作られていることを指摘できる。

第2に交易時代からスペイン時代にかけてのストーブの特徴として、比較的小型のものが多いことが指摘できる。また、そうした小型の形態は、船上での使用や家々が密集した集落、あるいは都市での使用との関連が考えられる。

第3に、方形のストーブが出土しているのは、ブトゥアン遺跡群とパンダナン島沖沈船遺跡だけであるので、方形という形態がフィリピン南部の地域的な特徴である可能性がある。また、方形ストーブが民俗例としてフィリピン南部ミンダナオ島のイラヌン（Iranun）族にみられる（Scheans 1977: Pl.XVIII-e.f. and XIX-a）こともこの考えを支持するものであろう。

おわりに

本稿では、フィリピン出土のストーブを時代ごとに概観し、若干の考察を行った。その結果、フィリピンのストーブが新石器時代まで遡ること、新石器時代のストーブの特徴として、調理具支え部が口縁部上ではなく、口縁部内側に貼り付けて成形されていること、交易時代からスペイン時代にかけたストーブの特徴として、比較的小型のものが多いこと及びそれが船上使用等との関連が考えられること、方形のストーブがフィリピン南部の地域的特徴である可能性があることを指摘することができた。今後さらにストーブの資料収集に努め再検討を期したい。

謝辞

青柳洋治先生に初めて親しくご指導頂いたのは、筆者が上智大学文学部史学科の1年生として博物館実習Iを履修し、野外実習で千葉県八街市の縄文中期の榎戸遺跡の発掘調査を行った1978年であった。以来、教室での他、フィリピン、ベトナム、カンボジア、ミャンマーといった東南アジア諸国のフィールドでご指導頂いたことを本当に感謝しております。有難うございました。これからもどうぞよろしくご指導お願い致します。

註

(1) 1989~90年ごろ、筆者がフィリピン留学中に国立博物館考古学部長のロンキリオ氏から直接うかがった見解である。
(2) 1980年代前半に青柳ゼミでF.R.Matson編の*Ceramics and Man*所収のW. Solheim氏の1965年の論文 The functions of pottery in Southeast Asia: From Present to the pastを読んだ時に筆者の担当部分にストーブのことが書かれており、筆者の発表の際に青柳洋治氏が河姆渡遺跡での出土を指摘された。

(3) 現在フィリピンで用いられているストーブには、薪用と木炭用の二種類があるが、出土資料としては、木炭用は知られていないため、ここでは薪用ストーブのみを取り扱う。
(4) 金属器時代のストーブが、現在のところ明確でない理由の一つとして、ルソン島北部カガヤン川下流域に限って言えば、鉄器時代になって土製ストーブではなく土製支脚が使われるようになったことを筆者は指摘したこと（田中 2005: 346）がある。
(5) 墓壙の検出は、明確に示されていないが、陶磁器が2体の遺体の上に連なって出土しているため、合葬墓である可能性が強いと筆者は考えている。

文献

青柳洋治
    1980 「ルソン島北部における土器づくり―アトルー村の一事例―」『黒潮の民族・文化・言語』黒潮文化の会編　角川書店　pp.88-104.
    1985 「フィリピン出土中国貿易陶磁の変遷―カラタガン遺跡とサンタ・アナ遺跡の年代について―」『三上次男博士喜寿記念論文集　陶磁編』平凡社　pp.313-330.
    1992 「「交易時代」（9～16世紀）のフィリピン―貿易陶磁に基づく編年的枠組―」『上智アジア学』第10号 pp.144-176.

青柳洋治・Aguilera, M. A.・小川英文・田中和彦
    1988 「ラロ貝塚群の発掘」『上智アジア学』第6号 pp.63-104.
    1991 「ラロ貝塚群の発掘(3)」『上智アジア学』第9号 pp.49-137.

Cabanilla, I.
    1972 Neolithic shellmound of Cagayan: Lal-lo excavation. National Museum of the Philippines, Field Report #1.

Cembrano, M. R.
    1998 *Patterns of the Past: The ethnoarchaeology of Butuan.* Manila: National Museum of the Philippines.

Chia, S.
    2003 "Prehistoric Pottery Production and Technology at Bukit Tengkorak Sabah, Malaysia," in Miksic, J. (ed.), *Earthenware in Southeast Asia*, pp.187-200. Singapore: Singapore University Press.

Desroches, J., G. Casal and F. Goddio
    1996 *Treasures of the San Diego.* Paris and New York: Association Française d'Action Artistique, Fondation Elf and Elf Aquitaine International Foundation, Inc.

Dizon, E. Z.
    1996 "Anatomy of Shipwreck: Archaeology of the 15th Century Pandanan Shipwreck," in Loviny, C. (ed.), *The Pearl Road: Tales of Treasure Ships in the Philippines*, pp.63-93. Makati: Asiatype, Inc.

Fox, R. B.
    1959 "The Calatagan Excavations: Two 15th Century Burial Sites in Batangas, Philippines," *Philippine Studies* Vol. 7, No. 3, pp.1-74.
    1970 *The Tabon Caves- Archaeological Explorations on Palawan Islands, Philippines.* Monograph of the National Museum. Number 1. Manila: National Museum of the Philippines.

Fox, R. B. and A. Legaspi
    1977 *Excavations at Santa Ana.* Manila: National Museum of the Philippines.

韓国文化公報部　文化財管理局／編
    1983 『新安海底遺物　資料編Ⅰ』　同和出版公社　大日本絵画

Locsin, L.&C.
    1967 *Oriental Ceramics Discovered in the Philippines.* Tokyo: the Charles E. Tuttle Company, Inc.

Loviny, C. (ed.)
   1996   *The Pearl Road: Tales of Treasure Ships in the Philippines.* Makati: Asiatype, Inc.

Main, D. and R. B. Fox
   1982   *The Calatagan Earthenwares: A Description of Pottery Complexes Excavated in Batangas Province, Philippines.* National Museum Monograph No.5, Manila: National Museum of the Philippines.

森村健一
   1991　「畿内とその周辺出土の東南アジア陶磁器―新政権成立を契機とする新輸入陶磁器の採用―」『貿易陶磁研究』No.11 pp.131-169.
   1996　「フィリピン・パンダナン島沖沈没船引き揚げ陶磁器」『貿易陶磁研究』No.16. pp.111-125.

モルガ著　神吉敬三訳、箭内健次訳・註
   1996　『フィリピン諸島誌』大航海時代叢書　第Ⅰ期第7巻　岩波書店

中村慎一
   1986　「長江下流域新石器文化の研究―栽培システムの進化を中心に―」『東京大学考古学研究室研究紀要』第5号 pp.125-194.

小川英文
   2005   "Typological chronology of pottery assemblages from the Lal-lo shell-middens in northern Luzon, Philippines,"『東南アジア考古学』第25号 pp.1-30.

Peralta, J.
   1980   "Ancient Mariners of the Philippines," *Archaeology*, September-October. New York. pp.41-48.

Ronquillo, W.
   1989   "The Butuan Archaeological Sites; Profound Implications for Philippines and Southeast Asian Prehistory," in Brown, M. (ed.), *Guangdong Ceramics from Butuan and Other Philippine Site*. pp.61-69, Singapore: Oriental Ceramic Society of the Philippines./Oxford University Press.
   1993   "Archaeology of the San Diego -A Summary of Activities form 1991 to 1993-," in Ronquillo W. et al., *Saga of the San Diego*, pp.13-20. Manila: Concerned Citizens for the National Museum, Inc.

Ronquillo, W. P., E. Z. Dizon, V. Secuya III, C. G. Salcedo, A. A. de la Torre, C. O. Valdes, L. A. Alba, M. Cuevas, R. N. Villegas and O. V. Abinion
   1993   *Saga of the San Diego*. Manila: Concerned Citizens for the Natinoal Museum, Inc.

Scheans, D. J.
   1977   *Filipino Market Potteries*. National Museum Monograph No.3, Manila: National Museum of the Philippines.

田中和彦
   1993　「ルソン島中部、墓地遺跡出土の交易陶磁器と土器―15世紀後半から16世紀前半の南部タガログ地方の様相」『貿易陶磁研究』No.13 pp.65-85.
   2005a　「「赤の時代」から「黒の時代」へ―ルソン島北部、カガヤン川下流域、ラロ貝塚群における後期新石器時代から鉄器時代の土器編年―」『上智アジア学』第23号 pp.313-401.
   2005b　「フィリピンの沈船遺跡と出土土器―15世紀中葉から16世紀末の資料を中心に―」『水中考古学研究』創刊号 pp.17-53.

Dang Van Thang and Vu Quoc Hien
   1997   "Excavation at Giong Ca Vo Site, Can Gio District, Ho Chi Minh City,"『東南アジア考古学』第17号 pp.30-44.

山形眞理子
   1997　「林邑建国期の考古学的様相―チャキウ遺跡の中国系遺物の問題を中心に―」『東南アジア考古学』第17号 pp.167-184.

山本信夫・長谷部楽爾・青柳洋治・小川英文
　　1993　「ベトナム陶磁の編年的研究とチャンパ古窯の発掘調査―ゴーサイン古窯址の発掘調査―」『上智アジア学』第11号　pp.163-180.

漢代における製塩器交代の背景
―土器から金属盆へ―

川村 佳男

> キーワード：前漢中期　製塩土器　製塩盆　カマド　鹹水　効率　塩の商品化

はじめに

　1990年代半ばまで、中国における製塩史の研究は、文献史学の独壇場であったと言っても過言ではない。食塩は単なる食品と異なり、遅くとも戦国時代から一定の基準で売買・流通・備蓄する商品としての性格を強めていった。したがって歴代王朝はその生産・管理・販売の独占に腐心し、食塩に関する記録や文献は大量に残された。一部の研究では、画像石に刻まれた製塩風景の画像資料などを使用しつつも、中国の製塩史研究がおもに文字資料によるものとなったのは、当然の帰結であった。

　しかしそれゆえに限界もあった。製塩に関する具体的な記載は『管子』に初出するが、製塩史研究の時代が『管子』の描く春秋時代を遡ることはほとんどなかった。研究テーマが食塩をめぐる政治史や税制史に早くから傾いたことも、『塩鉄論』などに代表される史料の性格上、避けられなかったと言える。

　ところがここ10年来、これらの限界を突き破る成果が考古学者によって次々とあげられている。もっとも注目すべきは、中国における製塩土器の「発見」である。現在、製塩土器の上限は遡っても商代後期中頃（紀元前12世紀頃）と考えられている。これにより、中国の製塩史研究は殷墟期にまで一気に遡ることが可能となった。そればかりでなく、実物の道具を対象として扱う本格的な製塩技術史の研究の道も拓けた。

　これまで塩作りのために鹹水を煮沸する容器は、「牢盆」しか知られていなかった。「牢盆」という言葉は、『史記』巻三十「平準書」に初現する。鹹水を煮て食塩を作るために鋳造された金属製の容器が当時すでにあったことは、文脈から判断して間違いないが、その名前が「牢盆」であったのか、「盆」であったのかは分からない（郭 1997: 38-39）。自銘をもつ例もないことから、ここでは鹹水を煮沸した製塩用の金属製容器を「牢盆」とは呼ばず、製塩盆と呼ぶことにする。数こそ限られてはいるものの、後述するように製塩盆と考えられる出土資料もすでに見つかっている。

　そこで製塩土器と製塩盆の実物資料を用いて、形態・出土状況ないし使用方法・年代・分布などを比較することにしてみたい。そのうえで鹹水を煮沸する容器が土器から金属盆に変わったことの背景にどのような事情があったのか、その問題に迫りたい。

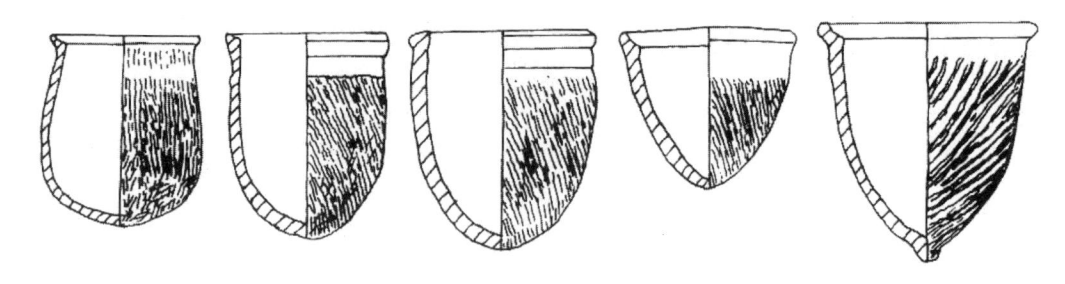

図1　盔形器（縮尺不同）

1. 製塩土器の研究史と資料概観

製塩土器の研究は、山東省北部、重慶市の三峡地区、山西省南部、広東省の砂丘遺跡の出土品を対象として、それぞれ別々に進められてきた[1]。本稿は研究が進んでいる前二者を対象とする。

(1) 山東省莱州湾沿岸部での事例

山東省の莱州湾沿岸に位置する商（殷）時代後期から戦国時代にかけての遺跡で、「盔形器」と呼ばれる土器が大量に出土している。盔形器は読んで字のごとく、円錐形のかぶとを倒置したような尖底タイプと、丸底タイプとがある（図1）。胎土に砂粒を多く含み、器壁は分厚い。内壁は平滑に整えられている。日常用の容器から乖離したこの個性的な形態、中国有数の塩の産地である莱州湾沿岸地域に密に分布することなどを根拠に、曹氏はその用途について鹹水を煮詰める製塩に使ったと推定した（曹1996）。

これは中国考古学で初めて本格的に製塩土器を論じた研究であった[2]。その後、外国の製塩土器の出土例および民族誌例に見られる類例や、農業に適さない塩分含有量の多い出土地の土壌などを根拠に、盔形器が製塩土器であることを支持する論文がつづいた（李水城等2003；方2004）。

一方、従来の類推という手法を突き破り、遺跡の発掘と土器付着物の化学的な分析によって、製塩土器の可能性を検討する研究も近年見られるようになった。2001年には山東省寿光市の大荒北央遺跡が発掘された（山東大学東方考古研究中心等2005）。この遺跡は現在の海岸線より16km内陸に位置するが、遺跡が形成された西周前期には今よりもずっと海の近くに立地していた。遺物包含層から出土した土器のうち、90％を占めた盔形器の内壁には、白い膜状物質がよく見られた。この膜状物質は、第2層で検出された硬化面を形成する主成分でもあった。成分分析の結果、この物質はいずれも製塩過程で析出された不純物であると判断された（王等2006）。

その後も当時の莱州湾岸沿いの遺跡から出土した盔形器内壁にこびりついた膜状の白色物質に対する分析調査は継続され、その主成分がいずれも製塩過程で析出されたと思しき炭酸カルシウム（$CaCO_3$）であることが明らかにされた。なかには塩の結晶そのものが検出された土器もあったという（王等2006: 64）。この調査と発掘によって、製塩土器およびそれと同じ時代の製塩遺跡の存在が中国沿海部で初めて確認された。

図2　重慶市忠県の中壩遺跡から出土した尖底杯（左）と花辺罐（右）

(2) 重慶市三峡地区での事例

ダム建設にともなう緊急の発掘調査が三峡地区で開始されると、角のような形をした円錐形の土器（尖底杯）や、口縁に凹凸の連続と頸部に括れをもつ丸底の土器（花辺罐）などの特徴的な土器が、特定の遺跡から大量に出土することが明らかにされた（図2）。なかでも忠県の瓦渣地遺跡、中壩遺跡、李園遺跡などで、これらの土器が集中し、層によっては土器片の90％以上を両器種が占めた（孫華 2003: 19）。

これらの土器の特異な形態と堆積状況にいちはやく注意し、それを製塩と結びつけたのは孫華・曾憲龍の両氏であった（同 1999）。孫氏らは曹元啓の1996年発表論文を引用し、山東省の莱州湾沿岸にも底部が類似する製塩用と思しき盔形器が集中的に出土していること、忠県一帯は莱州湾沿岸と同様に塩の産地であることを根拠に、尖底杯や花辺罐も製塩土器であると推定した。その後も両遺跡で継続された発掘調査の知見は、ここで土器を用いた製塩が行われていたとする説を補強するものが続いた。正式な報告はまだ上梓されていないが、簡易報告や論文の断片的な記載により、両遺跡の発掘成果の概要は知ることができる[3]。

そのデータにより、遅くとも西周時代以降、瓦渣地遺跡や中壩遺跡では、土器に容れた鹹水を煮詰めて製塩を行っていたと多くの研究者が認めるようになった。なかでも土器のみならず、それに伴う遺構や出土状況について、世界中の民族誌や考古学のデータと比較しながら、製塩活動を具体的かつ系統的に推定する研究が近年見られるようになった（曾 2003a,b；孫智彬 2003；陳 2003他）。

このほか、土器の内壁や遺跡の硬化面などに認められた灰白色の物質に対して、蛍光X線分析、X線回析、走査型電子顕微鏡（SEM）による総合的な分析を実施し、これらが製塩過程で析出される難解性の不純物であることを明らかにした。つまり自然科学的な方法で、忠県の両遺跡における製塩活動を裏付けたことになる（Flad et al. 2005）。

(3) まとめ

このように中国では、山東省の莱州湾沿海部と重慶市三峡地区で製塩土器の存在が、付着物の成分分析によって明らかにされている。そのうち三峡地区の製塩土器は、尖底杯か花辺罐に分かれる。

山東地方の盔形器も、口縁以外は基本的に花辺罐と同類と見なすことができよう。いずれも器腹が深く、尖底か丸底を備えている。

年代はいずれも商時代後期あるいは西周から前漢初頭までの幅（前12世紀頃～前200年頃）におさまる。三峡地区では尖底杯が花辺罐に先行し、花辺罐が出現する西周以降も継続する。ただし春秋戦国時代になると、中壩遺跡で花辺罐が出土土器総量の95％以上を占めるなど（孫智彬 2003:29）、尖底杯に替わる主要な製塩土器となった。

2. 製塩盆の資料概観

河北省の満城1号墓で「盆」の自銘をもつ青銅器が出土した（中国社会科学院考古研究所等 1980: 78）。これによれば、平面が円形で底の平らな器が盆である、と漢代には認識されていたことになる。実際、盆形の容器で製塩をおこなっている民俗例があるので、まずそれを紹介しよう。

(1) 四川省自貢市の民俗例

四川省自貢市は「塩都」の別名をもつほど、中国でも有名な塩の産地であり、明清時代に全盛期を迎えた。現在でも塩井から汲み上げた鹹水を用いて製塩する工房がわずかに残されている。燊海井もその1つであり、筆者が2004年8月4日に訪れたとき、大小2種類の鋳造された鉄製盆を用いて鹹水を煮詰めていた（図3）。

室内の壁に使われていない大型の鉄盆が1点、立てかけられていた。カマドにかけて鹹水の煮沸に使われていたものとほぼ同形であった。直径約160cmの円盤から、高さ約25cmの器壁が垂直に立ち上がる。口唇部は平坦である。同様の製塩鉄盆は自貢市塩業歴史博物館にも多数陳列されており、広く使用されていたことがうかがえる。

実際、重慶市内の忠県、奉節県、巫溪県の製塩工房でも、遅くとも1970年頃までは平面が円形の「平底鉄鍋」を使用していた（北京大学考古学系他 2006）。現在それらの工房はいずれも三峡ダムに水没している。

(2) 四川省蒲江県の出土例

1999年、四川省蒲江県五星鎮を流れる蒲江の河床から偶然発見された（龍等 2002a）。洗面器のような形状の鋳鉄製容器である（図4-1）。平らな底部から器壁が外傾しつつ立ち上がり、最大径が口径にある。口径131cm、底径100cm、高さ58cm、重さ200kg以上。全体的に厚みはほぼ一定であり、口唇部は平坦で厚さ3.6cmであった。内壁に漢の隷書で「廿五石」と鋳出されている（図4-2）。2003年8月6日に筆者が実見したとき、全体的に赤褐色だったが、内面底部に白みを帯びた物質が膜状に付着していた。

このほか、蒲江県白雲郷に灰沙嘴と呼ばれる一帯がある。そこでは大量の炭・灰や食塩の「残滓」（難解性の不純物のことか）が10m以上も堆積して、小高い丘を形成している。唐宋時代を中心とする製塩遺跡である。1998年9月に同遺跡が発掘されたとき、灰沙嘴の第3層から「鉄鍋残片」が2点出土した（成都市文物考古研究所 2006: 140）。記載によれば、いずれも平底で、内側に食塩の「残滓」

図3　四川省自貢市燊海井の大小製塩盆とカマド

がこびりつき、外側には煤が付着している。厚さは1点が0.9cmで、もう1点が1.3cmである。この他、1958年、1997年、2002年に灰沙嘴から同様の鉄製盆の破片がそれぞれ見つかっている。

　また実物は残っていないものの、南宋時代の記録によれば、巫山県（重慶市巫山）で1点、漢嘉郡（四川省雅安一帯）で2点の鉄製盆が出土している。銘文の内容・字体からみて、いずれも漢代の製塩盆であったとされている（侯 2002: 22；龍等 2002b: 9-10）[4]。

(3) 山東省煙台市の出土例

　鉄製ではなく、青銅製の盆。円形の平底をもち、器壁は外傾しながら立ち上がる。口縁の端部は外側に折れる。器壁外側の四箇所に板状の突起がつく。口径117.5cm、厚さ1.5cm、重さ117kg。器腹は13.8cmと浅い。1982年に煙台市蓬莱西荘の海岸線からわずか数十mの地点で発見された（林等 1992）。これとほぼ同形の青銅盆が莱州（旧掖県）西由場でも1971年に出土している（林等 1992；于 2001）[5]。口径122cm、厚さ1.1cm、器腹の深さ17.5cm、重さ101.5kg。いずれも煙台市博物館所蔵。

　このほか、出土地は不明であるが、やはり青銅製の大型盆が1点、山東省の淄

図4　四川省蒲江県五星鎮出土の製塩盆(1)と内壁銘文「廿五石」の拓本(2)

博市博物館に収蔵されている（于 2001）。器壁は外傾しながら立ち上がり、口縁の端部は外側に折れる。口径66.2cm、器壁の幅0.4cm、器腹の深さ12.0cm。また盆形ではないものの、一対の取っ手と丸底をもつ大型の鉄釜が２点、山東省北部の塩業と関わりのある地域で出土している[6]。これも製塩容器として見なす見解もあるが（林等 1992）、類例が乏しいので、現段階では参考程度にとどめたい。

(4) まとめ

以上のことから、製塩盆とは鹹水を煮るための金属製容器で、円形の平底をもつ盆の一種であることが分かる。多くは口径が120cm前後、小型でも60cm程度あった。器腹は浅い。上述した金属盆のうちいくつかは出土状況が不明だったり、確実な製塩遺跡で発見されたわけではないが、製塩盆の基本形と合致すること、製塩を近辺で行っていたことが知られる地域から出土していることなどから、おしなべて製塩盆であった蓋然性が高い。ひとまず本稿ではこれらも製塩盆として扱う[7]。製塩盆は漢代に出現して以降、現代にいたるまでずっと基本的な形態が変わっていないことになる。

3. 製塩土器と製塩盆の比較

(1) 形態の比較

製塩土器の形態的特徴は、山東か三峡かを問わず、器腹が深く、底部が尖底か丸底を呈することであった。知りうる大きさの平均値は、尖底杯で高さ11.5cm、口径5.9cm（巴 2006: 270）、盔形器で口径21.5cm、高さ24.7cmであった[8]。花辺罐は中壩遺跡出土の１点のみ（図2-2）、大きさが公表されている。口径11.8cm、高さ12.5cmで（兪 2000: 46）、平均的な盔形器の約半分の大きさである。これに対して金属製の製塩盆は円形の口縁部と平底をもち、器腹が浅い。製塩盆の口径は出土資料、民俗例ともに少なくとも50cmを超え、120cm以上のものも少なくない。高さは30cm以下のものがほとんどである。厚さは尖底杯を除いた製塩土器、製塩盆ともに大体１～３cmの範囲におさまり、総じて厚手であるといえる。

(2) 出土状況の比較

土器と金属盆を用いた製塩過程は、原料である塩水ないし濃厚塩水（鹹水）の濃度をさらに高める採鹹、採鹹された鹹水を煮沸して凝集塩を得る煎熬に大きく分けられる。しかし採鹹および煎熬の実際の方法や用いられた設備は様々である。ここでは各種の製塩土器と製塩盆の出土状況、およびそれにより推定される使用方法を整理する。

① 盔形器の出土状況および推定使用方法

山東省莱州湾沿岸地域では西周時代の大荒北央遺跡で、盔形器の出土状況が詳しく報告されている（山東大学東方考古研究中心等 2005）。当該遺跡は３つの層位に分かれるが、盔形器は第２層にもっとも集中した。出土した土器片の９割以上を盔形器が占めた。盔形器はわずか数点の完形品を除き、いずれも破片であった。

第３層と第２層の境では、５基のピットと溝が発見された。ピットは口径50cm前後、深さ15～

30cm。内壁と底部には粘土が厚く塗られているため、透水性が低い（図5）。ピット内部には植物灰を大量に含む、しまりのない灰緑色土が埋まっていた。溝は長さ約7m、開口部の幅約1〜1.6m、深さ約0.8〜1mであった。底には、ピット内壁と同じ粘土が厚く塗られていた。溝内には葦の茎を大量に含む灰緑色の土が堆積していた。少量の盔形器片がピットからも溝からも出土している。この他、焼土のつまったピットが1基見つかっている。

盔形器がもっとも集中する第2層は、植物灰層と灰緑色ないしオレンジ色の土層からなる約50余りの互層である。両層の中間には、厚さ1mmもない白色沈殿物による硬化面が形成されている。先述した通り、分析の結果、これは製塩過程で析出された炭酸カルシウム（$CaCO_3$）などの難解性不純物であることがわかっている（王等 2006）。

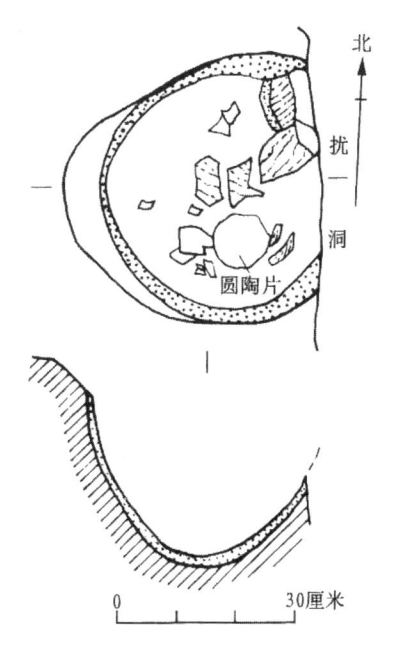

図5　山東省寿光市大荒北央遺跡のピット
（内壁に粘土が塗ってある。）

以上の出土状況から、報告者は大荒北央遺跡で「攤灰刮鹹」と呼ばれる方法で採鹹が行われていたと考えた。塩分を多く含んだ土壌（鹹土）のうえに植物を燃やしてできた灰を撒くと、鹹土と灰に含まれる元素が化学反応を起こして塩化ナトリウムを生成する。この化学変化によって塩分のさらに高まった鹹土を灰ごと掻きとって集める。これが「攤灰刮鹹」と呼ばれる採鹹方法であり、『天工開物』にも記載がある。大荒北央遺跡の第2層で検出された土層と灰層からなる互層は、「攤灰刮鹹」の行われた痕跡と考えてまず間違いないだろう。鹹土に灰を撒くと塩化ナトリウムのほかに、難解性の物質も同時に析出されるが、第2層の互層の中間で見られた白い硬化面は、このときに析出された難解性物質が凝固してできたものと報告者は解釈している。

ところで鹹土を掻き集めるだけでまとまった凝集塩は得られない。報告者は粘土を内壁に貼りつけた大荒北央遺跡のピットに鹹土をいれ、莱州湾沿岸の地下に豊富に含まれる鹹水を汲んで、さらに鹹土入りのピットに注いだと推測している。これにより鹹土に含まれていた水溶性の塩分が鹹水に解け、鹹水の塩分はさらに高まる。つまり採鹹の第2工程と呼びうる作業である[9]。その鹹水を用いて盔形器で煮れば、効率的に塩を得ることができる。盔形器のなかの鹹水が蒸発してなくなれば、同様の採鹹工程で塩分の高まった鹹水を注ぎ足し、煎熬をつづける。同じ作業を盔形器のなかが塩で一杯になるまで繰り返す。このほか報告者は大荒北央遺跡の大きな溝状遺構を、地下から涌く鹹水を貯め、汲み上げるための設備であったと見なしている。

西周時代の大荒北央遺跡では、上述したように焼土がつまったピットが見つかっており、その中央は鍋底状に丸く窪んでいる。当時この窪みに丸底の盔形器を落としこみ、煎熬をおこなった可能性も考えられる。これに加えて、盔形器のなかには底部外面に焼土の付着が認められるものもある（曹 1996: 26）。以上のことから、炉での煎熬は、少なくとも盔形器による主要な煎熬方法の1つであったといってよいだろう。

② 尖底杯・花辺罐の出土状況および推定使用方法

重慶市三峡地区での製塩土器の出土状況は、忠県の瓦渣地遺跡と中壩遺跡の発掘により窺える[10]。尖底杯・花辺罐は遅くとも西周時代には出現しており、漢代初頭までつづく。ほとんどが破片での出土であった。

両器種の土器が出土する層からは、大量の炭化物、焼土が出土している。このほか中壩遺跡では小型ピットが局部的に密集しており、ピットのなかに尖底杯が挿入されていたり、花辺罐が開口部を覆う形でよく伴う。小型ピットとは別に、より大きなピットも検出されている。大荒北央遺跡と同じく内壁を粘土で塗り、透水性を低くしている。また春秋戦国時代の層で、傾斜のついた細長い窯体と天井部に無数の小孔をもつ「登り窯」が9基見つかっている。幅は約40cm、長さは最大で8m以上ある。「登り窯」といってもそこで陶磁器を焼いた訳ではなく、天井の孔に尖底杯や花辺罐を挿して、鹹水を煎熬したものとする説がある（曾 2003a,b；孫華 2003；陳 2003 他）。やはり中壩遺跡の春秋戦国時代の層では、大荒北央遺跡と同じく白い物質による硬化面が確認された。一定の割合で土器の内面にも同様の物質が付着している。これが製塩過程で析出される難解性の不純物であることは先述した。

瓦渣地遺跡や中壩遺跡には、山東省の大荒北央遺跡で発見されたような灰層はない。しかし小型ピットに挿入されていた尖底杯について、そこに鹹水を注ぎこみ、煎熬する火の余熱や太陽熱で水分を蒸発させ、採鹹したとする説がある（孫智彬 2003；陳 2003）。塩分の増した鹹水は、粘土などが内壁に貼られたピットに蓄えられたと考えられる。

中壩遺跡の春秋戦国時代に相当する層で見つかった「登り窯」の天井に開いた無数の孔に、上述した曾氏らの想定通りに、製塩土器を挿して煎熬を行ったとすれば、燃焼室に近い土器では煎熬を、後方の孔にかけられた土器では採鹹をそれぞれ行っていたことになろう。煎熬のための火力から出た余熱を、採鹹にも有効利用したのである。西周時代以前の層では、大量の炭化物や焼土が検出されている。さらに建物遺構からは周囲が白く硬化した炉址も見つかっている（孫智彬 2003:28）。「登り窯」が出現する前の段階では、鹹水は炉で煎熬されていたのであろう。

③ 製塩盆の出土状況および使用方法

上述の通り、唐宋時代を中心とする四川省蒲江県の灰沙嘴遺跡の、炭化物・灰・塩の「残滓」（不純物？）からなる堆積層中で、製塩盆の破片が見つかっている。製塩盆の内側には塩の「残滓」、外側には煤がこびりついていた。製塩盆の出土状況は、ほかにデータがない。そこで民俗例を手がかりにして、製塩盆の使用状況を概観する。

製塩盆には、上面に孔のあいたカマドが必要である。孔にうまくかかるよう、盆の器壁は外側に傾くか、凸帯をともなう。筆者が観察した四川省自貢市にある製塩工房では、カマド上面に複数の孔が開いており、手前の孔に大きな盆を、奥の孔に小さな盆をかけていた（図3）。燃料は天然ガスを用いていたので、炭化物や灰は残らない。

鹹水の塩分を高める採鹹は、2通りの方法で行っていた。1つは余熱を利用して、窯の奥に置かれた小さい盆などの鹹水を蒸発させる。もう1つは註(9)で触れた淋洗に似た方法である。煎熬中の大きな盆から、塩分の上がった鹹水を掬い取り、貯水溝に渡されたスノコ上の円筒状容器にその鹹水を注ぐ（図6）。容器のなかには、あらかじめ出来上がった凝集塩が充填されている。容器は底がないので、注がれた鹹水は塩の詰まったこの容器とスノコをつたって、下の貯水溝にしたたり落

る。この鹹水の塩分濃度は当然さらに高まる。同時に容器のなかの塩は、不純物がある程度残った高温の鹹水を通すことで、再びほどよく凝固する。採鹹されたこれらの鹹水は、大型盆のなかに随時注ぎ足され、最終的に盆一杯の凝集塩が得られる。このほか、煎熬を開始して間もなくすると、工人たちは豆乳を大型盆に放り込んでいた。すると鹹水に含まれている不純物がこの豆乳と結合し、灰汁となって表面を漂う。この上澄みはもちろん掬い取って、廃棄される。こうして純度のより高い塩を作ることができる。

(3) 年代・分布の比較

確実な製塩土器は、山東省の莱州湾沿岸地域および重慶市忠県などで目下確認されている。その上限は古くて商代後期の中頃（前12世紀）、下限は前漢初頭である。

図6　円筒容器内の塩とスノコを伝って貯水溝にしたたり落ちる鹹水
（四川省自貢市にて）

製塩盆は文献の記録も含めると、製塩土器の出土範囲を踏襲しつつも、山東省では煙台市の沿岸地域、中国西南部では四川省蒲江県などの成都平原にまで広がっている。いまのところ銘文の字体から判断して上限は後漢初頭（後1世紀）であるが、製塩土器が前漢初頭で絶えることと古文献の記述内容を踏まえれば、前漢の中頃（前2～前1世紀）まで遡る可能性は十分ある。下限は真空式蒸発缶が普及する20世紀後半である。

前漢武帝の治世には、塩の専売がはじまり、各地に塩官が設けられた。図7は『漢書』「地理志」の記載に基づいて、新までに設置された塩官の推定分布地点を、これまでにみた製塩土器の出土範囲および製塩盆の出土・確認地点と対比させながら示したものである。歴史書に記録された塩官の存在は、関連する銅印や封泥の出土によっても裏付けられるので、塩官の置かれた地域で一定規模以上の製塩活動が行われていたことはまず疑いない。製塩盆の出土例はこれまで非常に限られているが、塩官の所在地などで今後新しい資料が見つかる可能性は高い。

(4) まとめ

形態・出土状況および（推定）使用方法・年代と分布範囲の各方面で、製塩土器と製塩盆の比較をおこなってきた。以上のデータを総合すると、漢代以前の中国の製塩はおよそ次のような変化をたどったことになる。

商時代後期から西周時代にかけて、山東省莱州湾沿岸部では盔形器を用いた製塩が始まった。同地域の地下には塩分が約10〜15％にも達する高濃度の鹹水が埋まっている（唐 1997: 437）。海水のおよそ3〜5倍は濃いこの鹹水をピットに注ぎこみ、「攤灰刮鹹」によって掻き集められた鹹土の水溶性塩分をそのなかに解かすことで、採鹹は容易に行われたであろう。「攤灰刮鹹」は鹹水と鹹土が豊富なこの地域に適した採鹹方法であった。採鹹した鹹水を、炉に置かれた盔形器に断続的に注ぐことで塩が作られた。莱州湾沿岸部では、基本的にこれと同じ製塩方法が戦国時代までつづいたであろう。

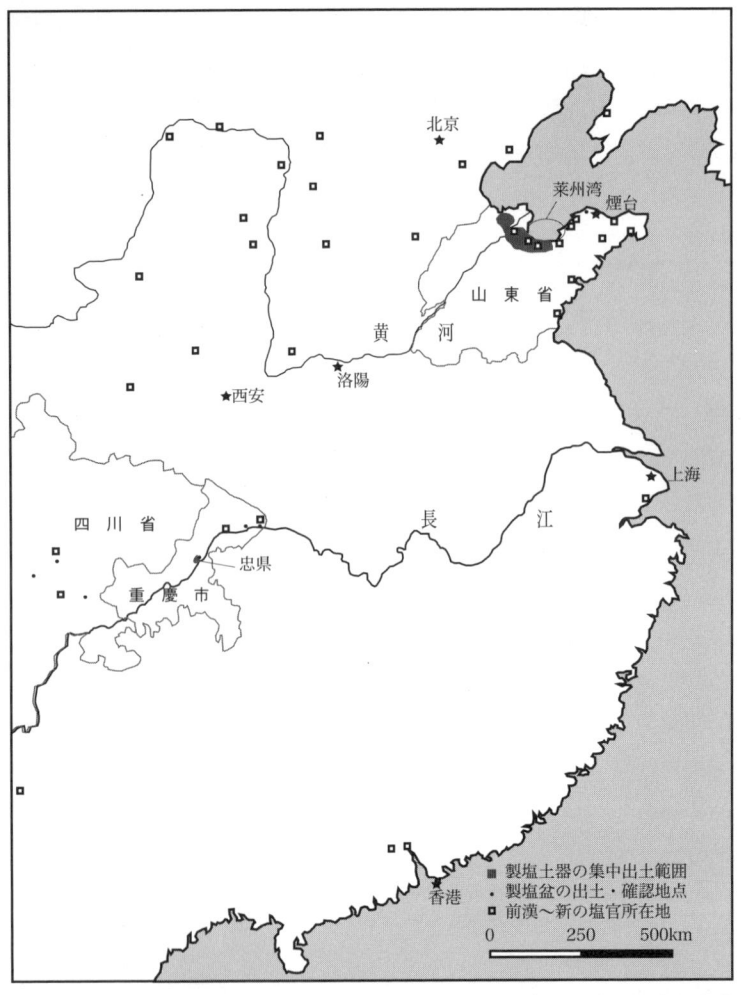

図7 製塩土器の集中出土範囲、製塩盆の出土・確認地点、前漢の塩官所在地

これとほぼ同時期に、重慶市忠県の瓦渣地遺跡や中壩遺跡などでも尖底杯、それよりやや遅れて花辺罐による製塩が開始された。重慶市の忠県を含む三峡地区では、泥の混入が少ない良質の鹹水が地表近くに埋まっており、鹹水が自然に湧き出た塩泉も少なくない（李 2006: 168）。容易かつ継続的に得ることができる大量の鹹水を、太陽熱や火の熱で蒸発させて採鹹を進め、炉や「登り窯」で煎熬した。とくに春秋戦国時代に「登り窯」で煎熬されるようになると、煙道にむかう余熱をより効果的に採鹹にも利用することが可能となった。

漢代になると製塩盆が製塩土器に取って代わった。鉄あるいは時に青銅を用いて鋳造することで、従来の土器では困難であった口径約120cmもある大口平底の製塩盆が作られた。製塩盆を製塩土器と比較しても、採鹹から煎熬にいたる基本的な製塩の工程は変わらない。しかしその作業効率は劇的に向上したことは疑いない。

たとえば尖底・丸底から径の大きな平底に変わったことによる被熱面積の拡大、土器より優れた金属の熱伝導性は、煎熬の速度を速めたであろう。外側に開いた口と浅く作られた器身は、鹹水の容量を増やすと同時にその蒸発を速めることにもなった。なかの水分が減った後で鹹水を注ぎ足す

図8　製塩風景を描いた画像磚の拓本

作業や、表面に浮いた灰汁やゴミを掬い取る作業にも、この器形は便利である。煎熬後に塩を取り出す作業も、製塩土器はヘラ状のものでこそぎ採るか、土器を割って取り出すしかなかったのに対して、製塩盆はカマドにかけたまま塩を掬い出すだけで済む。

　採鹹作業の効率もあがったに違いない。製塩盆の煎熬はカマドで行われたが、民俗例によると製塩盆のカマドの上面にはいくつかの孔が通常設けられており、炎直上の火力が強い孔の盆では煎熬を、後方の孔にかけられた盆では余熱を利用した採鹹をそれぞれ行った。複数孔のカマドで煎熬と採鹹を同時に行う技術は、中壩遺跡の春秋戦国時代の層から見つかった「登り窯」にすでに見られる。しかし製塩土器に比べて容量が大幅に増えた製塩盆を支えるには、より大型のカマドが必要となった。3つの孔が縦列配置されたカマドに盆をかけて製塩する風景が、図8の画像磚の右下に描かれており、大きな孔を複数もつカマドが漢代すでに使用されていたことを示している。

　前漢中期以降、大規模な塩の生産地が急増していることは図7をみれば明らかである。拡大した地域の製塩のための条件を調べると、塩の生産は可能であるが、大部分は山東省莱州湾沿岸や重慶市三峡地区ほど恵まれてはいない。たとえば漢代に設置された山東省の塩官は、ほとんど海沿いにある。しかし塩分がはじめから10〜15％に達するような濃厚かつ大量の鹹水は、莱州湾沿岸を除いて他になく、その他の沿海地域では塩分3％程度の海水から採鹹を行っていたものと思われる。四川省の成都平原も地下に鹹水を埋蔵しているものの、重慶市三峡地区のそれと比べて地下水位が深いところが多く、塩分濃度も明らかに薄いうえに、埋蔵量も少ない（李 2006: 172）。製塩の条件

がより困難なこれらの地域でも、塩官が置かれるほどの規模で塩を生産できたのは、地下深くの鹹水を汲み上げる井戸（塩井）の掘削のほかに、製塩盆の普及による作業効率の大幅な向上が関与していただろう。

4. 結 論

　以上、管見に触れた中国の製塩土器と製塩盆の資料と研究史を概観したうえで、形態・出土状況および推定を交えた使用方法・年代・分布の各方面で両者を比較してきた。その結果、器腹が深く尖底か丸底を基本とする中国の製塩土器は、商代晩期ないし西周から前漢初頭にかけて、山東省の莱州湾沿岸地域と重慶市の忠県をはじめとする三峡地区でしか目下確認されていないことがわかった。これに対して、大きな径の丸い平底を特徴とする金属製の製塩盆は、早くて前漢中期には出現し、山東省の莱州湾以外の沿海部や四川省の成都平原でも出土が確認されており、漢代以降の製塩地の拡大を裏付けることとなった。この製塩地拡大の一因として、金属盆とカマドによる製塩工程は、基本的に製塩土器のそれを継承したものでありながら、効率の向上により、大規模な製塩の難しかった地域でもそれを容易にさせたことを想定した。

　この結果を踏まえつつ、製塩盆が製塩土器に取って代わった背景についても若干の見通しを述べておきたい。

　まず注意すべきは、何のための塩生産であったのか、という問題である。塩の専売制は塩自体の生産と独占が目的であった。遅くとも戦国時代の斉などでは、先んじて塩そのものが交換や保管の対象として扱われていたことが、出土文字資料から窺える（趙 2004）。当時進められた度量衡や貨幣の整備と関連して、塩は重さや大きさで取引されたことであろう。近代以前の塩はいわゆる粗塩であったので、湿気をきらう塩の保存・運搬方法や技術にも、何らかの改良があったはずである。いずれにせよ、製塩作業の効率化をもたらした製塩盆出現の背景には、調味料・保存料としてだけでなく、交換品ないし商品として塩を扱おうとするより積極的な姿勢があったようである。

　重慶市の中壩遺跡では、製塩土器のほかに夥しい動物骨が出土した。これを系統的に鑑定した付羅文（Flad, Rowan K）氏らは、従来は動物骨全体の45％程度を占めていた哺乳類が、製塩活動の痕跡が明瞭になる商時代末から西周初頭にかけて激減し、その後は前漢初頭までほとんど20％以下に留まることを明らかにした（付・袁 2006）。哺乳類に代わって動物骨の8割近くを占めるようになったのは、魚類であった。このデータを根拠に付氏らは、中壩遺跡では塩だけでなく、大量の魚や肉の塩漬けを作り、長距離交易に用いたと解釈した[11]。この解釈の是非はともかく、山東省莱州湾沿いの製塩遺跡でもどのような動物骨や植物遺存体が見られるのかは、十分注意に値する。

　漢代より古い製塩活動の存在を証明した、ここ10年間の中国塩業考古学の発展は画期的なものであった。しかし今後は製塩活動の痕跡の有無だけに留まらない、より積極的な研究を目指す段階に移行していくであろう。たとえば塩生産の目的という視角をもちながら、商品化にいたるまでの塩の様々な利用形態、あるいは塩の保存・運搬技術の変化の経路を明らかにすることができたとき、考古学ならではの新しい中国塩業史が示されるに違いない。

謝辞

本研究を進めるにあたって、とくに下記の方々にお力添えを賜った（所属別50音順）。記して御礼申し上げる。

林仙庭館長（煙台市博物館）、吉田恵二教授・黄川田修氏（國學院大學文学研究科）、宇野隆夫教授・中谷正和氏（国際日本文化研究センター）、蔡鳳書教授・欒豊実教授・方輝教授・王青副教授（山東大学東方考古研究中心）、黄健副館長・侯紅氏・林建宇氏（自貢塩業歴史博物館）、袁慶華館長（寿光市博物館）、江章華副所長（成都市文物考古研究所）、陳伯楨助理教授（台湾大学人類学系）、金志偉氏（中山大学人類学系考古教研室）、龍騰氏・夏暉所長（蒲江県文管所）、黄海氏（涪陵区博物館）、孫華教授（北京大学文博院）、吉開将人助教授（北海道大学大学院文学研究科）。

末筆ながら、東南アジア考古学および博物館学の恩師である青柳洋治先生のこれまでのご指導に篤く御礼申し上げます。

註

(1) 山西省出土の製塩土器については劉・陳氏（同 2000）、広東省出土の製塩土器については李岩氏（同 2004）がそれぞれ論及している。山東省と重慶市出土の製塩土器を扱った研究については、本文で詳述する。

(2) 盔形器が製塩土器である可能性そのものに初めて言及したのは、楊子范氏であった（同 1959）。しかしその可能性をめぐって体系的・具体的に土器を分析した論考は、曹論文が嚆矢である。

(3) 瓦渣地遺跡・中壩遺跡の発掘に関する事実記載は、次の文献をおもに参考とした。孫華論文（同2003）、曾論文（同 2003a,b）、孫智彬論文（同 2003）、陳論文（同 2003）、北京大学考古系等報告（同 2006）。

(4) 清・光諸年間『巫山県誌』「金石篇」に収められた黄庭堅著『漢塩鉄盆記』によれば、北宋の建中靖国元年（1101年）、黄庭堅が赴任先の巫山県（現重慶市巫山）の県署で植え込み用の穴を掘らせていたとき、「大塩盆」が出土した。「巴官三百五十斤、永平七年（64年）、第二十七酉」という16字の銘文が鋳られていた。

洪适『隷続』巻十四および婁和『漢隷字源』には、南宋の乾道年間（1165年〜1173年）に漢嘉郡（四川省雅安一帯）で陸游が得た鉄盆について記載されている。1つは「廿五石廿年修官作」とあり、もう1つには「廿五石」とのみ鋳られていた。著者の洪适はその銘文の字体から年代を後漢初年と推定している。そのうえで銘文の「廿年」は、後漢初年の建武二十年（44年）に該当すると考えた。「廿五石」という銘文は、先に紹介した四川省蒲江県五星鎮出土例にも認められる。

(5) この他、清代の嘉慶年間（1796-1820年）に記された『掖県県志』に、当時塩田が所在した同地には30点以上の青銅盆がもともとあり、その口径は128cm余りであったとある。これを春秋時代の管仲が海水を煮て製塩するのに用いたと伝承されているが、漢代のいわゆる「牢盆」ではないかともされている。

(6) この大型鉄釜は、煙台市博物館と沾化県博物館での所蔵が確認されている（林等 1992）。そのうち前者の出土地は、萊州市当利古城遺跡である。『漢書』地理志によれば、漢代の当利県に塩官が置かれたとあり、この遺跡が漢代の当利県城に相当する可能性が高い。沾化県博物館所蔵品の出土地は不明であるが、塩業の盛んな同県内から出土したものであろう。

(7) 四川省蒲江県五星鎮出土例の内面底部に残っていた白い膜状の物質を成分分析して、それが製塩関連の物質であると証明できれば、この仮定の蓋然性はさらに高まるであろう。

(8) 盔形器の大きさの平均値は、方論文（同 2004）、山東大学東方考古研究中心等報告（同 2005）で大きさが公表された28点の完形器を対象にして計算した。

(9) 大荒北央遺跡のピットや溝では、『天工開物』に「淋洗」と記されている方法で採鹹がなされていた可能性がある。淋洗の工程の概要は、次のようなものである。ピットのうえに蓆などを敷き、そのうえに海浜などの塩分を含む砂（鹹砂）や鹹土を撒く。そのうえからさらに鹹水を注ぐと、鹹砂や鹹土に含ま

れている水溶性の塩分が解け、塩分濃度の高まった鹹水はピット内にしたたって溜まる。大荒北央遺跡の溝で検出された葦の茎が、この淋洗の際に鹹水を濾過するためにピット開口部に敷かれた蓆のものであったとするならば、鹹水から土が取り除かれてピット内部に土が溜まらないので、より多くの鹹水を貯めることができたであろう。

(10) 註(3)と同じ。
(11) 孫華氏らも同様の推測を行っている（同 1999: 55-56）。

図版出所

図1　方2004: 図二より引用。
図2-1,2　兪2000：46頁、47頁より引用。
図3・6　筆者撮影。
図4-1,2　龍等2002a：図一、図二より引用。
図5　山東大学東方考古研究中心等2005: 図四より引用。
図7　筆者作成。
図8　龔他1998: 13より引用。

文献目録

于嘉芳
　2001 「牢盆與沛水―關於齊國的製鹽技術」『故宮文物月刊』第223号: 106-120.
王青・朱継平
　2006 「山東北部商周盔形器的用途与産地再論」『考古』2006年第4期: 61-68.
郭正忠（編）
　1997 『中国塩業史　古代編』北京：人民出版社.
侯紅
　2002 「蒲江塩井的開発与西漢四川塩鉄経済的発展形態」『塩業史研究』2002年第3期: 18-27.
龔廷万・龔玉・戴嘉陵（編著）
　1998 『巴蜀漢代画像集』北京：文物出版社.
山東大学東方考古研究中心・寿光市博物館
　2005 「山東寿光市大荒北央西周遺址的発掘」『考古』2005年第12期: 41-47.
成都市文物考古研究所
　2006 「成都市蒲江県古代塩業遺址考古調査簡報」李水城・羅泰（編）『中国塩業考古―長江上游古代塩業与景観考古的初歩研究（第一集）』: 126-145, 北京：科学出版社.
曹元啓
　1996 「試論西周至戦国時代的盔形器」『北方文物』1996年第3期: 22-26.
曾憲龍
　2003a 「中壩遺址在三峡庫区塩業考古中的地位」『塩業史研究』2003年第1期: 22-24.
　2003b 「中壩龍窯的生産工芸探析」『塩業史研究』2003年第1期: 46-50.
孫華・曾憲龍
　1999 「尖底陶杯与花辺陶釜―兼説峡江地区先秦時期的漁塩業」『巴渝文化』第4輯: 52-56.
孫華
　1997 「忠県李園戦国及漢代遺址」中国考古学会（編）『中国考古学年鑑　1995』: 229, 北京：文物出版社.
　2003 「四川盆地塩業起源論網―渝東塩業考古的現状、問題与展望」『塩業史研究』2003年第1期: 16-22.
孫智彬
　2002 「忠県中壩遺址的性質―塩業生産的思考与探索」『塩業史研究』2003年第1期: 25-30.
中国社会科学院考古研究所・河北省文物管理處（編）
　1980 『満城漢墓発掘報告』北京：文物出版社.

趙平安
  2004 「戦国文字中的塩字及相関問題研究」『考古』2004年第8期: 56-61.
陳伯楨
  2003 「由早期陶器製塩遺址与遺物的共同特性看渝東早期塩業生産」『塩業史研究』2003年第1期: 31-38.
唐仁粤（編）
  1997 『中国塩業史　地方編』北京：人民出版社.
北京大学考古学系・加州大学洛杉磯分校考古研究所・成都市文物考古研究所・阿拉巴馬大学人類学系
  2006 「1999年塩業考古田野調査報告」李水城・羅泰（編）『中国塩業考古―長江上游古代塩業与景観考古的初歩研究（第一集）』: 30-113, 北京：科学出版社.
巴塩
  2006 「尖底杯：一種可能用于製塩的器具」李水城・羅泰（編）『中国塩業考古―長江上游古代塩業与景観考古的初歩研究（第一集）』: 260-285, 北京：科学出版社.
付羅文・袁靖
  2006 「重慶忠県中壩遺址動物遺存的研究」『考古』2006年第1期: 79-88.
兪偉超（編）
  2000 『長江三峡文物存真　長江三峡書系』重慶：重慶出版社.
方輝
  2004 「商周時期魯北地区海塩業的考古学研究」『考古』2004年第4期: 53-67.
楊子范
  1959 「前言」山東省文物管理處・山東省博物館（編）『山東文物選集（普査部分）』: 2-4, 北京：文物出版社.
李岩
  2004 「広東地区塩業考古研究急議」広東省文物考古研究所・広州市文物考古研究所・深圳博物館（編）『華南考古』1: 69-73, 北京：文物出版社.
李小波
  2006 「四川古代塩業開発的地質基礎」李水城・羅泰（編）『中国塩業考古―長江上游古代塩業与景観考古的初歩研究（第一集）』: 162-181, 北京：科学出版社.
李水城・蘭玉富・王輝・胡明明
  2003 「莱州湾地区古代塩業考古調査」『塩業史研究』2003年第1期: 82-91.
李根蟠
  2003 「中国塩業史研究的新突破―《巴渝塩業》専輯緒論」『塩業史研究』2003年第1期: 4-7.
劉莉・陳星燦
  2000 「城：夏商時期対自然資源的控制問題」『東南文化』2000年第3期: 45-60.
林仙庭・崔天勇
  1992 「山東半島出土的幾件古塩業用器」『考古』1992年第12期: 1139-1141.
龍騰・夏暉
  2002a「四川蒲江発現漢代塩鉄盆」『文物』2002年第9期: 95.
  2002b「蒲江県出土漢代牢盆考」『塩業史研究』2002年第2期: 9-14.
Flad, R., J. Zhu, C. Wang, P. Chen, L. von Falkenhausen, Z. Sun, and S. Li
  2005　Archaeological and chemical evidence for early salt production in China, *PNAS*, August 30, 2005, vol.102, no.35: 12618-12622.

メコンデルタ出土古代ガラスの基礎的研究
—オケオ港市を中心に—

平野 裕子

キーワード：メコンデルタ　オケオ港市遺跡　ガラス製装身具　域内交流ネットワーク

はじめに

　メコン河下流域（メコンデルタ[1]）は、ローマ・中国間の東西交易と結びつき、著名なオケオ（Oc Eo）港市が産まれた地域である。このオケオが誕生した西暦紀元前後という時代はいわゆる鉄器時代に当たるが、シルクロード開通と東西交易の活発化にともない、オケオをはじめ交易ルート上に港市が誕生し多様な交流ネットワークが形成される要となった時代である。こうした港市の成立と展開は、インド・中国などの東西を結ぶ長距離交易とメコン河等の河川・海域を通じた域内交流を結びつけ、東南アジア世界のみならずインド洋・南シナ海を通じて古代社会に大きな影響を及ぼした。

　扶南とは、メコンデルタに登場する東南アジアで最初の国家であり、当時の海上交易で活躍した南シナ海海域世界の諸国のうち、扶南は中心的役割を果たしていた。中国の史書によればA.D.1世紀頃に成立し、7世紀にカンボジア平原にあった真臘によって併合されるまで続いたとされる。その主な領域はメコン河下流域の中小河川が集まるデルタ地帯であり、現在のベトナム南部とカンボジア南部との国境付近の範囲に及ぶ。しかし長きにわたるベトナム・カンボジア両国間の争いのなかで、研究者同士の交流も進まないまま、当地域・時代の具体的な歴史は大きな空白を抱えている。

　従来の扶南研究は、中国史料や美術様式・碑文研究によって形作られ[2]、インド・中国という各文明の影響が強調されている。そのなかで、1940年代の仏領時代にマルレ（L. Malleret）によって発掘されたオケオ遺跡は、当地域において最も重要な発見の一つとして注目された。調査の結果、リンガ・宗教的彫像・ローマコイン等の国際色豊かな遺物やヒンドゥー寺院建築の基壇などから、オケオは扶南の重要な外港であったと認識され、インド文明を受容する窓口としてセデスが提唱したインド化（Indianization）の代表例に挙げられた（Coedes 1968）。しかしその後、1975年以降にベトナム人研究者による調査が広域に及び、メコンデルタ東部のドンナイ（Dong Nai）川流域まで広がると、「オケオ文化（プレオケオ～ポストオケオ文化：B.C. 2世紀～A.D. 12世紀頃まで）」というメコンデルタ内の内的発展を基とした考古文化編年が提唱され始める（Le Xuan Diem et al. 1995）。今までメコンデルタには、雨季の浸水・硫酸性土壌などの生態的・地理的諸条件ゆえに人の居住は困難であり、デルタへの人の居住はかなり時代が下ると考えられていたが、このオケオ文化の提唱により、先史からの考古文化が連綿と存在したことが明らかとなってきた。

しかしながら、調査対象が宗教建造物に偏る傾向にあり、社会－文化復元に欠かせない居住・集落址に関する研究は依然として少ない。また出土遺物に対する系統的な整理・分類はまだ進んでおらず、そのため、メコンデルタ内の自律的な文化発展を主張しつつも、遺跡間同士の相互関係やオケオが持つ交流ネットワークの実態等については、具体的に検証されていないままとなっている。

筆者は、ベトナム領メコンデルタにおいて、オケオの居住址の発掘調査や各省博物館での資料調査等のフィールド調査を行ってきた。そして、メコンデルタ各地から普遍的に出土する注口付き壺・瓦・ガラスに注目し、遺跡・遺物からオケオを頂点とするメコンデルタ内部の交流ネットワークの実態とその影響を明らかにすることを試みてきた（平野2001, 2005, 2006a, b）。本稿では、交流ネットワーク上で広く流通していたと考えられるガラス製装身具をとりあげ、ロンアン（Long An）省博物館・ホーチミン市歴史博物館等における資料調査をもとに、メコンデルタで出土するガラスの生産とその変容から、オケオ港市と後背地（デルタ）間の文化交流の関係をみてみたい。

1. オケオ文化（メコンデルタ考古学）とガラス製装身具

オケオ文化の範囲は、オケオが立地するバサック（Bassac）河流域の低湿地帯にとどまらず、デルタ東部台地のドンナイ省、ラムドン（Lam Dong）省まで広がり、各地域においてそれぞれ多様な展開がなされた。近年調査数が増加するなかで、1997-2002年に行われたオケオ港市の再発掘（フランス極東学院とベトナム南部社会科学院考古学研究所の共同調査）や、同研究所によるゴートゥチャム（Go Tu Tram）居住址の発掘等は、オケオ文化研究に多くの情報をもたらした。前者はマルレが航空写真や踏査成果から類推したオケオ港市の全体像を試掘およびボーリング調査によって確認し、堀・土塁に囲まれ中央運河に貫かれた港市の存在が再確認された（図3）。また点在するマウンド上の居住址（ゴーオケオ（Go Oc Eo）遺跡等）や、隣接するバテ（Ba The）山の麓にある寺院遺跡（リンソン（Linh Son）寺院等）の試掘などから得られたC^{14}年代から、オケオ港市の変遷が明らかになりつつある。

その結果、オケオ文化の年代区分については、未だ研究者によって意見が分かれるものの、三期に分類される点で広く合意を得ている。第一期は、B.C.2世紀頃（極東学院はA.D.1世紀からとする）からA.D.3世紀頃で、オケオ文化の早期段階である（Vo Si Khai 2004）。この時期は、マウンドやバテ山の麓に杭上家屋等の居住の開始時期である。第二期は4-6世紀で、建築址が多く展開し、遺物・遺跡共に最も数が多い。当時期はオケオ文化の発展（もしくは典型）段階と呼ばれ、周濠や中央運河が設けられ、港市として整えられた時期である。そして第三期は7-10世紀（一部の遺跡では12世紀頃まで含む）とされ、オケオ港市は廃棄され、バテ山麓に宗教建造物が残るのみとなる[3]。当時期はポストオケオ文化期とも呼ばれ、カンボジアのいわゆるプレアンコール（Pre Angkor）期と並行する。

ゴートゥチャム遺跡はこれら三期全ての文化層を持つ居住址であるが、ガラスが出土する層は第二期の発展段階のみであった[4]。メコンデルタにおけるオケオ文化期に属する遺跡において、ガラスを出土する地域は、(1)南シナ海への窓口であるサイゴン（Sai Gon）川河口カンゾー（Can Gio）地区、(2)オケオ文化の核的な地域であるバサック河流域、(3)オケオ周辺のヴァンコータイ（Vam

Co Tay)川流域(海抜2.5-3.5m高の洪水・氾濫原地域)である(図2)。

出土するガラスは全て装身具類(ビーズ・耳飾り・腕輪)である。東南アジアから出土するガラスは、ほとんどが型式的変化の少ないビーズ類であり、元来、西方世界(特にインド)から搬入されたものと考えられてきた。技法としては巻き付け技法と管切り技法によるものが多く、前者は離型剤を塗った金属棒に融けたガラスを巻き付けて作る技法であり、後者は中空のガラスを引き延ばして管を作り、冷まして固化した後に加撃して切断するものである(図4, 5)(福島2000: 1)。管切り技法は大量生産が可能であり、"Indo-Pacific Beads" と呼ばれ、B.C.250年頃からA.D.17世紀まで作られたとされる(Francis 1990: 2)。東南アジアで最も多くガラスが出土する遺跡の一つがオケオであるが、メコンデルタではまた、東南アジアで唯一腕輪や耳飾りも多く出土しており、地域ごとに多様な変容を遂げている。

2. カンゾー地区出土のガラス

ベトナム南部のメコンデルタの東端、南シナ海に接した低湿地帯カンゾー地区から、大量にガラスが出土している。特にゾンカーヴォ(Giong Ca Vo)遺跡は、居住層・墓層(甕棺・土坑墓)からなる重要な遺跡であり、甕棺に副葬される石製品の代用品として作られ始めた(Vien Bao Tang Lich Su Viet Nam et al. 1998: 109)。当遺跡は出土遺物等から、ベトナム中部のサーフィン(Sa Huynh)文化の甕棺文化伝統の影響が認められるが、甕棺の形状[5]やガラスから、独自の地域性が見られる。年代はB.C.200年〜A.D.200年に属するとされる(Nitta 1996: 6)。

ゾンカーヴォ遺跡のビーズは球形が最も多く、ほかに臼玉や樽形もしくは管形が多い。大きさはほぼ均一であり、球形の直径は平均して0.5-0.6cmを測る。管形ビーズの径は約0.4cmで、長さは平均して約2cmを測る。六角形はやや大きめで、直径は0.7-0.8cmである。ビーズは多くが半透明であり、色は主に青緑色か碧緑色である。他には藍色, 濃緑色, 赤褐色, 明黄色などがある。黄色もしくは赤褐色のものは、東南アジアで最も多く出土するムティサラー(Mutisalah)タイプと一致する。これは小さな不透明の赤やオレンジ色で鉛・バリウムを含まないビーズを指し、インド南部のアリカメドゥ(Arikamedu)遺跡を由来とするビーズのタイプであり(Lamb 1965: 93)、オケオからも大量に出土するため、当地のオケオ文化発展期への連続性を示す証拠として考えられている(Ha Van Tan 1996: 5)。

当遺跡の特徴は、型式はベトナム北・中部と同じく石製品を模するものの新たな製作技法を取り入れている点にあり、特に腕輪に顕著である。腕輪は、断面三角形のものが74点中66点と最も多い。成形は粗雑で全体的に歪みが大きく、厚さにムラがあるものや徐々に薄くなるものもある。大きさも多様になり、外径が5-9cmを測り全体的に細く薄い(表1)。色彩も透明度が高く、青・緑色以外に紫色のものが増加する。技法の一つとしては回転技法が考えられ、熱を加えた少量のガラス塊に金属棒を貫通させ、しばらく熱しながら棒を回し、その遠心力を利用して輪を作るものである。当技法は地中海沿岸〜西アジアで盛行し、内側面がやや平らになり、ガラス内部には水平に条痕や気泡がめぐり、不自然な断絶はない点が特徴である[6]。また断面三角形のものの一部は、離型剤を塗布した粘土製の型に棒状のガラスを巻き付け、工具でなでるか押圧して外形を調節した技法

が用いられた可能性がある。この技法を用いると、上下面の面取りが均等でなく、また型から外した後に内側面の径を細い棒状の工具で調整しているために側面に研磨痕がつく。当技法は、現在のインド北部のガラス作り村マヘラ（Mahera）等で今なお用いられており（Jan et al. 1994: 15)、当遺跡では、西方の技術を受容しつつ、従来の型式を製作する変化が窺える。

　耳飾りは、数量的にはビーズや腕輪よりも少なく、ガラス製装身具のなかでは2.32％を占めるのみである。ベトナム北・中部で多い玦状耳飾り以外に、断面が円形の輪状のものと、双獣頭型がある。玦状耳飾りは成形が粗雑で全体的に歪み、研磨が粗いため表面も凹凸が激しく、北・中部で普遍的に作られるものと比べると加工が粗い（図6)。また双獣頭型は、顔と胴部の境目や、鉤の平らな部分と側面との間などに研磨痕が見られることから、鋳造の可能性が高い（図7）。この双獣頭型は、サーフィン文化に特徴的な装身具であるが、ガラス製のものは当遺跡が最も多く出土することから、ガラスという素材を用いて独自に発展したと思われる。また、ガラス内部に条痕が多いものと、透明度が高く気泡が細かい球形を呈し条痕が極めて少ないものがあるが、これは「砂型作り」という砕いた粒状のガラスを型に入れて焼き固める方法で作られた可能性があり、前者は内部の砂が完全に溶融していないために亀裂が入っている様に見える（図8）。こうした場合、型に詰める原料の質的な違いは重要であり、当地のガラス生産の問題としても注目できる。当遺跡の第3発掘坑の深さ1–1.3mから1㎡にわたって焼土層が存在し、また「砂穴」と呼ばれる窪みには原料と思われる白いきめ細かい珪砂が詰まっており、当地では原料を確保し自給的にガラスを作り出していた可能性がある。

　しかし、当カンゾー地区において、ゾンカーヴォ遺跡の後の時代のオケオ文化発展段階に属するゾンアム（Giong Am）遺跡群（居住址）では、ガラス出土数は激減している。ベトナム北・中部でも同様の様子が見られ、甕棺文化の終末と共にガラスも遺跡から姿を消している。

3. オケオ出土のガラス

　メコンデルタはベトナムで最も数多くガラスを産するが（図1）、オケオ遺跡と運河で結ばれたデルタ西部は最も集中した地域である。オケオを発掘したマルレは早くからガラスに着目し、その重要性について述べている[7]（Malleret 1961: 243-244)。マルレは色調・透明度によって14種類に分け、さらに形や加工（指輪の台座用）から、不透明ガラスから透明ガラスへ移行する段階を想定した[8]。そしてこれらはインド工人の浸透とともに広まったとし、インド化の一環としてとらえている。ガラスは遺跡全体から発見され墓葬に伴うとは限らない事、金銀製品等の海外との交易品と共伴する事、指輪の台座用に加工した物が多い事などから、ガラスは日常生活の中で用いられ、愛用されてきたことが窺える。

　オケオ遺跡内では、ガラスは中央の大運河沿いの建築址群で最も出土数が多く報告されている（図3）。特にB'は製作時にできるガラス屑や未完成品、坩堝[9]（Ibid: 137-138）が存在するため工房であった可能性がある。B'から出土するガラスは非常に多様でかつ数量も群を抜いており、ガラス生産の一つの中心的場所であったと思われる。管形ビーズ等が圧倒的に多いが、襟付玉やトンボ玉等の多彩色ビーズ、金銀を内包したもの、無色もしくは白・青色ガラス、宝石を模した赤色・黒ガラス等、

加工に工夫を凝らしたものはB'以外ではほとんど出土していない。板状のものや指輪用にカボションカットされた偽宝石も、その出土地はB'に限定されている。他には運河の西側の建造物Kからガラス屑や未完成品が発見されているため、工房の一つと考えられている。また遺跡北部（H・M・P・E・F・A）には出土数が比較的少なく、南東部（G・O・Q・S）では出土量は少ないが、B'にはない半透明の黄色等が見つかっている。

　オケオ出土のガラス資料のなかでは、圧倒的多数をビーズが占め、腕輪や耳飾りはほとんど見られない。出土品の中では管切り技法の球形・管形のビーズが普遍的なものである。最終工程で熱を受けて変形したもの、工具を押し当てて粗く面取りしたもの、管切り技法に粗い加工を施したもの等は、マレー半島のクーロントム（Khlong Thom）、クアラセリンシン（Kuala Selinsing）遺跡出土品ときわめて類似する。

　一方、大型のビーズは、石材の加工と同じく錐を使って穿孔するものもある。多角柱形（三角柱・四角柱・六角柱等）・立方体の角を取った14面体（図12）等は、タイのバンドンターペット（Ban Don Ta Phet）遺跡やフィリピンのタボン（Tabon）洞穴群、後述するメコンデルタのロンアン省の諸遺跡等との交流を示し、広範囲で発見されている。

　オケオのビーズ加工技術は多岐にわたり、中でも巻き付け技法の発展により、多様で複雑な装飾が可能となった。例えば、多彩なトンボ玉、金銀を内包した金層ビーズ、板状のもの、宝石を模した赤・黒色ガラス、指輪の台座用に加工したもの、偽宝石（glass gems）、象眼装飾などが挙げられる[10]。

　また、管切り技法も大きく発展した。襟付玉は他の遺跡に比べ、突起部分への加工や、側面を押圧して突起の付け根に溝を彫るなどの複雑な加工が施されている。数個のビーズが連結した連玉は、それぞれくびれが不揃いで、7〜9個のガラスが数珠繋ぎになり、間隔が不均一で全体的に湾曲している。引き伸ばしたガラス管を工具で絞り込み、切断段階で中断したものであろう（図9）。また紀元後数世紀におよび盛んに生産された、やや側面を押圧した扁平菱形や、截頭双円錐形（算盤玉）で両先端を平らに研磨するものは、太めのガラス棒を工具で押圧するなどの加工により大量に生産され（図10）、上記の遺跡のほかに東北タイのバンナディ（Ban Na Di）・バンチェン（Ban Chiang）遺跡等からも発見されている。

　襟付玉はアリカメドゥ等インド南部で大量に存在し、東南アジアでも多く発見されるが、オケオはその中で群を抜いている。また他の遺跡に比べ突起部分が発展し、側面に刻みがつくもの、突起に切り離したときの凹凸を残すもの等、当地で生産していた可能性が高い（図11）。またさらに加工し突起の付け根に溝が彫られ、色は半透明の琥珀色を呈すものはインドとのつながりを示すと共に、搬入品を模造して製作した可能性がある。さらにオケオでは、無色透明もしくは半透明の乳白色のガラスが多く、ガラス本来の透明感や可塑性を生かしたビーズ作りが行われていた点も特徴的である。

　以上から、オケオではビーズの大量生産が可能な技法の発展が認められ、その背景には、西方からの影響とともに、特にマレー半島やタイ等の東南アジア諸遺跡と技術的交流があったと思われる。そして製品は東南アジア各地に広まり、副葬品に限られず日常生活の中で交換・交易されていたことが窺える。

4. オケオ遺跡周辺のガラス：ロンアン省出土ガラス

　次にオケオ遺跡の周辺を見てみたい。オケオ文化に属する遺跡はメコンデルタ一帯に広がるが、ガラスが発見されるのはオケオから東北へ広がる低湿地帯に集中する。ドンタップムオイ（Dong Thap Muoi）地域とロンアン省東部のヴァンコータイ川流域にあたり、ゴーハン（Go Hang）遺跡は、遺跡の大部分が盗掘の被害にあったものの、大量のガラス・貴石製装身具が発見された重要な居住址であり[11]、出土品からもオケオとの関連が指摘できる。他に隣接するゴーズン（Go Dung）、ゴーチュア（Go Chua）遺跡等からもガラスが出土する（Le Xuan Diem et al. 1995: 98-99, 101-102）。

　ビーズはオケオ出土品と同じく多様な型式や色調を持つ。出土数は千点以上に及び、暗赤色、黄色、オレンジ色ビーズが普遍的に存在している。不純物がとけきらず黒色の筋となってビーズの軸方向へ伸びていることから、管切り技法で作られていると思われる。また球形ビーズは、大きさは平均して 0.8-1.0cm とやや大きい[12]。他には六角柱、三角柱、管形、截頭双円錐形など多様である（図12）が、なかでも四角柱で角をとった14面体はバンドンターペットやオケオの出土品と類似している。

　耳飾りはデルタでは「ヒル形」と呼ばれる形が多い（表3, 図13）。下部が膨らみ切れ目が入るが、ベトナム北・中部で普遍的であるタイプとは異なり、ガラス棒を熱して加工する比較的生産が容易な西方の技法で作られている。また「芋虫形」と呼ばれるものが出土するが、これはガラス棒を捻りながら巻き取る捻り技法によるものであり、地中海沿岸地域で紀元後に盛行した技法が用いられている（図14）。

　当地域では腕輪も多く、断面は三角形と円形の2種類が多い（表2, 図15）。ゾンカーヴォ遺跡のものと同じ技法が考えられるが、三角形のものは面取りが比較的しっかりとなされ、稜や厚さにも均一性が高いものも見られる。内側面には研磨痕が見られるものの風化などによる破損はなく、気泡もわずかながら水平に伸びており、鋳造の可能性がある（図16）。したがって当地域は、ビーズ作りではオケオの技術的影響を受け、西方の回転技法・捻り技法を駆使した腕輪や耳飾りとともにベトナム北・中部等の鋳造技法も残存しており、多様な文化が混ざりあう複雑な様相を見せている。

　注目すべきは工房の痕跡であり、燃焼時に接合しあったもの、不純物が溶けきらずに盛り上がった瘤、変形したもの、錐による穿孔の際に孔端が破損したもの、穿孔が未貫通のもの等（図17）、当地での生産を示す遺物が大量に出土している。またゴーハン遺跡、ドンタップ（Dong Thap）省ゴータップ（Go Thap）遺跡からはガラスの原料塊が出土しており、良質で濃青色を呈し、板状の原ガラスを荒割したもの（カレット）と思われる。メコンデルタでは原料となる珪砂を手に入れることは困難であることから、おそらく外地からオケオを通じて運び込まれたと思われる。

　メコンデルタ西部の低湿地帯は、水運を利用してオケオと結ばれ、その文化交流の後背地的な役割を担っていたと思われる。ゾンカーヴォ遺跡は自給的に原料を用いていた可能性が指摘されているが、主なオケオ文化に属する諸遺跡では、原料は良質のカレットに依存していたと考えられる。メコンデルタでは、その製品や加工技術から、オケオのビーズ生産技術の影響を受けていたことは明らかであり、またその卓越したビーズ生産を基盤としつつ、耳飾りや腕輪作りも発展させている。

ここに、メコンデルタ域内というガラスの需要・供給と、原料確保という海上ルートを活かしたオケオの港市像の一端が浮かび上がってくるのではないかと思われる。

まとめと展望

　ガラスの発祥地である西アジアのガラスはソーダ石灰ガラスであり、主体のシリカ（珪砂）を溶かす融剤であるアルカリ原料を、地中海産の天然ソーダ（ナトロン）を用いている。そのため、ナトリウムとカルシウムが多く含まれる特徴を持つ。インドのガラスは、アルミナ＝ソーダ石灰系ガラスとカリ系ガラスの2種類に分けられ（Basa et al. 1991: 375）、前者はナトリウム・アルミニウムが多いがカルシウムが少なく、インド北部のカーチャ系と呼ばれるガラスに多い。後者はカリウムが多く数％含まれ、前者に比べアルミニウム・カルシウムは共に少なく、インド南部のムティサラータイプと呼ばれるタイプがこれに当たる。これらに対し、東南アジアのガラスは、カリ石灰ガラスもしくはカリガラスと呼ばれ、カリウムが多くナトリウム・カルシウム・マンガンは少量しか含まれない。カリウムが十数％など豊富に含まれるのは、東南アジア在地の植物を燃した灰を混入した原料を用いた為と思われ、西方や中国のガラスとも異なる特徴である。

　ガラスの成分分析からベトナム出土のガラスの特徴を見ると（表4）、北部～中部のガラスは西方のガラスと異なりナトリウム・カルシウムが少なく、カリウムは非常に高くなっている。ゾンカーヴォ遺跡は半定量分析の結果、ナトリウム・カルシウム・アルミニウムの割合が比較的高くなるかわりに、カリウムがやや低めになる。一方オケオガラスは、カリウムが含まれずナトリウム包含量が高い。これは、オケオが原料を外地から運び入れた可能性を示しており、これらの成分の違いは技法や原料などによる相違を表していると思われる。

　ベトナムの古代ガラス製作技法に関する考察は、民族誌的調査を基に鋳造技術の発展が指摘されてきたが（Nguyen Truong Ky 1996: 71-79）、腕輪やサーフィン文化系統の双獣頭型耳飾りなどは、鋳造工程において地域性を取り込みつつ発展し、カンゾー地区で頂点に達している。そして、カンゾー地区は原料は自給的であり、甕棺に埋葬する装身具伝統を保った一方、オケオ文化発展段階（主に4世紀以降）では、ガラス生産は衰退している。一方、オケオでは需要の多いビーズを盛んに作り、バンドンターペット、クーロントム等のマレー半島沿岸部と交流し、ガラスの普遍化に大きな役割を担った。その技法は、襟付玉などに示されるように西方の影響・刺激を受けている。しかし製品とともに原料を供給していたメコンデルタ内部（域内）では、耳飾りや腕輪といったオケオとは異なる装身具作りを展開させている。

　ガラスは、鉄器時代に東南アジアに新しく受け入られた遺物である。甕棺に副葬する石製装身具の代用として受け入れられたガラスは、紀元後になると墓地だけでなく居住・建築址等から広く発見されるようになる。その背景には、西方の技法や原料を取り入れつつ、加工・生産を行ったオケオ等の港市遺跡によるガラスの大量生産活動がある。その影響は水運等をもとに、港市の後背地と言えるメコンデルタ域内に広く見られる一方で、ゴーハン遺跡などは回転技法や捻り技法等の西方の技法や影響を取り入れて受容しつつ、伝統的な形（断面三角形等）の腕輪・耳飾りを作っており、更なる地方化や多様な展開を見せている。メコンデルタ各地で出土するガラスは、こうした域内で

物質文化の成立と変容

の多様な交流ネットワークを示す指標的遺物として認識できる。

　以上をふまえつつ、メコンデルタ出土ガラスの報告はまだほとんど行われていないため、今後さらに資料調査を続け、オケオをもとに東南アジア世界の文化交流ネットワークの解明へとつなげてゆきたい。

謝辞

　本稿で用いたメコンデルタの資料は、高梨財団研究助成金を受けて行った調査成果（平成12年度学術奨励基金）と、整理・分類調査等において日本学術振興会特別研究員奨学金を用いて行ったものに基づいている。また調査にあたり、チャンタインダオ（Tran Thanh Dao）氏（ホーチミン市歴史博物館）、ブイファットズィエム（Bui Phat Diem）氏（ロンアン省博物館館長）、ファムコォッククァン（Pham Quoc Quan）氏（ハノイ歴史博物館館長）、グェンキムズン（Nguyen Kim Dung）氏・レティリエン（Le Thi Lien）氏・故チンカオトゥン（Trinh Cao Tuong）氏（ベトナム考古学院）、ダオリンコン（Dao Linh Con）氏（ベトナム南部社会科学院考古学研究所所長）・ブイチーホアン（Bui Chi Hoang）氏（同研究所副所長）ほか、多くの方にご協力いただいた。また製作方法について福島雅儀氏（福島県文化財センター）、真道洋子氏（中近東文化センター）にご教示を賜った。記して感謝申し上げたい。そして何よりも、研究をずっと導いて下さり、見守りつつ御指導下さいました上智大学の青柳洋治先生に、心より御礼申し上げます、ありがとうございます。

註

(1) メコンデルタは広義ではカンボジアのクラティエ（Kratie）水文観測所より下流を指すが、本稿では首都プノンペン（Phnom Penh）以南を指す。メコン河はプノンペンから東西に分水し、東をメコン河（ベトナムではティエン（Tien）河）、西をバサック河（ベトナムではハウ（Hau）河）と呼び、ベトナム領に入るとさらに9つの支流に分かれて海へと注ぐ。本稿では考古学的遺跡の分布や遺物の関連により、ベトナム南部のヴァンコー（Vam Co）川、サイゴン川、ドンナイ川流域を含む地域を指すものとする。

(2) 従来、扶南史の研究は文献史学等による歴史学的アプローチが主流であった。3世紀中頃に派遣された中国の呉の使者朱応・康泰の報告『扶南土俗』、『扶南異物志』の佚文等の研究（杉本1956、渡辺1985）、サンスクリット碑文や彫像による美術史的研究（Coedes 1968、石澤1982）等が挙げられる。

(3) オケオ港市が衰退する一方で、メコンデルタの他地域では、大型の遺跡群や宗教建造物が形成され続けており、オケオの北にあるチトン（Tri Ton）山地群やドンナイ省・カンボジア国境と接するタイニン（Tay Ninh）省といった台地上や、メコン河河口部等においては、13世紀に至るまで遺跡が存続している。

(4) ゴートゥチャム遺跡は2001年・2002年・2005年度の3次にわたって計7箇所の発掘坑が設けられており、筆者は2002年度以降の調査に参加した（平野2006a, b）。発掘報告書は現在作成中であり、図・写真等の掲載等で許可されているものは限られている。

(5) 当遺跡の甕棺は9割が丸底の球形で蓋を伴わず、高さが平均50cmとやや低い独特の型式をもつ。同タイプの甕棺はメコンデルタと周辺の島、フィリピン、東北タイ等のメコン川流域に広範囲に認められ、柱形で蓋の付くサーフィン文化の甕棺とは異なる地域的特徴をもつ。

(6) ガラス製腕輪は、世界的にローマ期以降広まり、技法として一般的に用いられたのは繋ぎ技法と回転技法であるが、当遺跡で確認できたのは回転技法のみであった。

(7) しかしその基となる資料は大部分が発掘によってもたらされたものではない採集・収集品であり、残念ながら出土地および層位が明らかなものは少ない。

(8) オケオ出土のガラスで不透明・半透明のガラスが多いのは、宝石の代用として模造されたためであろう。「宝石を模したガラス」（Malleret 1961: 263–264）とマルレが分類したように、宝石偽造技術が当時は

普遍的に存在しており、インドやスリランカではダイヤ・ルビー・ベリル等の模造が横行し、中国では玉の代用品と混同していた。そのため、人造のガラスか天然のガラス質のものかという視覚による判別は難しく、スペクトル分析等の化学分析による確認が必要である。例えば黒色ガラスはテクタイトの偽物として人気があり、溶解の過程で生じた炭素の有無や、天然ガラスには含まれない Glucinium の有無によって判別を行う（Malleret 1961: 巻末付録9）。また穿孔工程等の観察も判別に際し重要である。

(9) 報告には2点が紹介されている。全体的に不定形で叩き技法で作られ、口縁は胎土が盛り上がるような粗い作りで、大きさは高さ4.5cm、直径10-10.5cmと小型である（Ibid: 138）。

(10) 金銀細工製の亀にカボションカットのガラスをはめ込んだものは、金銀細工とガラスが結合した極めて珍しい例であり、当地の技術の先進性を示している。

(11) 居住域はおそらく10万㎡を超える大型低湿地居住遺跡であったとされ、紫水晶・紅玉髄・縞瑪瑙・ガラスビーズが出土した（Le Xuan Diem et al. 1995: 90-92）。

(12) 同形のカーネリアン製ビーズは、当地域のものはオレンジもしくは黄色が強く、インドの熱処理を施したものとは異なり、質的には劣るものの大量に出土する。

文献目録

石澤良昭
    1982 『古代カンボジア研究』国書刊行会.

杉本直治郎
    1956 「インドシナ古代社会の史的性格―特に扶南の場合―」『東南アジア史研究I』巌南堂書店: 308-416.

平野裕子
    2001 「メコンデルタ港市遺跡出土古代ガラスの基礎研究―東南アジア古代ガラスの系統分類」『平成12年度高梨学術奨励基金年報』: 29-54.
    2005 「東南アジアの古代ガラス生産とその変容―域内交流の視点から―」『東南アジア考古学』25: 185-206.
    2006a 「ベトナム南部メコンデルタの土器資料―ゴートゥチャム遺跡の注口付き壺と瓦を中心に―」『上智アジア学』23: 161-178.
    2006b 「港市オケオの文化交流ネットワークの展開」『東南アジア考古学会研究報告』4: 27-39.

福島雅儀
    2000 「ガラス玉等の製作痕跡と技法の復元」福島県文化センター発表資料: 1-12.

山本達郎
    1966 「古代南海交易と扶南の文化」『古代史講座』13, 学生社: 124-144.

渡辺武
    1985 「朱應・康泰の扶南見聞録輯本稿―三国呉の遣カンボジア使節の記録の復原―」『東海大学文学部紀要』43: 7-29.

Basa, K. K, I. Glover and J. Henderson
    1991 The Relationship between Early Southeast Asian and Indian Glass, *Indo-Pacific Prehistory 1990*, vol. 2: 366-385.

Coedes, G.
    1968 *The Indianized States of Southeast Asia.* Trans. Honolulu: University of Hawaii Press.

Commission consultative des Recherches Archeologiques Francaises a l'etranger
    2001 *Mission Archeologie du Delta du Mekong: Rapport d'activites 2001.* Paris: Ecole Francaise d' Extreme- Orient.

Francis, P. Jr.
    1990 Glass Beads in Asia, Part II: Indo-Pacific Beads. *Asian Perspective* 29 (1): 1-23.
    2002 *Asia's Maritime Bead Trade: 300 B.C. to the Present.* Honolulu: Hawaii University Press.

Ha Van Tan

1996   From Pre-Oc Eo to Oc Eo: An Attempt to find the origins of an ancient civilization. Paper presented at the East Asian Archaeology Network Conference. April, 10th, 1996, Honolulu, Hawaii: 1-8.

Hirano, Y.
2001   *Glass Ornaments in Hanoi National Historical Museum: A Study of the Cultural Exchanges fromGlass Materials mainly in the Iron Age*（Research Report）, In Hanoi National Historical Museum, Hanoi: Vietnamへ寄贈.

Jan K. and T. Sode
1994   *Glass, glassbeads and glassmakers in Northern India.* Denmark: THOT Print.

Lamb, A.
1965   Some Observations on Stone and Glass Beads in Early Southeast Asia. *Journal of the Malaysian Branch of the Royal Asiatic Society* 38 (2) : 87-124.

Le Xuan Diem, Vo Si Khai and Dao Linh Con (eds.) .
1995   *Van Hoa Oc Eo: Nhung kham pha moi.* Ha Noi: Nha Xuat Ban Khoa Hoc Xa Hoi.

Malleret, L.
1959, 60, 61, 63   *L`Archeologie du delta du Mekong.* 4 tomes. Paris: Ecole Francaise d' Extreme-Orient.

Nguyen Kim Dung and Vu Quoc Hien
1994   Ket qua phan tich quang pho cac mau thuy tinh va da o Giong Ca Vo. *Nhung Phat Hien Moi Ve Khao Co Hoc Nam* 1994: 184.

1995   Do Trang suc trong cac mo chum o Can Gio. *Khao co hoc* 1995-2: 27-46.

Nguyen Truong Ky
1996   *Do Thuy Tinh Co o Viet Nam.* Ha Noi: Nha Xuat Ban Khoa Hoc Xa Hoi.

Nitta, E.
1996   Comparative Study on the Jar Burial Traditions in Vietnam, Thailand and Laos. 『鹿児島大史学科報告』43: 1-19.

Vien Bao Tang Lich Su Viet Nam and Bao Tang Lich Su Viet Nam tai Thanh Pho Ho Chi Minh
1998   *Khao Co Hoc Tien Su Va So Su Thanh Pho Ho Chi Minh.* Thanh Pho Ho Chi Minh: Nha Xuat Ban Tre.

Vo Si Khai
2004   Xa Hoi Ba The - Oc Eo Muoi Ky Dau Cong Nguyen. In Trung Tam Khoa Hoc Xa Hoi va Nhan Van Quac Gia, Vien Khao Co Hoc Xa Hoi tai Thanh Pho Ho Chi Minh, Trung Tam Nghien Cuu Khao Co Hoc (eds.) , *Mot So Van De Khao Co Hoc o Mien Nam Viet Nam*: 391-409. Thanh Pho Ho Chi Minh: Nha Xuat Ban Khoa Hoc Xa Hoi.

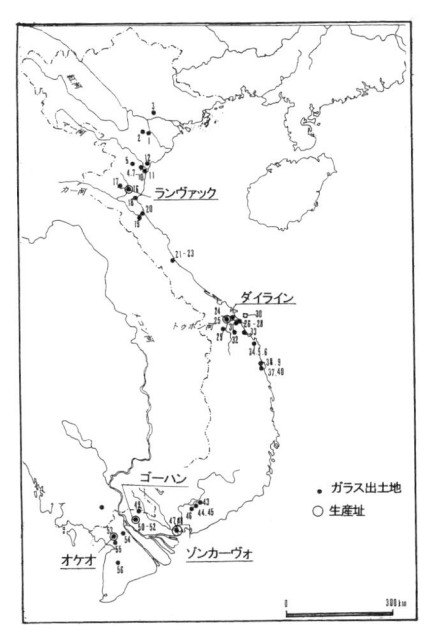

図1　ベトナムのガラス出土分布地図

1. Duong Co   2. Phu Luong   3. Lung Khe   4. Dong Son
5. Xuan Lap   6. Lach Truong   7. Luc Truc   8. Bim Son
9. Ngoc Am 10. Man Thon 12. Hoanh Chung   13. Dinh Cong
14. Nui Nap 15. Con Cau 16. Lang Vac   17. Mai Da Ho
18. Dong Mom 19. Xuan An 20. Phoi Phoi   21. Dong Hoi
22. Cuong Ha 23. Co Giang 24. Que Loc   25. Dai Lanh
26. Hau Xa   27. Hau Xa II 28. Xuan Lam   29. Tabhing
30. Bai Lang 31. Tra Kieu 32. Binh Yen   33. Bau Tram
34. Tam My   35. Nui Thanh 36. Ky Xuan   37. Sa Huynh
38. Thanh Duc 39. Phu Khuong 40. Long Thanh
41. Go Ma Vuong 42. Tan Long 43. Phu Hoa   44. Suoi Chon
45. Dau Giay 46. Hang Gon 47. Giong Ca Vo   48. Giong Phet
49. Go O Chua 50. Go Hang 51. Go Dung   52. Go Chua
53. Oc Eo   54. Da Noi   55. Nen Chua   56. Canh Den

1. Oc Eo 2. Giong Xoai 3. Nen Chua 4. Lo Mo 5. Da Noi 6. Non Nghia 7. Ke Mot
8. Canh Den 9. Go Thap 10. Go Dung 11. Go Hang 12. Luu Cu 13. Go Thanh
14. Binh Ta 15. Ho Chi Minh city 16. Phu Hoa 17. Can Gio (Giong Ca Vo, Giong Am)

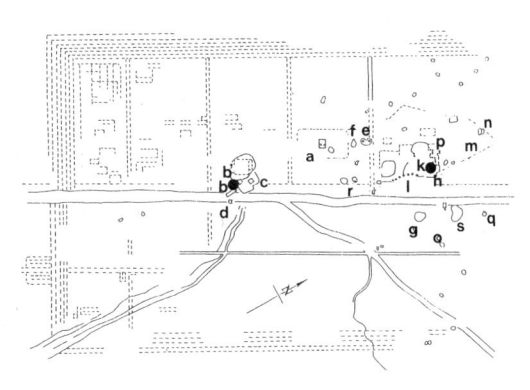

図2　メコンデルタ出土ガラス遺跡分布図

図3　オケオ遺跡の主なガラス出土分布地図
（Malleret 1959: Pl. XL を基に筆者編）

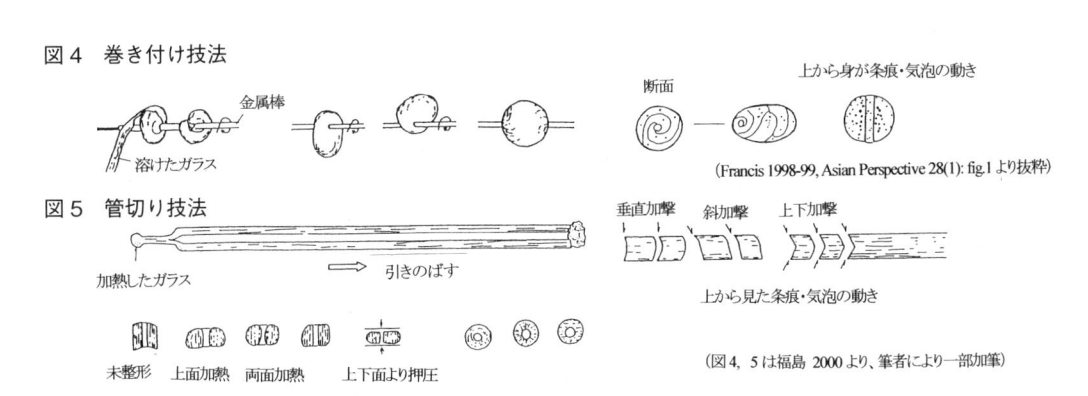

図4　巻き付け技法

（Francis 1998-99, Asian Perspective 28(1): fig.1 より抜粋）

図5　管切り技法

（図4, 5 は福島 2000 より、筆者により一部加筆）

物質文化の成立と変容

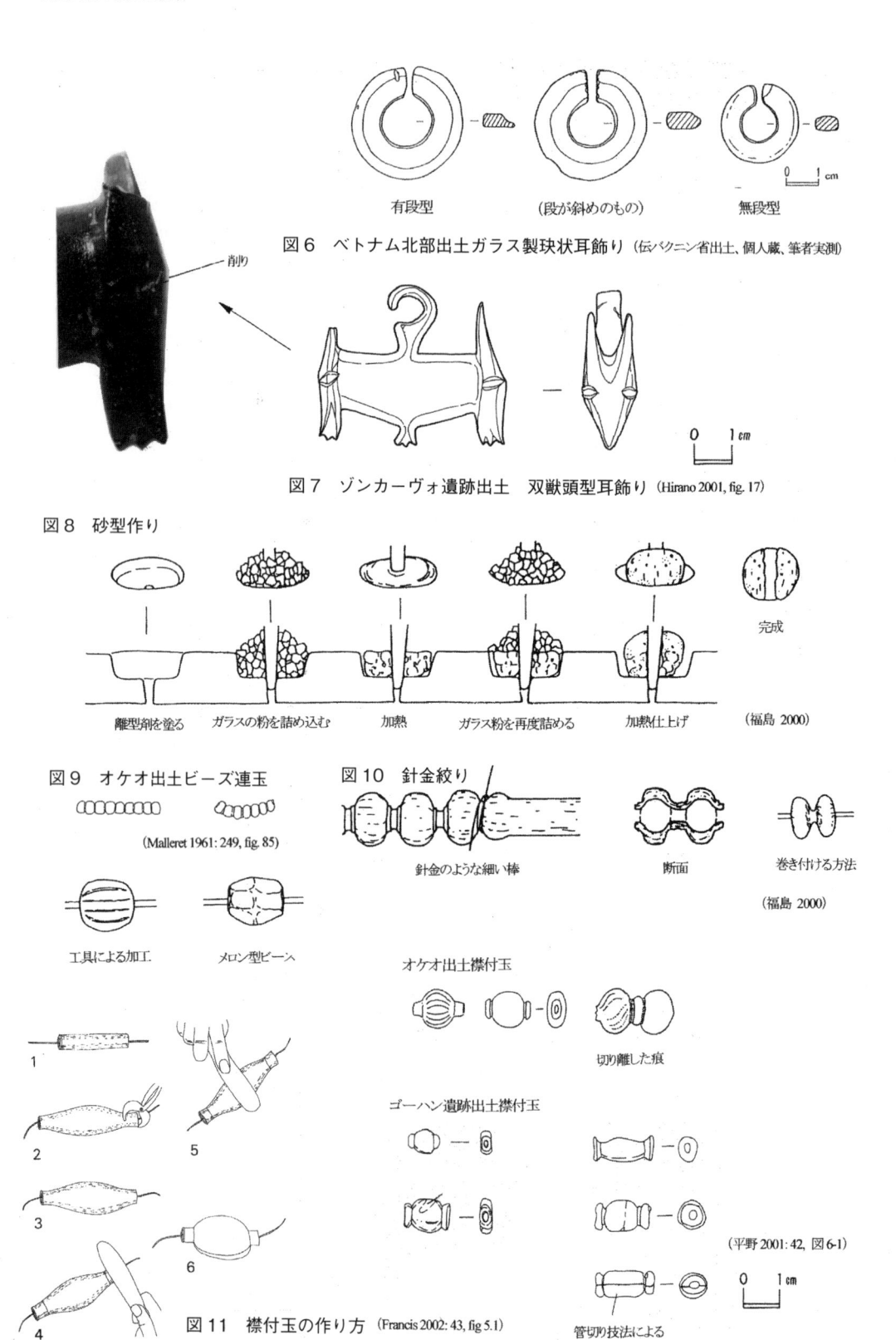

図6　ベトナム北部出土ガラス製玦状耳飾り（伝バクニン省出土、個人蔵、筆者実測）

有段型　　（段が斜めのもの）　　無段型

削り

図7　ゾンカーヴォ遺跡出土　双獣頭型耳飾り（Hirano 2001, fig. 17）

図8　砂型作り

離型剤を塗る　ガラスの粉を詰め込む　加熱　ガラス粉を再度詰める　加熱仕上げ　完成

（福島 2000）

図9　オケオ出土ビーズ連玉

（Malleret 1961: 249, fig. 85）

工具による加工　　メロン型ビーズ

図10　針金絞り

針金のような細い棒　　断面　　巻き付ける方法

（福島 2000）

オケオ出土襟付玉

切り離した痕

ゴーハン遺跡出土襟付玉

（平野 2001: 42, 図6-1）

管切り技法による

図11　襟付玉の作り方　（Francis 2002: 43, fig 5.1）

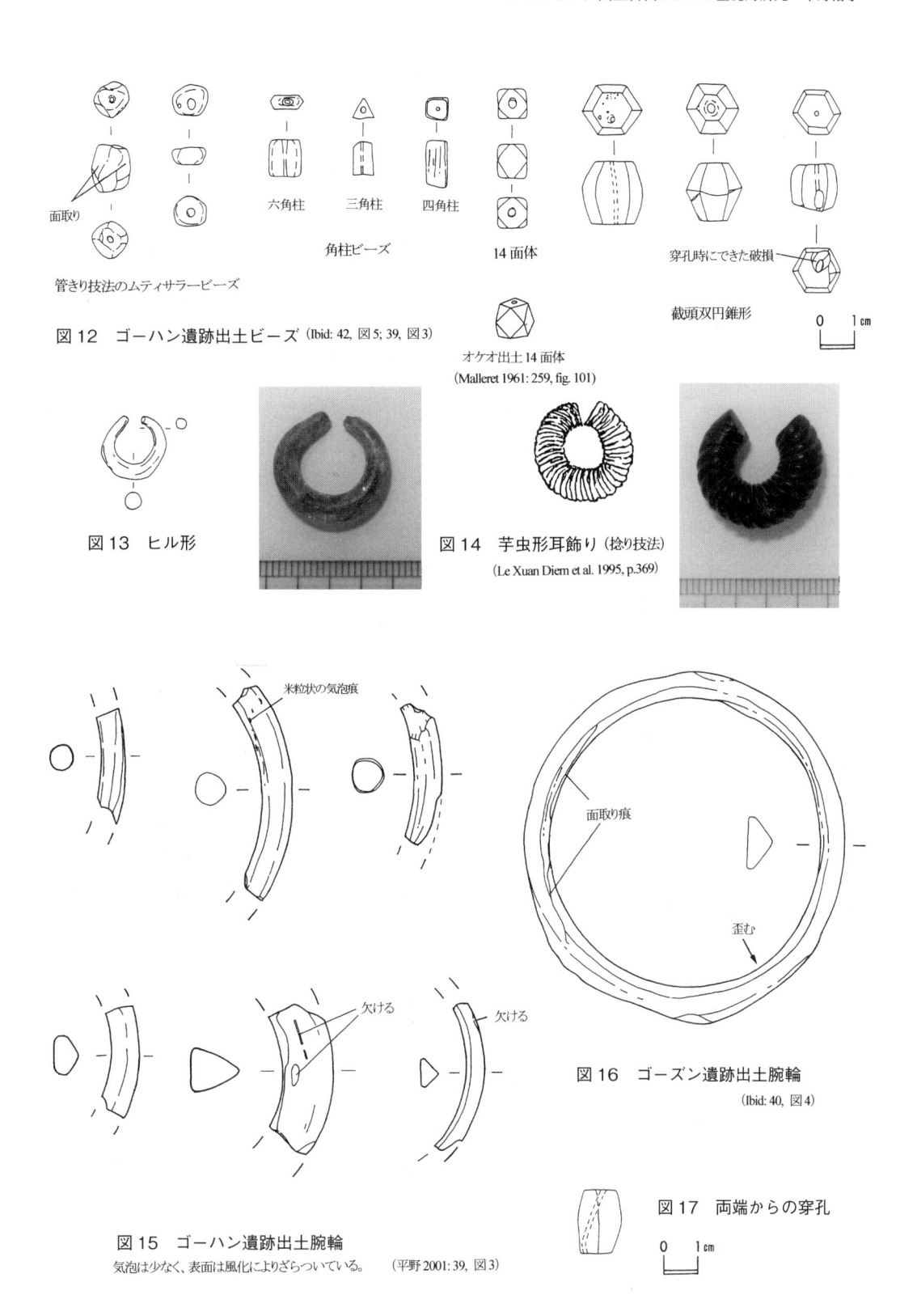

図12 ゴーハン遺跡出土ビーズ (Ibid: 42, 図5; 39, 図3)

面取り
管きり技法のムティサラービーズ
六角柱　三角柱　四角柱
角柱ビーズ
14面体
オケオ出土14面体
(Malleret 1961: 259, fig. 101)
穿孔時にできた破損
截頭双円錐形

図13 ヒル形

図14 芋虫形耳飾り（捻り技法）
(Le Xuan Diem et al. 1995, p.369)

米粒状の気泡痕

面取り痕

歪む

図16 ゴーズン遺跡出土腕輪
(Ibid: 40, 図4)

欠ける　欠ける

図17 両端からの穿孔

図15 ゴーハン遺跡出土腕輪
気泡は少なく、表面は風化によりざらついている。 （平野2001: 39, 図3）

表1　ゾンカーヴォ遺跡出土ガラス製腕輪（断面三角形、単位：cm）

色	外径	幅	厚さ	面取り幅
10BG 4/8	5.2	0.6	0.7	0.3
5PB 4/8	6.2	0.5	0.8	0.1
10BG 6/8	5.6	0.5	1.1	0.1
10BG 6/8	6	0.5	0.9	0.2
10B 4/8	8.4	0.6	1.2	0.2

（ホーチミン市歴史博物館収蔵　平野2001：48，表3より一部抜粋）

表2　ゴーハン遺跡出土ガラス製腕輪（単位：cm）

断面形	色	外径	幅	厚さ	面取り幅
円形	10B 3/8	12	0.7	0.8	
円形	5G 3/8	10.6	0.8	0.9	
円形	10BG 5/8	7	0.4	0.4	
円形	10BG 6/4	10.7	1	0.9	
円形	10BG 4/8	7	0.4	0.4	
円形	10BG 5/8	9	0.45	0.45	
円形	5G 3/4	7	0.3	0.3	
円形	10B 5/8	7	0.3	0.4	
円形	10B 3/8	7	0.3	0.3	
円形	5G 6/4	6.1	0.8	0.8	
円形	5PB 2/8	4.5	0.8	0.8	
楕円形	5PB 3/8	8	0.9	0.8	
楕円形	10B 4/12	8	0.6	0.6	
三角形	10B 4/8	7.8	0.8	1	0.5
三角形	5PB 4/12	7.8	0.7	1.1	0.4
三角形	5B 4/8	9.4	0.8	0.8	0.25
三角形	5G 6/4	8	0.8	1.4	0.3
三角形	5G 6/4	9	0.7	1.3	0.2
三角形	10B 3/8	7	0.5	1	
三角形	10PB 5/4	9	1.4	1	0.15

（ロンアン省博物館所蔵、平野2001：48，表3より一部抜粋）

表3　ロンアン省博物館収蔵ガラス製耳飾り（単位：cm）

	断面形	色	外径	幅
芋虫形	円形	10PB 3/8	3	0.6
芋虫形	楕円形	5PB 3/12	2	0.6
芋虫形	円形		1.8	0.5
ヒル形	円形	5Y 8/2	1.8	0.3-0.5
玦柱形	長方形	10PB 4/8	2	0.6
玦状耳飾	三角形	10BG 7/4	1.7	0.6
玦状耳飾	三角形	10G 7/4	1.3	0.4
玦状耳飾	三角形	10B 3/8	2.6	0.6
玦状耳飾	三角形	10B 3/8	1.5	0.5
玦状耳飾	三角形	10BG 7/4	1.5	0.4
玦状耳飾	三角形	10BG 6/4	1.5	0.5
玦状耳飾	三角形	10BG 6/4	1.5	0.8
玦状耳飾	三角形	10B 3/8	1.2	0.3

（ロンアン省博物館所蔵、平野2001：48，表3より一部抜粋）

表4　東南アジアガラス・インド・中国製出土ガラスの成分分析表（単位：%）

出土遺跡	位置	資料	SiO2	Al2O3	CaO	MgO	PbO	BaO	K2O	Na2O	FeO	CuO	MnO	その他
Lang Vac	ベトナム北部	腕輪(藍)	―	1.30	2.80	0.50	0.01		18.00	0.22	0.75	1.30	0.50	Ag,Tiを含む
Dai Lanh	ベトナム中部	ビーズ(赤)	―	6.00	9.00	0.70	0.005		12.00	15.00	0.55	0.007	0.007	Tiを含む
Sa Huynh	ベトナム中部	ビーズ(青緑)	―	1.50	3.40	0.70			10.50	6.70	2.50	0.55	0.90	Tiを含む
Giong Ca Vo*	メコンデルタ東部	腕輪(緑色)	―	5.70	4.20	1.70			3.20	4.00	0.14	1.12	0.10	Sn,Tiを含む
Oc Eo	メコンデルタ西部	ビーズ(赤)	59.30	9.40	3.60	1.81				20.60	1.59	2.83	0.13	Sを含む
Khlong Thom		ビーズ(赤)		6.23	1.42	1.32			2.24	9.93		1.33	0.06	
Kuala Selinsing	マレー半島	ビーズ(暗青)	64.30	16.40	3.10	0.16	1.20		1.70	12.70	0.05	1.37	0.006	
Takua Pa	マレー半島	ビーズ(茶)	65.70	5.50	5.40	4.92			2.50	15.80	0.02	0.09	0.015	
Pengkalan Bujang	マレー半島	ビーズ(赤)	73.10	7.40	4.10	0.15			1.50	13.00	0.05	0.17	0.02	SO3,P2O5,Tiを含む
Ban Don Ta Phet	タイ湾沿岸部	ビーズ(米色)	68.6	6.6	2.8	1.5			5.1	10.4	2.3	2.5		
Ban Chiang	東北タイ	ビーズ	75.5	3.7	0.3				13.4	1.2	0.5		0.4	
Arikamedu	インド南部	ビーズ	64.8	3.4	4.8	2.4			4.3	11.4	1.2	0.7		SO3,Ti,P2O5も含む
		ビーズ	64.5	5.1	5.0	2.1			3.9	13.5	1.5	1.9	0.2	Tiを含む
広州南越王墓	中国広東省	ビーズ(青)	41.0	1.7	2.7	1.2	25.0	21.9	5.8		0.7			

* 当遺跡出土品は半定量分析方法で行ったものである。　　　　「―」は存在するが報告書に数値が書かれていないものを表す。

（Nguyen Truong Ky 1996: 60, 62; Malleret 1961: 466, 468; Nguyen Kim Dung et al. 1994: 184; Francis 2002: 216; Lamb 1965: 105; Basa et al. 199: 375, 376, 377; 広州市文物管理委員会等 1991『西漢南越王墓』文物出版社: 423）

Plank and Flat-Bottom Wooden Boat-Making at Peñablanca, Cagayan Province, Northern Philippines

Wilfredo P. Ronquillo

Keywords: Peñablanca, Cagayan, Pinacanauan de Tuguegarao River, Manunggul Jar, Lagum Area

Abstract

Plank and flat-bottom wooden boat-manufacturing is a dying art in the Philippines. That the early Filipinos had the skills to manufacture and use boats in the prehistoric past has been shown by the recovery of three water-logged plank-built and edge-pegged wooden boats in Butuan City, northeastern Mindanao. The earliest boat recovered date to A.D.320. Living in an archipelagic country present-day Filipinos still make and use wooden boats mostly for use as fishing vessels in the seas, lakes and rivers. This paper presents a type of wooden boat-manufacturing for passengers and their goods use at one of the headwaters of the Cagayan River, the Pinacanauan de Tuguegarao River located at Peñablanca Municipality, Cagayan Province. The method of manufacture, although now adapted to modern tools and construction materials, is indicative of an earlier and traditional way of manufacturing wooden boats in the northern part of the archipelago.

1. Introduction

Boats had a crucial role in an archipelagic country like the Philippines. This is shown by the recovery of the Manunggul Jar at Lipuun Point, Quezon Municipality, Southern Palawan in the 1960s (Fox 1970). This secondary earthenware burial jar had a cover depicting a boat sailing into the afterworld. Now a National Treasure of the country this artifact dating from 710-890 B.C. shows the prehistoric origin of our boat-building skills. Wooden boat-manufacturing and using has been archaeologically documented in Butuan City as early as A.D.320 (Peralta 1980). Archaeological evidences indicate that the early Filipinos were seafarers and builder of wooden boats as shown by the discovery of nine and the subsequent recovery of three plank-built and edge-pegged wooden boats from northeastern Mindanao from 1978 through 1986.

Three radiocarbon dates have been generated from as many boats excavated, to wit, AD 329, 1250 and 990, respectively. Six such prehistoric wooden boats are still known to be present in the vicinities of Butuan City but high conservation costs have prevented these boats from being excavated. The plank-built and edge-pegged wooden boats were discovered in a water-logged environment thereby making certain their natural preservation, subsequent study and detailed analyses (Ronquillo 1987).

Measuring fifteen meters long by three meters wide, on the average, these wooden boats serve as direct evidence of the once-thriving boat-building and using skills of the early Filipinos in one of the larger pre-European maritime trading centers in the southern part of the archipelago (Scott 1989).

On the island of Simunul, Tawi-Tawi, Southern Philippines a group of wooden boat makers continue to manufacture larger boats using an earlier and similar edge-pegged and plank-built method not unlike the Butuan boats. Here, made to order large fishing boats are built of larger wooden planks using the early and traditional ways of boat building noted with the Butuan Boats.

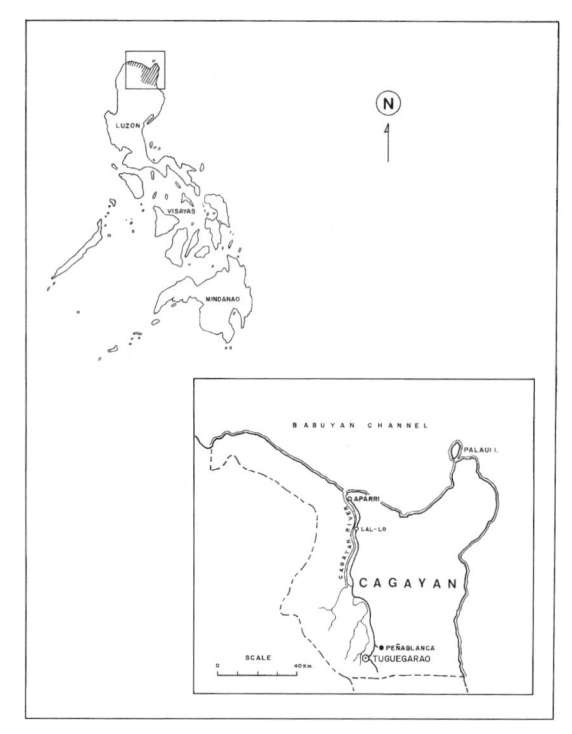

Fig. 1 Map of the Philippines showing the area described in this paper

As in the boat-building technique at Peñablanca, Cagayan Province, northern Philippines (Fig. 1) the boat makers of Simunul Island, had no drawings, plans or measurements on paper. Everything was in their heads as the wooden boat takes shape and as it is slowly completed.

2. Route of the Flat Bottom Wooden Boats

Flat-bottomed wooden boats for human passengers as well as the transport of marketable goods use have been plying the Pinacanauan de Tuguegarao River between Sitio Bagaba, Barangay Agguggadan and the Lagum Area at the Municipality of Peñablanca, Cagayan Province in the northern Philippines (Fig. 2).

These types of flat-bottom wooden plank boats were first noted during a National Museum archaeological survey of the Peñablanca Limestone Formation from November 1977 through February 1978. The all-weather road of the municipality ended, at that time, at Sitio Bagaba. In the late 1970s the flat-bottomed wooden boats were noted to have been used by the residents of Lagum Area to transport their marketable goods such as garlic, dry wood for fuel, a variety of beans, corn, etc., on Thursdays (Plate 1). This day is market day at Malibabag, where people from the nearby areas meet for their marketing needs.

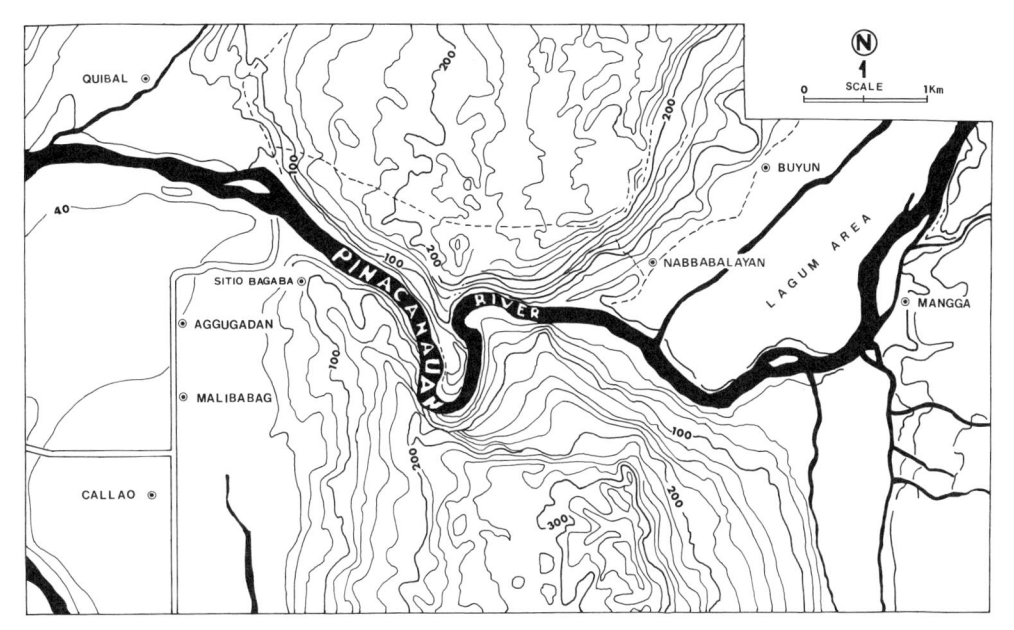

Fig. 2 Map showing Pinacanauan de Tuguegarao River plied by wooden plank and flat bottomed boats

Flat-bottom wooden boats ply the Pinacanauan River between Bagaba and Lagum Area which, in the 1970s, were powered by two rowers. The boats then were larger in sizes. The boats moved about by means of the use of two large wooden paddles (*taguang*) positioned near the front of the boat. A third person steered the boat with a large wooden rudder (*timon*) from the stern. A bamboo pole (*takkan*) is also used by the boatmen when the river is deep and the boat needs additional power to move against the river current.

3. Direct Observation of a Boat-Building Activity

Through the years of intermittent archaeological excavation work in the various caves and rock shelters at the Peñablanca Limestone Formation, wherein the museum field teams normally cross the Pinacanauan de Tuguegarao River at one point or another to get to the cave sites from the field station at Sitio Bagaba, it is only now that the undersigned was privileged to observe a boat-building activity.

In June of 2006, a typical plank and flat-bottom wooden-boat was being assembled by the bank of the river near the gate of the Callao Tourist Resort. The place of the construction of the boat is conveniently located under the shade of a large Acacia tree (Plate 2).

4. Steps in Boat-Building

Various steps were noted to be followed in the construction of a flat-bottomed wooden boat at the bank of the Pinacanauan de Tuguegarao River at Sitio Bagaba.

Wooden benches were placed at intervals to accommodate the floor planks of the planned boat so that the construction of the boat is done above the ground level.

(1) Obtaining the Wood for the Boat

When a flat-bottomed wooden boat is commissioned from the skilled boat-makers the wood for the proposed boat is obtained by the one who ordered the boat to be built.

The wood used for this purpose is a variety of the Philippine Mahogany locally called White Lauan (*Pentacme contorta*) which is common at the foothills of the nearby Sierra Madre mountain and also at the secondary growth forest of the Peñablanca Limestone Formation. The tree trunks are sawn into planks manually by the skilled boat makers. The planks are then thinned to an average of two inches thick while the lengths and widths of the wood will depend basically on the original size of the tree felled.

The boat-makers decide if and when the fallen tree chosen is adequate and will be used for boat-building. Once the decision is made that the raw material is adequate then a series of events follow culminating in the manufacturing stages of the boat-building activity.

(2) Drying of the planks

The wooden planks are sun-dried along the dried up river bed at Sitio Bagaba (Plate 3). It is during this time that portions of the planks may be noted to have lines of weaknesses as shown by cuts in the wood running through the length of the boards.

(3) Important Materials Needed for Boat Building

Other supplies and materials were noted to have been incorporated in the wooden boat during its construction. These include:

- Coconut husks. The hair-like soft parts of the coconut are inserted in between gaps in all the joints of the planks. These serve as lathing materials.
- Bamboo strips. These are used to hold the coconut husks in place. These strips are nailed into place.
- Heated asphalt is used to fill, plug and seal the deep cuts in the wood.
- Galvanized iron sheets. These are cut into thin strips which are then nailed into place to cover the deep cuts in the wood that have been filled with asphalt.
- Iron nails of various sizes. These are used to attach, connect and join the planks and other parts of the flat-bottomed wooden boat.

(4) Tools Used/Needed for Boat-Building

A variety of carpentry tools were noted to be crucial in the manufacture of the flat-bottom wooden boats (Plate 4). These include the following:

- Hammers
- Chisel
- Machetes
- Metal Triangles
- Metal Clamp

- Manual Planer
- Saw

5. Sequence of Activities in Boat Building

A basic sequence of events is followed in the construction of a flat-bottom and plank wooden boat at the Pinacanauan de Tuguegarao River bank in Bagaba.

The previously cut planks thinned to about two inches thick and sun dried along the dried gravel portion of the river bed are checked for natural deep cuts. These are then appropriately patched up using heated asphalt. Thin and stripped galvanized iron sheets are then nailed into place to cover these cuts (Plate 5).

Two long planks serve as the boat's flooring (*paratag*). The bow part of the boat's flooring is now shaped to a point. A sequence of 2" × 2" wooden pieces (*frame*) are nailed to the flooring made of two joined planks from the bow to the stern of the boat at about 40 cm interval. The flooring dictates the shape of the boat at this early stage (Plate 6).

In the next step, one continuous piece of wooden plank, projected to fit the contour of the flooring of the boat and to serve as the port side plank of the boat (*zingzing*), is slowly fitted to the curving shape of the left side of the bottom wooden planks. This side plank is nailed, at intervals of 10 cm, throughout the length of the flooring from the bow to the stern (Plate 7).

The angle of the side plank is maintained and double-checked as this is nailed to the flooring. This is finalized by using two metal triangles to assure the correct angle from the bow to the stern (Plate 8). The master boat maker is the overall supervisor of this specific activity .

The same procedure is then followed for the starboard side plank of the boat being built.

Pieces of wood (frame) measuring 2" × 1" are placed nearly vertically over both ends of the horizontal 2"× 2" wooden pieces holding the two wooden planks, that serve as the flooring, together (Plate 9). These vertical wooden pieces intentionally do not reach the floor plank of the boat so that water may flow from one area of the boat to another. These are fitted at the base wooden frame (Plate 10).

The thwarts (*barrote*) of the boat are placed at the level of the top of the side planks. Pieces of wood 1" × 4" in size are fitted to bridge the vertical wooden pieces. These serve to strengthen the side planks, and eventually, the entire structure of the boat. The thwarts will also ultimately serve as seats for the boat's passengers (Plate 11).

The bow (*parowa*) of the boat is made of a solid piece of hard wood (*vismin molawin*). It is distinctively carved to shape and fitted at the front of the boat joining the ends of the two side planks in specifically carved grooves (Plate 12).

The stern wooden part of the boat is then added to the whole structure. This part has been previously shaped and measured. With just minor adjustments the almost square-shaped stern part of the boat is nailed into place. In order to bend two side planks of the boat in place a metal clamp is used to pull together the two wooden side planks of the boat at its end part (Plate 13).

Coconut husks (*vunut*), which serve as lathing materials, are placed in all major joints of the planks. They are inserted in between the joints where the entire lengths of the two side planks and the flooring planks meet, in between the joints of the front of the side planks and the bow and in between the joints at the stern part of the boat (Plates 14).

Heated asphalt is applied over the coconut husks by means of a long stick. Bamboo slats are then nailed over the joints to cover the applied coconut husks and the heated asphalt to secure them in place (Plates 15).

A 1" × 4" wooden piece, which is as long as the boat, is placed on the top of both the side planks (Plate 16). Fitted and securely nailed at the bow part of the boat this part, called Plate (*Pasimano*) follow the curvature of the side planks of the boat. They are nailed into place onto the top of the side wooden planks as well as notched to fit the vertical wooden pieces attached to the side planks (Plate 17). The Plate serves as a safeguard against the limestone walls and boulders that are common at the river. They are also useful in case another boat comes precariously nearby.

The entire length of the boat that was observed being constructed is 9 meters from bow to stern. The length of a boat is determined mainly by the size of the fallen tree which is sawn into planks for making a boat.

6. Names of Parts of the Boat

Below is a line drawing of a typical boat discussed in this paper. Included are terms for the parts of the boat and their equivalent in the local dialect "Itawis" (Fig. 3).

7. The Boat Builders

A total of three persons all work together to build a wooden flat-bottom plank boat at the Pinacanauan de Tuguegarao River bank at Sitio Bagaba.

The master boat builder and his assistant concentrate on the boat structure itself. The master boat-builder gives all instructions and instructs his assistants on the sequence of events to be followed in building the boats.

The third person is assigned the various other minor tasks that need to be done. These include heating the asphalt in a tin can, preparing and putting in place the coconut husks along the juncture of the wooden planks between the bottom planks and the side planks of the boat. The third person is also the one who mostly nails the thin metal sheets to cover the deep natural cuts on the planks earlier applied with asphalt.

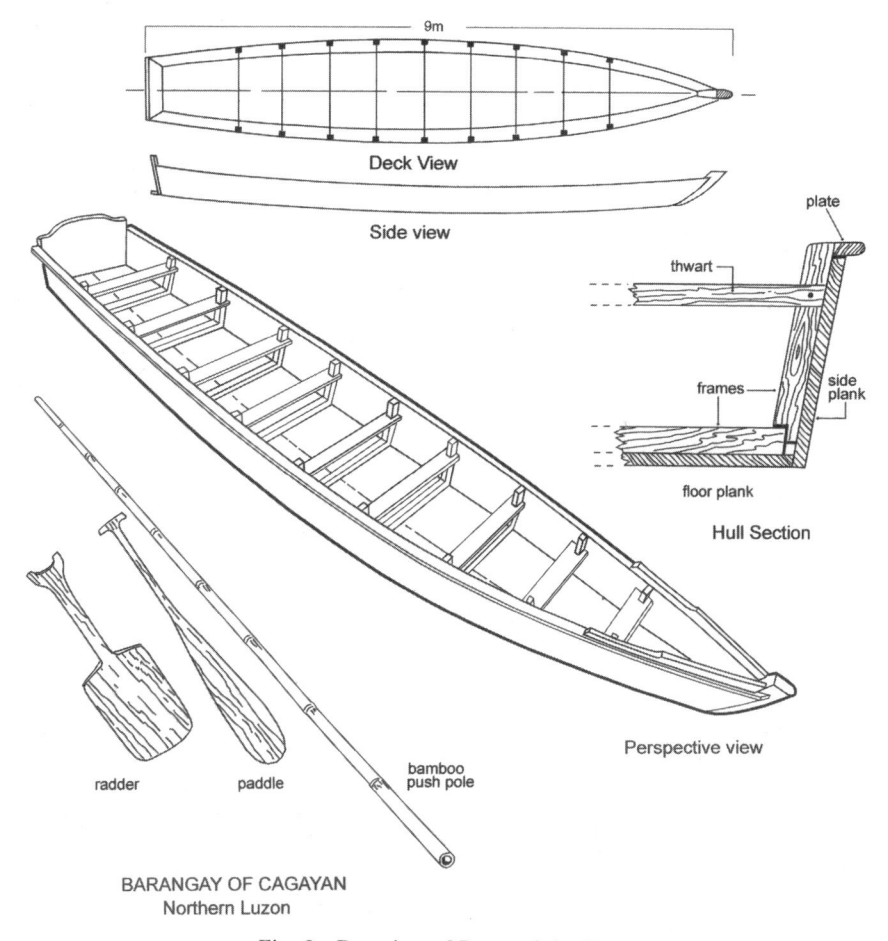

Fig. 3 Drawing of Parts of the Boat

8. Length of Time to Build the Boat and their Cost

From the cutting of the lumber to the finished boat it takes about seven days to build one of these wooden flat-bottom boats.

One wooden boat of this size ranges in cost from about ₱10,000. to ₱15,000. This includes the price of the lumber, the needed supplies and materials and the payment for the boat maker and his assistants.

9. Changes in the Boat through Time

During the archaeological explorations in the Peñablanca Limestone Formation in 1976 through 1977 it was observed that the plank and flat-bottomed wooden boats used at the Pinacanauan River were power-driven by two oarsmen seated by the bow of the boat while a third boatman steers the boat from the stern.

In more recent times outboard engines have replaced the wooden oars and rudders used by all boats in the area. It has also been noted that the sizes of the wooden boats have decreased. The oar-powered wooden boats were much larger than the new outboard engine-powered wooden boats.

A new road has also encroached the Peñablanca Limestone Formation going towards the Lagum Area east of Sitio Bagaba across Sitio Dodan. This is a typical lumber road which cuts through the secondary growth forest and are traversed by lumber trucks on their way to and from the forest to the lumber yards. During the dry season this road is also used by the residents of Lagum Area traveling from the towm proper of Peñablanca Municipality or even from Tuguegarao, the capital of Cagayan Province, thereby resulting in fewer people riding the flat bottom boats at Sitio Bagaba. Nowadays the flat bottom wooden boats are used to ferry tourists upriver and also to cross the Pinacanauan River for them to see the famous Callao Cave, the famous tourism spot in Peñablanca Municipality, Cagayan Province.

Overview

Boats are integral parts of Philippine society and culture since prehistoric times. Archaeological evidences are overwhelming indicative of the boat-making and boat-using skills of the early Filipinos. With these comes the skill of navigation in the open seas a skill still practiced by modern-day fishermen all over the archipelago.

Oral history in the Philippines, and in neighboring Southeast Asia, tells of a story of the soul of the dead going into the afterworld by means of a boat (Evangelista 2001). This is made graphic by the discovery of the Manunggul Jar in the 1960s where a "Boat of the Dead" motif was prominently shown on the cover of an earthen jar burial from southwestern Palawan.

Historically, the modern-day plank and flat-bottomed wooden boats being manufactured at Sitio Bagaba, Aguggaddan, Peñablanca, Cagayan Province is closely related to the historically recorded *barangay* or river boat of Cagayan Valley during the Spanish Colonial Period (15th -19th centuries AD). This is a plank-built boat which is fastened together using the sewing and edge-pegging method. Timbers were cut into boards and are sewed together by drilling a matching row of holes through the two boards near their adjoining edges and running rattan strips through them (Fig. 4).

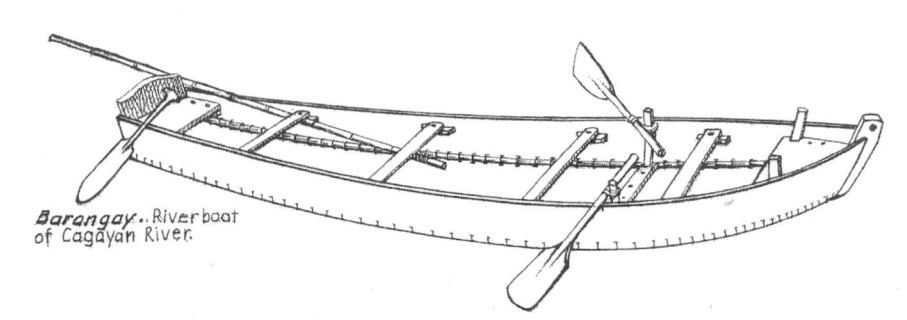

Fig. 4 Drawing of Sewn Boat

As can be seen from the illustrations the general structure of the boat has not changed radically. Except for the manner of joining together the planks, which in earlier times were by sewing and at the present time by the use of iron nails, the main features of the boat, then as now, are unchanged. This is indicative of a continuity of a lengthy tradition of boat-building and using activities of the early Filipinos through the ages at the Pinacanauan de Tuguegarao River of Peñablanca Municipality, Cagayan Province, Northern Luzon.

Bibliography

Evangelista, Alfredo E.
    2001 "The Soul Boats." In *Soul Boats: A Filipino Journey of Self-Discovery: Selected Essays of Alfredo E. Evangelista*, pp.1-6. National Commission for Culture and the Arts, Manila.

Fox, Robert B.
    1970 *The Tabon Caves: Archaeological Explorations and Excavations on Palawan Island, Philippines*. Monograph of the National Museum, No.1. Manila.

Peralta, Jesus T.
    1980 "Ancient Mariners of the Philippines." *Archaeology* 33.5: 41-48.

Ronquillo, Wilfredo P.
    1987 "The Butuan Archaeological Finds: Profound Implications for Philippine and Southeast Asian Archaeology." in *Man and Culture in Oceania* (Special Issue) 3: 71-78. Tokyo, Japan.

Scott, William Henry
    1984 *Prehistoric Source Materials for the Study of Philippine prehistory*. (Revised Edition). New Day Publishers. Quezon City, Philippines.
    1989 *Filipinos in China Before 1500*. With Chinese translation by Go Bon Juan. China Studies Program, De la Salle University, Taft Avenue, Manila.

Solheim, Wilhelm G. II
    1980 Philippine Prehistory, in Gabriel S. Casal, et.al. (eds) *The Peoples and Art of the Philippines*, pp.17-84. Los Angeles, Museum of Cultural History.

物質文化の成立と変容

Pl. 1　Market Day on the Way to Malibabag

Pl. 2　Long View of a Boat Building

Pl. 3　Drying of the Planks

Pl. 4   Tools used for Boat Making

Pl. 5   G. I. Sheets (stripped) put in place

Pl. 6   View of Flooring of a Boat with Frames

物質文化の成立と変容

Pl. 7 Port Side Plank being nailed

Pl. 9 Vertical Side Frames 2 × 2

Pl. 8 Two Metal Triangles used to measure Correct Angle of Side Plank

Pl. 10 Vertical Side Frame / Flooring Frame Juction

Pl. 11 Twarts / Passenger Seats

Pl. 12 The Bow Part (*Parowa*)

Pl. 13 Stern Part (Clamp)

物質文化の成立と変容

Pl. 14　Coconut Husks in place

Pl. 15　Application of heated Asphalt

Pl. 16　The Plate (*Pasimano*) being nailed in place

Pl. 17　The Plate notched to fit

文化史の構築

南アジア、丘陵地の住居と社会
―新石器時代から文明形成期まで―

宗䑓 秀明

> キーワード：南アジア　都市化　社会階層化　インダス文明

はじめに

　南アジアでの最初の都市化へ向けた動きは紀元前4千年紀以降急速に展開するが、その端緒は新石器農耕村落の成立にある。南アジアに確認されている新石器文化集落は、インド亜大陸北西部から半島南部にいたる広大な地域に数多く発見されている。それら遺跡の年代は様々で決して一様ではないが、南アジア北西部で紀元前7000年頃に興ったバローチスターン丘陵地域の新石器文化が最も早い。以下ではそこでの社会が文明形成にいたるまでに集落と住居の形態をどのように変化させ、そこに都市化へ向けたどのような意味が読み取れるかを探る。

1. 南アジア北西部の新石器文化

　新石器文化の理解については学史的に見て、磨製石器の製作とその文化的特色としての土器製作や農耕と紡織を指標とする旧来の規定（Child 1936）に対して、近年ではヒトが自ら食料を栽培・収穫する農耕を唯一の指標とし、他の要素は必ずしもどの地域の新石器文化にも伴うものではない、または同時期に現れないとする考え方がある（常木編 1999）。

　後者の文化理解にもとづいてA.H. ダーニー（Dani 1983）は、新石器文化を各地域に生育可能な植物の栽培と気候に適応した生産活動を始めたときと規定して、南アジア北西部の新石器文化を4つのグループに分けている。

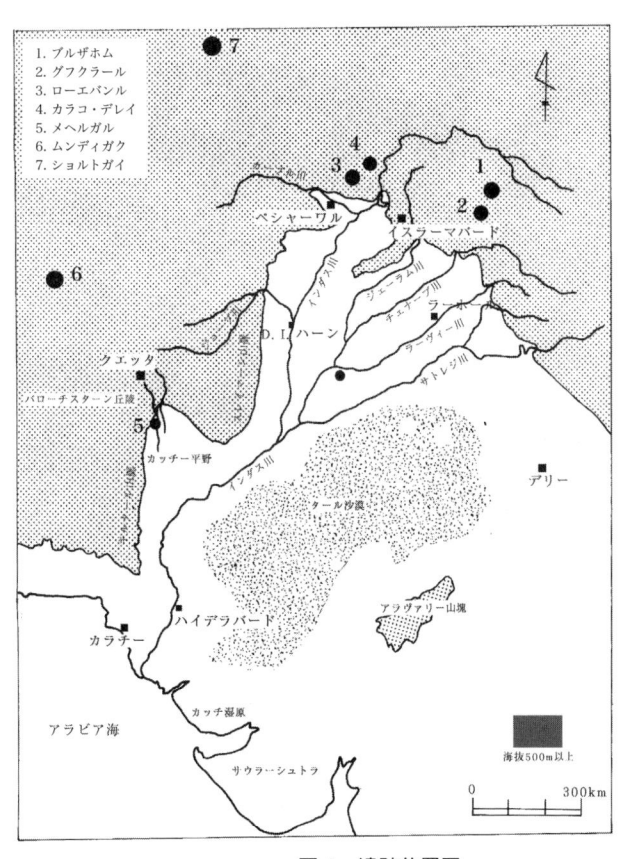

図1　遺跡位置図

文化史の構築

すなわち、1. カシュミール (Kasmir) 地方　2. スワート (Swat) 地方　3. バンヌー (Bannu)、ゴーマル (Gomal)、バローチスターン (Balochistan) の丘陵地における河川氾濫原地域　4. 丘陵地からインダス平原部の一角に下り立った地域にあるメヘルガル (Mehrgarh) 遺跡とする。しかし、ゴーマルの地は4のメヘルガルが立地するカッチー平原と同様に、インダス流域平原へと続くバローチスターン (Balochisan) 丘陵東麓の平野部にあり、3と4の地域を分別する理由が判然としない。以下では、カシュミール地方の2遺跡の状況を概観した上で、報告の詳らかでないスワート地域の新石器文化遺跡を、そしてバローチスターン丘陵地域の代表としてメヘルガル遺跡を取り上げて、そこでの住居と集落のあり方を見ていく。

2. カシュミール地方とスワート地方

　カシュミール地方に発見されたグフクラール (Gufkral) 遺跡 (Sharma 1982) のⅠ期とブルザホム (Burzahom) 遺跡 (IAR 1961-62: 17-21, 62-63: 9-10) のⅠ期とⅡ期に、紀元前3千年紀から前2千年紀の新石器文化集落が確認されている。グフクラールはシュリーナガル (Srinagar) の南東41kmに、ブルザホムはシュリーナガルの北西16kmに位置する。両遺跡の継続時期と文化層の変遷は異なり、ブルザホムでは新石器文化のⅠ期から紀元後1〜2世紀の初期歴史時代に相当するⅣ期までの長期間居住のうちⅠ期は2文化層に、そしてグフクラールの新石器文化堆積層は3文化層に細分されている。両遺跡の報告は簡便なもので、出土した土器や石器の出土層位に不明な点が多い。しかし、同地方のカニシュプール (Kanishpur) 遺跡の調査に携わったP.C.チョードリーが、底部に蓆目痕の残る特徴的土器を指標として、ブルザホムとグフクラールの新石器文化変遷を突き合わせ、グフクラール遺跡の編年に従って、両遺跡での住居の変遷を次のよう描いている (Chaudhari 2000)。

　最古のⅠa期は先土器新石器文化の段階に相当する。この時期より、住居は円形の竪穴式を採用し、床に赭色土を貼り、屋内に炉と貯蔵穴を持つ。上屋構造は、床面中央と竪穴周壁下に設けられた柱穴に木柱を建てた円錐形が想定されている (Stacul 1992: 120)。

　土器新石器文化に移行したⅠb期には、円形に加えて方形の竪穴住居が現れ、単室のほかにアーチでつながれた側室を持つ例もある。石灰を混ぜた粘土を貼った床の中

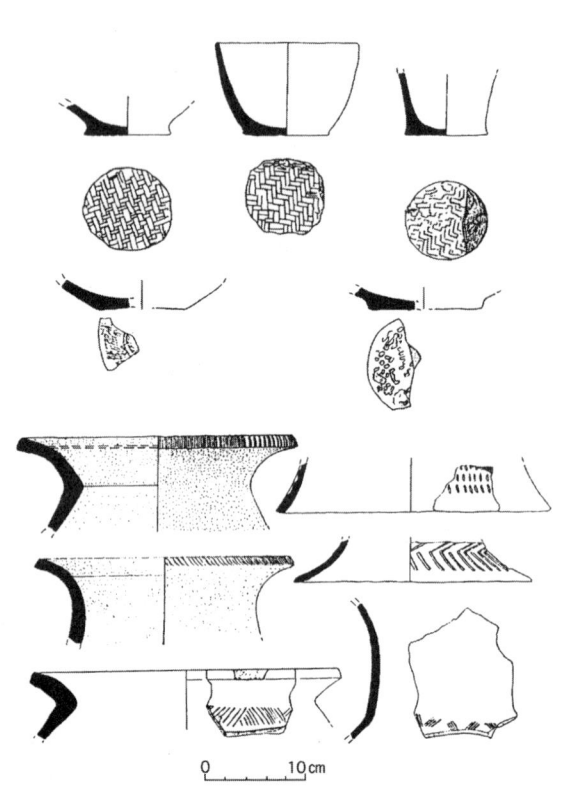

図2　カニシュプール遺跡出土土器 (Chaudhari 2000: 34)

央には、石囲炉と貯蔵穴が設置される。

グフクラールⅠc期に相当するブルザホム遺跡のⅡ期には、粘土貼り床の周囲をタウフ（スサ交じりの粘土塊）で囲んだ地上から建ち上がる矩形の住居が現れる。

このように、冬場の寒さが厳しいカシュミールでは、Ⅰc期に竪穴住居からタウフによる矩形の地上建物へと変遷していく。また、建物には住居内間仕切りがないために屋内の機能分化は明確でないが、Ⅰb期に竪穴住居の連結で間仕切り同様の機能を与えたのかもしれない。

他方、ブルザホムからは穀物採取用の「石包丁」が出土している。同様の石器はスワート地方のローエバンルⅢ（LoebanrⅢ）、カラコ・デレイ（Kalako-deray）などの新石器文化遺跡からも出土している（Stacul 1993）。インド亜大陸北西部に位置する新石器文化遺跡から出土するこれら「石包丁」については、スタクルが指摘するように革鞣道具の他に草取りや雑穀の刈り取り用具と理解しておきたい（Stacul 1996: 436）[(1)]。

ブルザホム遺跡（ターパル 1990: 40-41）

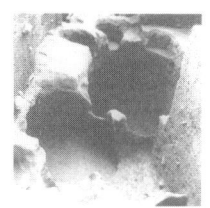

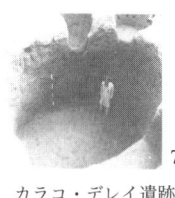

5号と7号調査途上　カラコ・デレイ遺跡
　　　　　　　　　　（Stacul 1994: 709）
7号掘上げ後

図3　カシュミール地方の竪穴住居

スワート地方の新石器文化住居も、カシュミール地方と同様に円形の竪穴式である。竪穴の周囲からは柱穴が発見され、またその覆土からはしばしば片面に藁や棒切れの圧痕が残された粘土片も出土する（Stacul 1994: 708）。おそらくは、柱穴から建ち上げた太枝などの棒で円錐形の屋根を組み上げた後に屋根藁を葺き、さらに上から土を被せた構造であったことを想定させる。屋内からは土器と共に炉跡も発見され、生活空間であったことが良くわかる。他方、カラコ・デレイに発見された規模が小さく、浅い掘り込みの竪穴について、住居にしては小さすぎるため、その用途については不明とされている。住居外貯蔵穴の可能性もあるが、そこから植物遺存体は確認されていない。

カシュミールと同様に竪穴を住居とするスワート地方の新石器文化の住居からは、「石包丁」や底部蓆目痕土器などが出土する。これについてスタクルは、竪穴住居を用いたスワートの新石器文化にカシュミール新石器文化との関連を認めると同時に、より北方の内陸アジア諸文化との強い文化交渉の存在を示唆している（Stacul 1994: 712-713）[(2)]。

また、スワート地方でも紀元前2千年紀中頃の新石器文化後半期に至って、住居が竪穴式から地上式へと移行する。後にガンダーラ文化の栄える頃には、この地上式建物が片岩を利用した矩形の石造りとなる（Khan 1991: 36）。

文化史の構築

3. バローチスターン地方

　1970年代から続けられてきたメヘルガル（Mehrgarh）遺跡の発掘によって、この地域の新石器文化が西アジアに匹敵するほどに古い前7000年頃まで遡ると考えられるようになった。この南アジア最古の新石器文化から文明形成平行期までの家屋と集落の変遷をメヘルガル遺跡の I 期から VII 期に概観する（Jarrige *et al*. [eds.] 1995）。

　メヘルガル遺跡は、インダス流域平原の西方に広がるバローチスターン丘陵の東麓に位置する。ここは、バローチスターン丘陵北部の最大都市クエッタからインダス流域平原と向かうボーラン峠の出口に位置し、遺跡はボーラン河畔に MR1〜MR7 の 7 地点に分散している（図4）[3]。晩春と秋にはこの峠道を牧民が今も移動しているように、かつてのボーラン河畔も平原部と丘陵地域をつなぐ交通要路であったと容易に想像できる。また、遺跡地は平原部の一画を占めるとはいえ、第三紀火成岩丘陵からの転石を多く交えた河川扇状地土壌で（Kureshy 1977: 16-24；Survey of Pakistan 1986）、石がちな地勢である。

　前7000年頃に始まる無土器新石器文化の I a 期は、MR3地点の下層に確認された（図5）。発見された集落は、現在のボーラン川によって半分程が削り取られて全体像を把握し難い。残存する文化層の広がりから円形から楕円形であったかと思われ、復元規模は0.3ha前後となる。この I a 期に住居は確認されず、不明な点が多い。しかし、文化層からは二条裸オオムギ（*Hordeum distichum*）、六条オオムギ（*H. vugare* および *H. vulgare* var. *nudum*）、一粒コムギ・アインコルンコムギ（*Triticum monococcum*）、二粒コムギ・エンメルコムギ（*T. cicoccum*）とパンコムギ（*T. durum* または *T. aestiva*）の植物遺存体が出土した他に、鎌石刃や磨石、またインドゾウ（*Elaphas maximus*）、イッカクサイ（*Rhinoceros unicornis*）、オナーゲル（*Equus hemionus*）、野生ブタ（*Sus scrofa*）、スイギュウ（*Bubalus arnee*）、ガゼル（*Gazella bennetti*）、野生ヤギ（*Capra aegagrus*）、野生ヒツジ（*Ovis orientalis*）に混じって全獣骨の5割弱に達する家畜ウシ（*Bos indicus* と *Bos taurus*）と家畜ヒツジ（*Ovis aries*）・ヤ

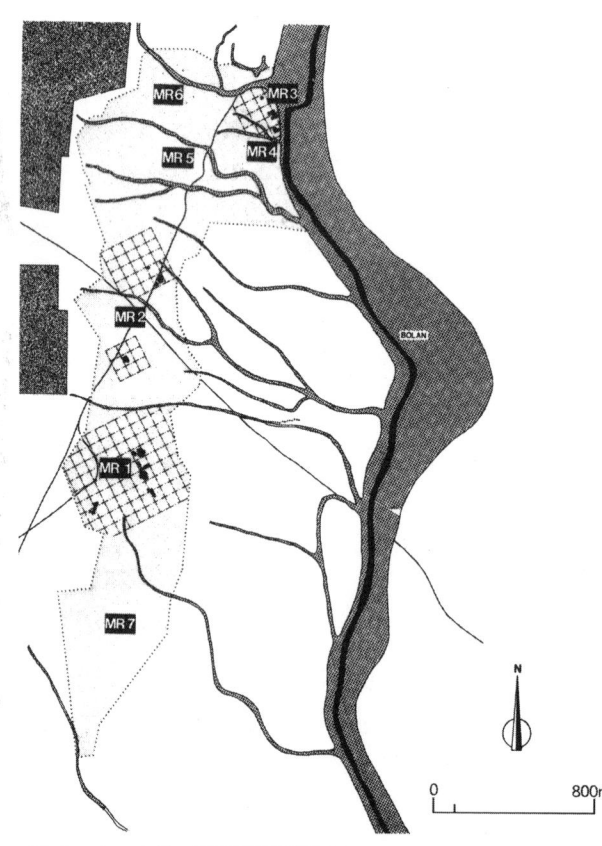

図4　メヘルガル遺跡遺丘配置図（Jarrige *et al*. (eds). 1995: 98）

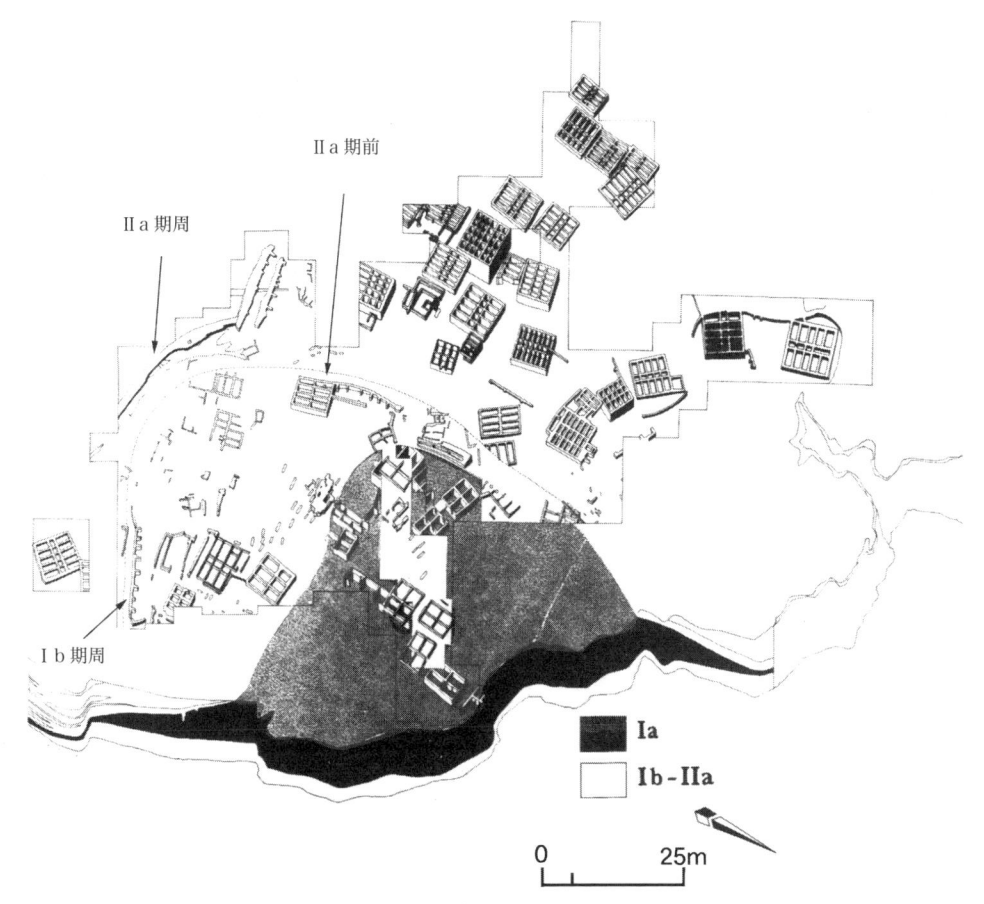

図5　メヘルガルⅠ期・Ⅱ期全測図（Jarrige *et al.* (eds.) 1995: 529）

ギ（*Capra hircus*）の動物遺存体が出土し、すでに家畜を伴う農耕集落であったことを示している（Meadow 1984, 1989）。

　つづくⅠb期も発見された遺構分布と遺存する文化層の範囲、そして集落の外側に延べ27mにわたって確認された湾曲する稜堡付き周壁から、集落は依然円形であったと考えられる（図5、7）。ただし、流失したであろう範囲を補うと0.65haに集落規模は拡大し、従前のほぼ2倍の大きさになる。この時期の特徴は、周壁の他に住居として日乾煉瓦で造られた矩形の地上建物が初めて確認されていることである。石がちなバローチスターンでは、柱に使う木材の調達は不便で、煉瓦壁の上に乗せて泥屋根を支える梁にだけ木材が用いられた[4]。こうした簡便な平屋根建物は、現在もクエッタの一般農家に見ることができる。使われた煉瓦のサイズは大小様々だが、長さ62cm×幅12cm×厚さ8cmの例が多い。

　この時期の住居は、2建築相の上下層で規模に相違はあるが、その形態は同様である。下層の十字に間仕切りされ4部屋を内包する5×4m位の方形建物は、その一室にカマドが設置され、他の一室の2/3程に高くなった床が設えられて（図6）、間仕切り分割による住居内機能分化がすでに見られる。同様の建物の住居Ⅶからは、西アジアや中央アジアの新石器文化遺構に見られる彩色（白、黒、赤）されたプラスター壁が南アジアで初めて発見され、また土器の出現を予想させる熱で固く

文化史の構築

Ⅰb期（上層）Room 1
(Jarrige *et al.* (eds.) 1995: 220)

Ⅰb期（下層）住居概念図
(Jarrige *et al.* (eds.) 1995: 335)

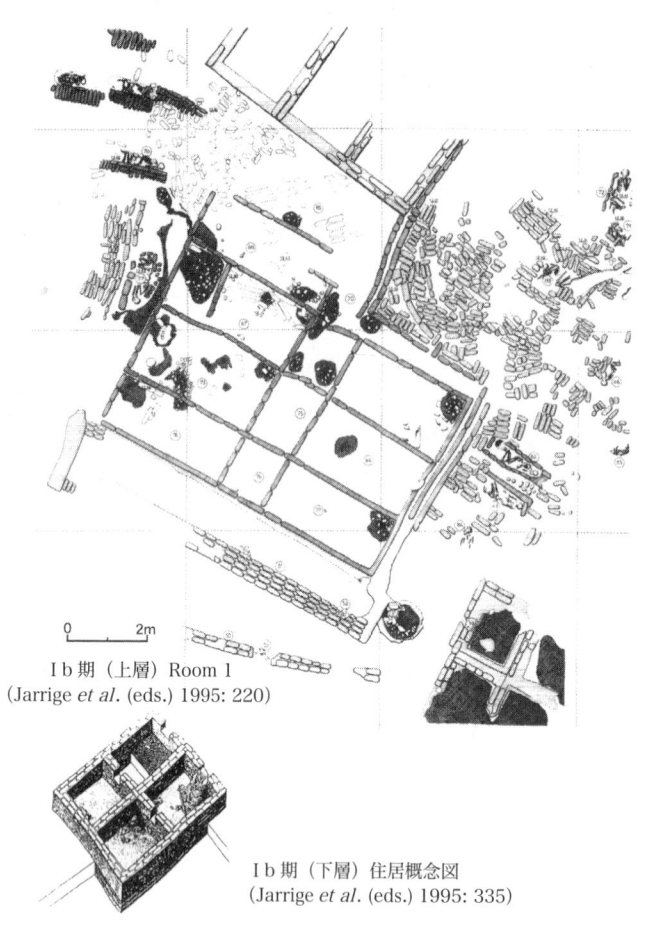

図6　メヘルガルⅠb期住居跡

なった粘土片も出土している（Jarrige, J-F. 2000: 268）。発見された建物群の軸線は、磁北から西へ数度傾いて構築されている。集落として磁北軸線に何らかの方位観を持っていたのだろうが、ボーラン川の流路とも関係していた可能性もあって判断しがたい。

上層建築相では、住居の大型化と複雑化の傾向がみられる（図6）。Room 1とされる建物は、各3×1.5mの7室が小さな方形空間を間に挟む全体で10部屋からなる8×5mの規模を持つ。興味深いのは5部屋からカマド跡が、2部屋に炉跡が、そして各部屋からは磨石・石皿が出土することである。また、Room 2は、2.25×1.5mとカマド跡ないし炉跡と磨石の発見される3.3×1.5mの二つの部屋がセットになる3組の構成を持つ6つの部屋からなり、全体で6.3×6.7mの規模をなす。2例からの推測だが、部屋構成や出土遺物から、二部屋1セットが親子または夫婦が居住する空間で、建物全体はその複合体であった可能性が高く、一つの家屋に暮らす分節化した複数の親子や夫婦で世帯を構成した拡大家族を基本単位とする社会であったことが窺える。

Ⅰb期からはムギ類に加えてナツメヤシ（*Phoenix dactylifera*）の種子も出土して、早くから夏作物栽培が始められていたようだ。また、動物の家畜化も進められ、全出土獣骨の8割近くがヒツジ、ヤギ、ウシの家畜種である。なかでもⅠa期には数の少なかった家畜ウシが増加し、とくにコブウシがこの時期に最も優越する家畜種となっている。夏・冬作物栽培とコブウシに重きを置いた家畜飼養は、今も南アジアの麦作農耕地域に見ることのできるコブウシ飼育を伴った農法の祖形であることを良く示している[5]。

なお、集落を囲う周壁は、外敵からの防御とするよりは、たとえ稜堡付きであっても生活空間を限る住民の心理に起因したもの、さらには集落内部に飼育された家畜を囲うためであった可能性が高い。

周壁の残存状況から、土器新石器文化に進展した前5000年頃のⅡ期の集落も依然円形であったが、12ha前後にまで拡大している。建物の特徴は、稜堡付きの周壁壁体を利用する変形建物と、Ⅰb期Room 1の部屋割りを踏襲しつつも大型化し、3列から4列に細かに仕切られた一般住居よ

り大きな建築物が新たに現れたことにある（図7）。周壁を家の壁に利用した不規則な住居は、集落内の集住が限界に達した状況を示している。実際、利用された周壁は、Ⅰb期の周壁の延長線上にあるが、Ⅱ期の後半に至って一回り外側に作り直される。

細かに内部が仕切られた建物は、より大きく、煉瓦積みも堅固となって前4000年頃のⅢ期から5棟以上が発見される。より規模の大きな9×9mの建物の各部屋には、割れた磨石・石皿・乳棒・土器などがぎっしりと詰まっているが、カマドや炉跡、灰層など生活臭のするものは発見されていない（図8）。建物の日乾煉瓦は、長手と小口積みを併用して厚さ80cmほどの外壁となる。内部は、三等分した西1/3に通路を配してその左右に小部屋が展開する。通路の東側では方形から矩形の小部屋で、小さなものでは一辺が70cmと非常に狭い。各部屋の間仕切り壁は煉瓦の長手をその厚さとする従来の建物間仕切り壁より厚いのも特徴である。強固な外壁と都合34の小部屋からなる本建物は、Ⅰ期に見られた居住とは異なり、倉庫の基礎部分ではないだろうか。しかし、これらを除いて、当時の集落形態を示す建築物は発見されていない。

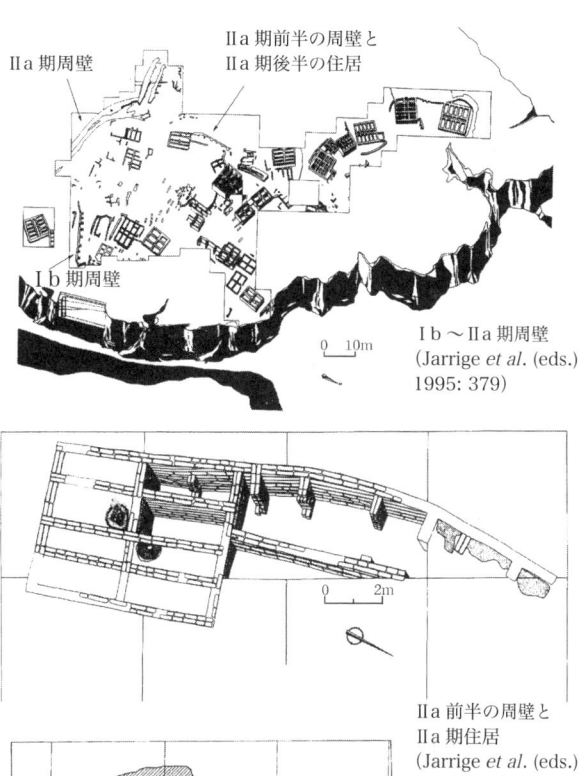

図7　メヘルガルⅡ期住居跡

倉庫を必要とした物資の集積は、メヘルガル集落の維持とその性格に次第に重要な意味をもち始めたであろう。

遺跡の中心域をMR1へ移して生活空間を一新した前4千年紀中頃のⅣ期の住居は、従来の独立した矩形建物の中を間仕切るものから、複数の矩形建物が各建物相互の出入り口を介してブロックをなす住居となる（図9）。Ⅰ～Ⅲ期までの住居建築とは明らかに異なる。また、各住居は互いの外壁をもたせ掛けるようにするため、自然と80～90cmの厚い外壁を持つ。そして、矩形建物がブロックをなす住居の形態と密集は、後に中庭を囲むようにして部屋が配置されるハラッパー期以降の都市遺跡における建物構成の初現と考えられ、南アジア都市住居の祖形となる。

MR1に居住の中心が移動したⅣ期からⅦ期までの集落規模は、周壁が一部にしか発見がされないため不明であるが、Ⅶ期には遺物の散布と遺丘の広がりから、25ha前後になる（図10）。

文化史の構築

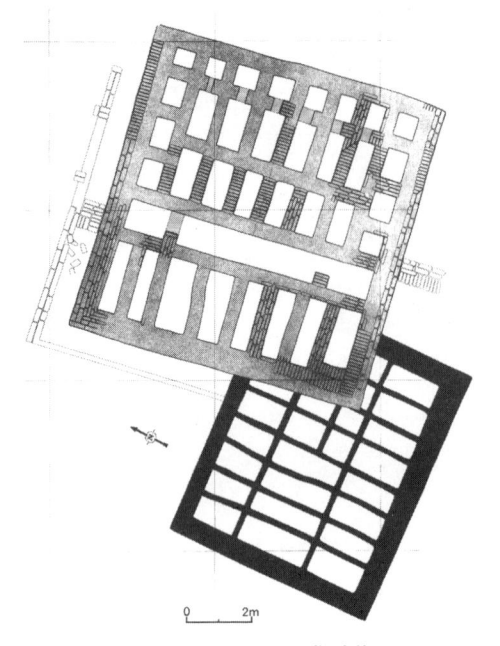

図8 メヘルガルIII期建物
(Jarrige *et al*. (eds.) 1995: 300)

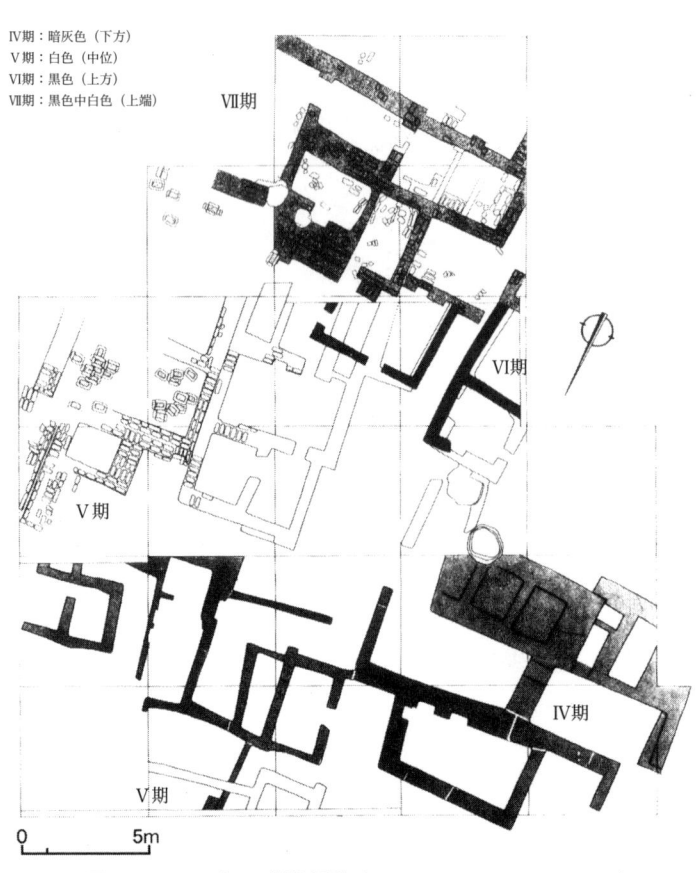

IV期：暗灰色（下方）
V期：白色（中位）
VI期：黒色（上方）
VII期：黒色中白色（上端）

図9 メヘルガルVII期住居跡 (Jarrige, *et al*. (eds.) 1995:398)

　V期の建物群は、上層の建物調査に遮られて住居の構成が判然としない。しかし、V期の住居壁の上にVI期の壁も同位置に建てられ、その壁の延長にVII期の壁が同じように建てられる（図9の中位右端）。図9のIV期からVII期までの建物群全体を見渡すと、多少のずれはあっても、建物壁の方位は、ほぼ磁北と一致する。MR1に集落の居住中心域が移動してから、一貫して建築物の方位指向性に変りはない。磁北を指向する建物配置は、最初期より窺われたが、このIV期以降では方位だけでなく、建築物の占有位置まで動かし難くなっている。これは、集住度の高まりと同時に居住地範囲内における道路や公共性の高い大型建物の配置に、一般住居の位置や占有地の方位と範囲が制約された結果であると想定できる。他方、出土遺物からV期はIV期からの連続性よりも、後続のVI期・VII期に盛行する土器群の基盤を作りあげた時期として捉えられるため（宗䑓1997）、住居を含めた集落構成とその規定化はV期に現れたと考えられる。

　こうして集落が大きく変容したV期を経てVI期になると住居域を囲繞する周壁が稜堡を備えて現れる。MR1遺丘の南西部だけであるが、21mにわたって直線的に発見された周壁は、おそらく集落が矩形であったことを示している。ただし、どの特定期に円形から矩形の集落へと変化したのかは、現時点までの調査では不明である。出土遺物の変化に窺われる集落社会の変化から、集落形態の変化もV期以降であった可能性がある。また、V期以降のメヘルガル遺

図10　メヘルガル遺跡 MR1 遺構全測図
(Jarrige *et al.* (eds.) 1995: 194)

図11　メヘルガルⅥ期住居ほか跡
(Jarrige *et al.* (eds.) 1995: 268)

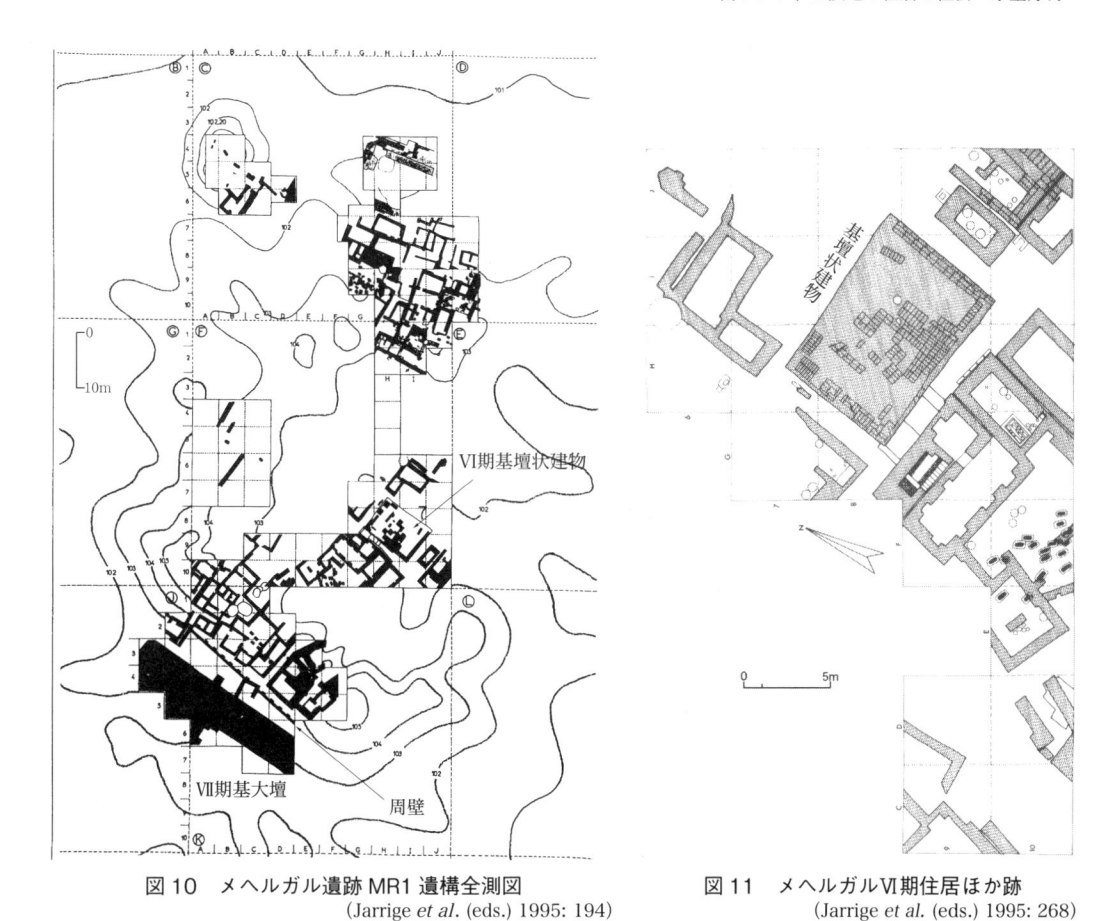

跡がバローチスターン北部から中部地域に向けた土器作りセンターとしての機能を強め、交易の活発化が（Wright 1995）集落の形態変化と大型建物による各住居の固定的占有地化に強く関係したであろう。

　周壁が確認されたⅥ期には、住居とおぼしき建物に囲まれた空間に、高さ50cmの10×7.6mの基壇状煉瓦敷建物が現れる（図11）。基壇の上からは磨石と石皿が1点づつと、基壇の北側縁から13点の磨石が並べられて発見され、また基壇の南側路地からはオオムギ、コムギの炭化粒と磨石が出土した[6]。基壇状の建物は周壁内居住域における穀物集積施設を兼ねた共同の製粉場と想定されている。また、この時期には、日干煉瓦が、厚さ10×幅25×長さ50cmと、10×22×45cmの二種に統一される。統一された煉瓦の規格は、この頃には現れていたインダス流域平原部のコート・ディジー文化や後のハラッパー文化で用いられる1：2：4の煉瓦の厚さ：幅：長さ比率と近似し、南アジアの先史・原始社会を通じて用いられた煉瓦の基準であったことを示す。同時にメヘルガルの煉瓦は、コート・ディジー文化やハラッパー文化のそれと比べて一回り大きく、社会的規範がインダス流域平原の社会のそれとは異なっていたことも明示している。

　最終居住期のⅦ期には、居住域を囲む矩形周壁の南側外周に沿って300㎡以上の広がりを持つ日乾煉瓦積み基壇が新たに現われる（図12）。また、メヘルガルⅦ期に併行するバローチスターン丘陵上のダンブ・サダート遺跡のⅢ期でも基壇が出現している。居住域と分離して築かれたメヘルガ

文化史の構築

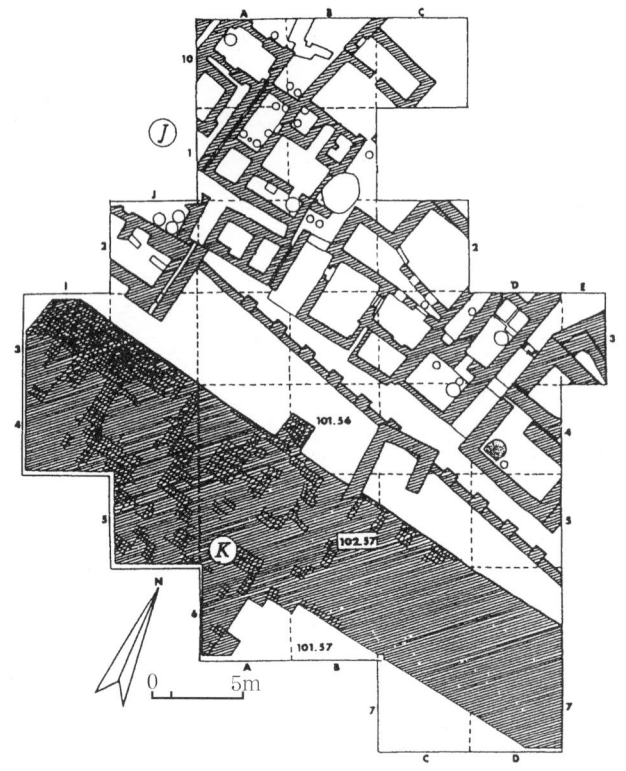

図12　メヘルガルⅦ期基壇と周壁、住居跡
(Jarrige *et al.* (eds.) 1995: 526)

ルの基壇は、この時期までに形成期を迎えていたハラッパー文化の都市遺跡に見られる居住域の西方に分離して位置する城塞の配置と類似していて、注意が必要である。ただし、メヘルガルの基壇が城塞とは言いきれないこと、また基壇が居住域の南方にある点から、この時期の前後に形成されたハラッパー文化の影響がバローチスターン農耕文化のメヘルガルに及んだとの想定はできない。むしろ、ハラッパー文化の都市遺跡とメヘルガルの社会が、ほぼ同様の社会的階層化の段階にあったことを示す資料と捉えるべきである。

まとめ

インド亜大陸北西部の新石器文化から金石併用器文化の住居は、北部の山岳および高緯度丘陵地帯とバローチスターン丘陵地域とで異なる変遷を歩んだ。北部では、竪穴住居の連結化による家屋内の機能分化を行い、また地下式から地上建物へと推移するなかで、円形から矩形に形態上も変化した。他方、南部の住居はその当初より間仕切りを伴う矩形の地上日干煉瓦建物であり、住居内の機能分化は間仕切りから複数矩形建物のブロック化でなされた。こうした住居形態と変遷の地理的差異は、西アジアにおけるザグロスから北メソポタミアの竪穴住居と、レヴァントやシリアでの無土器新石器文化期地上住居との差異にも概して類似している（常木・松本編 1995全般を参照）。しかし、前7000年頃まで溯るメヘルガルのⅠ期に日乾煉瓦による円形住居が発見されない状況は、西アジアの例とは様相を異にする。その理由として、現在までのところ南アジア地域では栽培ムギ類の起

源種の存在が知られていないために、穀物栽培以前の集約的な野生ムギ類の採集を伴う定住社会が確認されていないことが挙げられよう。ただ、このような穀物の食糧生産経済社会の成立に関する過程の相違が、ただちに構造的により容易な円形住居不在の説明とならないことは承知している。今後、農耕そのものの南アジアにおける起源と、メヘルガルを年代的に溯る新石器文化遺跡に円形住居が発見される可能性も残されている、と考えた方が良いのかもしれない[7]。

　他方、メヘルガルでは、住居の変遷とともに、集落全体が円形から矩形になり、Ⅶ期には周壁の内と大規模基壇が設けられた周壁の外という集落社会内部に大きな分節化が起きていたことも忘れてはならない。それは、南アジア最古の文明、インダス文明の最大規模都市遺跡モエンジョ・ダロやハラッパー遺跡の城塞と市街地が東西に分離された社会と通底する現象である。25ha前後の規模にまで遺跡が拡大したⅦ期のメヘルガルは、インダス平原を含めた周辺地域一帯の中で、ハラッパー文化最盛期の巨大都市を除けば、最大規模に達していたのであり、当然、集落全体での物資集積はかなりの規模に達していたと考えられる。Ⅶ期のメヘルガル集落は、首長制社会を超えて原都市段階に入っていたと考えられ、また土器を主な交易品として、その代わりに得られた物資の遺跡内集中に、「都市」の要素を予見できるだろう。

おわりに

　都市化へ向けた動きはバローチスターン丘陵の西方、カンダハール地方のムンディガク遺跡のⅠ期からⅣ期の遺構変遷にも見てとれ、前3千年紀半ばにおける地域拠点遺跡の都市化現象は、南アジア全体で進行していた (Casal 1964)。インダス流域平原部の初期ハラッパー文化もまた同様である。しかしながら、インダス平原に連なるカッチー平野のメヘルガルは、その後、ハラッパー文化の広範な展開を前にして衰退してゆく。バローチスターン農耕文化のメヘルガルとハラッパー文化との間にある違いは、メヘルガルの居住域から分離した基壇の性格の不明瞭さの一方、ハラッパー文化の基壇上にそびえる城塞部と市街地の隔絶性、都市内居住域給排水施設設置、分銅の利用に見られる集落と周辺地域の維持・管理機構の確立にある。そうした文化領域社会の維持・管理システム確立の有無が、メヘルガルを典型とするバローチスターン先史農耕文化の衰退と、ハラッパー文化の隆盛へと分岐させた大きな要因の一つであったと考えられる[8]。

　他方、基壇もしくは城塞の都市内配置の相違も気にかかる。メヘルガルと同様にインダス文明の胎動後間もなく衰微してしまう地方都市であったゴーマル平野のラフマーン・デーリ遺跡の基壇は、周壁外に確認されていない。規模は不明だが周壁内部の大通に接するように位置している。こうしたインダス文明以前の地方都市における社会階層分離の建築上の明示法の差異も文明形成研究に残された課題である。

註
(1) 栽培種のコムギとオオムギの遺存体が確認されているローエバンルⅢを除いて他の遺跡からは、確実な栽培植物遺存体は認められていない。しかし、スワート地方での前2千年紀中頃以降の住居形態の変化とともに、円形の貯蔵穴が住居に伴う、とコスタンティーニは指摘している。彼は、ローエバンルⅢと前1千年紀に下るアリグラーマ (Aligarama) 遺跡で出土栽培穀物を確認している。確認された栽培植物遺

存体は、ローエバンルで六条オオムギ（*Hordeum vulgare*）、二条大麦（*H. vulgare subsp. distichum*）に密穂コムギ（*Triticum compactum*）、そしてコメ、おそらくはオリザ・サティバ（*Oryza sp.*）とレンズ豆（Costantini 1979）である。また、アリグラーマからは種が不明であるが、コメとオオムギが出土している（Tusa 1990）。

(2) インド亜大陸北西部と内陸アジアとの文化交渉は、すでに徐がブルザホムなどのカシュミールの新石器文化とティベットの新石器文化遺跡Karuoの間に多くの共通点を認めて、指摘している（Xu 1991）。そこでは、土器、石器、竪穴住居の様式における共通点を論じているが、両者の直接的文化接触でなく、両者間を仲介する文化を想定している。

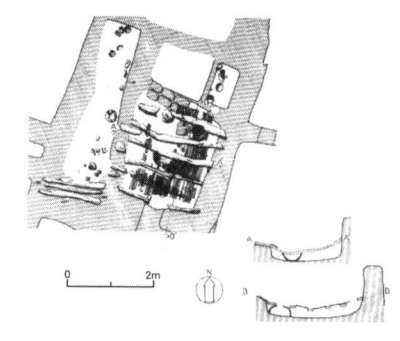

メヘルガルⅦ期の住居
(Jarrige *et al.* (eds.) 1995: 197)

(3) 遺跡地は七つの遺丘で構成され、それらにメヘルガル（Mehrgarh）の略称であるＭＲまたはＭｒに続いて遺丘番号が付せられて遺跡内地点を呼んでいる。

(4) Ⅰ期の調査で、こうした壁の上に渡した木材は確認されていない。確実な例を同遺跡に求めれば、Ⅶ期にまで下ることになるが、これよりも簡便な屋根の構築は想定できず、最古期のⅠ期にあってもこうした屋根架けが行われたと考えられる。

(5) 現在パーキスターンからインド北西部の麦作農耕地帯の農作業で使役される家畜は、コブウシを主としているが、動物性蛋白質摂取の対象としては、ヒツジ、ニワトリの他にスイギュウ（*Bubalus bubalis*）が重用されている。家畜飼養において、メヘルガル新石器文化段階で卓越するコブウシの年齢構成は明瞭でなく、役畜と肉畜との関連は不明瞭である。また、いつごろからスイギュウ飼育が始まるのか、現在のところは不明とせざるを得ないが、インダス流域平原の開発と関連があるのではないかと、筆者は想定している。

(6) 穀物遺存体の出土状況やその状態、そして磨石の数も報文に示されていないため、不詳である（Jarrige, J-F. 1979b: 81）。

(7) メヘルガル遺跡Ⅱ期よりインド・ドワーフ・コムギ（*Triticum aestivum subsp. sphaerococum*）が出土している点に注意したい。本種は栽培種ばかりの普通系コムギの一つで、栽培二粒系コムギと野生のタルホコムギ間の雑種に由来するとされるが、そのタルホコムギ（*Aegilops squarrosa*）の主要な群生地域にアフガニスタン北西部が挙げられ（堀田他編 1989: 1065）、さらにインド・ドワーフ・コムギの起源地がアフガニスタンに比定されている（堀田他編 1989: 061）ことは、レヴァントや北シリアでの第一次ムギ栽培農耕を受けて南トルクメニアからアフガニスタン、そしてバローチスターン丘陵地域の農耕が栽培種コムギと在地の野生タルホコムギを交えた中から新たなインド・ドワーフ・コムギを早々と生み出したと考えられ、この地域をムギ栽培の第二次起源地と指摘できる。また、現在は栽培種の起源野生種の存在が確認されていないが、メヘルガルのⅠ期の年代を勘案すれば、第一次起源地の可能性も否定できない。さらに、インド・ドワーフ・オオムギ（*Hordeum vulgare subsp. sphaerococum*）がメヘルガルⅠ期よりすでに出土していることも、この六条オオムギの出自がやや不透明である現在（堀田他編 1989: 532）、南西アジアにおける農耕の起源を考察する際に今後注意が必要である。

(8) ジャリージュは新石器から金石併用期に至る際の社会や土器などの変化に外的要因を求めず、社会の統合へ向けての推移とし、それは人的開発（耕作、労働力投下の増大、人口増）を要因として自然環境変化に対応した社会・経済システムの維持と拡大によると考える。しかし、それはあくまでも穀物の生産リズムに合わせたrural system（村落体系）であり、ハラッパー文化のインダス文明都市社会とは異なるとする（Jarrige, J-F. 1985）。

引用・参考文献

Chaudhari, P.C.
 2000 Neolithic Ceramics and their Decorative Patterns in Kashmir Valley. *Puratattva* No. 30: 30-35. New Delhi: Indian Archaeological Society.

Child, G.V.
> 1936　*Man Makes Himself*. London: Penguin Books.

Costantini, L.
> 1979　Notes on the Palaeoethnobotany of Protohistorical Swat. In Taddei (ed.) *South Asian Archaeology 1977*. 2 Vols.: 703-708. Naples: Instituto Universitario Orientale.

Costantini, L.
> 1984　The Beginning of Agriculture in the Kachi Plain: the Evidence of Mehrgarh. In Allchin, B. (ed) *South Asian Archaeology 1981*: 29-33. Cambridge Univ. Press.

Dani, A.H.
> 1983　Neolithic problem and the patterns of culture in Pakistan. *J. of Central Asia* Vol. 6 No. 1: 41-49.

IAR: *Indian Archaeology A Review*. Archaeological Survey of India. New Delhi.

Jarrige, J-F.
> 1979a　Excavation at Mehrgarh, Baluchistan: the Signifience in the Prehistoric Context of the Indo-Pakistan Borderland. In Taddei (ed.) *South Asian Archaeology 1977*. 2Vols.: 463-535. Naples: Instituto Universitario Orientale.

Jarrige, J-F.
> 1979b　Excavations at Mehrgarh–Pakistan. In Lohuizen-de Leeuw (ed.) *South Asian Archaeology 1975*: 76-90. Leiden: Brill.
> 1985　Continuity and Change in the Northern Kachi Plain (Baluchistan, Pakistan) at the Beginning of the Second Millennium B.C. In Gail and Mevissen (eds.) *South Asian Archaeology 1991*: 35-68. Stuttgart: Franz Steiner Verlag.
> 2000　Mehrgarh Neolithic: New Excavations. In Taddei and de Marco (eds.) *South Asian Archaeology 1997*. 3 Vols.: 259-283. Rome: Istituto Italiano per L'africa e L'oriente.

Jarrige, J-F. *et al*. (eds.)
> 1995　*Mehrgarh, Field Reports 1974-85 from Neolithic Times to the Indus Civilization*. Karachi: The Department of Culture and Tourism, Government of Sindh, Pakistan.

Khan, M.A.
> 1991　The Prehistoric Sequence from Ghalegay and its Cultural Relation with Various Excavated Sites of Swat. *Ancient Pakistan* Vol. VII: 35-37.

Kureshy, K.U.
> 1977　*A Geography of Pakistan*. Karachi: Oxford Univ. Press.

Meadow, R.H.
> 1984　Animal Domestication in the Middle East : a View from the Eastern Margin. *Animals and Archeology* : 3. Early Herders and their Flocks. BAR International Series 202: 309-337.
> 1989　Continuity and Change in the Agriculture of the Greater Indus Valley: the Palaeoethnobotanical and Zooarchaeological Evidence. In Kenoyer (ed.) *Old Problems and New Pesrspectives in the Archaeology of South Asia*. Wisconsin Archaeological Report Vol. 2.: 61-74. Univ. of Wisconsin.

Sharma, A.K.
> 1982　Excavations at Gufkral. *Purattava* No. 11: 19-25.

Stacul, G.
> 1992　Further Evidence for the Inner Asia Complex from Swat. In Possehl (ed.) *South Asian Archaeological Studies*: 111-122. New Delhi: Oxford IBH Publishing Co.
> 1993　Kalako-deray, Swat, 1989-91 Excavation Report. *East and West* Vol. 43: 69-94.
> 1994　Neolithic Inner Asian Traditions in Northern Indo-Pakistani Valley. In Parpola and Koskikallio (eds.) *South Asian Archaeology 1993*. 2 Vols.: 707-714. Jyvaskyla: Academia

Scientiarum Fennica.

 1996 Pit Structures from Early Swat. *East and West* Vol. 46 Nos. 3-4: 435-439.

Survey of Pakistan

 1986 *Atlas of Pakistan*. Islamabad: Gov. of Pakistan.

Tusa, S.

 1990 Ancient Ploughing in Northern Pakistan. In Taddei (ed.) *South Asian Archaeology 1987*. 2 Vols.: 349-376. Rome: Instituto Italiano per il Medio ed Estremo Oriente.

Xu Chaolon（徐　朝龍）

 1991 The Cultural Links over the Himalaya Range in the Prehistoric Period. *ORIENT* Vol. XXVII: 12-35.

宗䑓秀明

 1997 「バローチスターン農耕文化とその展開」『物質文化』No. 62: 1-21.

常木　晃（編）

 1999 『食糧生産社会の考古学』現代の考古学3. 東京: 朝倉書店.

常木・松本（編）

 1995 『文明の原点をさぐる―新石器時代の西アジア』東京: 同成社.

中村五郎

 1993 「インド亜大陸北部に稲作の起源―日華植物区系西端地域発見のコメと石包丁の評価」『弥生文化博物館研究報告』第1号: 19-29.

堀田（他編）

 1989 『世界有用植物事典』平凡社.

本稿は、「先史集落の形態」『インド考古研究』第19号: 85-93頁、1998年を大幅に改訂・加筆したものである。

パラオ南西諸島の文化史的位置づけ

印東 道子

キーワード：パラオ　ミクロネシア　文化史　東南アジア島嶼部

はじめに

　ミクロネシアは広大なオセアニアの北西に位置する島嶼地域である。東南端のキリバスをのぞいて、その分布は赤道よりも北に位置し、日本にもっとも近い存在である。個々の島の面積はオセアニアの中でも平均して小さく、資源に乏しいサンゴ島が多い。このような自然環境にあっても、その多くの島々では1000年〜2000年をこえる長い期間にわたって人間居住が継続され、自然災害や資源不足を補う様々な工夫が行われてきた。そのもっとも顕著なものは海を媒介とした外界との接触で、島嶼間交易という形で物資の供給や人的交流が継続して行われてきた。なかでも西部ミクロネシアのヤップ島と中央カロリン諸島の島々との間に行われてきたサウェイ交易はもっともよく知られ、東部のマーシャル諸島では、緯度差に基づく資源の多様性を利用したサンゴ島間の交易ネットワークが構成されていた（Alkire 1978）。

　本稿が対象とするパラオ南西諸島は、ミクロネシア南西部に位置するパラオ列島の南部約四分の三を構成する。これらはすべてサンゴ島であるため、陸上で入手できる自然資源にはかなり制限がある。互いの距離がそれほど近くないこれらの島々においてどのような居住戦略がとられてきたのか、サンゴ島における資源利用をめぐる研究において重要な研究対象である。

　またパラオ南西諸島の島々は、パラオ本島や他のミクロネシアの島々との距離よりも、メラネシアやインドネシア、さらにはフィリピンとの距離が近い。そのため、ミクロネシアという地域区分にはおさまらない、何らかの文化的交流がこれらの他地域との間に行われたことも十分想定できる。

　本稿では、これらパラオ南西諸島の地理的特性をふまえながら、歴史資料や言語、民族誌資料を用いてその文化史像を明らかにし、さらに考古学資料を用いることでその文化史的位置づけを試みたい。

1. 地理的特性—ミクロネシアと東南アジアとのはざま

　パラオ諸島は北からカヤンゲル環礁、本島であるバベルダオブ島、ペリリューとアンガウル、そしてさらに南西に連なる南西諸島とからなる（図1）。バベルダオブとペリリュー、アンガウルまでがグループをなし、南西諸島のもっとも北に位置するソンソロールでもバベルダオブから約300kmも離れている。南西諸島は5つの島、または島群からなる。北からソンソロールとそれに

付随する小島ファナ、プロ・アナ、メリール、トビ、ヘレン環礁の順に南西方向に長く点在し、トビはバベルダオブから550kmほどの隔たりがある。

これらの島々は、ヘレン環礁以外はみな隆起サンゴ島で、海抜は3〜6mである。リーフで囲まれてはいるが、外側は投錨できない深さと速い潮の流れのため船の接岸は困難を伴う。これに対してヘレン環礁は長さ25km、幅10kmの大きな環礁で、満潮時には波に洗われる砂州がほとんどである。海面上に常時露出している陸地面積は小さく、面積はわずかに0.03 km^{2}に過ぎない。ヨーロッパ人来島時には無人であったが、1994年からは違法漁船を見張るために3人の監視員が常駐している。

島の大きさは、もっとも大きなソンソロールが1.36 km^{2}で、もっとも小さなプロ・アナは0.5 km^{2}しかない（表1）。しかも、土壌は隆起サンゴ島のために貧弱で哺乳動物もおらず、陸上資源による人口支持力は高くない。

南西諸島の南端に位置するトビとヘレン環礁は、パラオ本島との距離よりも東南アジア島嶼部やニューギニアとの方が近い。たとえば、インドネシアのモロタイやハルマヘラとは約280km、ニューギニア西部とは約370kmの距離しかない。

南西諸島周辺の海流は年間を通して西から東へと流れており、中央カロリン諸島付近を流れる東から西への流れとは反対方向である。この流れは赤道反流と呼ばれ、フィリピンの南、インドネシアのハルマヘラ島付近から東進してくる。この流れよりも北に位置する中央カロリン諸島では、西向きの海流に乗って比較的楽に西方のヤップへと航海することができる。もし途中で漂流しても、運がよければフィリピンにたどり着くことができた[1]。これに対し、パラオ南西諸島からパラオ本島を目指すには、潮の流れを横切る必要がある。西方の東南アジアへ向かうのも、赤道反流から逃れなければ難しい。

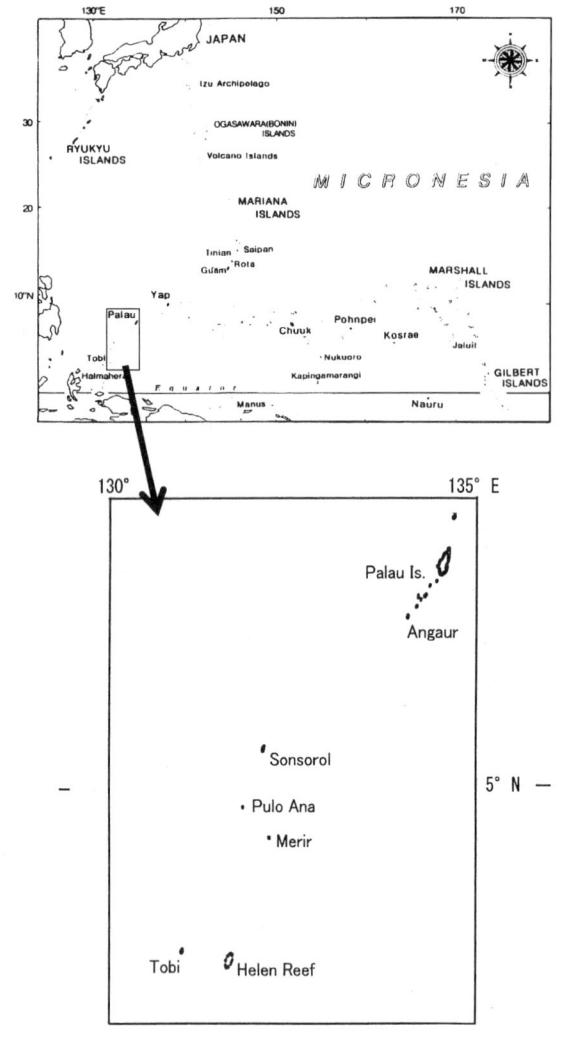

図1 パラオ南西諸島の地図

表1 パラオ南西諸島の位置と面積

島　名	北緯	東経	面積 (km^2)
ソンソロール	5°20'	132°30'	1.4
プロ・アナ	4°40'	131°58'	0.5
メリール	4°19'	132°19'	0.9
トビ	3°01'	131°11'	0.6
ヘレン環礁	2°59'	131°49'	0.3

(Engbring 1983より)

逆に、この海流はパラオ南西離島の島々へ、東南アジア島嶼からの様々な漂流物をもたらす。筆者が2002年に南西諸島を訪れた際には、海岸に大きな竹が何本も漂着しているのを観察した。ソンソロールでは、いかだに組んだものまでが漂着していた。インドネシア方面から漂着したのであろう。このことは、そこに暮らす人間がパラオ南西諸島に漂着した可能性をも示すものと言えよう。

長谷部言人は、トビの男性6名女性2名の身体特性の計測をパラオで行い、その短身長、長頭、広鼻示数という身体特徴は、他の南西諸島の島々やカロリン諸島の人々とよりもマレー系に近いと指摘している（長谷部 1928）（図2）。

南西諸島の人々は、他のカロリン諸島の珊瑚島に暮らす人々と同様、島の中央部を真水レンズのレベルまで掘り下げて栽培するタロイモ（キルトスペルマ種）をはじめ、バナナやパンノキなどを栽培する農耕活動を行っていた。家畜の存在は不明であるが[2]、島の周囲は隆起珊瑚島特有の非常に深い海洋に囲まれているため、回遊魚をはじめとする海洋資源に恵まれていた。

2. 歴史背景

パラオ南西諸島が歴史上認識されたのはオセアニアの中でも早い。マゼランがフィリピンで死亡したあと、トリニダード号を率いたエスピノーサがハルマヘラからマリアナ諸島へ向かって1522年に航海した際に、ソンソロールの存在を記録に残したのが最初である（Hezel and Valle 1972: 26）。しかし、パラオ本島と同様にその存在はほとんど明らかになっておらず、1710年にフィリピンに滞在していた宣教師達がトリニダード号を西部カロリン諸島へ派遣するまでは、ヨーロッパ人との直接コンタクトはほとんどなかった。

17〜18世紀にフィリピンで宣教活動を行っていた宣教師達は、カロリン諸島から頻繁に到達する漂着民達から、小さいながら多数の島々がフィリピン東方に存在することを聞き、伝導への希望を持った。義援金を募ったり法王に働きかけたりした結果、スペイン王から船を得て数度の探検航海を行った。そのうち数回はなにも見つけられずに失敗に終わったが、1710年に派遣した3隻のうちパディラ船長の率いるトリニダード号はようやくソンソロールを見つけたのである。島の周囲を流れる強い流れのため、島を囲むリーフに接岸するのに4日間もかかったあと、ついに宣教師2名を上陸させることに成功した。しかし、二人を乗せたボートが船に引き返してくる前にトリニダード号は潮に流されてしまい、ソンソロールに引き返そうとさまよっているうちにパラオ本島を見つけて上陸した。ソンソロール周辺の海流がいかに強く早いかを如実に示すもので、この接岸の困難さは日本時代の史料からも明らかである（長谷部 1928）。

トリニダード号はパラオからフィリピンへ帰る途中に、再びソンソロールを見つけて立ち寄った。3日間ほど沖に停泊し、宣教師達をのせたボートがこぎ出してくるのを待ったがだれもこなかったため、あきらめてフィリピンへと帰った。その後、1711年にはさらに2隻の船がソンソロールへ2名の宣教師を捜しに出たが、いずれも見つけることはできなかった。

18世紀後半から19世紀前半にかけては、ソンソロール他の南西諸島についても、近くを航行する船によってしばしば記録されるようになったが、島民の生活を記録したものはほとんどなかった。19世紀前半になるとパラオ本島では西欧との接触が頻繁になり、鉄や銃などが島内の勢力争いに

文化史の構築

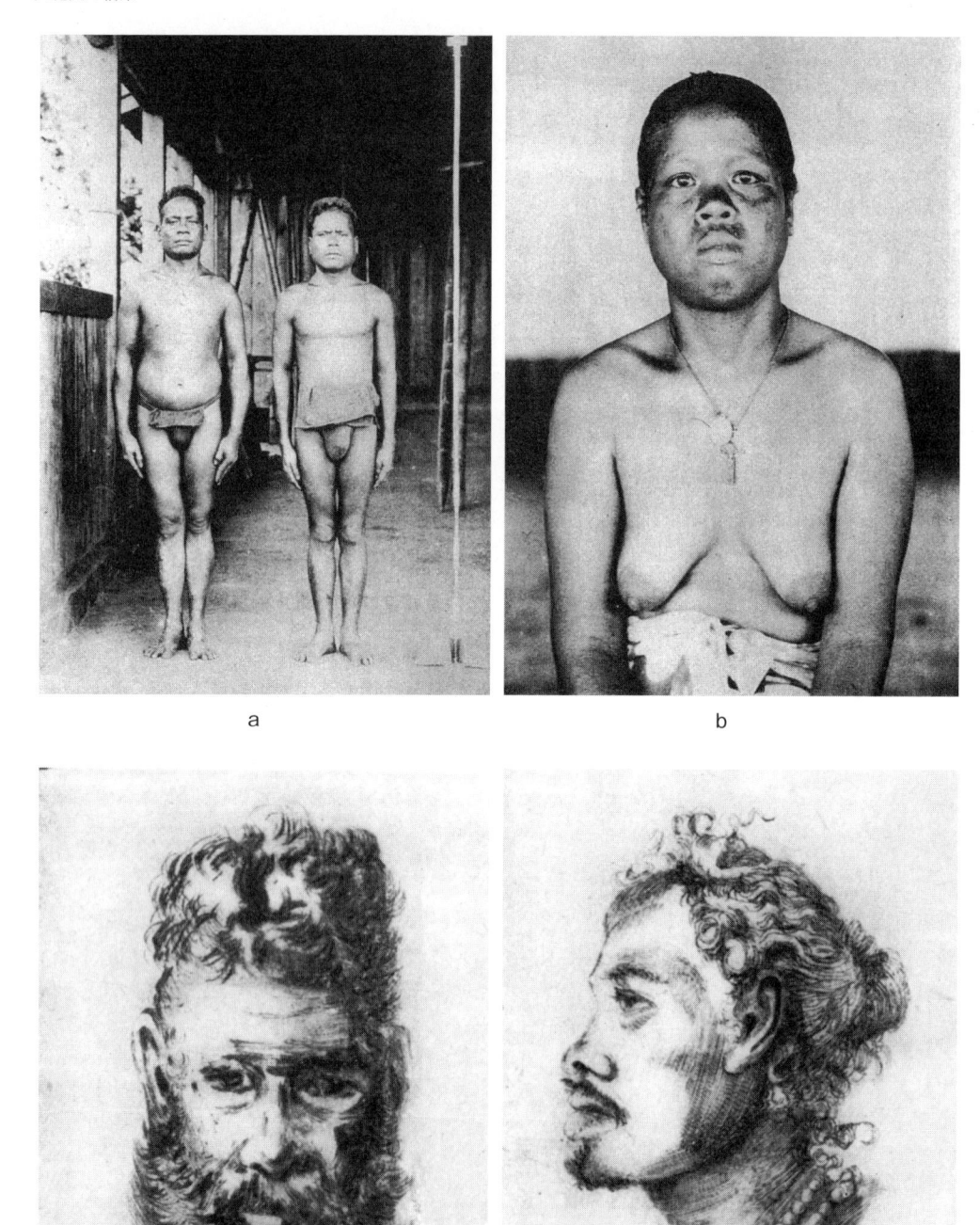

図2 パラオ南西諸島の人々　a, b: トビ（長谷部 1928），c: メリール（染木 1945），d: プロ・アナ（染木 1945）

用いられるようになっていた。

　1783年にパラオのコロール近くのリーフでイギリスのアンテロープ号が座礁し、その時の記録がイギリスで出版されたことで、パラオの存在は広く知られるところとなった。しかし、南西諸島に関しては、1832年から1834年までトビ島に囚われていたアメリカ人船員ホールデンが、帰国後に出版したものが最初の記録である（Holden 1836）。

　1831年7月にマサチューセッツを出航したメンター号は、インド洋経由でジャワ、ティモールに達し、さらに太平洋を横断しようとしていた。しかし、東からの強い海流と風のため航行が困難になったので、最も近いと思われたマリアナ諸島を目指して北上を続けていた（当時の地図にはパラオが記載されていなかった）。さらに3日3晩続いた暴風雨で帆を失ったメンター号はコントロール不能になり、パラオの北に延びる暗礁で座礁してしまった。ホールデンを含むメンター号の乗組員達はこぎだしてきた住民のカヌーに助けられて上陸し、東インド諸島へ行くためのカヌーを建造する。そのころのパラオには、イギリス人ビーチコーマーが3人住み着いていた。その1人はイギリス海軍の船から逃げ出してすでに29年もパラオに暮らしており、6番目の位をもつチーフになっていた。この当時のパラオにはすでにブタとヤギがおり、50年ほど前に座礁したアンテロープが持ち込んだものが繁殖していたと考えられる。

　1832年10月に完成したカヌーで出航する際、お礼としてアメリカから銃や火薬を持って帰ってくるという約束の保証として3人の乗組員を残し、代わりに2人のパラオ人チーフと平民1人を乗船させた。南に向かって進んでトビ島附近にさしかかったとき、島から大勢の男達を乗せたカヌーが18隻近づいてきてホールデン等は囚われてしまう。

　島では衣類を剥がれて持ち物もすべて取り上げられ、タロイモ用の田を掘って拡張する過酷な仕事を道具なしでやらされるという生活を強いられた。船長ら3人は運良く2ヶ月後に通りかかった船に駆け込んで逃げたが、残りのものはさらに厳しい仕事をさせられ、しかも食べるものをほとんど与えられなかったので3人を残して次々に死んでいった。

　囚われていた間中、飢餓状態だったのは、単に囚人扱いされたためではなく、天候の不順で十分な作物がとれなかったのが原因のようである。ココナツとサカナを主食とする住民達も飢餓が続いており、ウミガメは2年間で5匹しか捕らえられなかったことも記載されている。これは、たまたまホールデン滞在中の気候が災いしていたのか、あるいはトビ島は人間が生息するには厳しい環境しか提供できないのか、判断は難しいが、いくつかの理由で前者の可能性が高いと思われる。

　ココナツの実が非常に小さく少ない、と言う記述があるが、トビ島は他の南西諸島と同様にリン鉱石で島の表面が覆われていたため、珊瑚島にしては本来、地味は豊かで、筆者等が訪れた際にも青々と大きなココナツの実がなっていた。1832～3年の状態は、おそらく大きな嵐などによって植物がかなりの損害を被ったあとだったと考えるべきであろう。また、島の中央部分に大きく掘り下げて湿地にしたタロイモ田には、イモが栽培されていたはずである（図3）。ところがホールデンの記述には栽培作業をさせられたことしか書かれておらず、何らかの理由で収穫ができなかったと考えられる。前年にホールデン自身が乗船していた船がパラオに座礁したのは大きな嵐にあったからであり、その際にうけたダメージから島の植生が回復しきっていなかったのかもしれない。

　実際、ホールデンがトビに滞在中にも大きな嵐に襲われ、ココヤシの木が何本も倒れて、その実

文化史の構築

図3　1909年当時のトビ島内陸部の大タロイモ水田 (Eilers 1936)

も被害を受けたうえ、タロイモ田は砂で埋まってしまったと書かれている。これではタロイモは全滅してしまい、飢餓が続くのは当然であったと思われる。さらに、魚もそれほど豊かにはとれず、ウミガメも2年で5匹しか捕れなかったとあり、海洋資源に関しても貧しいと言わざるを得ない。これは、メリールでウミガメが豊富に捕獲されるのとは対照的であるが、民族誌資料には多様な漁労法が記録され、発掘からも外洋性の魚骨は出土する。漁労活動を妨げるような他の要因があったのかもしれない。

このような環境に住民達はどのように適応しようとしていたのかは、ホールデン達が行わされた過酷な労働によく現れている。ホールデン達はそれぞれが預けられた主人の命令のもと、島の中央部にあるタロイモ田で掘った穴に腐植土を入れてイモを植える、あるいは土をかき混ぜるという作業を素手で行わされた。大きな嵐に襲われた後は、大きなサンゴを運んで木が流れないように海岸に石壁を作る作業も命じられるというように、陸上資源の確保と栽培活動に多くのエネルギーを使い、他の島に物資の援助を求めるという姿勢はここからは読み取れない。

ホールデンは1834年11月に運良く沖を通りかかったイギリスのブリタニア号に助け出され、この悲惨なトビでの生活を終えた。興味深いのは、ホールデンらとともに囚われたパラオからつれてきた二人のチーフが、トビの言葉を理解できず、トビの存在自体も知らなかったことである。南西諸島の（あるいはトビの）存在は、すくなくともパラオ全島に知られていたのではなかったようである。これは、中央カロリン諸島とヤップとの長い交易関係に基づいた関係と対照的であり、南西諸島がパラオ本島と定期的な文化的接触をほとんどしてこなかったことを示していると考えられる。

3. 言語・民族誌資料—パラオであってパラオでない

　パラオ南西諸島で話される言語はミクロネシア諸語に分類され、パラオ本島およびカヤンゲルやペリリュー、アンガウルにおいて話されるパラオ語とは異なっている（Bender 1971；菊澤 2005）。言語分類上は共にオーストロネシア語に分類されるが、ほとんど相互理解は不能なくらい異なる言語である。このミクロネシア諸語は、中央カロリン諸島からマーシャル諸島にまで広く話される言語グループに属しており、南西諸島の居住民はパラオ本島の人とは話せなくても、ヤップ離島の中央カロリン諸島の人々とは会話ができる。なぜこのようなことが生じたかというと、南西諸島への人間居住史と関連している（Intoh 1997；Ross 1989；Rehg 1995）。つまり、パラオ本島への人間居住が、紀元前にさかのぼる頃に西方あるいは南方から行われたのに対し、南西諸島へはミクロネシアの東部から中央カロリン諸島を西進してきた人々が、拡散居住したので、その言語も異なるからである。

　パラオ本島への人の拡散は紀元前に遡る。ながらく紀元前後よりも古い遺跡が見つかっていなかったが、最近相次いで本島沖のロックアイランドと呼ばれる隆起珊瑚島から古い遺跡が見つかり、年代も紀元前800年頃まで遡るものが報告されている（Fitzpatrick 2002；Liston 2005）。これらの遺跡を残した人々は、東南アジア島嶼部から拡散してきたと考えられ、ミクロネシアでも最も古いと言われてきたマリアナ諸島（紀元前1500年）に匹敵するくらい古く遡る可能性が高い。

　これに対してメラネシア北部を東進したオーストロネシア集団の一部が、北上してミクロネシアへ拡散したのが今から2000年前で、さらに西方の中央カロリン諸島へと拡散してきたのが今から1800年前から1000年前であった（Intoh 1997）。

　南西諸島と他の中央カロリン諸島の言語間の類似性は存在するが、両グループ間の語彙の共有率は比較的低く、その間には小さな断絶が存在する（Quackenbush 1968: 108）。最も近いングルー環礁とソンソロールの間でも600kmもの距離が存在するし、間には危険な暗礁で囲まれたパラオしかないため、定期的な交流が行われていた可能性はきわめて低い。しかし、ングルーよりもさらに遠いウルシーの人々は、パラオ南西諸島に遭難してたどり着いたのを機に住民と血縁関係を結び、南西諸島に来た際には常に歓迎される関係を保っていた。ただし、この場合も長距離であるのと危険な航海であることから、定期的な交易関係はなかった（Lessa 1950）。

　母集団である中央カロリン諸島と共通する変化を南西諸島でよく残しているのが刺青である。ふんどしのみの裸体を覆い尽くすように掘られた見事なデザインが、両地域に共通した意匠であることは容易に見て取れる（図4）。

　生態資源の限られた環境に生活していた南西諸島居住民は、どのようにそれを克服していたのであろうか。民族誌資料からは、ヤップと中央カロリン諸島との間で行われていたサウェイ交易のような交易体系がパラオ本島との間に発達していた証拠は読み取れない。これはパラオから持ち込まれた土器の量が、中央カロリン諸島でみつかるヤップの土器に較べて極端に少ないことからもうかがえる。

　一方、1903年に行われたドイツの南海探検隊が南西諸島で撮影した写真資料からは、二種類の

文化史の構築

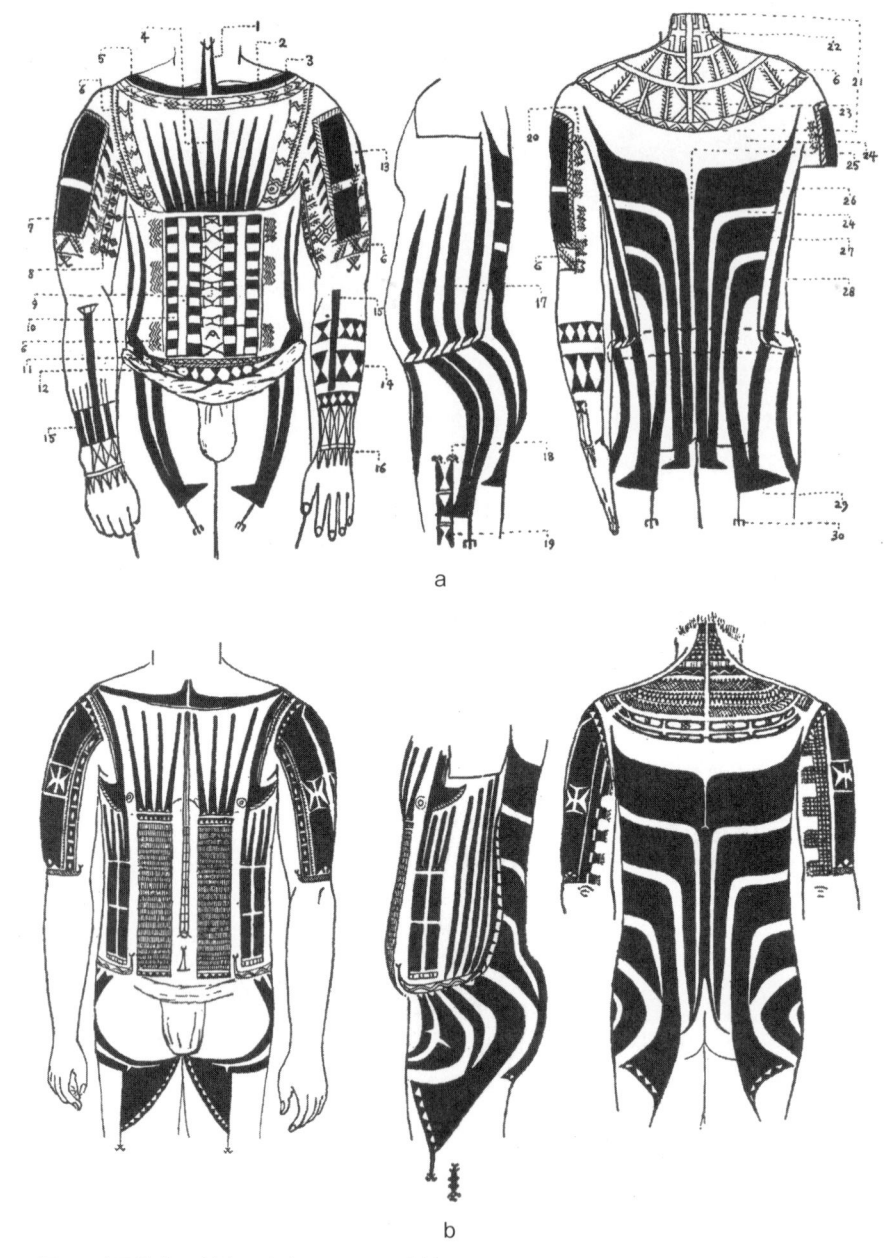

図4　南西諸島の刺青と中央カロリンの刺青（長谷部 1928）　a: ソンソロール, b: ファイス

文化の混交が看取できる。たとえば、女性が身につけていたものに着目すると、パラオの女性がまとっていた腰簑と酷似したものが、プロ・アナとメリールで見られるのに対し、もっともパラオに近いソンソロールでは腰布をまとっていた。ソンソロールで腰布を着用していた様子は、すでに1710年に接触のあったトリニダード号の一等航海士ソメラによっても記録される[(3)]。また、最南端のトビではやはり腰布をまとっているが、腰簑をつけている女性が写ったものも見られる（Eilers 1936）。この場合は年齢の差であるかもしれない。というのは、現在でも腰布をまとうのは成人した女性で、若い女性は簡単な布あるいは腰簑である。しかし、1832年から33年にかけて滞在した

前述のホールデンは、女達が布を腰に巻いていたことを記録しているので、腰蓑は後に導入されたものである可能性が高い。

腰布を作成するには織物技術が不可欠であるが、その分布は、ミクロネシア諸語の分布域とほぼ重なる。中央カロリン諸島からチュークにかけて織物が作成され、その技術がなかった西部のヤップやパラオの女達は腰蓑を常用していた。織物の素材には芭蕉科の植物の繊維を使うので、環礁島でも製作が可能であった。中央カロリン諸島では、織物は女性が日常的に身につけるほか、非常に込み入った紋様を織り込んだものを葬送用にも用いていた。さらに重要なのは、織物はサウェイ交易において重要な交換財としてヤップ社会へ持ち込まれ、高位の村の男性が身につけたことである。

パラオ南西諸島にこの機織り技術が分布していた背景には、上記の言語分布が示すように、これらの島への人類の拡散がパラオからではなく、北東の中央カロリン諸島からおこなわれたことがある。ソンソロールやトビで20世紀初頭に記録された腰布は、中央カロリンで織られていた特徴的な紋様を両端に織り込んだものと非常に類似している（図5）。このことは、両地域の織物文化がその源流を一にしていることをよく示している。

他方、腰蓑をつけていたプロ・アナやメリールの例をどのように解釈したらよいであろうか。写真に写った女性達の腰蓑は、単に織物を放棄し、適当に木の葉を腰に巻きつけた、というものではなく、腰蓑の長さや帯状の上部形態、さらにはウエストに結んだ貝や鼈甲製ベルトなど、どれをとってもパラオの腰蓑習俗と一致し（図6a）、ヤップの腰蓑（図6b）とは異なっている。つまり、パラオとの文化的接触がなければここまで類似した腰蓑文化は生まれなかったと言える。

1934年に染木煦が南西諸島を訪れた際にはさらに変化していて、ソンソロールでも織物をまとった者がいなかった。ところが、プロ・アナでは機織に用いる杼を2個観察しており、メリールにおいても実物は見なかったが「まだ機織りを時として行うらしい」と記述している（染木 1945: 273-296）。南西諸島に拡散してきた人々が、中央カロリン諸島と同じ機織り文化を共有したことは確実であるが、中央カロリン諸島の人々が現在に至るまで織物文化を堅持しているのとは対照的に、南西諸島ではそれほど文化接触のなかったようにみえるパラオから腰蓑文化を受容していたのである。

島によって変化の時期は異なるものの、20世紀初頭には、すでに南西諸島が求めた交流相手はパラオ本島であったことが指摘できる。

4. 先史文化—資源利用と対外関係

パラオ南西諸島での考古学調査はこれまで3回行われている。

1回目は1953年にアメリカのダグラス・オズボーンが行ったもので、主として地上に残された遺構の観察と表採を行っている（Osborne 1966）。大小の住居跡とみられるマウンドが各島の地上に残され、トビには中央部に大きなタロイモ田とその周囲に残された人為的な壁などが記録された。

2回目は1992年にやはりアメリカのロザリンド・ハンター＝アンダーソンが南西諸島を船でまわり、オズボーンの記録した遺構の確認とメリール以外の島での試掘を試みた（Hunter-Anderson 2000）。ハンター＝アンダーソンの調査では、マウンド遺構と小児埋葬に用いられた女性小屋跡マウンドから数点の年代測定値が示された。いずれも今から300年以内のものだったので、彼女はこ

図5 ソンソロールの腰布 (Eilers 1935)

図6 腰蓑をつけた a: プロ・アナの女性 (Eilers 1935) と b: ヤップの女性 (1983年 筆者撮影)

れら南西諸島に人が居住を開始したのは比較的最近のことであったと結論づけた[4]。

　3回目の調査は2002年に筆者らが行ったもので、ヘレン環礁以外の南西諸島すべてに上陸して表採を行い、南端のトビ島で試掘を行った (Intoh and Ono n.d.)。ソンソロールやプロ・アナではパラオの土器片が表採され、住民の集めた遺物のなかにもしばしば見受けられた。ところが、トビでの調査では土器は見つからず、他の島々とは対照的であった。ハンター＝アンダーソンは、トビで数点の土器を表採しているので、全くなかったとは言えないが、非常に少ないことが指摘できる。

　発掘調査は海岸沿いの女性小屋跡のマウンドに付随する小児埋葬址、居住域のはずれの海岸堆積で試掘を行い、それぞれから439±43BP (1400AD～1530AD Cal.)、345±40BP (1450AD～650AD Cal.) という年代測定値を炭化物試料から得た。この年代は、ハンター＝アンダーソンが示した

300BPよりも150年ほど古い。言語や他の習俗などから判断すると、300年というのは少々新しすぎる年代であったため、AD1400年という結果は、より現実的なものであると判断される。

この年代は、パラオの南西諸島における人間居住の新しさを示しており、2000年前に東カロリン諸島から一気に拡散してきたのではなく、一旦、中央カロリン諸島に定住し、生活を続ける中で漂流などの偶然に伴って拡散居住が行われたことを示すものであろう。つまり言語学研究が示すように、ミクロネシア全域を東から西へと移動したミクロネシア諸語を話す集団移動の最後の拡散地域としてとらえることができる。

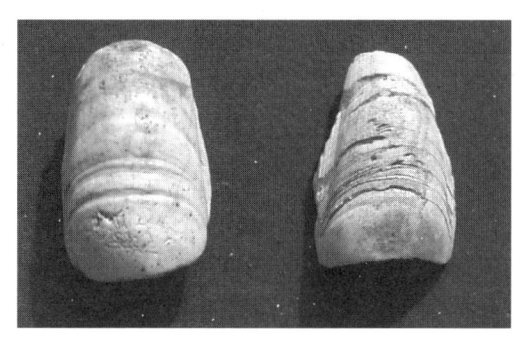

図7 シャコガイ斧（トビ島民のコレクション）

出土遺物や表採品にはシャコガイ製手斧が多く、貝製装身具類（腕輪、ビーズ）、トローリング用ルアー、ウミガメの甲羅製単式釣り針などが含まれる。特に目立つのは重量のあるシャコガイ製丸ノミで、カヌーの内側をくりぬくのに使用した（図7）。これは分厚い殻をもった大ジャコで作成したもので、オセアニアで一般的に使われた薄型のシャコガイ斧は一点しか見つからなかった。大ジャコはトビ周辺にも以前は生息していたが、乱獲のため枯渇した結果、住民達は近くのヘレン環礁に出かけてウミガメなどと共に島へ持ち帰るようになったという（Johansen: 87）。資源の移入が行われていたことになる。

住民のコレクションを合わせると、大量のシャコガイ斧が作成、使用されていたことがわかるが、これはトビで多くのカヌーが使われていたことにもつながるであろう。調査時点ではカヌー小屋は一つしかなかったが、1903年にトビで調査を行ったドイツ南海探検隊のハンブルクは78ものカヌー小屋を記録している（Eilers 1936）。また、ホールデンらを乗せたカヌーを追って18隻ものカヌーがこぎ出してきたことや、死者が出るたびに惜しげもなくカヌーに入れて海に流す舟葬を行ったことも記述されている（Holden 1936）。またハンブルクがプロ・アナで写したカヌーの製作風景からは（図8）、かなり大きなサイズのカヌーが作られていたことが確認できる。シャコガイ斧の需要も高かったことは明らかであろう。

真珠母貝製のトローリング用ルアーは、住民のコレクションに多く見られた。その形式は中央カロリン諸島で用いられていたルアーと同じく、頭部が断面三角に形成されて搾孔されたものである（図9）。リーフの発達していないトビでは、ルアーを利用したトローリング漁法が行われていた（Johansen 1981）。

以上の遺物はオセアニアに特徴的なものがほとんどで、インドネシアやニューギニア方面からの影響を示すものは見つからなかった。もし接触があったとしても偶発的な接触以上のものでは無かったと考えられる。たとえば、流れ着く竹は盛んに利用されていたようで、家屋の部材に使用したり、大きな漁労用の罠籠を作ったりしていた（Eilers 1936）（図10）。

他方、パラオ南西諸島からさらに西への居住の証拠は今後も検討していかなければならないが、「ミクロネシア的」な遺物や織物技術の分布から判断すると、南西諸島は西進してきたミクロネシ

文化史の構築

図8　プロ・アナで製作中の大きなカヌー（Eilers 1935）

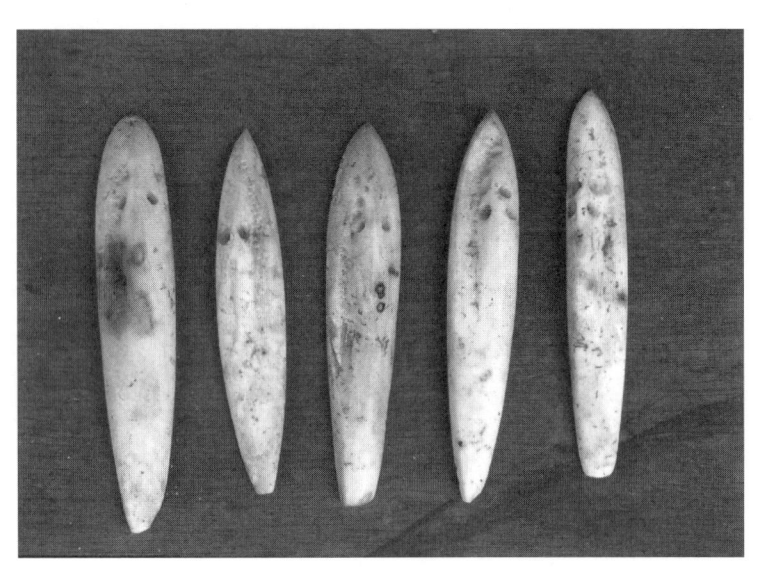

図9　真珠母貝製トローリング用ルアー（トビ島民のコレクション）

図10　大きな漁撈用罠籠（1909年トビ島：Eilers 1936）

ア諸語を話す人々が到達した終末地点であった可能性が高い。特にパラオ本島をはじめ、近隣の火山島と交流をもって、貧弱な資源環境を改良する活動を行っていたようには見えないので、ここはまさに袋小路のように見える。

結　論

　パラオ南西諸島は、4つの隆起珊瑚島群と小さな環礁とで構成されており、中央カロリン諸島からミクロネシア諸語を話す集団によって今から400年前頃までには居住が開始された。パラオ本島には東南アジアからの拡散集団の末裔が紀元前から居住しており、南西諸島民との間には文化的言語的断絶があった。

　地理的にはミクロネシア、メラネシア、東南アジア島嶼部との要衝位置を占め、文化的交流の証拠が期待された。おそらくこれらの島々の周囲を流れる赤道半流の流れがきつく、接岸には非常な困難を伴うこともその一因であると考えられる。この南西諸島をステッピングストーンとして、パラオ本島への拡散移住が行われた可能性は低いであろう。

　中央カロリン諸島の母集団が言語を異にしながらもヤップと非常に密接な交易関係を少なくとも1800年間継続して行っていたのに対し、パラオ南西諸島に拡散居住した集団は、交易に代表されるような文化交流をパラオ本島と行っていた証拠は見あたらない。むしろ、カヌーや入れ墨、機織り技術など、拡散元の文化が多く継承されていた。しかし19世紀末には、プロ・アナおよびメリールには、パラオの伝統的腰蓑文化が導入されていたことから、パラオ本島と何らかの文化的接触を持っていたことがうかがえる。

　西方のフィリピンや南方のインドネシアあるいはニューギニアとの交易などの文化接触はほとんど行っていなかったようであるが、漂着物を介した西方（インドネシア）とのコンタクトは明らかに存在していた。

　以上、地理的な特性に関して重要な特徴を有するパラオ南西諸島についてその文化史的位置を検討したが、残念ながらそこでの人間居住の歴史は浅く、近隣の島々との資源を巡る交流もそれほど活発には行われていなかったことが明らかとなった。しかし、限られた資源の中で植物栽培のために島の中央部を改変して田を作り、井戸を掘るなど、拡散元の中央カロリン諸島で行われていた様々な資源利用の工夫が見られる。島内の資源開発とともに、南西諸島間では何らかの文化的接触が存在したことは、諸島間の言語が比較的類似した形で残されていることからも明らかである。居住からの時間が比較的短いこともこの特徴を説明する要素の一つにあげられるかもしれない。

謝辞

　ミクロネシアをフィールドにしてきた筆者にとって、フィリピンとの文化交流は常に頭に置くべき課題であった。ルソン島のラロ貝塚で長らく調査を続けてこられた青柳洋治先生から、文様のある赤色土器が出土する話をお聞きするたびに、フィリピンとオセアニアの文化的関係を確信してきた。その関係を探る上で地理的にもっとも重要なパラオの南西諸島調査を、先生の教え子でもある小野林太郎氏と共に行えたのも何かの縁であると思っている。その調査結果も組み入れた拙稿を、

長らくフィリピン研究を続けてこられ、このたび上智大学を去られる青柳先生に捧げられるのは望外の喜びです。また、この記念すべき論集に執筆させてくださった編集委員の皆様に感謝致します。

註

(1) フィリピンのサマール島では、1664年だけでもカロリン諸島から30艘ものカヌーが漂着したことが、宣教師によって記録されている（Hezel 1983: 40）。
(2) オーストロネシア語集団がオセアニアへと拡散したさいに、東南アジアからイヌ、ブタ、ニワトリを持ち運んだが、これらのミクロネシアにおける分布は不連続なものであった。イヌは東部ミクロネシアおよびファイス島、ブタはファイス島でAD440~640年以降にイヌと共に継続飼育されていた例を除けば、パラオに比較的新しい発掘例があるのみである（Intoh 1986; Intoh and Shigehara 2004）。ソンソロールの人々は、1710年に立ち寄ったヨーロッパ船上にてイヌを見たときに非常に驚いたと記述されたものがあり、イヌが存在しなかったことがうかがわれる。
(3) ソメラは、男性は褌をつけてケープ状のものをまとい、円錐形の帽子をかぶっていると記述している（Hezel and Valle 1972: 36）。
(4) ハンター＝アンダーソンは、メリールでは島の中央部の湿地からコアサンプルを採取し、紀元後1000年という年代を得ているが、これは文化的活動と関連しているかどうか不明であるとして採用していない。

参考文献

Alkire, W. H.
    1978 *Coral Islanders*. Illinois: AHM Publishing.

Bender, B.
    1971 Micronesian languages. In, Sebeok, T.A. (ed.), *Current Trends in Linguistics*, Linguistics in Oceania 8, The Hague: Mouton: 426-465.

Eilers, A.
    1935 *Westkarolinen*. Ergebnisse der Südsee-Expedition 1908-1910, II. 9 i. Hamburg: Friederichsen de Gruyter.
    1936 *Westkarolinen*: *Tobi und Ngulu*. Ergebnisse der Südsee-Expedition 1908-1910, II, B. 9, ii. Hamburg: Friederichsen de Gruyter.

Fitzpatrick, S. M.
    2002 A radiocarbon chronology of Yapese stone money quarries in Palau. *Micronesica* 34 (2): 227-242.

長谷部言人
    1928 「トコベイ島民に就いて」『人類学雑誌』43 (2): 63-70.

Hezel, F. X.
    1983 *The First Taint of Civilization: a History of the Caroline and Marshall Islands in Pre-Colonial Days, 1521-1885*. Pacific Islands Monograph Series 1, Honolulu: University of Hawaii. Press.

Hezel, F.X. and M. T. D. Valle
    1972 Early European contact with the Western Carolines: 1525-1750. *The Journal of Pacific History* 7: 26-44.

Holden, H.
    1836 *A Narrative of the Shipwreck, Captivity and Sufferings of Harace Holden and Benjamin H. Nute: who were Cast Away in the American Ship Mentor, on the Pelew Islands, in the Year 1832*. Boston: Russell, Shattuck.

Hunter-Anderson, R. L.

  2000 Ethnographic and archaeological investigations in the southwest islands of Palau. *Micronesica* 33 (1/2): 11-44.

Intoh, M.
  1986 Pigs in Micronesia: introduction or re-introduction by the Europeans. *Man and Culture in Oceania*, 2: 1-26.
  1997 Human dispersals into Micronesia. *Anthropological Science* 105 (1): 15-28.

Intoh, M. and R. Ono
  n.d. Reconnaissance Archaeological Research on Tobi Island, Palau. *People and Culture in Oceania*. (In Press)

Intoh, M. and N. Shigehara
  2004 Prehistoric pig and dog remains from Fais island, Micronesia. *Anthropological Science* 112: 257-267.

Johannes, R.E.
  1981 *Words of the Lagoon*. Berkeley: University of California Press.

菊澤律子
  2005 「ミクロネシアの言語」印東道子（編）『ミクロネシアを知るための58章』明石書店: 48-52.

Lessa, W. A.
  1950 Ulithi and the outer native world. *American Anthropologist* 52: 27-52.

Liston, J.
  2005 An assessment of radiocarbon dates from Palau, western Micronesia. *Radiocarbon* 47(NR 2): 295-354.

Osborne, D.
  1966 *The Archaeology of the Palau Islands: an Intensive Survey*. B. P. Bishop Museum Bulletin 230, 230. Honolulu: Bishop Museum Press.

Quackenbush, E. M.
  1968 From Sonsorol to Truk: a dialect chain. Ph. D. thesis, Department of Anthropology, University of Michigan.

Rehg, K. L.
  1995 The significance of linguistic interaction spheres in reconstructing Micronesian prehistory. *Oceanic Linguistics* 34: 305-326.

Ross, M. D.
  1989 Early Oceanic linguistic prehistory. *The Journal of Pacific History* 24 (2): 135-149.

染木　煦
  1945 『南洋の風土と民具』彰考書店.

埴輪・猪・狩猟考

新津　健

キーワード：狩人　犬　猪　王権

はじめに

　縄文時代前期、人は土器に猪装飾を付けた。以来、地域や時期によりその消長の差はあるものの晩期に至るまで猪の造形をみることができる。筆者はこれまで縄文時代における人と猪とのかかわりを追ってきたが、土器や土製品での造形に限らず、頭骨や下顎骨の埋設事例や焼骨細片としての出土例も多いことが確認でき、鎮魂と豊猟とを祈る狩猟儀礼とも考えた（新津 2003: 172-173）。これまでにも動物供犠の観点（島崎 1980: 28）に始まり、祭祀・呪術のための飼養といった視点（小野 1984: 68-70）からもとらえられており、縄文社会にあって貴重な食料であるとともに、祭祀にかかわる動物であったことは確かであろう。

　やがて弥生時代。土偶をはじめ縄文の祭りを司った主役は影をひそめる。土器を飾り土偶や土製品に願いをこめる祭りから、系統の異なった祈りへと変わっていった。しかし動物の造形は続く。祭器の一つ、銅鐸には縄文では少なかった鹿や鳥が描き出される。少ないながらも猪造形も見い出すことはできる。特に犬に囲まれ射手に矢を放たれる場面には、縄文とは異なった物語が隠されているようでもある。鳥〜鹿〜猪、そして犬といった動物から構成される新しい様相の語りが、そこには描き出されているのではないか。

　そして古墳時代。5世紀後半からは多様な人物埴輪や器材埴輪とともに、猪、鹿、鳥類の埴輪が人目を引く。特に猪と犬との関連性は高く、時として弓を引く狩人が伴う。大阪府昼神車塚古墳の「牙をむく犬と背の毛を逆立てる猪の対決」を石野博信氏は、「王の狩」と呼んだ（石野 1992: 14）。古代史の立場にて、王と狩猟との関係について「礼記」の王制から「王者にとって狩猟は必須の行動」という例をあげた森田喜久男氏は、「古事記」「日本書紀」における天皇の狩猟伝承を、「鳥獣の贄や初尾としての獲物をとるために、山野を疾駆した大王達の狩猟の反映」とし、7世紀における王権と狩猟を考察した（森田 1988: 26）。上記のような埴輪群を「王の狩」情景の表現と認めてよいのか、加えてそれがどのような意味を持っていたのか、といった疑問を解いていくことは大変難しいが、犬を伴うという点にも意味があるようにも思われる。犬を連れた猟師が魔性を退治するという伝承がその後の時代にまで生き続けているからでもある。

　縄文時代の祭りに欠かすことのできなかった猪。それが弥生から古墳の祭りにも登場する意味は一体何なのであろうか。埴輪に表出された狩の意味、特にそのストーリーにおける猪が果たした役割を考えて見たいというのが、小稿の目的である。

1. 研究の現状と問題

　筆者は以前「犬と猟」という小稿にて、縄文時代から江戸時代までの犬を用いた猟についてふれたことがある（新津 2005）。その中で古墳時代の事例については、若狭徹氏により復元された群馬県保渡田八幡塚古墳での狩猟シーンを紹介した。それは、猪を背負う狩人・その前方に対向する犬・そして狩人と犬との中間にいる猪、という配列にある情景である。保渡田八幡塚古墳は、人物・動物埴輪を中心とした形象埴輪群を持つ5世紀後半の古墳として著名であるが、若狭氏は昭和4年の発掘調査及び平成5〜9年度史跡整備に伴う発掘調査の成果をもとに、埴輪群についての配置復元及びその意味について考察を行なった（若狭 2000a: 2-34, 2000b: 485-524）。埴輪群の意味については従来、葬列説、モガリ説、生前儀式説などがあり、特に保渡田八幡塚古墳内堤A区埴輪群の分析から「死せる族長の霊を、新たな族長が墳墓の地で引き継ぐ祭式〜王位継承儀礼説」を唱えた水野氏の「埴輪芸能論」（水野 1971: 277）は斬新な考え方として大きな影響をもたらした。これに対して若狭氏は、有力者層に関わる権威的な儀礼、権威的な行事・アソビ、占有する財物の配列と解釈し、水野説とは異なった立場を主張した。そして「有力者層が占有的に行いうる権威的な諸行事の表現」を表わしたA群、「有力者が優先的に保有しうる財物の表示」を意味するB群、この二つの構成が八幡塚古墳にて成立した埴輪群の基本的性格と断定した。このような埴輪群の中で、射手、犬、猪から成る狩猟場面は、A群を構成する要素、すなわち「有力者層が占有的に行いうる権威的な諸行事の表現」の一つとした。ここに「狩」という行為が王権と結び付く一つの考え方が見い出せるのであるが、さらに突き詰めると、狩猟場面を構成する要素のそれぞれの意味付けへと展開していくことになる。

　この問題に踏み込む前に、まず「埴輪における狩猟場面」についてのこれまでの先学の見解を整理してみよう。なお狩猟場面の解釈といっても埴輪群全体に対する見解が重要であり、その中での狩猟場面が一体何なのかを知ることが問題となる。上記若狭氏の研究が発表される前年、日高慎氏はこれらの点も含め、特に狩猟場面に主眼を置いて研究史を整理するとともに、全国事例を集成する中で独自の見解を出した（日高 1999: 76-94）。日高氏は「確実に狩猟場面を表現していると判断したのは、犬の存在」とした上での猪・鹿・狩人の組み合わせ事例は、「猪が関わる狩猟場面20例」「鹿が関わる狩猟場面12例」と整理した。さらに犬や狩人の存在は不明ではあるものの、狩猟シーンの可能性有る資料として猪11例、鹿18例があり、先の確実な例に加えると「猪が関わる狩猟場面31例」「鹿が関わる狩猟場面30例」となり、猪・鹿ともにほぼ同数であるとした。この狩猟場面を「被葬者の生前の生活を再現している可能性が強い」埴輪群像にあっての「鹿や猪の霊力を得るための狩猟、儀礼」と意味付けた。すなわち「正の存在である鹿と負の存在である猪」であり「鹿の狩りはその能力を得るためのものであり、猪の狩りはそれを駆逐することに意味があった」とみなした。この見解は、猪の駆逐といった点で共感できるものであるが、その相違や解釈等については後述する。

　日高氏の論考以前、「埴輪像群の中心主題は喪屋に納められた亡き主人のために巫女が酒食を供献し殯すること」というモガリ説を主張する若松良一氏は、「猪、鹿、牛は死者のために捧げられ

た犠牲獣を表現したもの」ととらえた（若松 1997: 54）。すなわち埴輪の狩りとは、モガリにて死者に供えるための猪や鹿を捕獲するという供犠状況の表現とのことである。なお狩猟場面に限らず動物全体として贄・供物を表わすといった観点は、車崎正彦氏も提唱している。氏の「死者の冥福を願った墓に祈りを捧げ、供物をそなえる。その姿を埴輪にうつしたのが人物埴輪」という考え方は、理解しやすい（車崎 1999: 175）。この「贄」については、すでに橋本博文氏が折口信夫氏「魂の仮寓いする獣の狩猟」説を引く中で、首長霊再生儀式～祭儀用の生贄という点から主張している（橋本 1993: 21）。

　これまでに多くの先学が埴輪論を展開しているが、特に狩猟場面の解釈に関しては以上のような見解が出されている。次に狩人・犬・猪・鹿等の組み合わせを狩猟場面と見なした研究史にもふれておく必要がある。すでに昭和6年1月、後藤守一氏は矢の刺さった表現有る我孫子付近出土の猪埴輪から射手の存在をも想定し「相伴うて狩猟の光景」という状況を想像した（後藤 1931: 38）。同じ年の11月、相川龍雄氏は我孫子出土猪に加え、猪に関する埴輪5例を紹介した（相川 1931: 806-809）。就中男子埴輪の腰に四足を縛られ仰向けに付けられた群馬県赤堀村事例を紹介し、「猪を箭にて射止めた狩猟者」と表現した。ここで指摘された長さ14〜15cmの小型猪については、その後保渡田Ⅶ遺跡にて発見され復元された猟師埴輪にて裏付けられている。なお後藤氏は昭和31年愛宕塚報告（保渡田古墳群二子塚）にても、四肢を縛した猪を「狩猟から帰る姿」とも表現している（後藤 1956: 23）。

　その後各地の古墳にて動物埴輪が出土するが、千賀久氏は鹿も含め犬と猪は狩りの象徴とし、大阪府昼神車塚古墳や奈良県四条古墳、荒蒔古墳などに見られる犬と猪との配置については、猟犬を使った猪狩の様子の再現とした。併せて5世紀後半から6世紀前半の時期に盛行することも指摘した（千賀 1991: 9-10, 1994: 66-82）。それ以前にも剛志天神山古墳の埴輪配列を復元した橋本博文氏は、同古墳出土の猪を前後から挟む2匹の犬について、昼神車塚古墳とともに「猪を追い込んだ巻き狩りの猟犬」と表現した（橋本 1993: 21）。また冒頭でもふれたように石野博信氏は、昼神車塚古墳の埴輪を牙をむく犬と毛を逆立てる猪の対決とし、「王の狩」と呼ぶ中で狩猟埴輪群の意味を「再生のための狩猟儀礼」としたのである。

　このように、猪と犬とは共に配置されていたらしいことがわかり、これに鹿も含め狩人のあるなしにかかわらず狩猟場面を表わしたものというとらえ方はほぼ定着しているとみてよかろう。問題は狩られる対象である猪あるいは鹿の意味、それを追い止める犬の役割、実際に射止める射手とそれを命ずる者の存在や命ずる意味付け等々であり、これらについて検討を試みたい。

2. 狩猟場面の再確認

　狩人、犬、猪のセットから構成される典型例は、保渡田Ⅶ遺跡（図1-1）（若狭 1990）及び隣接する保渡田八幡塚古墳の事例である（若狭 2000b）。まず保渡田Ⅶ遺跡は、異論もあるが二子山古墳の北に隣接する「突出遺構」とされる施設であり、人物埴輪を始めとした形象埴輪樹立区としての機能が考えられている。狩人はこの埴輪群の中心グループから出土し、犬と猪とはそれに隣接する位置から出土していることから、この3体をセットとする考え方には同調しやすい。弓を欠損するものの両手の状況からは弓を引く容姿を窺うことができるとともに、背面には小型猪が付けられてい

る。犬は破片を含め3体が出土している。猪の背面には刺さった矢と赤彩による出血の表現があり、報告書では「手負いの猪」と称されている。3頭の犬に取り巻かれ行く手を阻まれたその時、背後から射抜かれた状況が推測できる。狩人に付着の小型猪、犬あるいは猪とみられる動物の脚、猪の鼻等が出土した八幡塚古墳A区では同様の場面が復元されている（写真1）。八幡塚古墳B区にても猪のタテガミ破片及び犬とみられる破片が出土している。先にもふれたように二子山古墳、赤堀村などから小型猪が発見されており（図1-6, 7）、群馬県地域ではこのような狩猟場面を表現した埴輪群が複数みられることになる。弓を引く狩人、猪を追う複数の犬、そして猪。このような組み合わせを表現する必要がある古墳〜被葬者〜が存在したのである。5世紀後半から6世紀にかけてのことである。

　狩猟場面を表現したとすれば、上記のような狩人・犬・猪がセットになることが本来の姿であったと思われる。特に猪を対象とする狩であるならば、犬は必携の要素となろう。それも複数の犬による追い込み、その上での狩人の登場、そして仕留めるといったシナリオが求められるのであろう。そしてその背景には、猪退治を命ずる強い力の存在が隠されていると思われるのだが、これについては後程ふれることとする。

　実際に古墳から出土する埴輪にて、狩人を伴った典型例は現状では少なく、むしろ犬と猪という組み合わせが多い。保渡田古墳群と同じ群馬県地域では、さきに紹介したとおり橋本博文氏により復元された剛志天神山古墳出土の2匹の犬に挟まれた猪の事例がある。特に東京国立博物館所蔵の首輪を付け舌を垂らした犬埴輪（図1-4）は、古くから著名である。狩人がいなくても、このような情景は、多くの先学の指摘するように、狩猟場面の表現であるとしてよかろう。このような狩猟場面を犬と猪とのセットで表わした事例は全国的にみることができる。昼神車塚古墳では猪を前後から犬が挟むという狩猟シーンが復元されている。発掘調査では6世紀前半の前方後円墳前方部テラスの2列に並んだ埴輪列のうち、内側列に犬—猪—犬—猪—動物—動物—動物—動物—？という配列であったとされる（富成 1978: 62-67）ことから、犬と猪の複数セットあるいは鹿等も組み合わさったことも考えられる。犬は「首輪をつけ歯をむき出し」、猪は「背中の体毛を逆立てている」（千賀 1991: 61）という表現であり（図1-2）、まさに狩人が来るまでの犬と猪との対決シーンとみてよい。犬の尻尾は尻に付くように上向きに付けられていることから、猪を怖がっている様子は微塵もない。同じ時期の奈良県荒蒔古墳からは、前方後円墳のくびれ部から形象埴輪群が出土しているが犬と猪とはややはなれた後円部裾に1体ずつのセットで出土している。犬は鈴付きの首輪をし、欠けてはいるものの猪にはタテガミ表現があるとともに、表面は赤く塗られていて、興奮した様子が受け取れる。東北地方でも福島県天王壇古墳では鳥や小型馬とともに猪2頭と犬1頭がある。親子の猪とそれに向き合う犬と解釈されるとともに、巫女埴輪も出土していることから、5世紀後半には東北地方にまで人物や狩猟埴輪が波及したことがわかる資料として評価されている（群馬県立歴史博物館 1993: 44-46）。犬の表現は尻尾を巻上げるとともに強く踏ん張った四脚からは攻撃的な様子が窺われ、やはり猪を追い詰める状況を表現したものとみてよかろう。牛埴輪のみられる千葉県殿塚古墳からは3頭以上の猪と犬2頭があるが、犬は口をあけ吠えているような様子である。また千葉県龍角寺古墳群第101号古墳、埼玉県新屋敷遺跡第15号墳、奈良県四条古墳などでも類例がある。これらの事例では具体的な組み合わせはよく分からないが、龍角寺古墳では水鳥や鹿、四条古墳でも

埴輪・猪・狩猟考　新津健

矢と出血の赤彩

1　保渡田Ⅶ遺跡の狩人・犬(2)・猪（若狭 1990 より）

2　昼神車塚古墳の猪と犬（富成 1978 より）

3　御座目浅間神社古墳
　（市原市文化財センター 1987 より）

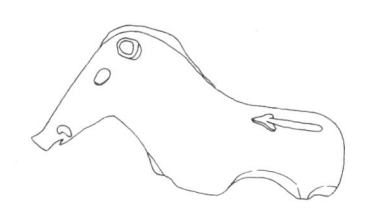

4　剛志天神山古墳の犬
　（写真より作図）

5　我孫子出土猪（写真より作図）

6　小型猪（後藤 1956 より）

7　小型猪（若狭 2000b より）

図1　埴輪の狩人・犬・猪（1〜5 約 1/16・6〜7 約 1/8）

写真1　保渡田八幡塚古墳の復元された狩猟埴輪

文化史の構築

鶏や鹿などの動物埴輪が伴っている。

　その他、猪のみあるいは犬のみという事例も多い。特に磐井一族にかかわる石人山・岩戸山古墳を含む福岡県立山山古墳群では、猪埴輪が岩戸山古墳と立山山8号墳から、犬埴輪が石人山古墳から出土している（八女市教育委員会 1983）。同じ九州地方では佐賀県岡寺古墳に事例がある。また山陰地方でも鳥取県岩屋古墳にて大正年間の調査ではあるが猪とみられる獣形埴輪が報告されている（淀江町教育委員会 1990: 3）。藤井寺市青山4号墳、市原市御蓙目浅間神社古墳、埼玉古墳群の稲荷山古墳、埼玉県小沼耕地1号墳などからは猪埴輪がみられる。特に御蓙目浅間神社古墳からは2体の猪とともに鹿1、鶏2が出土しているものの犬はみられない。猪は口を開けるとともにタテガミが際だっており（図1-3）、著しく攻撃的な表現である。

　以上のように猪が関わる埴輪は、近畿・関東に多いものの九州や山陰それに東北南部まで見ることができ、多少にかかわらず全国的に採用されていた表現であったとみてよい。時期的にはこれまでの研究史でも明らかなように、近畿地方では大阪府野中宮山古墳を最古例として「5世紀前葉まで遡りうる」とされる（若松 1997: 52）が、全国的には特に5世紀後半から6世紀後半に盛行する。ただし地域的には差があり、近畿では奈良県四条古墳から昼神車塚古墳や梶2号墳など5世紀後半から6世紀前半まで顕著な事例が知られるもののその後の事例はなくなってくる。これに反して関東や山陰・九州では6世紀中頃あるいは後半まで出土例をみることができる。特に関東では人物埴輪の盛行とともに猪を始めとした動物埴輪も6世紀後半まで続くというのが、これまでの研究史から理解できる。

　以上、狩猟にかかわる表現として、特に猪埴輪の出土事例を概観してきた。再度狩猟を意識した表現であることの確認をしてみると、やはり基本型は狩人・犬・猪という構成にあったものと考えたい。典型例は保渡田VII遺跡でありそこから復元できる保渡田八幡塚古墳である。梶2号墳もこれに加えてよかろう。このような典型以外でも昼神車塚古墳のような配置状況や細部での表現から、犬と猪との対決が認められる事例も多い。特にタテガミのある猪表現は、狩人や犬が伴わなくとも追い立てられやがて倒されてしまう立場が意図されているものと考えたい。実際に矢が射こまれ傷ついた状況も、保渡田VII遺跡では矢尻と赤彩による出血表現とにより表わされ（図1-1）、我孫子出土といわれる事例では、「背後から胴に矢を射こまれた、手負いイノシシ」（近藤 1960: 263）といわれるような鉄鏃表現がなされている場合もある（図1-5）。このようにして征伐される猪であることから、赤く興奮し（荒蒔古墳）、特に高く逆立てたタテガミ（御蓙目浅間神社古墳、昼神車塚古墳など）等により闘いながらも追い詰められていく様子が表わされたものと考えられる。

　では、追い詰めていく犬の特徴はどうなのであろうか。各事例ともに巻き尾が多く、龍角寺101号墳例のような直尾もみられるものの、恐怖を抱いた際の下げ尾は全くみられない。堂々とした姿態であり特に昼神車塚例では歯の表現があり、天王壇古墳例の脚を踏ん張った犬と合わせて攻撃的な表現がなされている。そこには、獰猛な猪を追い詰める犬の役割をみることができる。さらに注目すべきは、首輪あるいは鈴を付けた首輪の存在である。このような事例は多くはないが、猪を追う犬の性格を表わしたものとして大変大事な表現といえる。首輪については「飼いならされた猟犬」（千賀 1994: 72）という見方もうなずけるが、特に重要なのは鈴が付けられるという点である。縄文時代中期には土鈴がある。山梨県旧須玉町飯米遺跡からは、マメ科野性種の炭化種子が鳴子とし

て入っていた土鈴が発見されている。小野正文氏は、実ったマメが鞘の中でカラカラ鳴る音がその起源の可能性と考えている（小野 1995: 323）。土鈴が単なる音を出す道具ではなく、豊穣を祈るなどの祭祀を演出する音であることは筆者も認めるところである。後世の鈴も飼い主に便利な音を発するだけのものではないはずである。このことについて佐原真氏が銅鐸の起源で「ベル」の意味を整理し、「中国では、殷周以来、各種のベルが神との結びつきで発達した」「鈴は、殷代以来、ウマなどの家畜の頸につけられた」「ベルをつけることによって、家畜によい子が生まれその数がいや増すように神が守りたもうた」等々、興味ある事例を述べられている（佐原 1987: 118）。銅鐸につながる鈴と犬に付けられた鈴とは構造の異なったものであるが、音という点では共通しよう。すなわち神を呼び、神が守りたもうという点では同じ意味があったものと考えたい。埴輪に表現された鈴としては、女子が腰に下げた鈴鏡や馬具の胸繋い・杏葉等に付随した鈴がある。書上元博氏は群馬県塚廻り3号墳はじめ鈴鏡をさげた女子埴輪を集成し、巫女が携帯した鏡自体の機能である「権威の象徴或いは呪術的効果を期待した祭具」との関わりを指摘している（書上 1998: 70）。また観音山古墳の胡坐男子埴輪には鈴が付いた大帯が装着されており、石室内からは鈴付き金銅大帯実物も出土している。馬具でも鈴が伴った金銅製品は多い。こうしてみると「鈴」自体が権威の象徴ともなっていたようであり、その起源にはやはり神を呼ぶ、あるいは神に守られるといった意味合いがあったのではないか。鈴付の首輪をした犬、それは神の力につながる存在とみたい[1]。

なお狩猟場面とした時、それは猪だけではなく鹿も考えねばならない。日高慎氏によって猪／鹿ほぼ同数が諸猟場面にかかわっているというデータが出されている。鹿にも狩人の弓が向けられている絵画事例もあり、狩猟される対象であったことは間違いない。今後の検証が必要であるが、猪と鹿とが持つ能力の違いによる狩りの違いがあったものと思われ、本来犬は猪との関係が強いものであった可能性を重視しておきたい。

3. 狩猟の意味～特に犬との関係から

(1) 縄文の犬と猪

縄文時代の貝塚からは埋葬された犬の骨が出土する事例は少なくない[2]。これに対して猪の出土状態を調べたことがあるが、埋葬とみられる全身骨格の例は宮城県田柄貝塚での幼獣骨くらいのものであった（新津 2003: 164）。一般に頭骨や下顎骨、あるいは焼かれた細かい骨というような例が多く、むしろ物送りや豊穣を願う祭祀に用いられた場合が多いという傾向をつかむことができる。猪や鹿の全身埋葬例が一般的ではないのに比べ、犬の埋葬は3体が同時埋葬の可能性ある高根木戸遺跡をはじめ、先の田柄貝塚では人間が埋葬されたムラの墓域になんと22頭もの犬が埋葬されている（宮城県教育委員会 1986）。このことは犬が他の動物とは異なり、縄文ムラの中で飼われていたことの裏付けともなる。ただ犬が猟に用いられたという明確な資料はなく、例えば、骨折後の治癒痕が認められた高根木戸の犬からは、狩猟の際の骨折という推測は成り立つ。また後期の事例ではあるが、栃木県藤岡神社遺跡の犬形土製品は脚のふんばり、吠える様子、尻尾の上がり具合などから獲物を追い詰める姿態とみてもよい。天王壇古墳の埴輪犬にも通ずるような動作である。直接的な証拠はないものの、縄文時代に犬を連れた猟が行われた確立は高く今後の資料増加や分析に期待

できる。なお東北北部の中期末から後期前葉を中心に狩猟文土器が出土する。もともと絵画は発達しなかった縄文時代にあって、この種の土器は具体的な仕草のわかる資料として重要であるが、ここにはクマないしイノシシ、わずかながらシカといった動物に弓矢が向けられるものであるが残念ながら犬の登場した例は今のところない。

以上の事例からすると、埴輪の犬と猪の意味を考えるにあたり、現状では縄文時代から語られる要素はない。ただし重要なことは犬は埋葬され、猪や鹿は埋納される対象ということにある。貝塚から出土する獣骨では、鹿と猪とが圧倒的に多いことから食料としての重要性はこれまでも主張されているところである。このような食料残滓としての出土例が最も多いと考えられるが、それ以外でも頭骨や下顎骨については「埋納」とすべき事例があるとともに、変形する程焼かれ、集落全体に撒かれるといった状況でもあり、これらを含め筆者は豊穣と鎮魂とを願う動物祭祀に位置付けて考えた（新津 1985）。特に猪については、前期後半諸磯式土器の時期に猪装飾（把手）として突如現われ、中断するもののやがて中部山岳地域では蛇とともに装飾要素の主体ともなっていく。さらに後期以降晩期まで猪形土製品も作られ続ける。これに対して猪以上に食料となりやすかったであろう鹿は、土器を飾ることは殆どなかった。土製品も明確なものはみない。貝塚にて角を付けた頭骨や下顎骨等が埋置されたり内陸部での焼骨角として出土する以外、鹿が縄文神話を構成する要素になる例は少なかった。

やはり縄文時代にあって祈りの対象は猪であったのである。ウリボウの可愛らしさとともに成長なった牡猪の恐ろしさ・雌猪の多産、これらは畏れとともに山の幸をもたらす動物であった。いわば縄文の神でもある。ここに猪の考え方の根源があり、それが時を越えて人々の思想に影響した可能性をここでは考えておきたい。

(2) 弥生の犬と猪・鹿～銅鐸の世界

埴輪でみた狩人・犬・猪とから構成される狩猟シーン。同様な場面が銅鐸に描かれている。国宝に指定されている伝香川銅鐸に鋳造された、有名な12のシーンの内の一こま。1頭の猪を中心に5頭の犬がそれを取り囲み、射手が弓を放った瞬間の情景である。まさに埴輪に表現された「狩猟」の原点とも考えられる場面である。ここに描かれた意味を考えることが、埴輪の時代に考えられていた狩りの意味を考えるヒントになろうかと思われる。

銅鐸の研究史は古いが最近では佐原真氏や春成秀爾氏らにより集大成され、その方向性が見い出されている。猪にくらべ縄文時代に造形の少なかった鹿。それが弥生時代には逆転する。土器への線刻や銅鐸に描かれる獣類には猪と鹿とがあるが、絵画銅鐸は発見された全銅鐸約450個のうち54個であり、描かれた鹿は約135頭、猪が27頭とされる（春成 1991: 443）。ここで猪が登場するシーンをみてみよう。まず重要なのが先にふれた伝香川銅鐸の犬に囲まれ、射手に矢を打ち込まれる場面である（図2-1）。小型の犬5頭により動きを止められたひときわ大きい猪、それを背後から弓で仕留めるといった情景。この構成は保渡田八幡塚古墳で復元された埴輪の狩猟場面と共通するではないか。犬を飼い慣らし、猪を仕留めるといった行為は明らかに弥生時代にまで遡る事例である。もちろんこれを狩りの情景とすると先にもふれたように縄文時代にも行われていたことであろう。ただ縄文時代にはこのような絵画表現は行われてはいないが、日常ごく普通の出来事であったのだ

1 伝香川銅鐸（若林1891より）

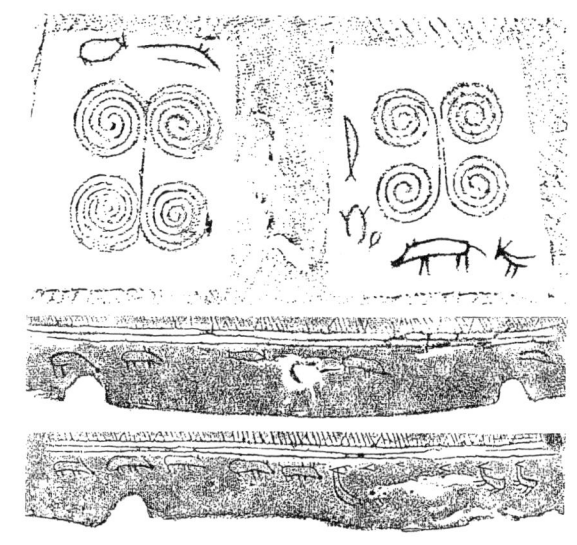

2 磯山銅鐸（春成・佐原1997より）

3 泊銅鐸（春成・佐原1997より）

図2　銅鐸の猪

ろう。これが弥生時代に表現されることに意味がありそうである。特に銅鐸に鋳だされることにその意味深さを感ずる。佐原氏によると伝香川銅鐸は同一工房で作られた連作銅鐸のうちの一つとされ、神戸市神岡5号銅鐸→神岡4号銅鐸→谷文晁旧蔵銅鐸→伝香川銅鐸、という製造順が考えられている（佐原1982:265）。この4個全てに弓を持った人と鹿との組み合わせシーンが登場するものの、猪狩りの場面は一番新しいとされる伝香川銅鐸だけである。

　銅鐸の役割については、水稲耕作文化によって朝鮮半島南部から渡来した非畜産民のベルであり、それが鳴らされたのは農作祈願の場、収穫祭の場であった可能性が考えられている（佐原1987:122-123）。もともと伝香川銅鐸等の絵画について「不安定な狩猟の生活から抜け出だして、平和な稲作に専念しはじめた農民の喜び」「農耕生活の幸福をたたえようとする（中略）物語的な内容をあらわした、叙事詩に代わるもの」という農耕賛歌の観点を主張されたのは小林行雄氏であった（小林1960:144-145, 1968:209）。佐原氏もこの考え方に同調していたが後には更に広く農耕祈願や収穫の祭りと結び付けた（佐原1996:81-82）。最近では、弥生の絵画構造を人間の自然に対する超克という世界観からとらえる安藤広道氏のような視点もある（安藤2006:66-68）。ここでは農耕祈願にかかわる祭器という佐原説に基づいた時、その銅鐸に猪や鹿が登場する意味を考えてみることとしたい。資料は春成・佐原両氏による「銅鐸絵画集成」（春成・佐原1997:184-230）及び梅原末治氏『銅鐸の研究』（梅原1985）を使わせていただいた。

　銅鐸に描かれた猪は多くはないが、全身の形態、吻端や耳それに脚の短さ等から猪と理解されている。磯山銅鐸では裾部に列をなす猪、反対面に鹿列と向き合った猪列がある（図2-2）。鹿列の先頭は牡鹿でありそれに牝鹿が続くような表現であるが、それと向き合う猪は概ね同じ形態で描かれ

ている。通常猪の行動単位は、「雄では単独個体、雌では母子グループ」という観察成果があることから、群れの基本は母猪とそのウリボウから成る群とみられている（仲谷 2001: 211）。従って銅鐸に描かれた群れは実際の状況ではなく、鹿に対向した猪の象徴といった表現であろう。つまり猪と鹿との意味合いがここに表わされていると考えたい。佐原氏等は「猪と鹿の対決」と呼んだ。磯山銅鐸の反対面には、猪だけの群れが描かれており、鳥取県泊銅鐸にも猪とみられる3頭の群れがみられる（図2-3）。やはり通常はありえない成獣（特に牡猪とみたい）を群れさせることにより、猪の持つ力を象徴した表現と考えたい。

なお磯山銅鐸の区画内には春成氏が「猪を鹿が追う」（佐原・春成 1997: 181）と表現する場面もある（図2-2）。この鹿が犬であるならば狩猟シーンとなるのだが、いかがであろうか。犬と角の無い鹿の描き方については、先の伝香川銅鐸や同一工人銅鐸といわれている神岡4号それに谷文晁旧蔵の鹿とを比べると以下のような違いがある。①鹿の方が脚が長く、頸もやや長め ②胴体に文様がある ③尻尾については、鹿は直線的であるのに対して犬は巻き尾気味に表現されている、等である。このことから四つの銅鐸の作者は、明らかに犬と鹿とを描き分けていたことがわかる。伝香川の猪を囲む動物は犬に間違いなかろう。これに対して磯山銅鐸の鹿は伝香川等との表現とは少し違っている。これは猪と鹿との対比のみ念頭にあったからであろう。その意味からも下左区画の猪の後ろにいる「鹿」は犬に近い表現となっていることなのであろうか。

なお、鹿については角のあるものとないものとがあり、佐原氏と春成氏とでは、「雄と雌」・「落角を含めた雄」という見解の違いをみせている。この場合先の猪の群れが「猪」という象徴であったとすれば、鹿の群れについても「鹿」を表わす象徴であり、そこに角のある雄や角を落した雄とともに角の無い雌を表わしたとしても問題はないように思われる。重要なことは、猪も鹿も人により制圧される存在であったと思われることである。ただ猪の場合、人だけで仕留めるのではなく犬の力を借りることが必要であった。対して鹿では、弓矢で狙う（伝香川）・矢が刺さる（辰馬資料館418号）・手で角を掴む（神岡5号）・同じく手で吻端辺りを掴む（神岡4号、谷文晁旧蔵）といったシーンが描き出されている。新庄銅鐸では背中に矢が刺さった鹿の、耳ないし頭の辺りを掴んでいるようでもある。すなわち鹿は、猪と同じように弓矢で射られる対象であるとともに、新庄銅鐸のように犬に追われると解釈される事例もあるものの、最後には人により押さえ付けられるといった意味合いがあるのではないか。

この猪と鹿との違いは、それぞれの動物が持つ性格、あるいは当時の人達が抱いていた猪と鹿とに対する考え方の違いによるものと思われる。すなわち猪は、縄文の神であったという意識である。縄文の時代にあって人々が抱いていた猪観については、弥生文化が浸透していく段階の人々は当然承知していたことであり、時は弥生になったとしても人々の意識の底には、縄文の神であった猪という感覚は生き続けていたと考えたい。加えて雄猪の強さ、雌猪の多産。これはやはり縄文の伝統の力でもあったろう。銅鐸が農耕の祈りの祭器とするならば、弥生のムラを維持していく祭りでは、異文化の神はやはり征伐していく必要があったと思われる。その強さに対抗するためにはどうしても犬が必要であったと考えられる。

これに対して鹿は、縄文の神ではない。しかし田畑を荒す動物の代表でもある。江戸時代以降現在まで含め、田畑を荒す害獣は猪と鹿とを中心としておりそのデータも多く残っている（新津

2004)。猪については先にふれたようにそれ以上の理由から制圧すべきものであることから、農耕での害獣の代表を鹿と考えたのではないか。そこで佐原氏・春成氏が引用する（佐原 1973: 295；春成 1991: 469-470）豊後国風土記速見郡の「頸ノ峰」、播磨国風土記佐用郡での鹿の意味が重要となる。すなわち田を荒す鹿に、荒さない約束を取りつける場面であり、鹿の血が稲籾を育む力である。「降伏した鹿に田をおそわぬことへの誓い」が銅鐸絵画での表現という佐原氏の見解は見事である。銅鐸に現われた猪も鹿も、そのままでは弥生社会から駆逐されるべき存在ではあり、広い意味での狩猟により征伐されるものである。しかし猪と鹿とではその意味が異なっていた。猪が狩りにより仕留められてしまうのに対して、鹿は弓矢の力により服従を余儀なくされ、新たなる神として出発するのである。

　このような考え方が、弥生の農耕社会に息づきそして一つの思想として古墳時代にまで残っていったものと考えたい。夜明けを告げる鶏、死者を導く鳥といった考え方の伝承とともに。

　なお絵画銅鐸は約1割ということであり、銅鐸にとって必ずしも動物や人物から構成される物語が描かれねばならなかった訳ではない。しかし中期の古い段階から後期まで少ないながらも絵画銅鐸は鋳造され続けている。やはり鹿や猪や鳥が弥生の人々のマツリには必要とされたことを意味しよう。また、猪が犬と人とにより狩られるシーンも伝香川銅鐸だけである。しかも四つの同一工人制作とされる銅鐸の一番最後にのみ描かれるシーンである。縄文の神を押さえ付けてきた新しい力を、農耕祭器としての伝香川銅鐸にて表わす必要が生じたのか、その事情は分からないが少なくとも猪に対する思想が弥生文化の中にあったことを、この伝香川銅鐸から読み取りたい。

4．再び猪埴輪と狩猟場面の意味

　弥生銅鐸での猪と鹿から、弥生農耕文化における両獣の考え方をみてきた。鹿については風土記の事項を参考にした佐原氏の見解は大きな意味がある。同様に猪についても、古典を参照する必要がある。まず風土記では出雲国風土記意宇郡「宍道の郷」の項に、「天の下造らしし大神の命の追ひ給ひし猪の像、南の山に二つあり（中略）猪を追ひし犬の像は（中略）其の形、石と為りて猪・犬に異なることなし」とある[3]。現在の島根県簸川郡宍道町白石の石宮神社にある猪石・犬石がこれにあたるという。さらに播磨国風土記託賀郡「伊夜丘」の項には「品太の天皇の獵犬名は麻奈志漏猪と此の岡に走り上りき。天皇、見たまひて、「射よ」とのりたまひき。故、伊夜岡といふ。此の犬、猪と相闘ひて死にき」とある[4]。これらの事例では猪を何故に追いそして射るかという説明にはなっていない。しかしここでは犬に猪を追わせるとともに、射手がこれを射るといった情景を描き出している。まさに王の狩りの情景でもあり、権力者が猪を狩るといった行為が完成していた時代の伝承であろう。猪が排除されねばならない直接の意味を古典から探し出すことはなかなか難しいが、古事記にて猪にかかわる事例をいくつかみることができる。「赤き猪」を取るかわりに焼けた大石にて焼き殺される「大穴牟遅神」[5]、牛のごとく大きな「白猪」に化けた伊吹山の神により打ち惑わされた「倭建命」[6]、誓約獦（狩）の結果「大きなる怒猪」により食い殺された「香坂王」[7]、など害をもたらす存在としての猪が登場する。やはり根底には猪は害をなす恐ろしい存在の象徴といった考え方が伝わっていたのではなかろうか。しかも遡って弥生のマツリには、射手と犬とが一

体となって猪を仕留める情景が描き出されていた。縄文の神である猪を退治することが弥生の農耕社会の秩序を守るために必要なことであり、権力者としての責務もそこにあったわけである。つまり王たるものの条件の一つが猪退治にあったとすれば、同じ農耕社会としてより広範囲を治め、より強い権力者の登場する古墳時代にあっては、猪退治の思想が定着し「王の狩」としていっそう儀式化していったことは想像に難くない。

　播磨国「伊夜丘」において、麻奈志漏に追い詰められた猪を射止めさせた品太の天皇の行為は、まさに害を成すものの排除であったわけである。言ってみれば異文化の神であり、制圧せねばならないまつろわぬものの象徴を押し付けることこそが、王たるものの責務であったと考えられる。銅鐸に表わされた猪を取り囲む犬と、矢を放つ射手の造形こそ、まさに風土記にしるされた「天皇の狩」の源流であったとみなしたい。さすれば銅鐸シーンにおいても、そこには描かれてはいないものの、犬を放ち射手に射止めさせた者の存在があったはずである。銅鐸を高らかに響かせ、祭りを執行させた権力者の存在が。

　このようにみた時、風土記の麻奈志漏・射手・猪の構成は、これまでみてきた埴輪の構成にも通ずるではないか。保渡田八幡塚古墳で復元された犬・猪・狩人である。さらには狩人こそ伴わないものの、犬と猪とは、まさに王により命じられ走り出した犬とそれに追われる猪、ということになろうか。追いこむ犬には、鈴付きの首輪をしたものも登場する。すでにみたように鈴は神を呼び、繁栄を導く守り神でもある。大きな力を持った猪。これを追い詰める犬にもやはり神に守られる必要があった。「伊夜丘」での麻奈志漏は、相闘って死に、「目前田」での猟犬は目を裂かれたという。農耕社会におおいなる害を与えるもの、まつろわぬもの、その代表が猪であり、それを神霊に守られた犬と弓矢とにより平らげていくこと、それこそが王たるべき者に科せられた義務であり、それをやりとげたものが王として認められる。そのような思想が「王の狩」に表現されていたのではなかろうか。

　古墳にてとり行われた埴輪祭祀。そこに必要とされた猪を対象とする狩猟場面とは、王にふさわしい力の表現ではなかったか。その源流は弥生時代にまで遡ると考えたい。

5. 王の狩〜その残照

　平安時代末期から鎌倉初期にかけて成立したとされる今昔物語集や宇治拾遺物語等には、猟師と犬とが物の怪を退治する説話が残されている。

　宇治拾遺物語［119　東人、生贄を止むる事］[8]には、「東の人の、狩りといふことをのみ役として、猪のししといふものの、腹立ち叱りたるは、いと恐ろしきものなり、それをだに、何とも思ひたらず、心に任せて、殺し取り、食ふことを役とする者の、いみじう身の力強く、心猛う、むくつけき荒武者」である猟師が「年ごろ山に使いならわしたる犬の、いみじき中にかしこきを、二つ選りて」、生贄を求めてきた猿を懲らしめるという物語が載せられている。このストーリーからはこの時代猟師が複数の犬を引き連れて、猪等の狩りを行っていたことがわかる。加えて猟師と犬とは、それらが協働することにより常人にはとうてい不可能な能力を発揮する、と理解されていたこともわかる。

　これと同様の話は、さらに古い平安時代末期に成立したとされる今昔物語集巻26の第7「美作

の国神、猟師の謀に依りて生贄を止むる語」にも出てくる[9]。ここでは「犬山と云ふ事をして、数たの犬を飼ひて、山に入りて猪・鹿を犬にくひ殺さしめて取る事を業としける人」と云うように「犬山」なる表現がなされている。犬を多く用いて獣を追い立て、猟をする方法があったのである。「犬山」は「狗山」とも書かれており、同じ今昔物語集第26の第21「修行者、行人家秡女主死語」では「家ニ数ノ狗を飼置テ、山ニ入テ鹿・猪ヲ咋殺サセテ取事ヲ業トシケリ。世ノ人、此れヲ狗山ト云」と記されている。また、巻第29の第32「陸奥国狗山狗、咋殺大蛇語」でも「陸奥ノ国、□ノ郡ニ住ケル賤キ者有ケリ。家ニ数ノ狗ヲ飼置テ、常ニ其ノ狗共ヲ具シテ深キ山ニ入リテ、猪・鹿ヲ、狗共ヲ勧メテ咋殺セテ取ル事ヲナム、昼夜朝暮ノ業トシケル。(中略)世ノ人狗山ト云ナルベシ」と紹介されている。

　このような表現からみて犬に追わせる方法は、主に鹿及び猪を対象とした狩であったようで、今昔物語集が編纂された頃には東国を中心に広く行なわれていたと見なされよう。

　これに類した筋書を持つ物語は、地域や時代を越えて各地に伝わっており、物の怪と化した動物を退治するという江戸時代での早太郎伝説も、狼信仰を加えてはいるもののこの流れを汲むものとされている（栗栖 2004: 140-162）。

　このような説話や伝承からではあるが、古代末以降あまたの犬を飼い、猪や鹿を狩る犬山・狗山なる職業があったことがわかる。時には「いみじう身の力強く、心猛う、むくつけき荒武者」とも表現される東人あるいは陸奥国ノ賤キ者でもあり、貴族の目からみるとさげすむような感覚でとらえられている。しかしこの賤しき者と犬とが、物の怪でもある神を懲罰するほどの力を保有していたところに、かつて権力者（王権）のもとにあった「犬を用いた狩猟」の意義を見い出すことができる。宇治拾遺物語の「むくつけき荒武者」は実は「もとより故ありける人の末なり」という言葉で落ち着く由縁もここにあろう。

　平安末に成立したとされる絵巻物「粉川寺縁起」では猟師と飼犬とが登場する。犬については首輪の有無や毛色・模様などの違いで描き分けられていて、少なくとも3ないし4匹は飼われていたことが推測でき、「あまたの犬を飼う、犬山」同様の状況を窺うことができる。この粉川寺縁起は、「大伴孔子古」なる猟師が猪・鹿を射るために樹上にて待ち受けている際、傍らの地中から発する瑞光に気付き、そこに庵を結んだのが粉川寺の始まりという絵巻物である。枕草子にも登場する紀伊国由緒の寺である粉川寺の創始者に、人里離れた深山にて獣を追う猟師を充てたことの理由も、狩りする人と犬とが常人にはない力を発揮するといった考え方が息づいていたからではなかろうか。ちなみに「大伴孔子古」なる猟師は、小松茂美氏による同絵巻の解説にて、その子孫は朝廷に出仕する官人や粉川寺の別当という優れた系統として位置付けられるとともに、「すべらぎのみこのながれのすえ」と記述されている関連史料も取り上げられている（小松 1987: 86-93）。

　このように猟師の力が、高貴なあるいは王権にも関わる血筋にもつながると考えたが、同様の由来は「マタギ」の位置付けにも共通する。岩手県にある碧祥寺博物館が所蔵する『赤儀鉄砲由来巻物』では次のように語られている（群馬県立歴史博物館 1986: 64-65）。

○山立赤儀の祖万三良は応神天皇の末裔であり、祖父の代に関東に流された　○この猟師が日光大権現の頼みに応じ敵を倒し、別格の位を予測さる　○かつて役行者に随行したという白犬の助力により捜していた三鉎を得て、弘法大師に渡す　○弘法大師の奏上により、帝から「山々嶽々自由

の御綸旨御朱印」頂戴し、日光に戻り子孫繁栄

　由来書であることから、現在の権利担保や出自の正当性・高貴さ等が強調されていることは言うまでもないが、これまでふれてきたことと合わせると重要な点もいくつかある。すなわち「出自を応神天皇に求め、白犬の助けにより課題が解決できしかも身分の保証がかなう」という筋書きは、播磨国風土記伊夜丘の項での射よと命ずるのが品太天皇であり追うのが「麻奈志漏」なる白犬という構成に共通する。しかもこの犬を役行者の随行とすることで霊力を持たせる設定になっていることも、猟師と犬との組み合わせが重視されているようにも思われる。

　以上のように弥生銅鐸に用いられた射手と犬との組合せは、古墳時代における王の狩りを演ずる構成要素として埴輪にも表現され、古代から中世には説話となって巷間に広まり、さらには近世の伝説にまでも生き続けたとする流れをみることができるのではないか。

まとめと課題

　以上、埴輪に表現された狩猟場面の構成と意味するところについて考えてきた。かつて日高氏は「鹿はその能力を得るための狩」「猪は駆逐することに意味」と主張した。埴輪に表わされた狩猟場面の主題の第一はまさに猪の駆逐ではなかったか。すなわちその構成の原則は、狩人、犬、猪であり、犬と猪あるいは猪だけでも同じ意図を持つものと考えた。もちろん鹿の意義も考えねばならないが、狩猟＝退治・制圧と考えた時、その対象はやはり猪であり、鹿の意味合いは異なる。そこには弥生時代以来続いていたであろう猪と鹿とに対するそれぞれの考え方があったのであろう。弥生銅鐸に描かれた、猪・鹿の状況からの判断であり、加えて縄文の神としての猪に対する意識の残存も弥生人が持ち合わせていたとみなした。前期古墳である京都府蛭子山古墳から猪形・犬形土製品が出土する事例もあり、銅鐸から埴輪まで猪と犬にかかわる考え方がつながっていた可能性は高い。これに古事記／風土記等の古典の記載も参照し、害を及ぼすまつろわぬものの代表としての猪、水田の豊かな稔りをもたらす神としての鹿、というそれぞれの意味合いを考えてきたところである。

　人物埴輪も含めて5世紀後半の埴輪群としての置かれ方が、古墳の中段から外、二重濠にあっては内堤上といった、常人には立ち入りはできないものの、それを見る人を意識した場に設けられることの意味合いも重要である。若狭徹氏が保渡田八幡塚古墳で狩猟シーンを「権威的な諸行事の表現」の一つとしたことにも通じ、古墳を見た者に権威の表現としての狩猟シーンが伝わるからである。すなわち、射手と犬とに命じ、まつろわぬ神でもある猪を従わせる者こそが、王にふさわしいあるいは王たるものの条件の一つであるという誇示が、この狩猟埴輪の原則ではなかったか。加えて農耕社会での稔りを約束する神、鹿をも制御することができるのも王の力であったと思われる。埴輪群像に託された意味合いは複数あろうかと思うが、狩猟場面については以上のような王の力の表現と考えたい。王権の誇示とした時、狩猟場面埴輪を持つ古墳の位置付けもまた重要である。石野博信氏は王または王の狩りを司る階級の狩猟埴輪群とした（石野 1992: 16）が、これについては今後の課題としたい。

　なお、古墳の壁画にも狩猟場面に類した情景が描かれている事例がある。福島県清戸迫横穴奥壁

を、梅宮茂氏は「徒歩の弓を射る人物、ねらう先に見事な枝角をもつ牡鹿、子鹿（牝鹿）、猪がおり、犬が鹿に向ってほえたてている情景」と説明する（梅宮1976: 316）。福岡県五郎山古墳も、西谷正氏により「鹿もしくはイノシシを狩猟している非常に珍しい題材」と称されている（西谷2004: 32）。6世紀後半以降も、埴輪による狩猟場面と同様な考え方が別の表現で行われていた可能性がある。これらの検証については稿を改めたい。

　小文を草するにあたり望月幹夫氏、日高慎氏、小林健二氏には文献でお世話になりました。文末ではあるが記して謝意を表します。

註

(1) 実際の狩猟にて最初から犬に鈴がついていた訳ではなかろう。王や巫女に鈴が必要となった時、犬にも鈴が付けられたのであろうがその意味は重要である。もともと猪を追う犬の役割が、後世に鈴を付けるのに値する存在であったことを意味するものと考えたい
(2) 山崎京美氏は全国51遺跡例を収集・検討した。山崎京美「縄文時代における犬埋葬について」國學院雑誌86　1985
(3) 日本古典文学大系2　「出雲国風土記」『風土記』岩波書店　1958
(4) 日本古典文学大系2　「播磨国風土記」『風土記』岩波書店　1958
(5) 倉野憲司校注「八十神の迫害」『古事記』岩波書店 1968
(6) 倉野憲司校注「小碓命の東伐」『古事記』岩波書店 1968　書紀では猪ではなく大蛇となっている
(7) 倉野憲司校注「忍熊王の反逆」『古事記』岩波書店 1968　書紀では赤猪となっている
(8) 新潮日本古典集成『宇治拾遺物語』新潮社　1995
(9) 新日本古典文学大系『今昔物語集』5　岩波書店　2001

引用文献

相川龍雄
　　1931　「猪を負ふ狩猟者の埴輪」『考古学雑誌』21-11
安藤広道
　　2006　「弥生時代「絵画」の構造」『原始絵画の研究』六一書房
石野博信
　　1992　「総論」『古墳時代の研究』9　古墳Ⅲ埴輪　雄山閣出版
市原市文化財センター
　　1987　『御蓙目浅間神社古墳』
梅宮　茂
　　1976　「東北地方の装飾古墳私考」『東北考古学の諸問題』東北考古学会
梅原末治
　　1985　『銅鐸の研究』資料篇・図録篇　木耳社
小野正文
　　1984　「縄文時代における猪飼養問題」『甲府盆地〜その歴史と地域性』
　　1995　「土鈴と土偶と縄文文化」『比較神話学の展望』青土社
書上元博
　　1998　「女性はにわは何を語りかけるか」『女性はにわ』埼玉県立博物館
栗栖　健
　　2004　『日本人とオオカミ』雄山閣
車崎正彦

文化史の構築

    1999   「東国の埴輪」『はにわ人は語る』国立歴史民俗博物館

群馬県立歴史博物館
    1986   第24回企画展『人と動物の歴史　狩り』
    1993   第46回企画展『はにわ』～秘められた古代の祭祀～

後藤守一
    1931   「埴輪の意義」『考古学雑誌』21-1
    1956   「上野国愛宕塚」『考古学雑誌』39-1

小林行雄
    1960   図版解説『図説世界文化史体系』第20巻　角川書店
    1968   『世界美術全集』第1巻　日本(1)先史　角川書店

小松茂美
    1987   『粉川寺縁起』日本の絵巻5　中央公論社

近藤義郎
    1960   「東国の埴輪」『図説世界文化史体系』第20巻　角川書店

佐原　真
    1973   「銅鐸の絵物語」『銅鐸の考古学』2002所収　東京大学出版局
    1982   「34のキャンパス」―連作4銅鐸の絵画の「文法」―『考古学論考』平凡社
    1987   「家畜のベルから祭りのベルへ」『銅鐸の考古学』2002所収　東京大学出版局
    1996   「祭りのカネ銅鐸」歴史発掘8　講談社

佐原真・春成秀爾
    1997   「対論・銅鐸の絵をどう読み解くか」『銅鐸の絵を読み解く』国立歴史民俗博物館

島崎弘之
    1980   「縄文中期の動物供犠」『どるめん』27

千賀　久
    1991   『はにわの動物園』Ⅱ　橿原考古学研究所附属博物館
    1994   『はにわの動物園』保育社

富成哲也
    1978   「大阪府昼神車塚古墳」『日本考古学年報』

仲谷　淳
    2001   「知られざるイノシシの生態と社会」『イノシシと人間』古今書院

新津　健
    1985   「縄文後晩期における焼けた獣骨について」『日本史の黎明』八幡一郎先生頌寿記念考古学論集
    2003   「イノシシのまつり」『新世紀の考古学』大塚初重先生喜寿記念論文集
    2004   「近世甲斐国における猪害と防除の実態」『山梨考古学論集Ⅴ』山梨県考古学協会
    2005   「犬と猟」長沢宏昌氏退職記念考古論攷

西谷　正
    2004   「北部九州の装飾古墳とその展開」『東アジアの装飾古墳を語る』季刊考古学別冊13

橋本博文
    1993   「埴輪の語るもの」『はにわ』群馬県立歴史博物館

春成秀爾
    1991   「角のない鹿」『日本における初期弥生文化の成立』横山浩一先生退官記念論文集Ⅱ

春成秀爾・佐原　真
    1997   「銅鐸絵画集成」『銅鐸の絵を読み解く』国立歴史民俗博物館

日高　慎
    1999   「大阪府守口市梶2号墳出土の狩猟場面を表現した埴輪群」『駆け抜けた人生　笠原勝彦君追悼文集』

水野正好

  1971 「埴輪芸能論」『古代の日本』角川書店
宮城県教育委員会
  1986 『田柄貝塚』Ⅰ
森田喜久雄
  1988 「日本古代の王権と狩猟」『日本歴史』485
八女市教育委員会
  1983 『立山山古墳群』八女市文化財調査報告書第10集
淀江町教育委員会
  1990 『向山古墳群』
若狭　徹
  1990 『保渡田Ⅶ遺跡』群馬町教育委員会
  2000a 「保渡田八幡塚古墳の埴輪群像を読み解く」『第7回特別展はにわ群像を読み解く』かみつけの里博物館
  2000b 『保渡田八幡塚古墳』群馬町教育委員会
若林勝邦
  1891 「鉄鐸及ビ銅鐸ノ表面ニアル浮文（石版図附）」『東京人類学会雑誌』7-67
若松良一
  1997 「動物埴輪の起源」栃木県立しもつけ風土記の丘資料館『動物はにわコレクション』

ラロ貝塚群調査30年の研究成果

小川 英文

> キーワード：青柳洋治のフィリピン諸島新石器時代研究　フィリピン諸島における土器の出現　ラロ貝塚群土器編年研究　山地狩猟採集社会と低地農耕社会との交流

はじめに

　ラロ貝塚群が青柳とカバニリアによって発見されて以来、すでに30年以上が経過した（青柳1977; Cabanilla 1972）。現在では毎年の調査によって、土器群の型式編年と絶対年代、編年に基づいた貝塚群の時代的変遷過程、そして低地貝塚群と山地の洞穴・開地遺跡との時代的関係が明らかとなってきている。筆者の調査目的は、先史狩猟採集社会と農耕社会の交流実態を考古学的に検証することであるが、その議論に至るまでに、さまざまな考古学的手続きが必要となる。そのため調査項目は多岐にわたっている。それらを概観すると、1) 土器編年と遺跡分布の変遷（青柳1983; 青柳・田中1985; 青柳他1988-93; De la Torre 1995-2002; Garong 1996-2006; 小川1998,1999b,2000a,2002a,b,c,2003a,2004a,b,2005a; 小川・ロンキリオ2006; Ogawa and Aguilera 1992; 田中1993,1996,1997a,1998a,b,2002a,b,2003,2004a,2005）、2) 貝塚の形成過程（Garong and Toizumi 2000; 小川1997,2006）、3) 貝塚形成と河川の古環境（田中1997b,2002c,2004b）、4) 動植物遺体の研究（Bautista 1996-7; Garong 2001, 2006; 樋泉1999）、5) 年代測定と古食餌研究（三原他2001-2005）、6) 先史狩猟採集社会と農耕社会の相互関係（小川1996,1999a,2000b,2003b,2005; 田中2000）、7) 先史文化圏との交流（青柳2001; 青柳・小川・田中1996; Aoyagi, Ogawa and Tanaka 1998）、8) 貿易陶磁器研究（青柳1999a,b）等に大略、分類できる。

　本稿では、これらラロ貝塚群の調査・研究成果のうち、土器編年と遺跡分布の変遷について、その概要をまとめ、その成果を問いたい。具体的にはまず、ラロ貝塚群土器編年のなかで各時代を代表する4つの土器群の内容と相対的位置づけを概観する。つぎに、それぞれの土器群が出土する遺跡分布の時代的変遷を、ラロ貝塚群中に位置づける。最後に、ラロ貝塚群における遺跡分布の時代的変化を6期に分け、各期の特徴を提示する。

1. ラロ貝塚群と出土遺物の概要

　フィリピン北東部のカガヤン州ラロ町域を中心として、カガヤン川沿い50kmにおよぶ河岸段丘には、4000年以上前から今日までに形成された巨大な貝塚群が20ヵ所以上分布している（図1）。これらの貝塚の上には現在でも貝を採集して生計を営む人びとが生活しており、貝塚は形成過程に

文化史の構築

ある (小川1997, 2006)。現在でも貝採集が続けられている村の貝塚の規模は巨大で、最大のものは長さ500m～2km、幅100m、深さ2mにおよぶ。また河岸から沖積平野を経た丘陵地域には、洞穴や開地遺跡が点在し、貝塚で検出される遺物が出土する。丘陵地域には現在でも、狩猟採集民アグタが低地社会との交流をもちながら生活している。調査域はラロ町域を中心として、カガヤン川河口から上流へ50km遡った沖積地と川の東側に位置する丘陵地域の10km内陸にまでおよぶ。貝塚のうち主要なものは河岸段丘上に形成されているが、河岸から約1kmの範囲に広がる低湿地や、5km離れた丘陵地域の洞穴内でも、河岸の貝塚と同種の貝で形成された貝層が確認されている。貝塚は淡水産二枚貝3種と巻貝5種で形成されているが、主体となるのはこの地域でカビビ (cabibi) と呼ばれる二枚貝で、ラロ貝塚群を形成する貝種はこの貝1種が圧倒的に優勢である。

ラロ (Lal-lo) 貝塚群の各遺跡から出土する土器群の編年的位置づけについては、無文赤色スリップ土器 (3460-2970calBP: 小川2002b,c) →有文赤色スリップ土器 (2925-2460calBP: 青柳他1991; 小川2004b) →有文黒色土器群 (2355-1530

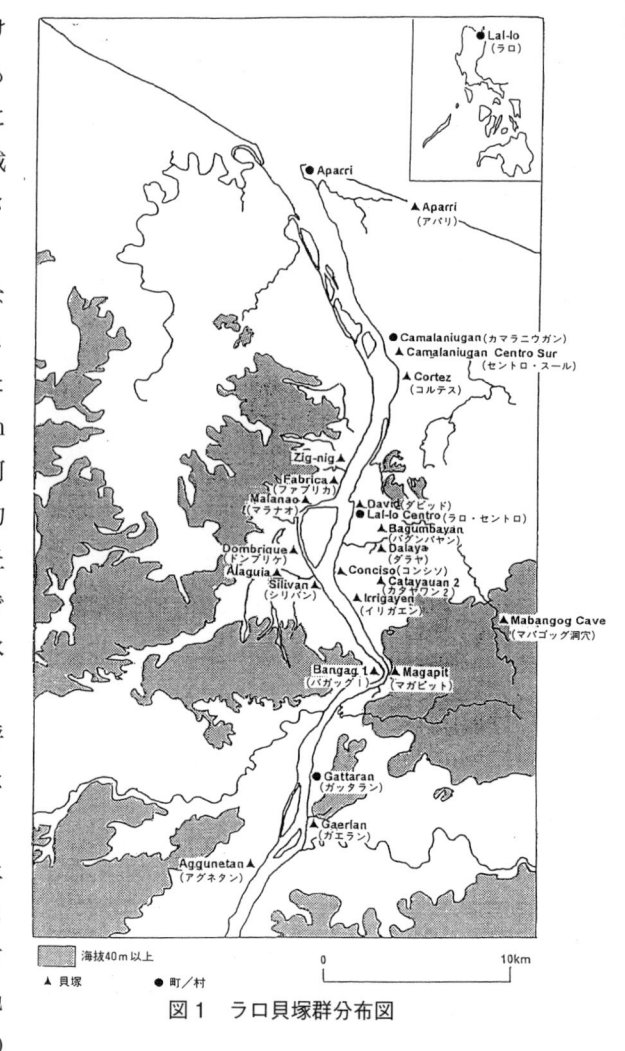

図1 ラロ貝塚群分布図

calBP: 小川2003a; Ogawa, Ronquillo and Garong 2006) → 無文黒色土器群 (1515-955calBP: 小川2004a) という序列が、層序と絶対年代によって確認されている (小川2004b,2006)。有文黒色土器群を出土する貝層からは鉄のスラッグが出土することから、2000年前以降、技術的には鉄器時代にあったと考えられる。これらの土器群が出現する以前の状況については、ラロ貝塚群南端の河岸段丘上に位置するガエラン遺跡の貝層中で剥片石器群から赤色スリップ土器群への移行が確認されている。剥片石器群を出土する貝層のうち、最上層の年代が確認されている (4290-4090calBP)。その直上の赤色スリップ土器を出土する貝層の年代は4090-3685calBPであった。しかし赤色スリップ土器は数点しか出土していないため、器種構成等の内容は不明で、一時期の文化相を代表する土器群としては認定できない。そのため、カガヤン川下流域における土器の出現、そしてその後の無文赤色スリップ土器群期とどのような関係にあるかという問題については、依然、今後の課題である。いっぽう時代が下って、無文黒色土器群期以降の遺物については、貿易陶磁の出土が目を惹くが、それらに共伴する土器として、器面にスリップの塗布はないが、磨かれた褐色土器が確認されている。しかしこれも詳細は不明である。以上、ラロ貝塚群の遺物編年は、4つの土器群期に剥片石器

図2 ラロ貝塚群変遷図（▲貝塚 ●町・村）

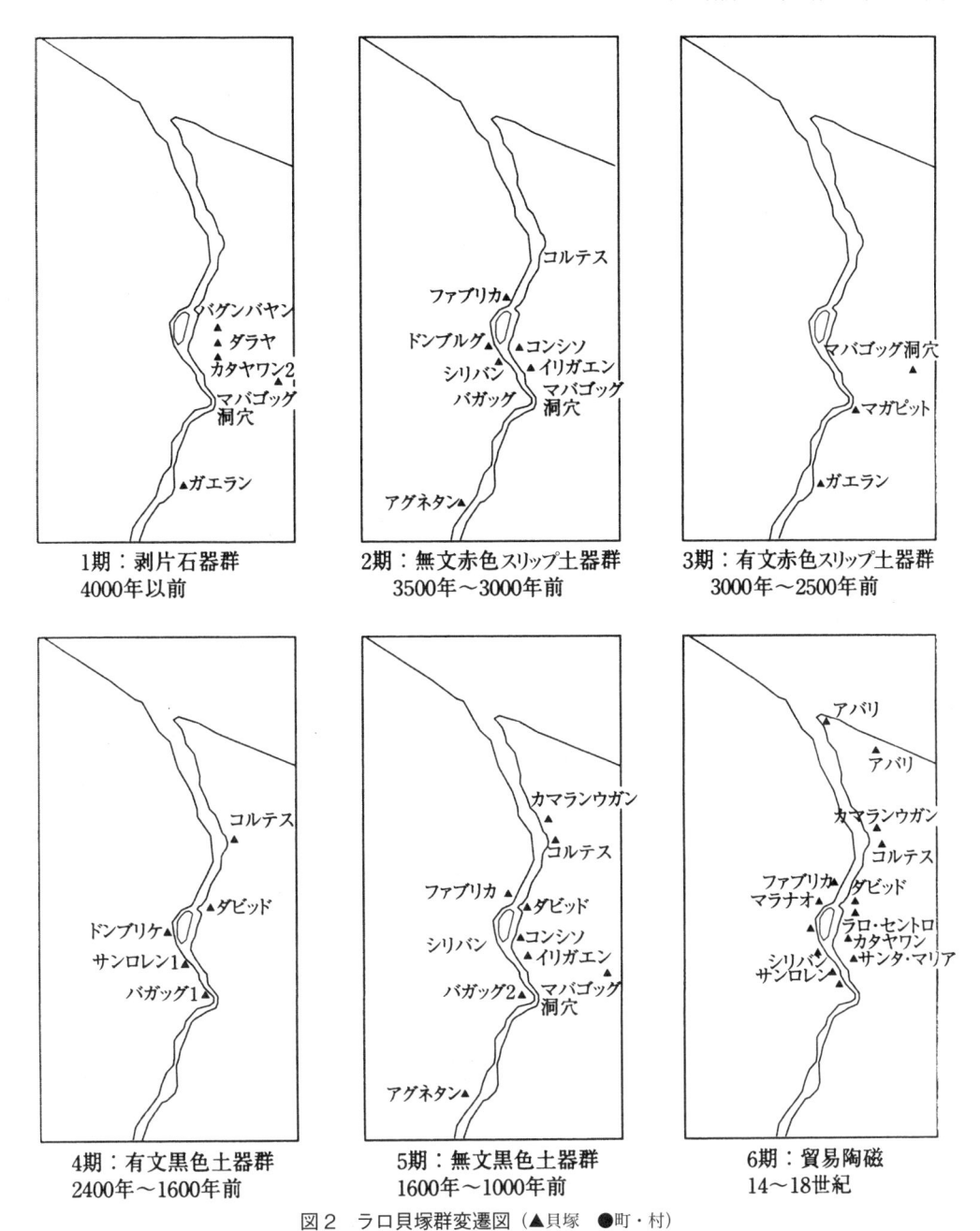

1期：剥片石器群
4000年以前

2期：無文赤色スリップ土器群
3500年～3000年前

3期：有文赤色スリップ土器群
3000年～2500年前

4期：有文黒色土器群
2400年～1600年前

5期：無文黒色土器群
1600年～1000年前

6期：貿易陶磁
14～18世紀

群期と貿易陶磁器の時代を加えた6期に区分できる（図2）。

　これら4つの土器群には、その出土層位と各貝塚の立地条件とに特定の関係がみられる。最も古いと考えられる無文赤色スリップ土器群は、その後の時代にカガヤン川河岸段丘上に形成された貝塚の下に堆積するシルト層中から出土する。この時期には貝の堆積はなく、貝採集以外の生業が営まれていたと考えられる。無文赤色スリップ土器群の時期に貝採集が行われなかった点については、当時の河川環境復元のため、現在、地質調査を実施中である。つぎの時期に属する有文赤色スリップ土器群は、カガヤン川に面した標高50mの石灰岩台地上に立地するマガピット貝塚から出土した。

文化史の構築

この土器群は、マガピット貝塚以北の河岸段丘上では検出されていないが、近年の調査で、マガピット貝塚が立地する台地に連なる、石灰岩丘陵地域の開地遺跡(標高100m)で出土している。その後に続く有文黒色土器群と無文黒色土器群は、いずれも河岸段丘上貝塚の貝層中から検出されている。

2. 土器群の型式学的編年体系

　ラロ貝塚群出土の4つの土器群は現在までに、無文赤色スリップ土器群(3460-2970calBP)→有文赤色スリップ土器群(2925-2460calBP)→有文黒色土器群(2355-1530calBP)→無文黒色土器群(1515-955calBP)という順序で出土することが、出土層位と絶対年代によって確認されている(図3)。以下では、4つの土器群の出土状況と型式学的特徴について比較・検討する。

(1) 無文赤色スリップ土器群 (図4)

　ラロ貝塚群初出の土器群は無文赤色スリップ土器群である。この時期の遺跡は、標高10m以下のカガヤン川河岸段丘上に多くが分布し、河岸貝塚の下のシルト層からこの土器群が出土する。他の3時期の土器群は大量の貝とともに検出されるため、貝の集中的利用が考えられるが、この時期にはそれがない。当時の生業活動のあり方が他の時期とは異なっていたことは明白である。

　無文赤色スリップ土器群の最大の資料を提供するのはイリガエン遺跡である(小川2002b,c)。地表面から50cmほど堆積する貝層(無文黒色土器群期)を取り除くと、その下のシルト層から無文赤色スリップ土器群が出土する。

　無文赤色スリップ土器群は、その胎土や赤色スリップの色調、磨き調整などの点は、つぎの時期の有文赤色スリップ土器群に類似している。また、器種がJarタイプとBowl Aタイプによって構成される点では類似しているが、有文赤色スリップ土器群にあるBowl Bタイプはない。この土器群の口縁形態は、Jarタイプが5、Bowlタイプが3に分類できる(図4)。図4と5をもとに、無文と有文の赤色スリップ土器群を比較すると、両者間での口縁形態の違いは大きい。

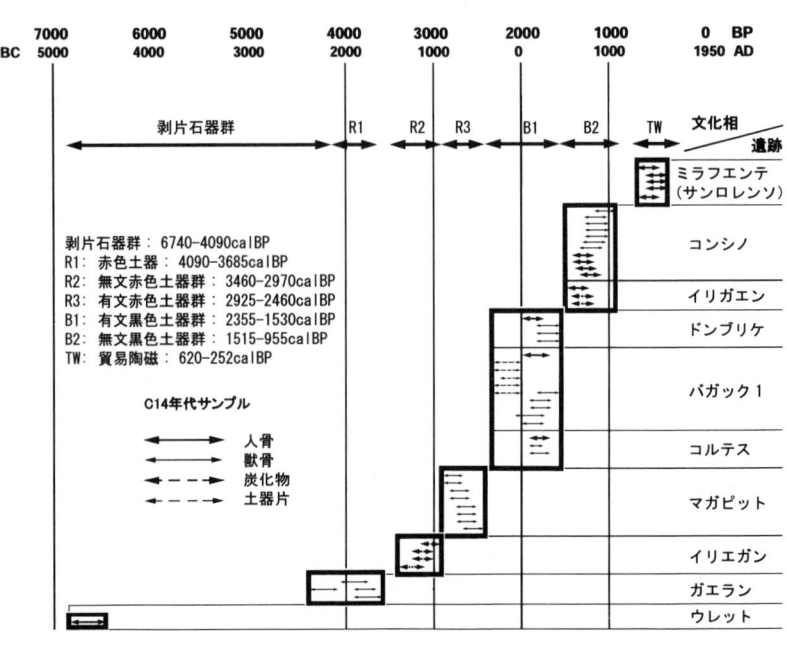

図3　ラロ貝塚群の遺物編年と出土遺跡の年代測定値

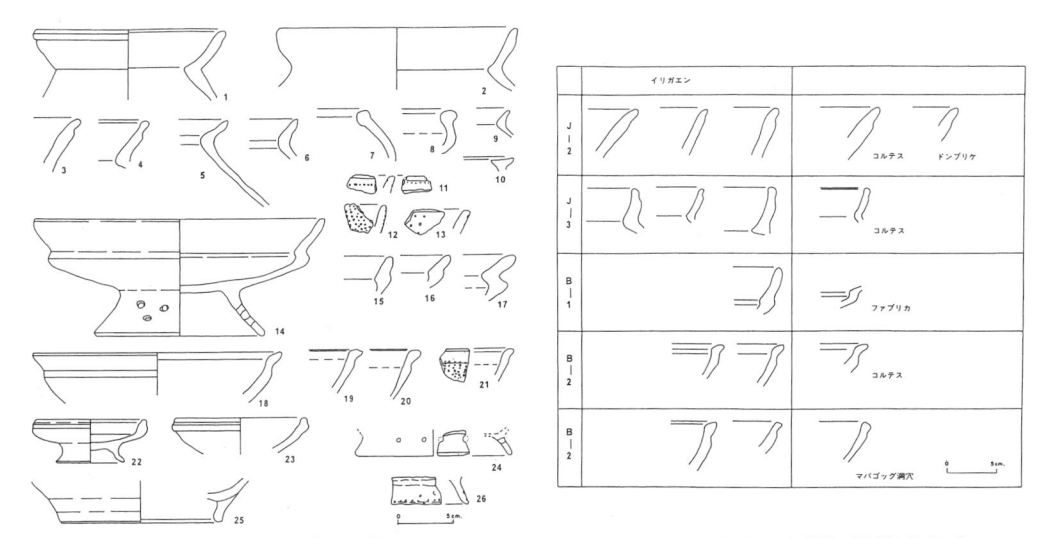

図4　無文赤色スリップ土器群（1-13：Jarタイプ，14-26：Bowlタイプ，右は遺跡間口縁形態比較図）

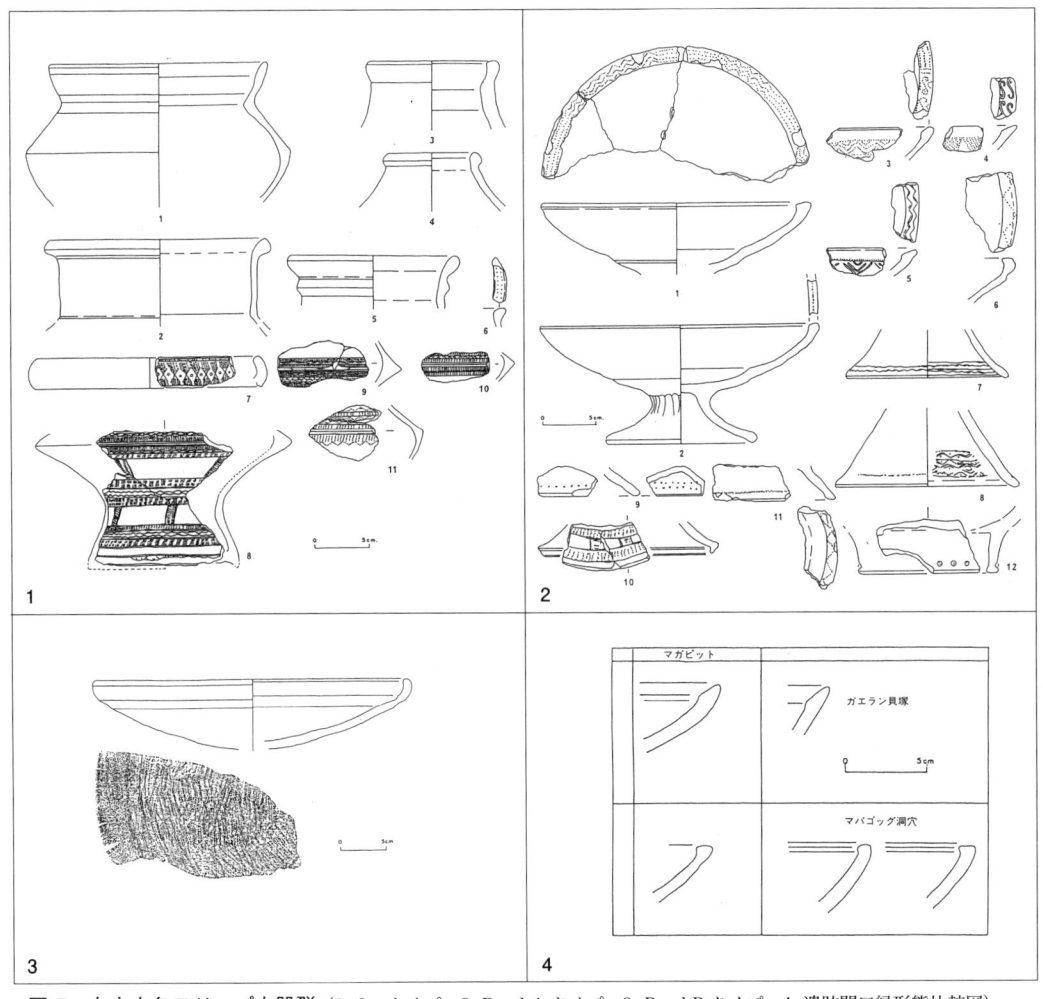

図5　有文赤色スリップ土器群（1. Jarタイプ，2. Bowl Aタイプ，3. Bowl Bタイプ，4. 遺跡間口縁形態比較図）

(2) 有文赤色スリップ土器群（図5）

　この土器群の標式遺跡はマガピット貝塚である。この貝塚はカガヤン川河口から約40km地点、河岸に面した標高50mの石灰岩台地上に立地する。貝塚は台地の鞍部に貝、動物骨、土器片等が投げ込まれたかたちで形成され、貝層は深度5.5m、混貝率90％以上の純貝層であった。土器片は貝層上部から下部までくまなく出土したが、土器群の型式学的分析の結果、5.5mの貝層深度にもかかわらず、同一型式内に収まる（青柳他1988,1991；小川2004b,2005a；田中2005）。

　この土器群の特徴は器面に赤色スリップが塗布され、研磨された、広口の口縁をもつJarタイプと、圏足をもつBowl Aタイプ、そして赤色スリップが塗布されていない、叩き目を外面に残す浅い鉢状のBowl Bタイプに分類できる。施文方法は串状工具による列点文、あるいは櫛歯状工具による連続刺突文を中心としている。施文部位はJarタイプでは胴部屈曲部に、Bowl Aタイプでは器部口縁部と圏足足縁部に集中する。Jarタイプは8つの口縁形態に分類できる。Bowl Aタイプでは施文が肥厚された口唇部に集中する。また圏足足縁内外面にも施文されている。文様構成は櫛歯状工具で連続山形に配したものが主である（図5）。またJarタイプには精緻な沈線と爪形文で構成された文様をもつ土器が少数みられる。これらは暗い色調の赤色スリップ、粗い胎土を特徴とし、この土器群に一般的な特徴とは一線を画すため、搬入土器と考えている。

　有文赤色スリップ土器群を出土する他の遺跡はマガピット貝塚以東の丘陵地域に分布しており、河岸段丘上貝塚ではいまだ出土例がない。マガピット貝塚から南東10kmの丘陵地域には、貝はみられないが、有文赤色スリップ土器片が、焼畑耕作が行われている斜面地に散布する。斜面上の平坦地を発掘したところ、土器片に共伴して剥片石器が出土した（Garong 2006d）。包含層が30cmほどで石灰岩岩盤に達するため、これらの共伴を同時代とにわかに判断はしがたく、さらなる調査・研究を要するが、低地と山地との交流が時代を経て行われていた可能性を示唆する資料として興味深い。

(3) 有文黒色土器群（図6）

　この土器群期、さらに続く無文黒色土器群の時期を経て今日に至るまで、カガヤン川の河岸段丘上では、貝層が形成され続けることになる。貝塚の規模は500m×50m、厚さ2mへと巨大化する。貝層は混土率10％以下の純貝層で形成されている。この時期以降、今日まで河岸での貝塚形成は継続され、遺跡の規模は拡大していく。また遺構については、甕棺墓（カトゥガン貝塚ドンブリケ遺跡）が検出されている。土器以外の遺物としては、無文赤色スリップ土器群期からの有段石斧が引き続き出土するが、同時に、貝層から鉄滓の出土がみられるのも有文黒色土器群の特徴である。

　有文・無文ともに黒色土器の名称は器面の黒い色調に由来する。黒色土器の色調は、赤色スリップ塗布、磨き、焼成の土器製作過程を経たのち、熱いうちに土器を籾殻で覆い、炭素を吸着させることによって、土器器面が黒色を呈するものである。黒い色調をもってこの土器群の特徴としたが、土器群のすべてが黒色を呈するわけではなく、炭素吸着が行われず、赤色スリップ塗布のまま焼きあげられ、使用、廃棄された土器もこの土器群のなかに含まれている。それは赤色の土器でも、この土器群がもつ形態的特徴を共有しているからである。いっぽう、同じく黒色を呈する無文黒色土

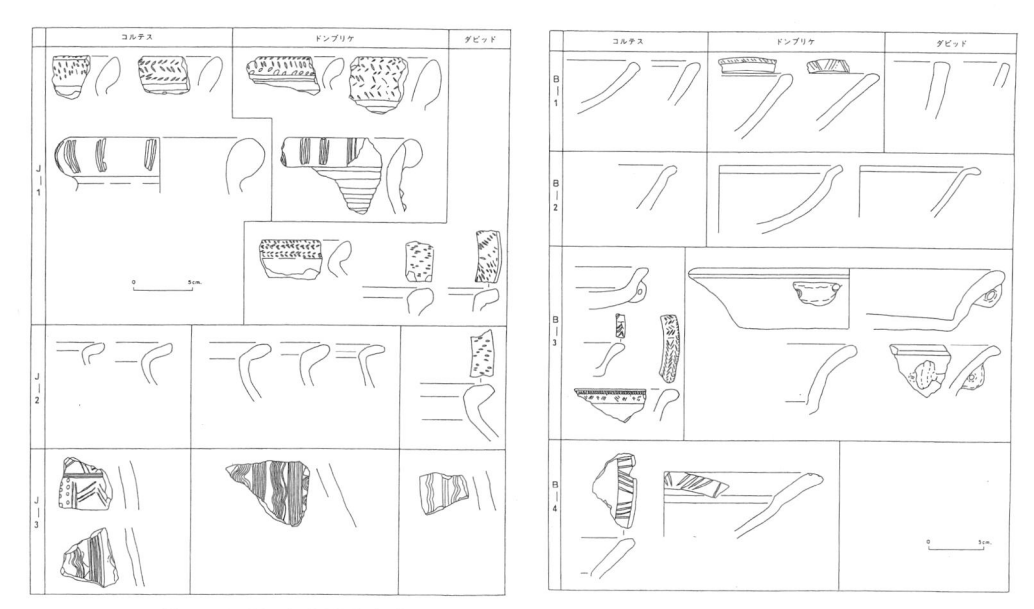

図6　有文黒色土器群遺跡間口縁形態比較図（左：Jarタイプ，右：Bowlタイプ）

器群と比較すると、同一器種の土器間でも、形態的に明白な違いがある。黒色の土器の色調が目を惹くことから「黒色土器群」と呼んでいるが、それは単に色の違いによって土器群を識別しているのではなく、型式学的な差異に基づいたものであることは言うまでもない。

有文黒色土器群の標式遺跡であるコルテス遺跡（ドゥゴ貝塚）では、無文赤色→有文黒色→無文黒色という、3つの土器群の相対的な編年序列を、ラロ貝塚群中ではじめて層位的に確認することができた。この土器群の器種にはJarとBowlの2タイプがあり、形態的特徴によってJarタイプが3つ、Bowlタイプが4つに細分できる。Bowlタイプは圏足をもつものと平底のものが存在する。平底のBowlは、無文黒色土器群にはない器種で、有文黒色土器群の特徴のひとつとなっている。文様はJar, Bowlいずれのタイプにもみられるが、太い沈線を基調とした矢羽根状、連続山形文で構成されている（図6、小川2003a; Ogawa, Ronquillo and Garong 2006）。

(4) 無文黒色土器群（図7）

この時期も貝塚はひきつづきカガヤン川の河岸段丘上に形成され、両岸に広く分布する。その規模は有文黒色土器群期よりもさらに巨大化し、最大のもので2km×100m、貝層深度2mへと拡大する。無文黒色土器群を出土する貝塚は、現在、集落として人家が建ち並び、貝採集を生業とする人びとが生活する場として利用され続けている。貝層のほとんどを形成する1種の淡水産二枚貝は、現在では貝殻ごと市場へ売りに出されるため、貝塚に廃棄されることはないが、貝の採集はカガヤン川下流域の人びとの生活を長年、支え続けている。

無文黒色土器群期の遺構には、頭を東に向けた伸展葬墓がみられ、JarやBowlタイプの土器が副葬されている。またイリガエン遺跡では、直径50cmの炉址が検出されている。炉の覆土からは焼けた貝殻が検出されており、貝の剥き身加工や調理などに使用された可能性を示唆している（De la Torre 2000）。

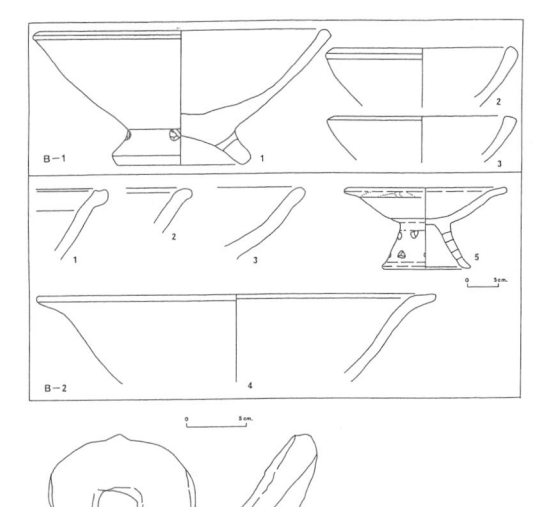

図7　無文黒色土器群遺跡間形態比較図
（左：Jarタイプ，右：Bowlタイプ）

　この土器群の標式遺跡はカタヤワン貝塚である。この土器群もJarとBowlの2つの器種で構成される（小川2004a）。Jarタイプの口縁形態のバリエーションが増して11に細別できる。Bowlタイプは2つに分類され、いずれも圏足付きの鉢形土器であるが、器形・口縁形態ともに形態のバリエーションが、有文黒色土器群よりも小さくなっている。そのためBowlタイプ土器の口縁形態は、有文黒色土器群Bowlタイプ土器の口縁に文様がないものとの区別がつきにくくなっている（小川2004b,2005a）。

4．ラロ貝塚群における遺跡の時代的変化

　土器群の分析によって、ラロ貝塚群出土の4つの土器群文化相の特徴を抽出することができた。この4つの先史文化相に加え、ラロ貝塚群では土器を伴わない時期に属する剥片石器群、そして1000年前以降、現代にいたる貿易陶磁に伴う土器文化相も貝層の年代の決め手となっている。これら2期を加えて6つの時代の文化相それぞれに属する遺跡を、時代ごとに地図上にプロットすると図2のようになる。これら各時代の遺跡分布の変化は、遺跡群の時間的変化を示している。以下では、ラロ貝塚群の遺跡の時代的変化を追いながら、各期に特徴的な遺物と遺跡の営みを検討していく。

　第1期：土器出現以前、剥片石器群を主体とする時期である（Ogawa 1999b）。これまでの調査で河岸段丘上貝塚から単体としての剥片石器は出土しているが、出土総点数は10点未満で、そのほとんどが製品としての出土であり、機能分化した石器群としてのまとまりを形成したかたちで出土してはいない。

　剥片石器群を出土する貝塚は現在までのところ、カガヤン川東岸の丘陵地域に位置するマバゴッ

グ洞穴や開地遺跡群、そして河口から40km地点の東岸河岸段丘上に立地するガエラン遺跡のみである。いっぽう東岸から内陸へ1～2km地点の低地に位置するバグンバヤン、ダラヤ、カタヤワン2の3貝塚からは、剥片石器や石核がわずかに表採されているのみで、土器の出土はみられない。むしろ焼石の出土が顕著である。土器が採集されていないことから、これら内陸の3貝塚も土器出現以前の貝塚として第1期に属するものと考えられる。

剥片石器は、その形態から機能を類推することがむずかしい、いわゆる不定形剥片石器である。チャートと安山岩がその石材として顕著で、石器群としては、機能的にナイフとスクレーパーに分類される刃部をもつ剥片石器と、剥片製作の場を示唆するチップとハンマーストーン、そして調理の痕跡としての焼石などで構成されている。

ダラヤ貝塚のウレット遺跡では、4mの貝層がオーガー調査によって確認されたが、オーガーで検出した炭化物から6740-6500calBPの年代が得られている。いっぽうガエラン遺跡では前述したように、剥片石器群から土器への推移が層位的に確認されている。地表面から1m以上つづく貝層の2層最上層まで剥片石器が連続して出土したが、その直上の1層最下層からは赤色スリップ土器片が数点確認された。絶対年代では2層最上層が4290-4090calBP、1層最下層が4090-3895calBPである。出土した赤色スリップ土器についてはこれまで、有文赤色スリップ土器群Bowl Aタイプ土器の肥厚された口縁部内面に類似していたため、有文赤色スリップ土器群がラロ貝塚群で最初に出現した土器群と考えていた。しかしその後、マガピット貝塚の再発掘によってAMS14C年代測定値を新たに得て、有文赤色スリップ土器群がより新しい時期に位置づけられることが明らかとなった。ガエラン遺跡出土の赤色スリップ土器片は、口縁形態が判別できるものがわずかに数点のみで、器種や形態のバリエーションが判明し、型式が確立した土器群として確認できるものではない。カガヤン川下流域における土器の出現の問題は、今後の課題として残されている。

ガエラン遺跡の年代から、剥片石器群の下限はほぼ4000年前ごろに設定できるが、石器群の構成内容や機能分析、そして遺跡の分布や機能については、今後、剥片石器群を出土する丘陵地域の洞穴・開地遺跡の実態解明が鍵となる。

第2期：無文赤色スリップ土器群の時期である（小川2002b,c）。絶対年代では3460-2970calBPの年代が得られている。この時期は貝塚が形成されず、土器群はカガヤン川下流域の河岸段丘上シルト層中より出土する。のちの時期の河岸段丘上の貝塚を発掘すると、貝層下のシルト層からはほとんどの場合、無文赤色スリップ土器群が出土する。しかし前の時期の剥片石器群期とのちの時期に挟まれたこの時期にだけ、なぜ貝を採集していないのかという疑問が生ずるが、現時点では、川の流れが緩やかなものへと変化し、カガヤン川下流域が貝の生息に適さない湿地帯の環境に変化した可能性が考えられる。この古環境変化については、古地形学、海進によるカガヤン川の水位への影響等の調査を実施中である。

土器とともに磨製石斧が共伴することは、これ以降の土器群も同じである。他に遺物、さらなる器種のバリエーションについては、今後の課題である。無文赤色スリップ土器群を出土する遺跡は河岸段丘に広く分布しているが、その包含層に至るまでには、上に堆積する厚い貝層を調査しなくてはならない。標式遺跡であるイリガエン遺跡では、上層に堆積する貝層の厚さが50cmと薄かっ

たため、貝層下のシルト層を3年間にわたって広範に調査でき、土器群としての特徴を抽出することができた。この時期の生業基盤と古環境との関係もあわせ、今後の調査課題は多い。

第3期：有文赤色スリップ土器群の時期である（青柳他1988,1991; 小川2004b,2005a; 田中1993, 1996,2005）。絶対年代では2925-2460calBPの年代が得られている。この土器群はマガピット貝塚を標式遺跡としている。この貝塚は河岸に面した標高50mの丘陵上を中心として、その下の斜面地に分布している。丘陵上の鞍部に堆積した貝層の深度は5.5mに達し、丘陵下では2mの層厚をもつ。この深い貝層の上下いずれのレベルからも満遍なく有文赤色スリップ土器片が出土する。しかし河岸段丘貝塚のように、異なる時期の土器群が折り重なって堆積する様相はみせず、土器群間の前後関係を層位的に確認することができない。

いっぽうマガピット貝塚から東へ広がる石灰岩丘陵の開地遺跡でも有文赤色スリップ土器群の出土が確認されている。貝層はみられないが、剥片石器が共伴する。層厚が30cmと薄いため、これら開地遺跡での有文赤色スリップ土器群と剥片石器群との共伴を、にわかに同時期とするにはとまどいがある。しかし有文赤色スリップ土器群の遺跡分布をみると、いまだ河岸段丘上では検出されておらず、むしろマガピット貝塚から東の丘陵地域に広がっている。丘陵地域の遺跡では、河岸から5kmの距離にあるマバゴッグ洞穴をのぞいて、貝層がなく、河岸のマガピットとは異なった生業基盤のもとで生活していたことが分かる。現在、狩猟採集民アフタが生活するこの地域の先史時代を想像する際に、低地と山地の交流を示す有文赤色スリップ土器群期の様相は多くの示唆を与えてくれる。今後の調査が最も期待される時期である。

第4期：有文黒色土器群の時期である（小川2003a; Ogawa, Ronquillo and Garong 2006; 田中1997a, 2004a,2005）。絶対年代では2355-1530calBPの年代が得られている。この時期も河岸段丘上に貝塚が形成される。コルテス、ダビッド遺跡などでは、有文黒色土器群の文化層の上に無文黒色土器群の文化層が堆積しているが、バガッグIやドンブリケ遺跡では、有文黒色土器群のみの貝層堆積となっている。最近、無文黒色土器群期の貝塚とされてきたカタヤワン貝塚やサンロレンソ貝塚で、有文黒色土器群も出土することが確認さている。カタヤワン貝塚では河岸段丘端から50m内側で有文赤色スリップ土器片が検出されており、これは有文黒色土器群期にはじまった貝の廃棄が川に向かって進み、無文黒色土器群期にも貝層形成が水平方向に進行したことを示している。

この時期の貝塚はいずれも200〜500m長へと巨大化し、この傾向はつぎの無文黒色土器群の時期にも引き継がれる。貝塚の大規模化、そして有文・無文の両黒色土器群期あわせて1400年間にわたる河岸段丘上居住は、カガヤン川下流域に生息する淡水産二枚貝を中心とする河川資源の集中的利用を加速させたことを示している。

貝の集中的利用と並行して、鉄生産がこの時期からラロ貝塚群ではじまっていた痕跡も検出されている。ドゥゴ貝塚イベ遺跡貝層から、鉄滓とともに焼土や焼けた器面を残す土器片が出土している。その対岸の丘からは鉄鉱石が産出することも確認されている。貝採集とともに鉄生産は、当該社会の新たな展開と外的世界とのネットワークを広げる大きな原動力となったものと考えられる。

第5期：無文黒色土器群のこの時期は、前代に引き続き、河岸段丘上に巨大な貝塚を営む時期である (Ogawa 2004a)。絶対年代では1515-955calBPにあたる。この時期の貝塚の規模はさらに巨大化し、カタヤワン貝塚の規模は2km長、100m幅、2m深度に及ぶ。貝塚の大半は河岸段丘上に立地し、前代からさらにいっそうの河川資源の利用が活発化した時期である。貝塚の分布は、現在でも貝採集や漁労が営まれる集落の範囲に一致している。今日では村落内に位置しないバガッグ2貝塚は、バガッグ1貝塚の背後、標高50mの丘陵上に位置する。貝層は薄く、大規模な貝塚ではない。さらに南に位置するアグネタン貝塚は河岸段丘上に位置するが、ここでも貝層は20cmほどと薄い。貝層は薄いがこの遺跡にはシルト層中に造営された伸展葬墓群が広がっており、その副葬品として無文黒色土器群の完形品が出土する。この時期の伸展葬墓群は、カタヤワン貝塚やサンロレンソ貝塚でも検出されており、有文黒色土器群期にカトゥガン貝塚ドンブリケ遺跡から出土した甕棺墓とは埋葬様式を異にしている。

　北部のカマラニウガン貝塚では現在でも貝採集が行われているが、20cm厚の貝層が断続的にみられるのみで、ドゥゴ貝塚やカタヤワン貝塚のような2m以上の貝層堆積はみられない。カマラニウガン貝塚の立地するデルタに人間が居住を開始したのは1500年前からである。その頃のデルタはまだ現在のように10kmにおよぶまでには発達しておらず、河口がすぐ近くに位置していた。海とデルタという新たな環境に進出した人間集団は、淡水、汽水、鹹水域にわたる、異なった環境下で幅広い資源を利用することが可能となった。そのため淡水産二枚貝の集中的利用がカマラニウガン貝塚では行われず、貝層堆積が薄い理由と考えられる。またこの貝塚がラロ貝塚群中、海に最も近い位置を占めている点は、異なる環境利用に有利であるという生業上の理由だけではなく、海へ開かれた場の機能からも考慮する必要がある。巨大貝塚を形成した貝の量は日常的消費を大きく上回るものであることを問題視し、余剰分を交換財として利用していた可能性を指摘した（小川1997,2005b,2006）。

　さらに前代に引き続いて貝塚からは鉄滓が検出され、鉄の生産と交易がいっそう活発に行われていたことが予測される。カマラニウガン貝塚の薄い貝層堆積の理由は、人口密度の低さや居住期間の短さに求めるのではなく、海を通じて他地域との交流を容易にした、貝や鉄の交易の場としての機能を想定することができる。

第6期：貝塚から陶磁器が出土する14世紀から18世紀にいたる時期である。いずれの貝塚も河岸段丘上に立地し、現在の集落が営まれている範囲とほぼ一致する。カガヤン川西岸のサンロレンソ貝塚シリバン遺跡ではチャンパ陶磁、ゴサイン窯の青磁皿、タイ製褐釉壺片などが出土している。またアラギア貝塚からは、元代の褐釉壺が表採されている。その他のほとんどの遺跡から明、清代の陶磁器片が採集されている。サンロレンソ貝塚の南のはずれに位置するミラフエンテ遺跡の伸展葬墓からは、人骨に共伴して明代青磁片と鉄製刀子が出土している。この時期の貝層の厚さは、現在に到るまでの居住による貝層自然堆積の攪乱によって明確にはなっていない。しかしラロ貝塚群全体の発掘結果を総合すると、第5期の貝層よりも薄い傾向にある。その理由には、貝採集量や人口密度に大きく左右されるものと考えられるが、同時に現在のように、採集された貝が貝殻ごと交易のために採集地からもち出されていたとすれば、貝塚への貝殻の供給量は少なく、貝層も薄くな

る。上で予測したように、有文黒色土器群期から貝・鉄の交易が行われていたとしたら、貝を剥き身にし、乾燥するなどの加工を経て交易財とした段階から、貝殻ごと生で貝を商品として集落外にもち出した時期への変化が想定される。その時期については現在のところ明確ではないが、この第6期に起こっている可能性が高い。

カガヤン川河口の町アパリは清代になってはじめて中国文献に登場する。そしてアパリの街中にはしばしば清代陶磁片が散布している。またアパリの海辺の砂丘に形成されたアパリ貝塚は海産貝で形成されているが、スリップがけのない土器片とともに、17、18世紀の清代陶磁を産する。アパリ貝塚はアパリの街から東へ延びる海岸線に面した砂丘に位置する。5m以上の高さをもつ砂丘の基部に貝層が形成されているにもかかわらず、その年代はわずかに数百年前である。河口の遺跡の年代が新しいのは、河口デルタが現在のような形になったのがこの数百年のことで、それ以前は現在ほどには発達していなかったことを裏付けている。中国文献でアパリに比定されている「大港」が文献に出てくるのが17世紀以降であることも、これを裏付けている。

おわりに

ラロ貝塚群6期にわたる時代区分をとおして、遺跡立地の変化を読み取ることが可能である。1期の剥片石器群と3期の有文赤色スリップ土器群期の遺跡は、貝層が形成されるが、それは後の黒色土器群期とは異なり、河岸や河口から遠い地点に立地する。その理由として、カガヤン川の古環境の変化、それに左右される貝の生息域が、その後の時代とは異なっていた可能性が考えられる。2期の無文赤色スリップ土器群期には遺跡はほとんどが河岸段丘に下りてくるが、貝は利用されていない。広い範囲に遺跡が分布し、遺跡数も増加している。その分布はつぎの4期の貝塚分布とほとんど重なっている。しかし無文赤色スリップ土器群期には貝塚は形成されない。他の時期とは異なり、この時期だけなぜ貝の採集が行われていなかったのか、その理由を自然条件に探るのが今後の課題である。また3期の有文赤色スリップ土器群期には、丘陵地域に遺跡が広がっている。内陸に10km入ると、貝の利用から切り離された遺跡が分布する。

このあとの4期の有文黒色土器群期にも、河岸段丘上に貝塚が分布する。この時期の貝塚から鉄生産の開始を示唆する遺物が出土しており、5期までそれは続く。鉄鉱石を産する場所がこの地域には存在し、豊富な貝資源以外にもこの時期から鉄生産とその交易が開始された可能性が高い。5期になると河岸貝塚のほとんどから無文黒色土器群が出土する。貝塚の巨大化、鉄生産の継続などから、外的世界とのネットワークの拡大を予測できる。6期の貿易陶磁の時代になると、遺跡と現在の集落とが重なり合う。スペイン支配と相前後し、貝、鉄生産、その他の地域内産物を背景として、この時期にラロ貝塚群は広くアジア世界との関係を広げ、現在に到る。

以上の結果から、新たに多くの疑問も提示された。それらに答えるため、環境利用や生業実態の復元、そして丘陵地域のさらなる調査が、今後の課題である。

文献目録

青柳洋治
- 1977 「研究史・ルソン及びその周辺諸島の考古学」、黒潮文化の会編『日本民族と黒潮文化 - 黒潮の古代史序説 -』: 187-199、角川選書 91
- 1983 General Survey in Northern Luzon. In K. Shirakihara (ed.) *Batan Island and Northern Luzon*: 69-87, 116-119, 157-161. Kumamoto University.
- 1999a 「南海の陶磁貿易」、『季刊 考古学』66: 55-59
- 1999b 「陶磁貿易史からみた東南アジア」、『新版 入門東南アジア研究』: 75-87
- 2001 「黒潮文化」、『海のアジア』6、岩波書店

青柳洋治・田中和彦
- 1985 「カガヤン川流域の貝塚土器をめぐる二,三の問題」、『上智アジア学』3: 81-129

青柳洋治・M. L. Aguilera, Jr.・小川英文・田中和彦
- 1988 「ラロ貝塚群の発掘」、『上智アジア学』6: 63-104
- 1989 「ラロ貝塚群の発掘（2）」、『上智アジア学』7: 101-131
- 1991 「ラロ貝塚群の発掘（3）」、『上智アジア学』9: 49-137
- 1993 Excavation of Hill Top Site, Magapit Shell Midden in Lal-lo Shell Middens, Northern Luzon, Philippines. *Man and Culture in Oceania* 9: 127-155

青柳洋治・小川英文・田中和彦
- 1996 「フィリピン北部、マガピット貝塚出土の装身具」、国分直一先生米寿記念論文集、劉茂源編『ヒト・モノ・コトバの人類学』: 372-383、慶友社

Aoyagi, Y., H. Ogawa and K. Tanaka
- 1998 Excavation, and Ornaments Discovered at the Magapit Shell-midden Site, in Northern Luzon. 『上智アジア学』15: 167-180

Bautista, A.
- 1996a Animal/Human Remains from Bangag I, Lal-lo, Cagayan. Typescript, National Museum, Manila.
- 1996b Animal Remains from Dombrique Site, Catugan, Lal-lo, Cagayan. Typescript, National Museum, Manila.
- 1996c Field Report on Lal-lo Archaeology Project, August-September 1996. Typescript, National Museum, Manila.
- 1997 Zooarchaeological materials from Bangag Archaeological Site. Typescript, National Museum, Manila.

Cabanilla, I.
- 1972 Neolithic Shellmound of Cagayan: The Lal-lo Excavation. Field Report #1, Archaeology Division, National Museum, Manila.

De la Torre, A.
- 1995 Brief Report: The Lal-lo, Cagayan Archaeological Project 1995. Type script, National Museum, Manila.
- 1996 Brief Report: Cagayan Valley Archaeological Project, Santa Maria, Lal-lo, Cagayan from February 7 to March 3, 1996. Typescript, National Museum, Manila.
- 1997 Rapid Cave Assessment Report of Mabangog Cave located at San Mariano, Lal-lo, Cagayan. Typescript, National Museum, Manila.
- 2000 Preliminary Report of the Lal-lo, Cagayan, Archaeology Project: Clemente Irigayen Property Site (II-1995-0), Santa Maria, Lal-lo, Cagayan. 『東南アジア考古学』20: 67-110
- 2002a Lal-lo, Cagayan Archaeological Project 2000: Archaeological Exploration of Sites. 小川英文編『カガヤン河下流域の考古学調査』: 69-78、平成11～13年度科学研究費補助金（基盤A(2)）研究成果報告書

    2002b Cagayan Valley Archaeology Project 2001: Area A, San Lorenzo III Site (Siliban), San Lorenzo, Lal-lo, Cagayan. Typescript, Manila: National Museum.
Garong, A.
    1996a A Report on the Archaeological Excavation in Fausto Sison Sr. Shell Midden Site in Barangay Catayauan, Lal-lo, Cagayan. Typescript. National Museum, Manila.
    1996b Progress Report on the 1996 Archaeological Excavation of the Conciso Property Shell Midden Site in Brangay Catayauan, Lal-lo, Cagayan. Typescript. National Museum, Manila.
    2001 Culture in Trash. An Archaeological Excavation of Conciso Property Shell Midden Site, Catayauan, Lal-lo, Cagayan Valley, Northern Philippines.『東南アジア考古学』21: 120-145
    2002 Archaeological Exploration and Excavation in Cagayan Valley, Northern Philippines. 小川英文編『カガヤン河下流域の考古学調査』: 33-68、平成11～13年度科学研究費補助金（基盤A(2)）研究成果報告書
    2006a Status Report on the Archaeological Excavation of Leon Ibe Property, Camalaniugan, Cagayan. 小川英文・ロンキリオ編『北部ルソン島ラロ貝塚群の発掘調査』: 130-137、平成15～17年度科学研究費補助金（基盤A(1)）研究成果報告書
    2006b Status Report of the Cagayan Valley Archaeological Project 2003-2004: Archaeological Survey and Test Excavations on Cave Sites. 小川英文・ロンキリオ編『北部ルソン島ラロ貝塚群の発掘調査』: 91-104
    2006c Status Report of the Rogelio Gaerlan Property Shell Midden Site - Archaeological Excavation in Dummon, Gattaran, Cagayan Valley. 小川英文・ロンキリオ編『北部ルソン島ラロ貝塚群の発掘調査』: 120-129
    2006d Archaeological Undertakings in the Municipalities of Lal-lo and Gattaran, Cagayan Valley, Northern Philippines: 2004-2005. 小川英文・ロンキリオ編『北部ルソン島ラロ貝塚群の発掘調査』: 76-90
    2006e Reference Collection of Fish Collected from Cagayan River. 小川英文・ロンキリオ編『北部ルソン島ラロ貝塚群の発掘調査』: 105-118
Garong, A. and T. Toizumi
    2000 Archaeological Excavation of the Shell Midden Sites in Lal-lo, Cagayan. 小川英文編『ラロ貝塚群の発掘』: 50-78、平成7～9年度科学研究費補助金（国際学術調査）研究成果報告書
三原正三・奥野充・小川英文・田中和彦・中村俊夫・小池裕子
    2001 「フィリピン・カガヤン河貝塚群出土遺物のAMS^{14}C年代」『名古屋大学加速器質量分析計業績報告書』12: 205-213、名古屋大学年代測定総合研究センター
    2002a AMS ^{14}C age of Cagayan shell-midden Sites, Northern Luzon, Philippines. 小川英文編『ラロ貝塚群の発掘調査』: 117-124、平成11～13年度科学研究費補助金（基盤A(2)）研究成果報告書
    2002b「フィリピン、ラロ貝塚群出土遺物のAMS^{14}C年代と出土人骨の食性分析」、『名古屋大学加速器質量分析計業績報告書』13: 82-104
三原正三・宮本一夫・小川英文・中村俊夫・小池裕子
    2003 「黒色土器・繊維土器の前処理法と炭素含有量について」、『名古屋大学加速器質量分析計業績報告書』14: 33-37
三原正三・小川英文・黒坂禎二・中村俊夫・小池裕子
    2004 「土器内部の炭素を用いたAMS^{14}C年代測定」、『名古屋大学加速器質量分析計業績報告書』15: 235-240
Mihara, S., K. Miyamoto, H. Ogawa, T. Kurosaka, T. Nakamura and H. Koike
    2005 AMS 14C dating using black pottery and fiber pottery. *Radiocarbon* 46-1: 407-412.
三原正三・小川英文・田中和彦・中村俊夫・小池裕子
    2005 「フィリピン、ラロ貝塚群における剥片石器～無文黒色土器群期のAMS^{14}C年代」、『名古屋大学

　　　　　　加速器質量分析計業績報告書』16: 169-180

小川英文
　1996　「狩猟採集民ネグリトの考古学−共生関係が提起する諸問題」、スチュアート ヘンリ編『採集狩猟民の現在』: 183-222、言叢社
　1997　「貝塚洪水伝説−フィリピン、ルソン島北部カガヤン河下流域における貝採集民の民族考古学」、『東南アジア考古学』17: 119-166
　1998　Problems and Hypotheses on the Prehistoric Lal-lo, Northern Luzon, Philippines – Archaeological Study on the Prehistoric Interdependence between Hunter-Gatherers and Farmers in the Tropical Rain Forest. 『東南アジア考古学』18: 123-166
　1999a　「考古学者が提示する狩猟採集社会イメージ」、『民族学研究』63-2: 192-202
　1999b　Excavation of the Mabangog Cave, San Mariano, Lal-lo, Cagayan, Philippines. 『東南アジア考古学』19: 93-114
　2000a　(編著)『ラロ貝塚群の発掘』、平成７〜９年度科学研究費補助金（国際学術調査）研究成果報告書
　2000b　「狩猟採集社会と農耕社会の交流−相互関係の視角」、小川英文編『交流の考古学』: 266-295、朝倉書店
　2002a　(編著)『カガヤン河下流域の考古学調査−狩猟採集民と農耕民の相互依存関係の歴史過程の解明』、平成 11〜13 年度科学研究費補助金（基盤Ａ(2)）研究成果報告書
　2002b　Chronological Study on the Red-Slipped Pottery of Lal-lo Shell Middens - Special reference to the non-decorated red-slipped pottery under the shell middens. 『東南アジア考古学』22: 59-80
　2002c　「ラロ貝塚群赤色土器の様相−無文赤色土器の位置づけをめぐって」、『外大東南アジア学』7: 73-96
　2003a　「ラロ貝塚群出土有文黒色土器群の型式学的編年研究」、『東南アジア考古学』23: 23-57
　2003b　「野性の残像−過去をめぐるイデオロギーの磁場」、スチュアート ヘンリ編『「野生」の誕生−未開イメージの歴史』: 71-102、世界思想社
　2004a　Chronological Context of Non-Decorated Black Pottery Phase from Lal-lo Shell Middens - Analyses of the Black Pottery from Conciso Site, Catayauan Shell Midden, in the Lal-lo Shell Middens, Northern Luzon, Philippines. In V. Paz (ed.) *Festschrift for Dr. Wilhelm G. Solheim II.*: 184-208. Quezon City: The University of the Philippines Press.
　2004b　「ラロ貝塚群出土土器群の型式学的編年研究」、『長野県考古学雑誌』105: 1-33
　2005a　Typological Chronology of Pottery Assemblages from the Lal-lo Shell Middens in Northern Luzon, Philippines. 『東南アジア考古学』25: 1-31
　2005b　「森と川の民の交流考古学−先史狩猟採集社会と農耕社会との相互関係史」、池谷和信編『熱帯林に暮らす人々』: 35-63、人文書院
　2006　「大貝塚を作った人々：ルソン島ラロ貝塚群」、印東道子編『環境と資源利用の人類学−西太平洋の島々における資源利用』: 173-196、明石書店

Ogawa, H. and M. Aguilera, Jr.
　1992　Data Report on the Archaeological Explorations in the Lower Cagayan River, Northern Luzon, Philippines. *Journal of the Institute of Religion and Culture* 10: 41-113, Tokyo: Kokushikan University

小川英文・W. ロンキリオ（編）
　2006　『北部ルソン島ラロ貝塚群の発掘調査—先史狩猟採集社会と農耕社会の相互関係の解明—』、平成 15 年度〜17 度科学研究費補助金（基盤Ａ(1)）研究成果報告書

Ogawa, H., W. Ronquillo and A. Garong
　2006　Typological and Chronological Studies on the Decorated Black Pottery Assemblage from Lal-lo Shell Middens. 『東南アジア考古学』26: 1-33

田中和彦
　1993　「フィリピン完新世・先鉄器文化編年研究序説」、『東南アジア考古学』13: 173-209

1996　「ルソン島北部における方角石斧に伴う土器の検討—沈線による連続菱形文土器の検討」、『東南アジア考古学』16: 149-160

1997a 「カトゥガン (Catugan) 貝塚の発掘調査」、『東南アジア考古学』17: 210-225

1997b　The Kite Photography of Bangag I Shell-midden Site, Lal-lo, Cagayan, Philippines.『東南アジア考古学』17: 197-209

1998a 「サンロレンソ III 貝塚（シリバン遺跡）の発掘調査とその問題」、『東南アジア考古学』18: 263-287

1998b 「ルソン島北部、ラロ貝塚群、バガッグ I 貝塚の発掘調査と若干の問題」、『上智アジア学』16: 171-211

1999　「フィリピン、ラロ貝塚—巨大貝塚の発掘と成果」、『季刊考古学』66:75-78

2000　「長距離交易とフィリピン低地社会の社会統合過程」、小川英文編『交流の考古学』: 95-133、朝倉書店

2002a 「フィリピン、ルソン島北部の土器」、第15回「大学と科学」公開シンポジウム組織委員会編『東南アジア考古学最前線』: 34-45、クバプロ

2002b　Ceramic Chronology in Northern Luzon: Typological Analysis of the Pottery from the Lal-lo Shell-middens. Ph. D. Dissertation. University of the Philippines, Quezon City.

2002c 「フィリピン、ルソン島北部カガヤン川下流域の古環境と環境利用の変遷—調査の現状と課題」、『環境情報研究』10：93-126

2003　The Excavated Pottery of the San Lorenzo III Shell-midden, Lal-lo, Northern Luzon, Philippines.『東南アジア考古学』23: 93-111

2004a 「ルソン島北部、鉄器時代貝塚の発掘調査—ラロ貝塚群、バガッグ I 貝塚の発掘調査」、『考古学ジャーナル』519: 29-32

2004b　The continuity and the discontinuity of the occupation of the shell-midden sites in the lower Reaches of the Cagayan River, northern Luzon - with the relation to the floods of the Cagayan River-. In V. Paz (ed.) *Festschrift for Wilhelm G. Solheim II*: 158-183. Quezon City: The University of the Philippines Press.

2005　「「赤の時代」から「黒の時代」へ—ルソン島北部、カガヤン川下流域、ラロ貝塚群における後期新石器時代から鉄器時代の土器編年」、『上智アジア学』23: 313-401

樋泉岳二

1999　「*Batissa childreni* の季節的成長パターンと死亡季節査定の可能性（予察）」、『東南アジア考古学』19: 57-69

表1　ラロ貝塚群出土 AMS^{14}C 年代測定値

遺跡番号／遺物番号		遺跡 / 貝塚		サンプル	層位	層/遺構	深度 (cm)	文化相*	^{14}C年代 (BP)	較正年代 (cal BP)	Nagoya code** (NUTA2-)
II-1986-O$_{13}$-	34	ウレット	ダラヤ	炭化物	-	貝層	100-120	Flake	5830±50	**6740-6500**	7905
II-2000-u-	600	ガエラン	ドゥモン	動物骨	2, spit1	貝層	40-55	Flake	3810±30	**4290-4090**	7941
II-2000-u-	440	ガエラン	ドゥモン	動物骨	1, spit3	貝層	30-40	R1	3665±35	**4090-3895**	7940
II-2000-u-	305	ガエラン	ドゥモン	動物骨	1, spit2	貝層	23-30	R1	3485±35	**3835-3685**	7939
II-2000-u-	279	ガエラン	ドゥモン	動物骨	1, spit1	貝層	14-23	R1	3555±30	**3925-3725**	7938
II-95-O-	9598	イリガエン	サンタマリア	炭化物	3	シルト	88.5	R2	3025±20	**3270-3150**	914
II-95-O-	8705	イリガエン	サンタマリア	炭化物	3	シルト	111	R2	2925±20	**3090-2970**	912
II-95-O-	9601	イリガエン	サンタマリア	炭化物	3	シルト	132-135.5	R2	3185±25	**3460-3360**	917
II-95-O-	8706	イリガエン	サンタマリア	炭化物	3	シルト	135	R2	3165±25	**3415-3345**	913
II-04-U$_2$-	490	アスンシオン	マガピット	動物骨	1, spit 3	貝層	53-60	R3	2635±30	**2790-2725**	9856
II-04-U$_2$-	494	アスンシオン	マガピット	動物骨	1, spit 4	貝層	60-65	R3	2695±25	**2845-2755**	9857
II-04-U$_2$-	500	アスンシオン	マガピット	動物骨	1, spit 5	貝層	65-77	R3	2575±20	**2750-2710**	9858
II-04-U$_2$-	503	アスンシオン	マガピット	動物骨	1, spit 7	貝層	85-91	R3	2505±25	**2725-2490**	9859
II-04-U$_2$-	505	アスンシオン	マガピット	動物骨	1, spit 8	貝層	91-100	R3	2615±20	**2765-2730**	9860
II-04-U$_2$-	507	アスンシオン	マガピット	動物骨	1, spit 9	貝層	100-110	R3	2680±20	**2845-2750**	9863
II-04-U$_2$-	512	アスンシオン	マガピット	動物骨	1, spit 10	貝層	110-120	R3	2765±20	**2925-2785**	9864
II-04-U$_2$-	518	アスンシオン	マガピット	動物骨	1, spit 11	貝層	120-130	R3	2480±20	**2715-2460**	9865
II-80-J-	8211	コルテス	ドゥゴ	人骨	1, spit2	貝層	60-76	B1	1805±30	**1820-1690**	7923
II-80-J-	7929	コルテス	ドゥゴ	動物骨	1, spit4	貝層	90-120	B1	1855±30	**1865-1715**	7929
II-80-J-	8086	コルテス	ドゥゴ	動物骨	2, spit1	シルト	120-155	B1	1835±30	**1865-1840**	7930
II-01-P$_2$-	3285	イベ	ドゥゴ	動物骨	1, spit3	貝層	84-99	B1	1740±30	**1710-1565**	7932
II-01-P$_2$-	3312	イベ	ドゥゴ	動物骨	1, spit4	貝層	99-119	B1	2160±35	**2305-2050**	7933
II-01-P$_2$-	3322	イベ	ドゥゴ	人骨	1, spit4	貝層	-	B1	1620±30	**1570-1415**	7924
II-95-Q$_4$-	12	ドンブリケ	カトゥガン	人骨	1	貝層	20-60	B1	1880±20	**1875-1735**	757
II-95-Q$_4$-	358	ドンブリケ	カトゥガン	動物骨	2	貝層	20-30	B1	1685±20	**1690-1530**	7694
II-95-Q$_4$-	435	ドンブリケ	カトゥガン	動物骨	3	貝層	80-90	B1	1725±20	**1705-1555**	7695
II-95-Q$_4$-	216	ドンブリケ	カトゥガン	動物骨	3	貝層	90-100	B1	1750±30	**1730-1555**	7696
		ラモス	カトゥガン	人骨	-	貝層	-	B1	1860±40	**1885-1705**	7928
II-86-O$_2$-	983	バガッグ1	バガッグ	動物骨	2	貝層	70-90	B1	1750±30	**1735-1560**	7703
II-86-O$_2$-	1524	バガッグ1	バガッグ	動物骨	6	貝層	210-220	B1	1915±30	**1930-1815**	7704
II-86-O$_2$-	1789	バガッグ1	バガッグ	動物骨	8	貝層	222-227	B1	1840±30	**1835-1705**	7705
II-86-O$_2$-	2089	バガッグ1	バガッグ	動物骨	10	貝層	255-265	B1	2040±40	**2115-1920**	7706
II-86-O$_2$-	2440	バガッグ1	バガッグ	動物骨	11	貝層	270-280	B1	1965±40	**1990-1855**	7707
II-86-O2-		バガッグ1	バガッグ	土器片	表採	-	-	B1	2170±30	**2310-2095**	5367
II-86-O2-		バガッグ1	バガッグ	土器片	表採	-	-	B1	2290±30	**2350-2180**	5368
II-86-O$_2$-	880	バガッグ1	バガッグ	土器片	2	貝層	70-90	B1	2200±30	**2315-2120**	7912
II-86-O$_2$-	1571	バガッグ1	バガッグ	土器片	6	貝層	210-220	B1	2300±30	**2355-2180**	7913
II-86-O$_2$-	2378	バガッグ1	バガッグ	土器片	11	貝層	270-280	B1	2150±30	**2305-2065**	7914
II-01-P$_2$-	3182	イベ	ドゥゴ	動物骨	1, spit1	貝層	42-63	B2	1530±20	**1515-1350**	7931
II-95-O-	8695	イリガエン	サンタマリア	炭化物	-	貝層	ピットD	B2	1510±20	**1410-1335**	910
II-95-O-	8700	イリガエン	サンタマリア	炭化物	-	炉址		B2	1490±35	**1420-1295**	911
II-95-O-	9596	イリガエン	サンタマリア	人骨	-	埋葬1	-	B2	1635±20	**1560-1490**	904
II-95-P-	212	シソン	カタヤワン	人骨	-	貝層	34	B2	1145±20	**1069-979**	903
II-96-V$_2$-	1058	コンシソ	カタヤワン	動物骨	-	貝層	35	B2	1115±25	**1055-955**	1852
II-96-V$_2$-	1993	コンシソ	カタヤワン	動物骨	-	貝層	70	B2	1125±25	**1060-960**	1853
II-96-V$_2$-	2038	コンシソ	カタヤワン	動物骨	-	貝層	80	B2	1220±25	**1175-1060**	1854
II-96-V$_2$-	2466	コンシソ	カタヤワン	動物骨	-	貝層	98	B2	1215±25	**1175-1055**	1855
II-96-V$_2$-	2508	コンシソ	カタヤワン	動物骨	-	貝層	105	B2	1185±25	**1160-1050**	1858
II-96-V$_2$-	3949	コンシソ	カタヤワン	動物骨	-	貝層	122	B2	1240±25	**1190-1065**	1859
II-96-V$_2$-	4149	コンシソ	カタヤワン	動物骨	-	貝層	135	B2	1240±25	**1190-1060**	1851
II-96-V$_2$-	5284	コンシソ	カタヤワン	動物骨	-	貝層	146	B2	1225±25	**1175-1060**	1860
II-96-V$_2$-	6354	コンシソ	カタヤワン	人骨	-	埋葬1	148-156	B2	1410±25	**1350-1285**	2504
II-96-V$_2$-	6327	コンシソ	カタヤワン	人骨	-	埋葬2	165	B2	1460±25	**1385-1295**	1861
II-96-V$_2$-	6355	コンシソ	カタヤワン	人骨	-	埋葬3	178-200	B2	1280±25	**1275-1175**	2508
II-96-u$_2$-	1E+05	シリバン	サンロレンソ	人骨	-	埋葬	No. 67	Tw	540±30	**620-520**	7915
II-96-u$_2$-	1E+05	シリバン	サンロレンソ	人骨	-	埋葬	No. 68	Tw	450±30	**535-470**	7916
II-96-u$_2$-	1E+05	シリバン	サンロレンソ	人骨	-	埋葬	No. 69	Tw	485±30	**545-450**	7920
II-96-u$_2$-	1E+05	シリバン	サンロレンソ	人骨	-	埋葬	No. 70	Tw	445±30	**530-465**	7921
II-96-u$_2$-	1E+05	シリバン	サンロレンソ	人骨	-	埋葬	No. 71	Tw	525±30	**620-510**	7921
II-2000-W-	-	ミラフエンテ	サンロレンソ	人骨	-	埋葬	-	Tw	350±25	**478-314**	2502
II-2000-W-	463	ミラフエンテ	サンロレンソ	動物骨	-	埋葬	24~36	Tw	245±65	**470-252**	2603

* Flake: 剥片石器群、R1: 赤色スリップ土器、R2: 無文赤色スリップ土器群、R3: 有文赤色スリップ土器群、
B1: 有文黒色土器群、B2: 無文黒色土器群、Tw: 貿易陶磁
** 名古屋大学年代測定総合研究センター

サモア先史における山地集落の位置

丸山 清志

キーワード：サモア　ツツイラ島東部　山地集落

はじめに

　サモア諸島は西ポリネシアに位置する火山列島である。ポリネシアはニュージーランド、ハワイ諸島、イースター島を頂点として、東部太平洋の広大な海域に散らばる島々からなる。西ポリネシアはサモア諸島のほかに、トンガ諸島、ウベア、フトゥナなどの島々からなり、ニューギニアからフィジーまで広がるメラネシア地域から、人類がポリネシア地域に拡散する玄関口にあたった。また、クック諸島、ソサイエティー諸島、マルケサス諸島という東ポリネシア中心部の島々への人類の拡散の前哨線ともなっていた。このため、西ポリネシアはポリネシアの最古層となる、ラピタ式土器を標識とするラピタ文化を担った人々のポリネシアへの拡散、そして東ポリネシアへの人類の拡散という、太平洋での人類の拡散過程を辿る上で重要な地域となっている。しかしながら、サモア諸島自体の先史時代には文化様相の不明な時期が多いままである。紀元前後、あるいは紀元1000年以後ともされる東ポリネシアの最古層の文化についても、同時期のサモアの文化様相や、遺物組成が不明なため、東西ポリネシアの分岐過程が考古学的に復元されないままである。
　本稿ではツツイラ島東部に遺跡調査で得られた知見が、断片的な様相しかわからないサモアの先史時代にどうあてはまるかを考えていきたい。

1. サモア文化史の概観

　サモア諸島は西からサヴァイイ島、ウポル島、ツツイラ島、そして小規模な3つの島からなるマヌア諸島と連なっており、それぞれの島の沿岸に小島がいくつか存在する。すべて火山島で、島の規模も西にいくほど大きくなる。サヴァイイ島からツツイラ島までの3島はすべて東西に細く島の中央脊梁山地も東西にのびている。現在独立国であるサモア国に属するのがサヴァイイ島とウポル島であり、この2つの島は比較的まっすぐな海岸線と内陸の中央山地から広がる広大な緩斜面からなる。ツツイラ島とマヌア諸島はアメリカ領サモアとなっている。ツツイラ島では脊梁山地が沿岸部まで迫り、海岸線は小規模な入り江と岬が連続している。島西部の南岸では山地の緩斜面や、沖積土壌で埋まった入り江など利用しやすい土地が広がる。
　サモア諸島の先史時代の概要がおおよそわかるようになったのは、1970年代にグリーンとデイヴィッドソンによって、サモア国（調査時は西サモア）のウポル島で広範囲にわたって分布・発掘調

文化史の構築

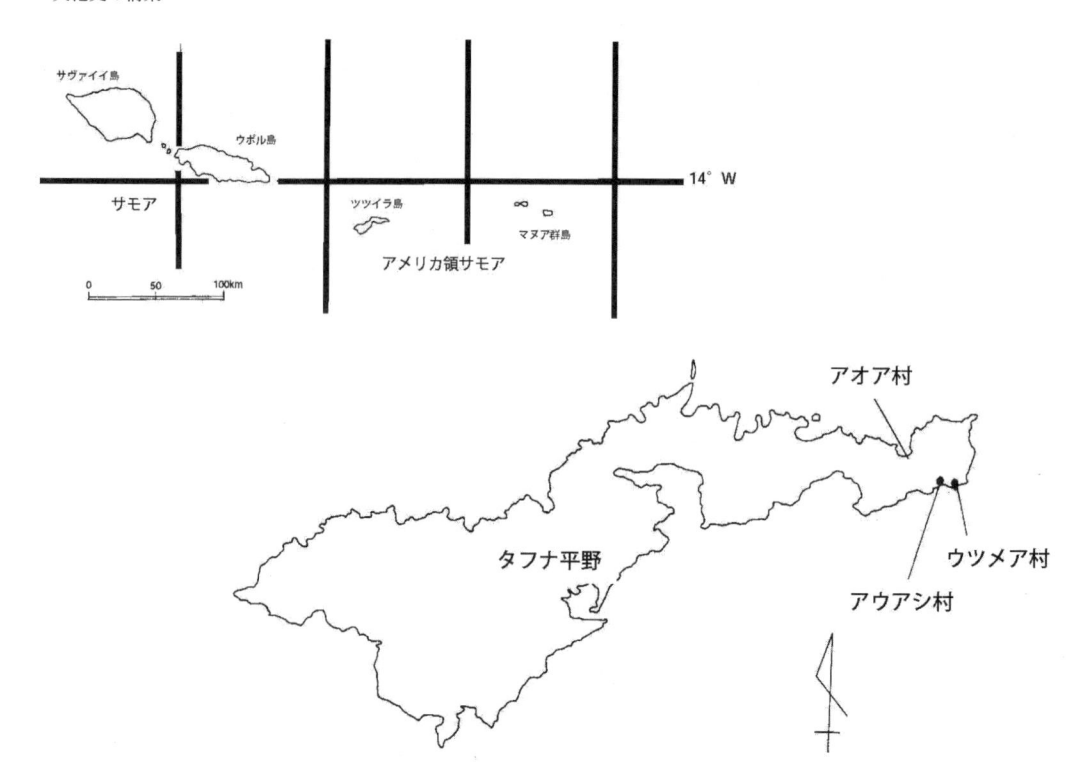

図1　サモア諸島とツツイラ島

査がなされてからである（Green and Davidson 1969, 1974）。確実な年代では最早の居住は紀元後1世紀であるが、紀元前800年頃までには植民されたであろうと推測した（Davidson 1974c: 224）。

ウポル島東端のムリファヌアでフェリー桟橋付近の海底から、ラピタ式土器が発見され、およそ紀元前1000年頃と年代づけられた（Leach and Green 1989: 319）。土器はやがて無文土器のみとなっていくが、その製作・利用の終息は紀元後3世紀とされた（Davidson 1974: 224）。

1980年代以降の調査はアメリカ領サモアに集中することになった。カーチとハントはマヌア諸島のトアガ遺跡の発掘から、サモア諸島の植民をグリーンらの主張よりやや早く紀元前1000年頃、土器の終息を紀元後500年頃までとした（Kirch and Hunt 1993: 231）。ツツイラ島では東部北岸のアオア村で紀元後16世紀の層位から土器が確認され、1600年頃まで土器の使用が継続した可能性が指摘された（Clark and Michlovic 1996: 162-4）。アディソンらは火山灰層直下の土器を包含する文化層を確認し、土器使用の終焉時期を240年から600年に位置づけられると考えた（Addison et al. 2005）。

紀元後第1千年紀の間に土器の使用は終息するか、小数の地域に限定的なものになっていたであろう。集落については、グリーンが紀元後10世紀以降、マウンド型住居が沿岸部と内陸に出現したという（Green and Davidson 1974: 224）。ツツイラ島西部に位置するタタガ・マタウ山は上質の玄武岩を産出し、フィジーやクック諸島などサモアの外部まで流通していたことがわかっているが、この石材産地の開発と広い範囲での流通は紀元後1000から1300年の間とされる（Best et al. 1992）。資源開発という点でも、内陸的な志向は紀元後第二千年紀に入ってから顕著となってくる

ことがわかる。
　ウポル島では紀元後第1千年紀の前半に、内陸部に集落遺跡が認められているが、ツツイラ島では紀元第2千年紀前半になってから、山地上の集落が認められる。
　ヨーロッパ人と接触した18世紀以降に集中する遺構として考えられてきたものに星型マウンドがあり、サヴァイイ島からツツイラ島までで150基以上が確認されている（Herdrich 1991: 382）。ヨーロッパ人との接触期に記録されたハト狩りのために用いられたとされる（Herdrich 1991: 389）。石村は、ヨーロッパ人との接触によって起きた人口激減と、内陸部集落の放棄ののちに、首長権力の確認と再生産のためにハト狩りが儀礼としておこなわれるようになったとする。その時期は18世紀後半から19世紀中ごろであり、放棄された集落の跡に星型マウンドが築かれたと考察した（石村 2003: 10）。

2. 集落立地の類型

　集落立地は大きく、①沿岸部、②沿岸につながる緩斜面、③山地に分けられる。沿岸部の立地はまた、比較的大きな湾に面するものと外洋に直接するものに分けられる。
　①の沿岸部の立地はラピタ文化遺跡の特徴として、沿岸部と主島の沿岸に面する小島が指摘されており、海洋を通じての他の集落や島との連携を保ったとされる（Green 1979: 34）。ラピタ遺跡であるウポル島のムリファヌアはその典型といえる。ラピタ文化期以降にも沿岸部の居住はつづく。ツツイラ島の東部では島の中央脊梁から延びる尾根の間に形成された小渓谷や海岸低地に集落がつくられている。渓谷の斜面は急峻なものが多く、集落がつくられている河口部の低地は、非常に狭隘である。これらの村落では、紀元前後から紀元後第1千年紀の文化包含層が確認されている。ツツイラ島では全体的に東が急峻な地形であり、また南岸よりも北岸のほうが隔絶した地形が多い。しかし北岸にはアオア遺跡があり、遠浅で大きなアオア湾に面している。遺跡の年代も古く、生活環境に恵まれていたと考えられる。南岸では入り江は小さく、外洋の海流が沿岸に近い。また、形成されている平地も狭隘である。北岸は風上に位置し、降水量も多い。南側では季節的に涸れる河川や、河川がなく井戸に頼っていた村落もある。ウツメア村では平地が狭く、海岸からの距離も短いため、井戸の水は、塩分が抜け切れていないという。
　②の緩斜面に立地する集落はウポル島、サヴァイイ島、ツツイラ島西部で見られる。デイヴィッドソンが、典型的なサモアの集落として描写したものである。内陸から沿岸部までの広い範囲にわたって、陸産資源と海産資源の双方にアクセスを持ち、住居が散在していたと述べられた（Davidson 1974b）。デイヴィッドソンが概括した当時は、ウポル島とサヴァイイ島の沿岸部に調査がとどまっていたために、これが典型的なサモアの先史集落とされた。ツツイラ島では、この類型にあてはまる広く緩やかな斜面や、島の中心部にまで広がる沖積地は西部に限定される。
　③の山地集落は近年になって注目されたものである。クラークとハードリッヒによって、ツツイラ島東部の踏査がおこなわれたさいに2遺跡が記録された（Clark and Herdrich 1989）。筆者によるアウアシ村の後背山地の踏査では住居を目的としたテラスが9基以上あるコンプレックスを記録した（丸山 2004）。山地の集落遺跡に年代を与えたのはパール（2004）である。パールが発掘した遺

跡の、遺構の広がりや集落規模は詳述されていないが、遺跡を構成するテラスから約1300年頃から1440年頃にわたる年代を得た。調査例は少ないが、現状では山地での集落形成の年代は、3000年間にわたるサモア居住史の中でも、後段に入ってからのこととされる。

山地集落の始まった1300年代は、小氷河期の開始とトンガ侵攻の年代と隣接していることから、そのような自然史や歴史上のエポックが、集落の山地への移動と連関するかが今後の検討となる。

デイヴィッドソンはサモアの典型的先史集落を緩斜面とし、集落は散在するとしたが、別の類型である沿岸部や山地部の集落は、密度の濃い集落として確認されている。デイヴィッドソンらによる調査でもファレファ遺跡は住居址の密集したもので、内陸の平地にある（Davidson 1974a）。ウポル島の広い土地にも集住遺跡はあったのであり、類例の増加、あるいはその集落の独立性が明確になった段階で、内陸平地の集住型集落を新しい類型として分けることも必要になるだろう。

3. ツツイラ島東部の考古学調査

これまで述べたように、サモアの集落パターンは広大な平地や緩斜面を持つ、西側の島々の地形から復元されてきた。ツツイラ島でも中部・西部の南岸に広がる緩斜面で現在の開発が進み、開発の事前調査による考古学資料が蓄積されてきている。

東部では急峻な山地と狭隘な海岸平地がつづき、現在も開発の手がおよばず、考古学調査の事例も少ない。クラークとハードリッヒによる分布調査（Clark and Herdrich 1993）では、その踏査ルートが山岳部の尾根線上に集中し、確認された遺構のほとんどは、星型マウンドが発見であった。集落は尾根上で3ヶ所が確認されている。

(1) ウツメア村の発掘調査

①ウツメア村の踏査と立地

ウツメア村は東部南岸に位置し、海岸を走る舗装道路に沿って、村の全面が600mほどで開いている。北側は村の背面にあたり、オロ山の急峻な斜面によって内陸と隔てられている。村の東西の両端も一連の急斜面と断崖に囲まれている。海岸沿いに道路が敷かれるまでは、海岸沿いの村はどれも、両隣とは隔絶した、独立した海岸低地であったと考えられる。村の後背斜面を登ると、狭い尾根が東西に走っている。西隣のアウアシ村方面へ向かう途上、尾根上に星型マウンドがいくつか確認された。

村の後背斜面にも村内の平地にも河川は流れていない。村の平地部は海よりの前面に家屋が東西にほぼ一列に並んでおり、家屋列と後背山地の断崖のあいだにバナナなどの園芸農耕地が広がる。踏査はその園芸農耕地でおこない、住居址1基と井戸1基が確認された。また部分的に断崖に沿って石積みの壁を築かれており、断崖と囲み込むように豚の飼育をしていたと考えられる。

② 発掘地点　TP1・2・3

住居址は周囲を30〜50cmほどの石を楕円形に並べて、内側を周囲より30cmほど高くしている。内側の床面は1cm以下に砕いたサンゴを敷き詰めてある。発掘坑は1m四方のユニットを基準とし、住居址床面に東西に3m南北1mで設定した（TP1・2・3）。出土遺物と土壌サンプルは層位

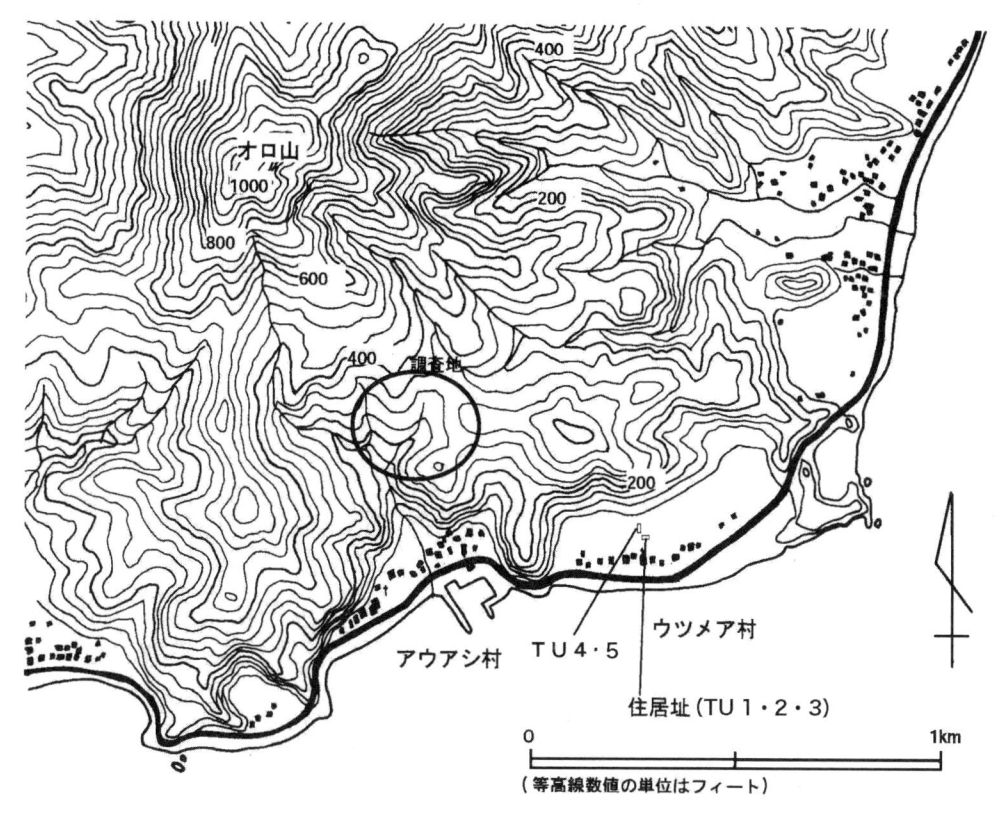

図2　ウツメア村・アウアシ村周辺の地形図

と10cmごとのレベルで記録した。

　第1層は住居の床面に敷かれていたサンゴを上部に含む黒色土である。第2層は下位に向かって漸移的に明るく変化する黒褐色土である。第2層上面掘り込まれている小穴が2基確認された。このうちの1基には、木柱を支えていたと考えられる石が据えられていた。第3層は茶褐色の砂層である。文化層は以上の3層からなり、第4層は白色砂で、遺物・炭化物の混入や遺構は確認されなかった。第4層上面はほぼ水平にひろがり、地表からの深さは60cmであった。

　動物遺存体はほとんどがサザエであった。人工遺物は土器片、玄武岩製の剥片、石斧である。土器片は67点が出土した。年代測定サンプルは堆積土中の炭化物粒子を各層から採取したもののう

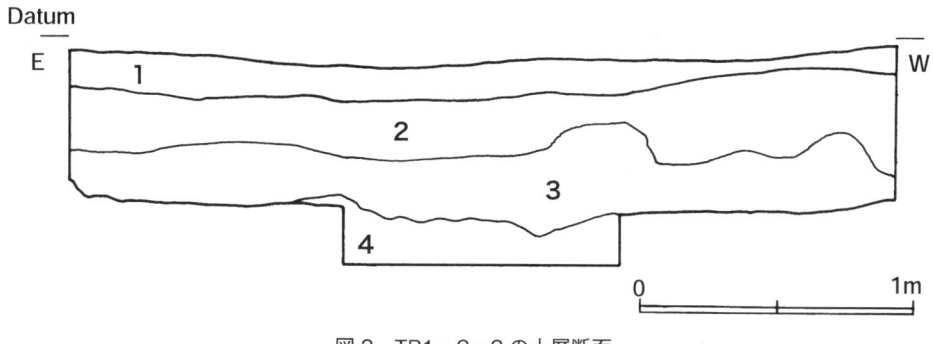

図3　TP1・2・3の土層断面

表1　放射性炭素年代測定結果　*誤差は標準偏差(one sigma)に相当。

試料番号	発掘坑	層位	レベル	測定年代BP	δ13C(‰)	補正年代
Tka-12362	TU1	Layer 3	Level 6	1200 ± 100	-27.0	1170 ± 100
Tka-12363	TU4	Layer 5	Level 7	330 ± 100	-28.5	270 ± 100

ち、1点を測定の資料とした。この試料（TKa-12362）は紀元後8世紀前後となった（表1）。採取された第3層レベル6には、土器片が集中して分布していた。

③ 発掘地点TU4・5

TU4・5はTU1・2・3を設定した住居址と村落の後部の崖とのあいだに設定した。発掘区画は南北2m、東西1mである。基本層序は全3層であるが、3層目はTU1・2・3でも確認した白色砂層で遺構の外部にあり、発掘しなかった。したがって上位2層は村の園芸農耕地の堆積土で、粘性の強い腐植土あり、4層以下は遺構の覆土である（図4）。地表面から約40cmの第2層の下面で白色砂が確認され、その上に石の配列が認められた。　石列の内側の土は褐色を帯びており、遺構の覆土として掘削をすすめていったところ、下位に石の集中する層と、焼けて褐色になった砂が壁面となる遺構があることがわかった。遺構の下位では大きな炭化物塊が集中する層があり、ウムと呼ばれる調理のための地下炉であると判断した。遺構の底部に残っていた炭木を年代測定の試料とし、17世紀前後の年代を得た（表1）。遺構内の遺物は玄武岩薄片のみであり、TU1・2・3と異なり、土器は出土しなかった。

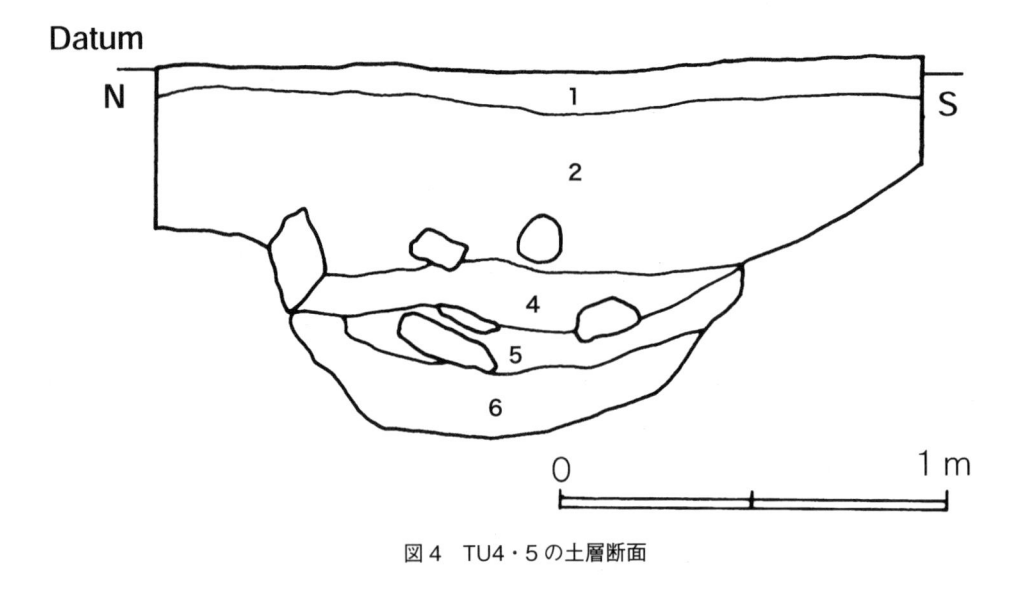

図4　TU4・5の土層断面

(2) アウアシ村の遺構分布調査

アウアシ村はウツメア村の西隣にあり、現在は沿岸を走る舗装道路が敷かれて結ばれているが、もとの地形では島の脊梁山地の一つであるオロモアナ山から伸びる尾根が、両村を隔てるように沿岸に達している。ウツメア村と異なり、後背山地から渓流が流れており、村内を縦断している。村

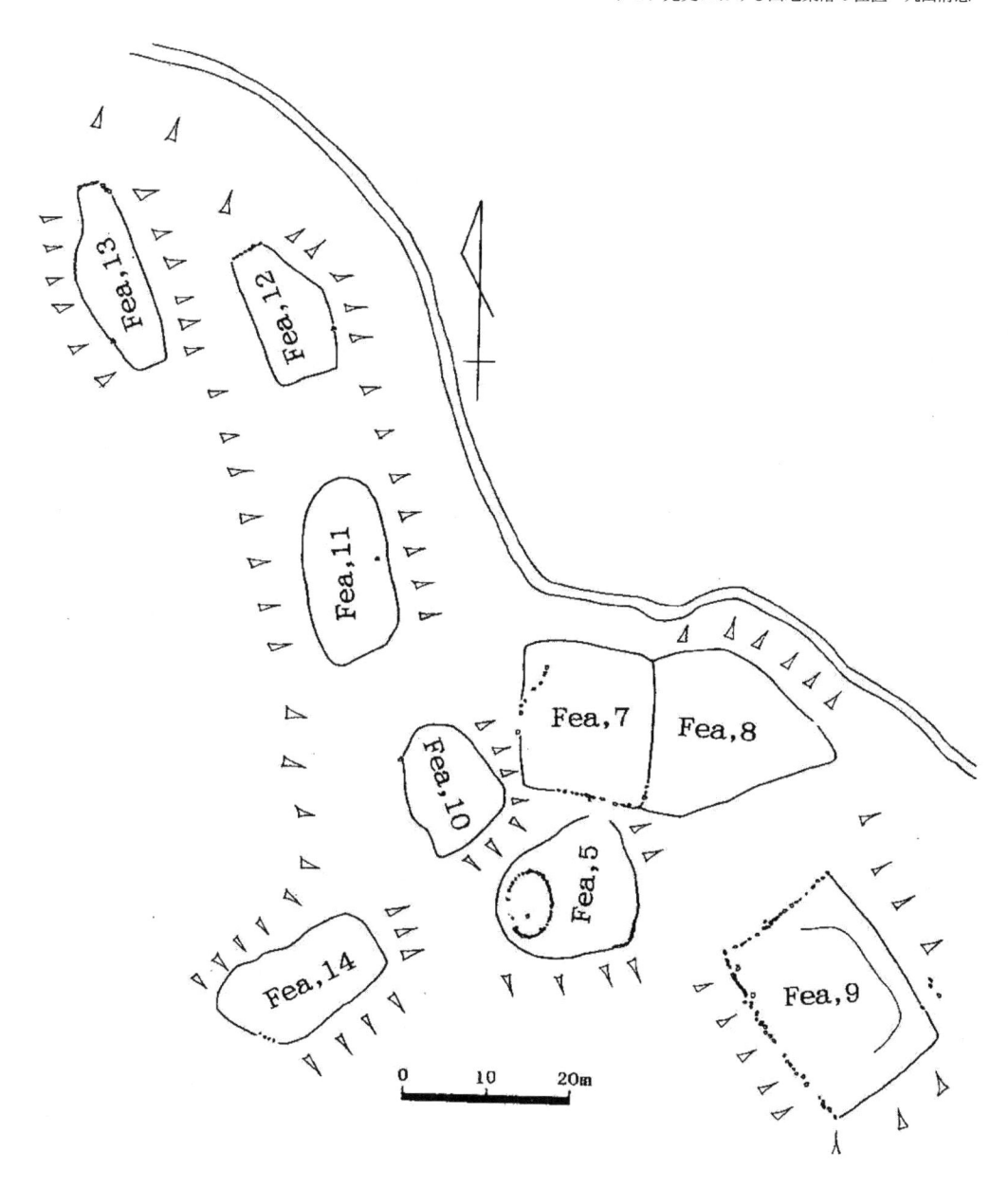

図5　オロ山南斜面、アウアシ村側のテラス群

落の後背山地にはその渓流によって開析された渓谷があり、渓谷斜面にもいくつかテラスが構築されていたようである。

　踏査地域となったのは、渓谷部を登りきったところにある尾根筋と山腹の傾斜面であり、のべ14基の遺構を記録した。このうち、9基のテラスが集中して分布している（5号遺構〜14号遺構、6号は10号遺構の縁に造られていた方形石列）。残りの4基は尾根筋上に造られた2基の敷石（1号・2号遺構）と1基の方形石列（3号遺構）、別の斜面に孤立して造られたテラス（4号遺構）である。山腹の上位では規模の大きいテラスが3基確認されている（15・16・17号遺構）が、9号–14号遺構ほどに集中しておらず、徐々に間隔が空いているようである。渓谷は南に向かって開けているが、テ

ラスが集中して構築された傾斜面は東側を向いている。南半球であるため、太陽が北側にあるので、少しでも北向きに周りこもうとしたのであろう。

　ほとんどのテラスに敷石あるいは石列があり、住居が構築されていたと考えられる。現在でも敷石の様子を保っていたのは5号遺構と9号遺構である。5号遺構は不整形のテラス全面に径20－30cmほどの大きめの礫を敷き詰めてある。住居址と思われるのは西側に楕円形の列石を設けてその内側は石が敷かれていないところである。9号遺構は比較的傾斜の緩やかな下位に構築されている。水平には整えられておらず、比較的たいらで傾斜の緩い場所に方形の区画を列石で設け、南側の傾斜の上の部分のみを削り落としたのみであろう。敷石は中央部分に5-10cm前後の小さめの石が敷かれているが輪郭は不明瞭で、方形の区画全体に石が敷かれていたかどうかは不明である。7号遺構と8号遺構も9号遺構同様、傾斜の緩やかな下位に広く設けられているが、敷石や列石は明瞭ではない。10号-14号遺構は傾斜が急峻な場所に設けられもので、幅が狭くなっている。若干の石の散乱が見られるが敷石・列石として断定できない。

　9号-14号遺構が認められた範囲は、山腹全体をより広く包括するセトルメントの一部であろうから、住居に社会的な階層差について考察するためには、山腹の上位への調査を必要とするが、一集落内でも住居のタイプにかなりの変異が見られることがわかる。構築の丁寧さと、材料の質と量において5号遺構が重要な位置を占めるが、下位の7・8・9号遺構のほうが大きく、9号遺構は5号遺構に次いで丁寧に造られている。さらに山腹の上位にある、より規模の大きい住居址も考慮していかなければならない。

　他のポリネシアと同様にサモアも血縁組織の長兄リネージを長とする、整然とした分節構造をもつ社会なので、5号遺構や9号遺構は分節した下位の集団の長などが住み、部族全体の長が住むエリアは山腹のより高い位置にあることが考えられる。

　クラークとハードリッヒは、この遺跡が位置するオロモアナ山の頂上と周辺に、いくつかのテラス群と土堤を確認している (Clark and Herdrich 1993: 164)。バックは「多くの村がオロOloと呼ばれる石壁で守られていた。同様にオロと呼ばれる避難所は、背後の丘にあり、近づき難い自然地形を生かして、防御的性質を持っている」と記述しており (Buck 1930: 609)、以下に述べるような要塞的部位を集落内にもっていたと考えられる。

4. 山地への集落移動の要因

　先史時代のサモアの外部との交渉で、集落パターンに大きな影響を与えたものとしてはタタガ・マタウ産石材の流通、そしてトンガによるサモアへの侵攻がある。後者は口頭伝承によるものである (Kramer 1994: 13)。

　タタガ・マタウ山の石材は出土地の年代では10世紀から13世紀まで流通しており (Best et al. 1989)、石材の産出地と加工址周辺には防御施設が構築されている (Leach and Witter 1987, 1990)。流通範囲と産出地の規模において、タタガ・マタウはハワイとニュージーランドを除いたポリネシアで突出した存在であり、石材資源の開発・占有が産出地の要塞化を促したと考えられる。産地の防御化は類例が少なく、北岸のファガサでは、石材採掘地そのものではなく、上位の尾根上にテラ

ス・溝・土盛りが確認されている (Best 1993: 421)。

　要塞化されていたと判断する基準は、分布調査においてはテラスなど人工的に造られた集落区域が、防御に十分となる規模の溝によって区切られていることであろう。また土盛りは溝に沿っている場合が多く、溝の構築時の廃土を溝際に盛って、高低差を増幅したと考えられる。山腹に構築されているテラスや尾根上の平地は、その地勢のみでも防御的性格を持っていると考えたいが、斜面の勾配の程度に線引きをして防御的性格か否かを判断するのは難しい。発掘調査がなされて、テラスの下方斜面際に柵列の杭穴などが検出されれば、溝以外にも、要塞集落か否かの判断基準ができるであろう[2]。

　ベストはサモア同様に、トンガの侵攻を受けたとされるフィジーに分布する要塞集落も、尾根上へのテラス構築や、溝による外部と遮断など、同様の構築方法に拠っており、類似した集落プランが展開していることを認めているが、太平洋地域での地形利用と技術水準からは類似した防御施設と集落プランが帰結するものであり、伝播よりも各地で自生したものと考える (Best 1993)。また、戦争もサモア内部の集団間で行われたものが主要であり、トンガ対サモアという図式よりも、サモア内部の闘争にトンガが加わっていたとする (Best 1993: 436)。

　トンガ人がサモアを占拠していたとされる期間は、口承説話での世代数から、950年頃から1250年頃とされているのを、パールは世代数や一世代あたりの年数を何年とするかによって推定年代に幅が生じるとし、占拠の終了時期は1350年頃まで遅くなっていた可能性もありうると考える (Pearl 2004: 343)。

　サモア型あるいはサモア産石材の石斧の分布によるとフィジー、サモア、トンガの島嶼間交流はヨーロッパ人との接触以前に盛んであった (Clark 2002)。サモアを中心にして島嶼間交流を示す伝承を検討すると、フィジーとの関係は神話的様相をおびているのに対し、トンガは首長系譜間での婚姻や戦争など、現実的な関係が語られる (Barnes and Hunt 2005)。トンガ人による占拠が終了したあとも、煩雑な交流があったことがわかる。

　また社会的要因とは別に、気候変動に集落の山地への移動を関連付ける見解もある。パールはサモアでの山地集落の開始は中世温暖期から小氷河期への移行期にあたるとし、気候の変化が作物の収穫に影響を与え、集落移動のトリガーをひいたと考える (Pearl 2006: 65)。ただし、これまで参考にされている気候変動のデータは、太平洋地域外のものが用いられてきたのに対し、太平洋地域の中世温暖化期は冷涼で乾燥していたため、小氷河期も比較的温暖で湿度があり、天候の荒れることが多かったとする意見もある (Allen 2006)。気候変動については個々の島嶼でデータを出していく必要がある。

おわりに

　サモア諸島全体はおよそ3000年間の人間居住の歴史がある。いくつかの大きめの湾では、アオア遺跡などのように古い居住が認められるが、ウツメア村やアウアシ村のように平地が狭く、沖積土の堆積も少ない場所は、優先的に居住の選択がされるような場所ではなかったと考えられる。とくにウツメア村には河川がなく、沿岸からさほど遠くない場所につくられた井戸にしか頼れなかった。

ウツメアのTP1・2・3の層位では最下層から現地表面にいたるまで、海面下に没した経過はないが、全面の海流の流れは大きく、現在の海岸には砂の堆積はほとんどない。現在のように沿岸部に道路が構築され固められる以前は、現在の村内のかなり奥まで波が寄せていたに違いない。村人によれば以前の住居はすべて、現在の山際にある園芸農地内にあったという。現在よりもはるかに狭い範囲しか利用できなかったのであり、平地のみでは、わずかな人口増加も持ちこたえられなかったであろう。それに比べて、アウアシ村の後背山地はいったん尾根上に出てしまえば、肥沃な火山性土壌が広がり、渓流の近くに集落を展開することができる。海岸低地と山地部の大きな差は人口支持力にある。

　狭隘な海岸部が支えることのできた小規模な集団に対し、肥沃なより広い空間である山地部に展開した、規模の大きな集団では、より階層化の進んだ社会組織が生じたであろう。山地部の尾根や山腹の斜面は、高低差と構築するテラスの大小、そして防御施設による区画によって社会階層組織の区分を明示し、具現化することができる地形なのである。

　ラピタ文化の担い手がサモアに来てからおよそ1500年とも2000年とも数えられる期間、さらなる東に広がる島々への移住は止まっていた。東ポリネシアの島々で最早期の居住が認められるのは紀元後第1千年紀の終わりから第2千年紀前半にかけてである（Spriggs and Anderson 1993）。この時期にサモア内部においても、内陸部の石材資源の開発、そして山地への集落の移動が進んでいる。人口増と生産力の問題、あるいはトンガの侵攻や気候変動など、どのような要因が働いているかは未解決ではあるが、ポリネシア全般にみられる変動の時代は、また各島嶼内部においても連動した変化がみられたのである。

註

(1) 本調査の年代測定、土器の重鉱物分析・薄片作製観察はパリノサーヴェイ株式会社に依頼した。

(2) ニュージーランドはポリネシア地域でもっとも要塞集落が卓越し、研究も進んでいる地域である。マオリ族あるいはその祖先であるポリネシア人によって構築されたパ（Pa）では、丘陵の斜面や尾根上に多くのテラスが構築され、頂上には首長クラスの住居や、公共の広場が設けられた。テラス群の分節化も集団の階層区分を反映していると考えられる（丸山1990）。防御施設のなかった集落が、要塞化されてパへと発展していく過程も確認されており（Green 1983）、隣接する尾根群と尾根上集落内部の区画が、部族の社会内部の分節に対応していることも指摘されている（Davidson 1987）。マオリ社会の分節化と集落内部の空間分割の対応、そして丘陵上集落が要塞化集落へと発展していく過程は、サモアの集落の構造と発展を考えていく上で、同じポリネシア人の社会・空間・集落についての共通理念として参考にしたい。サモアからニュージーランドへのポリネシア人の拡散過程にある、中央ポリネシアの島々における集落・要塞の様相、そしてサモアにおける山地集落から要塞集落への発展を明らかにしていく必要がある。

文献目録

Addison, D. J., Tago, T., Toloa, J. And E. Pearthree.
  2005　Ceramic deposit below fifth to sixth century AD volcanic ash fall at Pavàiài, Tutuila Island, American Samoa: Preliminary results from Site AS-31-171. *New Zealand Journal of Archaeology* 27: 5-18.

Allen, M. S.
  2006　New ideas about late Holocene climate variability in the Central Pacific. *Current*

Anthropology 47: 521-35.

Barnes, S. S. and T. L. Hunt.
  2005 Samoa's pre-contact connections in West Polynesia and beyond. *The Journal of the Polynesian Society* 114: 227-66.

Best, S.
  1993 At the hall of the mountain kings. Fijian and Samoan fortifications: comparison and analysis. *Journal of the Polynesian Society* 102: 385-447.

Best, S., Sheppard, P., Green, R. C. and Parker, R.
  1992 Necromancing the stone: archaeologists and adzes in Samoa. *Journal of the Polynesian Society* 101: 45-85.

Clark, Geoffrey.
  2002 Adzes of interaction : Samoan basalt artifacts in Fiji. In S. Bedford, C. Sand and D. Burley (eds.) *Fifty Yyears in the Field. Essays in Honour and Celebration of Richard Shutler Jr's Archaeological Career*.: 227-38. Auckland: New Zealand Archaeological Association Monograph 25.

Clark, J. T. and D. J. Herdrich.
  1993 Prehistoric settlement system in Eastern Tutuila, American Samoa. *Journal of the Polynesian Society* 102: 147-85.

Clark, J. T. and M. G. Michlovic.
  1996 An early settlement in the Polynesian homeland: excavations at `Aoa Valley, Tutuila Island, American Samoa. *Journal of Field Archaeology* 23: 151-67.

Davidson, J. M.
  1972 Archaeological Investigations on Motutapu Island. *Record of Auckland Institute and Museum* 9: 1-14.
  1974a Introduction to the Upper Falefa Valley: the site survey. In Green, R. C. and J. M. Davidson (eds.) *Archaeology in Western Samoa II*: 3-12. Auckland: Bulletin of Auckland Institute and Museum No.7.
  1974b Samoan structural remains and settlement pattern. In Green, R. C. and J. M. Davidson (eds.) *Archaeology in Western Samoa II*: 225-44. Auckland: Bulletin of Auckland Institute and Museum No.7.
  1974c A radiocarbon and stratigraphic sequence for Samoa. In Green, R. C. and J. M. Davidson (eds.) *Archaeology in Western Samoa II*: 212-24. Auckland: Bulletin of Auckland Institute and Museum No.7.

Green, R. C.
  1979 Lapita. In J. D. Jennings (ed.) *The Prehistory of Polynesia*: 27-60. Cambridge: Harvard University Press.
  1983 Radiocarbon dates for Maioro N51/5, South Auckland, 1965-66. *Record of the Auckland Institute and Museum* 20: 107-14.
  2002 A retrospective overview of settlement patter studies in the Samoan Island Group. In T. N. Ladegoged and M. W. Graves (eds.) *Pacific Landscape :Archaeological Approach*: 125-52. Los Osos, CA: The Easter Island Foundation.

Green, R. C. and J. M. Davidson.
  1969 *Archaeology in Western Samoa I*. Auckland: Bulletin of Auckland Institute and Museum No.6.
  1974 *Archaeology in Western Samoa II*. Auckland: Bulletin of Auckland Institute and Museum No.7.

Herdrich, D. J.

1991 Towards an understanding of Samoan star mounds. *The Journal of the Polynesian Society* 100: 381-435.

Kramer, A.
1994 *The Samoan Islands: An Outline of a Monograph with Particular Consideration of German Samoa*. Honolulu: University of Hawai`i Press.

Kirch, P. V. and T. L. Hunt.
1993 Synthesis and inerpretation. In P. V. Kirch and T. L. Hunt (eds.) *The To`aga Site, Three Millennia of Polynesian Occupation in the Manu`a Islands, American Samoa*: 125-52. Berkeley: Contributions of the university of California Archaeological Research Facility 51.

Leach, H. M. and R. C. Green.
1989 The new information for the Ferry Berth site, Mulfanua, Western Samoa. *The Journal of the Polynesian Society* 98: 331-29.

Leach, H. M. and D. Witter.
1987 Tataga-matau "rediscovered." *New Zealand Journal of Archaeology* 9: 33-54.
1990 Further investigations at the Tataga-matau site, American Samoa. *New Zealand Journal of Archaeology* 12: 51-83.

Pearl, F. B.
2004 The chronology of mountain settlements on Tutuila, American Samoa. *The Journal of the Polynesian Society* 113: 331-348.
2006 Late Holocene landscape evolution and land use expansion in Tutuila, American Samoa. *Asian Perspective* 45: 48-68.

Spriggs, M. and A. Anderson.
1993 Late colonization of East Polynesia. *Antiquity* 67: 200-17.

石村　智
2002 「ハト狩りの酋長たちーサモアにおける星形マウンドの年代とその歴史的意義」『オセアニア学会Newsletter』73: 1-12.

丸山清志
1991 「ニュー・ジーランドの要塞集落」『東南アジア考古学会会報』10: 89-90.
2004 「アメリカ領サモア、ツツイラ島東部における考古学調査」『考古学ジャーナル』514：30-3.

中国新石器時代の貝塚
― 南方地区貝塚の概要 ―

松浦 宥一郎

キーワード：貝丘　貝塚　中国新石器時代　福建省大帽山

はじめに

　日本のみならず世界各地の海岸・河岸・湖沼岸付近に新石器時代から青銅器時代にかけての貝塚が形成されている。中国においても例外ではなく、中国大陸沿岸地区に200ヶ所以上の「貝丘」、すなわち貝塚が存在する。中国における貝塚研究はあまり進展しているとは言えないが、近年袁靖氏が問題提起しているように中国新石器時代における貝塚研究の重要性が認識されつつある[1]。かつて日本においては東南アジア考古学会によって中国南部の貝塚についてとりあげられたことがある[2]。日本と中国との貝塚の関連が注目されるところであり、双方の貝塚の比較研究がなされていくことが期待される。ともあれ、中国における貝塚の実態について把握することが先決課題であろう。

　中国の貝塚の発掘と研究は、まず19世紀末に当時の台北帝国大学の金関丈夫・国分直一両氏による台湾・円山貝塚の発掘調査に始まる[3]。その後、日本人研究者によって遼寧省の遼東半島黄海側の長山群島に存在する数ヶ所の貝塚の発掘調査がなされた[4]。中国においては1950年代に発掘調査と研究が始まり、遼寧省、山東省、福建省、広東省、広西壮族自治区、海南省、雲南省などにおいて貝塚が発見された。袁靖氏は、雲南省を除く中国大陸沿岸地区の貝塚に関して遼寧省、山東省、福建省、広東省、広西壮族自治区の5地域に別けて概述している。それによると、貝塚は広東省地域にもっとも多く存在し現在まで70ヶ所が知られている。次いで、遼寧地域の遼東半島と長山群島に33ヶ所、広西地域に23ヶ所、山東地域の膠東半島に21ヶ所、福建地域に12ヶ所以上が発見されている。袁靖氏は、さらにこれら貝塚の分布地域をその特徴から、遼寧地域と山東地域を北方地区とし、福建地域、広東地域、広西地域を南方地区として2大区に別けている。北方地区の貝塚は大多数は現在の沿海地帯に分布し、貝層は鹹水性の貝を主体として比較的短期間のうちに形成されたものであるとし、南方地区の貝塚は少数を除いて大多数は現在の海岸線からやや離れた現在の河川流域に分布し、貝層は河川の流域あるいは河口に棲息する貝類を主体として比較的長期間にわたって形成されたとしている。なお、雲南省の滇池周辺にも淡水産の貝塚が9ヶ所ほど認められている[5]。また、福建地域の東方海域に近接する台湾においても円山貝塚を含めて25ヶ所、西側に隣接する澎湖島に2ヶ所が発見されている[6]。

　本稿では、とりあえず中国南方地区における貝塚の分布、発掘調査の状況等の概要を把握することを期したい。

1. 広西地域の貝塚

　広西地域においては、鹹水産の貝層で構成される海湾型貝塚（海浜貝丘ともいう）はきわめて少なくベトナムと接する西方の東興県において南海に面する3ヶ所があり、それ以外は内陸部の河川流域の河岸に位置し、淡水産の貝層で構成されている河岸型貝塚で36ヶ所（洞穴遺跡14ヶ所・岩陰遺跡1ヶ所を含む）、計39ヶ所が発見されている。洞穴内に貝層をもつものが多く、他地域と異なる特色を有している（洞穴貝丘ともいう）。また、河岸型貝塚もいずれも貝層を含む遺跡として把握されているが、貝層が広く分布していると推定されるので貝塚と呼称することができよう。

　海湾型貝塚3ヶ所は東興県の杯較山貝塚・亜菩山貝塚・馬蘭咀山貝塚である。河岸型貝塚は、雲南省と接する孟河流域の那坡県感駄岩洞穴遺跡、西江中流桂江の上流漓江流域の桂林市甑皮岩洞穴遺跡、臨桂県看鶏岩洞穴遺跡・螺螄岩洞穴遺跡・青竜岩洞穴遺跡・小太平廟岩洞穴遺跡、霊川県新岩洞穴遺跡、西江中流潯江支流の柳江流域の柳州市鯉魚嘴貝塚・白蓮同貝塚、象州県山猪篭貝塚・南沙湾貝塚、潯江上流の右江・邕江・郁江流域に六平果県城関貝塚、南寧地区の芭勛貝塚・江西岸貝塚・敢造貝塚・豹子頭貝塚・青山貝塚・那北咀貝塚・牛欄山貝塚・長塘貝塚・青竜江貝塚・天窩貝塚・秋江貝塚・火烟角貝塚・沖里貝塚・西津貝塚、邕寧県頂螄山貝塚、貴港県勒馬山洞穴遺跡・后山岩陰遺跡、桂平県羅叢山洞穴遺跡群（牛尾岩・牛西岩・水岩・羅叢岩洞穴）・桂平牛骨坑貝塚、潯江流域に平南県九重岩洞穴遺跡、西江支流賀江流域の賀県寺平山洞穴遺跡が発見されている[7]。

　このうち「貝丘」と称されたものは、南寧市芭勛貝塚・江西岸貝塚・敢造貝塚・豹子頭貝塚・青山貝塚・那北咀貝塚・牛欄山貝塚・長塘貝塚・青竜江貝塚・天窩貝塚・秋江貝塚・火烟角貝塚・沖里貝塚・西津貝塚、柳州市鯉魚嘴貝塚である。発掘調査された遺跡としては、柳州市鯉魚嘴貝塚、南寧市豹子頭貝塚、那坡県感駄岩洞穴遺跡、邕寧県頂螄山貝塚がある。

2. 広東地域の貝塚

　広東地域の貝塚は、珠江の三角州地帯付近に集中しており、珠江の支流の東江・増江・西江流域に64ヶ所、またその三角州地帯南西側の潭江河口に1ヶ所の計65ヶ所が発見されている。さらに、福建地域に接した潮安地区の韓江流域に5ヶ所が発見されているが、珠江三角州地帯との間には発見されていない。珠江三角州地帯では海湾型貝塚が2ヶ所、鹹水産貝と淡水産貝で形成された河口型貝塚が61ヶ所、淡水産貝類の河岸型貝塚が2ヶ所で、圧倒的に河口型貝塚が主体をなしている。

　海湾型貝塚は、新海県羅山嘴貝塚、東莞市村頭貝塚、珠江支流の西江流域の高要県広利蜆殻州貝塚・増江流域の増城県金蘭寺貝塚が河岸型である。その他の貝塚は河口型で、西江流域の高要県金利茅崗貝塚、珠江流域の広州市・南海市付近に60ヶ所近く集中して群をなしている。高明県古椰村鯉魚崗貝塚・南海県李村鯉魚崗貝塚・水辺村魷魚崗貝塚・大同壚炉崗貝塚など「崗」や「魚崗」が付く地名が多い。また、新河村螺崗貝塚・鵝埠石村蜆殻崗貝塚・蘇村蜆殻崗貝塚・大沖村蜆殻崗貝塚・梁辺村蜆殻崗貝塚・瀝頭村蜆殻崗貝塚など「蜆殻崗」という貝塚を示す地名が付いている貝丘がある。東江流域の東莞市には河口型の貝塚4ヶ所があり、福建地域に接した潮安地区の韓江流

域には、河口型の潮安市海角山貝塚、海湾型の4ヶ所の貝塚が発見されている[8]。これらはほとんど「貝丘」と称されている。

上記の貝塚の地名にみられるごとく、貝塚の立地としては、高さ10数mの独立した小山の山丘上に位置する丘陵型、平地から2、3m前後の高さの台地上に位置する台地型、現在の海岸線に位置する海岸型の3種があり、台地型が最も多い。

本地域の貝塚の発見は多いが発掘調査例は少なく、しかも貝層を形成している貝の種類についての報告・記述は少ない。河口型の東莞市毛崗貝塚では、黒灰色の表土下にカキ（牡蠣）とハマグリ（文蛤）の1m前後の厚い純貝層が知られる[9]。潮安地区の海湾型の貝塚ではハマグリ（文蛤）・アカガイ（魁蛤）・カキ（牡蠣）・タニシ（田螺）・カラスガイ（烏鰂）が報告されている[10]。河岸型の高要県広利蜆殻州貝塚ではその名の通り蜆の堆積層となっている[11]。河口型の南海県大同壚炉崗貝塚では淡水系のニナ（螺）の類が主体をなし、他に海産のカキ（蠔＝牡蠣）・アワビ（鮑魚）・ハマグリを含んでいる[12]。

3. 台湾・澎湖島地域の貝塚

台湾における貝塚の発見が台北市円山貝塚にあることは先述したが、その後台湾南西地区の曾文渓から以南の淡水渓に至る間の台南市・高雄市付近に集中して発見されている。

台南台地では、蔦松東貝塚・蔦松西貝塚・網寮貝塚など17ヶ所が発見され、大湖台地では、大湖貝塚・湖内貝塚・鳥樹林貝塚の3ヶ所、后勁台地では、高雄楠梓郷后勁渓南岸貝塚、后勁貝塚の2ヶ所、寿山台地では、桃子園貝塚・内惟小渓貝塚・竜泉寺貝塚の3ヶ所、風山台地では、中門坑（風鼻頭貝塚）・左営貝塚・小崗山貝塚・覆鼎金貝塚の4ヶ所、螺底台地では、珂殻仔貝塚の1ヶ所で、計30ヶ所が発見されている。また澎湖島では良文港貝塚・竹蒿湾貝塚・婆嶼貝塚・島嶼貝塚・中屯島貝塚・七美灯塔貝塚など14ヶ所が発見されている[13]。

これらの貝塚については発掘調査例が乏しく、その実態については不明である。

4. 福建地域の貝塚

現在、福建地域における貝塚は、北東側の浙江省から南西側の広東省にかけての南海岸に沿って12ヶ所以上が知られている。浙江省側から閩候県の庄辺山貝塚・曇石山貝塚・渓頭貝塚、平潭県売丘頭貝塚、泉州市柯厝山貝塚、金門県富国墩貝塚、漳州市覆船山貝塚、竜海市万宝山貝塚、漳浦県香山貝塚、雲霄県墓林山（尖子山）貝塚、東山県大帽山貝塚、詔安県臘州山貝塚が存在する。このうち、閩候県曇石山貝塚と渓頭貝塚は閩江の河口、漳州市覆船山貝塚は九竜江ないし西渓流域に面し、海水と淡水の混じる河口に棲息する貝類を主体とした河口型貝塚である。他は海生貝を主体とする海湾型貝塚であるが、閩候県庄辺山貝塚は閩江河口、泉州市柯厝山貝塚は晋江流域、竜海市万宝山貝塚は西渓流域、雲霄県墓林山（尖子山）貝塚は漳江流域に面しており、また閩候県庄辺山貝塚、漳浦県香山貝塚、雲霄県墓林山（尖子山）貝塚、東山県大帽山貝塚、詔安県臘州山貝塚は湾に面し、平潭県売丘頭貝塚は東海の平潭島、金門県富国墩貝塚は南海の金門島内に所在する[14]。

文化史の構築

これらの貝塚のうち発掘調査された貝塚は、閩候県曇石山貝塚・庄辺山貝塚・渓頭貝塚、東山県大帽山貝塚で、福建省の北部と南端部に属する貝塚、特に福建省北部の閩江流域の貝塚に集中している。

5. 福建省大帽山貝塚について

　中国における貝塚の発掘はごく部分的なものであるので遺跡の全貌を知ることは不可能である。福建地域の貝塚も同様で、貝塚の広がりや規模についても判然としない。しかし、近年福建省東山県大帽山貝塚において、部分的な発掘であるが比較的貝層そのものの様相を窺い知ることのできる調査がなされ、報告がなされている。そこで大帽山貝塚の報告を紹介しながら福建省地域の貝塚についてみていくことにしたい。

　大帽山貝塚は東山半島内にあって、東山県陳城鎮大茂新村の北東約1kmに位置する大帽山南東側山麓の標高66mの地点で、海蝕により形成された平坦な台地北側斜面（斜度20度）に所在している。地表には多くの破砕された貝殻が認められた。東山半島は福建省で2番目に大きい半島で、低い丘陵と小さな平野で構成されている。半島の最高峰は蘇峰山で海抜274.3m、第2の高峰が大帽山で、海抜251mである。半島内には西浦渓、湖尾渓、東赤港渓の3つの渓流が流れているが、長さはいずれも5kmに満たない。大帽山貝塚は東に烏礁湾、南に澳角湾を臨み、いずれも1200mほどの距離である。

　貝塚は、1970年代以前当地の居住民によって燃石灰の材料として貝殻が採取されたために大部分破壊されたが、約400㎡が残存しており、大量の鹹水性貝殻の堆積がみられる。

　大帽山貝塚の発掘調査は、1986年から福建省博物館考古隊と漳州市文物管理所によって行われてきた[15]。2001年からは福建省博物館が福建省東部沿海地域における先史時代の研究を進めてきたが、その一環として2002年に発掘調査が実施された[16]。

　発掘調査は、貝塚の中心地付近に2m×2mのグリッドを設定し、各々T1～T5とした。T1・T2・T4グリッドは4m×4mに拡張し、T3グリッドは北に3m拡張して2m×5m発掘した。地層は比較的単純で、3層に別けられた。T1グリッド西壁の断面を見ると、第1層は表土層で棕色の腐植土で、軟質の土中に細砂を含み、厚さは3～7cmである。少量の破砕貝、獣骨、土器片を含んでいる。第2層は混貝黄赤色土層で、軟質の土中に細砂を含み、厚さは10～20cmである。地表から30cmほどの深さにある。土器片、石器、動物骨格等を含む文化層となっている。第3層は純粋な黄赤色土層で、土質は比較的堅硬緻密である。土中に細砂、少数の貝殻を含み、厚さは10cmである。地表から15～40cmの深さにある。第3層以下は風化岩盤の基盤になる。T2グリッド南壁の断面を見ると、第1層は表土層で棕色の腐植土である。比較的細かい砂を含むが、やや粗い質で、厚みは2～5mである。木葉、土器片、貝殻を含んでいる。第2層は混黄赤色土貝層、すなわち細砂粒を含む60％以上堆積する鹹水性の貝層で、厚さは10～40cmである。地表からの深さは3～53cmである。豊富な土器片、石器、魚骨、陸生動物骨を出土する。第3層は黄赤色土層である。土質は比較的緻密で、細砂を含んでいる。厚さは9cmで、地表から18～35cmの深さにある。少量の貝殻と土器片を出土する。第3層以下は風化岩盤の基盤になる。したがって、発掘の結果、貝層

の中心は表土下の第2層にあり、10～40cmの厚みをもっていることが判明したのである。

　発掘調査の結果、遺構は発見されなかったが、比較的な土器、石器、玉器、骨器、貝器などの人工遺物の他に、大量の陸生動物、海生脊椎動物、海生貝類などの自然遺物が出土した。特に自然遺物は表土下第2層から大量に出土しているが、大部分は海生貝殻である（堆積物の98％以上を占める部分もある）。したがって、貝塚は海生貝殻を主体とし、陸生脊椎動物骨、海生の魚骨とによって構成されている。

　海生貝殻は30種類以上が認められ、ハイガイ（泥蚶 Tegillarca (A nadara) granosa）・ハマグリ（文蛤 Metrix lusoria）・コタマガイ類（等辺浅蛤 Gomphina aequilaicra）・レイシ類（多角茘枝螺 Thais hippocastanum）・サザエの蓋（蠑螺厴 Operculum of Turbinidae）・テングニシ（管角螺 Hemifusus tuba）・シロバトガイ（粒花冠小月螺 Lunella coronata）・カキ類（褶牡蠣 Ostrea plicatula）・クボガイ類（凹螺 Chlorostoma rustica Da）・サザエ類（金口蠑螺 Turbo chrysostomus）の順で多く、他はいずれも全体の1％にみたない[17]。ハイガイとハマグリが圧倒的に多く、貝殻全体の60％以上を占めている。T3グリッド第2層採集の貝殻はハマグリが42.4％、ハイガイが24.8％、T2グリッド第2層採集の貝殻はハマグリが26.7％、ハイガイが33.6％、T2グリッド第3層採集の貝殻はハマグリが11％、泥蚶が68％を占めている。ハイガイは一般に干潮間帯中・下区と浅海の泥灘に、ハマグリは干潮間帯中・下区と浅海の砂底に棲息しており、両者の棲息環境は非常に接近している。ハイガイについて出土したものの大きさを見ると、2～4cmのものが採集の対象となったものと考えられている。ハマグリについては、長さ3cm、3～4.5cm、4.5～6cm、6.5～7.5cm、7.5cmの5種類に分けられ、T2グリッド第2層出土1177個では3cmのものが最も多く、45.45％を占め、次いで3～4.5cmのものが23.2％、4.5～6cmのものが20.64％、6～7.5cmのものは9.52％、7.5cmのものはきわめて少なく1.19％にすぎない。T3グリッド第2層では4.5～6cmのものが最も多く34.86％、次いで3～4.5cmのものが27.26％、3cmのものが21.66％、6.5～7.5cmのもが16.21％で、7.5cmのものはまったく出土していない。

　陸生脊椎動物は少量の歯牙と大量の獣骨片である。骨は大部分鹿と豚の肢骨で、少量は火を受けている。海生魚類は多くは脊椎骨である。これらの自然遺物は食料として用いられたものの残滓と考えられている。

　大帽山貝塚の年代は、貝殻を用いたC^{14}年代測定法により前3000～2200年頃であるとされる。この年代は閩南地区の曇石山文化の年代とほぼ同じであり、澎湖群島と台湾西海岸の新石器文化における、いわゆる「細縄紋陶文化」の大坌坑文化後期の年代に接近している。

　以上、大帽山貝塚の調査による貝層について大雑把に紹介したが、なお貝層の散布状態および拡がり等については図示されておらず、いまひとつ不明である。遺構についても検出されていない。今後の発掘調査の進展に期待したい。

註

(1) 袁氏論文（同1995）を参照。
(2) 東南アジア考古学会著書（同1994）を参照。
(3) 金関・国分両氏共著（同1979）を参照。

⑷ 三宅氏著書（同 1975）を参照。
⑸ 黄・趙両氏報告（同 1959）を参照。
⑹ 呂氏論文（同 1981）を参照。
⑺ 袁氏論文（同 1995）、中国社会科学院考古研究所広西工作隊他報告（同 1997）、広西壮族自治区文物考古訓練班他報告（同 1975）、何氏論文（同 1984）を参照。
⑻ 広東省博物館報告（同 1961・1984）、広東省博物館他報告（同 1991）、広東省文物管理委員会報告（同 1961）、袁氏論文（同 1995）を参照。
⑼ 李氏報告（同 1998）を参照。
⑽ 広東省博物館他報告（同 1990）を参照。
⑾ 広東省文物管理委員会報告（同 1961）を参照。
⑿ 広東省博物館報告（同 1984）を参照。
⒀ 呂氏論文（同 1981）を参照。
⒁ 袁氏論文（同 1995）、王氏論文（同 1981）を参照。
⒂ 徐氏報告（同 1988）を参照。
⒃ 福建博物院報告（同 2003）を参照。
⒄ 貝類の名称等については金子浩昌氏より教示を受けた。

文献目録

袁靖
　　1995「関于中国大陸沿海地区貝丘遺址研究的幾個問題」『考古』1995 年第 12 期：1100-1109.
王振鏞
　　1981「試論福建貝丘遺址的文化類型」『中国考古学会第三次年会論文集』：59-68，北京：文物出版社．
何乃漢
　　1984「広西貝丘遺址初探」『考古』1984 年第 11 期：1021-1029.
金関丈夫・国分直一
　　1979『台湾考古誌』東京：法政大学出版局．
広東省博物館
　　1961「広東東興新石器時代貝丘遺址」『考古』1961 年第 12 期：644-649.
　　1984「広東海南県炉崗貝丘遺址発掘簡報」『考古』1984 年第 3 期：203-212.
広東省博物館・高要県文化局
　　1990「広東高要県広利蜆殻洲新石器時代貝丘遺址」『考古』1990 年第 6 期：565-568.
広東省博物館・東莞市博物館
　　1991「広東東莞市三処貝丘遺址調査」『考古』1991 年第 3 期：193-197.
広東省文物管理委員会
　　1961「広東潮安的貝丘遺址」『考古』1961 年第 11 期：577-584.
広西壮族自治区文物考古訓練班・広西壮族自治区文物工作隊
　　1975「広西南寧地区新石器時代貝丘遺址」『考古』1975 年第 5 期：295-301.
黄展岳・趙学謙
　　1959「雲南滇池東岸新石器時代遺址調査記」『考古』1959 年第 4 期：173-175.
徐起浩
　　1988「福建東山県大帽山発現新石器貝丘遺址」『考古』1988 年第 2 期：124-127.
中国社会科学院考古研究所広西工作隊・広西壮族自治区文物工作隊
　　1997「1996 年広西石器時代考古調査簡報」『考古』1997 年第 10 期：15-35.
東南アジア考古学会（編）
　　1994『東南アジア・南中国貝塚遺跡データ集』東京．
福建博物院・美国哈佛大学人類学系
　　2003「福建東山県大帽山貝丘遺址的発掘」『考古』2003 年第 12 期：19-31.

三宅俊成
    1975『東北アジア考古学の研究』東京：国書刊行会．
李子文（広東省文物考古研究所）
    1998「広東東莞市毛崗貝丘遺址調査」『考古』1998年第6期：80-82．
呂栄芳
    1981「福建、台湾的貝丘遺址及其文化関係」『文物集刊』3: 177-186, 北京：文物出版社．

出土資料の科学的分析

先史琉球の漁撈活動復原に関わる魚骨分析法の諸問題
―とくに資料採集法と同定部位が同定結果に及ぼす影響について―

樋泉 岳二

キーワード：先史琉球　漁撈活動　魚骨　資料採集法　同定部位

はじめに

　南西諸島の遺跡では、各時代を通じてしばしば多量の動物遺体が出土する。これらは、遺跡周囲の自然環境や動物相、動物資源の利用状況、周辺地域との交流などを推定するための重要な手がかりとなっている。南西諸島の考古学においては、これまで動物遺体分析が積極的に行われ、多くの成果が蓄積されてきた（木下 1993）。

　魚骨研究の流れをみると、1970年代後半には渡喜仁浜原貝塚の報告において、個体数の算出と量的組成の把握、骨の計測による体長推定、漁撈具や現生種の生態との比較などを通じて漁撈活動の具体的な復原の試みがなされた（與那覇ほか 1977）。また、上野輝彌氏・服部仁氏によって魚骨同定のための比較骨学的な基礎研究が進められ、ナガラ原西貝塚出土魚骨の生物学的な記載がなされた（上野 1979a, 1979b；服部 1976, 1979）。1980年代に入ると、伊波寿賀子氏によって魚骨組成データの比較による漁場環境や漁法の時代変化・地域性の検討や、「ナンヨウブダイ」の体長復元にもとづく漁撈技術や漁獲物の利用法の検討がなされた（伊波 1982, 1984, 1987など）。

　魚骨採集法の面でも、1970年代後半に行われた津堅島キガ浜貝塚（1976〜1977年調査：沖縄県教育委員会編 1978）や西長浜原遺跡（1977年調査：沖縄県立埋蔵文化財センター編 2006）の調査をはじめとして、1980年代には水洗選別を実施する調査が相次いだ。さらに1980年代中頃以降は金子浩昌氏による精力的な分析が進められ、データの飛躍的な増加をみた（金子 1984, 1985, ほか多数）。近年では、名島弥生氏が多数の遺跡のデータを多変量解析によって処理し、魚骨組成の類型化を試みている（名島 2003）。

　以上のように、南西諸島の考古学における魚骨研究は1970年代後半を画期として大きく進展してきた。その一方で、従来の魚骨分析法にはいくつかの問題点があり、実際に埋蔵されていた魚類遺体群の内容が正しく把握されていない可能性がある（樋泉 2002）。本論ではそうした諸問題の中から資料採集方法と同定部位にかかわる問題を取り上げ、これらの要因によって同定される分類群の構成や量的な組成がどのような影響を受けるかについて検証する。

1. 南西諸島の遺跡産魚骨研究法の問題点

(1) 資料採集方法の問題

　魚骨の採集方法には、発掘現場における手での拾い上げ（以下「ピックアップ法」）と、堆積物サンプルの採取と水洗選別による標本採取（以下「水洗選別法」）があり、両者の間で採集される魚骨のサイズや種類組成に大きな差が出ることが指摘されている（鈴木・小宮 1977；伊波 1984；樋泉 1999）。ピックアップ法では、ブダイ科やフエフキダイ科などの大型魚骨に関しては採集漏れの影響は比較的小さいものと思われるが、小型魚類（幼魚や小型種）の骨は多くが見落とされてしまう。このため、その利用状況を明らかにするには、小型の遺体をも採集できる水洗選別が不可欠である。

　先述のとおり、沖縄考古学では水洗選別自体は1970年代という日本全体で見ても早い段階で導入されている。しかしこれらの先進的な調査の存在にも関わらず、1990年代以降は水洗選別の普及とデータの蓄積が充分に進んでいない現状がある。

(2) 同定部位に関する問題

　従来の魚骨の同定部位は、ブダイ科の顎骨・咽頭骨のように頑丈で残りやすく、同定が容易な種類・部位に偏っていた。このため、こうした個性的・特徴的な骨格要素をもたない種類については、同定可能な骨が出土していても同定対象として認識されていなかった可能性が高い。

　たとえば伊波（1982）は前上顎骨・歯骨・咽頭骨を利用して同定を行い、貝錘の存在から網漁の発達が想定される貝塚時代後期においても、出土した魚種がタイ科、フエフキダイ科、フエダイ科、ベラ科、ブダイ科、ハリセンボン科に限られており、網漁で当然漁獲されたはずの多様なサンゴ礁魚類の多くが欠落していることを明らかにした。

　その原因を検討した伊波は、①サンプリング・エラーの可能性については、椎骨などの微小骨も採集されていることから「残りやすい顎骨や咽頭骨が漏れてしまう可能性は、きわめて低い」と指摘した。一方、②「交易による特定魚種の欠如、あるいは、交易に即した加工による頭部のみの欠如といった状況は、これまでの発掘資料からは、想定することはできない」とし、同定結果は、人間による意識的な「魚種選択」を反映していると結論づけた（伊波 1982: 11）。

　しかし、①については後述する筆者の分析結果（表4参照）からみて、上記6科以外の顎骨資料が出土しないことは考えにくい。②についても証明するには顎骨・咽頭骨以外の部位（特に椎骨）の同定が必要である。

　これまで南西諸島の遺跡産魚骨の研究では、一般に顎骨・咽頭骨以外は一部の例外を除いて同定は困難と考えられてきたように思われる。しかし、多くの種類の骨格標本を収集し根気強く比較検討を行えば、後述するとおり、少なくとも科のレベルでならばかなりの部位で分類群を特定することが可能である。分類群によっては顎骨より椎骨の方が容易に同定できるケースも珍しくない（たとえばサバ科魚類など）。

　南西諸島の遺跡からこれまでに報告されてきた魚類遺体の内容は、上記(1)・(2)の要因によるバイアスを強く受けている可能性が高く、実際の遺体群の内容を正しく反映したものと単純に解釈す

ることはできない。しかも、同定結果の記載において①資料採集の方法（水洗選別の場合はメッシュサイズの記載を含む）、②同定に用いた部位（どの部位を、どの範囲で——全ての標本か、特定の分類群のみか——同定したか）、③そのうち未同定標本がどれだけあるか等に関する基礎的な記載が欠如、あるいは著しく不充分なため、上記の問題を検証することは困難な場合が多い。

　筆者はこれらの課題の解決を目的として、水洗選別による試料採取、同定部位の体系化および資料採集方法・同定部位と同定結果に関する記載の徹底を進めてきた（樋泉 2002, 2006cなど）。以下では、これまでの成果にもとづき、これらの要因が結果にどのように影響するかについて検証を試みる。

2. 分析資料と同定部位

(1) 分析資料の概要

　ある特定の要因が結果にどのように影響するかを明らかにするためには、他の要因が一定の資料で比較する必要がある。したがって、ここで扱う資料の条件としては、①同一遺跡の同一範囲・層準から、水洗選別法とピックアップ法の両方で採集された資料があること、②両者が同じ方法で同定されていること、③組成を検討するうえで充分な標本数があること、の3点が挙げられる。そこで、筆者がこれまで分析してきた遺跡の中から、これらの条件を満たす資料として、沖永良部島住吉貝塚および沖縄島西長浜原遺跡から採集された魚類遺体を分析資料とした。以下、遺跡と資料の概要を述べる。詳細は各報告書の記載（樋泉 2006a, 2006b）を参照されたい。

　住吉貝塚（鹿児島県知名町）は、沖永良部島西海岸の隆起サンゴ礁段丘上に立地する沖縄貝塚時代中期（縄文時代晩期）中心の集落遺跡である。2001年～2004年の発掘において、多数の竪穴住居跡などから動物遺体が出土した（知名町教育委員会編 2006）。水洗選別資料としては、4軒の竪穴住居跡覆土から採取した柱状サンプルを4㎜、2㎜、1㎜目のフルイを用いて水洗し、その一部を抽出して同定した。ここでは4㎜～1㎜の全メッシュを分析した4サンプル（6号住居跡④、9号住居跡③、13号住居跡④、14号住居跡⑤）のデータを合算し、基礎データとした。ピックアップ資料は13の遺構（住居跡・土坑）覆土および包含層から採集されており、そのうち8つの遺構について同定した。ここではその全データを合算して基礎データとした。

　西長浜原遺跡（沖縄県今帰仁村）は、本部半島北海岸に面した隆起サンゴ礁段丘上に立地する沖縄貝塚時代中期（縄文時代晩期）中心の集落遺跡である。1977年に実施された発掘において多数の竪穴住居跡が確認され、その覆土および包含層から多量の骨類が出土した（沖縄県立埋蔵文化財センター編 2006）。先述のとおり、この調査は1977年というかなり早い段階で、水洗選別による動物遺体の採集が実施されている点で特筆される。水洗選別資料としては、S地区包含層から採集された堆積物を4.4㎜と1.7㎜目（一部は3.0㎜と1.0㎜）のフルイを用いて水洗し、その一部を抽出して同定した。ここでは4.4㎜・1.7㎜（サンプルNo.2は3.0㎜・1.0㎜）の全資料を分析したS-3区の4サンプル（No.2、No.9、No.12、No.25）のデータを合算し、基礎データとした。ピックアップ資料は、S-3区包含層採集資料のデータを合算して基礎データとした。

(2) 同定に用いた部位

同定資料に用いた部位は、主上顎骨、前上顎骨、歯骨、角骨、方骨、椎骨を必須部位とした。これらについては全ての標本を同定対象とし、同定未了の資料もデータ化した[1]。その他の部位についても、分類群ごとの骨格的特徴に応じて、できるだけ多くの部位を対象とするよう努めた。なお、椎骨はこれまで南西諸島の遺跡出土魚骨の同定において、一部の種類を除き同定の対象とされてこなかったが、筆者が奄美大島用見崎遺跡や伊江島ナガラ原東貝塚の出土魚骨を検討した結果、椎骨にも同定可能な資料が多く含まれることが確認できた（樋泉 2002）。

そこで、今回の分析でも椎骨資料の同定を試みた。ただし、椎骨の同定に関しては基礎研究がきわめて不十分なため、特徴の明確なもののみを同定し、その他は「保留」とした。また、同定結果で「未同定」としたものは、比較標本中に該当するものが見いだせなかったものである。破損のため分類群の特定が明らかに困難と判断されたもの（報告書で「同定不可」としたもの）は、今回の分析資料から除外した。

(3) 同定結果に関する注釈

同定結果に関して注釈を要する分類群について、簡単に記載する。

ニシン科：西長浜原では第1椎骨・第2椎骨によってサッパ近似種とコノシロ近似種が同定された。他の椎骨も、骨質堅牢で椎体がやや短いものと、そうでないものがあり、ここでは前者をコノシロ近似種、後者をサッパ近似種に含めて扱った。

ハタ型：ハタ科の椎骨については、第1椎骨以外はフエダイ科との類似性が強く、判別が難しいため「ハタ型」としたが、多くはハタ科のものと思われる。

フエフキダイ科・タイ／フエフキダイ型：前上顎骨などでヨコシマクロダイ、メイチダイ属、フエフキダイ属が判別された。他の部位はフエフキダイ科として一括した。椎骨は第1椎骨と腹椎の一部を除きタイ科との判別が確実でないことから、「タイ／フエフキダイ型」とした。

ベラ科：咽頭骨は多数のタイプに別れるが、ここではベラ科として一括した。椎骨は形態変異が著しく現生標本の収集も不充分のため同定が難しい。ベラ科に同定した椎骨の大半は、特徴が比較的明確なシロクラベラ・コブダイの現生標本に近似したものであり、「保留」とした資料にも多数のベラ科椎骨が含まれている可能性が高い。

ブダイ科：咽頭骨・前上顎骨・歯骨によってブダイ属またはミゾレブダイ、イロブダイ属、アオブダイ属が同定された。その他の部位は属以下の判別が難しいため、ブダイ科として一括した。

3. 資料採集方法の影響—ピックアップ資料と水洗選別資料の比較

(1) 分析方法

採集方法以外の諸条件が同一の水洗選別資料とピックアップ資料を比較し、結果がどう異なるかを比較検討した。組成については、サンプリング・エラーがどの程度であるかを単純に示すために、同定された標本数（NISP）で表示した。

(2) 結果と考察

まず同定された分類群数をみると（表1）、住吉では水洗選別資料とピックアップ資料の両方で検出されたものが15分類群、水洗選別資料のみで検出されたものが10分類群、ピックアップ資料のみで検出されたものが8分類群、西長浜原では同様に20分類群、16分類群、3分類群となった。水洗選別資料のみで確認された分類群は、住吉では全分類群の約30％、西長浜原では約40％に達しており、これらは水洗選別が実施されなかったと仮定した場合、種名リストから欠落していたことになる。その内容は、ニシン科、ウナギ属、サヨリ科、トビウオ科、チョウチョウウオ科、スズメダイ科、カレイ目などの小型魚類で、とくにニシン科、ウナギ属、トビウオ科といった、従来ほとんど報告例のない小型回遊魚類が検出された点は注目される。

次に量的な組成を検討する（図1）。住吉貝塚をみると、水洗選別資料ではニザダイ科、ハタ科、ブダイ科、アイゴ属、ダツ科、ウツボ科などが多く、多様性の強い内容となる。これに対し、ピックアップ資料ではブダイ科とハタ科（ハタ型椎骨を含む。以下同様）の2種が半数以上、フエフキダイ科、ニザダイ科を加えた4種では80％以上に達する。西長浜原遺跡の水洗選別資料では、ブダイ科が45％と卓越するが、これを除けばハタ科、ウツボ科、ベラ科、ニザダイ科、フエフキダイ科、ニシン科、アイゴ属が拮抗しており、多様な構成となっている。一方、ピックアップ資料ではブダイ科の卓越がいっそう強まり、フエフキダイ科、ベラ科、ハタ科を加えた上位4種が約90％を占める。

少数要素（図2）をみても、両遺跡とも水洗選別資料ではウナギ属、サヨリ科、トビウオ科、カマス属、ヒメジ科、チョウチョウウオ科、サバ類、カレイ目などの小型魚（小型種または幼魚）がみられるが、ピックアップ資料ではこれらが抜け落ちている。一方ギンガメアジ属、スマ、マグロ類似種、ハリセンボン科といった大型種は主にピックアップ資料で採集されている。

水洗選別資料の場合、両遺跡とも検出された骨のサイズからみて採集漏れは少なく、実際に埋蔵されていた遺体群にごく近い組成が得られていると判断される。これに対しピックアップ資料では、従来から代表的な魚種とされてきたブダイ科、ハタ科、ベラ科、フエフキダイ科などの大型種に偏向しており、水洗選別資料とは対照的に単調な組成となっている。これは、明らかにニシン科、ウツボ科、ダツ科、アジ科、アイゴ属といった小型魚骨が欠落した結果である。

このようにピックアップ資料は、分類群数・量的組成のいずれにおいても、埋蔵されていた魚類遺体群の実態とは大きく異なっている。一方、ギンガメアジ属、スマ、マグロ類似種といった大型種は主にピックアップ資料で確認されている。これら遺跡での包含密度が低い大型種については、部分的な水洗選別資料ではその存在を把握することが難しいと考えられる。以上から、魚類遺体群の全容を正確に把握するには、ピックアップ法と水洗選別法をバランスよく併用することが必要である。

4. 同定部位によって組成はどう変わるか

(1) 分析方法

住吉・西長浜原ともに、前節で用いた水洗選別資料と同じデータをもとに、部位を以下の3群に

表1　住吉貝塚・西長浜原遺跡の魚類遺体群におけるピックアップ資料と水洗選別資料の比較
数値はNISP．水洗選別の最小メッシュは住吉1.0 mm，西長浜原1.7 mm（一部1.0 mm）．
斜体字で示したものは下位の分類群と重複していると考えられるので分類群数に含めていない．

分類群	住吉 水洗	住吉 ピックアップ	西長浜原 水洗	西長浜原 ピックアップ
サメ類	3	12	14	2
トビエイ科		1		
板鰓類	*2*			
サッパ近似種			80	
コノシロ近似種			18	
ニシン科	4			
ウナギ属	3		15	
アナゴ科	1		12	2
ウツボ科	29	9	211	23
サヨリ科	1		33	
ダツ科	31	4	30	16
トビウオ科	11		26	
イットウダイ科	3	2	5	
トウゴロウイワシ科？			5	
ボラ科			1	1
カマス属	6		31	3
スズキ属				1
ハタ科/ハタ型	51	121	231	78
ギンガメアジ属		4		
アジ類（小型種）			88	2
クロサギ科			1	
ヒメジ科	3	1	9	
フエダイ科	4	7	12	1
コショウダイ類	1	1		1
ヘダイ			1	
クロダイ属			26	17

分類群	住吉 水洗	住吉 ピックアップ	西長浜原 水洗	西長浜原 ピックアップ
メイチダイ属			2	
ヨコシマクロダイ		2		
フエフキダイ属	3	25	48	45
フエフキダイ科（属不明）	*2*	*26*	*64*	*91*
タイ／フエフキダイ型	*3*	*18*	*73*	*29*
チョウチョウウオ科	1		7	
イシダイ属		1		
スズメダイ科	1		1	
ベラ科	16	17	203	124
ブダイ属/ミゾレブダイ	3	1	23	7
イロブダイ属		9	9	11
アオブダイ属	13	78	348	284
ブダイ科（属不明）	*31*	*75*	*802*	*263*
サバ類			8	
ソウダガツオ属	1			
スマ		1		3
マグロ類似種		8		
ニザダイ科	66	46	159	26
アイゴ属	38	5	98	9
トラギス科			3	
オニオコゼ科？			11	1
カレイ目	8		6	
モンガラカワハギ科	2	6	5	2
ハリセンボン科		4	1	5
真骨類・未同定	30	1	86	16
真骨類・保留	320	73	2190	67
合計	691	558	4996	1130
同定された標本数	341	484	2720	1047
同定された分類群数	25	23	36	23

（右表につづく）

区別して、それぞれNISPとMNI（最小個体数）を算出し、同一の資料群で組成がどう変わるかを比較検討した。

部位群A：前上顎骨・歯骨・上咽頭骨・下咽頭骨。従来もっとも普遍的に同定対象とされてきた部位である。

部位群B：その他の頭骨（表4参照）およびモンガラカワハギ科背鰭棘。従来も一部の調査で同定対象とされてきた部位を含む。

部位群C：椎骨。従来エイ・サメ類など一部の例外を除き同定対象とされてこなかった部位である。

(2) 結果と考察——同定部位の組成に対する影響

まず同定された分類群数をみると、住吉貝塚（表2）では全25分類群のうち部位群A・B・Cで同定された分類群の数はそれぞれ13、13、19、西長浜原遺跡（表3）では全36分類群のうち、それぞれ22、24、25となった。いずれも部位群C（椎骨）が最も多く、逆に部位群Aでは全分類群の半数強が同定されたにとどまる。

同定部位の詳細（表4）をみても、これまで一部の分類群を除いて同定対象とされてこなかった部位群Bの主上顎骨・角骨・方骨や、部位群Cの椎骨によって、部位群Aの前上顎骨・歯骨に匹敵するか、またはそれを上回る数の分類群が同定されていることがわかる。とくに腹椎では最多の23分類群が同定されている。

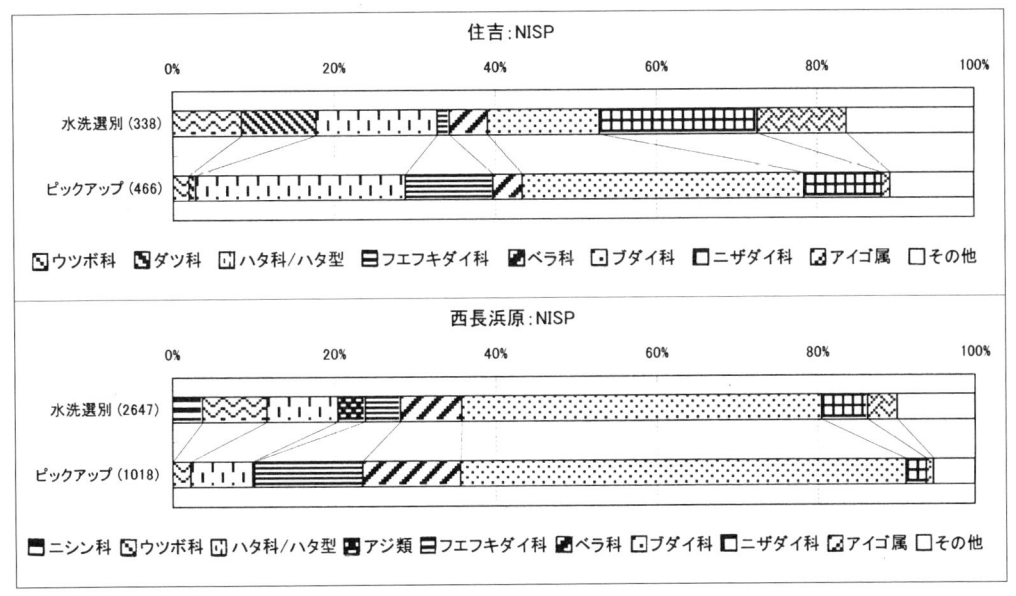

図1. 住吉貝塚・西長浜原遺跡における水洗選別資料とピックアップ資料の魚類組成の比較(1) ―主要分類群
　　NISPによる．( )はNISP合計．タイ科/フエフキダイ科を除く．「フエフキダイ科」はヨコシマクロダイを含まず．

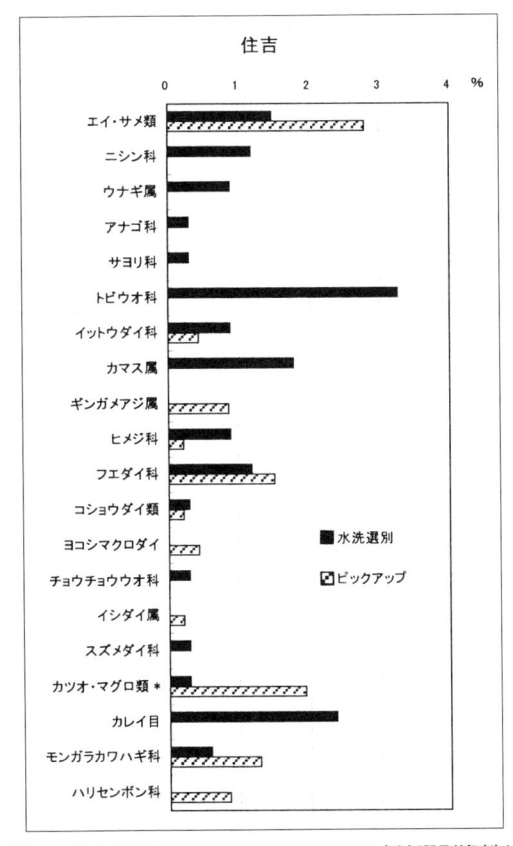

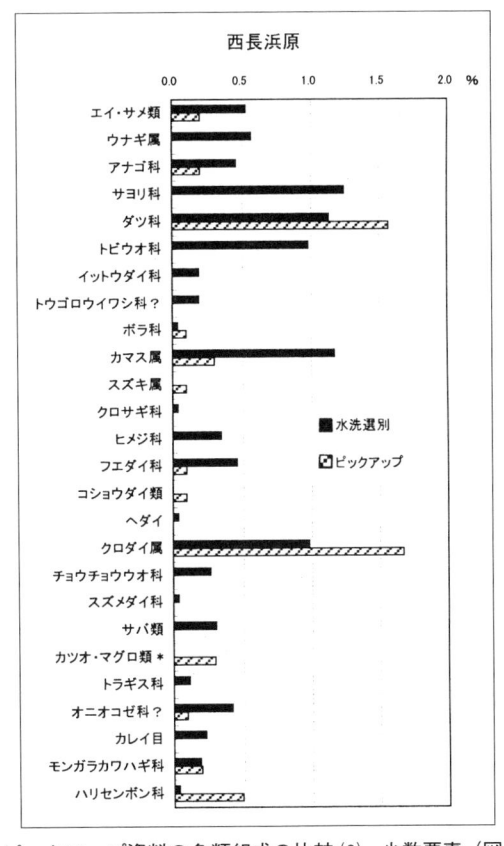

図2　住吉貝塚・西長浜原遺跡における水洗選別資料とピックアップ資料の魚類組成の比較(2)―少数要素（図1の「その他」内訳）NISPによる．「カツオ・マグロ類」はソウダガツオ属・スマ・マグロ類似種（表1参照）

出土資料の科学的分析

表2 住吉貝塚の魚類遺体（水洗選別資料）における部位グループ別の集計結果

分類群	NISP 部位群 A	B	C	A+B+C	MNI 部位群 A	B	C	A+B+C
サメ類		1	4	5		1	1	1
ニシン科			**4**	4			1	1
ウナギ属			**3**	3			1	1
アナゴ科			1	1			1	1
ウツボ科		1	28	29		1	1	1
サヨリ科			**1**	1			1	1
ダツ科		1	30	31		1	1	1
トビウオ科	1	2	**11**	11	1	1	1	1
イットウダイ科	1				1			1
ヘダ科			5	6			5	5
カマス属	13	16	5	34	4	2		
ヘダ型	*1*		*17*	*17*			-	-
ヒメジ科		2		3		1		1
コショウダイ属？	2	2		4	1	1		
フエフキダイ科？	**1**				**1**			
フエフキダイ科		2		3		1		1
タイ/フエフキダイ型		2		2		1		1
チョウチョウウオ科			3	3			1	1
スズメダイ科？			**1**	1				
ベラ科	5	3	8	16	**3**	1	3	3
ブダイ属	**3**		3	3	**3**			
アオブダイ属	**13**		13	13	4	2	1	4
ブダイ科	*1*	4	26	*31*				-
ソウダガツオ科			1					-
ニザダイ科	1	7	58	66	1	**2**	**2**	2
アイゴ属	1	1	36	38	1	1	1	2
カレイ目			**8**	8			1	1
モンガラカワハギ科		1		2				-
真骨類・未同定	2	11	17	30				-
真骨類・保留	6		314	320				-
合計	47	62	582	691	21	16	26	35
同定された標本数	45	45	251	341				
同定率	95.7	72.6	43.1	49.3				
同定された分類群数*	13	13	19	25	13	13	19	25

表3 西長浜原遺跡の魚類遺体（水洗選別資料）における部位グループ別の集計結果

分類群	NISP 部位群 A	B	C	A+B+C	MNI 部位群 A	B	C	A+B+C
エイ・サメ類		9	5	14			1	2
サッパ近似種		6	74	80		**2**	**2**	2
コノシロ近似種			**18**	18			2	1
ウナギ属		1	14	15				1
アナゴ科		4	7	12		1	1	2
ウツボ科	1	13	186	211		**2**		6
サヨリ科	12				6	5		
ダツ科	3		**33**	33				1
トビウオ科			27	30				1
イットウダイ科？	3	2	**26**	26		1		1
トウゴロウイワシ科？			5	5				
ボラ科		**1**						1
カマス属		8	18	31	2	**5**	1	5
ハタ科	**54**	62	24	140	18	12	**24**	24
ハタ型			*91*	*91*				
アジ科	5	3	80	88	3	2	**15**	15
クロサギ科			1	1		1		1
ヒメジ科	10	6	2	9	4	**3**		3
フエダイ科		2		12				4
ヘダイ	**1**			1				
クロダイ属？	15	11		26	**5**	2		5
メイチダイ属	**2**		2	2	**2**			
フエフキダイ属	24	24		48	**13**	10		13
フエフキダイ科	*15*	*30*	19	*64*			7	-
タイ/フエフキダイ型			73	73		-		-
チョウチョウウオ科		1	6	7		-		-
スズメダイ科	**1**			1		-		1
ベラ科	149	14	40	203	42	5	18	42
ブダイ属/ミシレブダイ	**23**			23	**8**			8
イロブダイ属	**9**			9	**3**			3
アオブダイ属								1
ブダイ科	**348**	105	697	348	**61**	24	38	61
サバ科				802				-
ニザダイ科	2	13	144	159	1	3	**12**	12
アイゴ属	5	7	86	98	2	2	**3**	3
トラギス科			**3**	3			**2**	2
オニオコゼ科？	1							1
カレイ目		5	5	11				1
モンガラカワハギ科			**6**	6		**2**		2
ハリセンボン科	3		2	5				1
真骨類・未同定	8	26	52	86				
真骨類・保留	2	11	2177	2190				
合計	700	370	3926	4996	178	90	138	232
同定された標本数	690	333	1697	2720				
同定率	98.6	90.0	43.2	54.4				
同定された分類群数*	22	24	25	36	22	24	25	36

NISPのゴチック数字はその部位群のみで同定されたもの、MNIのゴチック数字はMNI算定部位（MNI＝1の場合を除く）

同定率：全同定対象標本数に対する同定群を特定できた標本数（未同定・保留資料を除外した数）の比率

科体字で示したのは下位の分類群を重複して特定していると考えられるので分類群数に含めていない。

表4 住吉貝塚・西長浜原遺跡の魚類遺体群における分類群と同定された部位の対応関係

ゴチックの部位名は必須部位（本文参照）．「第1／第2椎骨」は第1椎骨または第2椎骨．サメ類・ウツボ科の椎骨は腹椎・尾椎を区別せず．S・Nはそれぞれ住吉・西長浜原で同定された部位，ゴチックはその部位でMNIが算定されたこと（MNI＝1の分類群を除く）を示す．

分類群	部位群A			部位群B					部位群C			その他
	前上顎骨	歯骨	上／下咽頭骨	主上顎骨	角骨	方骨	主鰓蓋骨	擬鎖骨	その他	第1／第2椎骨	腹椎	尾椎	
サメ類									歯 SN		SN		
サッパ近似種				N	N		N			**N**	N	N	
コノシロ近似種										N	N	N	
ニシン科											S	S	
ウナギ属									前鋤骨板 N		SN	N	
ウツボ科		N		N	SN				前鋤骨板 N		SN		
アナゴ科		N		N	N	N					SN	N	
ダツ科	N	N			S						SN	SN	
サヨリ科										N	SN		
トビウオ科											SN	S	
イットウダイ科	N	SN		SN	S				前鰓蓋骨 N				
ボラ科					N								
トウゴロウイワシ科？											N		
カマス属	N	SN		N	N					N	SN	N	
ハタ科	SN	SN		SN	SN	SN	SN	SN	前鰓蓋骨 SN	**SN**			
ハタ型											SN	SN	
アジ科	N	N		N	N					**N**	N	N	楯鱗 N
クロサギ科					N								
ヒメジ科	N	S		N	S	N				N			
フエダイ科	SN	SN		SN	S								
コショウダイ属？		S											
ヘダイ	N												
クロダイ属	**N**	N		N	N	N			口蓋骨 N				
メイチダイ属	N												
フエフキダイ属	SN				N				口蓋骨 SN				
フエフキダイ科		N		SN	N	SN				N	N		
タイ／フエフキダイ型											SN	SN	
チョウチョウウオ科				N									
スズメダイ科		S			N								
ベラ科	N	N	**SN**	N	SN	SN					SN	SN	
ブダイ属／ミゾレブダイ	SN	N	**SN**										
イロブダイ属	N	N	**N**										
アオブダイ属	SN	**SN**	SN								SN	SN	
ブダイ科				SN	N	SN					N		
サバ類													
ソウダガツオ属											S		
ニザダイ科	SN			S	**SN**	SN			舌顎骨 S	**SN**	SN	SN	楯鱗 N
アイゴ属	SN			N	N	N	N		前頭骨 N	**SN**	N		
トラギス科										N			
オニオコゼ科？		N		N	N	N					N		
カレイ目											SN		
モンガラカワハギ科					N				背鰭棘 N, 舌顎骨 S		SN		鱗 SN
ハリセンボン科		N											棘 SN
同定された分類群数 住吉	7	8	3	4	6	8	2	2	-	5	15	11	-
西長浜原	17	18	4	14	15	12	5	3	-	13	22	14	-
総計	17	21	4	14	17	15	5	3	-	13	23	17	-

　分類群の内容を具体的にみると、部位群C（椎骨）のみで同定された分類群は、住吉貝塚ではニシン科、ウナギ属、トビウオ科、ソウダガツオ属、カレイ目など8分類群、西長浜原遺跡ではコノシロ近似種、サヨリ科、トビウオ科など6分類群に達する。また西長浜原遺跡ではボラ科、クロサギ科、スズメダイ科が部位群Bのみで同定されている。これらはいずれも従来ほとんど報告されることのなかった種類である。

　一方、部位群Aのみで同定された分類群をみると、ブダイ科の各属やメイチダイ属、ヘダイのように、属・種レベルで同定されているものが多い。これは前上顎骨、歯骨、咽頭骨が属や種の違いを反映しやすいためである。このように、部位群Aは多くの分類群において属・種レベルでの同定にはきわめて有効と考えられるが、遺体群全体の実態を把握するためには部位群B・Cも加えた同定が必要である。

　次に、量的な組成について比較する。両遺跡について、部位群Aのみ、部位群A＋B、部位群A＋B＋C、部位群Cのみの各データをもとに、それぞれNISP・MNIに基づいて集計した組成を図

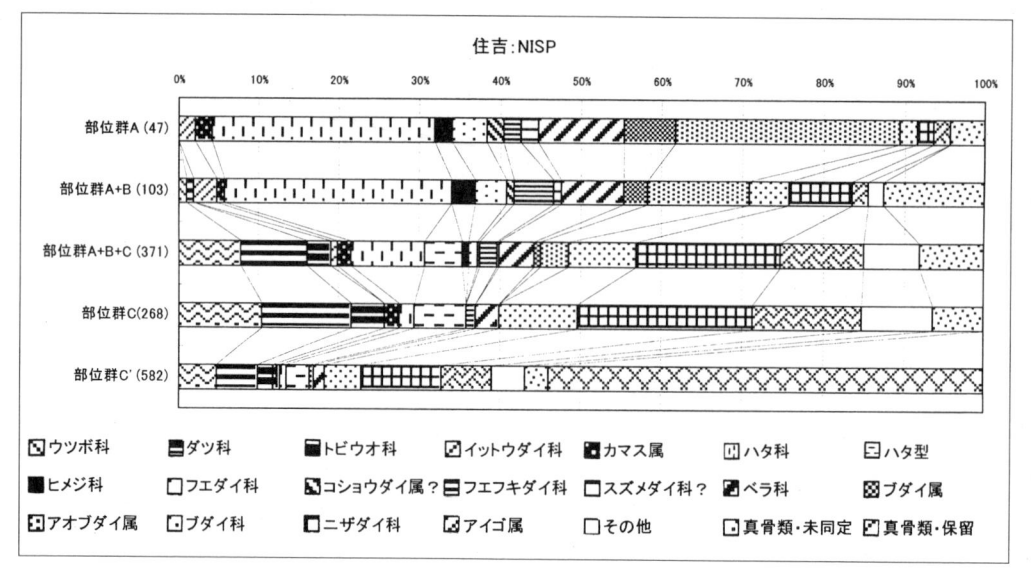

図3　住吉貝塚の魚類遺体（水洗選別資料）における部位グループ別の組成の比較（NISP比）
部位群C'は「保留」の椎骨（詳細は本文参照）を含めた組成．フエフキダイ科はフエフキダイ属・タイ／フエフキダイ型を含む．

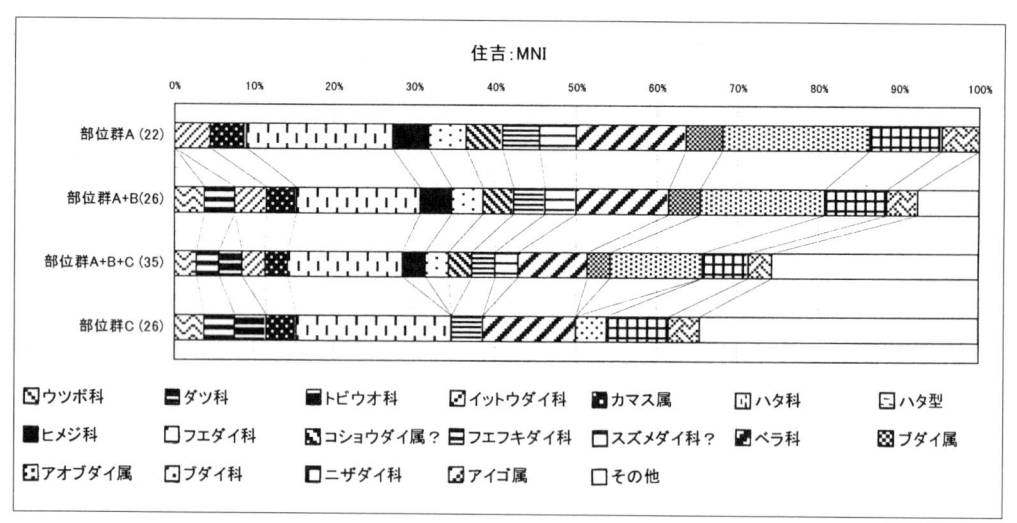

図4　住吉貝塚の魚類遺体（水洗選別資料）における部位グループ別の組成の比較（MNI比）
フエフキダイ科はフエフキダイ属・タイ／フエフキダイ型を含む．

3～図6に示した。NISP比（図3・図5）の部位群Cについては「保留」とした資料も含めた組成を「部位群C'」として示してある。

　まずNISPによる組成をみると、住吉貝塚（図3）では、部位群Aはアオブダイ属を主とするブダイ科とハタ科が卓越し、ベラ科がこれに次ぐ。部位群Bを加えても基本的な特徴は変わらないが（部位群A＋B）、ブダイ科はやや少なく、ニザダイ科がやや多い。これに対し部位群C（椎骨）の組成はニザダイ科を筆頭に、アイゴ属、ウツボ科、ダツ科も多く、ハタ科（ハタ型を含む）とブダイ科を上回る。

　西長浜原遺跡（図5）では、部位群Aはアオブダイ属を主とするブダイ科が圧倒的に多く、ベラ科、

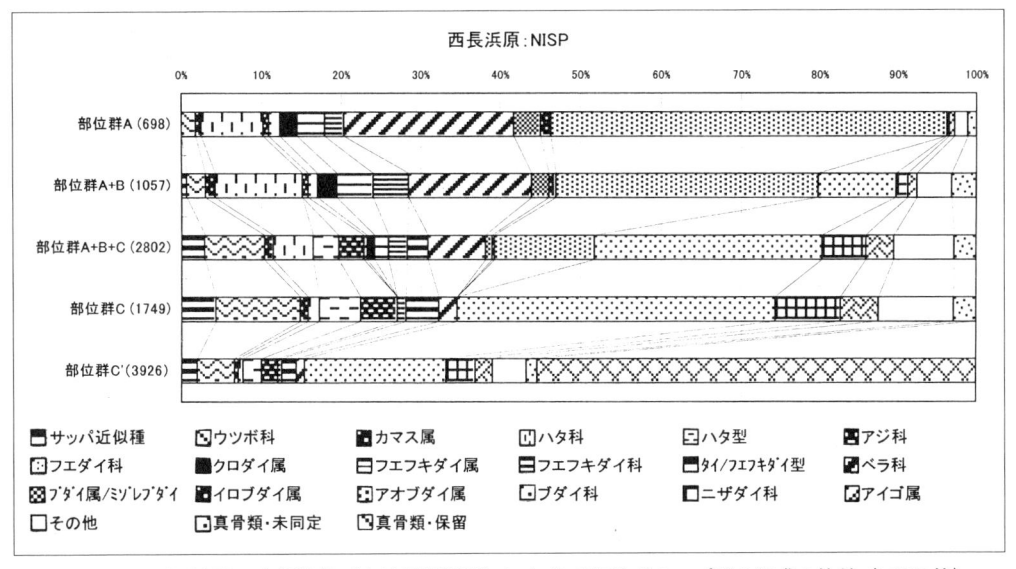

図5　西長浜原遺跡の魚類遺体（水洗選別資料）における部位グループ別の組成の比較（NISP比）
　　　部位群C'は「保留」の椎骨（詳細は本文参照）を含めた組成．フエフキダイ科はメイチダイ属を含む．

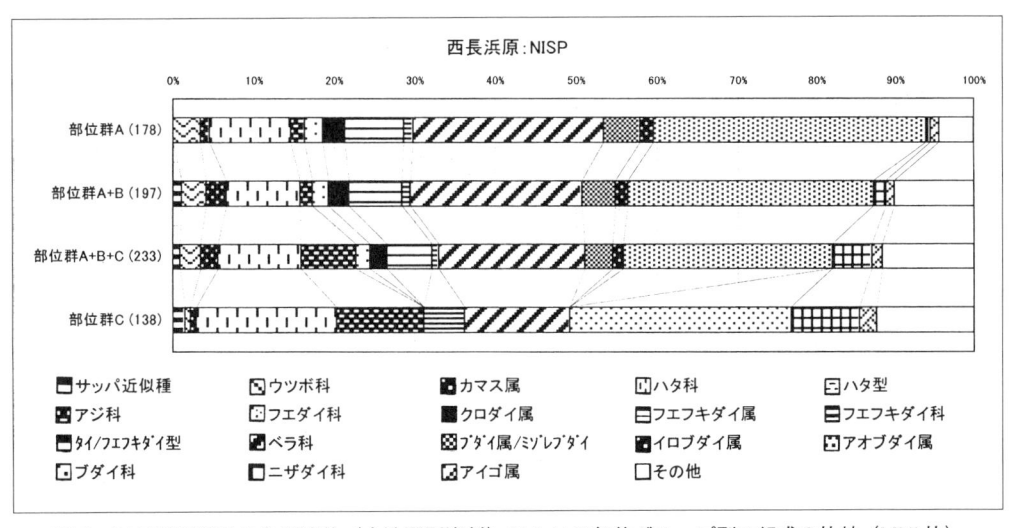

図6　西長浜原遺跡の魚類遺体（水洗選別資料）における部位グループ別の組成の比較（MNI比）
　　　　　　　　　　　　　　　　　　　　　　　　　　　　　　　　　　フエフキダイ科はメイチダイ属を含む．

ハタ科、フエフキダイ科（フエフキダイ属を含む）がこれに次ぐ。部位群A＋Bも大きな相違はない。これに対し部位群C（椎骨）では、ブダイ科の卓越は変わらないものの、それ以外ではウツボ科、ニザダイ科、アイゴ属、サッパ近似種、アジ科が普通となり、組成が明らかに多様化する。

　次にMNIによる組成をみると、住吉貝塚（図4）では、部位群Aはブダイ科とハタ科、次いでベラ科が優勢で、他種は少なく、NISP比と共通の特徴が認められる。部位群A＋B、部位群A＋B＋Cにおいてもこれらの優勢は変わらず、NISP比ほど明確な相違は認められないが、上記の通り、部位群Aで同定されなかった多くの分類群が加わるため、ブダイ科、ハタ科、ベラ科の比率は低下する。

西長浜原遺跡（図6）でも、部位群Aはブダイ科が卓越し、ベラ科、ハタ科、フエフキダイ属が多い点で、NISP比とおおむね同様である。部位群A＋B、部位群A＋B＋Cをみても優占種の構成は基本的に同様であり、住吉貝塚と同様に、NISP比に比べて変化は小さい。ただし部位群Bではカマス属が方骨で5個体、部位群Cではアジ科が第2椎骨で15個体、ニザダイ科が第1椎骨で12個体確認されており、優占種に加わる。これら以外にもサッパ近似種、アナゴ科、ヒメジ科、アイゴ属、モンガラカワハギ科など多くの分類群において部位群B、またはCで最大のMNIが記録されており（表4）、部位群Aのみに比べて多様性の強い組成となっている。

　以上のように、住吉・西長浜原ともに、NISP、MNIのいずれにおいても部位群Aのみの組成に比べて、部位群B・Cを加えた組成は多様性の強いものとなっている。とくにNISPでは部位群A・Bと部位群Cの間で組成の相違が著しい。また総計（部位群A＋B＋C）の組成は、部位群C（椎骨）のNISPがとくに多いため、これに誘導されて部位群Cの組成に近いパターンを示す。

　しかしながら、椎骨は同定の基準となる特徴に乏しいことに加え、基礎研究の不足のために、現段階では住吉・西長浜原ともに半数以上が「保留」となっている（図3・図5の「部位群C'」を参照）。したがって、これらの同定が可能になれば、部位群A＋B＋Cの組成も大きく変化することが予測される。たとえば部位群Cの特徴としてベラ科が少ない点を挙げられるが、先述のとおり、これはベラ科の椎骨が同定しにくいためである可能性が高い。このように、現時点では椎骨を含めたNISP比の評価については慎重を期す必要があり、当面は同一遺跡における層位変化など、相対的な比較に限定して用いるのが適切であろう。

　MNI比においては、部位群の違いによる組成の相違はNISPほど明確ではない。これは、今回用いた資料の場合、優占種であるブダイ科・ハタ科・ベラ科などのMNIにおいて部位群B・Cの値が部位群Aを大きく上回ることがないこと、また他の分類群も一部を除いて部位群B・CのMNIが少なく、組成への影響が小さいためと考えられる（表2・表3）。しかし、西長浜原のアジ科、ニザダイ科、カマス属のように部位群B・Cで比較的大きなMNIが得られる分類群もある。また部位群B・Cからは、MNIが1～2ではあるが、部位群Aにみられない多数の分類群が検出されている。このため、優占種であるブダイ科・ハタ科・ベラ科の占める比率を、部位群Aと部位群A＋B＋Cで比較すると、住吉では55％：37％、西長浜原では74％：59％と、いずれも後者ではかなり低下している。いうまでもなく、後者がより実態に近いものと考えられる。

　このように、部位群A（前上顎骨、歯骨、咽頭骨）のみに基づく組成では、実際に存在している分類群の多くが欠落し、また量的な組成の面でも実態より単純化する傾向が明らかである。したがって、埋蔵されている魚類遺体群の内容を正確に把握するためには、水洗選別に加えて、椎骨も含めたより多くの部位を同定対象に設定する必要がある。南西諸島における従来のデータは、こうした同定部位に起因するバイアスを受けている可能性がきわめて高く、その評価・解釈（たとえば遺跡間での組成の比較や自然の魚類相との比較など）に際しては、この点に充分に配慮することが必要である。

おわりに

　住吉・西長浜原両遺跡の魚類相の大きな特色のひとつは、サッパ近似種、サヨリ科、ダツ科、ト

ビウオ科、カマス属、アジ科、ソウダガツオ属、スマ、マグロ類似種など、様々な回遊魚類が確認された点である。とくにトビウオ科やスマなどは外洋性が強いことから、漁場はサンゴ礁外の海域にある程度の広がりをもっていたことが示唆される。こうした外海域での漁労活動の展開は、これまで南西諸島の貝塚時代遺跡では知られてこなかったものであり、水洗選別による微小骨の採集と椎骨を含めた同定部位の多角化によって初めて把握が可能になったものといえる。

今後、水洗選別法と同定部位の体系化にもとづいた資料・データの蓄積を進めることにより、先史琉球の漁労活動のより多様な実態が明らかになるものと期待される。

註
(1) 西長浜原の同定対象部位は、報告書では前上顎骨・歯骨・椎骨としてあるが（樋泉 2006b: 190）、主上顎骨、角骨、方骨の大半も同定している。

文献目録

伊波寿賀子
 1982 「沖縄本島先史時代から見た漁撈活動について―出土魚骨の同定をもとに―」『物質文化』38：1-13.
 1984 「遺跡出土魚骨の体長復原方法―ナンヨウブダイを中心として―」『南島考古』9: 31-40.
 1987 「沖縄先史時代における漁撈活動についての予察―ナンヨウブダイの体長復原をもとに」増田精一編『比較考古学試論−筑波大学創立十周年記念考古学論集―』: 49-77、東京：雄山閣出版.

上野輝彌
 1979a「遺跡出土の魚骨の同定について」『考古学と自然科学』11: 21-31.
 1979b「沖縄県伊江島ナガラ原西貝塚産魚類遺骸」長谷川善和ほか編『伊江島ナガラ原西貝塚緊急発掘調査報告書　自然遺物編―』: 123-148、沖縄：伊江村教育委員会.

沖縄県立埋蔵文化財センター編
 2006 『西長浜原遺跡―範囲確認調査報告書―』、沖縄：沖縄県立埋蔵文化財センター.

金子浩昌
 1984 「勝連城跡出土の脊椎動物遺体」勝連町教育委員会編『勝連城跡−南貝塚および二の丸北地点の発掘調査』: 195-259、沖縄：勝連町教育委員会.
 1985 「脊椎動物遺骸」沖縄県教育委員会編『シヌグ堂遺跡―第1・2・3次発掘調査報告』: 183-194、沖縄：沖縄県教育委員会.

木下尚子
 1993 「南西諸島の貝塚概観」『東南アジア考古学会会報』13：81-106.

小宮　孟・鈴木公雄
 1977 「貝塚産魚類の体長組成復元における標本採集法の影響について―特にクロダイの体長組成について」『第四紀研究』16(2): 71-75.

知名町教育委員会編
 2006 『住吉貝塚』、鹿児島：知名町教育委員会

樋泉岳二
 1999 「魚類」西本豊弘・松井章編『考古学と自然科学−②考古学と動物学』: 51-88、東京：同成社.
 2002 「脊椎動物遺体からみた奄美・沖縄の環境と生業」木下尚子編『先史琉球の生業と交易―奄美・沖縄の調査から―』: 47-66、熊本：熊本大学文学部.
 2006a「魚類遺体群からみた住吉貝塚の特徴と重要性」知名町教育委員会編『住吉貝塚』: 115-131、鹿児島：知名町教育委員会.
 2006b「西長浜原遺跡の脊椎動物遺体」沖縄県立埋蔵文化財センター編『西長浜原遺跡―範囲確認調査報告書―』: 190-210、沖縄：沖縄県立埋蔵文化財センター.

2006c「脊椎動物遺体にみる奄美と沖縄」木下尚子編『先史琉球の生業と交易2―奄美・沖縄の調査か
　　　　ら―』：101-114、熊本：熊本大学文学部．
名島弥生
　　2003「琉球列島における遺跡出土魚種組成の比較」『東海史学』38: 75-96．
服部　仁
　　1976「奄美・沖縄の遺跡から出土したブダイ科魚類の咽頭骨」『魚類学雑誌』22(4): 221-226．
　　1979「ナガラ原西貝塚出土のブダイ科魚類の遺骸について」長谷川善和ほか編『伊江島ナガラ原西貝塚
　　　　緊急発掘調査報告書　自然遺物編』：149-173、沖縄：伊江村教育委員会．
與那覇朝則・池原喜美江・渡久地　健
　　1977「渡喜仁浜原貝塚の食料残滓」渡喜仁浜原貝塚調査団編『渡喜仁浜原貝塚調査報告書〔Ⅰ〕』：
　　　　33-66、沖縄：今帰仁村教育委員会．

後期更新世のセレベス海域における貝利用
―インドネシア・タラウド諸島の事例から―

小野 林太郎

キーワード：インドネシア　タラウド諸島　後期更新世　貝利用　リアン・サル遺跡

はじめに

　フィリピン諸島のミンダナオ島とマレーシア領に位置するボルネオ島北部、それにインドネシア領に位置するスラウェシ島北部によって囲まれた海は、一般的にセレベス海と呼ばれている。この海域には更に小さな島々からなるスールー諸島と、サンギル・タラウド諸島が内在する。このセレベス海を囲むボルネオ島・ミンダナオ島・スラウェシ島といった大きな島の沿岸域とその中間に点在する島嶼群を、筆者は「セレベス海域」と呼んでいるが（図1）、セレベス海域における最古の人類の痕跡は、現在のところ更新世後期にあたるBP30,000年頃にまで遡ることができる。

　最終氷河期にあたるこの時代、海面は現在よりも最大で120〜100mまで低くなったと推測されており(Chappell and Shackleton 1986；Prentice and Denton 1988)、セレベス海域の西端に位置するボルネオ島は、現在のマレー半島やジャワ島などとともに、スンダ大陸の一部を形成していた。同じく現在のフィリピン領にあるパラワン島やスールー諸島、ミンダナオ島も、ボルネオ島と陸橋で

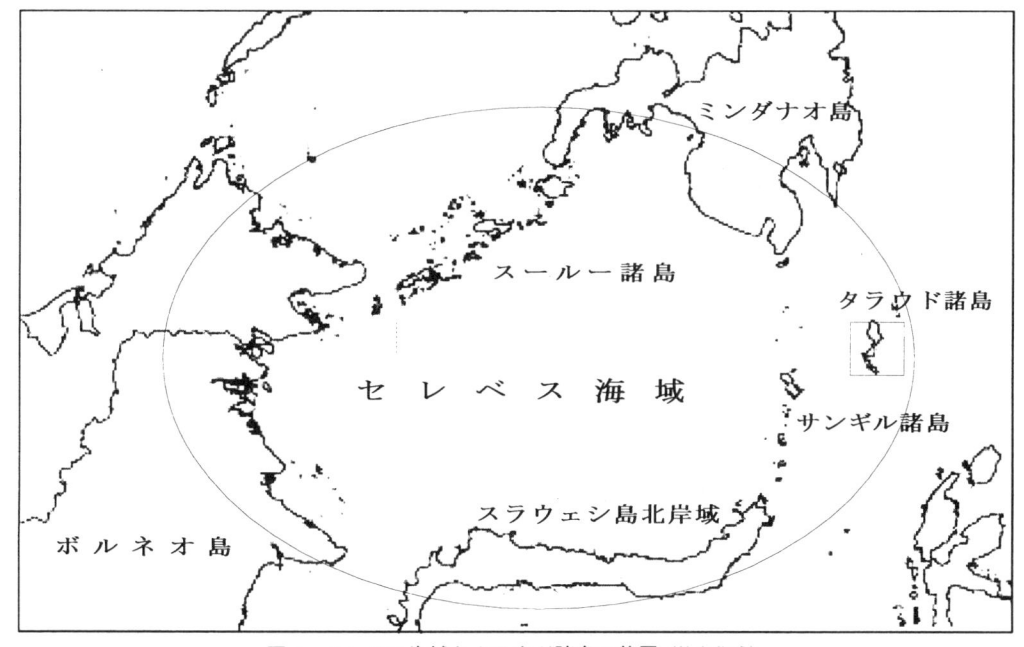

図1　セレベス海域とタラウド諸島の位置（筆者作成）

繋がっていた。さらに現在のインドネシア領に位置するサンギル・タラウド諸島はミンダナオ島と陸橋で繋がっていたか、かなり近接していた可能性が高い（図2）。一方、スラウェシ島は、この時代においても水深の深いマカッサル海峡によってボルネオ島と海で隔たれており、陸続きになることはなかった。

したがって、更新世後期におけるセレベス海域は、スンダ大陸の一部を形成していたボルネオ島からミンダナオ島を経てタラウド諸島までの地域と、スンダ大陸とは陸続きではなかったスラウェシ島という2つの地域に大きく分けることができる。このうち、本稿ではスンダ大陸の辺境地であっ

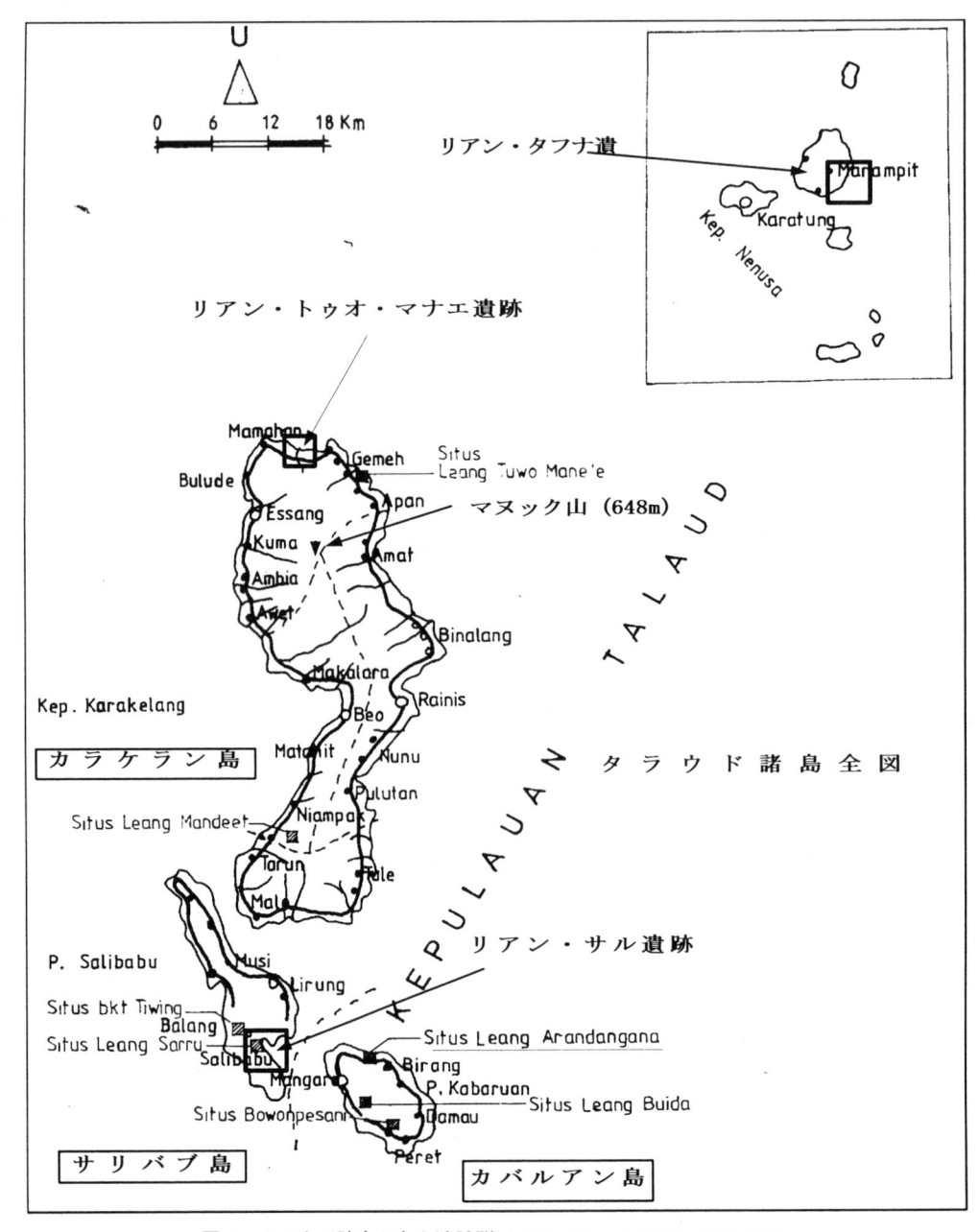

図2　タラウド諸島と主な遺跡群（BP30,000～3,000年／筆者作成）

たとも想定されるタラウド諸島に注目し、BP30,000年から10,000年頃までの更新世後期における沿岸環境の変容と人々の沿岸利用圏を、遺跡から出土した貝類遺存体より検討してみたい。ここで主に検討する更新世遺跡は、タラウド諸島のサリバブ島東岸に位置するリアン・サル岩陰遺跡である。

1. タラウド諸島の地理環境とリアン・サル岩陰遺跡

完新世以降のタラウド諸島は、カラケラン島、サリバブ島、カバルアン島という3つの島、およびその北方に点在する離島域より形成され、ミンダナオ島とは海で隔たれている（図3）。タラウド諸島はその隣のサンギへ諸島と同じく、インドネシアの北スラウェシ州に属し、その県庁は最も面積が大きいカラケラン島（約800km²）にある。タラウド諸島を形成するこれら3つの島々は、火山によって形成された古い基盤を主とし、一部には隆起したサンゴ礁石灰岩が発達する。しかし、島全体の標高はそれほど高くなく、カバルアン島に位置するマヌック山の648mが最高海抜である。

図3 更新世後期におけるタラウド諸島の位置（大塚1995: 50より筆者作成）

一方、カラケラン島の北方に点在するナヌサ諸島は、より面積の小さい火山島と隆起サンゴ島からなる。その最も北端に位置するミヤンガス島は、フィリピンのミンダナオ島の西方120kmに位置し、フィリピンにもっとも近いインドネシア領の1つである。

さて、こうしたタラウド諸島の地理的な特徴は、東南アジア島嶼域とオセアニア島嶼域の境界に位置する点にある。こうした特徴を背景にタラウド諸島は、新石器時代に東南アジアからオセアニアへと拡散したと推定される、オーストロネシア語族集団の拡散ルート上に位置する地域として注目されてきた。1970年代には、オーストラリア国立大学のピーター・ベルウッドによって最初の本格的な考古調査がおこなわれ、新石器時代遺跡となるリアン・トゥオ・マナエ遺跡のほか、金属器時代と推定される遺跡群が発掘された（Bellwood 1976）。さらに1990年代には、インドネシア考古学者のダウド・タンジーニョによって、BP30,000年の年代が得られたリアン・サル岩陰遺跡が発掘され、更新世期にまで遡る人類の居住が確認された（Daud 2001, 2005）。

このリアン・サル岩陰遺跡は、現在のところセレベス海域においても最も古い遺跡の一つである。しかし、ダウドによる調査で発掘されたのは岩陰内部にあたる僅か2㎡のみであった。これに対し、2003年よりタラウド諸島にて継続的な発掘調査をおこなってきた筆者とインドネシア考古学センター（マナド支局）は、2004年にリアン・サル岩陰遺跡の再発掘調査を実施し、岩陰内部および外部を含めた合計6㎡を発掘した。これまでの総発掘面積8㎡からは、合計で14,000点を越す大量のチャート、およびフリント製剥片と、7,550点の海産を主とする貝類が出土しているが（Daud 2001, 2005；Ono and Soegondoh 2004；Soegondoh 2004）、人骨や獣骨などの遺存体は出土しなかった。出土した剥片石器は、東南アジア島嶼部の旧石器時代遺跡において一般的に出土する不定形剥片石器群に属すると考えられるが、そのサイズは平均2〜4cm前後と小さいものが多く、スクレーパー、ブレイド、ピック、ドリル、ナイフ、ポイントなどとして利用されたと想定される剥片石器も少なくない（Daud 2001, 2005；小野2005）[1]。

リアン・サル岩陰遺跡は、サリバブ島東岸の現海岸線から内陸約400mに位置する小さな石灰岩洞穴（洞穴内面積15㎡、高さ2.5m）である（図4）。セレベス海域のみならず、東南アジア島嶼域においては、このリアン・サル岩陰遺跡以外に、更新世紀にまで遡る先史遺跡から大量の海産貝類が出土した遺跡がまだ確認されていない。その理由として、これまで発掘されたボルネオ島のニア洞窟遺跡や、パラワン島のタボン洞窟遺跡（Fox 1970）などの更新世遺跡群が、いずれも形成当時には海岸線から100km以上離れた内陸に位置していたのに対し、リアン・サル遺跡の海岸線までの推定距離が、形成当時においても約2.5km（Daud 2001）とかなり近かったことが指摘される。

遺跡が立地するサリバブ島とその東のカバルアン島は、現在では水深100〜150m、幅約1kmの海峡によって隔たれている。したがって、海面が現在よりも50〜150m低かった更新世期には、サリバブ島東部とカバルアン島西部は、陸続きであったか、海峡が存在したとしてもその幅は現在よりも狭く、その水深も浅かったと推測される。いずれにせよ、遺跡から海岸線までは、更新世後期においても1〜3km圏内の距離にあった可能性が高い。

大きく3層に分層できる遺跡の堆積層は浅く、表土から石灰岩盤までは70cm程しかない（図4）。1994年の調査では、出土した海産貝類から合計で7点の炭素年代が提出された。その結果、最下層となる第3層からはBP30,000〜20,000年[2]、第2層からはBP20,000〜10,000年[3]と、更新

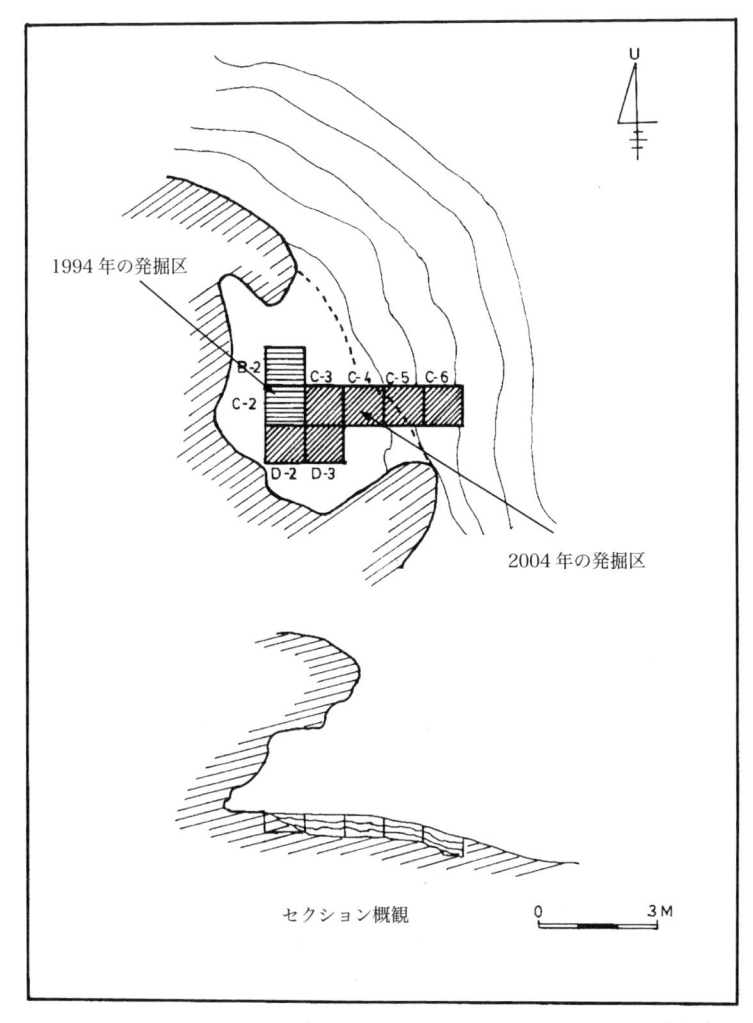

図4 リアン・サル遺跡の発掘区とセクション（Santoso 2004 より筆者作成）

世から完新世初期の年代値が得られたのに対し、土器片が混入する第1層からは炭素年代は得られていないが、主な出土遺物は剥片石器と貝類遺存体で占められており、これらの遺物年代もBP10,000年前後まで遡る可能性が高い。一方、第1層から出土する土器片は、その形態が金属器時代以降に主流となるタイプが多く、より新しい時代に埋葬や儀礼目的から遺跡が再利用された可能性が指摘されている（Daud 2001: 230）。2004年の調査では、海産貝類のほかに木炭などの炭化物も各層から採集されたが、これらを用いた年代測定の結果はまだでていない。

そこで本稿では、1994年の調査で確認された年代値に基づき、再発掘調査で得られた新たな考古学データや、先行研究で得られてきた考古学データを踏まえ、主に第3層から第2層（BP30,000年～BP10,000年頃）において出土した貝類遺存体の分析から、タラウド諸島の更新世遺跡における貝利用の状況と時間的な変化について考察する。

2. リアン・サル岩陰遺跡より出土した貝類遺存体

リアン・サル遺跡からは、1994年の発掘調査で40種（4,135点/2㎡）、2004年の調査では53種（3,417点/6㎡）の貝類のほか、1種の甲殻類（カニ；種名不明）と1種の棘皮類（パイプウニ *Heterocentrotus mammillatus*）が出土した。両調査を合わせると、8㎡の発掘面積からNISP数で7,552点（約25kg）の貝類遺存体が出土したことになる。1994年の調査では岩陰内部のほぼ中央が発掘されたのに対し、2004年の調査では、岩陰内部から外部にかけて発掘がおこなわれた（図4）。発

掘地点との関わりからは、岩陰内部に貝類遺存体の出土量が集中する傾向があることがまず指摘できる。実際、2004年の調査においても貝類遺存体の出土量は、岩陰内部のほぼ中央に位置するC3（1,872点）が圧倒的に高く、ついで岩陰内部の周辺にあたるD2（348点）、D3（492点）、C4（336点）が続く。これに対し、岩陰の外部に位置するC5（182点）、C6（187点）からの出土量はかなり少ない。

出土した貝類遺存体のうち、いずれの発掘調査においても出土個数が高かった貝種は、アマオブネ科の数種 (*Nerita lineate* イトマキアマガイ、*Nerita undata* アラスジアマガイ、*Thiostyra albicilla* アマオブネ)、リュウテン科の数種[4] (*Turbo marmoratus* ヤコウガイ、*Turbo sparverius*、*Turbo stosus* マルダガサザエ)、ニシキウズ科の数種 (*Trochus maculates* ニシキウズ、*Trochus niloticus* サラサバティ、*Trochus erythraeus*) などである。このうち出土数がもっとも高かったのはアマオブネ科に属する貝種であるが、これらはサイズの小さい貝種で、肉量としてはそれほど大きくない。むしろ肉量という点でもっとも利用されていた貝種としては、サザエの仲間となるリュウテン科とニシキウズ科に属する貝種があげられよう。

表1は、2004年の発掘調査で出土量の多かった3つのテストピット（D2,D3,C3）から出土した貝類遺存体の出土状況（NISP数）を種別に整理したものである。全体としては、BP20,000年から10,000年頃と推定される第2層において貝類遺存体の出土量がもっとも多く、その出土種も多種に渡る。一方、BP30,000年から20,000年頃と推定される第3層での出土量はより少ないが、最低30種の貝類と1種の甲殻類（カニ）、それにパイプウニが出土している。これらのうち、出土量が多い貝種はアマオブネ科のイトマキアマガイ、リュウテン科の数種（ヤコウガイ、チョウセンサザエ）のほか、ツタノハガイ科やヒザラガイ科の出土量が目立つ。また全体の数量は少ないが、陸生種となるオカミミガイ科のマダラシイノミガイ、ミミガイ科のマアナゴなどの出土量が他層と比べて高い。リュウテン科に属するヤコウガイやチョウセンサザエ、アマオブネ科に属するイトマキアカガイなどは潮間帯よりもやや深い水域に生息する傾向があるが、ツタノハガイ科やヒザラガイ科は潮間帯の岩礁域に主に生息する貝種である。また、第3層では陸生種の出土率が第2層に比べて高くなる傾向が指摘できる。

これに対し第2層では、陸生種やツタノハガイ科の出土量は減少する一方、その他の貝種はいずれも急増する。第3層より出土量が多かったアマオブネ科やリュウテン科の出土量も増加し、貝種の多様性も増加している。アマオブネ科ではアマオブネやアラスジアマガイの出土量が増え、リュウテン科では大型種となるヤコウガイの出土が目立つ。さらに第2層において特徴的なのは、沿岸外縁域に生息するニシキウズ科のニシキウズやイトマキガイ科のナガサキニシキミナ、カタベガイ科のリュウキュウカタベイの出土量が急増する点にある。特にその出土量はBP20,000年前後の炭素年代が得られている第2層の下層（地表から30〜40cm）に集中するが、BP10,000年前後の炭素年代が得られている上層（地表から20〜30cm）にかけての出土量は再び減少する。

また、カニやパイプウニの出土量が増加するのも第2層である。一方、第2層から出土する貝には小型のものが増加する傾向があり、これはダウドによる貝類遺存体の分析においても確認されている（Daud 2001: 260）。こうした出土状況は、貝類資源への利用頻度の増加によって、肉量が多く利用価値の高かった大型の貝類を獲りすぎたために、大型サイズの貝類が減少した可能性を連想さ

表1 リアンサル遺跡（D2/D3/C3）から出土した貝類遺存体の出土状況（NISP）

順位	腹足網（海産）	和名	学名	1層	2層	3層	合計
1	アマオブネ科			209	424	217	850
	Neritidae	不明	Nerita articulata	105	77	11	193
		アマオブネ	Thliostyra albicilla	13	43	8	64
		不明	Neritia lineata?	67	291	194	552
		フトスジアマガイ	Ritena costana	17	13	2	32
		マルアマオブネ	Ritena squamulta	1	0	1	2
		アマガイモドキ	Neritopsis radula	6	0	1	7
2	リュウテン科			169	260	137	566
	Turbinidae	リュウテン科の蓋	Turbo sp	161	218	127	506
		キングチサザエ	Turbo chrysostomus	0	7	2	9
		マルサザエ	Turbo stosus	4	14	3	21
		コシダカサザエ	Turbo stenogyrus	2	0	0	2
		不明	Turbo sp	2	2	0	4
		不明	Turbo marmoratus	0	19	5	24
3	ニシキウズ科			117	154	19	290
	Trochidae	ギンタカマハ	Tectus pyramis	8	1	0	9
		サラサバティ	Ttochus niloticus	28	1	0	29
		キサゴの1種	Umbonium spp.	65	2	1	68
		ニシキウズ	Trochus maculatus	16	150	18	184
4	ユキノカサ科			1	77	92	168
	Acmaeidae	ウノアシの1種	Patelloida sp.	1	2	0	3
		不明	Acmaea sp.	0	75	92	167
5	イトマキガイ科			82	49	4	135
	Fasciolariidae	ナガサキニシキミナ	Latirus nagasakiensis	81	38	1	120
		ミガキナガニシ	Fusinus undatus	1	3	2	6
		イトマキボラの仲間	不明	0	8	1	9
6	オカミミガイ科			29	6	17	52
	Ellobiidae	マダラヒラシイノミガイ	Pythia panthrina	29	6	17	52
7	スイショウガイ科			8	4	0	12
	Strombidae	インドマガキガイ	Strombus decorus	7	3	0	10
		スイショウガイ科の1種	Storombus sp	1	0	0	1
		スイショウガイ科の1種	Storombus sp	0	1	0	1
8	アッキガイ科			14	19	31	64
	Muriciadae	レイシガイの仲間	不明	14	19	31	64
9	タカラガイ科			17	9	5	31
	Cypraeacea	ホシダカラ	Cypraea tigris	5	2	2	9
		ハナマルユキ	Cypraea caputserpentis	11	3	3	17
		不明	Cypraera nucleus	0	4	0	4
		不明	Cypraera scurra	0	2	1	3
		ヒメホシダカラ	Cypraera lynx	1	0	0	1
10	シャコガイ科			20	3	0	23
	Tridacnidae	シラナミ	Tridacna maxima	5	1	0	6
		ヒメジャコ	Ttidacna crocea	14	1	0	15
		シャゴウ	Hippopus hippopus	1	1	0	2

順位	科名	和名	学名	1層	2層	3層	合計
11	ミミガイ科			2	5	30	37
	Haliotidaae	マアナゴ	Haliotis ovina	2	5	30	37
12	カブラガイ科			7	16	2	25
	Rapidaea	ミズスイの1種?	Latiaxis armatus?	7	16	2	25
13	イモガイ科			5	8	2	15
	Conidae	イモガイ科の1種	Conidae sp.	5	8	2	15
14	タケノコガイ科			9	0	3	12
	Terebridae	タケノコガイ科の1種	Terebra sp.	9	0	3	12
15	オニツノガイ科			0	1	0	1
	Cerithidae	オニツノガイ	Certhium nodulosum	0	1	0	1
16	コハクガイ科			23	15	15	53
	Zonitidae	不明	Tronchomporpha lardea	23	15	15	53
17	陸生種			21	1	11	33
	Helicanonidae	不明	不明	21	1	11	33

順位	斧足網 (二枚貝類)	和名	学名	1層	2層	3層	合計
1	アシガイ科			9	6	0	15
	Psammobiidae	リュウキュウマスホウ	Asaphis deflorata	9	6	0	15
2	マルスダレガイ科			3	2	0	5
	Veneridae	ハマグリの仲間	不明	2	2	0	4
		ハマグリの仲間	不明	1	0	0	1
3	フデガイ科			5	2	0	7
	Mitridae	不明	不明	5	2	0	7
4	イガイ科			1	1	0	2
	Mytridae	ハブタエタマエガイ	Musculus laevigatus	1	1	0	2
5	バガガイ科			1	1	2	4
	Mactridae	バカガイ	Mactra chinensis	1	1	2	4
6	イタボガキ科			1	0	0	1
	Ostreidae	不明	不明	1	0	0	1
7	フジツガイ科			1	0	0	1
	Cymatidae	不明	不明	1	0	0	1
8	未同定 (二枚貝)		?	3	27	47	77

	その他	和名	学名	1層	2層	3層	合計
1	八枚貝類			19	110	77	206
	ヒザラガイ科	クサズリガイ目	Acanthopleura/Liolophura	19	110	77	206
2	棘皮動物			18	20	4	42
	ナガウニ科	パイプウニ	Heterocentrotus mammillatus	18	20	4	42
3	甲殻網	不明	不明	2	29	7	38
		カニ類		2	29	7	38

せる。

　最後に土器の出土が確認され、第2・3層と比べ明らかに新しい時代に廃棄された遺物が混じる第1層における貝類遺存体の出土状況を、比較の目的から簡単に触れておきたい。すでに指摘したように第1層からはまだ炭素年代が得られていないが、出土した貝類遺存体の年代はBP10,000年前後まで遡る可能性がある。いずれにせよ、第1層の形成年代が完新世期となる可能性は高い。貝類遺存体の出土状況も第2層や第3層と比べてやや異なっている。例えば、更新世期に出土量が多かったツタノハ科やヒザラガイ科などの貝類は第1層からはほとんど出土しない。

　一方、オカミミガイ科のマダラシイノミガイを含む陸生種の出土量はふたたび増加する。ただし、第2層や3層でも出土率が最も高かったアマオブネ科やリュウテン科の貝種は、第1層での出土率も依然として高い。このほか、第1層からの出土量が多い海産貝類として、イトマキガイ科、タカラガイ科、シャコガイ科、タケノコガイ科があげられる。ニシキウズ科では、ニシキウズの出土量は激減するが、代わりにキサゴ類やサラサバティなどの出土量が高くなる。これらの科に属する貝種は潮間帯よりも深い水域を好み、種によってその生息範囲は異なるが、第2層や第3層からはほとんど出土しておらず、更新世後期にはそれほど重要な貝種ではなかった可能性が高い。

3. タラウド諸島における更新世後期の貝利用

　リアン・サル遺跡から大量の貝類遺存体が出土したことは、セレベス海域に位置するタラウド諸島では、約30,000年前に遡る後期更新世期から貝を中心とする海産資源が、人々の生活にとって重要な生産資源となってきたことを示唆している。特に海産貝類としてタラウド諸島で後期更新世より重要度が高かった貝種として、サザエの仲間となるリュウテン科、ニシキウズ科、それにアマオブネ科があげられる。これらの貝種は、完新世期以降においてもタラウド諸島では重要な貝種であったことが、リアン・サル遺跡の第1層の出土状況からも確認された。

　類似した出土傾向は、新石器時代遺跡となるリアン・トゥオ・マナエ岩陰遺跡（Bellwood 1975；Daud 2001）や、より新しい交易時代の遺跡となるブキット・ティウィン遺跡（Ono 2004；Santoso 2004）などでも確認されている。したがって、これらの貝種は後期更新世以来、かなり新しい時代に至るまで、タラウド諸島においてもっとも頻繁に獲得され、利用されてきた貝類と考えられる。

　その一方、貝類の利用状況は、更新世後期から完新世期における約20,000年の間に変化があったことも、出土した貝類遺存体の分析によって確認された。まず、BP30,000年〜20,000年間の時代には、ツタノハやヒザラガイなどの潮間帯の岩礁域に生息する貝種や、マダラシイノミガイなどの陸生種への依存度が高かった。潮間帯以下の海域に生息する貝種では、ミミガイ科のマアナゴなどの水深10m以上の比較的浅い海域に生息する貝種が圧倒的に多く（グラフ1）、より深い海域にも生息する貝種の出土量はかなり低い。

　最終氷河期がまだピークに達していなかったこの時期、気候はなお温暖で海面の高さも最終氷河期のピーク時よりは高かったと考えられる。したがって、遺跡から海岸線までの距離もより近かったと推測されるが、人々による貝類資源の利用圏は、基本的には沿岸の浅瀬周辺に集中するものであった。

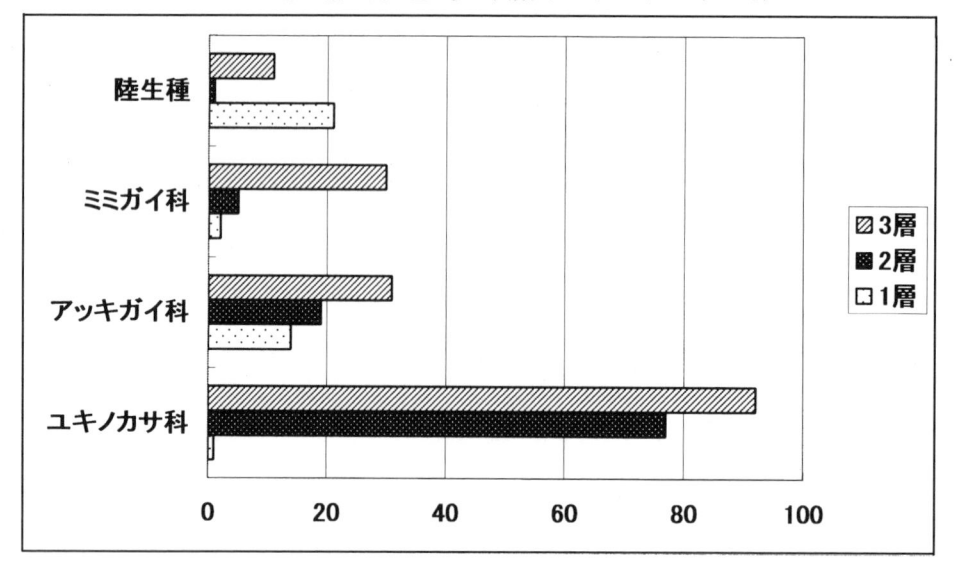

グラフ1　第3層に出土量の多い貝類（BP30,000年〜20,000年）

陸生種
ミミガイ科
アッキガイ科
ユキノカサ科

0　20　40　60　80　100

3層
2層
1層

　これに対し、最終氷河期が最高期を迎えるBP20,000年頃には遺跡での貝利用はもっとも活発になり、かつ多様化する傾向を示している。主に出土する貝種では、第3層に引き続きアマオブネ科やリュウテン科の出土量がもっとも高いが、沿岸外縁域に生息するニシキウズ科のニシキウズやイトマキガイ科のナガサキニシキニナ、カタベガイ科のリュウキュウカタベイなどの増加も目立つ（グラフ2・3）。

　最終氷河期を迎えるBP20,000年頃からは寒冷化が強まり、海面がより低下したと推定される。したがって、遺跡から海岸線までの距離がより遠くなった可能性が高い。それにもかかわらず、遺跡における貝類遺存体の出土状況は、人々による貝利用がより活発化し、その採集範囲も拡大した可能性を示唆している。したがって、BP20,000年以降、人々の貝類への依存度がより高まったと考えられる。その要因としては、寒冷化による他の食料資源量の低下や人口増加などが推測されるが、明確な要因は現時点では指摘できない。いずれにせよ、人々が利用できた食料資源量と何らかの相関性をもっている可能性は高い。

　しかし、同じ第2層でもその上層域においては、貝類遺存体の出土量は減少する。同様の傾向は完新世初期と推測される第1層においても確認された。さらに第1層では、ニシキウズ科のニシキウズが減少する一方で、同科のサラサバティは増加しており、他にイトマキガイ科、シャコガイ科やタカラガイ科などの貝種も増加した。またオカミミガイ科などの陸生の貝種も第2層に比べて増加する傾向がみられた（グラフ3）。

　ただし、全体としての出土量は第2層に比べて少ない。これらの状況は、完新世期以降においては貝類への依存度はやや低下したものの、その採集範囲や利用する貝種の多様化はより拡大したことを示唆している。BP15,000年頃より完新世期にかけて気温はふたたび温暖化し、海面も上昇した。貝類遺存体の出土量が第2層上層より減少する要因の一つとして、温暖化にともなう他の食料資源量の増加などが考えられるが、人々の採集範囲が拡大している点は、更新世後期に相当すると

グラフ2　第2層に出土量の多い貝類（BP20,000年〜10,000年）

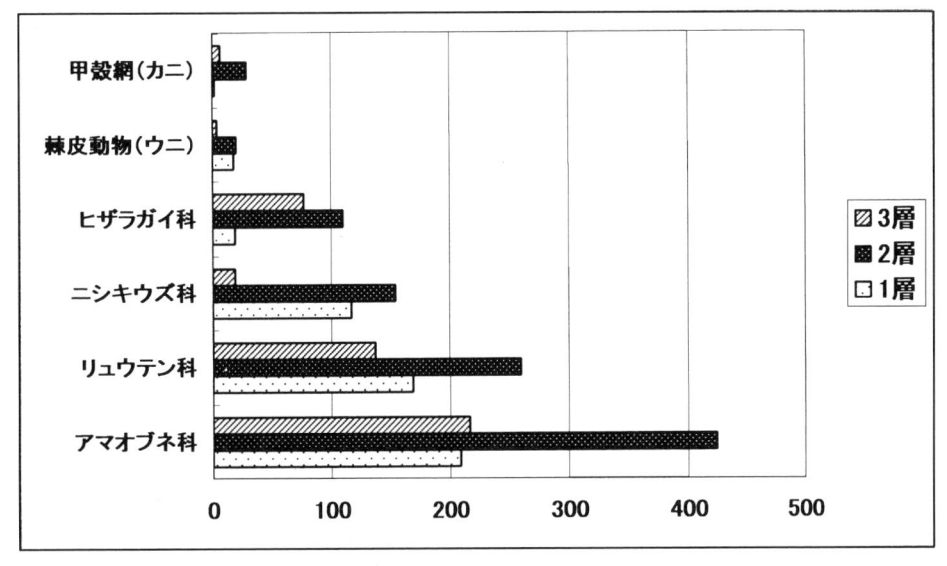

グラフ3　第1層に出土量の多い貝類（BP10,000年以降？）

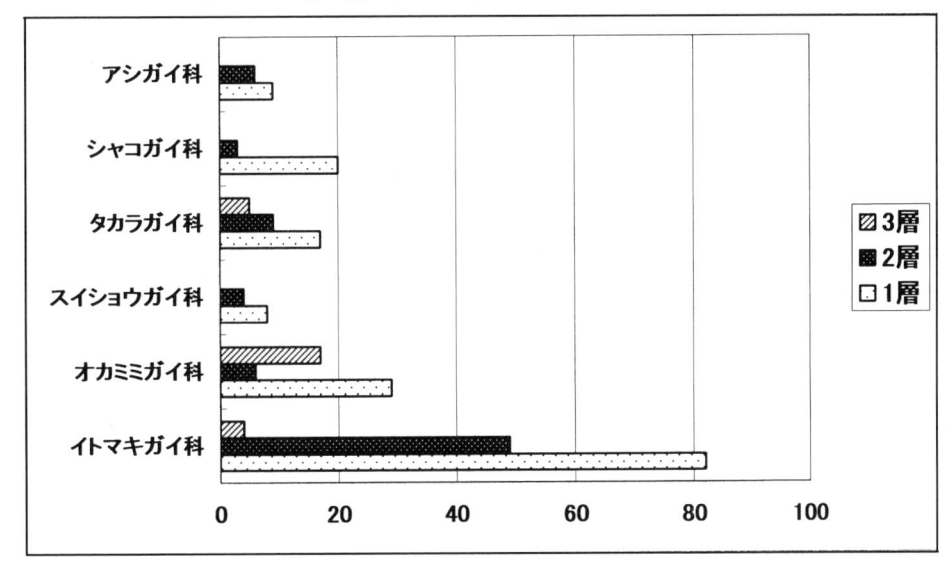

考えられる第3層における状況と比較すると対照的といえよう。

4. セレベス海域における後期更新世遺跡と貝利用

　セレベス海域においてこれまでに発掘調査が行われた後期更新世遺跡は、本稿で取り上げたリアン・サル岩陰遺跡のほかに、ボルネオ島サバ州東岸域の内陸15〜20kmに位置するティンカユ遺跡群（BP28,000年〜17,000年）、ハゴップビロ岩陰遺跡（BP17,000年〜12,000年）、それにマダイ洞穴遺

跡群（BP11,000〜7,000年）があげられる。これらの遺跡群は、海面高が現在よりも低かったと想定される更新世後期には、海岸までの距離が50kmほど離れていたと推測されている（Bellwood 1988）。

　このうちリアン・サル岩陰遺跡の第3層とほぼ同時期と考えられるティンカユ遺跡は開地遺跡であるが、更新世後期にはその近隣に内陸湖が存在していたことが地質調査で確認されており、遺跡が湖畔に形成されていた可能性が高い。しかし、この遺跡からは多数のチャート製剥片石器群（両面加工石器を含む）のほかは、貝類遺存体を含め動植物遺存体がまったく出土しておらず、過去の食生活を考古学的に復元するには限界がある。遺跡が湖畔に面していたという立地環境から推測するならば、遺跡で利用されたであろう貝類や魚類の多くは湖や川に生息していた淡水種であった可能性が高い。ティンカユ遺跡では更新世期のBP18,000年までには遺跡が放棄されたが、これは遺跡に隣接して存在していたと推定される湖が更新世末に枯渇した結果と考えられている。しかし、ティンカユ遺跡を形成した集団がその後どこへ移動したのかは現時点では不明である[5]。

　これに対し、リアン・サル岩陰遺跡の第2層とほぼ同時期と考えられるハゴップビロ岩陰遺跡からは、多くの貝類遺存体が出土しているが、これらはいずれも淡水性の貝類であり、遺跡の周辺を流れる河川域で採集されたものと考えられる。ただし、ハゴップビロ岩陰遺跡からは海産貝類は1点も出土しておらず、遺跡が海岸から50km近く離れていた当時、遺跡で海産貝類が頻繁に利用されることはなかった。

　ハゴップビロ洞窟遺跡でも、BP10,000年以降には遺跡が放棄されるが、その反対に同じく石灰岩性丘陵に形成され、より海岸線に近いマダイ洞窟遺跡群ではBP10,000年以降より利用が開始された。この時期はすでに完新世初期に相当するが、遺跡からはハゴップビロ岩陰遺跡と同様に多くの淡水産貝類が出土したほか、マングローブ域などに主に生息する汽水産の貝類も出土が確認されている。

　マダイ洞窟遺跡群の形成期は、リアン・サル岩陰遺跡の第1層と同時期となる可能性が高いが、この時期になると人々の採集活動範囲がより拡大することが、両遺跡の出土状況からは指摘できる。ただし、完新世期においても海岸線から約15km内陸に位置するマダイ洞窟遺跡群では、やはり海産貝類の出土は確認されていない。これら遺跡群の海岸線からの距離と出土状況を考慮するなら、更新世後期における人々の貝利用は、基本的には遺跡周辺域に集中しており、完新世期へと向かうにつれて、しだいにその採集範囲や利用する貝種の幅が拡大する傾向がみえてくる。

　なお、更新世後期と完新世期における人々の貝利用では、もう1つ大きな変化を指摘できる。一般的に人間による貝の利用には、大きく、(1) 貝の身となる肉の部分を食糧（副食）として利用する場合と、(2) 貝殻を道具として利用する場合の2つが想定される。しかし、(1) 食糧として利用され、廃棄されたと想定される貝類遺存体は、リアン・サル岩陰遺跡のように更新世期にまで遡る旧石器時代遺跡からも出土が確認されるが、(2) 道具として加工された貝製品は、完新世期以降に形成された遺跡群からしか出土が確認されていない。

　実際、タラウド諸島においてはリアン・サル岩陰遺跡からは貝製品はまったく出土が確認されなかった。これに対し、新石器時代遺跡以降の遺跡群からイモガイ製の腕輪などの貝製品が僅かながら出土しており、シャコガイ製貝斧の存在もいくつか確認されている。そのもっとも古い年代は、タラウド諸島の離島域に位置する完新世遺跡から出土したBP4,310±50年（OZD-771）の年代が得

られている打製のシャコガイ製貝斧である（Daud 2001: 203）。

いずれにせよ、タラウド諸島においては貝類資源の道具としての利用の痕跡は、更新世遺跡からはまだ確認されておらず、貝製品はすべて完新世遺跡から出土している。とくに時代がより新しくなるにつれてその種類も多様化する傾向がある。一方、食料としての貝資源の利用は、現在のところもっとも古い人類の痕跡が現れる更新世後期より活発におこなわれていたことが、リアン・サル岩陰遺跡の発掘によって明らかとなった。

また新石器時代遺跡であるリアン・トゥオ・マナエ岩陰遺跡や、交易時代遺跡とされるリアン・アランダンガナ岩陰遺跡、ブキット・ティウィン遺跡などからも貝類遺存体は大量に出土しており、アマオブネ科やリュウテン科、ニシキウズ科が主流となる状況は共通して確認されている。これらの状況を考慮するなら、タラウド諸島の沿岸環境は、これらの貝種に適した生息条件を満たしており、これらの貝種が更新世後期より人々にとって重要な食料資源となってきたことを指摘できる。

冒頭においても指摘したように、東南アジア島嶼部の後期更新世遺跡からはこれまで海産貝類の大量出土が確認されてこなかった。しかし、後期更新世に形成された可能性の高いリアン・サル岩陰遺跡における貝類遺存体の出土状況は、その要因が遺跡の立地環境と強く相関することを示唆している。広大なスンダ大陸が形成されていたこの時代においても、海岸近くに形成された遺跡群では、おそらく積極的な海産資源の利用がおこなわれていたに違いない。しかし、残念ながらそれら遺跡群の多くが、現在は海面下に位置しており、考古学的な調査や発見が難しい状況にある。こうした状況に対し、更新世紀から完新世期にかけて一貫して海岸近くに立地してきたと推測されるリアン・サル岩陰遺跡の発掘調査は、すでに更新世後期より人々が十分な水域適応を達成していたことを、端的に物語っているといえよう。

ところでこのリアン・サル岩陰遺跡を利用したこの人間集団は、ミンダナオ島を経由してこの地に拡散してきたと推測される。ただし、現在ミンダナオ島からスールー諸島にかけては、後期更新世遺跡がまだ発見されていない。今後の研究では、これらの地域においても積極的な考古学調査の実施が望まれている。同様にセレベス海域の旧石器時代研究は、より広い範囲と視野から展開される必要があるであろう。

謝辞

筆者のこれまでの研究を指導してきて下さった青柳洋治先生にまず感謝申し上げたい。青柳先生からは学問だけでなく、人間として生きる道そのものを教えて頂いたと感じている。本稿においてもその成果の一部を紹介させてもらったタラウド諸島での発掘・踏査調査は、インドネシア考古研究センター所長のトニー・ジュビアントノ博士、マナド考古支局のサントソ・ソエゴンド博士、およびスタッフの皆様からの惜しみないご協力によって実現したものである。また出土した一部の貝類遺存体にかんする同定分析では、関西外国語大学の片岡修先生にご協力頂いた。末筆ながら、お世話になった全ての方々に記して謝意を申し上げたい。なお、インドネシアでの考古学調査は平成16・17年度文部省科学研究費補助金・特別研究員奨励費の一部を利用させて頂いた。

註

(1) これらの剥片石器群については、現在、東京大学の小田静夫氏らとさらなる分析を実施中であり、その結果は、別稿にてあらためて議論したい。

(2) これらの年代は、30,750±720BP (ANU-10499非調整年代)、29,590±630BP (ANU-10498非調整年代)、29,760±650 (ANU-10204非調整年代)などを含む5点である（Daud 2001: 165）。

(3) これらの年代は、14,820±80BP (ANU-10810非調整年代)と18,880±140BP（詳細不明）の2点である（Daud 2001: 165）。

(4) リュウテン科に属する貝類遺存体の多くは表1にも明記したように、蓋に相当する部位である。

(5) これらの遺跡群を発掘したベルウッドは、ティンカユ遺跡出土の剥片石器群とBP18,000年以降に利用されたハゴップビロ洞窟遺跡や、BP10,000年以降に利用されたマダイ洞窟遺跡群から出土する剥片石器群を比較し、これらが形態・技術的側面においてあまり類似していない点を指摘している (Bellwood 1988)。

引用文献

Bellwood, P.S.
 1976 Archaeological research in Minahasa and Talaud islands, Northern Indonesia. *Asian Perspectives* 19: 240-288.
 1988 *Archaeological Research in Southern Sabah*. Sabah Museum Monograph 2, Kota Kinabaru: Sabah Museum

Chappell, J.A. and N. Shackleton
 1986 Oxygen isotopes and sea level. *Nature* 324: 137-140.

Daud, T.
 2001 *Islands in between: prehistory of the northeastern Indonesian archipelago*. Ph.D. dissertation, The Australian National University.
 2005 Long-continues or short-occasional occupation? The human use of Leang Sarru rockshelter in the Talaud Islands, North eastern Indonesia. *Bulletin of Indo Pacific Prehistory Association* 25: 15-19.

Ono, R.
 2004 *An archaeological and ethno-archaeological research on settlement and subsistence patterns at Sangihe-Talaud Islands, North Sulawesi Province*. Quarterly Report submitted to Lembaga Ilmu Pengetahuan Indonesia, Jakarta.

Ono, R. and S, Soegondoh.
 2004 A short report for the re-excavation at Leang Sarru site, Talaud Islands. *Jejak-Jejak Arkeologi* No.4: 37-50.

Prentice, M.L. and G.H. Denton
 1988 The deep-sea oxygen isotope record, the global ice sheet system and human evolution. In F. Grine (ed.), *Evolutionary History of the Robust Australopithecines*. New York : A. de Gruyter. pp. 3

Santoso, S.
 2004 Kajian Permnkiman dan Matapecharian Hidnp Manasia Masa Lalu di Kepuluan Sangine don Talaud Sulamos: Utara (1). *Laporan Penelitian Arkeologi* NO.13. Manado: Bala：Arkeologi Manado.

AMS^{14}C年代によるフィリピン、Lal-lo貝塚群の編年

三原 正三・小川 英文・田中 和彦・中村 俊夫・小池 裕子

キーワード：加速器質量分析（AMS）　^{14}C年代測定　人骨　コラーゲン　Lal-lo貝塚群

1. はじめに

　フィリピン、ルソン島の北東部を流れるCagayan川の下流域に分布するLal-lo貝塚群（図1）からは、後期先鉄器（新石器）時代に属する赤色土器、鉄器時代に属する黒色土器が出土している。赤色土器は、有文赤色スリップ土器が石灰岩台地上のMagapit貝塚の貝層から、無文赤色スリップ土器が河岸段丘上の貝塚の貝層下シルト層中から出土している（小川（編）2002）。また、2001年、2002年の発掘により、Magapit貝塚より10km上流のDummon貝塚では貝層中から赤色スリップ土器が出土し、シルト層からは土器の出土がないことが確認されている（Garong 2002: 33-68）。黒色土器は、有文黒色土器および無文黒色土器が河岸段丘上貝塚の貝層中から出土している。また、内陸低地上のDalaya貝塚からは剥片石器のみで土器が出土せず、土器出現以前の貝塚と考えられている（小川（編）2002）。土器編年に関しては、発掘調査により、無文赤色スリップ土器群→有文黒色土器群→無文黒色土器群という変化が層位的に確認されている（小川 2004: 1-33）。貝塚の年代に関しては、有文赤色スリップ土器を出土するMagapit貝塚で2800±140 BP（N-5396）および2760±125 BP（N-5397）、無文黒色土器を出土するCatayauan貝塚で1060±290 BP（N-5398）という^{14}C年代値が、それぞれ炭化物試料を用いたベータ線計数法により得られている（Aoyagi et al. 1991: 49-63）。

　1980年代の加速器質量分析（AMS）法の開発により^{14}C年代測定は大きく発展し、これにより、骨試料など、量が少ない貴重な試料を直接測定できるほか、特に高い精度を要する、編年等に関する細かな年代測定も行えるようになった。本研究では、Lal-lo貝塚群の各遺跡より出土した人骨、動物骨および炭化物を用いたAMS^{14}C年代測定により各文化期の年代を決定し、貝塚群の編年を構築することを試みた。

2. 分析試料

　年代測定用試料として、Lal-lo貝塚群の各貝塚から出土した人骨、動物骨、炭化木片試料をフィリピン国立博物館の考古学部門から提供を受けた（表1）。人骨試料はFabrica貝塚から1点、Catugan貝塚から2点、Bangag貝塚から1点、San Lorenzo貝塚地点から6点、Santa Maria貝塚から1点、Dugo貝塚から2点、Catayauan貝塚から4点の計17点である。動物骨試料はDummon

貝塚から4点、Magapit貝塚から7点、Catugan貝塚から4点、Bangag貝塚から5点、Dugo貝塚から5点、Catayauan貝塚から8点の計33点である。炭化物試料はDalaya貝塚から1点、Santa Maria貝塚から6点の計7点である。

3. 分析方法

(1) 前処理

骨試料に関しては、骨中の硬タンパクであるコラーゲンを用いた。主として酸に不溶性のコラーゲンを回収することを目的として設定した以下の方法を使用した（三原2002: 82-104）。まず、保存状態の良い試料の中から、緻密質の厚い、大きな塊を選んだ。保存状態は、色、質量、硬さ、光沢等から判断した。海綿質には土が入りこみやすく、土壌の有機物による汚染を受けやすいため、なるべく用いないようにしながら、500mg〜1gを選別した。次にデンタルドリル、ピンセット等で試料表面の汚れや樹木のひげ根等を除去した後、蒸留水中で2分間の超音波洗浄を3〜5回ほど繰り返し、表面の細かな汚れを除去した。これを凍結乾燥した後、ステンレス製の乳鉢で粉砕し、粉末試料とした。これに0.1NのNaOH水溶液を加えて試料粉末表面のフミン酸などのアルカリ可溶成分を除去した。その後遠心して上澄みを除去するという操作を、上澄みの色が変わらなくなるまで繰り返した。次に0.1NのHCl水溶液を加えてローテータで30分ほど撹拌した後、上記と同様の操作によって脱灰し、繊維状のコラーゲンを抽出した。脱灰完了後、0.01N未満のNaOH水溶液に変え、上記と同様の操作で再度アルカリ処理をおこない、コラーゲンに混入したアルカリ可溶成分を除去した。アルカリ溶液を捨て、蒸留水と数滴の塩酸を加えアルカリを中和した後、蒸留水でコラーゲンを洗浄した。洗浄後、蒸留水を捨て、約24時間凍結乾燥し、試料をスクリュー管瓶に入れて保存した。

以上がコラーゲン抽出の方法であるが、非常に保存状態の良い、大きな骨試料に関しては、表面の汚れを除去した後、デンタルドリルで試料粉末を300〜500mg削り取って使用した。一方、炭化物に関しては、ひげ根や砂粒等を取り除いた後、蒸留水中で超音波洗浄をおこなった後、1NのHCl溶液とNaOH溶液を用いて酸-アルカリ-酸処理（AAA処理）をおこなった。

(2) ANCA-massによる測定

得られた試料は約0.8mg〜1.0mgを秤量して錫製のカプセルに詰め、標準試料のグリシンとともに安定同位体質量分析計 ANCA-mass (Automated Nitrogen and Carbon Analysis mass spectrometry, Europa Scientific社) を用いて炭素、窒素の含有率の測定をおこなった。各試料につき2回測定をおこない、分析結果はそれらの平均値を使用した。

(3) CO_2精製

前処理を終えた試料はANCA-massで得られた炭素含有率から、炭素量で1〜2mg分を量り、酸化銅、銀線とともに真空ラインを用いてバイコールガラス管に封入した。電気炉を用いて850度で3時間加熱し、生じた気体を、液体窒素（−196℃）、液体窒素で冷却したエタノール（−80℃）、お

よび液体窒素で凍結させたペンタン（−130℃）を冷媒として真空ラインを用いて精製し、CO_2ガス試料を得た。

(4) 年代測定

精製されたCO_2試料は水素還元法（Kitagawa et al. 1993: 295-300）によりグラファイト化し、名古屋大学年代測定総合研究センターのタンデトロン加速器質量分析計（Model-4130 AMS, HVEE）(Nakamura et al. 2000: 52-57）を用いて^{14}C年代測定をおこなった。^{14}C濃度の標準体として標準シュウ酸（NBS II）を用いた。

^{14}C年代は、Libbyの半減期5568年を用いて算出した。測定誤差は^{14}Cの総計数に基づく統計誤差であり、±1σで示した。また、これらの^{14}C年代は、コンピュータ・プログラムCALIB5.0.1（Reimer et al. 2004: 1041-1083）により暦年代（±2σ）に較正した。

4. 結　果

ANCA-massによる骨試料の測定結果を表1に示す。人骨コラーゲンの精製状況を確認するためにはC/N比（炭素、窒素の質量比）を用いた。遺跡出土骨コラーゲンの標準的なC/N比は3.2±0.5であり（Hare and von Endt 1990: 115-118）、現生の象牙試料から得られたコラーゲン（Ishibashi et al. 1998: 1-8）のC/N比の平均値は2.8となっている。このことから、本研究においては、C/N比が3.0±0.3の範囲であればコラーゲンの精製状態は十分と考える。

^{14}C年代測定の結果を表1に示す。年代測定をおこなった貝塚に関し、以下に各貝塚の概要と測定結果を示す（Garong 2002: 33-68）。

Dalaya貝塚： Cagayan川の河岸から約1〜2km離れた内陸部の低地に位置する。人工遺物は表面採取から剥片石器が確認されているのみで土器は確認されておらず、土器出現以前に形成された貝塚であると考えられている（小川 1997: 119-166）。2001年に貝層の分布を把握するためのボーリング調査がおこなわれ（Garong 2002: 33-68）、深度100〜120cmの位置から採取した炭化物1点の^{14}C年代測定をおこない6740〜6500 cal BPという値が得られた。

Fabrica貝塚： Fabrica貝塚はCagayan川の西岸に位置する。2000年に発見された貝塚で、測定には2001年の発掘（de la Torre 2002: 69-78）によって出土した人間の下顎骨1点を使用し、3380〜3210 cal BPという^{14}C年代値が得られた。

Magapit貝塚： Magapit貝塚はLal-lo貝塚群において最初に発見された貝塚である。Cagayan川東岸に面した石灰岩台地上に位置し、発掘では貝層から有文赤色スリップ土器が出土している（Ogawa 1998: 123-166）。本研究では2004年の発掘で出土した動物骨7点を使用し、^{14}C年代値は2925〜2460 cal BPの範囲を示した。

Dummon貝塚： Dummon貝塚はMagapit貝塚のさらに10km上流の河岸段丘上に位置する。出土遺物は他の河岸段丘上貝塚と異なり、貝層上面の第1層では赤色スリップ土器のみ、貝層下面の第2層からはチャートや安山岩製の剥片石器のみが出土しており、貝層下シルト層からの出土遺物はない（小川 2004: 1-33）。^{14}C年代は、第1層中の深度14〜40cmの動物骨3点は4090〜3685 cal

BP、第2層中の深度40〜55cmの動物骨1点は4290〜4090 cal BPという年代を示した。

Catugan貝塚：Cagayan川の西岸、Catayauan貝塚の対岸に位置し、発掘地点は川岸の崖面の部分である。出土遺物は黒色土器の他、地表面下20~60cmの貝層第2層中から人間の上腕骨、下顎骨、大腿骨が出土しているが、墓坑は確認されていない（田中 1997: 209-226）。またこの貝塚において、有文黒色土器から無文黒色土器へという変化が層位的に確認されている。また、Dumbriqe地点の発掘中に隣家地下の貝層（Ramos地点）から人骨が出土したため、これについても年代測定をおこなった。^{14}C年代は、有文黒色土器を出土する貝層の第1層から出土した人骨1点は1880〜1735 cal BP、深度20〜100cmの動物骨4点は2120〜1530 cal BPという年代値を示した。また、Ramos地点の人骨は1885〜1705 cal BPという年代値を示した。

Bangag I貝塚：Cagayan河西岸、Magapit貝塚の対岸の氾濫原上に位置しており、貝層からは有文黒色土器が出土している（Tanaka 1999: 71-91）。この貝塚からはCatugan貝塚とも共通する土器が確認されている。^{14}C年代は、有文黒色土器を出土する貝層の深度70〜280cmの動物骨5点は2115〜1560 cal BP、人骨1点は1935〜1730 cal BPという年代値を示した。

San Lorenzo貝塚：Cagayan川西岸、Catugan貝塚の南側に位置する貝塚である。出土遺物は黒色土器の他、鉄滓、陶磁器などがある。発掘をおこなったSiliban地点はかつて墓域であったと考えられており、人骨をともなう甕棺墓、土壙墓が発見された。測定には、地表面下80〜100cmの土壙墓から出土した伸展葬人骨（田中 1998: 263-287）、および2000年の発掘で貝層の第2層から出土した5基の小児甕棺内の人骨を使用した。^{14}C年代は、土壙墓人骨が1820〜1695 cal BP、小児甕棺人骨5点が620〜450 cal BPという年代を示した。

Dugo貝塚：Dugo貝塚はCagayan川の東岸、Lal-lo町の北部に位置し、CortezとIbeの2地点で発掘がおこなわれた。Cortez地点は1980年に発掘がおこなわれている（Orogo 1980）。2001年に再発掘がおこなわれ、有文黒色土器を出土することが確認された（Garong 2002: 33-68）。^{14}C年代測定には人骨1点、動物骨2点が使用され、1870〜1625 cal BPという年代値を示した。Ibe地点は2001年に発掘がおこなわれ、人骨1点が1570〜1410 cal BP、動物骨3点が2310〜1350 cal BPという年代値を示した。

Santa Maria貝塚：Cagayan川東岸、Magapit貝塚の北部に位置している。出土遺物は黒色土器の他、地表面下80〜102cmのシルト層中から墓壙が検出されている。墓壙からは人骨が無文黒色土器、青銅製の小型の甕、ガラス製ビーズを伴い出土した（de la Torre 2000: 67-110）。^{14}C年代は、貝層中の炭化物2点から1420〜1305 cal BP、貝層直下の墓壙の人骨から1570〜1510 cal BP、シルト層中の炭化物4点から3550〜2985 cal BPという年代がえられた。貝層中の炭化木片2点、シルト層中に掘り込まれた墓壙から無文黒色土器とともに出土した人骨、シルト層中の炭化物4点の年代は、層位的にみて問題のないものであった。

Catayauan貝塚：Cagayan川東岸に位置するLal-lo貝塚群最大の貝塚で、現在も多くの貝が採取されている。この貝塚ではSison地点、Conciso地点の2カ所の発掘がおこなわれた。出土遺物は黒色土器の他、人骨が出土している。Sison地点の人骨は貝層第2層中の墓坑（地表面下30〜60cm）より出土し（Garong and Toizumi 2000: 50-78）、1165〜975 cal BPという年代を示した。Conciso地点の8点の動物骨は同一グリッドで地表面下35〜146cmの貝層の各地点から、人骨3

点はその下の墓葬址（地表面下148〜200cm）から出土した（Garong 2001: 120-145）。^{14}C年代は、貝層深度35〜146cmの各層位から出土した動物骨8点から得られた^{14}C年代が1190〜960 cal BPという年代を示した。また148cm〜165cmの貝層最下層および178〜120cmの貝層直下シルト層中から出土した人骨3点から、1395〜1175 cal BPという^{14}C年代がえられた。動物骨および3点の人骨の年代は遺構の深さと矛盾しない値を示した。

5. 考　察

各貝塚の年代測定結果を図2に示す。Dummon貝塚は貝層の上部から赤色スリップ土器、下部およびシルト層から剥片石器を出土しており、この2種の遺物は共伴しない（小川 2004: 1-33）。このことから、当遺跡は剥片石器群の文化期から赤色スリップ土器の文化期へと移る時期にあたると考えられる。剥片石器を伴う第2層最上部、深度40〜55cmの動物骨1点から得られた4290〜4090 cal BPという年代をDalaya貝塚の炭化物の年代と合わせ、剥片石器群の文化期は6700〜6500 cal BPごろに始まり4300〜4100 cal BPまで続くことが示唆された。また赤色スリップ土器をともなう第1層の動物骨3点の年代値から、それに続く赤色スリップ土器を出土するDummon貝塚は4100〜3700 cal BPまでに形成されたものと考えられる。Magapit貝塚の動物骨7点の年代値は炭化物を用いたベータ線計数法の測定値（Aoyagi et al. 1991: 49-63）と同様の値を示した。Magapit貝塚の土器はその形状からメラネシアにBC1500〜1000まで栄えたラピタ土器文化との関連性が注目されていたが、年代測定の結果、有文赤色スリップ土器群の文化期は3000〜2500 cal BPの期間と推測され、ラピタ土器の関連性は年代からは示唆されなかった。Santa Maria貝塚の貝層下シルト層の炭化物から得られた年代から、無文赤色スリップ土器群の文化期は3500〜3000 cal BPごろであると推測された。有文赤色スリップ土器群、無文赤色スリップ土器群の前後関係は発掘調査から層位的に確認されていなかったが、今回の測定により、当初の予想とは異なり、無文赤色スリップ土器群は有文赤色スリップ土器群よりも古い時期に位置することが明らかになった。Catugan貝塚、Bangag貝塚、Dugo貝塚の人骨、動物骨の分析から、有文黒色土器群の文化期の年代が2300〜1400 cal BPと推測された。Catayauan貝塚の人骨および動物骨、Santa Mariaの人骨および貝層中の炭化物から、無文黒色土器群の文化期は1600〜1000 cal BPと推測され、ベータ線計数法の測定値（Aoyagi et al. 1991: 49-63）はこの範囲内に収まった。San Lorenzo貝塚の5点の小児人骨の年代は600〜450 cal BPであり、陶磁器時代以降に属することが示唆された。

まとめ

本研究においてえられた^{14}C年代より、先史時代におけるLal-lo貝塚群の編年は剥片石器群の文化期が6700〜4100 cal BP、有文のDummon貝塚に見られる赤色スリップ土器が4100〜3600 cal BP、無文赤色スリップ土器群の文化期が3500〜3000 cal BP、有文赤色スリップ土器群の文化期が3000〜2500 cal BP、有文黒色土器群の文化期が2300〜1500 cal BP、無文黒色土器群の

文化期が1600～1000 cal BP、という範囲の年代がえられた。これにより、Lal-lo貝塚群の文化期の編年は、剥片石器群→赤色スリップ土器群→無文赤色スリップ土器群→有文赤色スリップ土器群→有文黒色土器群→無文黒色土器群という順に変化することが確認された。

謝辞

本研究を進めるにあたり、名古屋大学年代測定総合研究センターの皆様に様々なご教示、ご協力を頂いた。また、試料を提供していただいたフィリピン国立博物館考古学部門のWilfredo P. Ronquillo部長をはじめ、博物館のスタッフの皆様には大変お世話になった。なおこの研究には、文部省科学研究費補助金（国際学術研究、代表者：小川英文、課題番号：07041006、基盤研究A（2）、代表者：小川英文、課題番号：11691012、特別研究員奨励費、代表者：三原正三、課題番号：16006484）の一部を使用した。誌面に記して謝意を表する。

文献目録

青柳洋治・Aguilera, M. L. Jr.・小川英文・田中和彦
    1991 「ラロ貝塚群の発掘(3)」『上智アジア学』9: 49-63.

de la Torre, A. A.
    2000 Preliminary report of the Lal-lo, Cagayan Archaeological Project: Clemente Irigayen Property Site (II-1995-O) Sta. Maria, Lal-lo, Cagayan.『東南アジア考古学』20: 67-110.
    2002 Lal-lo, Cagayan Archaeological Project 2000: Archaeological Exploration of Sites.『カガヤン河下流域の考古学調査―狩猟採集民と農耕民の相互依存関係の歴史過程の解明―. 平成11年度～平成13年度科学研究費補助金（基盤A（2））研究成果報告書』: 69-78. 東京外国語大学.

Garong, A.
    2001 Culture in Trash. An Archaeological Excavation of Conciso Property Shell Midden Site, Catayauan, Lal-lo, Cagayan Valley, Northern Philippines.『東南アジア考古学』21: 120-145.
    2002 An Archaeological Exploration and Test Excavation in Cagayan Valley, Northern Philippines.『カガヤン河下流域の考古学調査―狩猟採集民と農耕民の相互依存関係の歴史過程の解明―. 平成11年度～平成13年度科学研究費補助金（基盤A（2））研究成果報告書』: 33-68. 東京外国語大学.

Garong, A. and T. Toizumi
    2000 The Archaeloigical Excavation of the Shell Midden Sites in Lal-lo, Cagayan.『カガヤン河下流域の考古学調査―狩猟採集民と農耕民の相互依存関係の歴史過程の解明―. 平成11年度～平成13年度科学研究費補助金（基盤A（2））研究成果報告書』: 50-78. 東京外国語大学.

Hare, P. E. and D. von Endt.
    1990 Variable Preservation of Organic Matter in Fossil Bone. *Annual Report of Director of the Geophysical Laboratory Carnegie Institute, Washington, 1889-1990*, Geophysical Laboratory, Washington D. C.: 115-118.

Ishibashi, H., T. Takeuchi, I. White and H. Koike
    1999 $\delta^{15}N$ and $\delta^{13}C$ measurements from the African elephant, Loxodonta africana, used for ivory sourcing. *Bulletin of the Graduate School of Social and Cultural Studies, Kyushu University*, 5: 1-8.

Kitagawa, H., T. Masuzawa, T. Nakamura and E. Matsumoto
    1993 A batch preparation method for graphite targets with low background for AMS ^{14}C measurements. *Radiocarbon*, 35: 295-300.

三原正三・奥野充・小川英文・田中和彦・中村俊夫・小池裕子
　　2002　「フィリピン、ラロ貝塚群出土遺物のAMS^{14}C年代と出土人骨の食性分析」『名古屋大学加速器質量分析計業績報告書(XIII)』: 82-104.

中村俊夫
　　2000　「^{14}C年代から暦年代への較正」『日本先史時代の14C年代』: 21-40.

Nakamura, T., E. Niu, H. Oda, A. Ikeda, M. Minami, H. Takahashi, M. Adachi, L. Palis, A. Gottdang and N. Suya.
　　2000　The HVEE Tandetron AMS system at Nagoya University. *Nucl. Instr. and Meth.* in Phis. Res. B, 172: 52-57.

小川英文
　　1997　「貝塚洪水伝説―フィリピン、ルソン島北部カガヤン河下流域における貝採集民の民族考古学―」『東南アジア考古学』17: 119-166.
　　1998　Problems and Hypothesis on the Prehistoric Lal-lo, Northern Luzon, Philippines－Archaeological Study on the Prehistoric Independence between Hunter-Gatherers and Farmers in the Tropical Rain Forest－.『東南アジア考古学』18: 123-166.
　　1999　Archaeological Research on the Prehistoric Independent Relationships between Hunter-Gatherers and Lowlanders－Preliminary Report on the Excavations of Mabangog Cave, San Mariano, Lal-lo, Cagayan, Northern Luzon, Philippines－.『東南アジア考古学』19: 93-114.
　　2004　「ラロ貝塚群出土土器の型式学的編年研究」『長野県考古学会誌』105: 1-33.

小川英文(編)
　　2000　『ラロ貝塚群の発掘調査―東南アジア島嶼部先史時代の考古学的調査―』. 平成7年度～平成9年度科学研究費補助金(国際学術研究)研究成果報告書　東京外国語大学.
　　2002　『カガヤン河下流域の考古学調査―狩猟採集民と農耕民の相互依存関係の歴史過程の解明―』. 平成11年度～平成13年度科学研究費補助金(基盤A(2))研究成果報告書　東京外国語大学.

Orogo, A. B.
　　1980　The Archaeological Excavations at the Cortez site, Camalaniugan, Cagayan. *Typescript.* Manila: National Museum

Reimer, P. J., M. G. L. Baillie, E. Bard, A. Bayliss, J. W. Beck, C. J. H. Bertrand, P. G. Blackwell, C. E. Buck, G. S. Burr, K. B. Cutler, P. E. Damon, R. L. Edwards, R. G. Fairbanks, M. Friedrich, T. P. Guilderson, A. G. Hogg, K. A. Hughen, B. Kromer, F. G. McCormac, S. W. Manning, C. B. Ramsey, R. W. Reimer, S. Remmele, J. R. Southon, M. Stuiver, S. Talamo, F. W. Taylor, J. van der Plicht and C. E. Weyhenmeyer.
　　2004　IntCal04 Terrestrial radiocarbon age calibration, 26 - 0 ka BP. *Radiocarbon*, 46: 1029-1058.

田中和彦
　　1997　「カトゥガン(Catugan)貝塚の発掘調査」『東南アジア考古学』17: 209-226.
　　1998　「サン・ロレンソⅢ貝塚(シリバン遺跡)の発掘調査とその問題」『東南アジア考古学』18: 263-287.
　　1999　The Archaeological Excavation of Bangag I Shell-midden, Lal-lo, Cagayan, Philippines.『東南アジア考古学』19: 71-91.

表 1 Lal-lo 貝塚群の出土遺物と測定結果

lab No.	accession No.	site	shell midden	sample	species	part	grid	layer	cultural phase*	depth (cm)	feature	%C	%N	C/N	d^{13}C (‰)	d^{15}N (‰)	^{14}C age	calibrated ^{14}C age (cal BP)	(%)**	analyze code (NUTA2)
04CH01	II-1986-O$_{13}$-34	Ulet	Dalaya	charcoal	-	-	-	B-south	F	100-120	(boring sample)	-	-	-	-	-	5830±50	6740-6500	100	7905
04AN03	II-2000-u-279	Gaerlan	Dummon	animal bone	-	-	-	1, 1	R1	14-23	-	-	-	3.0	-19.2	7.8	3555±30	3965-3945	2.7	7938
																		3930-3815	75.9	
																		3795-3725	21.4	
04AN04	II-2000-u-305	Gaerlan	Dummon	animal bone	-	-	-	1, 2	R1	23-30	-	46.3	16.6	2.8	-20.7	5.9	3485±30	3840-3685	98.4	7939
																		3655-3645	1.6	
04AN05	II-2000-u-440	Gaerlan	Dummon	animal bone	-	-	-	1, 3	R1	30-40	-	44.9	15.6	2.9	-20.8	8.8	3665±35	4090-3895	100	7940
04AN06	II-2000-u-600	Gaerlan	Dummon	animal bone	-	-	-	2, 1	F	40-55	-	45.3	15.0	3.0	-21.0	7.5	3810±30	4350-4330	0.2	7941
																		4295-4090	97.8	
01HM24	II-2000-Q-351	Pasqua	Fabrica	human bone	-	-	-	1, 2	-	50-80	-	42.8	14.9	2.9	-17.7	10.0	3075±40	3380-3210	98.7	7711
																		3180-3170	1.3	
04AN14	II-04-U$_2$-484	Asuncion	Magapit	animal bone	Cervus	Mandible w dentition	-	1, 1	R3	38-47	-	42.0	14.7	2.9	-20.3	6.7	2635±30	2835-2830	1.1	9856
																		2790-2725	98.9	
04AN16	II-04-U$_2$-494	Asuncion	Magapit	animal bone	Sus?	canie	-	1, 4	R3	60-65	-	40.1	14.2	2.8	-20.1	5.9	2695±25	2845-2755	100	9857
04AN17	II-04-U$_2$-500	Asuncion	Magapit	animal bone	Sus?	ulna?	-	1, 5	R3	65-77	-	44.3	15.6	2.8	-19.7	8.5	2575±20	2752-2710	94.3	9858
																		2630-2620	5.7	
04AN19	II-04-U$_2$-503	Asuncion	Magapit	animal bone	?	-	-	1, 7	R3	85-91	-	45.7	16.2	2.8	-17.3	7.2	2505±20	2725-2675	20.6	9859
																		2640-2605	17.4	
																		2605-2490	61.9	
04AN20	II-04-U$_2$-505	Asuncion	Magapit	animal bone	Sus	spine	-	1, 8	R3	91-100	-	43.6	15.6	2.8	-21.4	5.5	2615±20	2765-2730	100	9860
04AN21	II-04-U$_2$-507	Asuncion	Magapit	animal bone	?	-	-	1, 9	R3	100-110	-	45.1	15.1	3.0	-19.0	6.7	2680±20	2845-2815	13.9	9863
																		2810-2805	2.4	
																		2800-2750	83.7	
04AN22	II-04-U$_2$-512, 513	Asuncion	Magapit	animal bone	?	vert	-	1, 10	R3	110-120	-	46.1	16.3	2.8	-19.3	10.4	2765±20	2925-2900	10.8	9864
																		2895-2785	89.2	
00HM04	II-95-Q$_4$-12	Dumbrique	Catugan	human bone	-	-	-	1	B1	-	-	40.3	14.4	2.8	-18.5	9.2	1880±20	1880-1770	91.6	757
																		1760-1735	8.4	
01AN12	II-95-Q$_4$-358	Dumbrique	Catugan	animal bone	-	-	-	2	B1	20-30	-	44.3	15.7	2.8	-20.6	6.6	1685±30	1690-1650	17.5	7694
																		1630-1530	82.5	
01AN16	II-95-Q$_4$-435	Dumbrique	Catugan	animal bone	-	-	-	3	B1	80-90	-	42.0	15.1	2.8	-20.6	8.0	1725±30	1705-1555	100	7695
01AN17	II-95-Q$_4$-216	Dumbrique	Catugan	animal bone	-	-	-	3	B1	90-100	-	39.1	14.1	2.8	-19.2	7.7	1750±30	1730-1560	100	7696
01AN19	II-95-Q$_4$-267	Dumbrique	Catugan	animal bone	-	-	-	5	B1	170-180	-	41.3	14.1	2.9	-15.9	8.7	2075±30	2125-1970	97.4	7697
02HM09	-	Ramos	Catugan	human bone	-	phalange	-	-	B1	-	-	36.1	12.5	2.9	-19.7	10.5	1860±40	1885-1705	100	7928
																		1960-1950	2.6	

AMS^{14}C年代によるフィリピン、Lal-lo貝塚群の編年　三原正三ほか

lab No.	accession No.	site	shell midden	sample	species	part	grid		layer	cultural phase*	depth (cm)	feature	%C	%N	C/N	d^{13}C (‰)	d^{15}N (‰)	^{14}C age	calibrated ^{14}C age (cal BP)	(%)**	analyze code (NUTA2)
01AN20	II-86-O$_2$-983	Bangag I	Bangag	animal bone	-	-	-	-	II	shell	B1	70-90	-	43.2	14.9	2.9	-19.4	8.0	1750±30	1735-1560		7703
01AN21	II-86-O$_2$-1524	Bangag I	Bangag	animal bone	-	-	-	-	VI	shell	B1	210-220	-	41.2	14.0	2.9	-21.0	6.0	1915±30	1935-1810 / 1805-1775 / 1755-1740	95.3 / 2.7 / 2.0	7704
01AN22	II-86-O$_2$-1789	Bangag I	Bangag	animal bone	-	-	-	-	VIII	shell	B1	222-227	-	41.5	15.0	2.8	-20.3	6.3	1840±30	1865-1705	100	7705
01AN23	II-86-O$_2$-2089	Bangag I	Bangag	animal bone	Sus	tibia, L	-	-	X	shell	B1	255-265	-	26.2	8.6	3.1	-20.4	6.1	2040±40	2115-1920 / 1910-1900	97.5 / 2.5	7706
01AN24	II-86-O$_2$-2440	Bangag I	Bangag	animal bone	-	-	-	-	XI	shell	B1	270-280	-	45.9	16.3	2.8	-21.7	6.1	1965±40	1995-1860 / 1850-1825	93.4 / 6.6	7707
04HM01	II-86-O2-1327	Bangag I	Bangag	human bone	-	-	-	-	-	-	-	-	-	47.6	17.0	2.8	-18.5	9.0	1905±40	1935-1730	100	10128
00CH01	II-95-O-8695	Irigayen	St. Maria	charcoal	-	-	N6	W8	-	shell	B2	-	PitD	-	-	-	-24.8	-	1510±20	1505-1500 / 1487-1465 / 1415-1340	0.6 / 3.1 / 96.3	910
00CH02	II-95-O-8700	Irigayen	St. Maria	charcoal	-	-	N4	W9	-	shell	B2	-	feature #2	-	-	-	-26.4	-	1490±35	1510-1495 / 1490-1465 / 1415-1305	1.8 / 3.8 / 94.4	911
00HM08	II-95-O-9596	Irigayen	St. Maria	human bone	-	-	N6	W7	-	shell	B2	-	burial#1	14.7	5.0	3.0	-19.4	8.8	1635±20	1600-1580 / 1570-1510 / 1500-1490 / 1465-1420	4.0 / 81.5 / 1.0 / 13.5	904
00CH05	II-95-O-9598	Irigayen	St. Maria	charcoal	-	-	N6	W7	3	silt	R2	88.5	-	-	-	-	-28.2	-	3025±20	3335-3280 / 3275-3200 / 3190-3160	26.4 / 63.3 / 10.3	914
00CH03	II-95-O-8705	Irigayen	St. Maria	charcoal	-	-	N5	W8	3	silt	R2	111	-	-	-	-	-26.1	-	2925±20	3200-3190 / 3160-2995	2.4 / 97.6	912
00CH06	II-95-O-9601	Irigayen	St. Maria	charcoal	-	-	N3	W6	3	silt	R2	132-135.5	-	-	-	-	-25.4	-	3185±25	3450-3365	100	917
00CH04	II-95-O-8706	Irigayen	St. Maria	charcoal	-	-	N3	W6	3	silt	R2	135	-	-	-	-	-26.3	-	3165±25	3445-3355	100	913
01HM02	II-96-u$_2$-7114	Siliban	San Lorenzo	human bone	-	-	N24	E22	5	shell	B1	80-100	burial#1	43.1	15.4	2.8	-21.4	9.0	1815±25	1820-1695 / 1650-1635	97.4 / 2.6	2503
03HM01	II-96-u$_2$-104592	Siliban	San Lorenzo	human bone	-	ribs	-	-	-	shell	TW	No. 67	Jar burial (infant)	41.8	15.0	2.8	-18.6	11.0	540±30	635-595 / 560-515	30.5 / 69.5	7915
03HM02	II-96-u$_2$-104593	Siliban	San Lorenzo	human bone	-	ribs	-	-	-	shell	TW	No. 68	Jar burial (suckling)	39.4	13.8	2.8	-19.4	12.0	450±30	535-475	100	7916
03HM03	II-96-u$_2$-104594	Siliban	San Lorenzo	human bone	-	ribs	-	-	-	shell	TW	No. 69	Jar burial (suckling)	32.3	11.4	2.8	-16.5	11.1	485±30	540-500	100	7920

出土資料の科学的分析

lab No.	accession No.	site	shell midden	sample	species	part	grid	layer	cultural phase*	depth (cm)	feature	%C	%N	C/N	d13C (‰)	d15N (‰)	14C age	calibrated 14C age (cal BP)	(%)**	analyze code (NUTA2)
03HM04	II-96-u2-104591	Siliban	San Lorenzo	human bone	-	ribs	-	shell	TW	No. 70	Jar burial (suckling)	36.8	13.1	2.8	-18.1	11.8	445±30	530-465	100	7921
03HM05	II-96-u2-104590	Siliban	San Lorenzo	human bone	-	ribs	-	shell	TW	No. 71	Jar burial (fatus?)	39.6	13.9	2.8	-13.2	10.4	525±30	630-605 560-510	15.3 84.7	7922
03HM07	II-80-J-8211	Cortez	Dugo	human bone	-	tibia?	-	shell	B1	60-76	-	40.5	13.8	2.9	-18.4	9.9	1805±30	1820-1690 1665-1625	89.8 10.2	7923
03AN17	II-80-J-7929	Cortez	Dugo	animal bone	Cervus	calcaneus	-	shell	B1	90-120	-	42.7	15.1	2.8	-19.4	5.9	1855±30	1870-1715	100	7929
03AN18	II-80-J-8086	Cortez	Dugo	animal bone	Sus	humerus L	-	shilt	B1	120-155	-	43.9	15.7	2.8	-21.1	6.6	1835±30	1865-1840 1835-1705	5.5 94.5	7930
03AN19	II-01-P2-3182	Ibe	Dugo	animal bone	Sus	humerus R	N2	shell	B1	42-63	-	44.0	15.5	2.8	-20.4	7.3	1530±30	1520-1455 1450-1350	34.3 65.7	7931
03AN21	II-01-P2-3285	Ibe	Dugo	animal bone	Cervus	calcaneus L	N2	shell	B1	84-99	-	34.0	11.9	2.9	-21.1	4.4	1740±30	1715-1565	100	7932
03AN22	II-01-P2-3312	Ibe	Dugo	animal bone	Cervus	phalange	N2	shell	B1	99-119	-	28.8	9.5	3.0	-18.8	7.3	2160±35	2310-2220 2210-2050	42.1 57.9	7933
03HM08	II-01-P2-3322	Ibe	Dugo	human bone	-	occiput	-	shell	B1	-	-	34.7	12.0	2.9	-19.5	10.3	1620±30	1595-1585 1570-1410	1.1 98.9	7924
00HM17	II-96-V2-1058	Conciso	Catayauan	animal bone	-	-	N5	shell	B2	35	-	35.2	8.7	4.0	-21.6	12.3	1115±25	1065-960	100	1852
00HM18	II-96-V2-1993	Conciso	Catayauan	animal bone	-	-	N5	shell	B2	70	-	51.7	14.3	3.6	-16.0	9.0	1125±25	1080-960	100	1853
00HM19	II-96-V2-2038	Conciso	Catayauan	animal bone	-	-	N5	shell	B2	80	-	49.4	14.3	3.5	-21.8	11.3	1220±25	1255-1250 1240-1205 1185-1065	0.9 16.2 82.9	1854
00HM21	II-96-V2-2466	Conciso	Catayauan	animal bone	-	-	N5	shell	B2	98	-	43.1	15.0	2.9	-22.2	9.2	1215±25	1240-1205 1185-1060	11.8 88.2	1855
00HM22	II-96-V2-2508	Conciso	Catayauan	animal bone	-	-	N5	shell	B2	105	-	51.1	14.0	3.7	-18.3	9.2	1185±25	1025-1010	2.8	1858
00HM23	II-96-V2-3949	Conciso	Catayauan	animal bone	-	-	N5	shell	B2	122	-	45.2	12.6	3.6	-13.3	11.7	1240±25	1260-1195 1190-1075	43.2 56.8	1859
00HM16	II-96-V2-4149	Conciso	Catayauan	animal bone	-	-	N5	shell	B2	135	-	42.9	15.3	2.8	-20.8	6.6	1240±25	1260-1075	100	1851
00HM24	II-96-V2-5284	Conciso	Catayauan	animal bone	-	-	N5	shell	B2	146	-	42.9	15.1	2.8	-22.6	7.4	1225±25	1255-1205 1185-1065	20.3 79.7	1860
01HM03	II-96-V2-6354	Conciso	Catayauan	human bone	-	-	N6	shell	B2	156-148	burial#1	31.3	11.0	2.8	-17.9	7.9	1410±25	1350-1290	100	2504
00HM25	II-96-V2-6327	Conciso	Catayauan	human bone	-	-	N5	shell	B2	165	burial#2	40.0	13.6	3.0	-20.1	9.7	1460±25	1390-1305	100	1861
01HM04	II-96-V2-6355	Conciso	Catayauan	human bone	-	-	N6	shell	B2	200-178	burial#3	39.2	13.8	2.8	-19.9	9.0	1280±25	1280-1175	100	2508
00HM07	II-95-P-212	Sison	Catayauan	human bone	-	-	N5	shell	B2	34	-	43.1	14.5	3.0	-19.4	10.1	1145±20	1165-1160 1135-1105 1090-975	1.0 7.2 91.8	903

* F: Flake Tool Assemblage, R1: the Red-Slipped Potteries, R2: the Non-Decorated Red-Slipped Pottery Assemblage, R3: theDecorated Red-Slipped Pottery Assemblage, B1: the Decorated Black Pottery Assemblage, B2: the Non-Decorated Black Pottery Assemblage, TW: Trade Wares
# percentage of main peak in the probability distribution of calibrated age in 2 σ

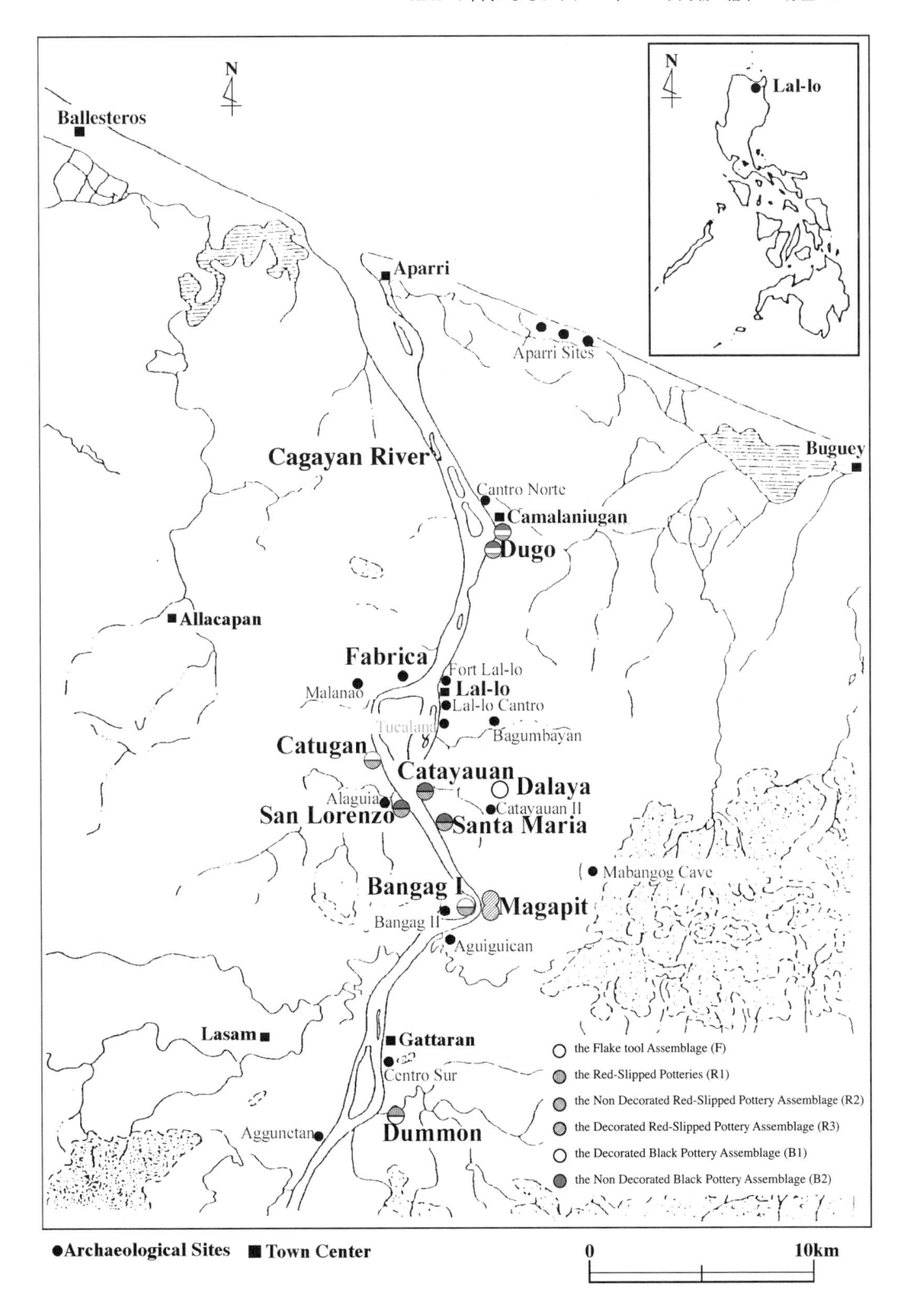

図1 Lal-lo 貝塚群の遺跡分布

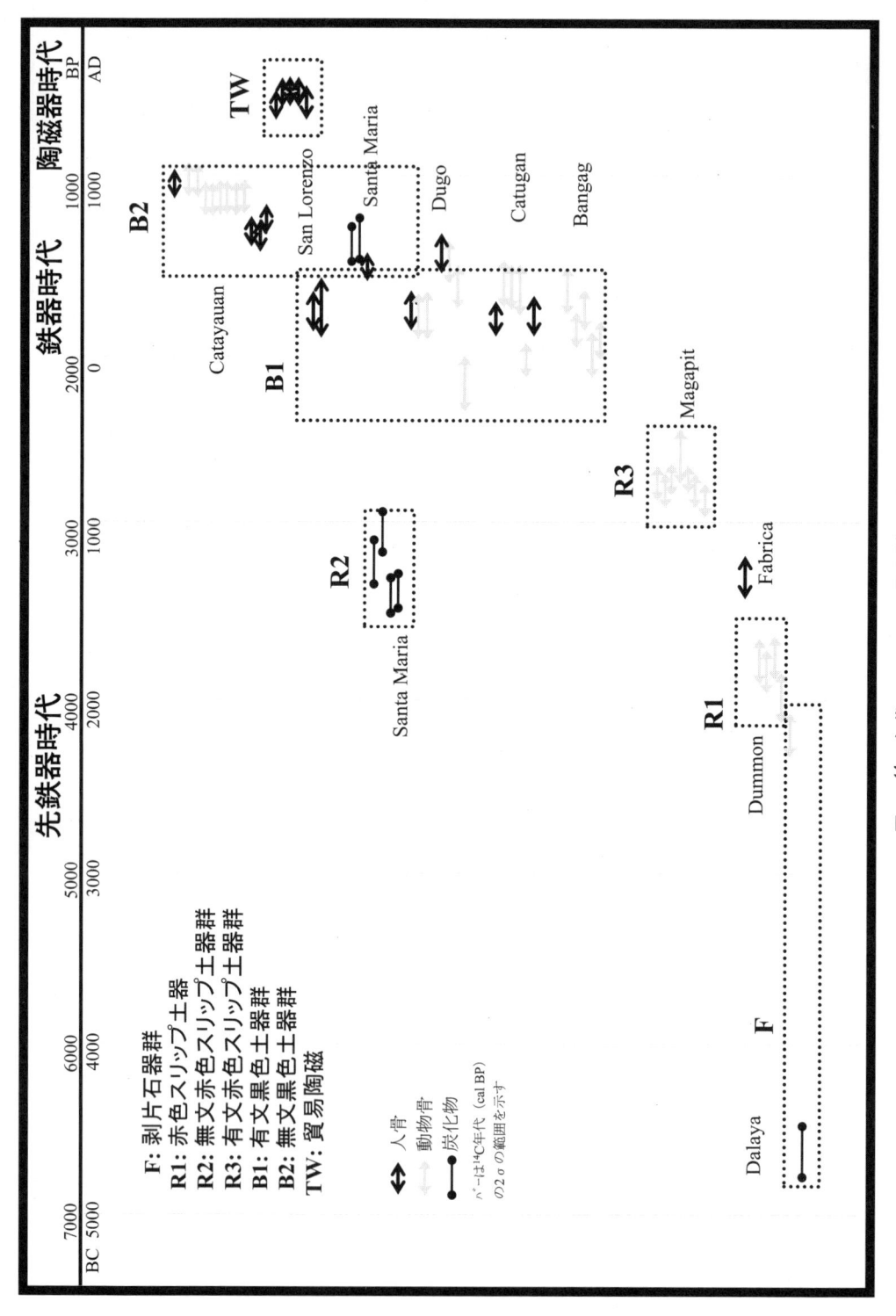

図 2 ¹⁴C 年代による Lal-lo 貝塚群の編年

Chemical Characterization of Glass Beads from The Iron Age Site of Snay, Northwestern Cambodia

Ly Vanna

Keywords: Phum Snay, glass beads, scientific analysis, the Iron Age burial site

Abstract

This article is to present the preliminary result of a chemical characterization of 31 glass beads sampled from a collection of 351 beads received in 2003 from the villagers of Phum Snay, who had looted the site and sold out its artifacts since the early 2000. The Laser Ablation Inductively Coupled Plasma Mass Spectrometry (LA-ICP-MS) was used to analyze the selected glass beads. The analysis revealed that two groups of glass beads were recognized: the m-Na-Al type (aluminous mineral soda glass) and the v-Na-Ca type (plant ash soda lime glass). The coloring agents recognized include copper, cobalt and lead. Amongst the beads belonging to the m-Na-Al type, we observed that the beads of bicolor (orange and red) have been already encountered in Southern India, Sri Lanka, and in other sites in Southeast Asia. As for the dark blue beads of the v-Na-Ca type, they present a considerable chemical composition that leads us to think of a possible glass importation from the Near or Middle East.

1. The Site

The burial site of Snay is located in Preah Net Preah district, Banteay Mean Chey province, Northwestern Cambodia. The site stretches on the true axis North-South on a sandy plain at an approximate distance of 900 m to the north of the National Road 6 (Fig. 1). It was accidentally discovered during a road construction at the beginning of 2000. Since then the site has been heavily looted by villagers (Fig. 2); its artifacts (complete pottery, bronze and iron objects, glass and stone beads, human bones, and other animal remains) were densely scattered on the surface and in the looted pits of the site (Fig. 3-6).

In 2001, an archaeological excavation, carried out by a team from the Faculty of Archaeology of the Royal University of Fine Arts in Phnom Penh, and sponsored by the Japan Fund in Trust/UNESCO and the Marsden Fund, revealed nine prehistoric burials and about 300 artifacts (pottery vessels, glass beads, grinding stones, carnelian beads, bronze bangles, iron tools and weapons). No absolute chronology is given so far but the site is believed to have been occupied from the 3rd to 5th centuries AD (O'Reilly & Pheng 2001: 266). This estimated date is compatible with the radiocarbon date (1550±50 cal BP) obtained on a fragment of wood left in the socket of an iron axe collected from the site in 2002 (Nitta et al. 2003).

2. Glass Beads

Apart from pottery vessels and metal artifacts, the Iron Age burial site of Snay yielded a very large quantity of carnelian and glass beads that we have never encountered thus far in Cambodia (Fig. 6). These beads, especially those made of glass, exhibit a wide range of colors and shapes. These attributes are apparently similar to those of glass beads found in India, Sri Lanka and in other regions of Southeast Asia. However, such similar characteristics, of course, may not sufficiently allow us to draw out any conclusion of the origin or chemical characteristics of each glass bead specimen, since some glass beads present, especially the red, blue, yellow and green beads, their wide distribution in the region of the Indian Ocean. Only the study of chemical composition of each bead specimen may, therefore, bring us firm information about origins, fabrication techniques and raw materials. This is the main purpose of the article.

Thirty-one samples, with different shapes and colors, selected from 351 glass beads offered by villagers of Phum Snay during the author's visit to the site in 2003, were analyzed by the LA-ICP-MS of the Laboratory of the Centre Ernest-Babelon of Orléans, France (Fig.7).

3. Method of Analysis

My one year-scientific stay in 2005 in Paris allowed me, as part of my research interest in studying ancient glass beads of Cambodia, to conduct under the technical assistance of Mr. Bernard Gratuze a scientific analysis on glass beads from the Iron Age burial site of Phum Snay, northwestern Cambodia.

The studied beads were analyzed by a VG Plasma Quad PQXS Inductively Coupled Plasma Mass Spectrometer and a VG UV Laser probe ablation-sampling device, at the Laboratory of the Centre Ernest-Babelon of Orléans, France (Fig. 8). The object to be analyzed is placed in a quartz sample cell, and sampled by a laser beam which is focused onto the surface of the object. This laser beam is generated by an Nd YAG (Yttrium Aluminium Garnet) pulsed laser, whose frequency is quadrupled, allowing it to operate in the infra red area at 266 nm. The diameter drilled by the ablation on the object ranges from 20 to 200 µm, and its depth is about 250 µm.

The cell is flushed by approximate 1.2 liters per minute of argon carrier gas. The ablated aerosol is carried through nylon and tygon tubing to the injector inlet of the plasma torch, where the matter is dissociated, atomized and ionized. The ions are then injected, using a two-aperture system, into the vacuum chamber of a quadrupole system. The quadrupole mass filter selects the ions depending on their mass-to-charge ratio. Thereafter, a channel electron multiplier assembly collects the ions.

The optimum analytical conditions are 20 to 30 seconds of pre-ablation, and then followed by 40 to 60 seconds of measurement. The laser frequency is fixed at 5 or 6 Hz.

From 20 to 50 elements can be determined from a sample. Detection limits, calculated on a pure quartz sample, varies from a few tenths of part per billion (ppb) to some part per million (ppm), depending on the measured isotope and on the size of the laser spot. A sensitivity ranging from 5×10^5 to 1×10^6 counts per second is achieved for the isotope 115 of indium in the glass standard NIST 610 which contains about 450 ppm of indium (Dussubieux & Gratuze 2002, 2003: 106-7).

4. Results

As presented in the tables 1-4, the results yielded by the LA-ICP-MS reveal that the majority of the studied glass beads belong to the aluminous mineral soda glass type (m-Na-Al). It was obtained by mixing a mineral soda flux and aluminous sand. This type consists of the blue beads colored by copper, black, red, green, orange and yellow beads. The chemical composition of this glass type is recognized by a variety of chemical elements and a high concentration of soda (Na_2O, 10 to 20%), alumina (Al_2O_3, 7 to 15%), an average concentration of lime (CaO, about 5%), potash (K_2O, 2 to 3%) and a rather low concentration of magnesia (MgO, $<1.5\%$). The composition of this glass type is also recognized by a high concentration of uranium (≥ 5 ppm).

Among the glasses of the type m-Na-Al we have noted that at Phum Snay there exist also bicolored beads exhibiting a color orange on the exterior layers and a red color in the interior. These beads have been already recognized pervasively in southern India and in Sri Lanka. It is also interesting to note that the bicolored–red and orange–beads of Phum Snay present the same chemical and typological characteristics as those of the beads encountered in Southern India and in Sri Lanka.

Besides the copper-colored blue beads of the m-Na-Al type, other four blue beads were colored by cobalt (samples 16, 17, 18 and 7) and made of calcareous sand and plant ashes soda flux (v-Na-Ca type). Compared with the m-Na-Al type, the v-Na-Ca type contains much less alumina ($<3\%$), more lime (5 to 10%) and magnesia ($>1.5\%$). The concentration of uranium in this glass type is also very low in ppm.

The coloring agents used for glass beads at Phum Snay were identified as follows:
- Copper was used to color the blue, green, red and orange beads. It was used in a reduced form: crystals of cuprites (Cu_2O) for the orange beads and in its metallic form (Cu) for the red beads. The blue and green colors were obtained through an oxidation of copper (CuO) (more precisely, Cu^{++} dissolved in the glass; this ion brings a blue color as lead is absent and a green color as lead is present).
- Iron was detected to be used, in the presence of sulfur, to color the glass into a

black (saturated amber color, very dark).
- Cobalt transforms the color of the glass into a dark blue at its high concentration, but a light blue at its low concentration. However, the coloring power of cobalt is higher than that of copper.
- The yellow color is produced by the stannite of lead in the form of $PbSnO_3$. This element was frequently used as a yellow coloring agent by the glassmakers of the Indian world and Southeast Asia. The stannite of lead is also detected in the green bead and it makes the glass opaque.

5. Conclusion

From 31 glass beads selected for the LA-ICP-MS analysis, 27 beads were made from aluminous mineral soda glass. This glass is typical for glass production encountered in the region of the Indian Ocean. The other 4 dark blue beads (samples 16, 17, 17 and 7) present a chemical composition which rather characterizes the glass production of the Near and Middle-East. These beads were colored by cobalt and belong to the v-Na-Ca type (plant ash soda lime glass).

For the moment of writing this article two types of glass beads are recognized at Phum Snay (Fig. 9 & 10): the m-Na-Al type (aluminous mineral soda glasses) and the v-Na-Ca type (plant ash soda lime glasses). Recent results of analysis obtained on 97 glass beads from Angkor Borei, Southern Cambodia, revealed that 80 beads belong to the m-Na-Al type, 4 beads to the v-Na-Ca type, 8 beads to the m-Na-Ca type, 3 beads to the lead glass type, and 2 beads to other types of glass (Dussubieux 2001). The m-Na-Ca type is recognized for the yellow beads found at Samrong Sen, but it has not been found yet at Phum Snay.

Acknowledgement

I would like to express my sincere thanks to Mr. Bernard Gratuze for his scientific assistance in analyzing all the glass beads presented in this article, with the experimental facilities of the Institut de Recherche sur les Archématéiaux, Centre Ernest-Babelon, CNRS, Orléans, France. Thanks to his professional experience with the LA-ICP-MS, the article is enriched with the very scientific information as presented in the figures 9 and 10; tables 1-4.

References

Dussubieux, Laure
    2001 *L'apport de l'ablation laser couplée à l'ICP-MS la caractéisation des verres: application à l' étude du verre archélogique de l'Océan Indien*. Thèse de l'Université d'Orléans.

Dussubieux, L. & Gratuze, B.
    2002 "Non-destructive characterization of glass beads: an application to the study of glass trade between Indian and Southeast Asia", (paper presented at *the 9th International Conference of*

European Association of Southeast Asian Archaeologists*, Sigtuna, Sweden, 27th May to 2nd June 2002.

2003 "Archaeological material characterization using Laser Ablation Inductively Coupled Mass Spectrometry: Application to the study of ancient glass trade in the Indian Ocean World", *Indian Society for Mass Spectrometry-Silver Jubilee Symposium on Mass Spectrometry*, vol. 2, p. 105-131.

O'Reilly, J. W. Dougard & Pheng Sytha

2001 "Recent excavations in northwest Cambodia", *Antiquity* 75, p. 265-66.

Nitta, Eiji et al.

2003 "カンボジア・スナイ村採集の鉄製品および鉄滓につて", (A note on iron slag and metal artifacts from Snay village, Cambodia), paper presented at *the 28th General Research Presentation on Southeast Asian Archaeology–Cambodian Archaeology: Recent Research Results and Problems* held in Tokyo, 2003［2003年度 (28回) 東南アジア考古学会総会・研究発表：カンボジア考古学–近年の成果と問題］

TABLE 1: The analysis reveals that the dark blue beads were colored by the oxide of cobalt, ions Co^{2+}, and the blue beads by the oxide of copper (CuO), ions (Cu^{2+}). The results are presented in % and in ppm (part per million). 1%= 10 000 ppm, 1 ppm = 0.0001%. S = Sample

oxide	blue Co				blue Cu				
	S16	S17	S18	S7	S19	S20	S21	S22	S5
Na_2O	17.3%	18.2%	16.1%	17.4%	15.5%	20.7%	18.3%	20.1%	19.8%
MgO	3.51%	1.17%	2.77%	1.70%	0.31%	0.30%	0.38%	0.30%	0.63%
Al_2O_3	2.01%	2.49%	2.96%	2.44%	8.20%	9.09%	9.49%	9.53%	10.1%
SiO_2	66.6%	65.8%	64.5%	66.4%	66.9%	60.9%	61.7%	61.6%	58.5%
P_2O_5	0.15%	0.15%	0.19%	0.17%	598	575	697	616	922
Cl	0.83%	0.80%	0.81%	0.78%	0.68%	0.42%	0.44%	0.51%	0.64%
K_2O	1.91%	0.96%	1.99%	2.15%	1.86%	1.53%	2.05%	1.62%	1.56%
CaO	6.65%	8.18%	8.75%	6.08%	1.73%	4.39%	4.13%	3.41%	5.25%
TiO_2	0.10%	0.17%	0.13%	0.20%	0.60%	0.55%	0.60%	0.59%	0.46%
MnO	494	0.51%	0.28%	0.36%	0.63%	0.12%	0.24%	0.10%	0.20%
Fe_2O_3	0.80%	1.22%	1.12%	1.66%	1.25%	1.16%	1.51%	1.25%	1.36%
CuO	994	0.11%	777	0.23%	1.89%	0.62%	0.93%	0.73%	1.34%
ZnO	31	111	63	107	72	35	269	33	46
SnO_2	78	172	86	89	0.12%	133	400	177	21
BaO	145	241	259	169	0.23%	827	0.10%	881	859
PbO	0.11%	0.15%	947	0.24%	0.19%	0.17%	0.15%	0.16%	101
Li_2O	33	18	21	26	29	19	27	19	38
B_2O_3	450	483	421	406	121	141	120	140	205
V_2O_5	21	43	36	43	112	222	136	162	300
Cr_2O_3	80	37	93	59	37	37	40	36	41
CoO	631	711	711	0.14%	24	7.47	9.27	6.77	20
NiO	89	41	47	104	59	18	22	19	36
ZnO	43	112	74	131	93	36	311	38	40
As_2O_3	10	11	6.93	11	52	42	30	37	20
Rb_2O	19	12	19	18	49	43	62	51	43
SrO	640	905	944	625	401	408	430	404	658
Y_2O_3	6.98	11	8.28	10	15	27	24	26	24
ZrO_2	93	146	113	150	0.12%	954	742	0.11%	743
Nb_2O_3	2.39	3.82	3.06	4.18	12	8.75	9.36	8.87	7.87
Ag	4.82	1.65	0.61	0.72	42	24	19	29	2.23
Sb_2O_3	2.57	20	12	3.64	12	12	9.47	11	4.01
BaO	178	273	254	210	0.16%	918	0.11%	931	984
CeO_2	12	17	14	17	78	59	58	56	66
Au	1.22	0.02	0.08	0.16	1.46	0.38	0.56	0.41	0.60
Bi	0.07	0.12	0.07	0.09	4.67	2.30	5.71	1.70	0.14
ThO_2	1.50	1.97	1.67	2.02	24	12	11	11	10
UO_2	0.80	1.52	1.06	0.96	11	9.98	18	11	7.61

TABLE 2: The analysis presents that the yellow beads were colored by lead and the black beads by iron. The results are calculated in % and in ppm (part per million). 1 ppm = 0.0001%, 1% = 10 000 ppm. S = Sample

oxide	light yellow		yellow		black					
	S31	S4	S30	S6	S23	S24	S25	S26	S27	S2
Na_2O	16.2%	17.2%	15.5%	16.5%	12.9%	11.4%	14.3%	14.3%	14.8%	11.6%
MgO	0.60%	0.40%	0.31%	0.38%	0.42%	0.95%	1.10%	1.07%	1.42%	0.91%
Al_2O_3	13.4%	10.3%	9.66%	9.62%	10.5%	15.7%	17.8%	16.8%	6.31%	14.4%
SiO_2	59.1%	62.4%	52.7%	53.4%	67.0%	62.0%	55.5%	56.8%	70.4%	63.6%
P_2O_5	797	658	546	556	0.11%	0.16%	0.17%	0.18%	640	0.16%
Cl	0.80%	0.76%	0.56%	0.59%	0.65%	0.58%	0.82%	0.82%	0.98%	0.55%
K_2O	1.91%	1.70%	1.94%	2.08%	2.06%	1.73%	1.73%	1.77%	0.90%	1.89%
CaO	2.86%	2.79%	1.70%	1.74%	2.34%	3.73%	3.99%	3.76%	2.00%	3.41%
TiO_2	0.54%	0.63%	0.59%	0.57%	1.35%	0.60%	0.67%	0.68%	0.86%	0.54%
MnO	524	602	276	289	699	665	796	822	523	620
Fe_2O_3	1.93%	1.61%	1.23%	1.42%	2.44%	2.83%	3.72%	3.78%	2.13%	2.68%
CuO	571	126	37	28	0.12%	587	300	165	109	502
ZnO	41	53	42	37	69	49	61	76	46	52
SnO_2	0.30%	0.21%	1.88%	1.70%	336	107	7.71	18	7.09	82
BaO	656	647	0.13%	0.13%	816	857	867	831	262	713
PbO	2.00%	1.74%	13.5%	11.6%	0.21%	512	65	79	33	413
Li_2O	25	24	21	23	23	22	25	24	50	23
B_2O_3	99	118	102	103	108	163	120	130	928	160
V_2O_5	166	146	104	105	121	194	195	200	148	182
Cr_2O_3	55	35	40	39	70	85	106	107	139	81
CoO	8.94	7.75	5.26	4.91	14	13	15	15	16	12
NiO	18	11	13	9.51	26	25	29	30	33	22
ZnO	52	62	44	42	75	56	67	70	43	57
As_2O_3	4.31	5.58	5.28	5.80	3.60	6.04	3.06	3.74	9.05	5.64
Rb_2O	40	36	42	44	63	62	59	62	51	60
SrO	478	430	461	460	375	742	721	741	381	653
Y_2O_3	15	16	9.44	9.11	17	19	22	22	23	17
ZrO_2	467	636	906	973	0.11%	637	600	609	967	558
Nb_2O_3	8.03	9.17	12	12	22	9.73	11	11	17	8.76
Ag	6.51	12	50	47	0.93	1.50	0.87	0.65	2.02	1.08
Sb_2O_3	0.21	0,17	1.64	1.05	0.44	1.15	0.06	0.28	0.39	1.00
BaO	624	617	943	0.10%	868	896	822	859	233	824
CeO_2	76	57	100	98	104	71	95	94	62	67
Au	0.04	0.03	0.02	0.06	0.04	0.05	0.05	0.02	0.09	0.10
Bi	0.10	0.13	0.24	0.14	0.19	0.08	0.02	0.02	0.12	0.06
ThO_2	15	8.41	26	24	28	11	12	13	13	9.85
UO_2	17	10	6.57	6.98	9.70	5.60	7.45	7.92	13	5.65

TABLE 3: The analysis reveals that the yellow beads were colored by the oxide of copper (Cu_2O) or cuprite, and the red beads by metallic copper (Cu). The results are calculated in % and in ppm (part per million). 1 ppm = 0.0001%, 1% = 10 000 ppm. S = Sample

oxide	orange					red		
	S9	S11	S14	S15	S8	S3	S28	S29
Na_2O	12.0%	11.2%	10.6%	14.2%	11.8%	17.0%	15.2%	16.8%
MgO	2.50%	0.95%	0.83%	0.78%	0.80%	1.19%	1.17%	0.67%
Al_2O_3	11.3%	15.2%	11.4%	12.8%	10.5%	9.15%	10.0%	13.0%
SiO_2	48.8%	52.7%	58.4%	58.4%	57.1%	62.9%	63.9%	60.6%
P_2O_5	1.48%	0.17%	0.15%	0.13%	0.14%	0.16%	0.14%	933
Cl	0.57%	0.26%	0.53%	0.60%	0.57%	0.79%	0.68%	0.94%
K_2O	3.28%	2.00%	1.56%	1.84%	1.62%	2.14%	1.88%	1.11%
CaO	6.44%	4.17%	2.79%	3.26%	2.52%	2.07%	2.25%	3.35%
TiO_2	0.50%	0.43%	0.55%	0.58%	0.55%	0.82%	0.77%	0.54%
MnO	0.15%	587	650	684	648	0.20%	0.13%	529
Fe_2O_3	3.13%	2.90%	3.73%	2.70%	4.01%	1.86%	2.02%	1.96%
CuO	7.32%	7.23%	8.61%	4.47%	9.41%	1.28%	1.44%	0.74%
ZnO	772	0.30%	995	99	0.11%	429	245	52
SnO_2	0.63%	1.08%	554	164	671	0.16%	0.18%	276
BaO	0.19%	685	633	720	559	833	815	515
PbO	1.81%	1.07%	0.39%	683	0.43%	0.24%	0.32%	0.19%
Li_2O	25	20	29	30	24	34	31	25
B_2O_3	236	112	212	146	206	486	439	194
V_2O_5	120	139	161	232	160	114	104	166
Cr_2O_3	35	68	80	71	80	87	81	40
CoO	29	45	105	66	92	43	31	14
NiO	110	169	89	90	89	76	80	40
ZnO	630	0.30%	0.11%	78	0.12%	526	299	60
As_2O_3	117	134	0.14%	26	0.14%	42	43	24
Rb_2O	80	50	53	53	47	64	53	31
SrO	995	564	498	645	433	409	444	653
Y_2O_3	23	14	20	20	20	22	21	12
ZrO_2	671	424	719	429	690	0.10%	932	496
Nb_2O_3	11	7.49	9.70	9.47	9.29	14	12	7.23
Ag	70	57	101	8.12	145	39	32	8.33
Sb_2O_3	74	50	95	3.49	95	12	14	6.02
BaO	0.15%	659	698	856	636	963	917	510
CeO_2	80	58	66	76	68	75	65	53
Au	0.87	7.31	0.43	1.22	1.03	0.47	0.41	0.45
Bi	11	8.80	20	0.45	16	4.06	5.75	0.90
ThO_2	12	7.36	12	11	13	14	12	7.72
UO_2	7.42	3.52	7.61	9.89	9.54	8.16	8.09	5.68

TABLE 4: The analysis presents that the orange and red beads were colored by the oxide of copper (Cu_2O), or cuprite, and by metallic copper (Cu); the green bead was colored by the oxide of copper (CuO), ions (Cu^{2+}). The results are presented in % and in ppm (part per million). 1% = 10 000 ppm and 1 ppm = 0.0001%. S = Sample.

	bicolored beads						
	S10		S12		S13		S1
oxide	orange	red	orange	red	orange	red	green
Na_2O	12.2%	14.0%	11.8%	14.2%	10.9%	13.6%	16.9%
MgO	0.86%	0.78%	0.85%	0.95%	0.99%	1.05%	0.44%
Al_2O_3	14.0%	13.4%	12.6%	14.7%	12.5%	17.0%	10.2.
SiO_2	53.3%	60.0%	54.1%	58.0%	56.0%	56.3%	61.4%
P_2O_5	0.23%	0.17%	0.14%	0.17%	0.14%	0.21%	623
Cl	0.46%	0.60%	0.38%	0.62%	0.44%	0.57%	0.64%
K_2O	1.49%	1.96%	1.53%	1.65%	1.77%	1.91%	2.04%
CaO	3.42%	3.13%	3.42%	3.80%	3.17%	3.88%	3.58%
TiO_2	0.57%	0.62%	0.30%	0.55%	0.38%	0.62%	0.58%
MnO	670	626	559	635	764	757	754
Fe_2O_3	3.28%	2.81%	2.45%	2.71%	3.18%	3.66%	1.88%
CuO	8.26%	2.07%	7.91%	1.83%	7.54%	0.93%	0.63%
ZnO	951	228	233	92	178	75	49
SnO_2	0.37%	896	0.23%	454	0.36%	21	0.18%
BaO	656	855	641	708	573	756	776
PbO	1.21%	0.25%	3.75%	0.68%	1.90%	145	1.09%
Li_2O	22	24	11	22	15	26	24
B_2O_3	114	145	91	193	139	150	122
V_2O_5	177	204	110	185	134	220	187
Cr_2O_3	93	86	51	79	64	96	44
CoO	87	31	24	15	26	15	12
NiO	336	175	149	43	161	41	21
ZnO	953	240	153	61	94	73	52
As_2O_3	392	69	409	37	307	9.42	31
Rb_2O	49	52	37	48	45	57	51
SrO	659	615	444	712	379	731	390
Y_2O_3	20	19	12	20	14	22	25
ZrO_2	698	788	410	549	407	609	835
Nb_2O_3	9.38	11	5.07	9.54	6,67	11	9.34
Ag	56	49	38	51	30	56	2.47
Sb_2O_3	77	14	159	11	105	1.39	2.35
BaO	779	925	555	832	465	837	729
CeO_2	86	83	44	75	49	90	61
Au	0.56	0.13	0.19	0.11	0.50	0.01	0.02
Bi	16	2.71	28	0.89	14	0.09	0.12
ThO_2	13	15	8.67	12	8.83	13	10
UO_2	9.94	9.57	6.16	8.42	5.72	12	10

出土資料の科学的分析

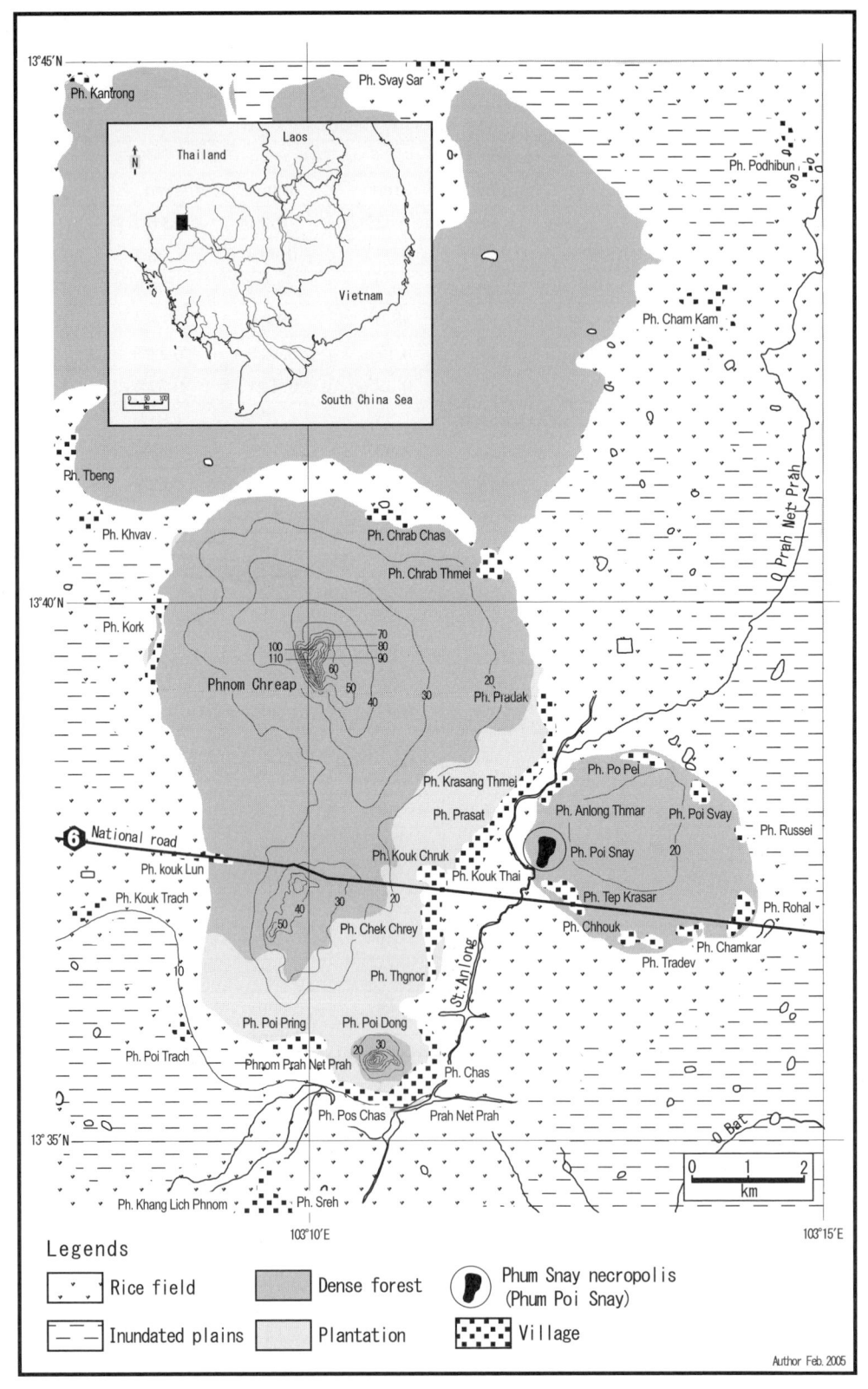

Fig. 1: The burial site of Snay and its surroundimgs

Fig. 2: The southern area of the site: Pits dug by villagers for artifacts

Fig. 3: Human skulls left scattered on the site

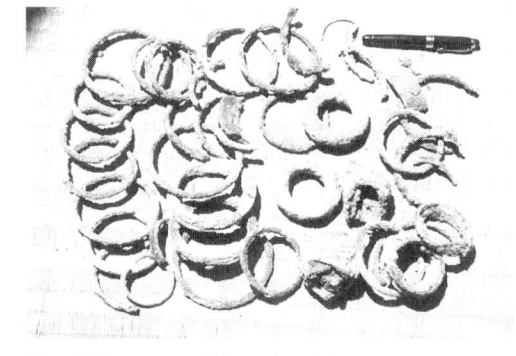

Fig. 4: Bronze and iron bangles

Fig. 5: Various forms of pottery vessels encountered during the author's visit in 2002

Fig. 6: Glass beads of different colors; the biggest one in the middle is a carnelian bead

出土資料の科学的分析

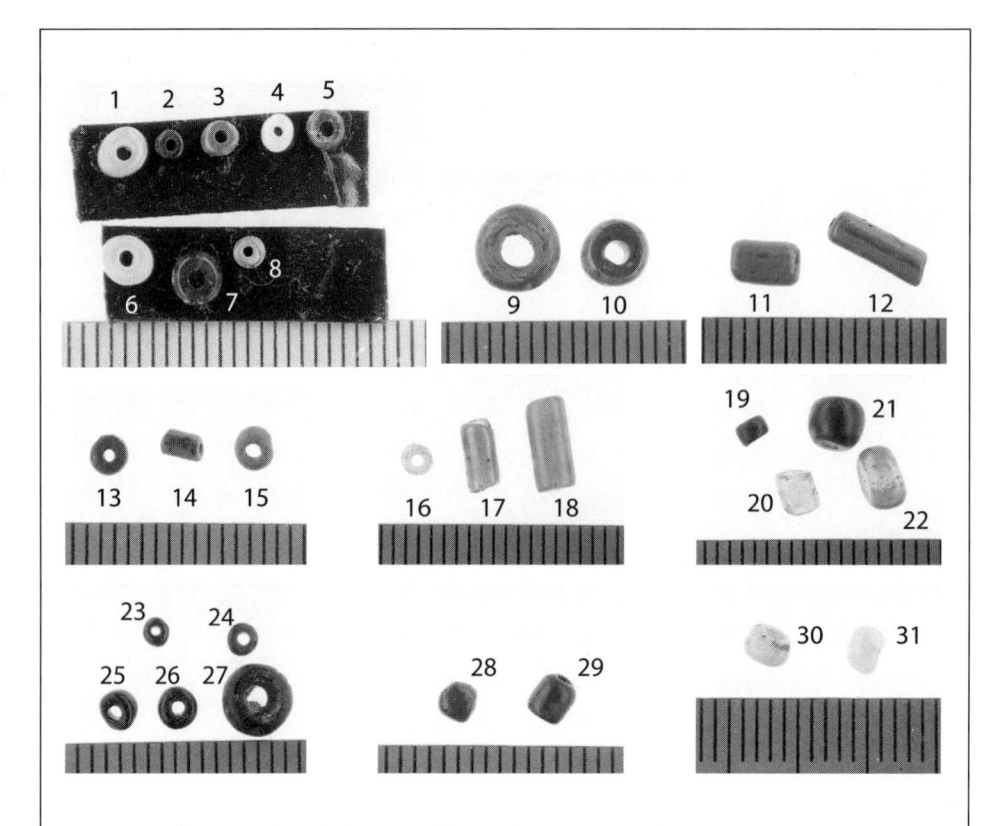

Fig. 7: Thirty samples of glass bead from the Iron Age of Phum Snay were selected for analysis. 1: green, 2: black, 3: red, 4: light yellow, 5: dark blue, 6: yellow, 7: blue, 8: orange, 9: orange, 10: red-orange, 11: orange, 12: red orange, 13: red-orange, 14: orange, 15: orange, 16: light blue, 17-18 blue, 19-20 dark blue, 21-22: light blue, 23-25: black, 28-29: red, 30: yellow, 31: light yellow

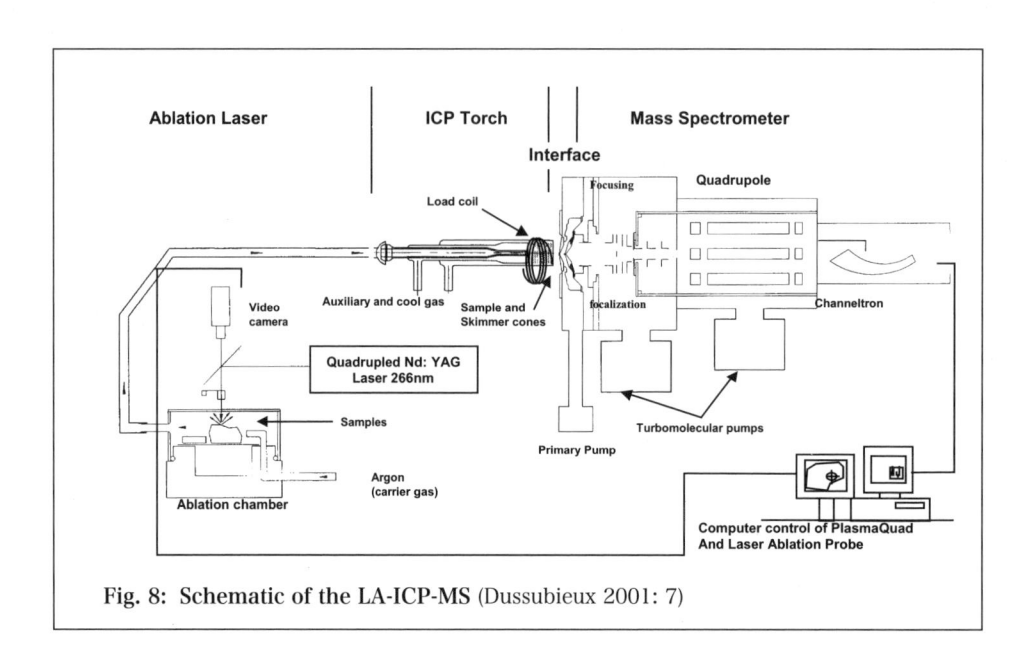

Fig. 8: Schematic of the LA-ICP-MS (Dussubieux 2001: 7)

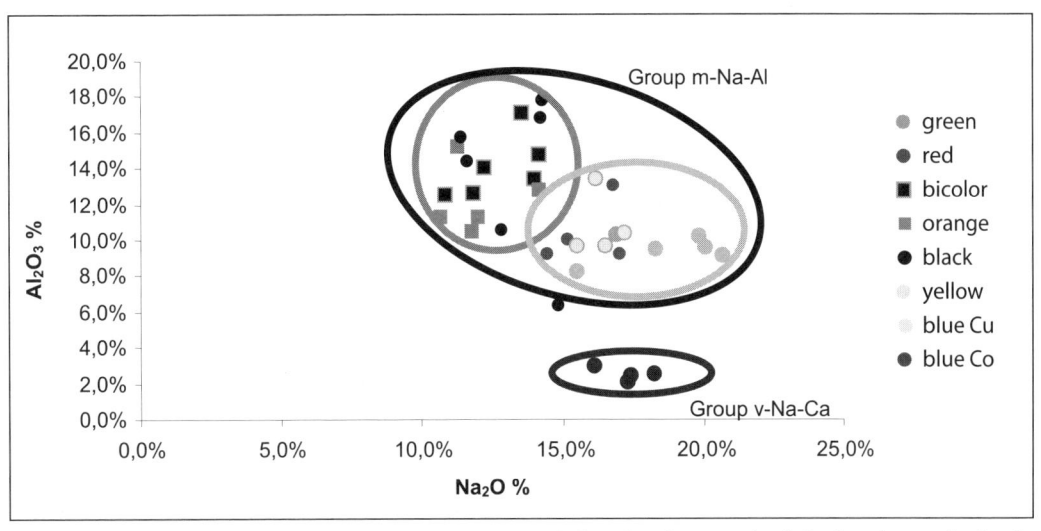

Fig. 9: Diagram Na_2O/Al_2O_3 presents the two types of glass bead recognized during the analysis of glass beads from Phum Snay

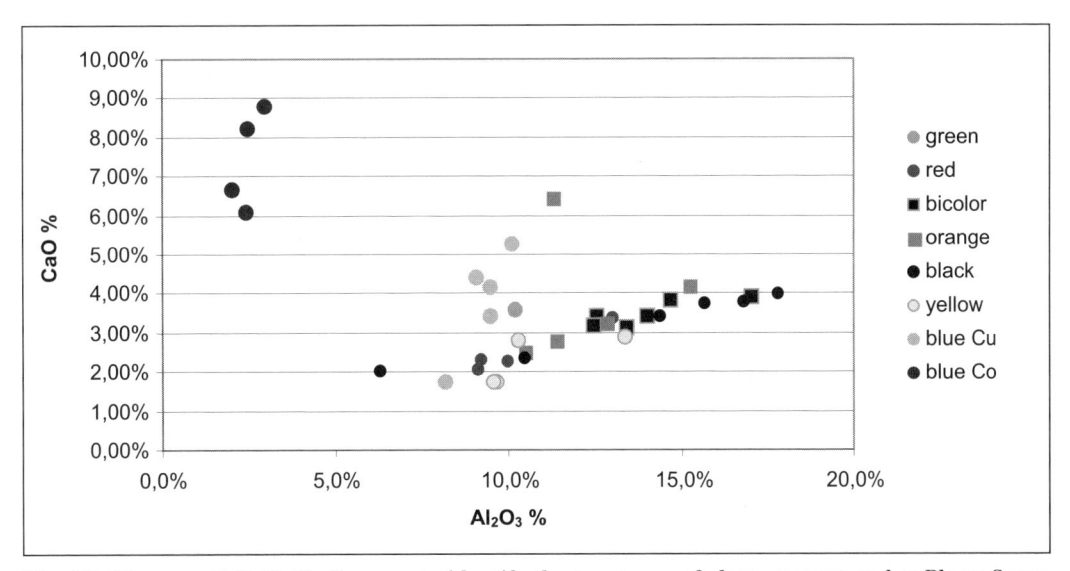

Fig. 10: Diagram Al_2O_3/CaO allows us to identify the two types of glass encountered at Phum Snay

LATE PREHISTORIC BURIALS IN MELANTA TUTUP, SEMPORNA, SABAH

Stephen Chia and Hirofumi Matsumura

Keywords: Melanta Tutup, Late Prehistoric Burials, Metal Period, skeletal remains, Late Prehistoric Period

1. Introduction

In 2002, archaeological fieldwork in Semporna, Sabah conducted by the Centre for Archaeological Research Malaysia, Universiti Sains Malaysia, Penang and the Sabah Museum Department, Kota Kinabalu, Sabah discovered an archaeological site known as Melanta Tutup, a volcanic rockshelter site situated on top of a hill, about 180 metres above sea level, near the coast of Teluk Tagassan (Figure 1 and 2). Archaeological survey at this site revealed surface finds, which include an ancient log coffin, human teeth, stoneware and earthenware shards, flake tools, and food remains comprising animal and fish bones as well as marine shells. Since its discovery, three seasons of archaeological fieldwork have been carried out at Melanta Tutup in 2003, 2004 and 2006. The archaeological fieldwork at Melanta Tutup include the excavations of three trenches – one 1 × 2 metre trench and two 2 × 2 metre trenches, which were excavated using the standard established methods and 10 cm per spit until about 3.0 metres in maximum depth. The archaeological excavations have uncovered numerous types of cultural remains such as human burials, stone tools, obsidian flakes, earthenware and stoneware shards, metal tools and ornaments, beads, botanical remains, and food remains comprising animal and fish bones and marine shells. The various types of cultural materials recovered from the first cultural layer to the deepest cultural layer (about 300 cm deep), suggested that the site has been used for a considerable long period of time, from the late Paleolithic period to the Neolithic, Metal and early historical periods. This is also evident from the radiocarbon dates so far obtained from the upper cultural layers (0-120 cm), which ranged from 1,000 to 10,000 years ago. The presence of human remains and associated cultural materials further indicated that Melanta Tutup has been used as a burial site from the Neolithic to the late prehistoric period. In addition, analysis of the dental characteristics of the human teeth recovered from the Neolithic layers, dated about 2,500 bp to 3,330 bp, suggested that the Melanta Tutup people was probably genetically linked to Neolithic populations in Southern China, and was different from those of Gua Cha and Guar Kepah (Chia et al. 2005). Other evidence of late prehistoric burials at Melanta Tutup include an ancient log coffin, which has been radiocarbon dated between 880 and 1,110 AD and described by Chia and Koon (2003). The late prehistoric burials also include extended burials and probably some jar burials as suggested by the presence of large fragments of earthenware. This paper discusses the excavations and dating of the extended burials, and presents a description and analysis of the skeletal remains from Melanta Tutup, Semporna, Sabah.

2. The Excavations and Dating of the Burials

The late prehistoric human burials were discovered during archaeological excavations conducted in Melanta Tutup, over a period of 3 weeks, from the middle of April to early May, in 2004. The human remains were found together in a mass burial at the top layers, between 10 and 30 cm deep, in a 2 × 2 metre trench, labeled as trench C (Figure 3). Two of the more complete burials suggest that the burials lie in an east-west direction, with the heads pointing toward the east (Figure 4). The burials contained several individuals buried with various types of funerary items such as earthenware and stoneware, flake tools, beads, iron tools, iron and shell bracelets, and bracelets with small spherical bronze bells, bronze

Table 1 Preliminary analyses of artefacts recovered from the upper layers of Trench C

Artefacts types			Trench C (10-30) cm	
			Number (pieces)	Weight (g)
Stone artefacts	Flake tool		1	0.4
	Core		3	25.8
	Drill		1	0.1
	Retouched flake		2	11.1
	Utilised flake		29	12.8
	Waste flake		11	3.3
Earthenware	Shards		448	-
Faunal Remains	Fish		778	151.7
	Mammal and reptile		501	395.7
	Shell		2,621	11,913.2
Bracelets	Shell	complete	5	120.6
		fragment	1	1.0
	Metal	with 1 or 2 bells	4	48.6
		without bells	1	20.5
Iron knives			5	557.5
Spherical bronze bells			16	76.3
Fragments of metal			6	124.4
Bronze rings			4	3.5
Stoneware shards			36	159.0
Beads			1,532	65.54

rings, and food remains (Table 1).

Examination of the burials during the excavation revealed two almost complete skulls with their mandibles intact, belonging to an adult female (identified later as Skeleton A) and a young individual (identified later as Skeleton E). The later has an intact stoneware cup found near the mouth as if offering a drink to the deceased (Figure 5). A 'hoard' of five complete iron tools in the form of knives of various sizes, a bracelet with small spherical bronze bells, a carnelian bead and some glass beads were also found at the level of the left pelvic area (Figure 6). Glass, shell and stone beads were found near the skulls and the body of the skeletons. However, the majority of them were small glass beads, which came in a variety of colours–yellow, red, blue, brown, black, green and white. The glass beads ranged from about 2 to 7 mm in diameter while the shell beads averaged about 3 or 4 mm in diameter. The two stone beads were carnelian beads, both are hexagonally shaped–the larger one measures about 18 mm long, 11 mm in diameter and 5 mm in thickness while the smaller one measures about 12 mm long, 9 mm in diameter and 5 mm in thickness. There were also several metal and shell bracelets found near the skulls and bodies. Five of the shell bracelets were intact (one made from *Tridacna sp.* and the rest appeared to be cone shells) while three of the metal bracelets have two small spherical bronze bells attached to them. Three complete and one partly broken bronze rings were found closely associated with finger bones. The disorientation of the skeletal remains suggested that the burials might have been partially disturbed. This is evident from the location of a complete sacrum (belonging to Skeleton E), which was found near the skull of skeleton A. Several rib bones were also found near the pelvic bones. The number of individuals in the burials could not be estimated at the site because most of them are partially represented and several parts of the skeletal remains such as skulls, vertebrae, pelvic bones, and limb bones are either missing or not preserved,

Table 2   Radiocarbon dates from the Melanta Tutup burials

Lab #	Conventional Age (BP)	Calibrated Age (Cal BC/AD)*	Material	Notes
Beta-192805	1400 ± 60	AD 890 to 1130	Marine shells Anadara sp.	Trench C, Spit 1, 10 cm
Beta-192806	1350 ± 50	AD 980 to 1170	Marine shells Anadara sp.	Trench C, Spit 2, 10–20 cm
RCM-04/01	1290 ± 100	–	Marine shells Anadara sp.	Trench C, Spit 1, 10 cm
RCM-04/02	1940 ± 180	–	Marine shells Anadara sp.	Trench C, Spit 3, 20–30 cm

*   Cal BC/AD dates (2 sigma, 95% probability).
** The marine shell samples have been calibrated according to INTCAL98 Radiocarbon Age Calibration.

possibly due to disturbances and/or poor preservation.

Four marine shell (*Anadara sp.*) samples collected from different areas of the burials provided radiocarbon dates of between A.D. 890 and 1170 (see Table 2). Two of the radiocarbon samples (Beta-192805 and Beta-192806) were analysed at Beta Analytic Inc. in Florida, the United States of America while the other two samples (RCM-04/01 and RCM-04/02) were analysed at the Malaysian Institute For Nuclear Technology Research in Bangi, Selangor, Malaysia.

The human burials consisted of mainly incomplete skeletal remains found in fragmentary and very fragile condition. As such, most of the bones had to be consolidated with a 3%-5% solution of Polaroid B72 in acetone prior to individual removal at the site. All the bones were later wrapped in tissue paper and cotton wool, and placed into paper boxes packed with newspapers for added protection during transport by road to the Sabah Museum Department in Kota Kinabalu, Sabah.

3. Description and Analyses of the Human Remains

All the human skeletal remains from the Melanta Tutup burials were further cleaned, conserved and stored by Mr. Anthony Chong and his staff at the conservation laboratory in the Sabah Museum Department, Kota Kinabalu, Sabah. The skeletal remains were briefly examined by Dr. Jessie Hui, a pathologist from the Queen Elizabeth Hospital in Kota Kinabalu, Sabah. Several bones were identified, including two complete sacrums of a male and a female.

Further examination and more detailed analyses of the skeletal remains from the burials were carried out by Dr. Hirofumi Matsumura, a palaeoanthropologist from the Department of Anatomy, Sapporo Medical University in Sapporo, Hokkaido, Japan. Our first task was to estimate the likely number of individuals in the mass burials because the bones were mixed up and a majority of them were rather deteriorated and fragmentary while some of the bones were missing. Each of the bones was identified as far as possible and later assigned to different individuals. At least 8 individuals, consisting of adults, young individuals including children and an infant, were identified and partially represented by the skeletal remains during the analysis. The following is a description of the 8 individuals based on our skeletal analysis.

Skeleton A: 30-40 years old female (Figure 7)

Cranium: The frontal and facial bones are well-preserved. The occipital and temporal bones, and cranial base are missing. The cranium is gracile and small, despite the skeleton being that of an adult. The frontal bone is perpendicularly elevated. The glabella and superficial arches are flat. The nasal root and nasal bones are flat as well. The orbital margin is relatively straight and angulated. The maxillary bone is small, in particular the nasion-prosthion length is short. The upper facial height is only 58mm. Both the inner and outer surfaces of the coronal and sagittal sutures are not fused, indicating a middle-aged matured individual. The mandible body is small and low (mental height is 24 mm). The mandible base line is concaved, showing so-called rocker jaw. The ramus is wide and slightly inclined.

The following teeth are placed on the jaw.

$$\frac{/\ 0\ 6\ 0\ 0\ 0\ 0\ 0\ |\ 0\ 0\ 0\ 4\ 5\ 6\ 0\ /}{0\ 7\ 6\ 5\ 4\ 0\ 0\ 0\ |\ 1\ 0\ 0\ 4\ 0\ 6\ 7\ 0}$$

0: tooth missing but socket open, /: tooth and socket missing

The dental crowns are weakly worn (Scott' 4th degree for molars). Dental carries is not found in any tooth. Other measurements noted include; orbit breadth–39 mm; orbit height–33 mm; nasal breadth–23 mm; nasal height–46 mm; minimum frontal breadth–95 mm; upper facial breadth–103 mm; midfacial breadth–96 mm; upper facial height–58 mm; frontal chord 94 mm; frontal substense–19 mm; zygomaxillary chord–96 mm; zygomaxillary subsense–14 mm.

Infra-cranial bones: Right and left ulnas and right radius are preserved. The right ulna has a missing proximal end while the left one lacks the distal end. The radius has lost its distal half of the shaft and the end portion. Both ends of the humerus are not preserved.

A pair of pelvis is well-preserved. The greater sciatic notch is wide, indicating that the sex of this individual is female. The right and left femoral and tibia shafts are intact. The linea aspera is well-developed, suggesting that this individual had relatively well-developed hamstring muscles. The tibia shaft is relatively flat. The squatting facet is present on the tibia end. Based on the closure of the major cranial sutures and the degree of dental attrition, the age of this individual is estimated to be 30-40 years old.

Skeleton B: 30-40 years old male (Figure 8)

Cranium: Not preserved.

Infra-cranial skeleton: Only a part of the vertebrae and lower limbs are preserved. The right pelvis is nearly complete but the left one retains the pubis and ischium only. The pubic symphysis exhibits some granular and no lipping of ventral margin (phase 6). Based on this, the age at death of this individual is estimated to be an old adult (30-40 years). The greater sciatic notch displays a narrow angle, indicating that this individual is a male. The femurs retain only those shafts and heads without the distal ends. The femurs have marked linea aspera, suggesting that this individual had relatively well-developed hamstring muscles. The tibiae preserved the shafts together with the distal ends in both the sides. The cross sectional shape of the tibia shaft is flat. The maximum length of the right tibia can be measured at 350mm. The left fibula remains but it is fragmentary. As for the spines, all five lumber vertebrae and two thoracic vertebrae are identified.

Skeleton C: 16-17 years old female (Figure 9)

<u>Cranium:</u> Only thin fragments of the calvaria are preserved.

<u>Infra-cranial skeleton:</u> Only a part of the vertebrae and lower limbs are preserved. There are four lumber vertebrae and one unknown vertebral body. The hip bone retains a pair of pelvis and a complete sacrum. The greater sciatic notch displays narrow angle, indicating that this individual is a male. The femurs retain their shafts and femoral heads. The femurs have protruding linea aspera, suggesting that this individual had relatively well-developed hamstring muscles. The left tibia is also well-preserved but the distal end is missing. The right tibia, however, is fragile and fragmentary. The cross sectional shape of the tibia shaft is relatively flat. The left fibula is complete while the right one retains only the distal half. The epicondyles are not completely fused with the shafts in both the femurs and tibiae, and the articular surfaces of vertebral bodies exhibit billow-like structure, suggesting a sub-adult (16-17 years old).

Skeleton D: 20-40 years old, sex unknown (Figure 10)

<u>Cranium:</u> Only fragments of the mandible are preserved together with an erupted left third molar. The ramus is wide and perpendicularly angulated. The right lower lateral incisor and canine, and the lower first molars of both sides and the lower right second molar are identified. The dental wear is 4th grade of Scott's system. The age is estimated at 20-40 years old based on these dental attrition.

<u>Infra-cranial skeleton:</u> One lumber vertebra and a pair of femurs and right tibia are preserved only for their shafts. The tibia is crushed without maintaining its original shape. The femurs have well-developed linea aspera, suggesting that this individual had relatively well-developed hamstring muscles.

Skeleton E: 11-12 years old, sex unknown (Figure 11)

<u>Cranium:</u> The cranium retains a part of the frontal bone, the left temporal bone, the right zygomatic and nasal bone, maxillae of both the sides, and mandibular body. The following teeth are found on the jaw.

```
8 0 6 0 0 0 0 0 | 0 0 0 0 0 6 0 8
X 0 6 0 4 3 2 1 | 1 2 3 4 0 6 0 0
```

0: tooth missing but socket open, /: tooth and socket missing

The dental crowns are not worn except the first molars, which are slightly worn, indicating Scott's 2nd degree. Therefore, the age is estimated at 11-12 years old. Dental carries is not found in any tooth.

Infra-cranial skeleton: One cervical and one lumber vertebra, a complete sacrum, a fragmented ilium, a pair of femurs, tibiae and fibulas are preserved. The left femur is complete.

Skeleton F: 7-8 years old, sex unknown (Figure 12)

Cranium: Not preserved.

Infra-cranial skeleton: Fragments of ribs, right ilium, left humerus, left ulna, right radius and a pair of femurs remained intact. Judging from the sizes of these long bones (estimated length of the humerus approximately 20cm), the age of this individual is estimated to be 7-8 years old. The gender, however, is unknown.

Skeleton G: around 2 years old, sex unknown (Figure 13)

Cranium: Four small fragments of calvaria are preserved.

Infra-cranial skeleton: A fragment of the rib, three thoracic vertebrae and a pair of femurs, without the distal ends are preserved. Judging from the femoral size (estimated length 15cm), the age of this individual is estimated at around 2 years old. The sex is unknown.

Skeleton H: less than 2 months old, sex unknown (Figure 14)

Cranium: Several small fragments of the calvaria and the right side of the mandibular body are preserved.

Infra-cranial skeleton: A fragment of the rib, left humerus, left ulna, left radius, a pair of femurs and the left tibia are preserved. Judging from the femoral size (estimated length about 8cm), the skeleton belongs to a new born infant, estimated less than 2 months old.

4. Discussion and Conclusion

The burials recovered from Melanta Tutup provide a useful source of information to better understand the human population history of Semporna in southeastern Sabah and island Southeast Asia during the late prehistoric period, between A.D. 890 and 1170. A total of eight individuals have been identified and were partially represented by the skeletal remains from the mass burials. The eight individuals consist of a middle aged female, a middle aged male, an adolescent female, an unknown sex adult, three children, and an infant. The number and age range of the individuals seem to suggest a family unit but whether they all died and were buried at the same time or not at the site remain uncertain. Paleopathological feature was not found in any of the skeletal remains and the cause of deaths is also unknown at present. Among the funerary items recovered from the burials were earthenware and stoneware shards, stone artefacts, iron tools, food remains, and decorative items of the deceased, which include stone, shell and glass beads, bronze rings, bracelets with spherical bronze bells, iron and shell bracelets. These decorative items were probably personal belongings worn in his or her lifetime or ornaments connected to the funeral ceremony. However, it was not possible to assign accurately most of these funerary items to any of the individuals as they are found mixed together in the mass burials. All the skeletal remains of the eight individuals were also partially represented, possibly due to post-depositional disturbances of these shallow burials and/or poor preservation of the skeletal remains in the hot and humid tropical climate of Sabah. Although most of the cranial remains are poorly preserved, Skeleton A managed to retain its facial features in a relatively good condition. The lateral view displays flatness of the facial skeleton, especially around the nasal bones and glabella region. Such flat face characteristic is not found in the prehistoric human remains of Peninsular Malaysia such as the Gua Cha specimens or in the present-day indigenous people. Since several cranial measurements including facial flatness measurements were recorded for this female, morphological affinity with other skeletal samples has been assessed using these values. Insofar as we know, few female cranial measurement data with facial flatness measurements are recorded from prehistoric human remains in Peninsular Malaysia or even from modern population samples. As the number of samples available is limited, data of samples for comparisons have to be cited from those presented by Howells (1989). Using nine cranial metrics listed in Table 3, the Q-mode correlation coefficients were calculated. Table 4 gives the distance from Melanta Tutup converted from the correlation coefficients. Based on these comparisons, the Melanta Tutup people displays a close distance to the Atayal Taiwanese and Hainan people in south China, while far distant from the Tasmanians and Tolai Melanesians who possessed rugged face. This finding suggests possible affinities of the Melanta Tutup people with a northern source, possibly Taiwan or Southern China.

Acknowledgements

The authors would like to express our gratitude to Professor Dato' Zuraina Majid, the former director of the Centre For Archaeological Research Malaysia, Universiti Sains Malaysia and currently, the Commissioner of Heritage, Jabatan Warisan Negara, Ministry of Culture, Arts and Heritage Malaysia, and Dato' Joseph Guntavid, the Director of Sabah Museum Department, for their support of our archaeological research in Semporna, Sabah.

Table 3 Comparative cranial measurements cited from Howells (1989)

	Skeleton A	Tasmanian	Tolai Melanesian	Northern Japanese	Southern Japanese	Hainanese S. China	Atayal Taiwanese
Upper facial height	58	58	63	66	66	65	60
Orbital breadth	39	40	39	38	38	38	37
Orbital height	33	31	32	34	34	33	33
Nasal breadth	23	28	27	26	25	26	26
Nasal height	46	45	47	50	49	49	47
Frontal chord	94	97	96	93	92	93	91
Frontal subtense	19	17	15	14	14	14	14
Zygomaxillary chord	96	89	91	92	92	95	89
Zygomaxillary subtense	14	27	27	23	22	21	20

Table 4 Biological distance from the Skeleton A

Tasmanian	1.509
Tolai Melanesian	1.501
Northern Japanese	1.260
Southern Japanese	1.154
Hainanese, south China	0.862
Atayal Taiwanese	0.699

Stephen Chia would also like to thank the Sabah Museum archaeological team, in particular Mr. Peter Koon and Mr. Peter Molijol, for their help in conducting the fieldwork in Semporna. Mr. Suhaili Riman, the District officer of Semporna and his staff Mr. Bastani Haji Shaari, and Datuk Lamri Ali, the Director of Sabah Parks, and his staff Mr. Daring Laban and Mr. Asdari, kindly helped in the logistics during our fieldwork in Semporna. Mr. Anthony Chong and staff of the conservation unit in Sabah Museum provided much needed assistance during the conservation and analysis of the skeletal remains. Dr. Jessie Hui of the Queen Elizabeth Hospital in Kota Kinabalu, Sabah and Ms Mariko Yamagata also graciously helped in the analyses of the skeletal remains. Ms Kamisah Hj Alias and the Malaysian Institute For Nuclear Technology Research radiocarbon dated two of our marine samples. The SEASREP Regional Collaboration grant and Fundamental Research Grant Scheme provided financial support for our archaeological research in Semporna and the analyses of the skeletal remains.

References

Chia, Stephen, Johan Arif & Hirofumi Matsumura
    2005 "The Dental Characteristics of Prehistoric Human Teeth from Melanta Tutup, Semporna, Sabah", In Zuraina Majid (ed.) *Perak Man and Other Prehistoric Skeletons in Malaysia*. Centre For Archaeological Research Malaysia, Universiti Sains Malaysia, Penang.

Chia, Stephen & Peter Koon
    2003 "Recent Discovery of an Ancient Log Coffin in Semporna, Sabah", *Sabah Society Journal*, Vol 20, Kota Kinabalu, Sabah, pp.35-43.

Howells, W. W.
    1989 *Skull Shapes and the Map*. Peabody Museum of Archaeology and Ethnology, Harvard University, Cambridge, USA.

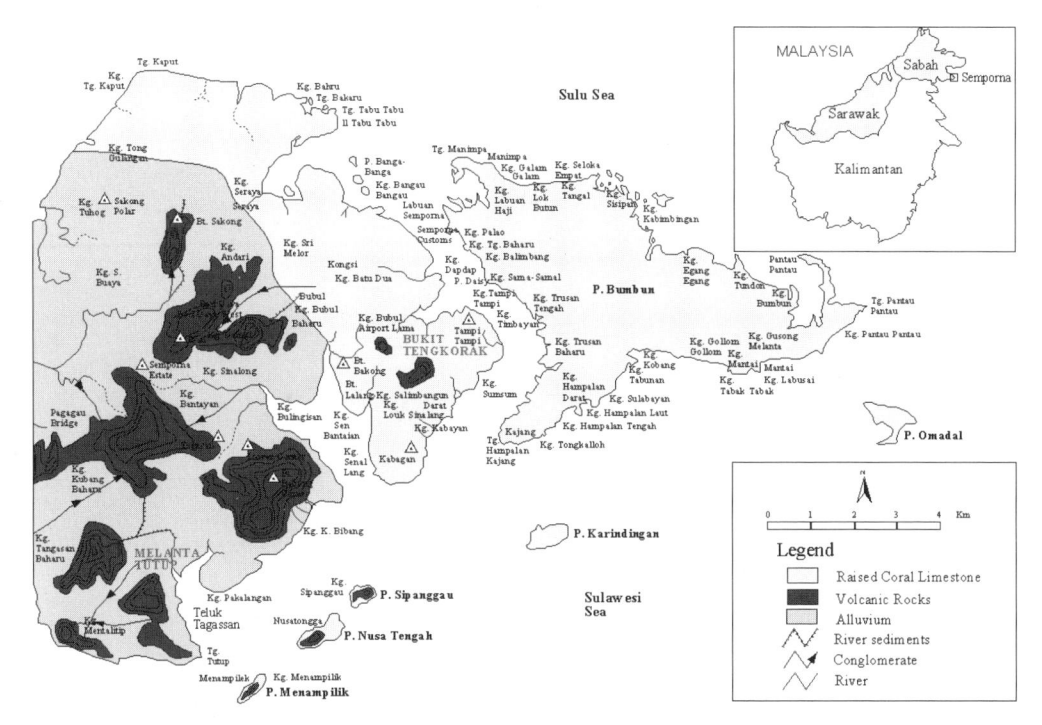

Fig. 1 Map of the location of Melanta Tutup in Semporna, Sabah, Malaysia

Fig. 2 Excavations at the volcanic rockshelter site of Melanta Tutup

出土資料の科学的分析

Fig. 3 Excavation of the burials at the upper layers of Trench C

Fig. 4 The exposed burials associated with various funerary items

Fig. 5 Two human skulls (Skeleton A and E) found associated with a stoneware cup, beads, bronze rings, shell bracelets, shells and pottery shards

Fig. 6 Iron tools, bracelet with bronze bells, a carnelian bead and glass beads

出土資料の科学的分析

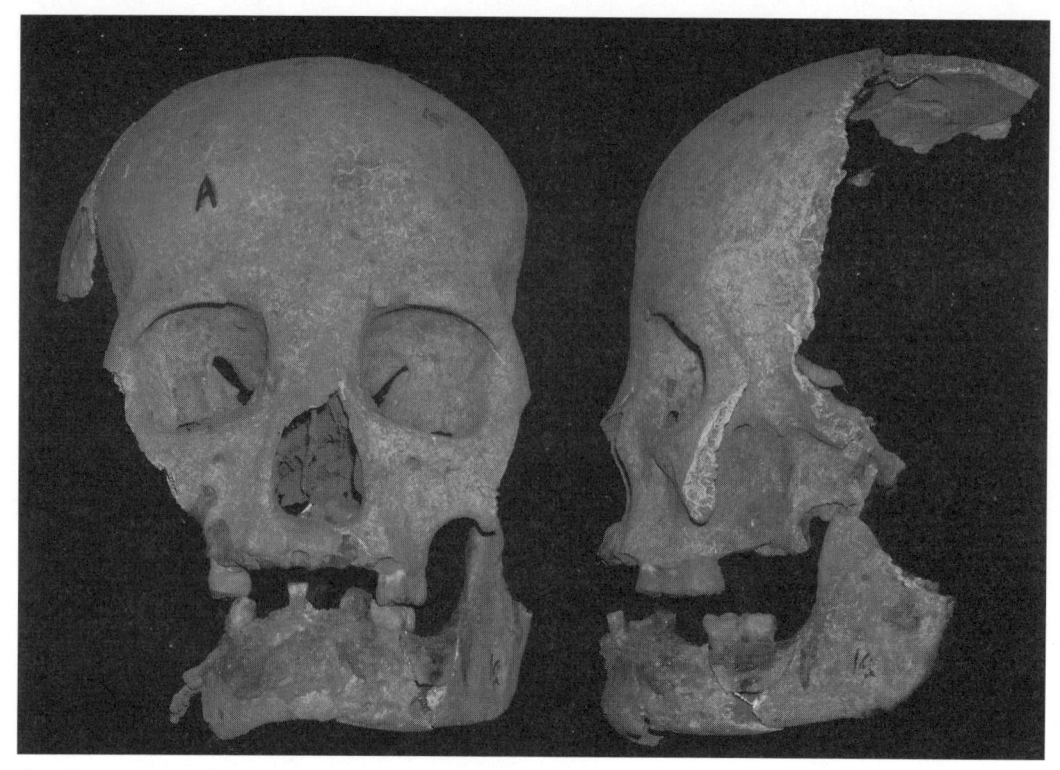

Fig. 7　Frontal and lateral views of teh cranium of Skeleton A

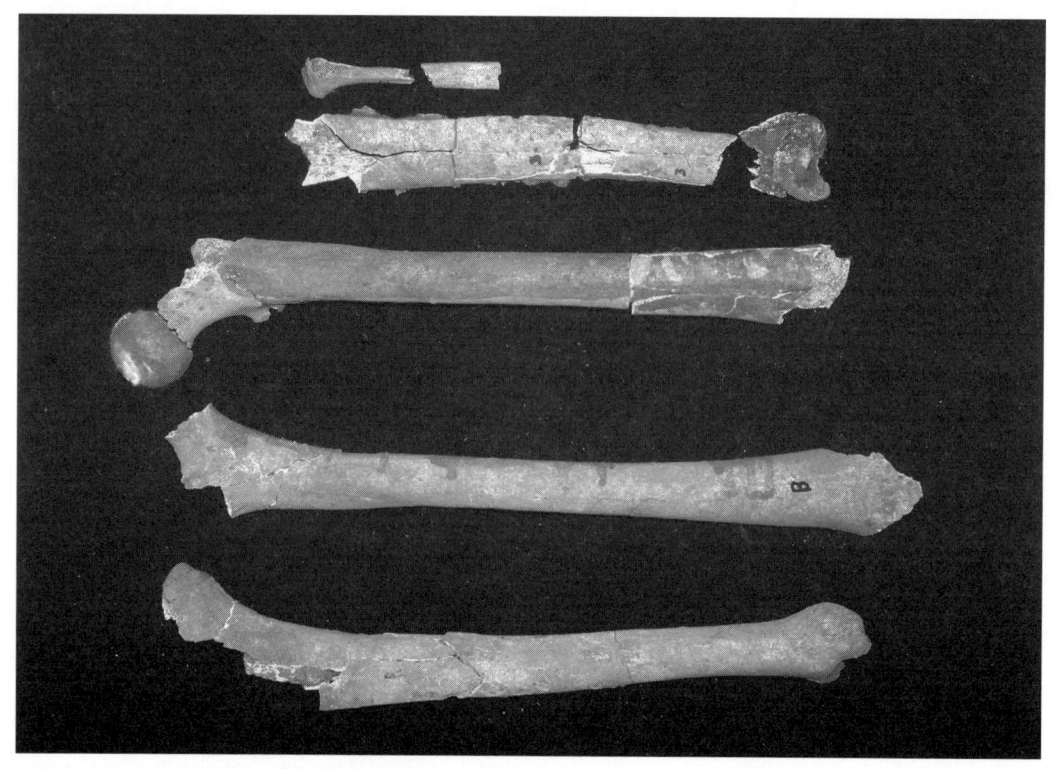

Fig. 8　Lower limb bones of Skeleton B

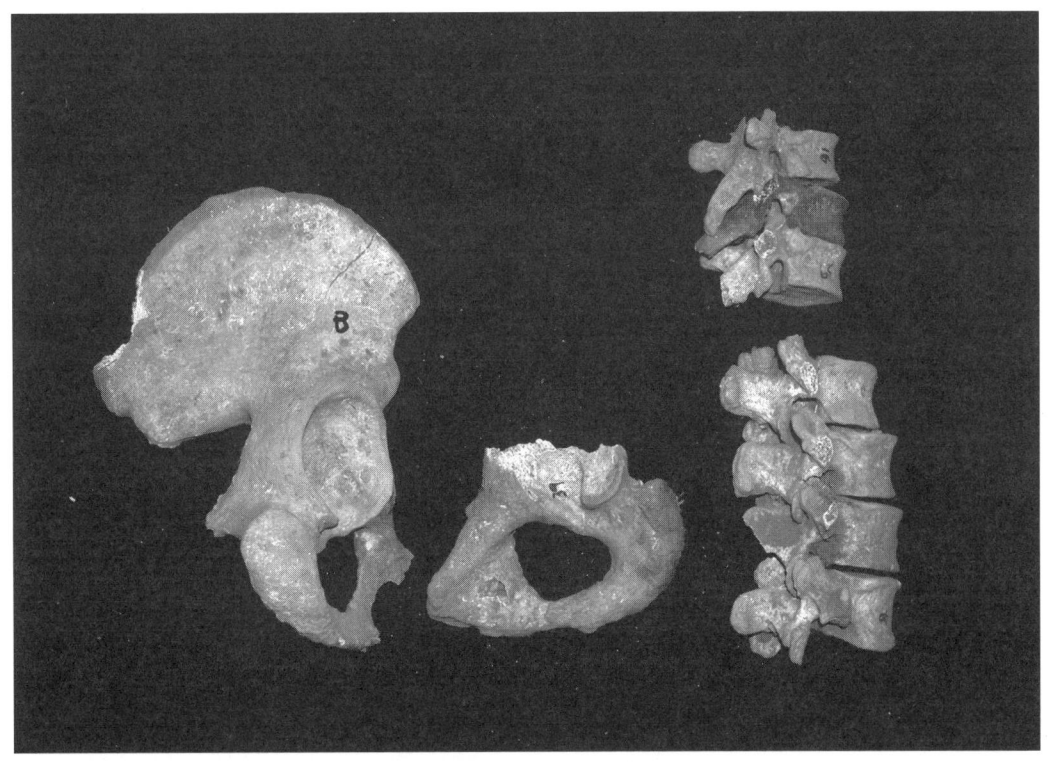

Fig. 9 The pelvis and vertebrates of Skeleton B

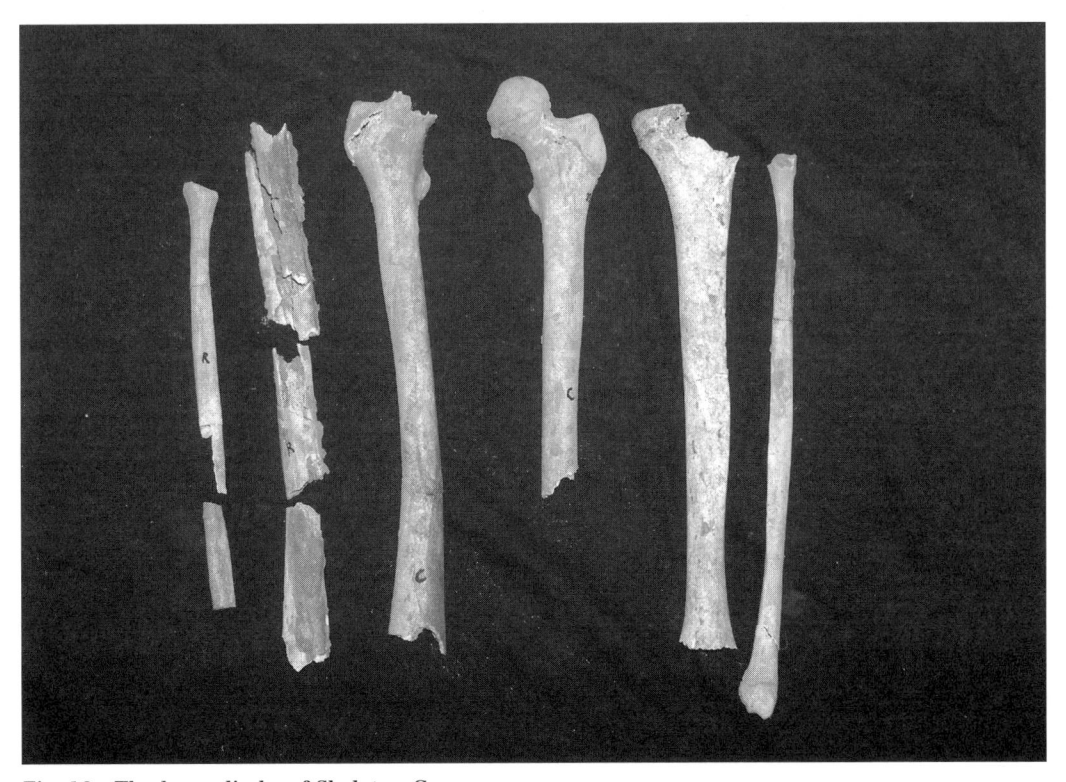

Fig. 10 The lower limbs of Skeleton C

出土資料の科学的分析

Fig. 11　The cranium of Skeleton C

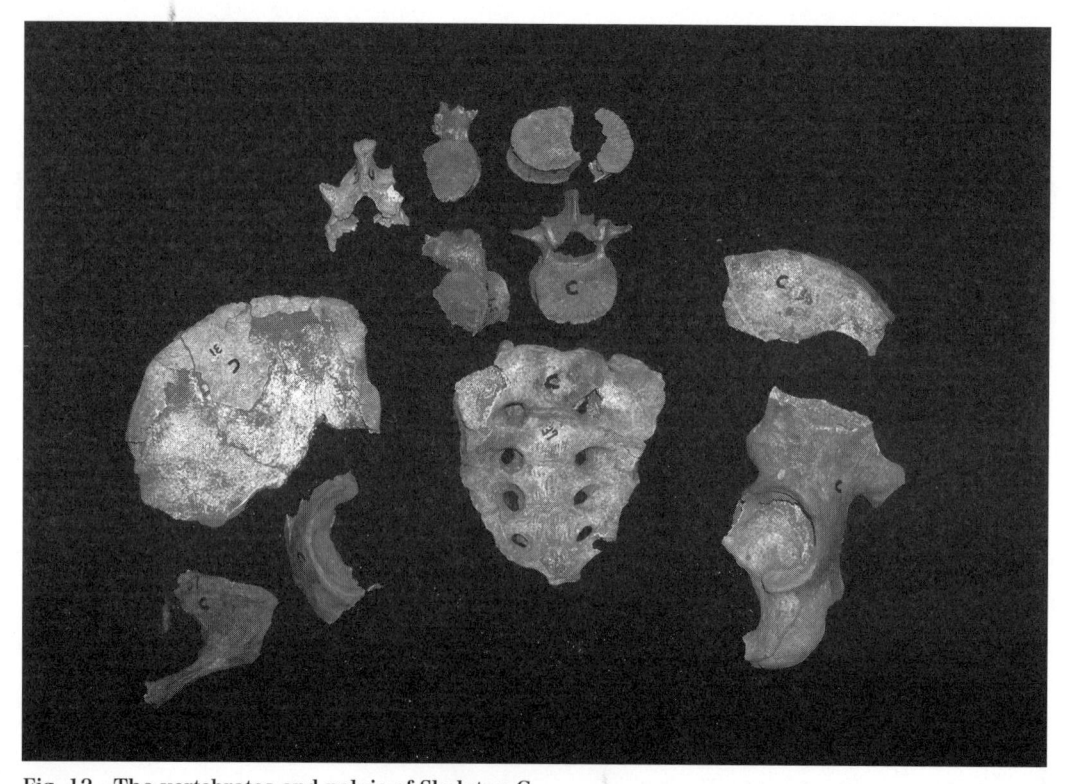

Fig. 12　The vertebrates and pelvis of Skeleton C

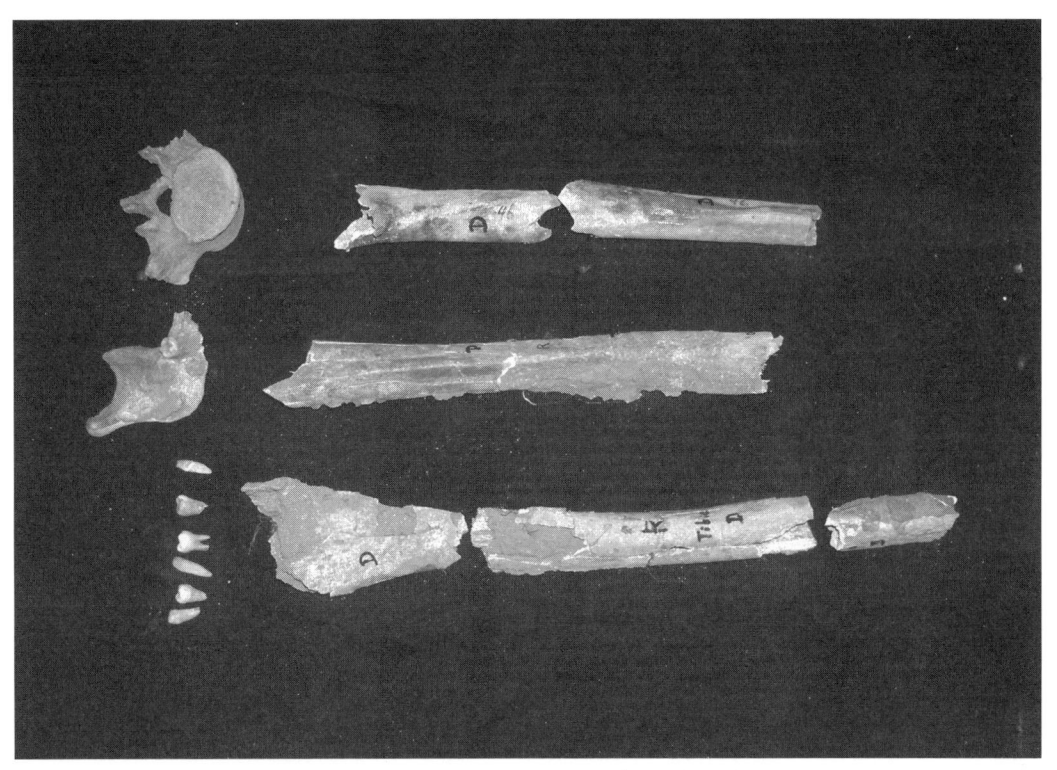

Fig. 13 The vertebrates, mandible with teeth, and lower limb bones of Skeleton D

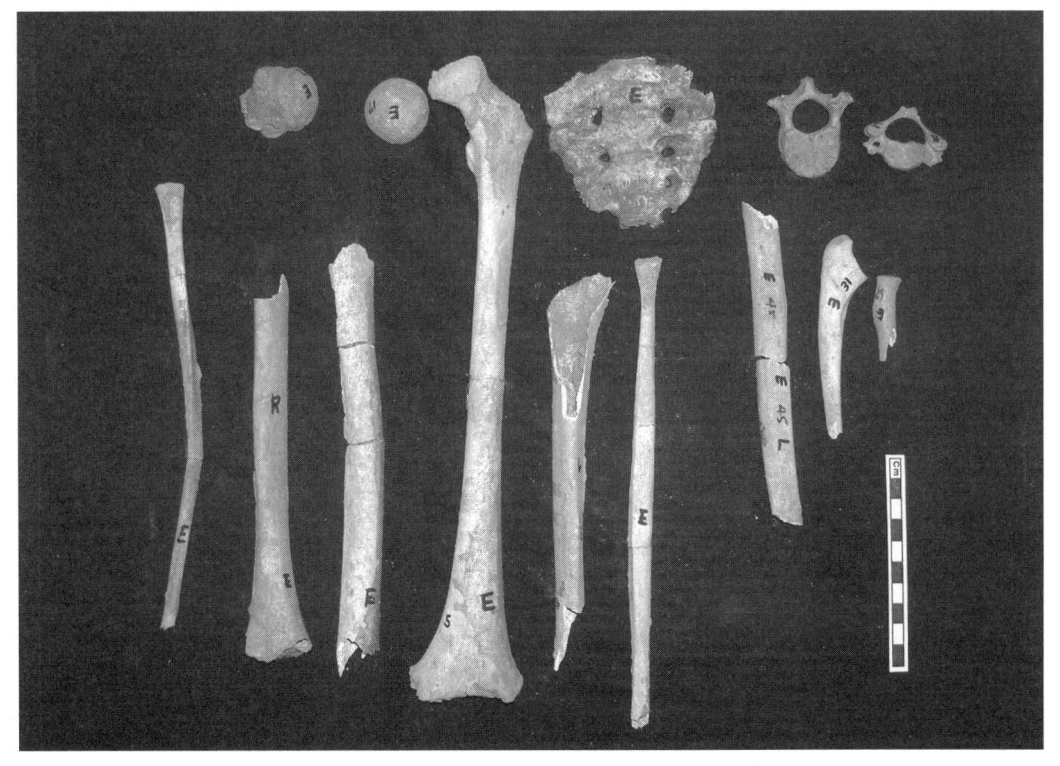

Fig. 14 The lower and upper limb bones, sacrum and vertebrates of Skeleton E

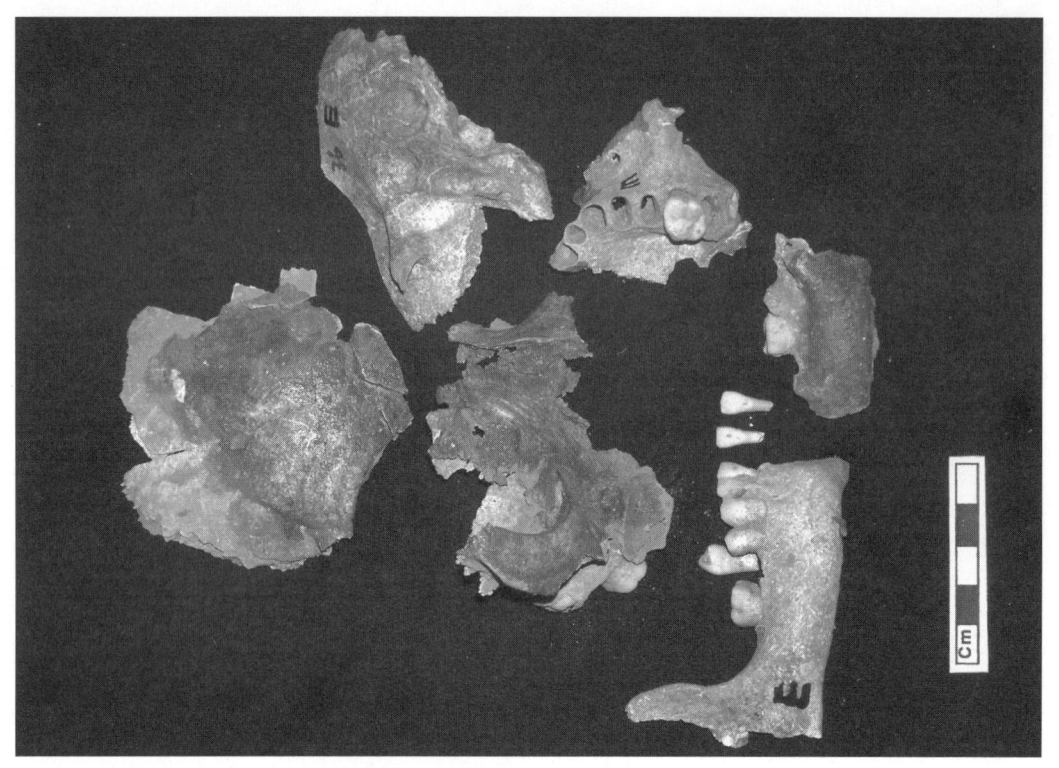

Fig. 15 The cranium and mandible of Skeleton E

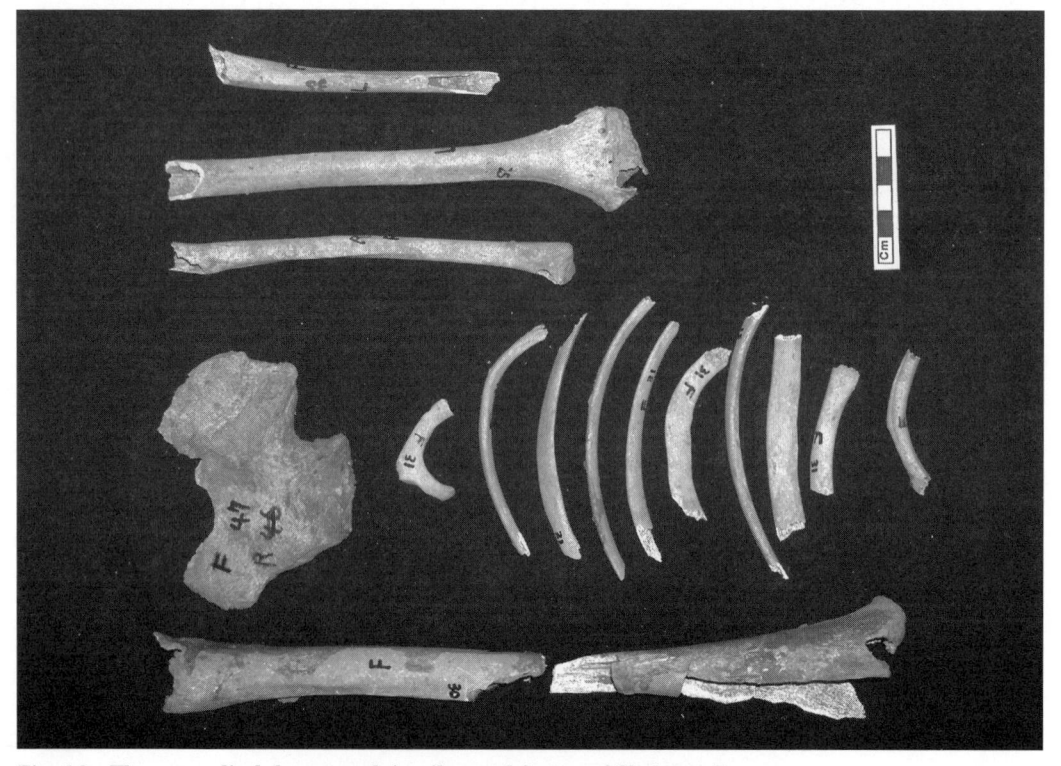

Fig. 16 The upper limb bones, pelvis, ribs, and femur of Skeleton F

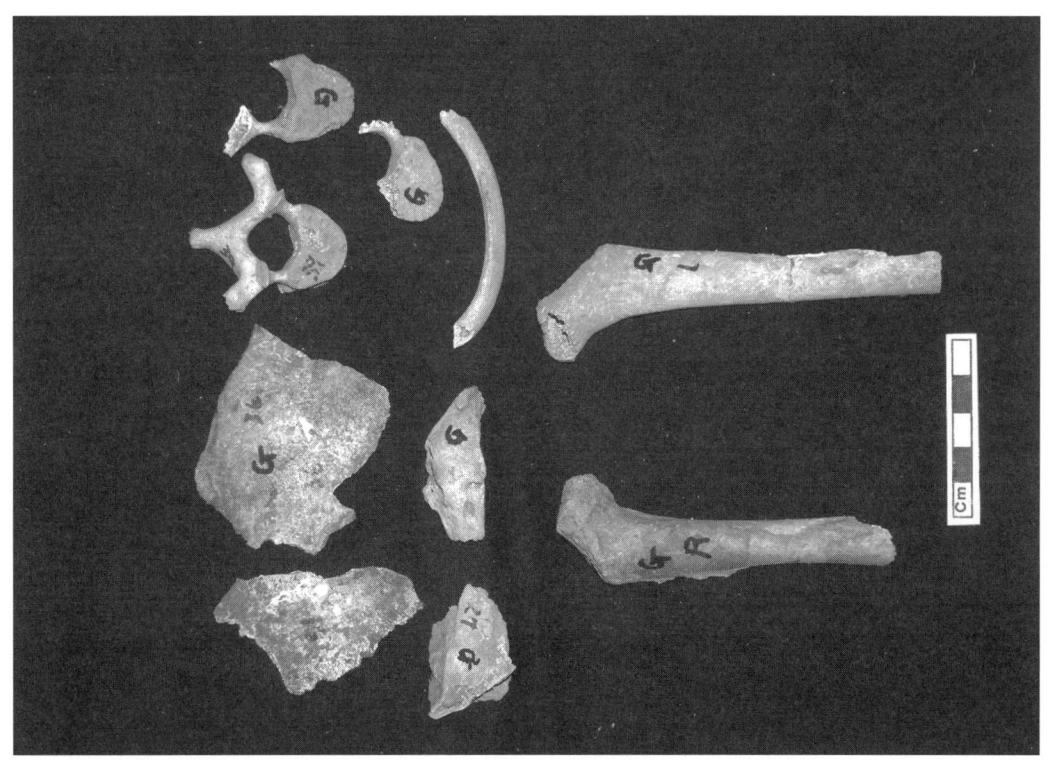

Fig. 17 The vertebrates, rib, cranium, and femurs of Skeleton G

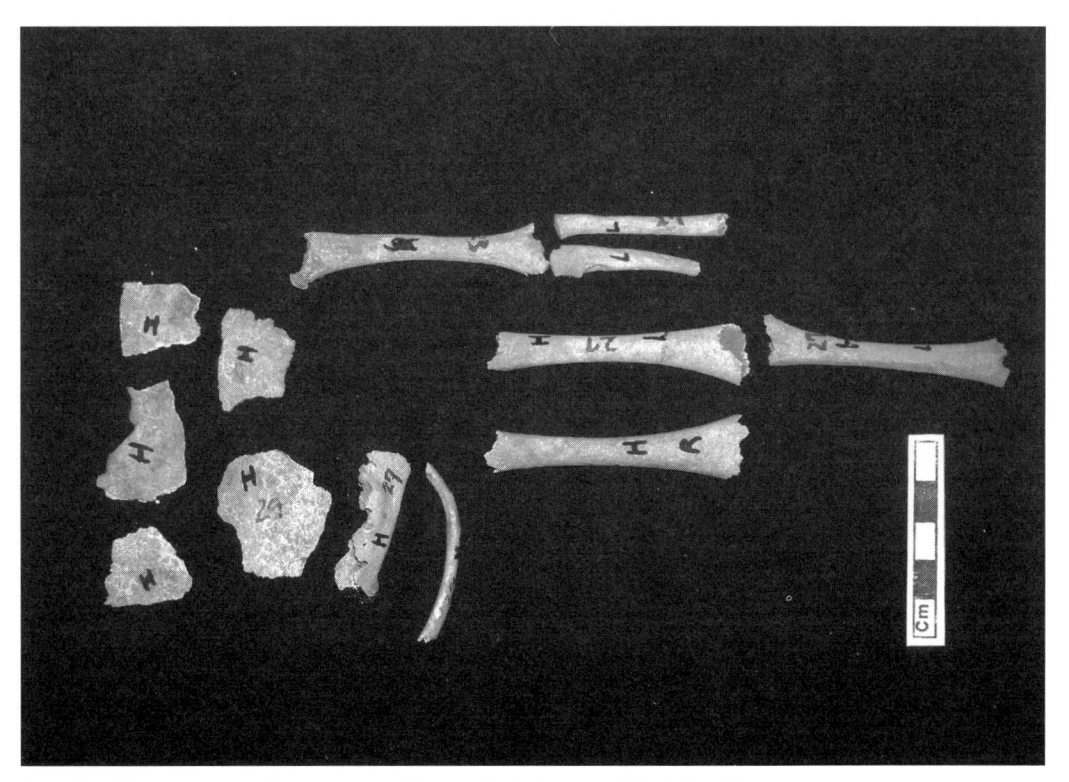

Fig. 18 The cranium, rib, upper and lower limb bones of Skeleton H

文化遺産と国際交流

世界文化遺産から見た東南アジア

坂井　隆

キーワード：世界遺産　生きている遺産　住民と観光　文化遺産国際協力

1. はじめに―アジアの世界遺産

　東南アジアの文化は極めて多様である。その流れを物質的に理解しようとする時、他地域と同じように考古学や美術史的接近が意味を持つことは当然である。そして短期間で全体を眺めるためには、代表的な文化遺産を見ることが早道であろう。不動産である文化遺産は常に各地域の中に存在しており、その状態はそれぞれの物質文化の平均的な姿を反映しているからである。

　文化遺産とは、各地域・民族固有の価値観を基本にしており、排他的な性格も含んでいる。しかしそこに「人類共有の財産」という考え方によって特定の地域・民族を越えた価値を付与する、ユネスコの世界遺産という概念がある。この世界遺産に登録された文化遺産は、その価値やさまざまな情報が普遍化されるため他者にも理解しやすくなる。

　そのため、ここでは世界遺産を通じて、東南アジアの物質文化を概観してみたい。

　世界遺産は、1972年に採択された世界文化・自然遺産の保護に関する国際条約に基づいている。2005年までに180カ国がこの条約に加盟し、812件が登録されている。

　そのうちウラル山脈・コーカサス山脈・ボスポラス海峡・スエズ地峡以東をアジアとした場合、ロシアのシベリア地方を除くと、そこには42の加盟国の計204の登録遺産がある。

　このアジアの世界遺産の数は加盟国数の割合にほぼ近いが、面積から見ると登録遺産の数は圧倒的にヨーロッパに多いことは分布図からも明白である（地図1）。特に文化遺産にその傾向が強い。中国とインドそしてインドネシアを併せただけで、世界の総人口の40％近くにまで達している。その人口比と登録遺産の比率は、明らかに異なっている。

　登録されるには条約加盟国が自国の候補地を世界遺産委員会に推薦し、それが委員会で審査されて決定に至る。つまり、台湾のように未加盟国の存在、そしてミャンマーなど加盟していても政治的理由から候補推薦が十分にできない問題がある。

　つまり現時点では、登録世界遺産だけが人類共通の財産とは言い難い点があり、特にアジアではその傾向が大きい。

　なお登録にあたっては、次の6項目の登録基準[1]を最低1項目満たすことが条件となっている。

　(i) 造形美
　(ii) 文化交流の痕跡
　(iii) 特定文化の存在を示す希少性

(ⅳ) 人類史の発展を示す建築や景観

　(ⅴ) 特定文化に特徴的な伝統聚落や土地利用

　(ⅵ) 特定の思想・信仰・芸術などとの強い関連性（他項目と併行して適用）

　アジアの登録遺産の場合、認定された基準項目は、(ⅲ) が25.0%、(ⅳ) が23.5%で最も多い。また(ⅴ) の認定は5.1%で、最も低い（表2）。

2. 東南アジアの世界文化遺産の全体的特徴

　アジアを大きく4地域に区分すると、それぞれでの登録世界遺産はかなり差がある。世界遺産は、文化遺産、自然遺産そして両者が混在する複合遺産に分かれる。複合遺産を文化遺産と自然遺産にそれぞれ足してみると、アジアの文化遺産は167件、自然遺産は37件となる。文化遺産は、西・中央アジアが69件で最も多く、最低が15件の東南アジアである（表1）。

表1　アジアの登録世界遺産

種類	西中央アジア	南アジア	東南アジア	東アジア	計
文化遺産	69	37	15	46	167
自然遺産	4	9	12	12	37
登録国数	23	6	8	5	42

複合遺産は、文化遺産と自然遺産のそれぞれに同数を加えた。

　東南アジアは文化と自然を併せて27件だが、4地域で最も少ない。それぞれに分けて見ると、文化遺産は15件でアジア全体の10%にも達していない。しかし自然遺産の数は12件で、東アジアと並んで全体の30%以上を占めている。

　つまり東南アジアの世界遺産は、15件の文化遺産と12件の自然遺産の数が近い点に大きな特徴がある。これは他地域とは全く異なったあり方で、特に最多の件数を持つ西・中央アジアでは著しく自然遺産が少ないことと顕著な差と言える。

　その理由は、東南アジアはほぼ全域が熱帯雨林気候にあるため、動植物の繁茂にとって好条件だからだろう。そして特に植物の生育が甚だしいことは、人類の過去の文化活動の痕跡を分かりにくくすることに繋がっている。

　そのため登録遺産の根拠となる登録基準を見ると、東南アジアの文化遺産は基準(ⅴ)の伝統的聚落や土地利用が多いのに対し、基準(ⅵ)の思想・信仰などへの関連性が少ない（表2）。これは他地域に比べ、同じ場所で文化伝統が長期間保持されると共に、他地域へ影響を与えることがあまり多くなかった状況を示しているだろう。

　また自然遺産[2]では、他地域に比べ基準(ⅰ)の地学的特徴を持つものが多い。さらに基準(ⅲ)の自然美や基準(ⅳ)の稀少生物の存在も、他地域より多い。

　つまり東南アジアの世界遺産のあり方は、自然と調和して人類の生活が積み上げられた状態を現していると言える。

表2 アジアの世界文化遺産登録基準

	基準(i)	基準(ii)	基準(iii)	基準(iv)	基準(v)	基準(vi)
西中央アジア	13	15	27	26	6	13
南アジア	16	17	26	20	3	17
東南アジア	12	18	27	24	9	9
東アジア	16	21	21	23	4	16
全体	65	80	113	106	23	65
%	14.4	17.7	25.0	23.5	5.1	14.4

一方、この地域では1985年のフィリピンを最初に、94年のミャンマーまで8カ国が世界遺産条約を締結している。これは70年代にすでに複数の国が条約を締結していた西アジアや南アジアに比べて遅く、また東アジアとはほぼ似た時期である。

文化遺産の実際の登録は91年のインドネシアのボロブドゥルBorobudurなど4件から始まり、最新が2001年のラオスのワット・プーWat Phouになる。自然遺産では、91年のインドネシアのウジュン・クロンUjung Kulonなど3件が最初で、2005年にはタイのドン・パヤエンDong Phayayen－カオ・ヤイ Khao Yaiが登録された。つまり、文化遺産の登録は90年代で大半がなされ、2003年以降の登録は自然遺産だけになっている。

3. 東南アジアの世界文化遺産の個別特徴

東南アジアは、文化の混交地帯である。先史時代には、活発な人々の移動の中で各地に在来文化が形成された。また地理的にインドと中国の二大文明の中間に位置しているため、西暦紀元前後頃からはインド系と中国系の文化が伝来して古代国家の形成に大きく貢献した。さらに16世紀以降、植民地化の勢いが高まる中で、ヨーロッパ系文化も多く根付くようになる。

そのため15の世界文化遺産（地図2）について、各文化系統に分けて個別に見てみたい。

(1) 在来先史文化

外来文化の大きな影響を受ける以前の先史時代在来文化では、3文化遺産がある。東南アジアの民族は、大陸部を中心とするオーストロアジア系とシノ・チベット系、そして群島部を中心とするオーストロネシア系とメラネシア系に大きく分かれる。

オーストロネシア系は新石器時代に、シノ・チベット系は歴史時代にかけてこの地域に移動してきた。またそれらの移動により、メラネシア系やオーストロアジア系も本来の居住範囲を変えることになった。そのため在来文化といっても、各民族の移動に関係した民族交流の中で誕生したものである。

① **サンギラン (Sangiran Early Man Site)：1996年登録 基準 (iii)(iv)**

サンギランはインドネシアのジャワ島中部にある、ジャワ原人化石の発見地である。

1891年にオランダ人デュボワE. Duboisによるジャワ島東部のトリニールTrinilでのピテカン

トロプス・エレクトゥス化石の発見は、世界の原人研究の端緒となった。サンギランはトリニールからそれほど遠くない同じソロSolo川の上流に位置し、1930年代以降、最も多くの原人化石とステゴドンなど動物化石が発見されている。サンギランでの地質研究により、ジャワ原人の年代も80万年前と推定することができるようになった。

サンギランは大規模な褶曲地形のため、古い地層の露頭が現地表からそれほど深くなく存在し、動植物化石なども比較的容易に探しうる。現在見ることのできる風景はもちろんピテカントロプスの生きていた頃とは大きく異なっているが、小さな丘が続く特異な地形は来訪者に原人への夢をかきたてるものである。

② バンチェン (Ban Chiang Archaeological Site)：1992年登録　基準 (ⅲ)

バンチェンBan Chiangは、タイ東北部のラオス国境に近いメコンMekong川支流沿いに位置する。東南アジア大陸部を代表する、初期金属器時代の遺跡である。

1967年にウィティアVidhya I. によって発掘調査が行われ、出土した青銅器と彩文土器が世界最古であるとして有名になった。75年のゴーマンC.Gormanとピシット Pisit C.による調査では6期に及ぶ埋葬が確認され、第1期から稲作がなされていたことが明らかになった。ただその後年代推定資料の検討の結果、初期青銅器生産はBC2千年紀末で、特徴的な彩文土器は鉄器が出現したBC2世紀頃と考えられるようになった（新田 1998: 77-84）。

そのように年代については近隣の中国南部やベトナム北部と調和した時代であることになったが、東南アジア大陸部の初期金属器時代の重要遺跡である事実は変わらない。遺跡地は人骨や土器の出土状態が見えるように発掘坑が開けられたままになっており、遺跡の貴重さを十分感じられるようになっている。また美しい彩文土器の盗掘も、世界遺産登録後は減ったという。

東南アジアの世界文化遺産では、バンチェンはサンギランと共に地上に人工的モニュメントがないものである。

③ コルディリエーラ (Rice Terraces of the Philippines Cordilleras)：1995年登録　基準 (ⅲ)(ⅳ)(ⅴ)

コルディリエーラCordillerasは、フィリピンのルソン島北部コルディリエーラ山脈中に見られる現存する大規模な棚田である。

海抜1,000から2,000mの急峻な斜面に、幅の狭い水田が石垣や泥壁によって数百段以上も築かれており、自然と調和した極めて美しい景観が作られている。

この地域に居住するイフガオIfugao人による稲作の開始は西暦紀元前後頃と推定されているが、その後の長い経過の中でこのようにみごとな棚田がしだいに作られていった。同様の棚田は例えばインドネシアのジャワ島西部やバリ島にも見られ、水田耕作の水利システムが生み出す普遍的なあり方かもしれない。

コルディリエーラのイフガオ人農村社会は最近後継者不足状況が生まれているため棚田の荒廃は進んでおり、2001年には危機遺産とされている[3]。

(2) インド系文化

インド系文化は少なくとも紀元後2世紀までには、メコン川下流域まで達していた。その伝来は海路が基本であり、従って海岸から河川伝いに内陸に向かう形である。

特に重要なことにインド系文化はヒンドゥ教や仏教あるいは後のイスラーム教までも含める宗教文化伝来の形をとるが、実際にはそれが各地で国家形成を促したことである。その過程はフィリピンとベトナム北部を除く全ての東南アジア地域で見られ、東南アジアの歴史時代はインド系文化の東南アジア独自での発展と見てよい。

① ボロブドゥル (Borobudur Temple Compounds)：1991年登録　基準 (i)(ii)(vi)

ボロブドゥルBorobudurは、インドネシアのジャワ島中部にある8世紀の大乗仏教寺院跡である。

自然の丘の上に安山岩で積み上げられたこの世界最大の仏教遺跡は、底辺は一辺約115mの方形をなし、高さは42mを測る。下位は6段の方形ピラミッド状で、中位は3段の円形、そして上位は単体の大型ストゥパになっている。下位と中位には計504体の仏像が配置され、また下位壁面には1,460面の仏教教典・説話レリーフパネルがはめられている。

シャイレンドラShairendra王朝によって建設されたこの仏教寺院はインドには見られないピラミッド型をしており、東南アジア在来の山岳信仰の影響も大きく受けている。

10世紀には、火山噴火でこの地域は壊滅した。15世紀以降、ジャワ島にはイスラーム教が急速に広まり、現在仏教徒はほとんど存在しない。そのため19世紀初頭に植民地権力によって再発見されたこの壮大な遺跡は、現在ほとんど観光地としての要素しか持っていない。

② プランバナン (Prambanan Temple Compounds)：1991年登録　基準 (i)(iv)

プランバナンPrambananは、インドネシアのジャワ島中部にある9世紀のヒンドゥ教寺院跡で、ボロブドゥルの南東約40kmの位置にある。

ヒンドゥ教3神を祭った3基の主堂は安山岩を積み上げた高い塔で、中央のシヴァ神堂は47mの高さがある。さらに各主堂の前に前堂などが並ぶため、中央には8基の高塔が林立している。主堂基部には、ラーマヤナを描いた42面のレリーフパネルが嵌められている。

基本的には南インドの影響を受けたヒンドゥ教建築だが、周辺にはスウSewu、プラオサンPelaosan、カラサンKalasanなど同時期の石造仏教寺院が多数隣接している。当時のこの地域では、ヒンドゥ教と大乗仏教が併存していたことが明らかである。

16世紀の地震で倒壊した後、1930年代から半世紀ほどかけて復元がなされてきた。しかしボロブドゥルと同様にヒンドゥ教徒も存在しなくなった現在のジャワでは観光地でしかなく、さらに2006年の中部ジャワ地震でも一部被害が生じている。

③ ミソン (My Son Sanctuary)：1999年登録　基準 (ii)(iii)

ミソンMy Sonはベトナム中部ダナンDa Nang近郊に位置する、8～13世紀のヒンドゥ教寺院跡群である。

山岳信仰の聖山を望む盆地に、70基のレンガ造寺院が群集している。この地域には2世紀にインド系文化の影響を受けて、チャンパChampa王国が誕生した。王国の中心はトゥボンThu Bon川右岸のチャキウTha Kieuで、ミソンはその南西にあたる聖地として王国の中心が南部に移った後も寺院の建立が続けられた。ダナンのチャムCham彫刻博物館には、ミソンで発見された躍動感ある石造レリーフパネルが多数陳列されている。

ベトナム戦争中に米軍の爆撃で、最大規模の寺院跡が破壊されたまま現在に至っている。この遺跡を建立したオーストロネシア系のチャムCham人は、現在のベトナムでは全くの少数民族であ

る。彼らの文化遺産は必ずしも適切には保護されなかった期間が長かったが、ベトナム戦争の戦争遺跡の意味も含めて世界遺産化されたようである。

④ **ワット・プー (Wat Phou and Associated Ancient Settlements within the Champasak Cultural Landscape)：2001年登録　基準 (iii) (iv) (vi)**

ワット・プー Wat Phouはラオス南部チャンパサック Champasak地方のメコン川右岸に位置する、5～15世紀のヒンドゥ教寺院跡である。

聖山カオKao山を仰ぐ丘陵斜面に立地して石造の祀堂群が建てられ、麓には方形の池が配置されている。東に5km離れたメコン川岸には、土塁で囲まれた長方形の都城シュレスタプラ Sresthapura（2.3×1.8km）がある。またワット・プーと都城の間には、南西に向かって古代の道路跡が残っている。そのため古代の宗教的政治的拠点だった景観が、今日でも良く見ることができる。

チャンパサック地方は、クメール文化の最も古い中心地と考えられている。クメール系民族は、現在のラオス人民民主共和国の国民の中では少数民族であり、多数派のラオLao人の国家形成とは繋がっていない。しかし現在でも地元のクメール系住民によって、上座部仏教の寺院として参拝されている。ここに世界遺産化の少なからぬ問題が秘められている。

⑤ **アンコール (Angkor)：1992年登録　基準 (i) (iii) (iv)**

アンコール Angkorは、カンボジア北西部のトンレサップ Tonle Sap湖北東岸の平地に位置する。

9世紀末～13世紀初頭にかけてこの地域は強大なアンコール王朝の中心地となり、数多くの石造ヒンドゥ教及び仏教寺院群、そして広大な都城や人工池が建設された。中でも12世紀前半に築造された壮大なヒンドゥ教寺院アンコール・ワット Angkor Watは、外周5.4km幅190mの環濠に囲まれており、三重の回廊に囲まれた中央祀堂の高さは65mに達する。また13世紀初頭に完成した外周12km幅113mの環濠に囲まれたアンコール・トム Angkor Thom都城の中心には、大乗仏教寺院バイオン Bayonが位置し、その中央祀堂は45mの高さがある。アンコール・ワットとバイオンの回廊には、美しいレリーフが残されている。

その他にもアンコール地域には、10世紀のヒンドゥ教寺院バンテアイ・スレイ Banteay Sreiや13世紀初頭の仏教寺院タ・プロム Ta Promなど数多くの石造寺院が残っており、アンコール王朝時の景観を知ることができる。長い内戦を経て1992年に世界文化遺産に登録された時は同時に危機遺産にもなったが、戦火が収まったことにより2004年にはそこからはずされた。ほとんどの寺院は、現在でも住民によって上座部仏教の聖地として信仰されている。

⑥ **スコータイ (Historic Town of Sukhotai and Associated Historic Towns)：1991年登録　基準 (i) (iii)**

スコータイ Sukhotaiは、タイ北部のチャオプラヤー Chao Phraya川支流のヨムYom川沿岸に位置する。

13～15世紀に栄えたスコータイ王国の古都で、長方形の城壁の内部には、ワット・マハタート Wat Mahathatなどタイ最初のスリランカ様式の上座部仏教の石造あるいはレンガ造の寺院跡が多数残る。スコータイの寺院には、ワット・シー・サワイ Wat Si Sawaiなどクメール様式寺院跡が混在している点に特徴がある。

スコータイの北50kmには、副都のシー・サッチャナライ Si Satchanalai 都城跡がある。ワット・チャン・ロム Wat Chang Lom などの寺院跡がある他に、ここは16世紀頃まで続いた陶磁器生産地だったため、多数の窯跡が見られる。またスコータイの南西85kmのチャオプラヤー川上流のピン Ping 川沿いには、高さ5m総延長5.8kmの城壁に囲まれた14世紀後半の城郭カンペーン・ペット Kamphaeng Phet がある。

世界文化遺産としてこれらが一括で登録されたため、13～14世紀のスコータイ王国の姿を立体的に見ることができるようになった。

⑦ **アユタヤ** (Historic City of Ayutthaya and Associated Historic Towns)：1991年登録　基準 (iii)

アユタヤ Ayutthaya はタイ中部のチャオプラヤー川下流で、支流のパサック Pasak 川・ロップリ Lopburi 川との合流点に位置する。

周囲を全て川に囲まれた14～18世紀のアユタヤ王国の都城港市跡で、川沿いにレンガ造の高さ20mの城壁が備えられていた。城内外にはスリランカ様式の3基のストゥパで知られるワット・プラ・シー・サンペット Wat Phra Sri Sanphet、また涅槃仏像のあるワット・ヤイ・チャイモンコン Wat Yai Chai Mongkon などスリランカ様式上座部仏教の寺院跡が多く残る。基本的にレンガ造が多い寺院跡の中には、クメール様式のワット・プラ・ラーム Wat Phra Ram やワット・チャイ・ワッタナラーム Wat Cay Wattanaram、あるいはビルマ様式のワット・プー・カオ・トン Wat Phu Kao Thong もあり、この都城が歩んだ長い歴史を反映している。

かつての都城の西半分は、スコータイと同様に史跡公園として十分に整備されている。

⑧ **ルアン・パバーン** (Town of Luang Pabarn)：1995年登録　基準 (ii) (iv) (v)

ルアン・パバーン Luang Pabarn は、ラオス北部のメコン川左岸に位置する14世紀以来の古都である。

ラオ Lao 人最初の統一王国であるランサン Lan Xang 王国の都として成立したこの町は、18世紀の王国分裂後もルアン・パバーン王国の王都として1975年まで機能してきた。

メコン川に沿う中心部には、博物館となった旧王宮そして16世紀創建のワット・シエントーン Wat Xieng Thong や19世紀初頭のワット・マイ Wat Mai などの多くのスコータイの影響を受けた上座部仏教の寺院が並んでいる。

近年まで王宮が機能していたこともあって、この町にはさまざまな祭礼が残り、また銀細工など伝統的な工芸産業も存続している。

そのような状況により、ルアン・パバーンは過去の伝統を未来につなげる「生きている遺産」と見ることができる。

(3) 中国系文化

中国系文化はBC 3世紀にはベトナム北部に入り、以後長くこの地域に根付いた。そしてベトナム人国家の拡大と共に、その範囲が広がった。他の東南アジア地域と中国との貿易関係も9世紀からは極めて盛んになり、華人の来航定住も増えて行った。しかしインド系文化とは異なって、国家形成に直接関係した例はベトナム北部以外には見られない。そのため世界文化遺産の数は多くはない。

① **ホイアン (Hoi An Ancient Town)：1999年登録　基準 (ii) (v)**

ホイアン Hoi An は、ベトナム中部のトゥボン Thu Bon 川河口に位置する。

17世紀初頭に建設されたクアンナム・グエン Quang Nam Nguen 氏政権の港市で、現在まで居住が続いている。17世紀には中国・日本・ポルトガルなどとの海外貿易の拠点として大きく栄え、外国人の居住も多かった。トゥボン川沿いの旧市街地は、18～19世紀の福建系華人の住居群を中心とする町並みが残されている。また旧市街地西部には、「日本橋」の名を持つ中国系屋根付き橋が見られる。菊池誠一らによる発掘調査でも中国陶磁や日本陶磁が出土しており、国際貿易港の性格が現れている。

この地域はもともとチャム人の領域で、ベトナム人国家に組み込まれてからそれほど長く経っていない。クアンナム・グエン氏政権の最大港市だが、華人など外国人の居住が主体であったことを感じさせる要素が多い。そのため、ここで見られる町並みは、本来のものにかなり近い中国系文化と言える。

② **フエ (Complex of Hue Monuments)：1993年登録　基準 (iii) (iv)**

フエ Hue は、ベトナム中部のフォン Huong 川下流左岸に位置する。

19世紀初頭にベトナムを統一したグエン Nguen 朝の国都になり、フランス植民地時代も含めて1945年までグエン朝皇帝が居住していた。旧市街地は中国とヨーロッパの技術を折衷した一辺2.2kmの方形城壁(4)で囲まれており、その南東側には内郭の皇城が区画されている。皇城の午門 Ngomon や宮殿などの形態や配置は、北京紫禁城の影響を強く受けている。

またフォン川右岸には皇帝陵が散在しているが、20世紀の植民地時代のカイディン Khai Dinh 帝陵はヨーロッパの色彩が強く出ている。

そのようにフエの建造物群は、中国と共にヨーロッパ文化の影響が大きく見られる。しかし皇城内の多くの部分が、ベトナム戦争中の1968年の戦火で破壊されており、ミソンと共に戦争遺跡の性格も持っている。

(4) ヨーロッパ系文化

東南アジアの大部分は、タイを除いて19世紀末までにヨーロッパの植民地となった。そのため、大都市部の中心にヨーロッパ文化が深く浸透し、その痕跡は各地で見ることができる。

しかし多少なりとも現存するそのようなヨーロッパ系文化遺産に対して、どのように評価するかについてはまだ議論は多い。少なくとも反植民地化運動により成立した現在の国家にとって、その答えは簡単にはでない。

そのこともあって、世界文化遺産に登録された東南アジアのヨーロッパ系文化は、フィリピンのものしかない。

① **バロック教会堂群 (Baroque Churches of the Philippines)：1993年登録　基準 (ii) (iv)**

フィリピンのバロック様式キリスト教教会堂群は、ルソン島のマニラ、同島北部西海岸のパオアイ Paoay とサンタ・マリア Santa Maria、そしてパナイ Panay 島ミアガオ Miagao に位置する。

マニラのサン・アグスティン San Augustin 教会は16世紀後半のフィリピン最古の教会で、パナイのサン・アグスティン San Augustin 教会は1699年に建設が開始され、ミアガオのビリャ・ヌ

エバ Villa Nueva 教会は1797年そしてサンタマリア Santa Maria のアスンシオン Asuncion 教会は1810年に完成した。

　これらの教会堂は、バロック風の様式を基本として植民地権力のスペインが建設したものである。だが台風や地震に備えた重厚な作りであると共に、原住民を意識したレリーフがなされるなど、フィリピン独自の建築であると言える。

　② ビガン (Historic Town of Vigan)：1999年登録　基準 (ii)(iv)
　ビガン Vigan は、フィリピンのルソン島北部西海岸に位置し、バロック教会のあるサンタ・マリア Santa Maria の北20kmほどにあたる。

　この地域は16世紀後半のスペインのルソン島支配初期に、その支配権に入った。ルソン島北部のスペイン支配の拠点として、計画的な都市設計がなされた。今日まで残る石畳街路のスペイン風白壁の住居には、スペイン人の他に華人や混血児たちが住んでいた。

　スペイン人が16世紀に建設したマニラやセブ Cebu などの植民都市は第二次大戦で大きな損害を被ったが、戦火を免れたビガンはスペイン植民地時代の町並み景観を良く保っている。

4. その他の重要な文化遺産

　以上が、東南アジアの世界文化遺産に登録されたものである。しかし東南アジアには、それ以外にも忘れてはならない文化遺産が少なからず存在する。ここでは、登録世界遺産に匹敵する重要な文化遺産2件について、簡単に見てみたい。

(1) ミャンマーのバガン

　バガン Bagan は、ミャンマー中部エーヤーワディの Ayeyarwady 川中流左岸に位置する。
　11〜13世紀に栄えたバガン朝の王都跡だが、都城内外に800基以上の上座部仏教のレンガ造寺院跡が残っており、ボロブドゥルやアンコールと共に東南アジアを代表するヒンドゥ仏教建築遺跡である。

　ここの建築遺構は、内部に何もないスリランカ様式ストゥパ（パゴダ）と空間を持つ祀堂類に大きく分かれる。そして祀堂類は例外なく頂部に巨大なストゥパ状の高塔を乗せている。ストゥパでは代表例として、11世紀後半のシュエジーゴン Shwezigon やシュエサンドウ Shewsandaw パゴダがある。祀堂類では、12世紀初頭から中葉のアーナンダ Ananda やダマヤンジー Dhammayangyi 寺院が代表例で、さらに高層化して城内に建設された12世紀後半から13世紀のタビンニュ Thatbyinnyu（高さ61.3m）やゴーダパリン Gawdawpalin 寺院が見られる（千原 1982: 179-204）。

　バガンの特徴は、都城そのものは1km四方程度なのに比べ、多くの建築遺構が城外の広大な範囲（約10×6km）に散在していることである。この城外一帯は乾燥して植物の繁茂が少ないため、数多い建築遺構は自然景観の中に溶け込んで来訪者に驚きを与える。さらにほとんどの遺構は現在でも住民の信仰の対象になっており、築造時以来そのような関係が続く「生きている遺産」であることも大きな意味がある。

　この文化遺産は、上述のようにインド系文化の東南アジアにおける重要なモニュメントである。

同じ基準で考えるなら、世界文化遺産に登録されていない現状は不自然とせざるをえない。

(2) インドネシアとマレーシアのイスラーム寺院群

東南アジア海域部は、13世紀以降イスラーム教が広まった。しかしその物質文化、特にモスクは西アジアやインドの形態とは大きく異なっている。

在来のヒンドゥ仏教文化の建築と融合した状況を示すものは、インドネシアの中部ジャワのクドゥス Kudus の尖塔 minaret がある。15世紀にレンガで建造されたこの尖塔は、ヒンドゥ・ジャワ様式の寺院建築をそのまま利用している。また西部ジャワのバンテン Banten の木造大モスクは16世紀のジャワ様式多層屋根の姿を今日まで伝え、さらに独特の形状をとるレンガ造の尖塔が見られる。バンテンでは、19世紀初頭に破壊された王宮跡が隣接している。似たジャワ様式のモスクは、マレーシアのマラッカ Melaka の18世紀前半に建てられたカンポン・フル・モスク Mesjid Kampong Hulu も同様である。

一方、インドネシア、スマトラ北端アチェ Aceh のバイトゥラフマン・モスク Mesjid Baiturahman は、19世紀後半にインド・イスラーム様式を模倣して建設された。本来同じ場所にあったモスクを戦火で破壊したオランダが、植民地化の過程の中で再建したものである。大きな歴史の負の証人とも言えるが、現在は住民の信仰の象徴的存在になっている。

イスラーム系文化は、東南アジアの文化を形成する重要な要素の一つである。そこに所属する文化遺産が全く世界遺産に登録されていない現状は、やはり極めて偏った状態であると言える。

5. まとめ―東南アジアの世界文化遺産の問題点

東南アジアでの世界文化遺産の登録状況には、いくつかの問題点がある。住民感情との関係、登録の功罪の2点について、整理してみたい。

(1) 住民感情との関係

文化遺産は、「死んだ遺産」と「生きている遺産」に大別できる。前者はすでに当該地域住民の本来的生活とは日常的に関係していなく、観光のような形で遠隔地からの来訪者との関係が中心になっているものである。逆に後者は、当該地域住民の本来的生活との日常的な関係が中心になっているものである。

いずれも現在の社会状況と、複雑に結びついている。その状況をボロブドゥルとワット・プーの場合で見てみよう。

① ボロブドゥル

ボロブドゥルでは、登録される以前の84年に爆破事件が起きている。良く知られているようにユネスコの主導で、70年代後半から国際協力による修復がなされた。そしてその後、日本のODAにより遺跡公園として整備された。

しかし遺跡公園化で隣接地に住んでいた住民が十分な補償のないまま移転を余儀なくされ、また観光客への土産物販売は大きな統制を受けるようになった。ここで問題になったのは、遺跡公園の

運営が、政府有力者と関係のある民間企業によってなされたことである。

　つまりそれまで観光客相手の土産物売りを自由に行っていた住民にとって、遺跡公園化は大きな生活の圧迫に繋がった。そして重要なことに、大部分の周辺住民にとってボロブドゥルは宗教的な価値を持っていなかった。

　現在のインドネシアには、ボロブドゥル築造の原理となった大乗仏教の信奉者は極めて少ない。少数派の同教徒は他地域の居住者で、住民の大部分は広義のイスラーム教徒である。

　そのため反政府グループが起こした小規模な爆破事件は、住民の非難を受けたわけではなかった。むしろ逮捕された犯人たちに対して、スハルト独裁政権が崩壊した14年後には減刑運動さえ起きたのである（図1）。

　世界文化遺産への登録は、多分に政治的意味があったとも見ることができる。実際、2006年には、別の反政府グループによる新たな爆破計画が存在したことも発覚した[5]。

　このように住民と精神的紐帯を持たないボロブドゥルは、国際協力によって修復や公園整備がなされたものの、かえって何回も破壊対象になってしまっている。その過程でなされた世界遺産登録は、根本的な解決には結びついていないのである。

② ワット・プー

　ワット・プーは、東南アジアの世界文化遺産の中では最も新しく、2001年に登録された。以後現在まで、東南アジアでは新しい文化遺産の登録はない。ラオスでは95年のルアン・パバーンの登録から6年後にあたる。

　91年のボロブドゥルなどに始まる東南アジアの世界文化遺産の登録は、96年のサンギランまでの14件で、各国の代表的な文化遺産がなされた。ワット・プーを含む99年以降の4件はそれまでとは少し性格の異なるものになった。フィリピンのビガンは植民地権力スペイン人が作ったスペイン風の町並みであり、ベトナムのホイアンは華人の町並み、そしてミソンは少数民族チャム人の文化遺産である。いずれも、それぞれの国の主要民族の文化遺産とは言い難い。

　ワット・プーの場合も同様である。寺院跡や都市遺跡はクメール文化の出発点として成立しており、それは現在の主要民族ラオ人の国家が誕生するより、はるか以前の出来事だった。またルアン・パバーンに本拠を置いたラオ人国家ランサン王国はこの地域まで勢力を広げるが、18世紀には分裂して、チャンパサックを中心とする王国がフランス植民地時代まで続いている。

　そんな歴史的背景を持つ中での登録過程は、西村正雄によれば、中央政府が常にチャンパサックの地方政府を意識しながらなされたものだった（西村 2006: 286-305）。ラオスの現在の中央政府は、20年以上の内戦の結果1975年にようやく全土を掌握した。そして75年以降少なくとも10年間、歴史教科書の中にワット・プーは登場していないという。

　つまりラオ人中心の現中央政府にとってワット・プーの位置づけは決して明確ではなく、むしろ独自の歴史背景を持つチャンパサック地方政府の懐柔が登録の目的であったと考えられる。

　そのため登録後の遺跡公園設置に関するゾーニングは、実際には地方政府が中心になってなされた。そして地方政府は世界遺産化されて多くの観光客の誘致に成功しているタイの遺跡公園を念頭において広いゾーニングを行ったため、数多くの住民の移転を余儀なくしてしまった。

　そのような経緯のため、チャンパサックの文化景観保全を標榜した登録ではあったが、実際の過

程の中では住民と地方政府・中央政府・ユネスコの間での理解の差が露呈しているという。

　幸いにもここではボロブドゥルの場合のような明確な対立軸は生じていないが、今後の活用の発展に対する問題点として残っているようである。

(2) 世界遺産登録の功罪

　これまでの検討結果を踏まえる中で、特に東南アジアにおいて世界遺産登録の果たした意味についてまとめてみたい。特に国家と民族の問題、そして観光の役割の両者から述べてみる。

① 国家と民族

　東南アジアは民族の宝庫とも言える地域で、冒頭に述べたように主要言語だけでも4語族に分かれ、実際の日常言語に基づくならモザイクのように多彩なあり方を示している。またそれらは歴史的経過の中で変動しているため、主に植民地時代に決定された現在の国境は、民族分布とは一致しない。そのため、現在のどの国家も単一民族で構成されているところなどない。

　この事実にも関わらず、世界遺産の登録は条約締結国の国内暫定リストにのせられた候補から審査される手続きをとっている。つまり締結国しか候補を提出する権限がない。逆に締結国政府は、さまざまな政治的配慮を検討した上で登録申請をすることになる。

　審査はICOMOS（国際記念物遺跡会議）の専門家の調査に基づくため、ある程度同一の基準でなされるが、その対象はあくまで各国政府自身が暫定リストから推薦したものである。そのため、各国政府の考えが大きな要素を占める。

　ここでまず出てくるのは、バガンが登録されていないことの不自然さである。これには当然、国際的に孤立しているミャンマー政府の姿勢との関係が考えられる。

　ただバガンはミャンマーの主要民族であるビルマ人自身の文化遺産であり、いずれ登録される可能性は高い。実際、長い内戦を経ながらも、どの政治勢力も象徴としたアンコール・ワットは、内戦終了後ただちに登録されている。

　だが文化遺産がそのように民族主義と関係する存在である以上、国内の複数民族と精神的価値を共有できるかが大きな問題になってくる。ワット・プーは現在でも地元のラオ人住民にとっても意味を持っているが、ミソンの場合はチャム人の文化遺産であって、多数派のベトナム人の文化とはほとんど重なっていない。そのため長く放置されていた状態だったが、前述のようにベトナム戦争の戦争遺跡としての役割があったため、初めて推薦されたと考えられる。

　最も多彩な民族で構成されるインドネシアでは、ボロブドゥルやプランバナンが存在する地域には最大民族のジャワ人が住んでいる。しかし彼らは過半数には達しておらず、何よりもジャワ人も含めて総人口の90％はイスラーム教徒になってしまっている。そのため前述のような対立構造も起きており、今後イスラーム教関係の遺産が推薦される可能性は高い[6]。

② 観光の役割

　世界遺産条約には、将来に遺産の価値を引き継ぐために保護と活用に関する国際協力が義務づけられている。つまり単純な観光開発では軽視されやすい、文化的価値を維持する努力が明記されている。

　だが実際には、世界遺産登録は文化遺産の観光的価値を高める役割を大きく果たしている（写真1）。

前述のワット・プーの登録に意欲を燃やした地元地方政府の思惑は、まさにそこにあった。また他の登録遺産も似たような状況がある。近接してミソンとフエがあるホイアンの場合、伝統的町並みが残っているだけに3遺産を回る観光の拠点となった。ここには数多くの外国人観光客が滞在しており、遺産登録による経済的利益はかなり大きなものになっている。バンコクに近いアユタヤを訪れる外国人も、少なくない人数である。

　しかし観光開発は、特に「生きている遺産」にとっては、諸刃の剣の役割がある。観光客が求めるのは視覚的な感動である。だが「生きている遺産」に日常的に関係している住民たちにとって重要なのは、精神的な感動である。多くの宗教施設が異教徒の立ち入りを制限しているように、この両者が完全に一致することは難しい。

　バガンの各寺院跡では、地元住民の信仰習慣に従って観光客も境内で裸足にならねばならない。東南アジアに限らず世界中のモスクでも同様である。それらの場所では、異教徒の観光客は地元住民の信仰生活の尊重が求められる[7]。それはエコツーリズムの考えからは貴重な経験となるが、単なる見物目的の観光客には不満をもたらすことになる。

　世界遺産登録が実際には大量の外国人観光客の到来を意味する以上、「生きている遺産」の場合、登録が特に慎重になされねばならないことは確かである。そのため、バガンやインドネシアなどのモスクがまだ登録されていないのは、当然かもしれない。

　いずれにしても、文化遺産とは第一義的に当該地域の住民との関係が最も重要である。当事国政府を含む他者が価値を認めても住民生活と無関係に登録などの措置がなされれば、その遺産が物理的に消滅することさえありうる。バーミヤンの大仏爆破事件から、我々もそのことを学ばねばならず、東南アジアでも起こりうることを認識する必要がある。

(3) 結　語

　現在までに東南アジアで登録された世界遺産、特に文化遺産を見ると、それはこの地域の重要な各文化の全てを代表しているわけではない。一方で文化遺産は、当該地域の各民族の精神的基盤となりうる。そのため、世界文化遺産だけを見ても、複雑な歴史を持つ東南アジア全体の理解には至らない。

　世界遺産登録は、そのままでは将来に残しにくい文化遺産を国際協力によって維持していく重要な機能を持っており、もちろんその意義は小さくない。だが文化遺産保存の最大要件は、住民の理解である。そのため住民と精神的紐帯のある「生きている遺産」の方が、はるかに保存されうる条件を持っている。逆に住民と積極的に繋がっていない遺産は、その維持に多くのリスクが存在する。

　保存のための国際協力に至る理解を深めるには、観光開発の要素は大きい。また実際に世界遺産登録は、観光的な発展を意味している。けれども単なる観光開発は、住民との関係を弱めることに繋がり、遺産保持とは相反する結果を招く可能性もある。

　いずれにしても東南アジアの現在の登録世界文化遺産は、バガンとイスラーム文化遺産を欠く重大なアンバランスを示している。それは世界遺産という枠組みの限界を示していると言わざるをえない。

註

(1) 登録基準各項目は、具体的には次のように述べられている（日本ユネスコ協会連盟 2006）
  (i) 人間の創造的才能を現す傑作であること。
  (ii) ある期間、あるいは世界のある文化圏において、建築物、技術、記念碑、都市計画、景観設計の発展に大きな影響を与えた人間的価値の交流を示していること。
  (iii) 現存する、またはすでに消滅してしまった文化的伝統や文明に関する独特な、あるいは稀な証拠を示していること。
  (iv) 人類の歴史の重要な段階を物語る建築様式、あるいは建築的または技術的な集合体、あるいは景観に関するすぐれた見本であること。
  (v) ある文化（または複数の文化）を特徴づけるような、人類の伝統的集落や土地利用の一例であること。特に抗しきれない歴史の流れによってその存続が危うくなっている場合。
  (vi) 顕著で普遍的な価値を持つ出来事、生きた伝統、思想、信仰、芸術的作品、あるいは文学的作品と、直接または実質的関連があること（ただし、きわめて例外的な場合で、かつ他の基準と関連している場合にのみ適用）。
  全体に分かりにくい基準である。なお2007年登録以降は、自然遺産と統合された新基準になる。
(2) 自然遺産の基準項目は、次の通りである（日本ユネスコ協会連盟 2006）
  (i) 生命進化の記録、地形形成において進行しつつある重要な地質学的過程、あるいは重要な地形学的、あるいは自然地理学的特徴を含む、地球の歴史の主要な段階を代表する顕著な例であること。
  (ii) 陸上、淡水域、沿岸と海洋の生態系、植物及び動物群集の進化や発達において、進行しつつある重要な生態学的、生物学的過程を代表する顕著な例であること。
  (iii) ひときわすぐれた自然美、および美的要素をもった自然現象、あるいは地域を含むこと。
  (iv) 学術上、あるいは保全上の観点から見て、顕著で普遍的な価値をもつ、野生状態における生物（絶滅のおそれのある種を含む）の多様性の保全にとって、もっとも重要な自然の生息・生育地を含むこと。
(3) 棚田の崩壊は、自然災害以上に住民の都市移住による社会的現象である。この問題は、（堀 2005: 77-80）が現状と再生活動を報告している。
(4) フエ旧市街地を囲む城壁は、フランス系の稜堡部分を除くと正方形が基準になっている。また主軸は方位とは無関係で自然地形に依り、皇城の位置はフォン川に面した南東端である。これらの点は中国系文化のみというより、15世紀初頭の胡朝城にも見られるインド系の影響も混在した状態と考えられる。
(5) 1984年のボロブドゥル爆破事件とその後の経緯については、筆者は以前簡単に紹介したことがある（坂井 1999: 31-32）。2006年は、バリ島クタ爆破事件などを引き起こしたグループが、年に1度ボロブドゥルで行われる仏教徒の大祭爆破を計画したと言われる。現在のインドネシアの仏教徒は極めて少数で、多くはジャカルタなどの大都市居住者である。
(6) ただし主に木造建築で修復を繰り返している東南アジアのイスラーム文化遺産は、真実性authenticityや完全性integrityという登録条件に適合することは簡単ではないかもしれない。
(7) 1982年に世界遺産条約を締結したヴァチカンのヴァチカン・シティは2年後に登録されているが、78年に締結しているサウジアラビアではまだ1件の登録遺産もない。これは宗教的な違いというより、政治的な考えの相違かもしれない。サウジアラビアのメッカなどを除きほとんどのイスラーム地域のモスクは、礼拝の邪魔にならない限り異教徒でも中に入ることはできる。

文献目録

坂井　隆
  1999 「インドネシア・バンテン遺跡の保存修復の経緯、現状、問題点」『第4回国際文化財保存修復研究会報告書』：pp.27-45, 東京：東京国立文化財研究所国際文化財保存修復協力センター.
世界遺産総合研究所
  2006 『世界遺産マップス—地図で見るユネスコの世界遺産—2006改訂版』広島：シンクタンクせとうち総合研究機構.
千原大五郎

1982 『東南アジアのヒンドゥ仏教建築』東京：鹿島出版会.

新田栄治編
1998 『東南アジアの考古学』東京：同成社.

西村正雄
2006 「遺産をめぐる様々な意見―チャンパサック世界遺産登録のプロセスと地元住民の周辺化―中心・周辺の関係再検討にむけて」早稲田大学アジア地域文化エンハンシング研究センター編『アジア地域文化学の構築―21世紀COEプログラム研究集成―』: pp.283-318, 東京：雄山閣.

日本ユネスコ協会連盟
2006 『ユネスコ世界遺産年報2006』.

堀　巴美
2005 「世界遺産と観光開発―世界遺産の棚田文化崩壊とその再生にむけて―」『文化人類学年報』2: pp.74-82, 東京：早稲田大学文学学術院.

Dumarcay, J. & Smithies M.
1995 Cultural Sites of Burma, Thailand, and Cambodia, Oxford University Press, Kuala Lumpur.

文化遺産と国際交流

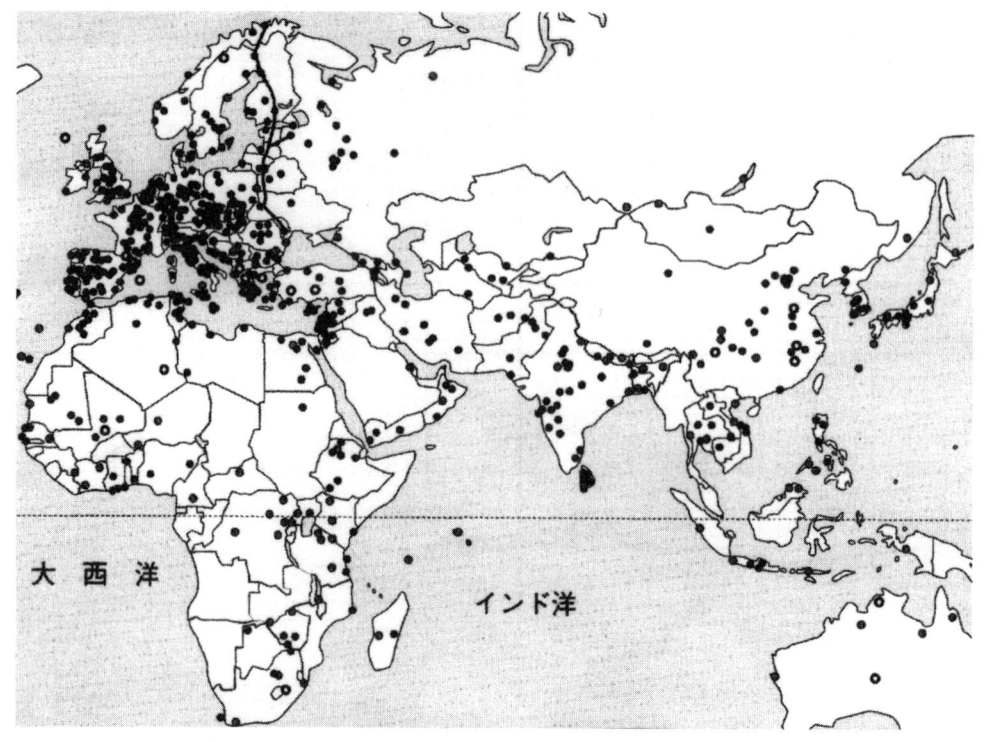

地図1　旧大陸の世界文化遺産（世界遺産総合研究所 2006 による）

地図2　東南アジアの世界文化遺産

図1　ボロブドゥル爆破犯に対する減刑運動の報道（GATRA誌98年6月20日号）

写真1　ボロブドゥルを訪れる内外の観光客

THE PRESERVATION OF CULTURE:
A Philippine Perspective

Jesus T. Peralta

Keywords: swidden, convergence, survival, conservation

Persistence of Traditions:

Although change is part of social existence, and societies fluctuate in number and character, there is always a functional resistance to change due to homeostasis of adaptation. Thus, there has been through Philippines prehistory, and even to the more recent times, the maintenance of levels of subsistence technologies and the corresponding cultural traits. Groups like the **Tasaday, Tau M'loy** and **Uka** (Peralta 1987; 1982) of South Cotabato subsist partly through a food-gathering level, exploiting different features of the environment. Maintaining a virtual equilibrium with the ecosystem. The populations did not arrive at a take-off point to another level of technology other than incipient hunting. The development of broad-spectrum dry cultivation, supplementing gathering and hunting among other groups that occupy the Philippine highlands like segments of the **Mandaya, Mansaka, Manobo, Pala'wan,** and some of the Mindoro groups, etc. has repercussion in the sociology of these groups. The cropping of different cultigen has further effects on sedentism and the increase in interpersonal relations since communities tended more and more to be nucleated under these conditions. At this stage there is already a growing environmental degradation due to the imbalance in the man-land ratio. A homeostatic condition no longer exists to balance natural regeneration and man's exploitative intrusions into his ecosystem. Agricultural production becomes imperative to supplement the minimum subsistence requirements of populations. Cultivation trends gradually shifted to focus more on mono-cropping as opposed to a more broad-spectrum approach. The seasonality of cultivation activities also has implications in social behavior of groups. Monocropping and seasonality make crops more vulnerable to pests and disease. The cultivation, too, in ever increasing areas of land affords less protection than the small field/checker-board techniques of earlier periods.

Since the techniques of swidden cultivation are energy efficient in terms of the ratio of production output to labor inputs per unit area, more than the production in intensive wet cultivation, there is a tendency for this cultivation technique to persist through time even to the present. The persistence of subsistence technologies brings with it the maintenance of associated cultural milieus - thus the preservation of cultural traditions and their resistance to change. Not until there is another technological breakthrough did dramatic change in culture take place among the peoples of the Philippines. This came with the introduction of intensive wet rice cultivation and the associated complexes that came with it. Since this technology is adaptable only to specific topographic situations, it flourished only in the lowlands, except in certain mountain regions where water could be channeled to terraces on mountain slopes as among the **Bontoc, Ifugao** and **Kalinga**. Vast mountain regions are to remain under slash-and-burn regimes in spite of the intensive cultivation breakthrough.

The persistence of cultures is due to the capacity of groups to maintain a systemic organization where each of the functional segments of the society makes adjustments to changes so as to preserve the social structure. The result is societies organized as almost closed systems in a domestic type of economy. The structure of societies is based on social functions that co-function and co-vary, thus kinship, religion, social organization, subsistence technology, leadership, and so on, are integrated in an interlocked network. An example of this is the **I'wak** of the southern Cordilleras in northern Luzon (Peralta 1978). Among the **I'wak** the basic social unit is the household that is defined by its capability both to be economically self-sustaining and being able to function ritually in the community. A number of households are organized into a kin-related group that operates also as a ritual congregation with the leader recognized also as a ritual practitioner. This ritual congregation co-function with at least one other ritual congregation in order to be able to conduct a community ritual. Animals offered during the rituals are utilized in the meat distribution system within the community. The meat is shared equally among the members. The principal ritual animal, the pig (*Sus sp.*), is a basic requirement for a social unit to be considered a social member of the community. Taro (*Colocasia esculenta*) which is the principal is also the ritual cultigen, and it systematically binds the various households together in terms of cultivation. Taro is cultivated through cuttings. Since taro is harvested daily to fill the daily consumption needs only, not enough cuttings can be gathered to sufficiently plant a new field. Other members of a congregation contribute cuttings in order that a taro field may be planted-sharing in the capital outlay.

Each of the social functions serves as a lynch pin that holds the rest of the society together. Social change is effected when a link in the organizational chain is changed. Among the **Iwak**, when advanced soil degradation necessitate the shift of cultivation from taro to sweet potato (*Ipomea batata*) changes took place, cooperation, for instance, between households no longer became absolutely necessary in terms of cultivation for getting cuttings to plant a field. Sweet potato did not have a traditional function in ritual, thus with the cohesion through the ritual taro gone, the society loosened up in organization. Similar changes took place with respect to leadership, the economy and other state coordinates. The effects are seen in the household migrations and movements.

Even without internal changes, social alterations come from the outside, as the integration of the various ethnic groups with the market system that intermeshed the rest of the country; and other forces like the continuing imbalance between the growing population and the land they use. However, vestiges of particular cultures persist, even when grossly modified, to become bases for emerging traditional practices later to be recognized as *"adat"* (custom law) of the southern Philippines or the *"kadawyan"* (accustomed behavior) of the north -things of the past yet creatures of contemporary factors that yet continually change them.

Inter-group Interactions

The amounts of interaction, apart from others, between social units affect the character of a society. Beyond this network of interchange are zones of diminishing exchange between peoples. There are interchanges even across boundaries, and the character of these social exchanges defines the limits of these boundaries. Even if there are factors that divide the various peoples of the Philippines into distinct ethno-linguistic groups, there still exist social exchanges between them, fir not in terms of exchanges of marriage, then exchanges for goods or services and others. Trade is one of the strongest bases for reciprocity among the groups and the socially acceptable means of penetrating social boundaries. The **Maranao** merchants, for instance, range far into central Mindanao and northern Luzon in their trading forays.

Ethnic boundaries, are continually being maintained even when transactions take place through them in some respects. Interchanges among the different Philippine ethnic groups are not entirely harmonious as frictions develop even among the best of kin. When kin groups are involved, friction escalates in accordance with the number of participants and inter-group conflicts taking place. More often than not blood flows which must be balanced by each contending side. Head-taking thus developed as a social mechanism among the **Ilongot**, for instance, for minimizing conflicts and retributions. Peace pacts are forged between conflicting groups as among the **Kalinga** to further insure peace, further enforced by the establishment of ritual kinship and blood brotherhood, like the **Tagbanua** of Palawan. Slowly, however, the civil government structures radiate even to the hinterlands to slowly redefine traditional social controls that integrate the different ethnic societies.

More than Technology

In spite of the agricultural base that has reduced ethnic economy to primarily a domestic one, cultures of the various peoples flourished in surprising ways. Among peoples that did not develop writing, oral literary traditions combine poetry and song grew with amazing proportions with various kinds of epic poetry like the ***Hud-hud*** and *Alim* of the **Ifugao**, *Labaw Dunggon* of the Sulod, *Darangan* of the Islamic groups to name a few that compare with the Iliad and the Odyssey. Among those that developed writing, the **Hanunoo Mangyan**, have created a poetic form like the highly sophisticated *ambahan*. Decorative art floriated in well-established communities that are marked with functional specialization. Among the most sophisticated of this art is the *okil* (decorative art) of the **Maranao** exemplified in the painted wood carvings in floral motifs that decorate the *torogan*, royal house. The **Ifugao**, well known for the complexity of their religious structure, combine the art of sculpturing with their belief systems, exemplified by their consecrated images like the *bullols* (granary image) and the *kinabbigat* (image of the Ifugao lawgiver). The expression of music both vocal and instrumental, solo and ensemble became as distinctive as the development of the languages. Flute music among the Pala' wan, for instance, is used as a language with the various notes becoming ideational apart from being tonal. Music of an ensemble is often inseparable from the dance of which there are innumerable varieties from the purely imitative to the prodigiously societal like the *lunsay* (a dance) of the southern Philippines.

The Anomaly of Persisting Cultures

Change is as inevitable as time, and this is true to what has been accepted as traditional cultures. Traditions change as new values are developed, adopted and integrated by a society. The **Ifugao** of today are different from the **Ifugao** some fifty years ago because people change as they alter their physical and social environments since the perturbations impose upon them some feed back to which they much respond. Thus, it is erroneous to assume that the ethnic groups that are now living in the fringes of urban areas of the Philippines are representative of prehistoric cultures of the land. Ethnic cultures have moved as far forward in time as the social developments in the metropolitan areas. The distinction of the development, however, diverged due to parameters of other kinds. The existence of items of material culture identified to earlier period are no help at all for such survivals as often as would have lost its original function and context in a society. An example of this is the polished stone adze that was before a utilitarian cutting tool but which has reverted to a purely ritual function during the present days as a talisman among the **Ifugao** to make the warrior bullet-proof, to a cock-fighting charm among the lowlanders.

So much changes have taken place that the question has been raised to whether there is still some validity to the existence of some ethnic groups as they have been known previously. Some of these groups especially those that lived near the urbanized areas or are within reach of the sphere of government, the market and educational systems, no longer look nor behave the way they used to do. The reason is that the state coordinates that are factors in the development of specific ethnic groups before the coming of the colonizing western powers no longer exist or at the most are mere vestiges of what these were.

Apart from the internal changes that take place within each community as a natural course of things, more drastic are the pressures from outside that alter the character of ethnic groups. Even internally societies change without influences from outside. Culture traits change depending on the individual actors in the society-a powerful leader may pass away and direction of the community might veer in some other way with a new kind of leadership. A shift in the environment of subsistence, the rise of another powerful person-all these cause alterations in the way people are organized.

Pressures from outside the society are even more compelling and effect changes in shorter time frames. Colonized peoples are even more subjected to changes that drastically alter aspects of their cultures. The way a group of people organize their subsistence strategy largely defines how they structure their society. While the domestic type of economy that defines the traits of cultural communities' changes little through time, the introduction of the network of the national market system with catchment areas that include international sources has affected micro-economies. Self-sustaining domestic economies have begun to cease from being merely producing-consuming entities and have now interlinked with marketing network. Cash-cropping, for instance, have become the by-word of agricultural production, with it the recourse to mono-cropping of intensive agriculture. The system of multi-cropping and inter-cropping characteristic of ethnic agriculture no longer becomes viable since now there is a need for the production of surplus in the trade-off with the markets. Thus households became dependent on the market system as whole communities are, for the production of others in satiating their own consumption needs. New needs are created for consumer goods of which there were none before. The use of money became a necessity to survive in the market relationships.

Even more drastic is the superimposition of an alien political structure upon the local leadership organization. The national political structure has now encompassed previously isolated communities with a kind of leadership organization that infringes on traditional leadership form like the community council of elders, relegating these to secondary functions. Often those that occupy the positions of worth in the civil structures are those members of the ethnic communities that are young, relatively more educated since these are the ones that can relate better in the national institutions. The elderly and less educated elders who ordinarily occupy positions of authority in the communities are now subordinated to the younger generations of leaders resulting in internal conflicts. Different institutions, too, contribute to the degradation of local leadership since issues are now elevated from the sitio to the baranggay and higher to the municipal, provincial and national levels in either the executive, legislative and judiciary areas of concern. The end result is the degradation of traditional authority and the re-structuring of internal relationships within the group.

The most leveling factor of all is the public education system introduced by the West where the reduction of the learning of generations into standardized gradation among age groups, pervade the cultures of the ethnic groups, changing entire systems of ethnic knowledge, values, loyalties, perspectives, internalizations, needs and whole sets of culture traits. Education within an ethnic group is culture specific while nationalization of concepts through the medium of language and the externalization of these is altered since the culture of the introduced language is internalized by the receiving culture.

The situation is further aggravated by the official emphasis on the development of a national language through the medium of public education. The degradation of an ethnic language/dialect can only mean the erosion of traits in that culture. The introduction of a national language induces necessarily changes in the parameters of that particular culture, including its original language. The internalization of concepts through the medium of language, and the externalization of these is altered since the culture of the introduced language is internalized by the receiving culture. What the public education system has not reached in terms of even influence, mass media, specially in the form of the transistor radio and the like have to effect changes in erstwhile isolated communities that before tended toward conservatism. New tastes and needs ranging from consumer goods, personalities, national leadership, opinions, are continually developed and then altered by the relentless bombardment through the air lanes further contributing to the erosion of traditional value systems.

Indigenous religions that differentiate between peoples were the first to go among the major ethnic groups. The great religions introduced by the West were efficient leveling devices, destroying entire systems of beliefs, and with these the indigenous values that bound together the members of communities, exchanging these with new ones alien if not outright contradictory to the traditional forms.

The end result is the gradual eradication of ethnic boundaries specially in areas of greatest contact between groups. Where one can move through the islands of the archipelago before and see differences among peoples through their manners of dress, the types of architecture, modes of subsistence, organization of communities, now there is a visual continuum where cultural breaks can no longer be perceived. One will be hard put to recognize the ethnicity of a person except when he states this, or when he speaks his native tongue. The Filipino nation is emerging without doubt, at the cost of the disappearance of individual ethnic groups. This is so because parameters that led to the development of ethnic groups no longer exist, and have been replaced by new kinds of social factors.

There are survivals of ethnic cultures in areas still distant isolated enough to remain relatively untouched by external influences. These are more the exceptions than the rule. Even these communities have developed needs attuned to the market system which have made them dependent on external providence. It is only a matter of time when the onslaught will reach them. Communities by now, in different degrees, have become mere terminal points in the development of the peasant-urban continuum. They are no longer discrete and independent cultural entities.

There are divergences, convergences and parallel developments in societal change. The cultures of the Filipino people are much too complex and compounded to be reduced to generalized statements that are not just sociological principles. The beauty of ethnicity is in the particular aspect. It is the shell-inlaid wooden earplug of a wizened **Abiyan** Negrito woman, the friction decorated blowgun of the Pala'wan, the chanting of the *Alim* by an Ifugao ***mumbaki*** ("sayer of prayers") or again, the **I'wak** ritual practitioner reciting the *bilang* (ritual counting), enumerating the deities to which they have accord and the names of the forebears with whom they maintain kin relationships.

Yet even these particular aspects of culture change through stimuli both from within the structure of the society and from pressures impressed by external factors. Thus "traditions" develop in time where these were not present before, as the *Ati-atihan* (Mardi Gras-like festival) of Aklan and the *Moriones* (Lenten Passion play) of Marinduque. Thus in time, too even these changes, for the interpretation of cultural values between groups is a constant where there is social contact. What maintains the ethnic boundaries, however, is still the particular culture that defines what change is sociologically relevant to a population and how this can operate within the limitations of the ecological niche. Thus we witness the paradox of persisting cultures that are in reality altered to respond to the perturbations in the social and the physical environments. This is because ethnicity is not of the static past, but of living peoples. Like all things, even ethnic peoples change at the birthing of a nation.

The Preservation of Surviving Cultural Aspects

In spite of the onslaught of modern-day society there are still vestiges of traditional culture that linger in different degrees of modification. Much of these survive because somehow the function in society still remained to a certain extent valid. Many of these are tied up with social prestige and ritual. These survivals, however, are often misconstrued even by the culture-bearing societies and even by the urban societies as evidence that their cultures are still the traditional ones being maintained unaltered. The proliferation, for instance, of folk dance troupes performing "ethnic dances" are often taken as the evidence of this maintenance and nothing could convince them that these precisely are the evidence of the changes that have brought ethnic dances from the village square to the choreographed performance on stage.

There are, however, legitimate survivals that have not been further modified by choreography like the ***buklog*** of the **Subanon** of Zamboanga (Christie 1909); the ***padit (pachit)*** or prestige ritual/feast of the Cordilleras in northern Luzon; the ancient scripts of the

Tagbanua/Pala'wan of Palawan and the **Hanunoo Mangyan** and **northern Buid** of Mindoro. More tangible aspects of these are the traditional ethnic artifacts that still survive as heirloom pieces. There are quite a number of levels of consideration in cultural preservation in the Philippines today and only a few can be discussed in a single sitting. The main issue is whether or not the work of preservation and conservation could be institutionalized. The major thrust in this direction is toward this institutionalization of the efforts both of the government and the private sector. In a narrow sense this is being accomplished by the functions of the cultural bureaus of the government constituted by the National Museum, the National Library , the National Historical Institute, the Records Management and Archives Office, The Cultural Center of the Philippines, and the Commission on the Filipino Language, the functions of which are self-explanatory. Over this is an umbrella organization, the National Commission for Culture and the Arts (NCAA) which coordinates the efforts of the cultural bureaus and that of the private sector.

The NCCA maximizes the government resources by avoiding the duplication of activities by the various cultural bureaus and at the same time ties up all these in the higher levels of government by having in the Board of Commissioners the heads of the Department of Education, Culture and Sports, the Department of Tourism, The Chairs of the Senate and the House Committees on Culture, the heads of the four NCCA Sub-Commission on the Arts, Cultural Dissemination, Cultural Heritage, and the Cultural Communities and Traditional Arts. The four Sub-Commissions are composed of 22 national committees that address different areas of cultural concerns. All committee members are volunteers from the private sector. The government-private sector partnership is a very important feature of the NCCA. The prioritized areas of concern are manpower development programs, preservation, restoration and conservation programs, cultural events and festivals, performances, local and international exhibits, research and documentation, publications, conferences, competition, awards and recognition, interface and networking with other cultural and artistic organizations, identification and protection of cultural property and international commitments. It also administers the National Endowment Fund for Culture and the Arts. Evidently a closure view from the ground of all the above activities is much too massive for a single deliberation. Some samplings of efforts on the ground at cultural preservation can best suggest the direction of these efforts.

Thrusts of Cultural Institutions

The National Museum of the Philippines performs just like any museum in the world, except that it effects some form of cultural "interventions/manipulations" where this is feasible. The standard functions, of course, include the collection, documentation, etc., of ethnic cultures. The recent thrusts include the establishment of regional branch museums in order that specific cultures in the respective regions can be given due concern in terms of museology. Thus museum branches are being established, for instance, in Jolo, Sulu province and Kiangan, Ifugao province to preserve and display **Tausug** and **Ifugao** cultures respectively. This thrust was necessitated by the observation that the contemporary generation of ethnic members are largely ignorant of what formerly comprise their traditional culture. What is being produced in terms of artifacts are approximations from memory of the various forms. Even the ethnic dress is a total departure from the traditional forms. Subsidiary rituals attendant to major ones are as a whole forgotten or dispensed with. The thrust of regionalization is to bring back visually at least what the culture was before the influx of Western institutions. The immediate aim is to provide models for artifactual production or the revival of forgotten practices where these can still be functional.

In the island of Palawan, the National Museum, in pursuance of this objective, assisted in the organization of a cooperative composed of **Pala'wan** craftworkers who produced artifacts for the tourist market. Quality control was done by personnel of the National Museum so that production was along traditional lines; and also assisted in the distribution for marketing of the items in shops in Manila. The NCCA through its Committee on Cultural Communities and Traditional Arts are also undertaking similar projects in the Schools of Living Traditions being organized including among others focusing on ethnic weaving, brass and gong production, and others in different areas.

On a larger scale, architectural changes in centers of populations are being reflected in the hinterlands of the country. The market system that has as its catchment area the rest of the metropolitan centers of the world has brought in amenities and consumer products that effected changes in architecture not only in the urban areas but in the interiors as well. Vernacular architecture became maladaptive in so far as modern living is concerned and could not stand up well to the influx of modern architectural materials. An example of this is the **Ifugao** house-a single room affair of wooden planks and grass roof. Through the years the indigenous materials had to give way to concrete, galvanized iron roofing. Multiple rooms in residential areas emerged which the changing social organization of the classic **Ifugao**. Forest degradation, too, inhibited the availability of lumber. There are many other factors that led to the modification of traditional ethnic architecture among the **Ifugao**- which included the deterioration of expertise in ethnic carpentry. A thrust of the National Museum is to assemble ethnic houses to complement museum buildings in the different regions. The first of these is the construction of an **Ifugao** house near the Kiangan, Ifugao museum building. This assemblage will be enlarged later to include four other structures representing the different architectural forms of **Ifugao** culture. A further development in this direction is the preservation of traditional architectural features in contemporary structures. Very recently an architectural competition was held among **Ifugao** architects to design three types of contemporary structures: residential, commercial and government. The competition was to encourage builders to utilize designs that would incorporate indigenous features in modern structures and if necessary to simulate indigenous materials that would replace for instance the grass roofing.

In a similar vein, collections of traditional boat types are being made in southern Philippines and deposited in a boat museum in the City of Zamboanga in Mindanao - the area where these boats formerly proliferated.

During the first past few years attention has been focused on the ancient scripts found in the Philippines. At the advent of the Spanish colonizers in the 16th century there were reports of some seventeen kinds of syllabary found in the Philippines. To date only four are extant, with only one still in actual use-the **Hanunuo Mangyan** script. The survival of this script was largely due to the work of Antoon Postma who introduced a modification in order to adapt the script the requirements of the present-day language. The other three were unknown quantities. A mapping was conducted among the **Tagbanua** and **Pala' wan** of Palawan island to find out to what extent their respective scripts have been relegated to the past. The findings were that only sixty-three people still knew the scripts, more among the **Pala' wan** than the **Tagbanua**, when only a decade ago it was still being used in voting for local officials. A similar survey among the northern **Buid** of Mindoro showed their script is still in widespread use. To resurrect the script among the culture bearers, the National Museum utilized a number of schemes. The first was to declare the remaining ancient scripts as **National Cultural Treasures** to focus national attention on these scripts. Secondly, using the members of the society as teachers, a program was organized to teach different communities the writing. Thirdly, the services of educationally institutions in Palawan, principally the Palawan State University (PSU) were engaged and structured into the program to institutionalize the teaching. Fourthly, a competition is being held annually for the next five yeas where cash prizes will be given in the use of the ancient script in the writing of folk tales, epics and other forms of oral literature among the **Pala' wan** and **Tagbanua** beginning this year.

In terms of ritual, attempts in the restoration and conservation of some forms have been attempted. Principal among these is the ***Buklog*** described by Christie in 1909. Somehow a modified form of this ritual continued to be practiced among the **Subanon** of the Zamboanga del Norte province in Mindanao. This is a prestige feast held for many purposes, e.g. harvest, wedding, propitious event, death. The ***buklog*** is the main rite of a series of rituals, involving the construction of a huge platform with a flexible floor. On the middle of the floor a pole extending to the ground where one end rests on a hollow log working as a resonating board. The log rests on a trench with empty jars. During the ritual people take turns in dancing on top of the platform, leaping in and out to make the pole move up and down striking the hollow log. The booming sound produced calls on the communities within hearing distance to come and participate in the festival.

Both the National Museum and the NCCA jointly documented the events and have provided funding for the holding of the events since the **buklog** could no longer be held due to its high demand on resources of particular kin groups, and the breakdown of ethnic communities into civil organizations. The aim is to develop the ritual into an annual tourism event that can then be self-liquidating.

AN ALTERNATIVE THRUST

In May 2001, the UNESCO declared the Ifugao *Hudhud*, an "A Masterpiece of Oral and Intangible Heritage of Humanity" among 19 others from the rest of the world. Later it was proclaimed a "National Cultural Treasure" by the National Museum by virtue of Presidential Decree 374. By virtue of this, the National Commission for Culture and the Arts embarked on an unprecedented endeavor not only to preserve but to re-enforce the chanting of the *Hudhud* among the Ifugao.

Hudhud literally means, story, but then again, it is not merely a story but a manner of chanting the epical romance of the Ifugao. This peculiar manner is different from the way other Ifugao chants like the *alim*, *baltong*, and *bonwe* are sung, or any other chant elsewhere. The *Hudhud* is also not associated with any ritual, unlike the *alim*, which is sung as part of a ritual like a wedding ceremony. This is the reason it persisted even after the advent of Christianity among the Ifugao.

The *Hudhud* is chanted only during harvest and weeding time in the rice fields, during wakes and bone-washing *(bogwa)* ceremonies for the dead. In the past, it was also chanted during the harvest of *mongo* beans in swidden farms in Bokiawan and Linge, where this legume is the main farm crop. Chanting of the *Hudhud* is mainly for entertainment, and to ease the tedious work in the field and the monotony of wakes. Traditionally, only women did *Hudhud* chanting. Gradually, men joined in during wakes and rice harvests as members of the *mun-abbuy* or chorus. This development lent a new texture to the chanting. Today, men have even taken on the role of *munhaw-e*, or precentor.

The *Hudhud* is chanted today among the older generations of Tuwali people of the municipalities of Asipulo, Kiangan, Lagawe, Hingyon, southern Hungduan; and the barangays of Amganad and Balawis in Banaue municipality. Schools for living tradition have been set up in these municipalities to teach the chant to the younger generations who no longer are aware of the practice. Lower level schools have also taken up the teaching of the *hudhud* in music subjects. Chanting competitions for adult and youth categories have been organized, as well as another between the different municipalities that will have the most number of chants done in the proper social context.

As in the conservation/preservation of artifacts, the concepts in reality are misnomers for things change whether we like it or not. We can only retard but not completely stop change. The question is what is more valid to a culture if we regard culture as adaptation. Traditions are continually being made and developed. There are some validity to the present, however, of things in the cultural past as evidenced by nations that subsist on tourism industry as source of national revenue. There is no question about the relevance of architectural structures and monuments of the past, and geologic formations relevant to culture. The conservation/ preservation of the behavioral aspect of cultures is certainly a problem of a different order, and may deserve the attention of a specialized body to consider.

Bibliography

Christie, Emerson B.
　1909　*The Subanuns of Sindangan Bay*. Bureau of Printing, Manila.

Dozier, Edward P.
　1967　*The Kalinga of Northern Luzon, Philippines*. Holt, Rinehart and Winston, N.Y.

Keesing, Felix,
　1962　*The Ethno-history of Northern Luzon*. Stanford University Press.

Lebar, Frank M.
　1875　*Ethnic Groups of Insular Southeast Asia*, Vol.2, Philippines and Formosa. Human Relations Area Files Press, New Haven.

Le Vine, Terry, Yarou
　1981　"Forest People of the Philippines. The Batak and Palawano". UCLA Museum of Cultural History, *Pamphlet Series* No. 15, University of California.

Pennoyer, Douglas F.
　1977　"The Taubuid of Mindoro, Philippines". *Philippine Quarterly of Culture and Society* 5(1977)21-37 Vol.5, No 1-2, San Carlos Publication.

Peralta, Jesus T.
　1969　"The Maranao, A Muslim People of Mindanao", *Esso Silangan*, Manila.
　1970　"The Preservation of Philippine Cultural Heritage", *ASPAC Quarterly*, II-3, Cultural Center for Asian and Pacific Region, Seoul, Korea.
　1978　*I'Wak: Alternative Strategies for Subsistence: a Micro-Economic Study of the I'Wak of Boyasyas, N.Vizcaya, Philippines.* Anthropological Papers, National Museum.
　1983　"The Tau't Batu: A Pattern of Transhumance", in *Tau't Batu Studies, Monograph No.7*, National Museum and the Presidential Assistant on National Minorities, Manila, Philippines.
　1987　"The Tasaday Revisited". *Man and Culture in Oceania*. 3 Special Issue: 67-70.
　1989　"Ethnicity, Maintenance and Transaction Over Boundaries", *Solidarity*, No.122, Manila.
　1990　*The Dimensions of Cultural Development*, Unesco, Country Report, National Museum, Manila.
　1996　"Policies for Cultural Tourism: Ethics and Values", *SPAFA Journal*, Col. 52&3, Bankok, Thailand.
　n.d.　The Distribution and Differentiation of Cultures in Philippine Prehistory. Mms., National Museum, Manila.

Reid, Laurence
   1972   Wards and Working Groups in Guinaang, Bontoc, Luzon. *Anthropos*, Vol.67, pp.530-563.
Saber, Mamitua and Abdulla Madale
   1975   *The Maranao*. Solidaridad Publishing, Manila.
Worcester, Dean C.
   1913   *The Non-Christian Peoples of the Philippines "with Accounts of what has been done for them under the American Rules"*. Vol XXIV No. 11, Washington.

Japanese Technical Assistance to Philippine Archaeological Research

Wilfredo P. Ronquillo and Alfredo E. Evangelista

Keywords: Japanese Reparations Commission, tradeware ceramics, underwater sites, Balobok Rockshelter

Abstract

Research on Philippine prehistory and archaeology has been fortunate to receive, since the 1970s, important and timely technical assistance from Japan. These came in the form of, among others, pieces of field and laboratory equipment, all-terrain vehicles and SCUBA gears and apparatus for research use both for land and underwater archaeological activities. The National Museum of the Philippines, to date, is the only institution in the country undertaking full-time archaeological research activities covering the whole archipelago. It has been the recipient of the much needed technical aid, initially from the Japanese Reparations Commission of the Philippine Government in the 1970s and also later from the Japanese Government, through the Japanese International Cooperating Agency (JICA) and the Japanese Cultural Grant. Private Japanese agencies and granting institutions, as well, have provided the National Museum with much needed and important assistance.

This paper summarizes the important and varied archaeological projects during these three decades and the crucial assistance, in terms of pieces of technical equipment, that the field of archaeology has received through the years since the 1970s. These pieces of important field and laboratory equipment, both for land and underwater archaeological research, have been crucial in advancing the level of archaeological research activities in the country.

1. Introduction

Archaeological research in the Philippines has had an early start in the Philippines which commenced formally with the collecting activities of a Frenchman, Alfred Marche, in 1881 in the Central Philippines. Since that time to the present archaeological research has continued on, although at a small scale, due to the small number of Filipino archaeologists. The bulk of archaeological research in the country has been done by archaeologists from the National Museum of the Philippines which celebrated its centennial in 2001. As a government institution the National Museum has almost always been a low priority in terms of budgetary allotment. Thus archaeology, in spite of it being a very interesting and challenging field of study, did not become a popular discipline among the Filipino youth. It was not easy to get a job position as an archaeologist in the Philippines.

This, however, has changed at the turn of the present century and the field of Philippine Archaeology now appears to have a bright future in the country due to the exponential increase in the number of adherents of the discipline at the newly-created Archaeological Studies Program, the new academic arm of archaeology at the University of the Philippines, Diliman campus, Q.C., as well as an increase in the manpower capability of the Archaeology Division of the National Museum of the Philippines.

This paper summarizes the important archaeological projects in the Philippines from the 1970s through the 1990s. It will also endeavor to put on record the technical assistance of the Japanese government, and some of its other granting institutions, in Philippine archaeological research and, thus, help it achieve reach its present level of professionalism.

2. The 1970s

In 1972 the Anthropology Division of the National Museum was embarking on the Cagayan Valley Early Man Project. This project was an offshoot of an earlier published report by the American anthropologist and archaeologist, Henry Otley Beyer. Arriving in the Philippines in 1905 and serving as a teacher in Ifugao in the northern Cordillera his interest in ethnography started during this period and slowly developed towards, his interest in archaeology. He collected and recorded artifacts from various places in the archipelago and oversaw the archaeological excavations at La Mesa Dam in 1926, the main source of water for Manila at the start of the 20th century. Professor Beyer was also the founder of the Department of Anthropology and the Museum of Ethnology and Archaeology at the University of the Philippines in 1925. He knew of the presence of the fossils of large mammals in Isabela Province but not being able to visit the site he, however, put into print in 1947 the presence of the fossils of large, extinct mammals at Cagayan Valley such as elephas, rhinoceros, and giant turtles (Beyer 1947; Solheim 1971). The fossils were shown by Beyer to G.H.R. Von Koenigswald, a Dutch paleontologist who was his friend and who attended the Far East Prehistory Association Meeting of the Pacific Science Congress held at the University of the Philippines, Diliman, Q.C. in 1953. He verified that the fossils were, indeed, those of the above large and, in the archipelago, extinct mammals (von Koenigswald 1956; 1958).

The fossils of the now extinct mammals in the northern Philippines are suspected to be associated with early stone tool-making hominids perhaps exploiting raw materials from the Pleistocene geological layer termed the Awidon Mesa Formation (Fox and Peralta 1974; Mathisen 1981). Further detailed geological problems and the lack of research funding and specialists were the perennial problems that have since then been encountered by the archaeologists working in the area. The small number of archaeologists, however, had to move on to other projects and programs within the archipelago also requiring their attention.

Cagayan Valley is a large basin surrounded by mountains except in the north; in the west by the Cordillera Central in the east by the Sierra Madre and in the south by the Caraballo mountain range. The valley is 250 km long by 50 km wide and is comprised of 5 provinces, namely, Nueva Vizcaya, Isabela, Kalinga, Apayao and Cagayan. Tuguegerao, the capital of Cagayan Province is about 500 km north of Manila.

Eventually, adjunct, but no less important, archaeological research activities in Cagayan Valley were also being undertaken the most important of which were on the later period archaeological sites as well as the numerous large shell midden sites along the Cagayan River. These projects were undertaken with the active participation and cooperation of a number of young Japanese archaeologists mostly students of Professor Yoji Aoyagi. Intermittent, but consistent, archaeological research at the open sites of Solana Municipality as well as at the varied shell midden sites along the lower reaches of the Cagayan River, have resulted in several and recurrent publications in the last three decades since its discovery in the early 1970s both by Filipinos and Japanese archaeologists (Aoyagi, Aguilera, Ogawa and Tanaka 1991; Aoyagi and Tanaka 1985; Cabanilla 1972; De la Torre 2000, 2002; Garong 2001, 2002, 2004a and b, 2005; Mihara, Okuno, Ogawa, Tanaka, Nakamura and Koike 2001; Ogawa and Aguilera 1992 and Ogawa 1996, 1997, 1998, 1999a and b; Ogawa, Ronquillo and Garong 2006; Orogo 1980; Tanaka 1993, 1996, 1998, 1999a and b; Thiel 1989; and Toizumi 1999).

An anthropological study was undertaken on Batan Island in the Batanes groups of islands, northern Philippines in 1970. This was undertaken by researchers from the Ritsumeikan University. The paper entitled *The Scientific Expedition for the Study of Batan islands* was published in 1971 in Japanese. With limited participation from the National Museum of the Philippines, Mr. Reynaldo G. Flores, Museum Technician, served as the group's guide at that time (Sasaki 1971).

It was during this time, the early 1970s, that the National Museum became a recipient of pieces of important technical and scientific equipment from the Japanese Reparations Commission of the Philippine Government for the just beginning Early Man Project of Cagayan Valley. The senior writer was appointed Assistant Director of the National Museum and was re-assigned from his teaching position at the Department of Anthropology, University of the Philippines, Diliman in 1973. The junior writer also joined the National Museum in 1973 having majored in anthropology from the above-named university.

It was immediately apparent that the National Museum was teeming with pieces of important equipment for archaeological research during this time as a result of the windfall from the Japanese Reparations Commission of the Philippines. Among pieces of equipment

received include, to wit:
- Eight (8) Toyota Land Cruiser Station Wagons four wheel drives; one for each research and administrative divisions of the museum;
- Two Isuzu Elf Light trucks for various museum exhibitions and research needs;
- A Toyota Coaster, a 15-seater mini-bus;
- A complete set of Earth Resistance Meter crucial for archaeological surveys to determine the presence of solid objects under the ground;
- Canon Single Lens Reflex 35 mm. cameras with various specific interchangeable lenses for specialized needs;
- Altimeters to determine heights in various mountainous areas studied;
- They also had Range Finders to determine distances in difficult terrains;
- 50-meter tapes for use in important on-site measurements;
- Sleeping bags, tents and other camping gears were available for the rough conditions of fieldwork;
- Single-side band radios which include bases and hand-sets making communications in the field easier;
- Binoculars with leather finish and cases for ease in recognizing sites;
- Jeweler's loupes, hand magnifiers and reducing lenses for various analytical needs of field men;
- Four SCUBA gears and peripheral supplies and materials for underwater research activities;
- Four units of Nikon Underwater cameras with exposure meters for underwater archaeological work;
- Photographic dark room equipments and supplies for developing and printing of field photographs;
- A photocopying machine for the administrative needs of employees;
- Various types of Olympus analytical and stereoscopic microscopes for the different divisions and newly-created Laboratory;
- A Drying Oven was donated to the still budding National Museum Analytical and Chemistry Laboratory.

It was also in the late 1970s when the Butuan Archaeological Project at Agusan del Norte, northeastern Mindanao commenced. A large pre-Spanish maritime trading center has been identified both by Chinese historical documents (Scott 1989) and by the amount and diversity of prehistoric artifacts as well as tradeware ceramics from China, Vietnam and Thailand (Ronquillo 1985). Here, also, prehistoric wooden boats were discovered accidentally by pothunters (Peralta 1980) in their pursuit of Chinese tradeware ceramics which fetched a good price in the antique market. Since the wooden boats were of no monetary value to the diggers these were reported to and left for the National Museum archaeologists. The museum knows of seven such wooden boats still "in situ" in the vicinities of Butuan City. Three of the wooden boats have since been excavated and conserved while two are on exhibit; one at the Regional Museum in Butuan City and the other, at the National Museum of the Filipino People in Manila. The three excavated edge-pegged and plank-built wooden boats had radiocarbon dates of 320, 1250 and 990 A.D (Peralta 1980; Ronquillo ibid).

Pieces of equipment donated from Japan to the National Museum of the Philippines were most useful also at the Butuan Archaeological Project which lasted almost throughout the 1980s. A Toyota four-wheel drive vehicle was allocated at the area for the various field teams assigned there and the research team leaders used the donated cameras, compasses, range finders, binoculars, altimeter, sleeping bags, hand magnifiers and other important field supplies and materials.

3. The 1980s

During this decade the National Museum's thrust in archaeological research concentrated at the excavations of earlier explored key cave sites at the limestone formation at Peñablanca, Cagayan Province, northern Luzon, (Ronquillo and Santiago 1977). Archaeological research activities were, likewise, intermittently undertaken at the Butuan archaeological sites in northeastern Mindanao, in the southern Philippines.

In 1981 archaeological exploration activities in the limestone formation of Anda, Bohol Island in the central Philippines resulted in the discovery of over 130 caves and rock shelters the majority of which are indicative of early human habitation and burials (Santiago 1982).

From 1981-1982 multi-disciplinary research activities were undertaken at Batan Island, northern Luzon by a team of Japanese scientists. Through a grant from the Japanese Ministry of Culture, the research activities generated a publication entitled, *The Batan Island and Northern Luzon: Archaeological, Ethnographical and Linguistic Survey*. This was published in 1983 co-authored by Kazumi Shirakihara, Masayuki Koomoto and Yoji Aoyagi (1983). Descriptions of the surface collections of archaeological artifacts were part of the report including Palaeolithic, and Neolithic stone tools, earthenware potteries, burial jars as well as high-fired ceramics.

In 1983 the underwater archaeological activities of the National Museum started in earnest. Slowly at first research on underwater archaeology started to get going with the reported sites from local fishermen and mariners due to accidental discoveries. Later, sites were surveyed by private entities which became partners of the National Museum legally in their search for underwater archaeological sites. Included in the finds were Southeast Asian prehistoric wooden boats, Spanish galleons and other wooden sea vessels which plied the

Manila-Acapulco Galleon Trade route across the Pacific Ocean from the 16th to the 19th centuries AD (Valdes 1993) and British copper-lined wooden sea-faring vessels reaching the southern Philippines during the early period of Spanish occupation of the archipelago.

During the decade of the 1980s there was a ban on the procurement of equipments in many government offices thus potentially affecting the research activities of the scientific divisions of the National Museum.

It was at the early part of this decade that additional numerous aids, in the form of pieces of equipment, were again bestowed to the National Museum both for research and museology purposes. The Japanese Government donated to the National Museum a JEOL Scanning Electron Microscope and pieces of other analytical equipment for the use of the museum's Chemistry and Conservation Laboratory.

Some of the important archaeological equipments received by the National Museum during the start of the 1980s included:

- Fourteen sets of Tamaya pocket transits, crucial equipments for archaeological surveys and mapping;
- Four sets of Single Side Band Radio Telephones with a Main and Mobile Units;
- A dozen Asahi Pentax Single Lens Reflex 35mm cameras with macro and zoom lenses;
- Six sets of SCUBA diving gears;
- Two units of Toyotas Land Cruisers Standard Wheelbase Hard Top with Swing-Out Type Rear Door (diesel fuel);
- A Toyota Hi-Ace Commuter, 12-seater vehicle;
- A Canon copying machine;
- 2 sets of Maruzen Electric Typewriters and
- Ten units of Maruzen Portable typewriters for use in the field.

The museum's Planetarium also received a special type of zoom slide projector which can magnify a single slide up to 50,000 times in one projection. Donated by a Japanese corporation specializing in these products this donation is only the second of its type used in the country and will be a good addition to the present planetarium's projection unit.

4. The 1990s

This decade ushered in the resumption in Philippine archaeological research activities as, with the joint cooperative ventures of the National Museum and the Archaeological Studies Program at the University of the Philippines, Diliman campus, more projects in prehistoric research were realized. Archaeological projects were carried out almost throughout the archipelago the noteworthy ones included those at Ille Rock Shelter in El Nido, northern Palawan, the various NM-ASP/UP summer field schools in historical archaeology at different towns of Mindoro Province which include Naujan, Bongabong and Bulalacao (Paz 2006) and the Batanes Archaeological Project in the northern islands of Luzon (Dizon 1998; Dizon and Santiago 1994).

In 1991 archaeological excavations were undertaken at the Ayub Cave, Saranggani Province. Here earthenware burial jars with anthropomorphic heads which served as covers were the first of its kind to be found in the country (Dizon and Santiago 1994). The "faces depicted were unique for they are like portraits of distinct individuals–of specific dead persons whose remains they guard" (ibid).

From August to September 1994 quantitative and qualitative analyses of the anthropomorphic pottery recovered from Ayub Cave, Maitum, Saranggani Province in Mindanao were undertaken. The objectives were to have an actual count of the finds as well as to distinguish the different types; record the metrical attributes of the vessels (e.g. metrical characteristics of the head, eyes, nose, ears, mouth, neck, nipples, body and arms) and the features of the vessels were, likewise, recorded for comparative analysis.

There were 104 partly complete heads, 110 arms and 149 breasts identified, sorted and measured from the exercise. Radiocarbon dates available date the Maitum Site to 1 AD.

An exhibition on the Philippine Anthropomorphic Pottery was done in 1995 at the Department of Tourism Building at Rizal Park, Manila. The results of the analyses of the finds added tremendously to the data used and incorporated in the exhibition.

The Balobok Rockshelter at Sanga Sanaga, Tawi Tawi, Southern Philippines was excavated in 1969 and 1970 by Alexander Spoehr from the University of Pittsburgh (Spoehr 1973). A re-excavation was deemed essential to generate significant additional data on shell tool technology essential to Philippine, Southeast Asia and Pacific prehistory (Ronquillo, et. al, 1993).

The spatial and temporal distribution of the archaeological and ecofactual materials, the relative association of the artifacts recovered, the available absolute dates generated, the technology of manufacture and use of the different artifacts encountered and the stratification of the soil at the site all indicate that the prehistoric occupation of the Balobok Rockshelter may provisionally be described as follows: an Early Occupational Phase (ca.8760 –8000 B.P.) wherein a hunting and gathering group of people used the site as a habitation area; a Middle Occupational Phase (ca. 7290 B.P.) by hunters and gatherers as noted by the above assemblage and, in addition, the presence of polished stone and shell tools and earthenware pottery sherds which may have been produced by the members of a coexistent and contiguous sedentary community and a Later Occupational Phase (ca. 5140 B.P.) wherein a group of hunters and gatherers continue their interaction with the makers and/or users of the polished stone and shell adzes and gouge and earthenware potteries as well as with an intrusive group who may have introduced innovative items such as a socketed bronze axe and an opaque glass bead. (Ronquillo et.al. ibid).

Pieces of important equipment received by the National Museum from the Japanese Government at the start of the 1990s decade include the following:

- Two units four door, four-wheel drive Nissan Pick Up Trucks;
- A set of Nikon "Nikonos Underwater Camera with variable lenses, a speed light unit and a submerged video lighting system;
- Five sets of Nikon Single Lens Reflex 35 mm. Cameras, with standard, wide angle, micro zoom and Micro AF lenses, and bellow attachments for microscope photography;

For the museum Analytical and Chemistry laboratory pieces of following important equipment were received;

- A "Shimadzu" Infrared Spectrophotometer with all the required accessories; and
- One set of an Electronic Top Loading Balance with printer.

The Museum Education Division received the following for the improvement of their exhibition galleries and guiding capabilities;

- Pieces of Gallery Lighting equipment with complete accessories;
- A microcomputer system with laser printer;
- Two sets of slide projectors and an Overhead projector;
- Complete sets each of a Public Address System and pieces of Audio-Visual equipment; and
- Air conditioning units for the various exhibition galleries.

5. Overview

It is clear from the foregoing that the Japanese government and its various grant-giving institutions, such as the Japan International Cultural Agency (JICA) and the Japanese Cultural Grant (JCG), have done a great deal in terms of assisting the growth of Philippine archaeological research for over three decades - from the 1970s through the 1990s. Coming in the form of pieces of donated equipment for research and museology purposes, no other country or granting institution has done as much. There has been no other country, other than Japan, that has assisted Philippine archaeological and prehistoric research activities in terms of the technical support given to the National Museum in the last three decades.

Due to these generous bequeath over the three decades research in Philippine prehistory and archaeology has moved forward at a pace that could not have been done without pieces of such modern scientific equipment. This has made the documentation of Philippine archaeological sites more manageable and the publication of scientific reports more up to date for the archaeologists and other researchers at the National Museum.

It is at this point that the writers would like to wish Professor Aoyagi all the best after his formal retirement from his academic episode at Sophia University and say *Domo Arigato* to him. His lengthy stay in the Philippines, under the mentorship of Dr. Robert B. Fox in the 1960s, launched the start of the continuing Filipino-Japanese collaborative archaeological research activities which persist to this day. Professor Aoyagi was most helpful in following through with the Japanese granting institutions to ensure the smooth transfer and endowment of pieces of much needed scientific equipment and materials to the National Museum of the Philippines both for the undertaking of the various archaeological research activities in the country as well as for the improvement of the National Museum of the Philippines exhibition galleries.

Bibliography

Aoyagi, Yoji and Kazuhiko Tanaka
   1985 "On the Potteries from Shell Middens in the Lower Cagayan River." *Journal of Sophia Asian Studies* 3:81-129.

Aoyagi, Yoji, Melchor L. Aguilera, Jr., Hidefumi Ogawa and Kazuhiko Tanaka
   1991 "Excavations of Lal-lo Shell Midden (3)." *Journal of Sophia Asian Studies* 9: 49-137. In Japanese.

Beyer, H. Otley
   1947 "Outline Review of Philippine Archaeology By Islands and Provinces." *The Philippine Journal of Science* Vol 77. Nos. 3-4.

Cabanilla, Israel
   1972 Neolithic Shellmound of Cagayan: The Lal-lo Excavations. Field Report # 1. Typescript. National Museum, Manila.

De la Torre, Amalia
   2000 "Preliminary Report of the Lal-lo Cagayan, Archaeological Project: Clemente Irigayen Property Site (II-1995-O), Santa Maria, Lal-lo, Cagayan." *Journal of Southeast Asian Archaeology* 20: 67-110.
   2002 "Lal-lo Cagayan Archaeological Project 2000: Archaeological Exploration of Sites", in H. Ogawa (ed.) *Archaeological Research on the Lower Cagayan River–Study on the Historical Process of Hunter-Gatherer/Farmer Interdependent Relationship*: 69-78. Report for the Grant-in-Aid for International Scientific Research (Field Research), Tokyo. The Ministry of Education, Science, Sports and Culture.

Dizon, Eusebio Z.
   1994 "A Decade of Archaeological Research in the Philippines 1982-1992." *Philippine Quarterly of Culture and Society* Vol 22: 197-222. San Carlos University, Cebu City.
   1998 "Batanes Archaeological Project: 1996 Status Report." *Ivatan Studies Journal* 2-4: 25-29. Basco. St. Dominic College of Batanes Graduate School.

Dizon, E. Z. and R.A. Santiago.
   1994 "Preliminary Report on the Archaeological Exploration in Batan, Sabtang and Ivuhos Islands, Batanes Province, Northern Philippines." *Ivatan Studies Journal* 1(1994): 7-48. Basco. St. Dominic College of Batanes Graduate School.

Fox, Robert B.
   1970 *The Tabon Caves: Archaeological Explorations and Excavations on Palawan Island, Philippines*. Monograph of the National Museum, No. 1. Manila.

Fox, Robert B. and Jesus T. Peralta
   1974   "Preliminary Report on the Palaeolithic Archaeology of Cagayan Valley, Philippines and the Cabalwanian Industry", in *Proceedings of the First Regional Seminar On Southeast Asian Prehistory and Archaeology, June 26-July 4, 1972*, Manila. National Museum of the Philippines, Manila. pp.100-147.

Garong, Ame
   2001   "Culture in Trash: An Archaeological Excavation of Conciso Property Shell Midden Site, Catayauan, Lal-lo, Cagayan Valley, Northern Philippines." *Journal of Southeast Asian Archaeology* 21: 120-145.
   2002   "Archaeological Exploration and Excavation in Cagayan Valley, Northern Philippines", In H. Ogawa (ed.) *Archaeological Research on the Lower Cagayan River Study on the Historical Process of Hunter-Gatherer/Farmer Interdependent Relationship*, pp.33-68. Report for the Grant-in-Aid International Scientific Research (Field Research). Tokyo Ministry of Education, Science, Sports and Culture.

Mathisen, Mark Evan
   1981   Plio-Pleistocene Geology of the Central Cagayan Valley, Northern Luzon, Philippines. An Abstract of A Dissertation submitted to the Graduate Faculty in Partial Fulfillment of the Requirements for the Degree of Doctor of Philosophy. Iowa State University. U.S.A. 1981.

Mihara, S., M. Okuno, H. Ogawa, K. Tanaka, T. Nakamura and H. Koike
   2001   "AMS 14C age of Cagayan shell midden sites, Northern Luzon, Philippines," In. T. Nakamura (ed.) *Summaries of Researches Using AMS at Nagoya University* 12: 205-213.

Ogawa, Hidefumi
   1996   "Archaeology of the Agta Hunter-Gatherers–the archaeological problems on the Symbiotic, Interdependent relationships between Hunter-Gatherers and Farmers", In H. Stuart (ed.) *Gatherer-Hunter Today*, pp.183-222. Tokyo. Gensosha. In Japanese.
   1997   "Shell Midden was made by the Noachian Deluge-Ethnoarchaeology of the Shell Middens and Shell Gatherers in the Lower Cagayan River, Northern Luzon, Philippines." *Journal of Southeast Asian Archaeology* 17: 119-166. In Japanese.
   1998   "Problems and Hypotheses on the Prehistoric Lal-lo, Northern Luzon, Philippines– Archaeological Study on the Prehistoric Interdependence between Hunter-Gatherers and Farmers in the Tropical Rainforest." *Journal of Southeast Asian Archaeology* 18: 123-166.
   1999a   "The Comparison between Southeast Asian and Japanese Shell Middens." *Quarterly Journal of Archaeology* 66: 29-34. In Japanese.
   1999b   "Excavation of the Mabangog Cave, San Mariano, Lal-lo, Cagayan, Philippines." *Journal of Southeast Asian Archaeology* 19: 93-114.

Ogawa, Hidefumi and Melchor L. Aguilera, Jr.
   1992   "Data Report on the Archaeological Explorations in the Lower Cagayan River, Northern Luzon, Philippines." *Journal of the Institute of Religion and Culture* 10: 41-113.Tokyo. Kokushikan University.

Ogawa, Hidefumi, Wilfredo P. Ronquillo and Ame M. Garong
   2006   "Typological and Chronological Studies on the Decorated Black Pottery Assemblage from Lal-lo Shell Middens." *Journal of Southeast Asian Archaeology* 26: 1-33.

Orogo, Alfredo B.
   1980   The Archaeological Excavations at the Cortez Site, Camalaniugan, Cagayan. Typescript. National Museum. Manila.

Paz, Victor
   2006   Advancing History and Heritage through the Study of Excavated Early Spanish Structures

in Oriental Mindoro. (*Report on the Bulalacao Initiative*). Ms. Archaeological Studies Program, University of the Philippines, Diliman.

Peralta, Jesus T.
- 1980 "Ancient Mariners of the Philippines." *Archaeology* 33.5: 41-48.

Ronquillo, Wilfredo P.
- 1985 Archaeological Research in the Philippines; 1951-1983. *Bulletin of the Indo-Pacific Prehistory Association*, No. 6. Australian National University, Canberra. pp.74-88.
- 1987 "The Butuan Archaeological Finds: Profound Implications for Philippine and Southeast Asian Archaeology", *Man and Culture in Oceania (Special Issue)* 3: 71-78. Tokyo, Japan.

Ronquillo, Wilfredo P. and Rey A. Santiago
- 1977 Archaeological Cave and Open Site Explorations at Peñablanca, Cagayan Province (Nov. 21, 1976–February 21, 1977). Ms. National Museum of the Philippines, Manila.

Ronquillo, Wilfredo P., Santiago, Rey A., Shijun Asato and Kazuhiko Tanaka
- 1993 "The 1992 Archaeological Reexcavation of The Balobok Rock Shelter, Sanga Sanga, Tawi Tawi Province, Philippines: A Preliminary Report." *Journal of Historiogoraphical Institute*, Okinawa Prefectual Library. No 18: pp.1-40.

Santiago, Rey A.
- 1982 Annual Progress Report of Bohol Archaeology. Ms. National Museum of the Philippines, Manila.

Sasaki, Komei
- 1971 *The Scientific Expedition for the Study of the Batan Islands*. Ritsumeikan University, Japan.

Scott, William Henry
- 1984 *Prehistoric Source Materials for the Study of Philippine Prehistory*. (Revised Edition). New Day Publishers. Quezon City, Philippines.
- 1989 *Filipinos in China Before 1500*. With Chinese translation by Go Bon Juan. China Studies Program, De la Salle University, Taft Avenue, Manila.

Shirakihara, Kazumi, Masayuki Koomoto and Yoji Aoyagi
- 1983 *Batan Island and Northern Luzon-Archaeological, Ethnographical and Linguistic Survey*. University of Kumamoto, Japan.

Solheim, Wilhelm G. II
- 1971 "H. Otley Beyer." *Asian Perspectives* Vol. XII. A Journal of Archaeology and Prehistory of Asian and the Pacific. University of Hawai'i Press.

Spoer, Alexander
- 1973 *Zamboanga and Sulu: An Archaeological Approach to Ethnic Diversity*. Ethnology Monograph No. 1, Depertment of Anthropology, University of Pittsburgh, Pittsburgh. 1973.

Tanaka, Kazuhiko
- 1993 "The Chronological Study of the Pre-iron Cultures of the Philippines during the Holocene – A Review and a Perspective." *Journal of Southeast Asian Archaeology* 13: 173-209. In Japanese.
- 1996 "The Typological Analysis of the Pottery Associated with the Quadrangular Stone Adzes Excavated in Northern Luzon–The Analysis of the Pottery with the Incised Diamond Pattern and a Circular Impression in Each Diamond Pattern." *Journal of Southeast Asian Archaeology* 16: 149-160. In Japanese.
- 1998 "Preliminary Reportof the Archaeological Excavation of Catugan Shell Midden (Dombrique Site), Lal-lo, Cagayan, Philippines." *The Bulletin of the Elementary School Education of Keiai Junior College* 20: 149-177.
- 1999a "Lal-lo Shell Middens in the Philippines – Excavations and its Results of huge Scale Shell

Middens." *Quaternary Journal of Archaeology* 66: 75-78. In Japanese.

    1999b "The Archaeological Excavation of Bangag I Shell Midden, Lal-lo, Cagayan, Philippines." *Journal of Southeast Asian Archaeology* 19: 71-92.

Thiel, Barbara

    1989 "Excavation at the Lal-lo Shell Middens, Northern Luzon, Philippines. *Asian Perspectives*." Vol, 27. No.1: 71-94. A Journal of Archaeology and Prehistory of Asian and the Pacific. University of Hawai'i Press.

Valdes, Cynthia Ongpin (editor)

    1993 *Saga of the San Diego AD1600*. Concerned Citizens for the National Museum, Inc. Manila. Vera-Reyes Publishers.

von Koenigswald, G.H.R.

    1956 Fossil Mammals from the Philippines. *The National Research Council of the Philippines*, University of the Philippines, Diliman, Q.C.

    1958 "Preliminary Reprot of a Newly-Discovered Stone Age Culture from Northern Luzon, Philippine Islands." *Asian Perspectives* Vol.2, No. 2. pp.69-70. A Journal of Archaeology and Prehistory of Asian and the Pacific. University of Hawai'i Press.

あとがき

　ここに『青柳洋治先生退職記念論文集　地域の多様性と考古学—東南アジアとその周辺—』の上梓を見、わたしたちが長年にわたって薫陶を受け日ごろ敬愛してやまない青柳洋治先生へ奉呈する運びにいたりました。この何にもかえがたい大きな喜びを、事業に賛同してくださった多くの皆さまとともに分かち合いたいと思います。このようなかたちで、青柳先生への謝恩をあらわすことができたことは、青柳学徒一同の誇りでもあります。

　青柳先生の人と学問については、論文集刊行作業を進める過程で都度その大きさと深さを思い知るばかりでした。その一端に少しでも触れ皆で共有したいという強い思いから、この本の編集委員が中心となり青柳先生へインタビューをおこないました。青柳先生ご自身の語りは、生まれながらの開拓精神と旺盛な探究心に裏打ちされた数多くのエピソードを披露してくださいました。海と島に繋がれたダイナミックな研究半生を含め、いずれ冊子としてまとめる所存です。

　文末になりましたが、この記念事業の推進にあたり、発起人となりかつ編集委員として惜しみない力を寄せてくださった新津健、岡崎完樹、田中和彦、丸山清志、田畑幸嗣、川村佳男、小野林太郎、平野裕子の先輩諸賢へ心より御礼を申しあげます。各執筆者のみなさまには貴重な研究成果を盛り込んだご論文掲載を快諾いただきました。この論文集は青柳先生の記念論文集でありますが、同時に東南アジアとその周辺地域の考古学研究者にとっては今後、同分野の指標に位置づけられる論文集となることが予感されます。そして最後に、この記念論文集の刊行へ並々ならぬ理解を示してくださった雄山閣、とりわけ編集部の羽佐田真一氏には、われわれの事業主旨および青柳先生への思いを大切にくみとっていただきときには叱咤激励も受けました。氏なくしては、この本の上梓は考えられなかったことでしょう。この場をお借りして衷心より感謝申しあげます。

2007年3月吉日

青柳洋治先生退職記念論文集
監修　丸井雅子

青柳洋治先生略歴

　1941年、横浜に生まれる。上智大学大学院文学研究科史学専攻修士課程修了後に、文部省アジア諸国等派遣研究・留学生としてフィリピン大学大学院人類学専攻に1970-72年在籍。上智大学文学部を経て、1988年から同大外国語学部教授。東南アジア考古学会会長1991-95年等を歴任。2007年4月から上智大学名誉教授。

青柳洋治先生主要研究業績目録

単著

1973　「フィリピンにおける近年の考古学的活動」『上智史学』第18号　pp. 83-91.

1974　「フィリピン先史時代の編年―特にベイヤーの編年について―」『東南アジア―歴史と文化―』第2号　pp.42-60.

1975　「中国陶磁器のフィリピンへの渡来時期について」『上智史学』第20号　pp.58-82.

1977　「研究史・ルソン及びその周辺諸島の考古学」『日本民族と黒潮文化―黒潮の古代史序説』黒潮文化の会編　角川選書91　角川書店　pp.187-199.

1979a「ルソン島の古代史探訪」『新・海上の道―黒潮の古代史探訪―』角川選書103　角川書店　pp.108-125.

1979b「南海貿易とフィリピン―サンタ・アナ遺跡出土の中国陶磁―」『月刊シルクロード』8・9号　pp.74-76.

1980a「ルソン島北部における土器づくり―アトルー村の一事例―」『黒潮の民族・文化・言語』黒潮文化の会編　角川書店　pp.88-104.

1980b「フィリピン」森浩一編『三世紀の考古学』学生社　pp.312-328.

1981　「フィリピンにおける初期金属器文化―パラワン島タボン洞穴群の甕棺複合―」『東南アジア・インドの社会と文化　山本達郎先生古希記念論文集』山川出版社　pp.1-22.

1982　「フィリピンの甕棺」『東南アジア考古学会会報』第2号　p.3.

1983a　"General survey in northern Luzon" In Shirakihara, K. (ed.) *Batan Island and Northern Luzon* : 69-87, 116-119, 157-161. University of Kumamoto, Kumamoto.

1983b「パラワン島アビオグ洞穴出土の貿易陶磁器」『上智アジア学』創刊号　pp.102-115.

1984　「フィリピン出土中国貿易陶磁の変遷―カラタガン遺跡とサンタ・アナ遺跡の年代について―」『三上次男博士喜寿記念論文集』陶磁篇　平凡社　pp.313-330.

1987　「フィリピン出土の玦状耳飾り」『東南アジア考古学会会報』第7号　pp.12-15.

1991　"Trade ceramics discovered in Insular Southeast Asia" *Trade Ceramic Studies* 13, pp.77-87.

1992a「「交易時代」(9～16世紀)のフィリピン―貿易陶磁に基づく編年的枠組み―」『上智アジア学』第10号　pp.144-176.

1992b 「陶磁貿易史研究とフィリピン」『ソフィア』162号41巻2号　pp.136-143.
1993 「島嶼部東南アジア出土のベトナム陶磁器―十四世紀から十六世紀を中心として―」日本ベトナム研究者会議編『海のシルクロードとベトナム：ホイアン国際シンポジウム』穂高書店　pp.127-139.
1995 「陶片が語る海上交易のネットワーク―南シナ海海域の陶磁貿易の変遷―」小泉格・田中耕司編『講座　文明と環境』第10巻―海と文明　朝倉書店　pp.86-108.
1996a 「ボルネオ島考古紀行―フィールド・ノート抜粋―」金子量重先生古稀記念論集刊行委員会編・発行『アジアの民族造形文化』徴蔵館　pp.244-246.
1996b 「チャンパ陶磁をめぐる二、三の問題」町田市立博物館発行『青い焼きもの』　pp.5-7.
1997 「陶片が語る環南シナ海の文化交流―チャンパ王国出土の考古資料から―」『月刊文化財発掘出土状況増刊号　最新海外考古学事情(II)：アジア編』pp.140-148.
1999a 「南海の陶磁貿易」『季刊　考古学』第66号　pp.55-59.
1999b 「陶磁貿易史からみた東南アジア」『入門東南アジア研究』上智大学アジア文化研究所編　めこん　pp.75-87.
2000 「ベトナム・ゴサイン窯の発掘―海のシルクロード史上のチャンパ陶磁―」シルクロード学研究センター編『シルクロード学研究叢書』2, pp.96-112.
2001a 「黒潮文化」『海のアジア』第6巻　岩波書店　pp.79-102.
2001b 「ルーツ―源流を探る―」『現代フィリピンを知るための60章』明石書店　pp.22-25.
2002a 「クメールとチャンパの陶磁器―生産と流通―」『東南アジア考古学最前線』クバプロ　pp.120-128.
2002b "Excavation of the Go Sanh Kiln Complex: Champa ceramics in the history of the maritime route of the silk road", In *Champa Ceramics: production and trade*, The Study Group of the Go Sanh Kiln Sites in Central Vietnam (Japan / Vietnam), Tokyo University of Foreign Studies, pp.5-18.
2004 「アンコール・ワット地域における大窯跡（タニ窯跡）を掘る」『季刊文化遺産　アンコール文明を科学する』pp.28-31.
2005a 「チャンパ王国と陶磁器」『考古学ジャーナル』第532号　p.1.
2005b "Khai Quat Ku Lo Go Sanh: Do Gom Champa Trong Lich Cua Con Duong To Lua Tren Bien", Vien Khoa Hoc Xa Hoi Viet Nam and Vien Khao Co Hoc (eds.), Mot The Ky Khao Co Hoc Viet Nam, vol.2, Hanoi: Nha Xuat Ban Khoa Hoc Xa Hoi, pp.678-689 (Vietnamese).

共著

青柳洋治・小川英文
1992 「ベトナム陶磁器の編年的研究と古窯址の調査報告―ベトナムの古窯址と貿易港ヴァンドンを訪ねて―」『東南アジア考古学会会報』第12号　pp.58-74.

青柳洋治・小川英文・長谷部楽爾・桃木至朗・森本朝子
1992 "Archaeological Research of Old Kiln Site in Vietnam: Preliminary Report", *Journal

of East-West Maritime Relations, vol.2, pp.19-28.

青柳洋治・田中和彦
 1985　「カガヤン川下流域の貝塚土器をめぐる二，三の問題」『上智アジア学』第3号　pp.81-129.

青柳洋治・小川英文・田中和彦
 1996　「フィリピン北部、マガピット貝塚の発掘と出土装身具」『ヒト・モノ・コトバの人類学』（國分直一博士米寿記念論文集）慶友社　pp.372-383.

青柳洋治・小川英文・田中和彦・森本朝子
 1995　「ベトナム中部諸省の遺跡踏査と考古学的課題」『東南アジア考古学』第15号　pp.58-83.

青柳洋治・小川英文・長谷部楽爾・山本信夫
 1993　「ベトナム陶磁の編年的研究とチャンパ古窯の発掘調査―ゴーサイン窯址群の発掘調査―」『上智アジア学』12号　pp.163-180.

Yoji Aoyagi, Hidefumi Ogawa and Kazuhiko Tanaka
 1997　Excavation, and Ornaments Discovered at the Magapit Shell-midden Site in Northern Luzon. *Journal of Sophia Asian Studies* No.15 pp.167-180.

青柳洋治・佐々木達夫
 1999　「アンコール遺跡タニ窯跡群第5次調査略報」『カンボジアの文化復興』16, pp.174-175.
 2000　「二、タニ窯跡を掘る」中尾芳治編『アンコール遺跡の考古学』連合出版　pp. 216-232.

青柳洋治・佐々木達夫・田中和彦・野上建紀・石澤良昭
 2000　「アンコール遺跡タニ窯跡群　発掘調査の成果と環境整備方針」『金沢大学考古学紀要』第25号　pp.170-192.

青柳洋治・佐々木達夫・田中和彦・野上建紀・丸井雅子
 1999a「アンコール遺跡タニ窯跡群第2次調査報告」『カンボジアの文化復興』16, pp.123-149.
 1999b「アンコール遺跡タニ窯跡群第3次調査報告」『カンボジアの文化復興』16, pp.150-157.

青柳洋治・佐々木達夫・田中和彦・野上建紀・丸井雅子・隅田登紀子
 1999　「アンコール遺跡タニ窯跡群第4次調査報告」『カンボジアの文化復興』16, pp.158-173.
 2000　「アンコール遺跡タニ窯跡群第6次調査報告（概報）」『カンボジアの文化復興』17, pp.127-133.

青柳洋治・佐々木達夫・田中和彦・野上建紀・丸井雅子・田畑幸嗣
 2001　「アンコール遺跡タニ窯跡群第7次・第8次調査報告」『カンボジアの文化復興』18, pp.95-118.

青柳洋治・佐々木達夫・丸井雅子・宮田絵津子
 1997　「アンコール遺跡タニ窯跡群の調査報告」『カンボジアの文化復興』14, pp.27-43.

青柳洋治, メルチョール・アギュイレラ, 小川英文, 田中和彦
 1986　「カガヤン川下流域の貝塚」『上智アジア学』第4号　pp.45-91.
 1988　「ラロ貝塚群の発掘」『上智アジア学』第6号　pp.63-104.
 1989　「ラロ貝塚群の発掘(2)」『上智アジア学』第7号　pp.101-131.
 1991　「ラロ貝塚群の発掘(3)」『上智アジア学』第9号　pp.49-137.

執筆者一覧

石澤良昭（いしざわ よしあき）　上智大学外国語学部
印東道子（いんとう みちこ）　国立民族学博物館
小川英文（おがわ ひでふみ）　東京外国語大学外国語学部
小田静夫（おだ しずお）　東京大学総合研究博物館
小野林太郎（おの りんたろう）　国立民族学博物館
川村佳男（かわむら よしお）　東京国立博物館
小池裕子（こいけ ひろこ）　九州大学大学院比較社会文化研究院
後藤雅彦（ごとう まさひこ）　琉球大学法文学部
坂井　隆（さかい たかし）　上智大学アジア文化研究所
佐々木達夫（ささき たつお）　金沢大学文学部
宗䑓秀明（しゅうだい ひであき）　立教大学文学部
鈴木とよ江（すずき とよえ）　西尾市教育委員会
田中和彦（たなか かずひこ）　上智大学外国語学部
田畑幸嗣（たばた ゆきつぐ）　上智大学外国語学部
樋泉岳二（といずみ たけじ）　早稲田大学比較考古学研究所
中村俊夫（なかむら としお）　名古屋大学年代測定総合研究センター
新津　健（にいつ たけし）　山梨県立考古博物館
新田栄治（にった えいじ）　鹿児島大学法文学部
野上建紀（のがみ たけのり）　有田町歴史民俗資料館
平野裕子（ひらの ゆうこ）　上智大学アジア文化研究所
松浦宥一郎（まつうら ゆういちろう）　東京国立博物館
丸井雅子（まるい まさこ）　上智大学外国語学部
丸山清志（まるやま きよし）　城西国際大学物質文化研究センター
三原正三（みはら しょうぞう）　九州大学大学院比較社会文化研究院

Alfredo E. Evangelista　元フィリピン国立博物館
Bui Chi Hoang　ベトナム南部社会科学院考古学研究所
Eusebio Z. Dizon　フィリピン国立博物館
Hirofumi Matsumura 松村博文　札幌医科大学医学部
Jesus T. Peralta　フィリピン国立文化芸術コミッション
Ly Vanna　カンボジア王国アプサラ機構
Stephen Chia　マレーシア科学大学マレーシア考古学センター
Wilfredo P. Ronquillo　フィリピン国立博物館

2007年3月20日　初版発行			《検印省略》

青柳洋治先生退職記念論文集

地域の多様性と考古学―東南アジアとその周辺―

監修者	丸井雅子
編　者	©青柳洋治先生退職記念論文集編集委員会
発行者	宮田哲男
発行所	株式会社 雄山閣

〒102-0071　東京都千代田区富士見2-6-9
ＴＥＬ　03-3262-3231㈹／ＦＡＸ　03-3262-6938
ＵＲＬ　http://www.yuzankaku.co.jp
E-mail　info@yuzankaku.co.jp
振　替　00130-5-1685

組　版	石井ゆき子・黒川千晶
装　丁	石井ゆき子〈シャルード http://sharrood.com〉
印　刷	株式会社 シナノ
製　本	協栄製本株式会社

ISBN978-4-639-01978-7 C3022　　　　　　　　　　Printed in Japan 2007